City Guide

Cathédrale, détail de façade

Maisons à colombages, place des Lices © Sonia Rabaste

Rennes

SOMMAIRE

7 REPERES
29 DECOUVERTE
53 A TABLE
143 SE DETENDRE
219 SHOPPING
335 PENSE FUTE
369 INDEX GENERAL

Le Petit Futé
Rennes 2006

Dépôt légal : 3e trimestre 2005
Le Petit Futé a été fondé par Dominique Auzias.
Il est édité par Les Nouvelles Editions de l'Université
18, rue des Volontaires - 75015 Paris.
✆ 01 53 69 70 00 - Fax 01 42 73 15 24
Internet : www.petitfute.com
SARL au capital de 600 000 € - RC PARIS B 309 769 966

EDITION
Responsable d'édition : Christian Duhoux
Attachée Commerciale : Laurence Paulic
Auteurs : Guillaume Lelièvre, Vanessa Segalin avec Sybille Bruneau, Dominique Auzias, Jean-Paul Labourdette, Chloé Chapalain, Hugues Renault

ADMINISTRATION
Gérant : Jean-Paul Labourdette
Directeur Administratif et Financier : Gérard Brodin
Directrice des Ressources Humaines : Dina Bourdeau assistée de Sandrine Delée
Comptabilité : Isabelle Bafourd, Bérénice Baumont, Angélique Helmlinger.
Recouvrement : Fabien Bonnan, Sandra Brijlall
Secrétariat : Sandra Morais

PUBLICITE / COMMUNICATION
Directeur Commercial : Luc Régnard, assisté d'Alain Ruiz et Michel Granseigne
Assistante : Sylvie Frey
Régie publicitaire Nationale : Serge Touka
Chefs de publicité : Perrine de Carné Marcein, Caroline de Yrigoyen, Stéphane Bouby, Caroline Gentelet,
Régie publicitaire Internationale : Karine Virot
Diffusion et promotion :
Direction : Quentin Dupraz, assisté de Carla de Sousa et Maud Ghisolfi
Délégué ventes hors réseaux : Jean-Pierre Ghez
Magasinier : Youri Egret
Service Facturation : Nathalie Thénaud assistée de Patricia Carvalho
Responsable informatique : Pascal Le Goff
Responsable Partenariat Presse-Média : Jean-Mary Marchal

FABRICATION
Direction du studio : Guillaume Duserre assisté de Jacky Lagrave
Responsable production Maquettes : Nathalie Thénaud
Responsables collection : Claire Delbos, Romain David, Vanessa Besnard
Création maquettes et montage : Sandrine Mecking, Adeline Marandon
Couverture : Place Sainte-Anne © Elise Froumson
Impression : Corlet, Condé-sur-Noireau

TABLE DES MATIERES

RENNES

2/6 .... sommaire/table des matières

7 .... REPERES

8 .... numéros utiles
10 .... se rendre à rennes
14 .... circuler dans rennes
21 .... où dormir
21 .... hôtels
26 .... chambres d'hôtes
27 .... gîtes
27 .... autres types d'hébergements
27 .... auberge de jeunesse
27 .... camping
27 .... camping-car

29 .... DECOUVERTE

30 .... grande et petites histoires
33 .... gloires locales
35 .... spécialités locales
38 .... quoi de neuf
42 .... visiter
46 .... flâner

53 .... A TABLE

56 .... restaurants
56 .... début de mois
64 .... milieu de mois
76 .... fin de mois
82 .... brasseries
86 .... cafétéria
86 .... cuisine des provinces
96 .... cuisine du sud de la france
97 .... cuisine d'ailleurs
108 .... salons de thé
109 .... sandwicheries
109 .... virées gourmandes
116 .... ferme auberge

117 .... produits gourmands
117 .... boucheries et charcuteries
118 .... boulangeries et pâtisseries
122 .... cafés et thés
124 .... chocolatiers
126 .... fromagers
126 .... marchés
127 .... petites et moyennes surfaces
128 .... hard-discounts alimentaires
129 .... poissonneries
129 .... primeurs
130 .... produits biologiques et diététiques
131 .... produits de la ferme
132 .... produits étrangers
133 .... produits fins
135 .... spécialités régionales
135 .... surgelés
136 .... vins et spiritueux

140 .... chez soi
140 .... a emporter
141 .... cuisiniers à domicile
141 .... livraison à domicile

143 .... SE DETENDRE

144 .... sorties
144 .... bars
151 .... bars de nuit
153 .... discothèques
156 .... gays et lesbiennes
157 .... spectacles
157 .... cinémas
159 .... théâtres et salles de spectacles

Rennes, place de la République © Stéphane Savignard

159 .... café-théâtre
159 .... centres culturels
162 .... musiques actuelles
162 .... opéra
162 .... orchestre
163 .... péniche spectacle
163 .... salles de spectacles
165 .... théâtres

167 .... culture
167 .... galeries d'art
169 .... bibliothèques
170 .... bouquinistes
171 .... librairies
177 .... maisons de la presse
177 .... médias

188 .... loisirs
188 .... beaux-arts et loisirs créatifs
190 .... beaux-arts, reliures et encadrements
191 .... chasse et pêche
191 .... cuisine
192 .... danse
193 .... hobbies
195 .... musique
198 .... photo
200 .... salons
200 .... vidéo
202 .... voyage

203 .... sports
203 .... agenda des manifestations sportives
203 .... adresses utiles
204 .... disciplines
213 .... magasins
215 .... piscines
216 .... salles de gym et clubs de remise en forme

219 .... SHOPPING

236 .... auto, deux-roues
236 .... auto
245 .... moto
246 .... vélo, cyclo, scooter

248 .... beauté
248 .... coiffeurs
255 .... instituts de beauté
259 .... beauté des ongles
259 .... parfumeries
259 .... piercings et tatouages
260 .... relaxation
261 .... relooking

262 .... cadeaux
262 .... bijoux et montres
264 .... horlogerie
265 .... fleurs
266 .... jouets
267 .... objets

Avertissement

Les informations contenues dans ce guide ont été récoltées entre avril et juillet 2005 et ont toutes fait l'objet d'une vérification systématique. Les variations relatives aux saisons ont été indiquées lorsqu'elles étaient prévues mais peuvent faire l'objet d'une réévaluation en cours d'année. Tout écart constaté entre les données du terrain et celles du guide ne saurait dans ces conditions être imputé aux auteurs.

Pour les restaurants, la mention "carte" correspond à un prix moyen pour une entrée, un plat et un dessert (boisson non comprise) choisis à la carte.

271 .... grands magasins, grandes surfaces
271 ..... centres commerciaux et grandes surfaces
273 .... grands magasins
274 .... solderies
274 .... supermarchés
275 .... maison
275 .... ameublement
281 .... enfants
281 .... antiquaires et brocanteurs
283 .... arts de la table
283 .... bricolage et jardinage
285 .... constructions
286 .... cuisines et salles de bain
288 .... artisan plombier-chauffagiste
288 .... entretien plomberie dépannage
288 .... décoration
293 .... energies renouvelables
294 .... luminaires
296 .... tapis
296 .... tissus
297 .... dépannage
299 .... electroménager
299 .... hi-fi et vidéo
300 .... immobilier
304 .... linge de maison
304 .... literie
306 .... occasion
306 .... piscines
309 .... mode
309 .... accessoires
310 .... chaussures
311 .... retouches-réparations
312 .... cuirs et fourrures
312 .... dépôts-ventes
314 .... enfants
315 .... lingerie
317 .... maroquinerie
317 .... optique
319 .... pressings et laveries
319 .... prêt-à-porter
331 .... multimédia
331 .... internet
331 .... matériel informatique
333 .... dépannage informatique
333 .... téléphonie

335 .... PENSE FUTE
336 .... accueil
336 .... animaux
338 .... business
341 .... environnement
342 .... etudes
350 .... famille
352 .... personnes handicapées
353 .... emploi
353 .... internet
354 .... juniors
356 .... professionnel
356 .... réception
361 .... santé
363 .... seniors
364 .... services
365 .... solidarité

369 .... INDEX GENERAL

383 .... INDEX DES RUES

02 99652646

02 23621010

Mairie

- numéros utiles
- se rendre à Rennes
- circuler dans Rennes
- où dormir

Repères

Numéros utiles

Mairies

HOTEL DE VILLE Place de la Mairie (aile nord rez-de-chaussée avec accès pour les personnes handicapées) © 02 99 28 57 50. *Ouvert du lundi au vendredi de 8h30 à 12h30 et de 13h30 à 17h, sauf le jeudi de 10h30 à 12h30 et de 13h30 à 17h. Le samedi de 9h30 à 12h.*

Au nord

MAIRIE DE VILLEJEAN 48, cours Kennedy (C. Cial Kennedy) © 02 99 28 55 82. *Ouvert du lundi au vendredi de 9h à 12h30 et de 14h à 17h30, sauf le jeudi de 11h à 12h30 et de 14h à 17h30. Le samedi de 9h30 à 12h.*

MAIRIE DE MAUREPAS Centre commercial – 11, place du Gros Chêne © 02 99 28 58 41. *Ouvert du lundi au vendredi de 9h à 12h30 et de 14h à 17h30, sauf le jeudi de 11h à 12h30 et de 14h à 17h30. Fermée en août.*

Au sud

MAIRIE DU BLOSNE Centre culturel Le Triangle – 3, boulevard de Yougoslavie © 02 99 28 55 81. *Ouvert du lundi au vendredi de 9h à 12h30 et de 14h à 17h30, sauf le jeudi de 11h à 12h30 et de 14h à 17h30. Le samedi de 9h30 à 12h. Fermée le samedi matin en juillet et août.*

MAIRIE DES CHAMPS-MANCEAUX 14, rue Louis et René Moine (près de la bibliothèque) © 02 99 28 55 92. *Du lundi au vendredi de 9h à 12h30 et de 14h à 17h30, sauf le jeudi de 11h à 12h30 et de 14h à 17h30. Fermée en août.*

Permanences hebdomadaires

CENTRE SOCIAL CARREFOUR 18 7, rue d'Espagne © 02 99 51 32 25. *Le jeudi de 9h30 à 12h.*

CENTRE SOCIAL CLEUNAY 49, rue Jules-Lallemand © 02 99 67 32 14. *Le jeudi de 15h à 14h30.*

Ces deux permanences sont fermées en juillet et août.

OFFICE DE TOURISME DE RENNES METROPOLE 11, rue Saint-Yves – CS 26410 35064 RENNES CEDEX © 02 99 67 11 11. *Service billetterie au 02 99 67 11 66. Service Rennes – Ville d'Art et d'Histoire au 02 99 67 11 08. Service «Tombées de la Nuit» au 02 99 67 11 18. Un petit clin d'œil pour ce service particulièrement dynamique qui pratique des tarifs avec des commissions très douces.*

Pratique

CONSEIL REGIONAL DE BRETAGNE © 02 99 27 10 10. *Site : www.region-bretagne.fr.*

CONSEIL GENERAL D'ILLE-ET-VILAINE © 02 99 02 35 35. *www.cg35.fr.*

PREFECTURE D'ILLE-ET-VILAINE © 02 99 02 10 35. *Site : www.bretagne.pref.gouv.fr.*

HOTEL DE POLICE 24H/24 © 02 99 65 00 22

CHAMBRE DE COMMERCE ET D'INDUSTRIE © 02 99 33 66 66

INSEE © 02 99 29 33 33

DDASS (DIRECTION DEPARTEMENTALE DES AFFAIRES SANITAIRES ET SOCIALES) © 02 99 02 18 00

CAF (CAISSE D'ALLOCATIONS FAMILIALES) © 0 820 25 35 10

CPAM (CAISSE PRIMAIRE D'ASSURANCE MALADIE) © 02 99 29 44 44

CRAM (CAISSE REGIONALE D'ASSURANCE MALADIE DE BRETAGNE) © 02 99 26 74 74

SERVICE PROPRETE URBAINE © 02 99 28 40 51

SERVICE COMMUNAL D'HYGIENE ET SANTE © 02 99 67 85 65

OBJETS TROUVES © 02 99 28 57 77

PREVISIONS METEO POUR L'ILLE-ET-VILAINE (0,34 €/mn) © 08 92 68 02 35

FOURRIERE AUTOMOBILE 16, rue Jean-Marie Huchet - Plaine de Baud © 02 99 28 56 06

POLICE MUNICIPALE 16, rue Jean-Marie Huchet – Plaine de Baud © 02 99 28 57 20

Rennes
Rennes
fait monter les talents
DANS LA MÉTROPOLE,
LES TALENTS FOISONNENT, LES CRÉATEURS S'EXPRIMENT,
LE PUBLIC EST EN ÉVEIL.
www.rennes.fr
www.rennes-metropole.fr
RENNES, VIVRE EN INTELLIGENCE
METROPOLE
vivre en intelligence
Rennes
RENNES

Quartier Saint-Michel

Se rendre à Rennes

Par le train

La ville de Rennes est desservie par le réseau SNCF, qui la place à 2 heures de Paris par le TGV, avec des départs toutes les demi-heures en journée. Il faut un trajet de 3 heures 45 pour rallier Lille, 4 heures pour Lyon... Il existe aussi un important réseau de TER qui permet de rejoindre, au départ de Rennes, les principales grandes villes de Bretagne, Brest, Saint-Brieuc, Vannes, Redon, Saint-Malo, Vitré, et d'autres capitales régionales comme Nantes, Caen... De plus, il vous faut noter que le TGV va, d'ici à quelques années, relier Rennes à Paris en 1 heure 30. De même, depuis l'arrivée du Val, le métro des Rennais, la gare ferroviaire est connectée avec les transports urbains de Rennes.

Gare SNCF 19, place de la Gare, RENNES, Informations et vente © 0 892 35 35 35, tous les jours de 7h à 22h, ligne vocale : 0,34 € la minute / Service bagage © 0 825 845 845 / Aide aux handicapés © 02 99 29 11 92 / Les objets trouvés © 02 99 29 11 63. *Site Internet : www.voyages-sncf.com*

SOS Voyageurs © 02 99 31 35 35. *Ouvert le matin de 10h à 12h et le jeudi de 16h à 18h. Situé sous l'escalator principal, sortie nord de la gare.* Les bénévoles de SOS Voyageurs vous aident à vous y retrouver : gare routière, salle des guichets, rues de Rennes, etc. 5 boutiques SNCF sont disséminées à Rennes et permettent d'acheter ses billets :

CENTRE COMMERCIAL ALMA. *Ouvert du lundi au vendredi de 10h à 20h30 et le samedi de 9h à 20h.*

CENTRE COMMERCIAL COLOMBIA. *Ouvert du lundi au samedi de 9h30 à 20h.*

CENTRE COMMERCIAL GRAND-QUARTIER. *Ouvert du lundi au jeudi et le samedi de 10h à 20h, le vendredi de 10h à 21h.*

CENTRE-VILLE 11, rue Le Bastard et 20, rue de Nemours. *Ouvert du lundi au samedi de 9h30 à 19h.*

Pratique aussi, les 10 distributeurs automatiques de billets situés aux quatre coins de la ville :

Université Rennes II à Villejean • BNP, place Rallier-du-Baty • CMB, place Sainte-Anne et quai Lamartine • Centre commercial Les Longs-Champs • Ecole supérieure et d'application des transmissions, ESAT– à Cesson-Sévigné • Centre commercial Opéra à Pacé • Centre commercial Alma • Centre commercial Carrefour à Cesson-Sévigné • Université Rennes I à Beaulieu.

Avec l'arrivée du Val, vous descendez du train et prenez directement le métro sans avoir à vous mouiller le bout du nez. Pratique !

En avion

Rennes aéroport SAINT-JACQUES-DE-LA-LANDE © 02 99 29 60 00 / Réservations et Informations © 0 820 820 820. *Site Internet : www.rennes.aeroport.fr* Rénové en 2003, il est fréquenté par plus de 380 000 passagers par an, chiffre en constante progression. Ceux-ci correspondent pour les trois quarts à une clientèle d'affaires, et pour les 25 % restants, il s'agit d'une clientèle de loisirs. Ce dernier chiffre va considérablement progresser avec la toute nouvelle implantation de la compagnie à bas tarifs : Flybe. Elle va relier Rennes à Southampton en Angleterre. L'aéroport de Rennes offre plus de 10 destinations en vols directs : Bordeaux, Lyon, Marseille, Montpellier, Mulhouse, Nice, Orly, Roissy, Strasbourg et Toulouse, et plus de 80 liaisons régulières nationales et internationales avec correspondances. Il existe également des rotations aériennes saisonnières vers la Corse, Ajaccio,, l'Italie, Rimini, et l'Irlande, Shannon. Le parking de l'aérogare possède 720 places.

CENTRE D'AFFAIRES DE L'AEROPORT DE RENNES © 02 99 29 60 61. *Ouverture du lundi au vendredi de 8h à 19h.* Le centre d'affaires de l'aéroport de Rennes vous accueille dans de nouveaux espaces entièrement rénovés, au premier étage de l'aérogare. Du bureau individuel au salon de 80 places, l'équipe du centre d'affaires vous propose des prestations adaptées à votre demande et à votre budget. Toutes les salles sont équipées de paper board et de rétroprojecteurs, et sur demande de vidéo-projecteurs. Des prestations de restauration peuvent être servies dans les salons, et le restaurant La Passerelle offre la possibilité de déjeuner ou de dîner sur place. Stationnement gratuit possible sur les parkings de l'aéroport.

Par la route

Rennes est le nœud routier central du département. Tous les grands axes y convergent. A ce propos, il est bon de préciser qu'en Bretagne il n'existe aucun péage. En effet, Anne de Bretagne a décidé d'accorder à la région la gratuité des routes. De plus, la Bretagne possède un réseau routier de voies express denses, depuis Rennes vers Vitré, en direction de Paris,, Saint-Malo, Nantes, Brest, via Saint-Brieuc ou Vannes et Quimper. De surcroît, la Ville de Rennes est raccordée à l'autoroute des Estuaires, reliant Dunkerque à Bayonne. La capitale bretonne est aussi entourée par une rocade qui facilite grandement les déplacements.

Table des distances

Rennes-Saint-Malo RN157 : 45 minutes

Rennes-Mont-Saint-Michel A84 et RN175 : 50 minutes

Rennes-Nantes RN137 : 1 heure

Rennes-Vannes RN24 : 1 heure 15

Rennes-Le Mans RN157 et A81 : 1 heure 20

Rennes-Angers RD163 et RD963 : 1 heure 15

Rennes-Caen A84 : 1 heure 40

Rennes-Brest RN12 : 2 heures 45

Rennes-Paris A81, A11 et A10 : 3 heures

Vous pourrez vous rendre également à Rennes et vous déplacer dans l'Ille-et-Vilaine grâce aux réseaux des bus Eurolines, TAE, TIV et aussi par le biais du covoiturage, avec, par exemple, Allostop.

Pour de plus amples renseignements :

Gare routière 16, place de la Gare, RENNES ✆ 02 99 30 87 80.

Eurolines 37, avenue Janvier, RENNES ✆ 02 23 42 46 30.

TIV 3, rue du Pré-Botté, RENNES ✆ 02 99 79 39 29.

TAE 26, rue Bignon, CHANTEPIE ✆ 02 99 26 16 00.

Allostop 20, rue d'Isly, RENNES ✆ 02 99 67 34 67.

GARE ROUTIERE. *Ouvert le lundi de 7h à 19h15 et du mardi au jeudi de 7h15 à 19h15, le vendredi de 7h15 à 20h et le samedi de 8h30 à 18h15.* A deux pas de la gare SNCF, une gare routière digne de ce nom. Facile d'accès, plus de 200 véhicules assurent des services réguliers au départ de plus de 200 communes d'Ille-et-Vilaine. Salariés et étudiants bénéficient de tarifs avantageux auprès du réseau Cars 35.

Déplacements et transports à l'intérieur de l'agglomération

Voici une étude faite, en l'an 2000, sur les habitudes des habitants de l'agglomération rennaise quant à leurs déplacements.

	1979	2000
Bus	9 %	9 %
Marche à pied	30 %	28 %
Voiture particulière	48 %	57,5 %
Cycles et cyclos	11 %	4,5 %
Autres	2 %	1 %

Tout d'abord, un premier constat s'impose, avec la prééminence de la voiture en l'an 2000. Ceci a conduit la Ville à réagir en proposant une offre attractive de transports collectifs, Val, ou individuels alternatifs, vélos à la carte, et en réalisant de nombreux aménagements, pistes cyclables, rues piétonnes, parkings...

Le ticket unique Unipass permet d'emprunter indifféremment les trains TER, les autocars du département ou le bus et le métro. Par ailleurs, des navettes partent tous les jours pour le mont Saint-Michel. Le trajet dure 1 heure 15 pour un prix de 11,20 € l'aller et de 22,40 € l'aller-retour. Quelques autres destinations quotidiennes parmi celles proposées à la gare routière : Dinard, pour 11,80 €, Nantes, Angers, Pontivy ou encore Saint-Malo, du lundi au vendredi, pour un prix de 9,90 € l'aller et 15,80 € l'aller-retour, s'il est effectué dans la même journée. Les billets peuvent s'acheter directement auprès du chauffeur à condition d'avoir l'appoint. Avis aux amateurs !

EUROLINES 37, avenue Janvier ✆ 02 23 42 46 30. *Ouvert du lundi au samedi de 9h à 12h et de 14h à 18h.* Au départ de Rennes, Eurolines permet de rejoindre par car, pas moins de 200 destinations en Europe et au Maroc. Les prix varient suivant la saison et plusieurs formules sont proposées, moins de 26 ans, plus de 60 ans, tarifs enfants, etc. A titre indicatif, l'aller-retour Berlin vous coûtera 174 € pour une personne, en période estivale, juillet et août. Au départ de Paris, les Pass Eurolines et les Mini Pass vous donnent le droit de voyager pour un prix fixe sur une période donnée, par exemple, pour quinze jours, moins de 26 ans, vous paierez 185 €, ou sur un trajet donné, Paris-Berlin-Copenhague-Paris, 164 €.

© Sonia RABASTE

Les portes mordelaises

JOLLIVET VOYAGES 37, boulevard Magenta ✆ 02 99 30 65 44. *Site Internet : www.voyages-jollivet.com Ouvert du mardi au vendredi de 9h à 12h30 et de 13h30 à 18h30, le samedi de 9h à 12h30 et de 14h à 17h30.* Partenaire de la Brittany Ferries, de Fram, de National Tours ou de Jet Tours, cet autocariste a plus d'un tour dans son sac... et quels tours !En individuel, en famille, en voyage d'entreprise, les destinations sont multiples et s'effectuent par terre, air, souvent au départ de Nantes, par mer. Les prix, étudiés au plus juste, sont très sages. Autre adresse : Centre commercial Les Longs-Champs Route de Fougères ✆ 02 99 84 14 14.

TIV, Tourisme Verney 3, rue du Pré-Botté ✆ 02 99 79 39 29. Si vous vous promenez à Rennes, il n'est pas rare de croiser de nombreux cars de cette enseigne. Champion du volant, les cars Verney sillonnent la France et toute l'Europe. De nombreux circuits sont organisés à des prix très concurrentiels. Encore faut-il aimer ce mode de transport... La maison est aussi connue pour la location d'autocars et l'organisation de voyages pour les groupes.

ALLOSTOP 20, rue d'Isly, Immeuble des Trois Soleils ✆ 02 99 67 34 67. *Site Internet : www.allostoprennes.com Permanence du lundi au samedi.* Cette association met en relation les automobilistes désireux de ne pas voyager seuls et de partager les frais de route, et ceux qui désirent se rendre vers une destination précise pour pas cher !Une idée pleine de bon sens qui en dépannera plus d'un. Allostop propose 2 formules : l'abonnement grandes distances, 15,30 € valable pour 5 trajets, qui vous permettra de rejoindre Paris, 12 € le trajet,, mais aussi Barcelone, 35 €,, Amsterdam, 30 €,, Lyon, Bordeaux, Marseille, etc. L'abonnement petites distances, 16,50 € pour un nombre illimité de trajets, concerne des destinations plus proches comme Nantes, Angers, Brest, Poitiers, Caen, Le Mans, Paimpol, le Havre... Les tarifs vont de 4 € et 11 € pour les kilométrages les plus longs. Les abonnements sont payables à l'association, tandis que le prix du trajet est à verser directement à l'automobiliste. Seule contrainte du système, il n'y a pas forcément une voiture pour la destination désirée, ou les dates ne correspondent pas aux vôtres... N'hésitez pas à consulter le site Internet d'Allostop qui vous renseigne au jour le jour sur les places disponibles et les destinations des automobilistes.

Cesson-Sévigné
Sports - Loisirs - Détente
PISCINE
02.99.83.52.10
Toboggans
intérieur & extérieur
Canon à eau - Pataugeoire
Sauna - Espace forme - Spas - Solarium
GOLF
02.99.83.26.74
9 trous - Par 35 - 2687 m
RIVIERE SPORTIVE
Canoë-Kayak-Raft
02.23.45.18.18
Communication - Ville de Cesson-Sévigné
www.ville-cesson-sevigne.fr

Circuler dans Rennes

Transports en commun

Le réseau de bus et de métro : la Star

En Val, Véhicule automatique léger

C'est le métro des Rennais. Il ne possède qu'une seule ligne pour l'instant, une autre est actuellement à l'étude, le TCSP. Le Val remporte un grand succès auprès des habitants. En effet, au départ, on avait prévu 75 000 passagers par jour, mais ce chiffre a été très vite dépassé, pour atteindre au bout d'un an 95 000 usagers journaliers. Ce transport permet de relier le nord au sud de la ville, en un temps record : 16 minutes. Cette ligne, de 8,63 kilomètres, dessert le quartier de La Poterie, le centre culturel du Triangle, la rue de l'Alma, le boulevard Henri-Fréville, la gare SNCF, la salle de spectacles Le Liberté, la place centrale de la République, la mairie, le quartier des fêtes estudiantines et des restaurants de la place Sainte-Anne, le quartier Verdun, l'hôpital Pontchaillou, l'université Rennes II et le secteur Villejean.

De plus, la fréquence des passages en station est particulièrement soutenue, et ceci 7j/7 :

En bus

La ville possède un important réseau de bus avec 19 lignes urbaines et 27 suburbaines, reliant Rennes à sa périphérie. Le prix du ticket est de 1,10 € et est valable 1 heure sur tout le réseau des transports en commun de la ville, y compris le Val. Aussi, Rennes et la Star ont mis en place un service de transport de porte à porte pour les handicapés, appelé Handistar ✆ 02 99 26 05 55. Celui-ci dessert 36 communes de l'agglomération. Il suffit juste de réserver 1 heure à l'avance et un véhicule arrive.

STAR Rue Jean-Marie-Huchet ✆ 02 99 79 37 37. *Site Internet : www.star.fr* Aussi, la Star met également en place des lignes spéciales aux horaires adaptés lors de grands événements, matchs de football, fête de la Musique, Transmusicales, etc.

Bureaux d'information et points de vente :

INFOSTAR 12, rue du Pré-Botté. *Ouvert du lundi au samedi de 7h à 19h • Star Mairie, galerie du Théâtre, en haut de la place de la Mairie. Ouvert du lundi au vendredi de 7h à 19h.* Guides bus, fiches horaires et plans du réseau sont également disponibles dans les mairies des différents quartiers.

Du lundi au vendredi :							
De 5h20 à 6h30	6h30 à 7h10	7h10 à 10h	10h à 11h45	11h45 à 16h	16h à 20 h	20h à 21h45	21h à 0h40
10 min	4 à 7 min	2 à 3 min	4 min	3 à 4 min	3 min	5 à 6 min	10 min
Le samedi :							
5h20 à 7h	7h à 10h30	10h30 à 19h	19h à 20h	20h à 21h15	21h15 à 0h40		
10 min	5 à 6 min	3 min	4 min	5 à 6 min	10 min		
Le dimanche :							
7h30 à 14h30	14h30 à 16h	16h à 22h30	22h30 à 0h40				
10 min	6 min	5 min	10 min				

Handistar

Handistar vient en complément du réseau de transport urbain tout public. Les personnes handicapées, qui ne peuvent accéder aux transports classiques, peuvent avoir recours à ce service : transport de porte à porte en mini bus spécialement équipés, conduits par un personnel qualifié, à la demande et sur réservation, et dont la desserte couvre Rennes et toutes les communes de Rennes Métropole. Depuis juin 2003, Handistar a adopté un système de tickets, quasi identique à celui du réseau des valides, et qui remplace la facturation bimestrielle. Un facteur d'intégration supplémentaire dont se félicitent les personnes non-valides. Les carnets de billets Handistar sont en vente aux guichets automatiques du métro et à l'agence Pré-Botté du Star, derrière la poste République.

Renseignements du lundi au vendredi, sauf mercredi, de 9h à 12h et de 14h à 16h30 ✆ 02 99 26 05 50. Réservation ✆ 02 99 26 05 55 du lundi au vendredi de 7h à 22h et le week-end et jours fériés de 9h à 19h. Ce service fonctionne de 7h à 1h les jours ouvrables, et de 9h à 1h le dimanche et les jours fériés.

Tarifs

Tout d'abord, précisons que le réseau de la Star est gratuit pour tous les enfants de moins de 6 ans, les GIC et les GIG, invalides civils ou de guerre,, ainsi que pour les personnes à revenus modestes, détenteurs d'une carte délivrée par le bureau d'action sociale de leur quartier.

CCAS :

- **Centre 3, rue G.-Dottin ✆ 02 99 67 85 25.**
- **Cleunay-Saint-Cyr 35, rue L.-Guilloux ✆ 02 99 14 32 45.**
- **Champs Manceaux Centre social Sarah-Bernhardt ✆ 02 23 36 00 20.**
- **Le Blosne 1, place du Banat ✆ 02 99 22 24 10.**
- **Maurepas 11 c, place du Gros-Chêne ✆ 02 99 27 48 30.**
- **Villejean 9, avenue du Doyen-Colas ✆ 02 23 46 85 10.**

Si vous ne connaissez pas le centre CCAS dont vous dépendez, adressez-vous au 1, rue du Griffon ✆ 02 99 67 85 85. Les tickets sont valables 1 heure à partir de l'oblitération pour tout le réseau bus + métro. Prix : 1,10 € le ticket à l'unité, 3 € le ticket journée, carnet de 10 voyages à 9,70 € et carnet heboulevardo 12 voyages à 7,40 €. Les formules d'abonnement ont été repensées cette année et s'adressent à tous les âges. Elles sont délivrées sur présentation d'une pièce d'identité, puis vous achetez votre coupon. Munissez-vous également d'une photo. Les formules : pour les moins de 20 ans, c'est la carte Zûûla : heboulevardo à 7,50 €, mensuel à 21,50 € et annuel, pendant dix mois, à 189 €, les jeunes de 20 ans à moins de 27 ans voyageront avec Tûûva, heboulevardo à 7,10 €, mensuel à 23 € et sur des périodes allant de sept mois à dix mois, abonnements de 153 € à 207 €. Pratique, vous ne payez qu'une seule fois et vous êtes tranquille pour l'année universitaire !Formule pour les 27 ans à 65 ans : Itinöa heboulevardomadaire : 10 €, mensuel : 33 € et mensuel : 339 €. Pour les plus de 65 ans, c'est Sensöa, mensuel à 22,50 € et Sensöa 12, valable toute l'année à 228 €. Une panoplie de nouveautés, avec des noms à faire rêver !

L'Auto Partage

L'Auto Partage s'est installé à Rennes, il y a deux ans. Ce système met à disposition une voiture en libre-service 24h/24 et 7j/7, pour les utilisateurs abonnés. Utilisable pour une durée limitée de 1 heure à 12 heures et successivement par plusieurs automobilistes abonnés, moyennant paiement en fonction de la durée d'utilisation et du kilométrage parcouru. La première implantation rennaise se situe au niveau du parking du Colombier. La deuxième, toute récente, se trouve au parking Hoche. On les doit à Pascal Roux, créateur de l'association Auto Partage. Cette nouvelle façon de circuler, soucieuse de l'environnement, séduit tout particulièrement les femmes. **Permanence téléphonique du lundi au vendredi de 8h à 19h, le samedi de 10h à 18h ✆ 02 23 21 07 47.**

Stationnement en centre-ville

Parkings gratuits

Une partie du parking François-Mitterrand est gratuite. Il faut cependant avoir un œil de lynx pour détecter les panneaux qui indiquent cette gratuité commençant à peu près au niveau d'Europcar. Vous trouverez quelques places en stationnement non payant en bas de la place des Lices, vers Bourg-Lesvesque et une partie du boulevard de Chézy. Enfin, **3 autres parkings gratuits : Jules-Ferry 110 places, George-Sand 110 places et Saint-Martin, zone bleue, 45 places.**

Parkings payants

5 700 places au total actuellement. Des panneaux de jalonnement ont été mis en place pour informer en temps réel les automobilistes sur le taux d'occupation des parkings. Les tarifs varient de 0,40 € la demi-heure pour les moins chers à 0,50 € les 20 minutes pour les plus onéreux, en tarifs de jour. Plusieurs parkings proposent une formule d'abonnement par carte heboulevardomadaire, ou d'abonnements permanents mensuels, trimestriels ou semestriels. Renseignements :

SAPAR, Centre d'affaires Hermès 4, place des Colombes ✆ 02 99 65 26 42. Le parking Vilaine sur les quais est champion toute catégorie en la matière.

VILAINE QUAI DUGUAY-TROUIN ✆ 02 99 79 65 88. Ouvert 24h/24. 251 places.

ESPLANADE DU GENERAL-DE-GAULLE ✆ 02 99 65 26 50. Ouvert 24h/24. 700 places.

COLOMBIER ✆ 02 99 65 26 40. Ouvert 24h/24. 1 300 places.

KLEBER ✆ 02 99 38 79 72. Ouvert de 8h à 20h. 393 places, sauf dimanche et jours fériés.

BEAUMONT ✆ 02 99 65 26 40. Ouvert 24h/24. 54 places.

ARSENAL ✆ 02 99 65 26 40. Ouvert de 6h30 à 22h, sauf dimanche et jours fériés. 600 places.

NORD-GARE, EX-PARCOTRAIN Boulevard Solferino ✆ 02 99 30 57 26. Ouvert 24h/24. 328 places. Tarifs dégressifs suivant le nombre d'heures d'occupation. Abonnements et réservations.

GARE-SUD ✆ 02 99 51 59 26.
Ouvert 24h/24. 716 places.

DINAN-CHEZY ✆ 02 99 65 41 46. Ouvert de 8h à 20h, du lundi au jeudi, de 8h à 22h le vendredi et le samedi. 403 places.

LICES ✆ 02 99 65 41 46. Ouvert de 8h à 2h du matin, sauf dimanche et jours fériés. 424 places.

HALLES CENTRALES ✆ 02 99 79 65 88. Ouvert de 5h à 2h. 40 places.
Bien pratique et l'on n'y pense pas souvent.

HOCHE ✆ 02 99 27 49 90. Ouvert de 8h à 2h, sauf dimanche et jours fériés. 700 places.

Voirie

Les résidents bénéficient d'un traitement spécial, en ce qui concerne le stationnement sur voirie payant. La ville est divisée en 4 quartiers. Vous paierez moins cher dans le vôtre... En se rendant à la Direction des rues, 5, boulevard Laennec,, après avoir justifié de son domicile, et sur présentation d'une pièce d'identité et de la carte grise du véhicule, on retire une carte rechargeable. L'exposé est un peu fastidieux, mais avouez que cela vous rend service... **Renseignements à la mairie ✆ 02 99 28 55 55, poste 4391.**

Pour les handicapés

781 emplacements de stationnements réservés, hors parkings,, dont 110 en centre-ville. Chaque emplacement est signalé par un panneau spécifique et une peinture au sol. Les campagnes de publicité auraient-elles porté leurs fruits ?Toujours est-il que les stationnements handicapés sont maintenant bien moins occupés par des automobilistes indélicats.

Sachez que les parcmètres rennais ont une particularité qui peut parfois s'avérer contraignante : les pièces de 0,10 € ne sont pas acceptées par les appareils. Or, les tranches de stationnement étant de 0,20 €, 0,40 €, 0,60 €, 0,80 €, etc, il vous faut donc fatalement être muni d'un petit paquet de pièces de 0,20 €... Car si 0,50 € et 0,10 € font bien au total 0,60 €, comme 0,50 € et trois fois 0,10 € ou 0,50 € et 0,20 € et 0,10 € feront sans conteste 0,80 €, la machine ne l'entend pas de cette oreille... Appel aux passants ou direction les commerces environnants, pour un échange de monnaie, en espérant qu'ils seront pourvus des fameuses pièces... et en attendant, surmontez la crise de nerf : être en retard, c'est pas drôle, mais recevoir un pv non plus !

Pour les autocars

Rue du Pré-Botté : 3 places.

Place Saint-Melaine : 2 places.

Rue Toullier, derrière le musée des beaux-arts : 3 places réservées au musée.

Rue de Juillet, en bas de la place des Lices : 2 places.

Rue Pierre-Abélard, au niveau de la Cité judiciaire : 4 places.

Taxis

Stations

Avenue du 41e-Régiment-d'Infanterie, près de la station Val • Avenue Winston-Churchill, face à la station Total • Devant le cimetière de l'Est • Boulevard Alexis-Carrel, à l'angle de la rue Guillaume-Lejean, devant l'église • Devant Hôpital Sud • Devant l'aéroport • Devant le centre commercial Alma, près de la cafétéria • Gare SNCF, sorties nord et sud • Place de la Mairie, en haut de la place • Route de Lorient, jours de match • Rue Louis-et-René-Moine, près du square Sarah-Bernhardt • Rue Alexandre-Lefas, devant le centre commercial Le Gast • Rue du Pré-Botté, en ce moment à côté de l'église • Rue Emile-Souvestre, à côté du centre commercial Les 3 soleils • Rue Ferdinand-de-Lesseps, près du CMB • Rue Papegault, derrière l'Intermarché.

Compagnies et taxis privés

ARTISANS TAXIS DE RENNES La Basse Trunais, BETTON ✆ 02 99 36 03 03. *Ouvert 7j/7.*

ADHERENTS RADIO TAXIS RENNAIS 2, rue Alfred-Dreyfus, SAINT-JACQUES-DE-LA-LANDE ✆ 06 75 29 65 05. *Ouvert 7j/7, 24h/24.* Cette compagnie regroupe 95 artisans et assure les transports toutes distances et transports de malades assis. Carte bleue acceptée.

ALLO TAXI CHANTEPIE 5, square de Varsovie ✆ 02 99 86 84 28 / 06 08 62 64 90. Toutes distances, transports de malades assis. Carte bleue acceptée.

LE BRUN MICHEL TAXI 3, rue Saint-Georges ✆ 06 23 15 36 59.

TAXI GARNIER 3, allée Maurice-Ravel ✆ 06 80 72 28 45.

TAXI RENNAIS ✆ 06 09 73 35 35.

TAXIS SAINT-JACQUES 49, rue Pilate, 35136 SAINT-JACQUES-DE-LA-LANDE ✆ 06 76 01 54 09.

TAXI SERVICE RENNES Gare de Rennes ✆ 06 80 25 41 02.

Locations d'automobiles

Pour tous les automobilistes de plus de 21 ans qui justifient d'au moins un an de permis. Il suffit d'effectuer un pré-paiement, de réserver et de payer par carte de crédit.

AVIS 8-10, rue des Peupliers, 35510 CESSON-SEVIGNE ✆ 02 99 23 45 14 14. *Ouvert du lundi au samedi de 8h à 12h30 et de 14h à 18h30.* Avis est un acteur incontournable du marché de la location de l'automobile et des camionnettes. C'est peut-être dû à ses petits prix, à la qualité de son service et au professionnalisme de son personnel, toujours à votre écoute et prêt à vous rendre service.

Par exemple, Avis met à votre disposition des sièges bébé ou enfant. En effet, quand on a besoin de louer une voiture, on n'a pas toujours ce genre d'ustensile sous la main, alors chapeau bas. Côté location de véhicules, Avis vous propose de la petite voiture citadine pratique à garer à la grande routière confortable, luxueuse et spacieuse en passant par des cabriolets d'exception, des mini bus et des utilitaires bien pratiques, pour une journée, un week-end, ou plus, pour vos déplacements en France ou vers l'étranger. Un autre bon plan à connaître, Avis vous offre également la possibilité de louer une limousine avec chauffeur, pour cela passez un petit coup de fil ou faites quelques clics sur www.avislimousine.com. Enfin, sachez que la consultation du site Internet www.avis.fr vous permet de faire des devis et de réserver sans bouger de chez soi. D'autre part, vous y trouverez toutes sortes d'informations utiles et des offres promotionnelles. **Autres adresses : Gare SNCF ✆ 02 23 42 14 14 • Rue Paul-Doutry, Proche Gare nord ✆ 02 99 85 99 85 • Cesson, Face Jardiland ✆ 02 23 45 14 14 • Saint-Jacques aéroport ✆ 02 99 29 60 22.**

LOCARMOR-LOCATION 6, rue des Charmilles, CESSON-SEVIGNE ✆ 02 99 86 99 99. *Ouvert du lundi au vendredi de 8h30 à 12h et de 14h à 18h.* Que vous ayez besoin d'un véhicule de société pour une journée ou plus, d'un utilitaire ou d'un mini bus, Locarmor-Location mettra à votre disposition l'un de ses véhicules en parfait état. Pour les entreprises, les véhicules peuvent être loués avec chauffeur.

NISSAN ESPACE 3 2, rue du Petit-Marais, CESSON-SEVIGNE ✆ 02 99 83 59 59. *Ouvert du lundi au samedi de 8h30 à 12h et de 14h à 19h30. A 100 mètres de MacDonald.* Cette adresse ne loue que des 4x4. Pour ceux qui ont toujours rêvé de se sentir aventurier, comptez 190 € pour la journée avec un forfait de 400 kilomètres, 295 € pour le week-end avec un forfait de 900 kilomètres, et 590 € pour la semaine avec un forfait de 2 500 kilomètres.

UCAR 7 a, rue des Charmilles, CESSON-SEVIGNE ✆ 02 99 26 16 16. *Ouvert du lundi au vendredi de 8h à 12h et de 14h à 18h30 et le samedi de 8h à 12h.* L'équipe, dirigée par Daniel Seguin, a l'accueil charmant et le conseil avisé. Ucar dispose d'autos et de petits utilitaires pour les particuliers comme pour les entreprises. Pour être certain de trouver disponible le véhicule souhaité, il est préférable de vous y prendre au moins quinze jours à l'avance.

Location gratuite de vélos

ADSHEL 2, avenue Monts-Gaultier, NOYAL-CHATILLON-SUR-SEICHE ✆ 0 820 808 808 / 06 09 54 24 07. Pour pouvoir utiliser gratuitement l'un des 200 vélos Adshel, une demande de carte à puce est à effectuer auprès de la mairie de Rennes pour les Rennais, ou de Rennes Métropole pour les habitants de l'agglomération. Il faudra vous munir d'un justificatif de domicile et vous n'aurez plus qu'à signer le contrat précisant les conditions générales de mise à disposition et d'utilisation. Un chèque de caution de 23 €, encaissé, vous sera demandé et vous sera rendu si vous ne souhaitez plus utiliser ce service. La demande de carte peut également s'effectuer par Internet, via le site de Rennes Métropole, rubrique Se déplacer dans la partie Vie quotidienne. Vous pouvez également télécharger le formulaire d'inscription sur le site www.clear-channel.fr/veloalacarte. Comptez 2 à 3 semaines avant de recevoir votre carte. Lors de l'utilisation d'un vélo, s'il vous arrive un problème, crevaison ou autre avarie, contactez le service au 0 820 808 808. Sachez que vous ne pourrez pas utiliser les vélos plus de 2 heures consécutives. Par contre, ils peuvent être empruntés de 6h à 2h du matin, et ce, 7 j/7. Un service d'emprunt à la journée, géré par la Sapar, complète l'offre. Dans ce cas, l'emprunt et le retour s'effectuent directement à la station centrale, quai Duguay-Trouin, parking Vilaine, contre une caution de 76 € et une pièce d'identité. Vous pourrez alors utiliser le vélo jusqu'à 7 heures consécutives.

Voici les différents lieux où l'on peut trouver les vélos Dauphin-Adshel, 25 stations au total, où vous trouverez toujours un vélo, puisqu'une navette de répartition fonctionne sur l'ensemble du réseau :

ARISTIDE BRIAND : avenue Aristide-Briand • BEAULIEU : allée de Beaulieu • BERNANOS : place Georges-Bernanos • BUTTES DE COËSMES : avenue Charles-Foulon • Canada : rond-point des Forces-Françaises-de-L'Onu • CHARLES-DE-GAULLE : esplanade du Général-De-Gaulle • CHR PONTCHAILLOU : rue Henri-Le-Guilloux • CLEMENCEAU : carrefour Alma-Clemenceau • CLEUNAY : carrefour • FAC DE DROIT : rue Jean-Guéhenno • GARE SNCF : 2 stations, place de la Gare • GASTON-BERGER et RENNES II : avenue Gaston-Berger • GRAND CORDEL : rue Mirabeau • HOCHE : place Hoche • LORIENT : route de Lorient • LOUIS-GUILLOUX : rue Louis-Guilloux • MORBIHAN : rond-point Morbihan, avenue des Monts-d'Arrée • PARKING VILAINE : quai Duguay-

Trouin • PONT SAINT-MARTIN : rue de Saint-Malo • POTERIE : rond-point P.-H.-Desgrées-M.-Gérard • ROHAN : rue de Rohan • SAINTE-ANNE : place Sainte-Anne • TRIANGLE : boulevard de Yougoslavie.

Aujourd'hui, Rennes dispose d'un réseau de 170 kilomètres de pistes cyclables qui sont empruntées quotidiennement par les cyclistes rennais. C'est certainement le moyen de circulation le plus agréable de la ville, qui incite à son utilisation. En effet, sur une simple demande en mairie, et ceci est également valable pour les habitants des communes de la métropole,, vous pourrez emprunter un des 200 vélos mis gratuitement à disposition depuis 1998 par la société Adshel. Ils sont utilisables depuis l'une des 25 stations, pour une durée maximale de 2 heures consécutives, entre 6h et 2h du matin, 7j/7. Vous trouverez aussi 300 parcs à vélos, soit 1 900 supports.

Autres locations de vélos

GUEDARD CYCLES 13, boulevard Beaumont ✆ 02 99 30 43 78. *Ouvert le lundi de 14h à 19h, du mardi au jeudi de 9h à 12h30 et de 14h à 19h, le vendredi de 10h à 19h, le samedi de 9h à 18h30. Vtt ou vtc, 13 € la journée, 26 € le week-end. Une caution est demandée.* Il est préférable de réserver car il n'y a pas beaucoup de vélos. Il ne s'agit pas d'un parc de location, mais plus d'un service dépannage proposé par la maison. Les vélos sont neufs et en parfait état de marche. Possibilité d'attelage pour enfants.

Parking à vélos

VELO STATION GARE NORD ✆ 02 99 51 59 26 ou Point accueil du parking Gare sud. Vélo Station est un dispositif de gardiennage, mis en place par la mairie de Rennes, place de la Gare, près de la gare routière. Le local dispose actuellement de 50 places, disponibles sur abonnement et ouvert tous les jours en libre-service de 5h à 23h, avec un système d'entrée par carte magnétique. La sûreté de votre précieux deux roues est ainsi parfaitement garantie... et la voiture peut rester au garage !Une personne qui habite à l'extérieur de Rennes peut venir en train le matin, prendre son vélo à la station pour circuler dans la journée, le redéposer le soir et sauter dans le train du retour. Système écolo, qui ne devrait pas faire de mal aux mollets non plus !

© DR

Rue piétonne, haut de la place des Lices

Où dormir

Hôtels

Bon week-end en ville

Comme environ 50 autres villes, Rennes participe à l'opération Bon week-end en ville, opération qui se déroule du 1er novembre 2005 au 31 octobre 2006, et qui est reconduite tous les ans. Il s'agit de réserver un accueil privilégié aux visiteurs en leur offrant un hébergement à des prix très attractifs ainsi que quelques autres avantages, fort appréciables, lors de leur venue dans une des villes participantes. En arrivant un vendredi ou un samedi, la deuxième nuit d'hôtel est gratuite. Une liste des hôtels concernés est disponible auprès de l'office de tourisme. La formule encourage à la découverte d'une ville, de ses monuments et musées, de ses manifestations annuelles... A Rennes, les hôtels participants sont les suivants :

Hôtels trois étoiles : Hôtel Anne-de-Bretagne, Best Western à Kerlann, Mercure Centre Pré-Botté, Mercure Colombier et Novotel Rennes Alma.

Hôtels deux étoiles : Hôtel Arcantis, Hôtel Astrid, Hôtel Baladin, Les Trois Marches Rennes Ouest, Hôtel de Brest, Hôtel Campanile centre gare, Hôtel Garden, Hôtel Kyriad Centre, Hôtel Ibis Rennes centre gare sud, Hôtel de Neumours, Hôtel Le Sévigné, Hôtel Solferino centre gare, et en périphérie : Brit Hôtel le Villeneuve, Saint-Grégoire, Kyriad Hôtel Beauregard, Hôtel de la Valette et Hôtel Stars, Chantepie.

Hôtels une étoile : Hôtel Maréchal-Joffre, Hôtel Vénézia.

HOTEL LECOQ-GADBY** 156, rue d'Antrain © 02 99 38 05 55.** *Site Internet : www.lecoq-gadby.com* Cet établissement, classé Châteaux et Hôtels de France, propose une gamme de chambres, de suites et une unique chambre pour 1 personne avec 1 lit une place à 118 €. La chambre standard est à 125 € pour 1 personne et 145 € pour 2 personnes. La chambre supérieure est à 150 € pour 1 personne et 165 € pour 2 personnes. La suite, avec ses 2 chambres, est à 265 € pour 1 personne et 305 € pour 2 personnes. Tous ces prix s'entendent pour une nuitée sans petit déjeuner. Celui-ci est à 16 € au buffet à volonté et 18 € s'il est servi en chambre. Si vous êtes désireux de profiter de la demi-pension, avec un petit déjeuner en salle et un dîner, sans les boissons,, il faut ajouter aux tarifs des chambres 41 € par personne. Aussi, sachez que le prix des chambres inclut l'accès, sur rendez-vous, au hammam et au sauna. Seul quatre étoiles du bassin rennais, ce lieu est bien plus qu'un hôtel. Un espace de bien-être dédié à la détente, à la remise en forme et aux soins du visage répond aux souhaits d'une clientèle, notamment d'affaires, stressée et en mal de détente. Plusieurs forfaits ont été pensés, alliant découverte gastronomique et historique, soins corporels et massages, ainsi qu'une ou deux nuits, le petit déjeuner et le dîner, hors boisson. Comptez 125 € par personne pour la formule escapade gastronomique, 24 heures, comprenant un repas gastronomique, hors boisson, au restaurant, une nuitée en chambre double et un petit déjeuner au buffet ou en chambre. Vous y trouverez aussi un forfait escapade bien-être à 145 € par personne, incluant une nuitée en chambre double, deux soins par personne et le petit déjeuner. Une autre formule le temps d'un week-end, 48 heures, est également disponible à 235 € par personne. Elle vous fera découvrir les plaisirs d'un bain océanique, du bain de vapeur, du massage détente, deux nuits en chambre double, les dîners au restaurant gastronomique A la Coquerie et les petits déjeuners au buffet ou en chambre, ainsi qu'une visite guidée du Parlement de Bretagne. Outre ses 11 chambres, cet hôtel de charme et de caractère dispose également de salles de réception de différentes tailles. Nous aimons la décoration et l'atmosphère de ce lieu magique, réservé à une élite, financièrement parlant...

ANNE DE BRETAGNE* 12, rue Tronjolly ✆ 02 99 31 49 49.** *Site Internet : www.anne-de-bretagne.fr 42 chambres allant de 79 € pour les simples à 90 € pour les doubles. Petit déjeuner : 8,50 € en chambre et 9,50 € au buffet. Possibilité de garage pour la nuit, 7,50 €. Climatisation réversible.* En centre-ville, l'hôtel Anne de Bretagne offre un beau confort trois étoiles, dans un cadre accueillant. En choisissant ce lieu, vous pourrez tout faire à pied : la gare est à 10 minutes de marche, les commerces à proximité et les quais à 2 minutes. Chaînes satellite et bains à remous, installés dans certaines chambres, sont quelques-uns des atouts de l'établissement. Il n'y a malheureusement pas de facilités prévues pour l'accès des handicapés.

NOUVEAU **HOTEL MERCURE RENNES COLOMBIER*** 1, rue du Capitaine-Maignan ✆ 02 99 29 73 73.** *142 chambres, à 101 € pour 1 simple, 113 € pour 1 double, 130 € pour 1 chambre Privilège, pour 1 ou 2 personnes, et 200 € pour 1 suite.* Revenons un instant sur la chambre Privilège. Vous pourrez y profiter d'un véritable nid douillet, avec des couettes,, équipé des dernières technologies, comme un écran plasma, et de bien d'autres surprises. A tous ces tarifs, il vous faut ajouter le petit déjeuner à 12 €. Dans le très commerçant quartier Colombia, l'hôtel Mercure propose des prestations de haute volée, dans un cadre soigné. On pense notamment aux fresques qui vous transportent dans l'atmosphère magique de la forêt de Brocéliande. L'hôtel est entièrement climatisé et accueille entre autres, une clientèle séminaire fidèle. Le bar à vins l'Excalibur est ouvert à tous, tandis que le restaurant La Table Ronde est réservé aux clients de l'hôtel. **Autres adresses : HOTEL MERCURE CENTRE PREBOTTE Rue Paul-Louis-Courrier 02 99 78 82 20 • RELAIS MERCURE Place de Bretagne ✆ 02 99 79 12 36.**

NOVOTEL* Avenue du Canada ✆ 02 99 86 14 14.** *100 chambres allant de 96,50 € à 107 €, pour 2 personnes. Petit déjeuner : 11,50 € par personne.* Situé face au centre commercial Alma, cet établissement a de nombreux atouts : un parking fermé gratuit, le plaisir d'une piscine extérieure, le calme d'une terrasse et la générosité d'un restaurant, Côté Jardin, ouvert aux clients de l'hôtel comme aux personnes extérieures. Les enfants seront aux anges car une aire de jeux, dedans et dehors, leur est réservée. Un lieu complet donc, bien conçu et où le service est princier. Des salons sont également disponibles pour des réceptions privées, mariages, etc. L'ancien bar a été transformé en Novotel café, qui offre une prestation complémentaire au restaurant, et propose des formules de restauration. C'est également un lieu de travail et de détente, au design résolument moderne. L'hôtel s'est aussi doté d'un accès wi-fi dans le hall, de salles de réunions et la moitié de chambres.

LE CLOS CHAMPEL* Rue de la Rigourdière, CESSON-SEVIGNE ✆ 02 99 83 12 87.** *Site Internet : www.lecloschampel.com 12 chambres doubles de 64 € à 7 €. Petit déjeuner : 8,50 €. Accès handicapés.* Aux portes de Rennes, l'hôtel du Clos Champel s'est installé dans une ancienne forge de caractère. La décoration intérieure dégage un charme à la fois doux et raffiné. Les 12 chambres allient confort et élégance, certaines sont équipées de douches avec jet et une des chambres dispose d'un jacuzzi. Un jardin et une terrasse s'ajoutent à la beauté des lieux et vous laissent l'agréable sensation d'être hors du temps et loin des tracas du quotidien. Le Clos Champel fait partie des Logis de France et propose la gratuité pour les enfants de moins de 2 ans, avec le prêt d'un lit bébé. Côté restaurant, Christian L'Haridon compose une cuisine du terroir adaptée aux temps d'aujourd'hui.

ARVOR HOTEL 31, avenue Louis-Barthou ✆ 02 99 30 36 47.** *Bar-restaurant et hôtel. Animaux acceptés.* Les 16 chambres de l'établissement, faisant partie des Hôtels Logis de France, peuvent accueillir de 1 à 2 personnes, pour un prix compris entre 48,50 € avec douche à 62 € pour 3 personnes. Sachez qu'il existe aussi des chambres à 51 € avec baignoire. Le petit déjeuner est à 5,50 €, servi en salle ou en chambre. Enfin, nous vous faisons remarquer que toutes les chambres sont équipées des habituelles commodités : wc, sèche-cheveux... mais, plus intéressant encore, d'une connexion Internet illimitée.

CAMPANILE RENNES CLEUNAY 120, rue Eugène-Pottier ✆ 02 99 30 45 45.** *Accueil de 6h30 à 23h en semaine et de 8h à 23h le week-end. Chambres simples, doubles ou triples à 60 €. Animaux acceptés. Petit déjeuner : 6,80 €. Distributeur de clés 24h/24 par carte bancaire, parking fermé gratuit.* Plus de quarante chambres pour l'enseigne Campanile, dotées d'une décoration et d'un mobilier changés il y a un an. L'accès aux handicapés est facilité car les chambres pouvant les accueillir donnent directement sur le parking. Chaînes satellite et Canal +, ainsi qu'une connexion wi-fi avec Internet vous aideront à vous détendre. L'enseigne dispose également d'une salle de séminaire pouvant recevoir quinze personnes, pour une journée d'étude. **Autres adresses : CAMPANILE RENNES ATALANTE Rue Antoine-de-Becquerel ✆ 02 99 38 37 27 • CAMPANILE RENNES CENTRE GARE 28, avenue Janvier ✆ 02 99 31 59 59 • CAMPANILE CHANTEPIE 1, rue de La Chalotais, CHANTEPIE ✆ 02 99 41 44 44.**

HOTEL ANGELINA 1, quai Lamennais ✆ 02 99 79 29 66.** *Site Internet : www.angelina-hotel.com Réception assurée de 7h à 23h. Ouvert toute l'année. 28 chambres, avec Canal + et tv par satellite. Téléphone direct. Hôtel sur 3 étages avec ascenseur.* Situé dans l'hyper centre de Rennes, à 50 minutes de la République, cet hôtel est une adresse prisée de la ville, et ce à juste titre. Sur les quais, il se pose comme l'un des bons établissements hôteliers de la ville avec des prix attractifs. Les chambres doubles avec douche ou bain sont à partir de 52 €, le petit déjeuner buffet est à 6,50 €, à 7 € s'il est servi en chambre. Le prix d'un lit supplémentaire est à 7 € et la taxe de séjour est à 0,55 €. Enfin, nous précisons que l'hôtel a équipé ses chambres d'une très bonne isolation phonique. Futée pour une adresse de centre-ville.

HOTEL ASTRID 32, avenue Louis-Barthou ✆ 02 99 30 82 38.** *Site Internet : www.hotelastrid.fr Ouvert 7j/7. 30 chambres à partir de 55,50 € en semaine et à partir de 47 € le week-end. Petit déjeuner : 6,50 €, servi dès 6h30. 2 chambres pour personnes handicapées.* A deux pas de la gare SNCF, cet hôtel très correct offre des avantages non négligeables, comme les chambres bureaux pour ceux qui souhaitent travailler le soir. Les lieux sont agréables, modernes et chaleureux. Les chambres, conçues de façon très fonctionnelle, n'en sont pas moins dépourvues de charme et offrent un beau confort. En outre, les animaux sont acceptés.

HOTEL DE LA VALETTE Grippé, Route de Paris, CESSON-SEVIGNE ✆ 02 99 83 22 49.** *Site Internet : www.hotel-lavalette.fr En semaine, chambres simples à 54 €, doubles à 56 € et les chambres familiales pouvant accueillir un couple et 3 enfants à 66 €. Le week-end, l'hôtel pratique des tarifs compétitifs : chambre simple ou double à 43 € et chambre familiale à 49 € pour 3 personnes et 55 € pour 4 personnes. Le petit déjeuner : 6,60 €.* Idéalement situé dans le parc du Manoir de la Grippé, l'hôtel bénéficie d'un cadre naturel propice à la détente. Les 22 chambres dont certaines pour handicapés disposent toutes d'une salle de bains et de toilettes séparées, ainsi que de nombreux plus comme un sèche-cheveux, une ligne téléphonique, etc. Pour l'utilisation du wi-fi comptez 2 €. L'hôtel dispose également d'une salle de séminaire toute équipée.

HOTEL DE NEMOURS 5, rue de Nemours ✆ 02 99 78 26 26.** *Site Internet : www.hotelnemours.com Réception assurée de 7h30 à 22h30. Chambres à partir de 52 € pour 1 simple jusqu'à 65 € pour 1 double. Petit déjeuner : 7,50 € en salle et en chambre.* Entièrement réaménagé après de récents travaux, le Nemours a fait peau neuve, adoptant un décor au lignes épurées, aux goûts très prononcés pour l'avant-garde, le raffinement et le design de qualité, à la manière de Roche & Bobois, de Cinna ou Stark... Le Nemours est un hôtel tout en hauteur de 5 étages, disposant d'un petit ascenseur, et situé en plein cœur de Rennes. Les chambres donnant sur la rue sont équipées de doubles vitrages très efficaces. Les autres chambres bénéficient du calme d'une cour intérieure, à l'arrière de l'hôtel.

HOTEL DES LICES 7, place des Lices ✆ 02 99 79 14 81.** *Chambres de 54 € simples à 57,50 € doubles, 60,50 € avec 2 lits et 63 € pour la chambre pour 3 personnes.* Dans les vieux quartiers, cet hôtel donne directement sur la place des Lices. Un vrai bonheur le samedi matin : vous descendez et vous vous retrouvez immédiatement au cœur du marché des Lices. Les 45 chambres sont insonorisées et desservies par ascenseur, la réception est assurée 24h/24, le petit déjeuner est à 7 € en salle et 8 € en chambre, des chambres sont réservées aux handicapés. Tout va bien !Les chambres ont subi un petit lifting et donnent dans le contemporain pour le plus grand bonheur de leurs visiteurs.

HOTEL IBIS Centre Gare Sud ✆ 02 23 36 01 36.** *90 chambres.* Sur l'esplanade de la gare, installé à la porte de la sortie sud, l'établissement a fière allure et dispose de chambres climatisées, de deux salles de réunion et d'un accueil 24h/24. Le tarif pour une chambre individuelle ou double est de 68 €, petit déjeuner à 6,50 €, mais des prix spéciaux sont appliqués le week-end : 49 € le vendredi, samedi et dimanche soir. Vous aurez un tarif préférentiel pour vous garer au parking de la gare situé sous l'hôtel : 2 € pour la nuit, jusqu'à 8h du matin.

LE GARDEN 3, rue Duhamel ✆ 02 99 65 45 06.** *26 chambres, Logis de France. Chambres pour 1 ou 2 personnes de 54,50 € à 62€. Possibilité de forfait famille attractif. Petit déjeuner : 6,50 €. Parking : 6,50 €.* A l'angle de l'avenue Janvier, cet établissement jouit d'une situation stratégique dans la ville : tout près de la gare, du TNB et du Liberté, non loin des quais et des commerces. Les bruits de la ville ne parviennent pas jusqu'aux chambres, vous pourrez vous reposer dans le calme !Le Garden dispose d'une petite terrasse intérieure. L'ensemble est cosy et chaleureux. Notez également qu'il y a un parking privé et que vos animaux de compagnie sont les bienvenus.

INTER-HOTEL LE SEVIGNE 47 bis, avenue Janvier ✆ 02 99 67 27 55.** *Site Internet : www.hotel-lesevigne.fr 44 chambres. La chambre simple avec 1 lit de 1 personne est à 52 €. Il existe aussi 3 catégories de chambres pour 1 ou 2 personnes à 56 €, 64 € et 72 €. Dans cette dernière, il est possible d'ajouter une troisième personne, dans ce cas le prix est de 84 € si c'est un adulte. Petit déjeuner : 7 € par personne.* Il y a des adresses que l'on conseille les yeux fermés... et cet hôtel en fait partie. Il regroupe de nombreux avantages non négligeables, notamment le fait d'être situé à deux pas de la gare. Marie-Claire Galpin et son équipe assurent par ailleurs un accueil 24h/24, tous les jours de l'année. L'hôtel comprend 44 chambres, chaleureuses et décorées avec goût et passion par la maîtresse de maison. Vous pourrez prendre un petit déjeuner continental très généreux au bar de l'établissement, pour 6,50 €.

KYRIAD 6, place de la Gare ✆ 02 99 30 25 80.** *En semaine, chambres simples à 65 €. Pour 2 personnes, la nuit est à 69 €. La chambre Kyriad salon coûte 74 € et la suite 95 €. Le week-end, il faut compter 48 € pour 1 personne, 53 € pour 2 personnes, 65 € pour la chambre Kyriad salon et 73 € pour la suite. Le petit déjeuner en buffet est à 7 € et en chambre à 8,50 €.* Cet hôtel situé face à la gare dispose de 47 chambres confortables et douillettes, dont 2 chambres au rez-de-chaussée pouvant accueillir des handicapés. De nombreux services font partie de la prestation. Citons notamment le lit d'appoint gratuit dans la chambre des parents pour un enfant de moins de 12 ans, une prise PC et un coffre-fort pour PC, le système wi-fi qui équipe tout l'hôtel, un presse-pantalon et vos animaux familiers acceptés, le plus souvent gratuitement...

LE VICTORIA 35, avenue Janvier ✆ 02 99 31 69 11.** *Site Internet : www.hotel-levictoria.com Ouvert tous les jours 24h/24. Présence d'un réceptionniste durant la nuit. 56 € la chambre simple et 60 € la double en semaine. Le week-end, la chambre simple à 39 € et la double à 49 €. Chambre triple à 69 €. Petit déjeuner : 7 € en salle et 8 € en chambre. Taxe de séjour à 0,55 €. Brasserie : plat du jour à 6,50 € et menu à 9 €.* A 300 mètres en face de la gare, l'hôtel Victoria dispose de quarante chambres tout confort, réparties sur 4 étages. Sa situation privilégiée est l'un de ses atouts. La qualité de l'accueil et ses tarifs très sages en font une adresse à retenir pour qui souhaite découvrir les charmes de la capitale bretonne et des environs. Séminaires, repas de groupes ou réunions de famille trouveront là un cadre privilégié, d'autant que la maison fait également restaurant. Elle propose une mini brasserie avec des tartes salées et des salades, et des soirées étapes à 65,55 € pour une personne.

HOTEL LIBERTY Parc d'activités Ouest, RN24, RENNES VEZIN-LE-COQUET ✆ 02 99 14 69 66.** *Ouvert toute l'année. 40 € la chambre simple ou double.* Cet hôtel a choisi une déco très influencée par l'Amérique des années cinquante. Sur les trente chambres de l'établissement, une dizaine sont au rez-de-chaussée, et les personnes handicapées sont accueillies dans de bonnes conditions. Il faut dire que l'hôtel possède plus d'un atout dans son sac : situé à 10 minutes de l'aéroport, à 5 minutes du centre-ville et à 2 minutes d'un golf 18 trous, il dispose d'un parking privé, sert un buffet au petit déjeuner à partir de 7h, 6 €, en chambre 7 €, accepte les animaux et offre des solutions de restauration... En effet, un restaurant indépendant de l'hôtel se situe dans les murs.

CHEZY* 49, boulevard de Chézy ✆ 02 99 31 50 73. *Site Internet : www.hotelchezy.com Accueil de 7h à 19h.* En direction de la 4 voies pour Saint-Malo, le long du canal d'Ille-et-Rance, ce petit hôtel de 9 chambres, donnant sur le canal et sur la cour intérieure, mise sur un accueil très personnalisé. Les prix s'échelonnent entre 28,50 € et 42 €. Le petit déjeuner est à 5,10 € en salle. Pour une demi-pension, comptez de 30 € à 48,50 €. Des tarifs attractifs pour cet hôtel une étoile très propret, qui dispose d'un jardin intérieur de 500 mètres carrés et d'une terrasse. Une brasserie permet aux clients de l'hôtel de se restaurer midi et soir.

HOTEL MARECHAL JOFFRE* 6, rue du Maréchal-Joffre ✆ 02 99 79 37 74. *Fax : 02 99 78 38 51. Métro République. Tv câblée dans la moitié des chambres. Chambres pour 2 personnes de 22,80 € à 36,30 €, et chambres triples à 41,50€.* Cet hôtel de 4 étages propose une gamme de prix intéressante, avec notamment un point fort à signaler, en ce qui concerne le confort : l'insonorisation des 20 chambres. Le Maréchal Joffre se place très bien, puisqu'il est à proximité de la gare, des quais et des commerces. Le petit déjeuner est à 5 €. Vous y trouverez des tarifs particulièrement attractifs et un service invariablement attentif !

HOTEL D'ANGLETERRE* 19, rue du Maréchal-Joffre ✆ 02 99 79 38 61. *29 chambres. Réception de 7h à 22h. Taxe de séjour à 0,30 €.* Un très bon rapport qualité-prix pour cet hôtel en centre-ville tout rénové et disposant d'un meilleur confort d'utilisation. Calme et plein de charme avec ses meubles patinés et son vieil escalier de caractère que vous emprunterez pour grimper les 4 étages, pas d'ascenseur !Cet hôtel se distingue par un accueil plein de gentillesse, jeune et agréable. Le tarif des chambres simples va de 24 € à 38 €, pour deux personnes de 35 € à 40 €, et les twins de 44 € à 46 €. Le petit déjeuner est à 5 € par personne en salle et 6 € en chambre.

LE MAGENTA* 35, boulevard Magenta ✆ 02 99 30 85 37. *Accueil de 7h15 à 21h.* Ce petit hôtel de 12 chambres, toutes équipées d'une tv, pratique des tarifs attractifs : 29 € à 37 € la chambre simple, 45 € la double et de 51 € à 58 € pour les chambres triples. Taxe de séjour à 0,30 €. Le Magenta dispose également d'une petite brasserie bien pratique fermée le dimanche sauf sur réservation. La formule petit déjeuner est à 4,30 €. Celui-ci est servi essentiellement en salle.

LE LORIENTAIS 46, rue de Lorient ✆ 02 99 59 13 07. *Site Internet : www.annuairedelaposte.com/lorientais Ouvert du lundi au vendredi.* L'hôtel, situé dans un quartier calme près de la rocade et à proximité des promenades sur le bord de la Vilaine, dispose de dix-neuf chambres qui s'échelonnent de 26 € à 43 € (douche et W-C). L'adresse, qui possède un petit parking privé, a le mérite de posséder un très bon restaurant qui, dans une ambiance familiale et un cadre agréable, propose des menus variant au gré du marché, des spécialités de moules, de diverses salades et d'un buffet de hors d'œuvres. La maison fait des pâtisseries maison qui combleront les gourmands. Le Lorientais propose également en semaine, du lundi au vendredi, des formules à des prix attractifs en pension complète et en demi-pension, bien pratiques pour les ouvriers, les stagiaires, ceux qui passent des concours ou suivent une formation de courte durée. L'hôtel est d'ailleurs idéalement situé, proche du Stade rennais, de l'Agro et de l'ENSP, de la Maison de l'Agriculture, de l'Université de Rennes 2 et de Pontchaillou. Et pour les footeux, les retransmissions des matchs du Stade Rennais sont des moments inoubliables d'autant plus que la maison propose des formules hébergement et restauration. Cet établissement est d'ailleurs à 5 minutes à pieds du stade.

LE MANOIR DU PLESSIS Route de Lorient, Le Plessis Saucourt, LE RHEU ✆ 02 99 14 79 79. *Hôtel ouvert 7j/7. Fermé pendant les vacances de février et la 1re semaine de janvier.* Cet établissement du XVIIIe siècle, réputé pour sa table, dispose également de 5 chambres extraordinairement confortables et accueillantes. Le cadre exceptionnel avec son parc de 2,5 hectares, la salle de billard, le calme qui se dégage de ces lieux vous offriront un vrai moment de détente et vous permettront de recharger vos batteries, de vivre un week-end en amoureux hors du temps ou encore d'organiser un séminaire réussi. La chambre simple est à 90 € et la double à 95 €, le petit déjeuner à 9 € et la taxe de séjour à 0,30 €. A noter, l'accès pour les personnes handicapées, prévu par des maîtres des lieux qui pensent à tout et à tous.

Chambres d'hôtes

M. ET MME BESNIER Le Bas Chenezé, BETTON ✆ 02 99 55 82 92. Sur la route historique du mont Saint-Michel, la D175, les 4 chambres d'hôtes à la ferme de M. et Mme Besnier ont été aménagées dans un cadre rustique et sont classées 3 épis Gîtes de France. Une grande chambre familiale au rez-de-chaussée, avec kitchenette, salon aménagé et mezzanine, ouverte sur 2 terrasses, donne sur le jardin et peut accueillir 5 personnes. A l'étage, vous trouverez 2 unités familiales comprenant chacune 2 chambres avec lits bébé, capacité 4 personnes, et salle de bains, et une chambre 2 personnes, toujours avec salle de bains, chacune communiquant avec une cuisine complète et un salon-séjour doté d'une cheminée. Les tarifs s'échelonnent entre 38 € et 40 € pour deux personnes, petit déjeuner inclus, et 11 € pour un enfant supplémentaire ou 15 € pour un adulte supplémentaire. Pains spéciaux, brioches différentes les unes des autres, gâteaux, confiture maison et fruits de saison feront de ce petit déjeuner un pur moment de bonheur !La maison dispose également d'un étang privé, avis aux amateurs de pêche...,, ainsi que d'un petit parc animalier et d'un espace-jeux qui raviront les enfants. M. et Mme Besnier vous feront d'ailleurs découvrir la vie dans une ferme, en vous faisant visiter la leur...

M. ET MME DIOT Château de Bagatz, GUICHEN ✆ 02 99 57 09 88. *Prix de la nuitée pour 2 personnes : 65 €, petit déjeuner, copieux !– inclus.* C'est dans un superbe château du XVe siècle, entouré d'un parc de 67 hectares et entièrement rénové avec amour et bon goût par les époux Diot, que vous pourrez passer une ou plusieurs nuits. Si vous craquez pour la suite, 75 € pour 2 personnes,, vous dormirez dans un lit à baldaquin en fer forgé, sobre et magnifique, et aimerez le mobilier en bois de rose réalisé par un artisan menuisier... Ce qui fait l'intérêt de cette adresse est l'accueil charmant, comme le pot offert aux nouveaux arrivants, les vélos à disposition ou la grande salle de jeux, mais aussi une situation particulièrement privilégiée. Le château se situe tout près de la Vilaine et est proche d'un plan d'eau, d'un centre équestre et de sentiers de randonnée. Pour une escapade nature très romantique et réussie.

MANOIR DE LA HAUTE PILAIS, Mme E. BONENFANT-GOURHAND 35135 Chantepie ✆ 02 99 41 57 71 et 06 23 74 52 08. *Site : www.gitehautepilais.com Tarifs pour une personne de 38 € à 42 € la chambre d'hôte et pour deux, de 55 € à 60 € (15 € par personne supplémentaire). Le petit déjeuner est toujours inclus dans ce prix. Tarif gîte, nous consultez. Possibilité chèques-vacances.* Aux portes de Rennes, dans un parc Champêtre, vous serez accueillis dans un joli manoir du XVe siècle, restauré avec beaucoup de charme. Eliane, la maîtresse des lieux, vous propose plusieurs formules : Hébergement dans deux chambres d'hôtes en duplex à la nuitée dans le manoir, possédant une décoration personnalisée, une entrée indépendante et vous pourrez même disposer d'une kitchenette sur demande. Hébergement dans un gîte de caractère dont chaque chambre peuvent être louée individuellement du lundi au vendredi matin, avec un accès à une cuisine commune. Le Week-end, le gîte est à votre entière disposition pour vos réceptions, mariages, repas de famille, anniversaires. Il peut accueillir 30 couchages et 90 personnes en salle. Ce manoir se distingue aussi par son joli parc dans lequel paissent des chèvres naines et des moutons aux bords des anciennes douves mises en eau. Vous êtes vraiment à la campagne, à 5 minutes du sud de Rennes. C'est vraiment l'idéal pour votre hébergement. N'hésitez pas à surfez sur le site internet et vous découvrirez des chambres avec de vieux poêle en fonte, aux thèmes rustiques de décoration sur les animaux de la ferme. Dans cette halte reposante, vous prendrez votre petit déjeuner sous des poutres plusieurs fois centenaires, devant une magnifique cheminée, en vous délectant des

confitures maison d'Eliane. A moins que vous ne préfériez passer la nuit dans l'étable aménagée avec ses lits habilement dissimulés dans de vieilles commodes. En un mot, nous, on est complètement séduit par le lieu et la maîtresse de maison.

Gîtes

LES GITES DE BROCELIANDE Gué Charet, TREFFENDEL ✆ 02 99 61 01 25. Toute l'année, les Gîtes de Brocéliande proposent en location au mois, au week-end ou à la semaine 20 gîtes, ainsi que des mobiles homes. Les gîtes sont répartis au milieu d'un espace boisé de près de 3 hectares, et peuvent accueillir 5 ou 7 personnes. Coin cuisine, avec four à micro-onde, chauffe-eau électrique, combiné réchaud-four, et bien sûr toute la vaisselle nécessaire,, cheminée, placards de rangement, salle d'eau, et 1 ou 2 chambres : le confort des locataires est assuré, pour un très bon rapport qualité-prix. Le domaine est situé à environ 30 kilomètres de Rennes, sur l'axe Rennes-Lorient. Les loisirs environnants ne manquent pas, entre la pêche, les balades à pied ou en vtt, possibilité d'en louer avec les Gîtes de Brocéliande,, le parc animalier de Treffendel... Et, un peu plus loin, la forêt de Brocéliande ou les Forges de Paimpont qui font partie de ces visites incontournables...

Autres types d'hébergement

ACCUEIL PAYSAN 97, avenue André-Bonnin, CHANTEPIE ✆ 02 99 53 07 56. *Site Internet : www.accueil-paysan.com* Une adresse intéressante qui recense une soixantaine de lieux d'accueil en Ille-et-Vilaine. Gîtes paysans, chambres et tables paysannes, fermes auberges mais aussi écoles à la ferme, accueil d'enfants dans les familles et vente directe de produits fermiers...

L'ARCHIPEL 1, rue Anatole-France ✆ 02 99 14 49 68. *Site Internet : www.larchipel.org* L'Archipel a imaginé Rennes Hébergement, réseau d'accueil chez l'habitant. Pour les personnes qui résident temporairement à Rennes ou dans l'une des 36 communes de Rennes Métropole, formation, stage, intérim, concours, etc.,, la formule a de quoi séduire. Vous êtes accueilli chez l'habitant, vous avez votre chambre avec linge de lit fourni et tout le mobilier nécessaire pour travailler et ranger vos affaires, et les petits déjeuners sont compris. La durée est en fonction de vos besoins. La nuitée est fixée à 15 €, 160 € pour deux semaines consécutives et 300 € pour quatre semaines consécutives.

Auberge de jeunesse

AUBERGE DE JEUNESSE CENTRE INTERNATIONAL DE SEJOURS 10-12, canal Saint-Martin ✆ 02 99 33 22 33. *Site Internet : www.fuaj.org Ouvert de 7h à 23h. 40 chambres de 4 lits maximum par chambre* Idéalement située le long du canal Saint-Martin, tout près du centre de la ville, vous pourrez y séjourner pour quelques jours. La carte des auberges de jeunesse, FUAJ, est en revanche obligatoire et coûte 10,70 € pour les moins de 26 ans et 15,25 € à partir de 26 ans. Vous pourrez vous la procurer directement sur place et paierez alors la chambre 13,55 €, petit déjeuner compris. Tarifs philanthropiques qui attirent, est-il besoin de le préciser, une clientèle jeune.

Camping

CAMPING MUNICIPAL DES GAYEULLES Rue du Professeur-Maurice-Audin ✆ 02 99 36 91 22. *Site Internet : www.camping-rennes.com Les horaires : en haute saison du 15 juin au 15 septembre de 7h30 à 13h et de 14h à 20h, en moyenne saison du 15 septembre au 31 octobre et du 1er avril au 15 juin de 9h à 12h30 et de 16h30 à 20h et en basse saison du 1er novembre au 31 mars de 8h à 9h et de 18h à 20h.* Avec trente emplacements grand confort ouverts toute l'année pour 3,10 € par adulte et 6,90 € la caravane, ce camping tranquille, situé au nord-est de Rennes, tout près du grand parc des Gayeulles, représente une alternative de logement, hiver comme été. 98 emplacements "tourisme trois étoiles" sur herbe, avec haies et arbres à l'ombre bienfaisante !, sont disponibles en plus entre le 1er avril et le 31 octobre. L'emplacement caravane est alors à 6,20 € et pour une tente 5,40 €. En juillet et août, 50 emplacements "camp de tourisme" sont prévus en plus, situés sur une partie du terrain de rugby attenant, 2,40 € pour une tente. Par ailleurs, comptez 0,25 € de taxe de séjour, 1,50 € pour votre voiture et 2,70 € pour l'électricité. Les enfants de moins de 10 ans ont un tarif préférentiel à 1,50 €.

Camping-cars

Borne accessible aux camping-cars : entrée du camping des Gayeulles. Les campings-caristes pourront faire leur plein d'eau potable ainsi que la vidange, et utiliser les prises électriques également disponibles.

Cathédrale © Stéphane Savignard

Découverte

- grande et petites histoires
- quoi de neuf
- gloires locales
- spécialités locales
- visiter
- flâner

© Sonia Rabaste

La tour Duchêne

grande et petites histoires

De Condate la romaine à Rennes la contemporaine

Initialement occupée par les Riedones, la ville s'étend à la confluence des rivières de l'Ille et de la Vilaine. Elle est alors nommée Condate, signifiant en gaulois confluent. A l'époque romaine, la ville change plusieurs fois de nom : d'abord Condate Riedonum puis Civitas Riedonum, cité des Riedones. Le premier Rennais, actuellement bien connu, est Titus Flavius Postuminus. Son nom apparaît sur des stèles exhumées, quai Duguay-Trouin, en 1968. Son nom indique que c'est un contemporain de l'empereur Titus Flavien, 79 à 81 av. JC. Il occupa le poste de duumvir et de flamine.

Durant l'influence romaine, la position stratégique, de Rennes, ou Roazhon en breton, lui assure un certain développement économique qui ne tarde pas à attirer les barbares, c'est-à-dire, pour les Romains, ceux qui ne parlent pas le latin. Cela se traduit par l'édification de remparts en 275.

Il reste quelques témoignages de cette enceinte, dans la rue Nantaise, au sud de la tour. Des fouilles récentes tendent à prouver que cette enceinte englobait seulement une partie de la ville et non sa totalité.

A la fin de l'Empire romain, l'Armorique représente un véritable bastion de fidèles à Rome, et il faut attendre un certain saint Melaine, évêque de Rennes, pour que la région se soumette à Clovis en 497. Aux époques mérovingienne et carolingienne, la Bretagne se voit colonisée, peu à peu, par les Bretons, venus d'outre-Manche et les populations franques, en provenance de l'Est. Ces derniers occupèrent les comtés de Vannes, de Rennes et de Nantes. La ville de Rennes devint définitivement bretonne vers 850, lors de la victoire de Nominoë et Lambert de Craon sur les Francs installés par Charles le Chauve. Et c'est ce même Nominoë et ses descendants qui firent de Rennes leur fief.

Ils sont également souvent considérés comme les premiers rois des Bretons.

A partir de 875, la péninsule bretonne va subir une période trouble où de nombreuses tentatives d'invasions vikings vont se succéder et où les rois de France vont tenter de mettre un vassal sur le trône breton. Il fallut attendre Conan 1er, peu avant l'an mil, pour que la situation se calme quelque peu. Ce souverain fut très apprécié par les Bretons. En effet, il y avait aboli le servage. Il battit aussi sa propre monnaie avec les mentions suivantes : Dux Britonnum et Civitas Redonum.

En 1065, Guillaume Le Conquérant envahit le nord-est de la Bretagne. Après cette victoire, il repartit, en 1066, conquérir le trône anglais avec de nombreux Bretons. Dès lors, l'armée bretonne fut affaiblie dans sa lutte contre les Angevins Plantagenêts. Ces derniers vont très vite s'adjuger un vaste territoire qui s'étend alors de la frontière écossaise aux Pyrénées, rivalisant ainsi avec le roi de France. C'est ainsi que le trône ducal sera vivement disputé, entre les Français et les Plantagenêts durant les XIe et XIIe siècles.

Puis ce fut le tour de la guerre de Succession de Bretagne, en 1356 et 1357. Rennes fut à cette période assiégée par le duc de Lancaster, frère du roi d'Angleterre. Cependant, Bertrand du Guesclin réussit à briser le siège en 1357. Avec cette victoire, la ville et son duché deviennent capétiens.

Puis, Charles VIII, roi de France, assiégea à son tour la ville de Rennes en 1491, mais en vain. Il avait toutefois vaincu tout le reste de la péninsule. En effet, une certaine Anne de Bretagne avait été couronnée duchesse, mais la légitimité de son titre fut dénoncée par le tenant de la loi salique : le roi Charles VIII. Elle décida de capituler afin que la ville ne soit pas prise. Enfin, la Bretagne perd définitivement son indépendance en 1532, lors de son annexion par François 1er. La Bretagne devint alors un duché et se dota, en 1562, d'un parlement.

Le 17 juillet 1675, c'est la Révolte du papier timbré. Débutant à Rennes, puis s'étendant à toute la Bretagne, le peuple se révolte contre la hausse des impôts sur le tabac, la vaisselle d'étain et le papier timbré. Cette révolte fut durement écrasée par l'armée royale, alors en marche vers la Cornouaille où une révolte, dite des Bonnets Rouges, avait éclaté, dirigée par Sébastien Ar Balp, notaire à Carhaix. Celle-ci fut soutenue par Les Provinces Unies. Tout comme dans ces dernières, Ar Balp et sa troupe de paysans voulaient instaurer une république. Cela a également coïncidé avec le déplacement du Parlement de Bretagne à Vannes qui dura jusqu'en 1695. Bref, la Bretagne et sa capitale restèrent insoumises. C'est pourquoi, les troupes royales rasèrent le quartier de la rue Haute, actuelle rue de Saint-Malo, et pendirent un grand nombre de Bretons.

En 1720, un drame saisit la ville. Le 23 décembre, une petite boulangerie prend feu. Les flammes vont parcourir la quasi-totalité du centre-ville, composé alors de maisons à pans de bois. Pendant six jours, le feu dévaste 900 habitations. Rallier Du Baty, le maire de Rennes, lance la reconstruction en la confiant au début à Isaac Robelin. Celui-ci avait, dans son projet, prévu de canaliser la Vilaine, mais il fut désavoué par les Rennais, et remplacé par Jacques Gabriel, architecte du roi Louis XV. Ce dernier reprit l'essentiel de la proposition de plan de Robelin, sauf l'idée du canal, et ce, en composant, dans un plan octogonal, des îlots de tailles semblables à celles du Parlement de Bretagne. Il y ajouta deux places royales dédiées à Louis XV et Louis XIV, Louis XVI, réciproquement la place de la Mairie et celle du Parlement de Bretagne. Cet architecte construisit l'ensemble des bâtiments, en reprenant la structure de l'élévation tripartite du Parlement de Bretagne de Salomon de Brosse, qui avait été épargné par les flammes. En effet, le Parlement possède un rez-de-chaussée en granit, puis un étage noble en tuffeau et est coiffé par une toiture d'ardoises. On retrouve ce schéma chromatique dans l'élévation des bâtiments du centre-ville : rez-de-chaussée et étages carrés en granit, dévolus aux commerces, surmontés d'étages d'habitations en pierres enduites, rarement apparentes, eux-mêmes sommés par une toiture en ardoises.

Cet architecte remania aussi l'aspect du Parlement de Bretagne. En effet, celui-ci possédait au premier niveau une prison. Au premier étage se situait le Parlement proprement dit avec les bureaux attenants et une chapelle. Pour accéder à cet ensemble les parlementaires empruntaient un grand escalier, situé en façade, qui rejoignait une terrasse, s'étendant entre les deux pavillons latéraux, avant de franchir la porte, actuellement fermée par un petit balcon. Mais un problème demeurait : par ce cheminement, les parlementaires dominaient la statue équestre du roi Soleil située plus bas au centre de la place. C'est pourquoi, Jacques Gabriel détruisit cet accès et le remplaça par un grand degré à double volée dans la cour carrée de l'édifice. Cet architecte du roi a aussi dessiner le centre-ville en traçant, au cordeau, de larges rues et des avenues, en remplacement des ruelles étroites et tortueuses léguées par le parcellaire médiéval. On retrouve encore des vestiges de ce dernier dans les parties n'ayant pas subi l'incendie de 1720, comme une part du quartier de la cathédrale.

Le 18 janvier 1789, une émeute éclata place du Parlement. Elle voit s'opposer des nobles contre des commis, des apprentis et des étudiants en droit. Châteaubriant, dans ses Mémoires d'outre-tombe, déclara qu'il s'agissait du “premier sang de la Révolution”. Cette date marque la fin des Etats de Bretagne.

En 1857, arrive, à Rennes, le chemin de fer. Cette date marque le décollage économique de la ville. Mais, afin de faire face à ce sempiternel nid de révolte, Rennes devient une cité aux nombreuses casernes et administrations. Et c'est tout naturellement qu'elle fut choisi pour voir se dérouler à la fin du siècle, en 1899, le jugement de l'Affaire Dreyfus dans l'actuel lycée Emile-Zola. Durant cet événement, la ville vécut dans une étrange ambiance. Imaginez, sur les quais, face à face, deux brasseries, l'une anti-dreyfusarde et l'autre dreyfusarde. L'Histoire nous joue souvent des tours puisque c'est la première qui subsiste encore place de la République.

Le XIXe siècle, globalement, se caractérise par l'assainissement et la canalisation de la Vilaine qui était le projet sur lequel Robelin avait été désavoué. Bref il était visionnaire.

Le XXe siècle et ses conflits mondiaux n'épargnèrent pas la ville de Rennes. En 1944, les Allemands font sauter les ponts pour retarder les troupes américaines du général Patton. Le 4 août 1944, à 10h le premier char US arrive place de la Mairie. La ville accueille ensuite le général De Gaulle, le 22 août de la même année, qui clame à la foule massée au pied du balcon de l'hôtel de ville : “Notre devoir immédiat s'appelle encore, et pour quelque temps, la guerre”. Après celle-ci, la ville connaît l'une des plus fortes croissances de l'Hexagone. Elle s'étend alors rapidement sur 5 000 hectares tout en préservant 35 hectares de secteur sauvegardé.

Dans la nuit du 4 au 5 février 1994, un nouveau drame frappe le centre-ville de Rennes. Le Parlement de Bretagne est la proie des flammes. Il fut presque entièrement détruit. Mais grâce à la bravoure des pompiers, la quasi-totalité du patrimoine artistique ornant le bâtiment fut sauvegardé.

Les œuvres, ainsi sauvées, furent ensuite transférées pour leur restauration, dans un atelier secret de la région parisienne. Mais, jouant de malchance une tapisserie, de grande facture, fut détruite par un autre incendie qui dévasta une partie des ateliers. De 1996 à 2004, le Parlement fut rénové. Le parti pris choisi fut une reconstruction fidèle du bâtiment et de ses décors, mais avec une modernisation des lieux pour les rendre plus sûrs et fonctionnels.

Toute cette histoire de Rennes, à la fois frondeuse, révoltée et volontaire pour renaître de ses cendres, a profondément marqué l'architecture de cette cité labellisée Ville d'Art et d'Histoire. Vous trouverez, au cours de vos pérégrinations, une ville aux multiples visages, où se mêlent intelligemment l'architecture romane et classique, les vestiges romains et les folies néo-gothiques, les palais Renaissance et les édifices contemporains. La tour des Horizons de Georges Maillols, de 1970, cotoyant les remparts gallo-romains, ainsi que les portes mordellaises en sont les plus beaux exemples. Et maintenant : Rennes est toujours en construction, se réaménage et se développe, le métro, l'aménagement de Beauregard et de la Courrouze... Elle accueille aujourd'hui une forte population estudiantine, de chercheurs et d'industries de pointe. C'est d'ailleurs à Rennes que sont nés le Minitel, les verres fluorés, les services Numéris et ATM, le son numérique...

Carte d'identité

SOURCES RECENSEMENT DE 1999.

Superficie : 5 022 hectares.

Nombre d'habitants : 212 494.

20,9 % des habitants ont moins de 20 ans. 41,3 % ont entre 20 ans et 39 ans, 21,2 % entre 40 ans et 59 ans, 10,2 % entre 60 ans et 74 ans et 6,4 % ont plus de 75 ans.

Nom du maire : Edmond Hervé, socialiste.

Rennes Métropole, communauté d'agglomérations rennaises : 38 communes et 370 491 habitants.

La ville, capitale de région, appartient aussi au Pays de Rennes, qui compte aujourd'hui 419 559 habitants répartis dans 67 communes.

© Sonia Rabaste

Le parlement de Bretagne, Rennes

gloires locales

Anne de Bretagne, duchesse de Bretagne et reine de France (Nantes 1477, Blois 1514).

Fille aînée du duc de Bretagne François II et de Marguerite de Foix. A 11 ans elle hérite du trône ducal, en 1488. Boiteuse, dotée d'un visage et d'un nez longs, aux yeux un peu bridés, d'après les rares portraits peints que nous avons, elle n'est par conséquent pas particulièrement gracieuse. Pourtant, elle fut très courtisée, probablement du fait de sa richesse, mais aussi de son intelligence et de sa ténacité à défendre l'indépendance de son duché, compromise après la défaite des troupes bretonnes devant l'armée royale de La Trémoille à Saint-Aubin-du-Cormier, en 1488, et le traité du Verger qu'a signé François II avant de mourir.

Très brièvement mariée à l'archiduc Maximilien d'Autriche– de 1490 à 1491, elle s'unit au roi de France, Charles VIII, le 6 décembre 1491. Ce dernier l'avait assiégée à Rennes, où elle s'était réfugiée, attendant des renforts anglais et castillans. Sachant que sa cause était perdue, elle décida de se rendre, acceptant le mariage mais à la condition que la ville de Rennes ne fut pas prise par les troupes royales.

Avec ce mariage, les deux époux avaient la jouissance du duché. De plus, il fut convenu, lors de cette union, que si Charles mourait sans héritier, elle devrait se marier avec son successeur. C'est ce qui se produisit le 8 janvier 1499 à Nantes, avec son mariage avec Louis XII. Mais, elle négocia des conditions plus en sa faveur, puisqu'elle conserva une part d'autonomie pour son duché et réussit à devenir reine. De cette union deux filles survécurent. La cadette : Renée de France épousa Hercule d'Este, duc de Ferrare. L'autre fille, Claude, fut un temps promise au petit-fils de Maximilien, l'archiduc Charles, futur Charles Quint, lors du traité de Blois en 1504, puis à l'héritier du trône, François d'Angoulême, futur François 1er.

A cette époque, Anne de Bretagne retourne vivre en Bretagne. Elle meurt le 9 janvier 1514 à Blois. Elle fut inhumée, le 16 février 1514, dans la basilique royale de Saint-Denis mais, selon sa volonté, son cœur fut transporté à Nantes le 19 mars 1514. En 1532, la Bretagne est définitivement incluse dans le royaume de France.

Jean Leperdit, le bien aimé maire de Rennes (Noyal-Pontivy 1752-1823).

Il s'installe à Rennes en 1780, où il habite, en 1789, la demeure en pans de bois à côté du couvent des jacobins. Trois ans plus tard, on le retrouve comme notable à la municipalité de Du Plessis de Grenédan. Puis il occupe le poste de maire de février 1794 à octobre 1795. Conscient des excès de la Terreur, qui sévissait alors, il voulut éviter à sa ville les affres de cette "guerre civile", ce qui le rendit très populaire. Refusant les sacrements de l'Eglise, il meurt en 1823. Il incarne l'image de la République juste et modérée. Sur l'actuelle place du Champ-Jacquet, sa statue se dresse depuis le 22 septembre 1892. Après avoir été partiellement détruite, sauf la tête, en 1941, elle fut érigée à nouveau après-guerre avec sa tête d'origine.

Louise Bodin, "La Bolchevique aux bijoux" (Paris 1877, Rennes 1929).

Native de Paris, elle épouse un grand médecin rennais. Toute sa vie durant, bien qu'elle soit une privilégiée, elle lutte pour une révolution sociale qui apporterait le bonheur aux déshérités. Surnommée la "Bolchevique aux bijoux", elle est rédactrice en chef de La voix des femmes, collaborant à de nombreux journaux de gauche. Elle épuise sa santé dans les combats du féminisme, du pacifisme, du socialisme et du communisme qui marquèrent le début du siècle.

Alfred Dreyfus (Mulhouse 1859, Paris 1935).

Son nom a marqué les chroniques judiciaires avec l'affaire éponyme qui déchira la France et mobilisa bon nombre d'intellectuels. En 1894, Alfred Dreyfus, officier français de confession juive, est condamné, à tort, pour espionnage au profit de l'Allemagne. L'été 1899, Rennes accueille le second procès du capitaine Dreyfus. L'Affaire bouleverse la vie de la petite citée de 70 000 âmes.

Au cours de la campagne de révision du procès, 1889-1899, Emile Zola publie un violent réquisitoire contre l'état-major, publié dans l'Aurore du 12 septembre "J'accuse". Le second procès a lieu à Rennes. Il oppose les Dreyfusards, antimilitaristes groupés autour de la ligue des droits de l'homme, et les anti-Dreyfusards, antisémites ou ultra nationalistes. Alfred Dreyfus est gracié en 1899 et réhabilité en 1906. A l'époque, Rennes "la calme", ville caserne et administrative, avait été choisie pour apaiser les passions suscitées par cette affaire.

Christophe-Paul de Robien (1698-1756).

Au siècle des Lumières, un homme sort du lot en Bretagne : le président Christophe-Paul de Robien. Il est un membre éminent du Parlement de Bretagne, riche d'une solide fortune, Christophe-Paul de Robien fut aussi un savant, collectionneur d'œuvres d'art. Cet historien-antiquaire fut l'un des premiers à s'intéresser à l'affaire Pontcallec et aux mégalithes. Passionné par la Bretagne, collectionneur aux multiples facettes, il amassa dans son hôtel rennais, en haut de la rue Le Bastard, des milliers d'œuvres d'art qui constituèrent, plus tard, le noyau initial des musées de Rennes.

Paul Féval (1816-1887).

Né à Rennes le 29 septembre 1816, Paul Féval devient orphelin de père en 1827, un conseiller à la cour d'appel. Il obtient en 1836 une licence de droit, mais son expérience d'avocat tournera court très vite. Il "s'exile" alors à Paris en 1837, où il publie des articles et nouvelles. Son premier roman, Le Loup Blanc, est publié en 1842. L'année suivante, il sort Les Mystères de Londres. Dans ses ouvrages intitulés La Belle Etoile et La Louve, les descriptions de Paul Féval s'inspirent de la forêt de Paimpont et de la ville de Rennes.

Charles Vanel (Rennes 1892, Cannes 1989).

Cet illustre acteur est né à Rennes en 1892. Il débuta sa carrière au théâtre et se consacra entièrement au cinéma à partir de 1920. Son jeu nuancé, aux multiples facettes, lui vaut de jouer dans de nombreux grands films dont certains sont devenus cultes. Citons dans sa longue filmographie : Pêcheur d'Islande en 1924, Le Grand jeu en 1934, La Belle Equipe en 1936, Au nom de la loi en 1949, Le Salaire de la peur en 1952, La Vérité en 1960, Sept morts sur ordonnance en 1975.

La place Sainte-Anne

Spécialités locales

La Fête de la paresse

C'est devenu une tradition, le 1er mai, les Rennais fêtent la paresse rue de Saint-Malo ! La rue est fermée à la circulation de 12h à 20h et s'emplit de flâneurs, venus célébrer le farniente. Musiciens, jongleurs, compagnies de théâtre de rue, poètes, on s'assoit par terre ou à une terrasse de café, et c'est parti... L'ambiance est franchement conviviale et tous affichent un sourire heureux ! Cette année, ce sera la 20e édition d'une manifestation créée par Jacques Ars, le patron du bar La Bernique Hurlante.

La Grande Braderie

Pour sa 37e édition en juin 2005, la Grande Braderie rennaise a attiré près de 500 000 visiteurs, venus de toute la Bretagne en quête de bonnes affaires. Le centre de Rennes semble pris de folie ce jour-là, et c'est une véritable marée humaine qui parcourt les étals des commerçants, installés devant leurs boutiques. Centre-ville bloqué et totalement piétonnier, galettes saucisses et "p'tits grillés", l'emblème culinaire de la braderie, aux coins des rues et dans les cafés et les restaurants, l'ambiance de cette journée est unique et attendue tous les ans avec impatience ! Des groupes musicaux animent aussi les rues, et le soir grand concert gratuit place des Lices. Une journée de folie, on vous dit, épuisante mais ô combien satisfaisante pour tous les dénicheurs de bonnes affaires !

Le Parlementin

Sinistrement d'actualité en février 1994 lors de son incendie, le palais de justice de Rennes est aujourd'hui entièrement réhabilité. Il aura fallu dix ans de restauration et tout le savoir-faire des meilleurs artisans de Bretagne et de France pour redonner au Parlement de Bretagne toute sa splendeur, illustrée par sa superbe façade de granit et de tuffeau. Le palais de justice est avant tout un lieu de travail puisque la cour d'appel et la cour d'assises y siègent de façon permanente. Des visites guidées, menées par des guides conférenciers agréés par le ministère de la Culture et qui dépendent de l'office de tourisme de Rennes, ont lieu sur réservation. Pour en bénéficier, il vous suffit de téléphoner à l'office de tourisme, de réserver votre place, et de passer la retirer. Vous vous rendrez ensuite au Palais du Parlement pour écouter pendant 1 heure 30 l'histoire de la rénovation de ce prestigieux édifice et contempler les magnifiques toiles restaurées qui ont maintenant retrouvé leur emplacement d'origine. Le Palais du Parlement de Bretagne n'est-il pas en train de devenir le symbole de la capitale bretonne ?Dans la pensée collective rennaise, il en prend certainement le chemin ! La jeune Chambre économique de Rennes, association très dynamique ayant donné naissance à un gâteau qui porte son nom, le Parlementin, disponible chez la plupart des pâtissiers rennais qui en gardent jalousement le secret de fabrication, ne peut qu'approuver.

Un livre pour la Saint-Yves

Saint Yves est le patron des Bretons. A l'occasion de sa fête le 19 mai, les Bretons s'offrent des livres. Mais pas n'importe lesquels ! Roman, ouvrage d'art, essai, guide touristique, etc., en rapport avec la Bretagne, par l'auteur, l'éditeur ou le thème. A l'origine de cette initiative toute nouvelle, lancée pour la première fois en 2003, le centre régional du Livre. L'idée fonctionne déjà très bien et la Saint-Yves est en passe de devenir incontournable... un livre dans les mains !

Les Transmusicales

Début décembre, Rennes se transforme en un petit laboratoire musical. Les Trans sont le moment de repérage de nouveautés sonores, ovnis tonitruants, redécouvertes de groupes mythiques. C'est en effet, à Rennes que les Berruriers Noirs se sont produits pendant un concert unique lors d'une très éphémère reformation pour les 25 ans des Trans. C'est également à Rennes, qu'une petite frêle Islandaise à la voix d'or, je veux parler bien sûr de Bjork, ex-chanteuse de Sugar Cube, fit sa première scène française... C'est ça les

Trans : une programmation éclectique, rap, reggae, électro, punk-rock, jazz, techno..., qui reste secrète jusque début novembre, sélectionnée par les organisateurs et qui draine une immense foule d'inconditionnels. Cet événement médiatique majeur est complètement indissociable de l'image de la cité rennaise. L'année dernière, avec les travaux du Liberté, les Trans ont déménagé pour s'installer au Parc Expo, à côté de Saint-Jacques-aéroport, route de Redon. Chaque année, de nombreuses soirées animent la ville entière. Des concerts "marathons" dans les grandes salles de spectacles vous sont proposés, de la fin d'après-midi à 4-5h du matin. Les Trans, c'est aussi un Off particulièrement riche : les Bars en Trans apportent chaque année leur lot de belles surprises et d'étonnantes découvertes. Ce qui s'appelait autrefois les Apéros Trans a fait connaître Miossec, Louise Attaque, Mass Hystéria...

Rock'n Solex

Voici, le plus vieux festival d'étudiants de France. Sur cinq jours, du 4 au 8 mai, le cru 2005 de Rock'n Solex a été riche en pétarades, en odeurs de solexine, mais aussi en butinage musical. Il a été proposé : trois jours de courses de solex, 6 heures d'endurance et vitesse, 3 soirées concert de musiques actuelles, un fest noz géant sous un chapiteau de 4 400 places, un tremplin musical et les fameuses Zanim', l'incontournable kermesse! La programmation est tout aussi variée que les activités proposées. Le fest noz a accueilli les formations de David Pasquet Groupe ou Hamon Martin Quintet, alors que les soirées du jeudi, vendredi, samedi furent résolument world-ska-reggae et rock : Tiken Jah Fakoly, The Skatalites, Les Fils de Teuhpu, Girls in Hawaï, Syd Matters, Hollywood Porn Stars, Olli and The Bollywood Orchestra Nosfell, La Phaze, High Tone, l'emblématique Alpha Blondy et en tête d'affiche rock Mass Hystéria.

© Sonia Rabaste

Le beffroi de l'Hôtel de Ville

Rennes, une ville de festivals

Si les Transmusicales ou Rock'n'Solex sont des événements incontournables de la vie musicale des Rennais, il existe également une foultitude d'autres festivals, si nombreux que l'exhaustivité est impossible. Toutefois, citons-en quelques-uns :

Mythos, en avril, festival des raconteurs d'histoires et des musiques actuelles. Un moment où les talents sont nombreux, visibles dans le jardin botanique, dans certains bars, dans des salles de spectacles intimistes, mais aussi dans une voiture... La dernière édition a, en effet, proposé un concert privé pour des groupes de 4 personnes, dans une Mercedes de collection.

Les Tombées de la Nuit, début juillet, initialement c'était le festival rennais des arts de la rue, il est devenu au fil du temps un événement de plus en plus musical qui, parfois, voit se produire quelques artistes voltigeurs, clowns... Imaginer, sur la place de la Mairie, un manège où un jeu de mécanismes règle un rythme de rotation de la machine, des musiciens courent en tout sens sur la plateforme du manège, dressant ou rabattant des pièces de bois qui frappent des éléments... Bref, une boîte à musique géante qui donne le tourni.

Travelling, fin février-début mars, est un festival de cinéma qui prend le thème d'une ville différente chaque année : Le Caire, Tokyo et, l'année dernière, Helsinki. A cette édition 2005, on a pu voir le très fameux réalisateur finlandais Aki Kaurismäki ou encore les burlesques Mickeal Keal et son acolyte de Karvern pour leur dernier road movie en fauteuil roulant en direction de la capitale Finlandaise. Les projections ont lieu dans les cinémas Arvor, Cinéville Colombier, ciné TNB pour Rennes et dans les salles obscures d'Acigné, Betton, Bruz, Cesson-Sévigné, Chartres de Bretagne, **tarifs : Pass Festival : 60 € accès à toutes les séances, plus catalogue et tee-shirt, Abonnements non nominatifs 30 € et 20 € et entrée unique : 5 € à 3 €.**

Récapitulatif des principaux événements culturels, au fil des mois, dans Rennes et sa périphérie.

Janvier

Les Journées de la marionnette de Thorigné-Fouillard

Février

Festival de cinéma Travelling et Travelling junior

Mars

Festival du cirque du Grand Cordel

Fête de la Saint-Patrick

Avril

Festival Mythos : Festival du conte et de l'oralité

Festival Pressing : présentant les meilleurs journaux amateurs

Festival du film français d'Ille-et-Vilaine

Mai

Festival chorégraphique Braises : danse

Festival K-Barré : Semaine de la création étudiante

Festival Rock'n'Solex : des courses de solex sur fond de pétarades rockeuses

Juin

Les motards ont du cœur

Concert Ricard : avec deux têtes d'affiche de musique actuelle.

Fête de la musique

Fête de la jeunesse

Fête de la Saint-Jean

Fête du peuple breton au Parlement de Bretagne

Tourisme industriel en Ille-et Vilaine, juin à septembre

Juillet

Les Tombées de la Nuit

Le Parlement ouvre ses portes : visites libres et expositions les week-ends de juillet et d'août hors sessions du tribunal

Festival Quartiers d'été : animations festives au parc des Gayeulles

Un été au ciné : cinéma de plein air

Les Mercredis du Thabor : dans le kiosque du Thabor

Les Jeudis de l'arbre : visites commentées des jardins rennais

Festival international de danse à Cesson-Sevigné

Août

Rennes au vert, Rennes à la mer : escapades organisées à la journée, chaque mercredi du mois d'août

Concerts d'été de l'orchestre national de Bretagne : musique classique, gratuit

Garden party : Musiques actuelles

Septembre

Mois des braderies à Rennes et en métropole : Canal Saint-Martin, Madeleine-Sacré Cœur, Sainte-Thérèse, Pacé...

Journées du Patrimoine

Festival Bol d'Eire : musique celtique

Octobre

Festival Marmaille : Jeunes et tout public

Lire en Fête

Bulles en Fureur : Festival Boulevard

Fête de la Science

Le Grand Soufflet : Festival d'accordéon sous toute ses formes

Yaouank : fest noz et fest deiz avec musique traditionnelle bretonne

Novembre

Jazz à l'Ouest

Mettre en scène : Festival de théâtrale, création et chorégraphie

Les Bar'baries d'automne, musique

Décembre

Les Transmusicales

Les Rockeurs ont du cœur, festival de musique au profit des Restaurants du cœur, droits d'entrée : un jouet d'une valeur au moins égale à 10 €

Les arts du feu : les métiers d'art s'exposent

Fest-noz de fin d'année

Quoi de neuf

Un cinéma multiplexe dans le centre-ville de Rennes

Fort du constat que le centre-ville de Rennes s'étend au nord et au sud de la Vilaine et que la partie sud était moins équipée que son pendant sur l'autre rive, la municipalité a décidé de redynamiser l'esplanade Charles-De-Gaulle pour créer un pôle attractif et servir de locomotive au développement de l'ensemble du quartier. Ce lifting de l'esplanade Charles-De-Gaulle va se traduire par l'aménagement de la plus grande place piétonne de la ville, la construction d'un nouvel équipement culturel, Les Champs Libres, le remodelage des façades des différents bâtiments bordant la place, la restructuration de la salle de spectacle du Liberté et surtout l'édification d'un cinéma multiplexe Gaumont. Il possèdera 13 salles. L'ancien cinéma Gaumont, sur les quais, sera alors fermé. On chuchote que la Fnac devrait y déménager.

Trois nouvelles salles de spectacles pour Rennes

Aujourd'hui, c'est l'enterrement annoncé de la salle "mythique" de la cité, pour des raisons de remise aux normes impossibles à réaliser. La ville a réagi et propose de construire un nouvel espace dédié aux musiques actuelles qui comprendra 1 200 à 1 300 places et qui sera situé au sud de Rennes, boulevard Louis-Volclair. Ce lieu ouvrira en 2009.

Pour poursuivre l'offre de spectacles dans des grandes salles, la Ville a réaménagé le hall 9 du Parc Expo pour pallier aux travaux de rénovation du Liberté, d'octobre 2006 à 2008. Le lieu s'appellera le MusikHall et pourra accueillir entre 4 000 et 9 000 places selon le spectacle.

Un autre lieu est également en projet et va voir le jour entre le mail François-Mitterrand et la rue Liothaud. Il est voué à accueillir de la musique actuelle. Ces 3 salles vont compléter l'offre existante, opéra, théâtres, salle de concerts de l'Ubu...

Le Théâtre national de Bretagne doit déménager pour d'importants travaux. L'école de théâtre, les spectacles vont être hébergés, pendant deux saisons, dans l'ancienne école Guy-Ropartz où le gymnase a été réaménagé pouvant accueillir 340 places. Certains spectacles auront lieu à l'Opéra de Rennes, au Triangle, au Grand Logis de Bruz... Quant au cinéma, il déménage au théâtre de la Parcheminerie.

Le dictionnaire du patrimoine rennais

Jean-Yves Veillard, ex-directeur du musée de Bretagne à la retraite, et Alain Croix, professeur émérite d'histoire à Rennes II, ont présenté dans un ouvrage de 512 pages et dans un cd-rom comprenant 1 000 illustrations, photo, son, vidéo, au prix de 58 €, le patrimoine au sens large des Rennais. Le Parlement de Bretagne, les maisons à pans de bois, les hôtels particuliers... côtoient, au fil des pages, la galette saucisse, les graffitis, les encaveurs, personnes poussant les tonneaux de cidre pour alimenter les bistrots. Par conséquent, enfin un ouvrage sur le patrimoine qui ne néglige pas le monde contemporain.

Boule de neige

Rennes est connue pour la richesse de son patrimoine architectural. Une maison à pans de bois, la halle Martenot, le Parlement de Bretagne, l'église Saint-Melaine et l'immeuble Les Horizons : cinq monuments, qui ont été choisis pour représenter ce patrimoine... dans une boule à neige ! C'est kitch et branché, très bien réalisé, les monuments sont peints à la main, la boule est en trois dimensions sur son socle, empaquetée dans un sac blanc très chic... Bref, un objet souvenir qui renouvelle élégamment le genre. On doit l'idée et la réalisation à un frère et une sœur, Carole et Christophe Ortiz. Tours et Nantes risquent bien de subir le même sort à leur tour... Collectionneurs, à vos marques... ! Vous trouverez la boule de neige à l'office de tourisme et dans les bureaux de presse, ainsi que dans quelques boutiques en exclusivité.

Rennes en voiture, de plus en plus dur...

Après l'arrivée des parcmètres dans les quartiers Sud-gare et Arsenal-Redon à la rentrée 2004 et un réseau d'avenues, de rues qui vise à contourner le centre-ville de plus en plus piétonnier, voici les nouveaux tarifs des horodateurs. Ils sont plutôt à la hausse sauf pour les résidents. Sur le territoire de la commune de Rennes, vous disposez de 11 parkings : Arsenal, Colombier, Dinan-Chézy, Kléber, Lices, Halles centrales, Gare-sud, Nord-gare, Hoche, Vilaine et Charles-De-Gaulle, actuellement en travaux. Une autre précision, et pas des moindres, l'ensemble ou presque du stationnement en centre-ville est réglementé par des parcmètres. Attention, ces derniers n'acceptent que les pièces de 0,20 € 0,50 €, 1 € et 2 €. Enfin, pour faire face au nombre croissant de personnes venant de la périphérie, travaillant à Rennes et utilisant les transports en commun, la Ville a lancé cinq grands chantiers de constructions de parkings pour un total de 1 650 places en bordure de commune. En d'autre terme, nul besoin de vous enfoncer dans le centre en voiture, garez-la en périphérie et utilisez les transports en commun, bus et métro, ou les vélos gratuits.

Bientôt la nouvelle ligne de métro TCSP !

Après le succès de fréquentation du Val, Véhicule automatique léger, la municipalité va se doter d'une nouvelle ligne de métro qui se nommera TCSP, Transport en Commun Site Propre. Son nom explique bien sa vocation première : favoriser les transports collectifs au détriment des transports privés, et ce, dans le cadre du respect de l'environnement. La ligne et ses stations ne sont pas encore clairement définies. Toutefois, nous connaissons les quartiers qui seront desservis : Univeristé Rennes I, Beaulieu, Rue de Fougères, Saint-Anne, République, Cité judiciaire, le futur quartier de la Courrouze et Cleunay, soit d'un pôle universitaire dans le poumon vert de la ville. Il y a pourtant un mais : de la patience, le projet ne devrait pas voir le jour avant 2015-2020.

Fin de la restauration du Parlement de Bretagne

Dix ans après l'incendie qui a ravagé le Parlement de Bretagne, la restauration s'achève. Touche finale d'un travail exceptionnel, la pose du médaillon central, en juin 2004, au plafond de la salle des Pas-Perdus, dernière des salles à avoir été restaurée. Les mêmes matériaux ont été utilisés, les mêmes gestes répétés à l'identique du XVIIe siècle, par les menuisiers, sculpteurs, peintres, etc. qui ont redonné vie aux hermines blanches et aux armes de Bretagne du magnifique médaillon. Un Parlement tout neuf, où peintures, fresques et tapisseries, réalisées par les plus grands artistes de l'époque, et maintenant semblables aux originaux, ont retrouvé leur place.

Rennes, l'Opéra

Les Champs Libres

Anciennement appelé le Nec — Nouvel équipement culturel, Les Champs Libres est l'œuvre du grand architecte Christian Portzamparc. Même s'il se fait attendre, son ouverture initiale était prévue pour l'année 2005, cet équipement culturel va concourir à la découverte ou la redécouverte du patrimoine culturel, artistique, historique, et initier le public aux connaissances scientifiques, géologiques, astronomiques. **Ce lieu regroupera 3 espaces : Le musée de Bretagne, avec 3 expositions permanentes :**

• **Bretagne des 1 001 images :** présentation du fond iconographique du musée sur 200 mètres carrés.

• **Bretagne est univers :** sur 2 000 mètres carrés seront retracés l'histoire de l'homme en Bretagne, des premières traces à nos jours, expositions d'un simili de chantier de fouilles archéologiques, de nombreuses œuvres de l'art celte, dix siècles d'art religieux, des témoignages sur l'époque ducale et de la Révolution française.

• **Le fond Dreyfus** et deux espaces de plus de 1 000 mètres carrés consacrés aux expositions temporaires des expositions temporaires :

Nous pouvons également ajouter que près de 100 000 œuvres ou objets devraient être numérisés à l'ouverture des Champs Libres. Chacune sera alors plus accessible à tous. De plus, L'Espace des Sciences offrira au visiteur, dans 2 000 mètres carrés une salle d'exploration scientifique destinée aux 7-12 ans sur la forêt de Brocéliande, le laboratoire de Merlin avec des modules interactifs, au premier étage, la salle de la Terre qui explicite la tectonique des plaques et l'histoire géologique du massif armoricain, une salle d'exposition temporaire, sur l'actualité scientifique, des salles de conférence et surtout un planétarium de 100 places, avec des séances de 50 minutes animées par un professionnel. Les Champs Libres vont également renfermer la bibliothèque municipale avec un fond de 120 000 références imprimées, 15 000 cd, 12 000 cd-rom et dvd, 5 000 boulevards, 300 titres de périodiques. Avec 600 places, elle s'étendra sur 6 étages, proposant des ateliers d'écriture, de la musique, des connections Internet et un espace doté de 3 000 documents sur la vie locale, la citoyenneté, les institutions politique, les droits de l'Homme. Enfin, le musée du livre et des lettres Henri-Pollès achèvera de compléter cet espace dédié à la culture suboulevardivisé en 6 thèmes : jeunesse, musique et cinéma, sciences et techniques, romans, langues et littératures, patrimoine, arts-civilisations et société.

Pôle commercial de La Visitation

Le centre-ville de Rennes dispose côté sud, du centre commercial Colombia. Fin 2006, ce pôle aura son pendant au nord, sur l'îlot de La Visitation. Il regroupera sur 15 000 mètres carrés des enseignes comme Intersport, Planète saturn, multimédia et l'électroménager. Ce projet sera accompagné d'un réaménagement du quartier avec un parvis de 250 mètres carrés, l'agrandissement du parking Hoche et un espace piétonnier dans les rues de La Visitation et de Bertrand. Ce projet vise à redynamiser le pôle nord du centre-ville. Les fouilles archéologiques entreprises pour la construction de cet espace commerçant ont permis d'excaver un important quartier gallo-romain de Condate. Toutefois on pourra déplorer la non-conservation de ces éléments dans le projet de La Visitation, un bâtiment sur pilotis avec un plancher en verre aurait été suffisant...

Visiter

Cette partie vous présentera une liste, volontairement non exhaustive des sites remarquables et des musées de la ville et de ses environs. Bien entendu, si vous souhaitez de plus amples informations, il est bien entendu conseillé de se rendre à l'office de tourisme, installé dans la chapelle Saint-Yves. Une exposition permanente Rennes, ville d'Art et d'Histoire, y retrace l'histoire de la ville au regard de son patrimoine figuré par des maquettes, photographies, pupitres et stèles... Un bon début pour découvrir la ville.

OFFICE DE TOURISME DE RENNES 11, rue Saint-Yves, CS 26410, RENNES CEDEX
© 02 99 67 11 11. *Site Internet : www.tourisme-rennes.com Horaires d'ouverture de l'exposition :*

Du 1er avril au 30 septembre : 9h à 19h

Du 1er octobre au 30 mars : 9h à 18h

Dimanche et jours fériés toute l'année : 11h à 18h

Fermeture : 1er mai, 25 décembre, 1er janvier

L'office du tourisme de Rennes organise des visites thématiques de la ville, des ateliers du patrimoine, des conférences, deux fois par mois, le mardi midi à la chapelle Saint-Yves, et vous fournit toutes les informations nécessaires pour la découverte des environs de Rennes. Ainsi, il vous permettra de découvrir, par exemple, un grand nombre d'hôtels particuliers rennais, le Parlement de Bretagne ou encore la mairie. Cette dernière est ouverte gratuitement au public uniquement l'été, du 15 juillet au 15 août, pour des visites guidées, du lundi au vendredi à 14h30 et 16h, rendez-vous à l'hôtel de ville. Il est également possible de le visiter durant les journées du Patrimoine ayant lieu au mois de septembre. Il est aussi possible de visiter le Parlement de Bretagne, sur réservation, avec un guide conférencier agréé par le ministère de la Culture, ou en visite libre, en juillet et août, tous les jours, sauf en période de procès. En ce qui concerne les autres visites thématiques, elles sont quotidiennes en juillet et août et une fois par week-end, le reste de l'année. Vous pourrez ainsi découvrir les thèmes suivants : Le patrimoine religieux, de l'architecture au mobilier, Le Thabor : du verger des moines au parc de Bühler, Ville parlementaire et du droit : le Parlement de Bretagne et les hôtels particuliers, La place royale et l'architecture du XVIIIe siècle, Rennes intime et colorée : cours intérieures, porches et escaliers et bien d'autres choses encore. L'été, les visites thématiques sont également proposées une fois par semaine en anglais, allemand, espagnol et italien.

La région rennaise est intimement liée aux anciennes Marches de Bretagne. Elle propose aux visiteurs de multiples environnements patrimoniaux : forêts, de Brocéliande et de Rennes, forteresses, Vitré, Fougères et Montmuran, plan d'eau, vallées fluviales... Des sorties et promenades sont organisées au départ de Rennes par l'office du tourisme : Rennes à la mer et au vert chaque mercredi du mois d'août.

Un programme trimestriel est édité par le service Rennes Ville d'Art et d'Histoire qui les recense, ainsi que les conférences, les différents ateliers du patrimoine et tous les circuits découvertes, circuits à la journée sur un thème précis à Rennes et circuits dans le Grand Ouest.

Pratique : le coût d'une visite est de 6,10 € tarif normal, 3,05 € pour les étudiants, les demandeurs d'emploi, les handicapés et les enfants de 7 ans à 15 ans, et gratuit pour les moins de 7 ans. Le point de départ des visites est souvent la chapelle Saint-Yves, sauf mention contraire.

La place des Lices

Elle était à l'origine située à l'extérieur des murs de la ville Son nom provient des tournois que l'on y organisait. A la Renaissance, la place des Lices fut agrémentée par les hôtels particuliers de parlementaires. De ceux-ci citons, par exemple, les hôtels Racapé de la Feuillée ou celui de la Noue, tous de 1658, avec son pavillon central couvert par un toit en carène de navire renversé. Au centre de la place se dressent les halles Martenot, 1868-1871. Il s'agit de halles métalliques construites à la façon Baltard, qui accueillent aujourd'hui une partie du marché du centre-ville, le samedi matin, des brocantes, des concerts et de nombreuses expositions temporaires. Ces deux édifices témoignent de l'architecture métallique du XIXe siècle. Ils ont été érigés par Jean-Baptiste Martenot, un contemporain et disciple d'Eiffel et de Baltard, en lieu et place des anciennes halles édifiées hors de l'enceinte de la ville, suite à la peste de 1622. Jean-Baptiste Martenot s'inspira des halles parisiennes de Baltard en utilisant un soubassement en granit, surmonté d'un jeu polychrome de briques rouges et blanches rehaussées par une crête en fer, actuellement fermé par un vitrage. Une troisième halle, n'existant plus aujourd'hui, se dressait à l'est et était l'œuvre de l'architecte Emmanuel Le Ray. Comment parler de la place sans évoquer également Du Guesclin ?Le célèbre connétable y brisa quelques lances. Voici quelques années, la place des Lices a été remodelée en terrasses, avec un parking souterrain. Aujourd'hui, c'est aussi chaque samedi matin un marché : marché aux fleurs mais aussi de produits du terroir breton, pains, crêpes, fromages, légumes, fruits, viandes, poissons, crustacés, etc. Lieu d'échanges mais également lieu de rencontres pour un petit café sur une terrasse ou un apéritif prolongé entre amis quand arrivent les beaux jours. Si vous descendez ensuite la rue de Juillet ou l'étroite rue des Dames, du nom des demoiselles d'honneur de la cour d'Anne de Bretagne, vous parviendrez alors dans les plus vieux quartiers de la ville, notamment dans les rues du Chapitre et de la Psallette, où vous découvrirez de belles maisons des Xe et XVIIe siècles restaurées et colorées, à pans de bois.

Les Portes mordelaises, XVe et XVIe siècles

Au fond d'une petite rue située en face de la cathédrale Saint-Pierre, on découvre un des rares témoignages de l'enceinte fortifiée de la ville. Les Portes mordelaises tirent leurs noms de la route qui partait de Rennes en direction de la ville de Mordelles. Suite à la démolition d'une habitation, on a pu redécouvrir la symétrie de cet édifice défensif, construit comme une partie des fortifications du XVe siècle grâce à une taxe sur les boissons. Les Bretons ayant, en la matière, bonne réputation. Les Portes mordelaises sont constituées par un châtelet à deux tours couronné de mâchicoulis. Elles sont percées de deux portes : charretière et piétonne, donnant sur un pont-levis. Le caractère défensif de ce bâtiment est indéniable au regard des casemates situées dans les murs de la barbacane. Ces portes appartiennent à un ensemble qui se poursuit à l'ouest par l'enceinte médiévale, construite sur le tracé de la muraille du IIIe siècle, où est logée la tour Duchesne, lieu où prêtaient serment les futurs ducs de Bretagne.

La cathédrale Saint-Pierre, 1543-XVIIe-XIXe siècles

"Désormais tu t'appelleras Pierre et sur cette pierre tu bâtiras mon église"... Bon c'est vrai, mais on s'y est repris plusieurs fois pour construire la cathédrale Saint-Pierre. Au VIe siècle, une première église est érigée, mais du fait de son état et de l'évolution du goût architectural, elle fut remplacée à partir du XIIe siècle par un sanctuaire dont la construction s'acheva au XIVe siècle. De ce bâtiment gothique, seuls les plans nous sont parvenus. Puis elle fut à son tour remplacée par un édifice, dessiné par Tugal Caris, Pierre Corbineau et François Huguet, dont il ne reste que deux portails latéraux, du XVIe siècle, ainsi que deux tours et un narthex, du XVIIe siècle. En 1754, le chœur s'effondre. Une nouvelle cathédrale sort de terre. Ses plans sont l'œuvre de Crucy et Binet, mais les travaux durent être interrompus en 1791. Ils reprirent en 1820, sous la direction de Crucy et Richelot qui produirent l'actuelle cathédrale néo-classique avec son plan basilical, sa façade à 5 étages de colonnes, dont l'intérieur est ponctué par 44 colonnes couronnées de chapiteaux ioniques. A l'intérieur, vous pourrez également y découvrir, dans l'une des chapelles latérales, un retable gothique anversois du XVIe siècle en bois doré retraçant la vie du Christ et de la Vierge.

La place de la Mairie

Suite au violent incendie de la veille de Noël de 1720 qui ravagea une grande partie du centre-ville, 32 rues et 900 maisons à pans de bois furent ruinées. La ville a presque été entièrement réduite en cendres. Son beffroi et son présidial du Champ-Jacquet ont été très endommagés. Le 23 mai 1730, le conseil de la ville accepte le projet de reconstruction de Jacques Gabriel, 1667-1742. Cet éminent architecte du roi est également connu pour avoir construit la place de la Bourse de Bordeaux, l'ancien quartier marchand de Lorient, le parlement de région de Dijon... Son plan de ville proposa d'établir deux vastes places, l'une dédiée à Louis XIV, ce sera la place du Parlement-de-Bretagne, et l'autre à Louis XV : actuellement place de la Mairie. Cet architecte propose de réunir sur cette place trois institutions de la ville de Rennes, regroupées dans un seul bâtiment : l'hôtel de ville au sud, le présidial au nord et la tour de l'Horloge au centre. Aujourd'hui l'ensemble forme la mairie de Rennes.

Celle-ci, du milieu du XVIIIe siècle, possède donc la tour de l'Horloge à la base de laquelle était érigée, dans une niche, la statue de Louis XV. Globalement cette partie du bâtiment est de plan circulaire, s'élève sur deux étages coiffés par un dôme en bulbe avec horloge, autrefois orné d'une fleur de lis en plomb doré, mais modifié en 1812. La tour de l'Horloge recèle en son sein la chapelle de l'hôtel de ville au premier étage. Cette tour est enchâssée entre deux pavillons qui rejoignent la tour avec une façade formant un hémicycle. Ces deux corps de bâtiment dit "en clavelin" reprennent le vocabulaire architectural des grands hôtels classiques et font également référence à la parisienne Chambre des Comptes de ce même architecte, au collège des Quatre-Nations, de Paris, de Le Vau et aux écuries versaillaises d'Hardouin-Mansart. Outre ce bâtiment, faisant face à la mairie de Rennes, la place compte également la présence de l'Opéra édifié un siècle plus tard par Millardet, qui a su jouer à merveille avec les rondeurs architecturales en vogue à la fin du Premier Empire. Placé sous la vigilance des muses posées au faîte de sa façade, il présente un plafond intérieur, décoré en 1913 par Lemordant, qui figure la ronde des petites Bretonnes. Les deux bâtiments face à face s'harmonisent fort bien, créant une sorte de complémentarité de "Lego" géant. C'est indiscutablement LA place de Rennes, car il s'y passe toujours quelque chose... De l'exposition d'œuvres d'art à diverses séances de signatures pour de nobles causes, en passant par des sondages ou autres événements culturels, chaque jour amène sa petite ou grande manifestation, sans oublier la musique et la réplique d'un manège d'antan.

L'église Saint-Germain

De la place du Parlement, la rue Edith-Cawell, la rue Saint-Georges, la rue de Rennes où il y a le plus de restaurants au mètre carré, vous entraîneront vers la place Saint-Germain, dont l'église passe pour être l'une des plus belles de la ville. Débutée à la fin du XVe siècle, elle sera achevée au début du XVIIe siècle par Gaultier qui travaillait alors sur le chantier du Parlement de Bretagne. La richesse de la construction s'explique par le fait que Saint-Germain était la paroisse des riches marchands et bourgeois de Rennes. C'est pourquoi, vous ne serez pas surpris de voir un monumental portail sud où sont étagés des colonnes formant la même hiérarchisation des ordres, dorique, ionique et corinthien, que celles construites pour la chapelle du château d'Anet, propriété de Diane de Poitiers, favorite du roi, reprenant celle de l'arc de triomphe de Titus...

Le Palais du Parlement de Bretagne

En haut de la place de la Mairie, une petite rue débouche quelques mètres plus loin sur la place du Parlement-de-Bretagne, deuxième place royale à Rennes anciennement dédiée à Louis XIV. La première pierre du Parlement de Bretagne, édifice de pierres dans une ville de bois, fut scellée au début du XVIIe siècle, sous les ordres de l'architecte Gaultier... Mais il faudra du temps pour nous donner l'actuel Parlement et plusieurs architectes y participeront, dont le célèbre Salomon de Brosse, l'architecte du Palais du Luxembourg, attaché à Marie de Médicis. Gabriel, architecte du roi, appelé pour reconstruire le cœur de la ville après l'incendie de 1720, lui donnera une place royale digne de son architecture ainsi que son aspect définitif. Cet architecte supprima le gigantesque degré, autre nom pour désigner un escalier, donnant sur une terrasse qu'il a fait également disparaître. En effet, le bâtiment de Salomon de Brosse possédait en rez-de-chaussée une prison et une conciergerie, sous le premier étage où était installé le Parlement de Bretagne. Les parlementaires employaient donc un escalier monumental pour accéder à l'entrée d'apparat située au centre de l'actuelle salle des Pas-Perdus. On distingue encore aujourd'hui cette ancienne entrée sous la forme d'une grande baie fermée par un balcon. Mais l'aménagement de la place royale avec au centre une statue équestre en bronze de Louis XIV, fondue durant l'Empire, rendait peu séant la pratique d'un tel escalier par les parlementaires, qui aurait alors dominé en hauteur la statue du roi. Par conséquent, Jacques Gabriel décida de détruire cet entrée en reléguant dans la cour centrale du bâtiment un grand degré à double volée. En février 1994, un spectaculaire incendie, dont l'origine demeure bien mystérieuse, embrasait l'édifice, détruisant en grande partie ce joyau du patrimoine rennais et breton. Aujourd'hui restauré, il accueille à nouveau les cours d'appel et d'assises. Une association, l'Arap, Association pour la renaissance et l'animation du Parlement, y organise régulièrement des animations et des expositions. Ce majestueux édifice est à nouveau ouvert aux visiteurs par le biais de visites guidées menées par les guides-conférenciers du service Rennes, Ville d'Art et d'Histoire de l'office de tourisme de Rennes ✆ 02 99 67 11 11.

Le parc du Thabor

Depuis les places de la Mairie et du Parlement, tout un réseau de petites rues anciennes et pittoresques, rue Saint-Melaine, de La Visitation, Victor-Hugo, Saint-Georges et Corbin, convergent en direction de l'église paroissiale Notre-Dame-en-Saint-Melaine, ancienne abbaye Saint-Melaine, et du jardin du Thabor. Durant la Révolution de 1789, le parc de l'abbaye, ancien verger des moines, deviendra un vaste jardin public. Ouvert au public au XVIIIe siècle, le Thabor est réaménagé au XIXe siècle par un célèbre architecte paysager Denis Bühler, à l'origine du parc de la Tête d'Or à Lyon et du parc Borély de Marseille, qui en fera un parc d'agrément doublé d'un jardin botanique de notoriété nationale, qui voulait à l'époque rivaliser avec le jardin des Plantes de Paris. Il peut aujourd'hui s'enorgueillir d'être l'un des plus beaux jardins de France. Les amoureux y côtoient jeunes mamans ou employés s'accordant une bouffée d'oxygène à l'heure du déjeuner. Un lieu d'exposition, l'Orangerie jouxte une terrasse de café romantique, hors du temps. Sur ces 10 hectares au cœur de la ville, Jean-Baptiste Martenot signe là encore le kiosque à musique. Un jardin à la française s'agrémente de bassins, jets d'eau et parterres fleuris tandis que quelques statues accompagnent le visiteur. Pour finir la promenade, la roseraie, un lieu enchanteur composé de plants de rosiers datant du XVIe siècle à nos jours, rassemble de nombreuses variétés de rosiers grimpants qui montent à l'assaut des pergolas et autres tonnelles.

La piscine Saint-Georges

Œuvre d'Emmanuel Leray, architecte de la ville ayant largement marqué Rennes de son empreinte, la piscine Saint-Georges date du début du siècle, 1925. Son bassin, décoré par la célèbre famille de mosaïstes italiens Odorico, représente un bel exemple du style des Années Folles. Sachez enfin que cette piscine, toujours ouverte au public, fut l'une des premières chauffées en France, avec celle du musée La Piscine de Roubaix. Elle a également servi de cadre à la Boulevard Calypso, publiée chez Casterman.

La place Sainte-Anne

La place Sainte-Anne, si elle n'est pas le centre géographique de Rennes, reste un incontournable de la vie rennaise, notamment parce qu'elle est bordée par les rues animées fréquentées par les étudiants. Elle a totalement été repensée avec l'arrivée du métro et est aujourd'hui agencée de façon intelligente, même si certains regrettent l'ombre des anciens marronniers. Pourtant d'autres arbres, certes un peu chétifs ont été replantés. Dans les rues qui mènent à la place, rue Saint-Louis, Saint-Michel, la fameuse rue de la Soif, de Penhoët, Saint-Malo ou Saint-Melaine, on peut voir de nombreux exemples de maisons à pans de bois, mais également d'autres du début du XXe siècle qui s'agencent harmonieusement. Au centre, l'église Saint-Aubin qui donne sur la place Sainte-Anne est inachevée. C'est peut-être pour cela que la place porte le nom de l'ancien couvent avec la ruine de l'ancienne chapelle Sainte-Anne, et dans lequel aujourd'hui a été installée une école d'escrime.

La place de la République

Tout le quartier qui gravite autour du Palais du Commerce et qui va jusqu'au lycée Zola, où s'est tenue la révision du procès du capitaine Dreyfus, est un autre centre de Rennes, avec ses Halles centrales, qui abritent un marché quotidien et la galerie d'art La Criée, et tout un circuit semi-piétonnier, rue Vasselot, qui témoigne de la vitalité et de la diversité du commerce rennais. N'oubliez pas de faire un large détour par le musée des beaux-arts sur le quai Emile-Zola, qui retrace l'histoire de la peinture du XIVe siècle à nos jours. Ce bâtiment abrite également le musée de Bretagne pour des expositions temporaires en attendant son emménagement dans les Champs Libres près de la gare. Le musée de Bretagne y sera plus à son aise pour présenter sa collection permanente expliquant, de la Préhistoire au XVIIIe siècle, l'histoire du pays et des hommes. Le musée aura également pour colocataires l'Espace des Sciences et la bibliothèque municipale qui vont également tous deux changer d'adresse. Mais revenons à la pièce centrale du quartier, l'ancien palais du commerce construit entre 1885 et 1929. Ce bâtiment était à l'origine chargé d'abriter d'une part les postes et télégraphes, d'autre part la Bourse du commerce. Il est l'œuvre de Jean-Baptiste Martenot et Emmanuel Le Ray. Ce dernier compose le pavillon central, de plan carré, ouvert à la circulation au rez-de-chaussée, surmonté par un étage qui abritait la salle des fêtes de la ville, le tout coiffé par un dôme en ardoise à plan carré.

flâner

Manège " les voyages extraordinaires "

MANEGE COM'AVANT 1, allée Verlaine.
Ouvert tous les jours, sauf le dimanche, de 10h à 20h. Le mercredi, samdi et pendant les vacances toute la journées. Tarif ticket : 1,50 € l'unité. Carnets de 10 tickets : 10 €, ainsi que des cartes d'abonnement. Les tickets rouges, libellés Voyages Extraordinaires, sont valables sur tous les manèges de la société, Groix, Belle-Ile, Rennes, Nantes...
On a tous un souvenir d'enfance de manège. Rappelez-vous, le pompon, la queue du Mickey... Voici une société, machine à souvenirs pour nos jeunes générations ou celles à venir, marchande de rêves et de mille et un sourires d'enfants. Cette société, implantée à Rennes, place Sainte-Anne, aux centres commerciaux Alma et Grand-Quartier, à Belle-Ile, à l'île de Groix, à Nantes, se propose de donner à vos enfants le tournis sur des manèges ornés de motifs liés aux années cinquante et à Jules Verne. Cette entreprise est née de la passion des Ducasses, d'un enfant devenu adulte qui, après une carrière dans la publicité, a créé Manège Com'Avant. Au départ, elle restaurait des manèges, mais maintenant elle les conçoit pour des municipalités, des centres commerciaux... pour ceux qui voudraient avoir un beau manège, comme un groupe de musique, un festival. Le patron, toujours niché au manège de la place Sainte-Anne, a travaillé en accord avec la ville, pour redynamiser, le jour, le quartier. Aujourd'hui, c'est chose faite. Il est même épaulé par les commerçants des abords qui offrent des tickets pour ses distractions. De nos jours, sa passion l'a conduit à la tête d'une entreprise qui compte pas moins de 10 manèges et 20 personnes. Enfin, comme tous les amoureux de leurs passions, M. Delbarre a aujourd'hui envie de faire partager son savoir. Il va prochainement organiser une exposition à Rennes et Nantes. Alors en attendant la suite, faite un petit tour de manège ou offrez-en un à un enfant.

Espaces verts

Rennes compte près de 800 hectares consacrés aux loisirs de plein air. Près de la moitié sont des parcs, des bases de loisirs et des complexes sportifs, soit 15 % de la surface totale de la ville. Voici une liste non exhaustive des principaux espaces verts de la ville.

Toutefois, pour plus d'informations, contactez :

DIRECTION DES JARDINS, VILLE DE RENNES 5, boulevard de la Duchesse-Anne, BP 3126, RENNES, 35031 CEDEX ✆ 02 99 28 56 62. *E-mail : jardins@ville-rennes.fr Ouvert du lundi au vendredi de 8h15 à 12h et de 13 h à 17h15.*

BASE DE LOISIRS, PARC DES GAYEULLES. Avec ses 100 hectares, c'est un des plus grands parcs de loisirs de Bretagne. Pour vous y rendre, vous emprunterez la ligne de bus numéro 3 et descendrez avenue des Gayeulles. Trois plans d'eau, dont un est accessible aux pédalos, une piscine, une patinoire, un camping, des aires de jeux, un mini golf, une ferme pédagogique, des jardins familiaux et des installations sportives diverses, tennis, squash, parcours de footing de 3 kilomètres et 5 kilomètres... Un lieu très agréable pour un bon bol d'air en famille, ou pour faire un peu d'exercice. Plusieurs bornes-fontaines, des points d'eau potable, y ont été installées. Notez que le parc des Gayeulles est entièrement accessible aux personnes handicapées.

BASE DE PLEIN AIR ET DE LOISIRS DE LA PREVALAYE. Dans le quartier de Cleunay, cette base de loisirs est accessible par la ligne numéro 19. En tout, près de 200 hectares pour vous adonner aux joies des activités de plein air, du jardinage, 226 parcelles de jardins familiaux, à la planche à voile, sur un bel étang de 20 hectares, sans oublier la plage surveillée de sable fin aménagée pour la baignade et les bains de soleil. Aux beaux jours, on y passe d'agréables journées, d'autant que des aires de pique-nique y ont été aménagées. Le lieu saura vous séduire également avec ses restaurants, ses promenades aménagées autour des étangs, le long des chemins de halage, mais aussi avec ses cerisiers, framboisiers sauvages particulièrement goûteux. Notez que la base de plein air et de loisir de la Prévalaye est entièrement accessible aux personnes handicapées.

LES CAMPUS DE BEAULIEU, DE KER LANN ET DE VILLEJEAN. Ce sont de vastes zones de verdure joliment aménagées, où de nombreux étudiants viennent pratiquer une activité sportive, escalade, jogging, tennis, squash, piscine, football, rugby... mais aussi faire une sieste bucolique accompagné ou non...

JARDIN SAINT-GEORGES Rue Gambetta et rue Kléber. Accessible par le bus numéro 3, cet espace vert, dominé par un palais, fait moins de 1 hectare, 0,7 hectare, mais est pourtant à visiter. Les amoureux des jardins à la française en apprécieront beaucoup le dessin. Il ouvre toute l'année dès 8h et ferme au plus tôt à 17h45 en hiver, 20h30 en plein été. Notez que le jardin est entièrement accessible aux personnes handicapées.

PARC DE BEAUREGARD Rue du Bois-L'Abbé. Avec 6 hectares d'un seul tenant, accessible par le bus numéro 6, entièrement ouvert aux personnes handicapées, ce nouveau parc, au concept innovant propose : cadran solaire géant, espaces jeux et gros animaux colorés, marches de schiste bleu, jeux de lumières au cœur de murets en schiste, fontaine, prairies en terrasse, et une œuvre de plein air monumentale de l'artiste contemporain Aurélie Nemours.

PARC DE BREQUIGNY Rue d'Angleterre. *Ouverture à 8h. Fermeture à partir de 17h30, et au plus tard à 20h30.* Pour vous y rendre empruntez les lignes de bus numéro 3, 15 et 33. Plutôt vaste avec ses 16,6 hectares, le parc de Bréquigny se veut un lieu familial, pour la détente, le farniente et les loisirs. Le parcours d'orientation séduit beaucoup de Rennais et de voisins. Le parc possède même une pataugeoire, très utile pour rafraîchir les bambins lors de températures caniculaires.

PARC DE MAUREPAS Rennes nord-est, entre les boulevards Paul-Painlevé et Raymond-Poincaré. Créé en 1936, dans le contexte d'une société laborieuse qui découvrait les loisirs, le parc s'étend sur 5,5 hectares. Il est accessible aux personnes handicapées et il est desservi par la ligne de bus numéro 1. Le concept du parc est assez original, entre lieu de contemplation et de farniente et parc avec des activités. Par exemple, il y a une grande place pour les jeux destinés aux enfants. Ce parc possède également de vastes pelouses, dont certaines accessibles au public, des surfaces boisées et ombragées.

PARC DES HAUTES OURMES. *Ouvert à 8h et ferme entre 17h45 et 20h30 selon la saison.* Pour vous y rendre, empruntez les lignes de bus numéro 2 et 5 ou descendez à l'arrêt Poterie du métro Val. En allant vers le quartier de la Poterie, au sud-est de la ville, le parc des Hautes-Ourmes offre 4,50 hectares de promenades et d'aires de jeux.

PARC DES TANNEURS 6, rue Saint-Martin, Rue des Tanneurs et rue François-Menez. Bus numéro 15 et 18. *Ouvert de 8h à 17h30 en hiver et de 8h à 20h15 en été.* C'est l'ancien jardin d'une demeure bourgeoise du XIXe siècle, rachetée il y a maintenant quelques années par la ville de Rennes. Naturellement le parc, de 1,1 hectare, a été ouvert au public qui y découvre un espace vallonné, calme et harmonieux, propice à la détente, à la flânerie à l'ombre de ses arbres centenaires.

PARC DE VILLEJEAN. *Ouvert de 8h à 17h45 en hiver, de 8h à 20h30 en été.* Le bus numéro 8 vous y déposera, pour un moment agréable, entre pique-nique, possibilité d'y faire des barbecues, espaces verts et aires de jeux...

PARC DU THABOR Place Saint-Melaine, Rue de Paris. Accessible aux personnes handicapées. *Ouvert dès 7h15 toute l'année, 7h30 en février, fermeture entre 18h et 21h selon la saison.* L'entrée principale de ce joyau du XVIIe siècle, remodelé au XIXe siècle par Denis Bühler, en plein centre-ville, se situe place Saint-Melaine. On peut également y accéder par d'autres portes, sur les lignes de bus numéro 1, 3 et 4. Il appartient à la ville de Rennes depuis 1802. Ses 10 hectares vont du jardin à la française au jardin romantique anglais. Ils abritent des espèces magnifiques, cèdres, séquoia, magnolias..., superbement entretenues, un jardin botanique ainsi qu'une immense roseraie. Bassins et statues lui confèrent un caractère singulier. L'endroit idéal pour souffler, un coin de campagne en pleine cité urbaine. Les animaux y sont acceptés, à condition d'être tenus en laisse. Au printemps, il est bon de s'arrêter quelques minutes, le temps de lire quelques pages d'un bon roman, ou le temps d'une rencontre, à l'ombre des tilleuls embaumant l'air de leur subtil parfum...

En mal de jardinage

Pour les mordus de la bêche, les accros du rateau ou les inconditionnels du repiquage, du dépalissage, de la production biologique de fruits et légumes, il y a les incontournables jardins familiaux. La ville de Rennes propose des parcelles de 100 mètres carrés, 150 mètres carrés ou 200 mètres carrés dans 6 secteurs de la ville : La Bintinais, 229 parcelles, La Prévalaye, 226 parcelles, Les Gayeulles, 146 parcelles, Cleunay, 50 parcelles, Villejean-Le Breil, 52 parcelles, et Villejean-Pont Lagot, 11 parcelles. Pour obtenir l'une de ces 714 parcelles, il vous faut adhérer à l'association suivante :

ASSOCIATION DES JARDINS FAMILIAUX DE LA VILLE DE RENNES 24, rue Poullain-Duparc, RENNES © 02 99 79 12 57. *Ouvert le mardi et mercredi de 8h30 à 11h et de 14h à 18h.* Il vous faut également vous acquiter de la redevance d'occupation annuelle. Outre cette possibilité bien connue, la direction des jardins de la ville de Rennes vous propose de vous occuper d'une petite surface, de 10 mètres carrés à 12 mètres carrés d'espaces verts publics à proximité de chez vous. Ceci donne l'occasion aux habitants de réinvestir les espaces publics.

PARC OBERTHUR 82, rue de Paris. *Ouvert de 8h à 17h30 et 20h15 selon l'époque de l'année. Bus numéro 3, accessible aux personnes handicapées.* Avant de dessiner le parc du Thabor, Denis Bühler a sévi à Oberthur. Créé vers 1860 par l'imprimeur du même nom, François-Charles Oberthür, père de la collection Quo Vadis, ce parc de près de 3 hectares abrite des espèces botaniques remarquables qui séduisent les visiteurs. Certains sont des habitués, inconditionnels des lieux se promenant entre les bosquets d'arbres et admirant des plans d'eau avec berges aménagées.

Musées

ECOMUSEE DU PAYS DE RENNES Ferme de la Bintinais, Route de Châtillon-sur-Seiche © 02 99 51 38 15. *Du 1er avril au 30 septembre, ouvert du mardi au vendredi de 9h à 18h, le samedi de 14h à 18h et le dimanche de 14h à 19h. Du 1er octobre au 31 mars, ouvert du mardi au vendredi de 9h à 12h et de 14h à 18h, le samedi de 14h à 18h et le dimanche de 14h à 19h. Aire de pique-nique. Fermé les jours fériés toute l'année.* L'idée originale de ce musée en a fait son succès, et l'Ecomusée de la Bintinais est désormais reconnu comme un pôle agro-culturel unique en France : en reconstituant une ferme traditionnelle, il s'agit d'explorer le passé de toute une région. Sur trois étages, l'exposition permanente de la ferme de la Bintinais retrace les cinq siècles d'histoire de la ferme. C'est ainsi que sont décrits les liens étroits qui unissent la ville de Rennes à sa campagne en présentant des pièces reconstituées, des objets, des machines et des meubles. Ce musée propose des outils pédagogiques audiovisuels, des jeux interactifs et des films. L'écomusée de la Bintinais organise également des expositions temporaires sur le monde agricole, le paysage et les paysans. Par exemple, la prochaine exposition aura lieu à la fin du mois de septembre 2005 sur ce dernier thème. Elle s'intitulera : L'arbre, la haie et l'homme.

La visite de la ferme donne lieu à la découverte de nombreux aspects de la vie locale, en abordant sur ses 19 hectares l'agriculture et l'élevage en Bretagne depuis le XVIIe siècle. La circulation étant totalement libre dans la ferme, chacun va à son rythme et selon ses centres d'intérêt, du cellier aux cuisines... La visite se prolonge bien au-delà des parties habitables de la ferme, un cheptel de 19 races d'animaux, les anciennes races domestiques bretonnes, peuplent les alentours : moutons d'Ouessant, chevaux de trait, poules, pies noires... Mais l'Ecomusée ne se borne pas à préserver la survivance de races animales anciennes. Il s'évertue aussi à conserver un patrimoine génétique végétal remarquable : céréales, blé noir, avoine, orge..., fruits, pommes et pommes à cidre, poires, cerises..., plantes, chanvre, lin... Avec un peu de chance, le jour de votre visite coïncidera avec l'une des nombreuses festivités qu'organise l'Ecomusée tout au long de l'année. L'occasion d'assister à des gestes et coutumes d'autrefois.

ESPACE DES SCIENCES Centre commercial Colombia, 1er étage ✆ 02 99 35 28 28. *Site Internet : www.espace-sciences.org Fermé en août. Exposition : ouvert du lundi au vendredi de 12h30 à 18h30. Le samedi de 10h à 18h30. Groupes et scolaires sur réservation. Tarifs : plein à 2 €, réduit à 1€, gratuit pour les moins de 12 ans accompagnés, et forfait de 25 € pour les groupes. Animations thématiques tout public : tous les jours à 16h.* Jusqu'à l'emménagement dans les locaux des Champs Libres, l'Espace des Sciences a pour vocation de rendre accessible à tous les publics le développement des sciences et des techniques. Au rythme de 3 expositions par an, il met en scène des découvertes étonnantes afin de familiariser le grand public à l'univers des sciences. Des outils interactifs permettent de participer activement à l'éveil et à la curiosité des visiteurs. L'association de loi 1901, qui occupait précédemment les locaux de la ville, déménage en 2005 au Nec, sur le site de l'ancienne gare routière, rejoignant le musée de Bretagne et la bibliothèque municipale centrale. Elle publie également une revue mensuelle sur la recherche et l'innovation en Bretagne, Sciences Ouest, à laquelle est joint un livret de 4 pages destiné aux plus jeunes. L'Espace des Sciences propose également des cycles de conférences, qui ont lieu chaque mardi soir à 20h30.

MUSEE DE BRETAGNE 20, quai Emile-Zola ✆ 02 99 28 55 84. *Ouvert de 10h à 12h et de 14h à 18h. Fermé le lundi et les jours fériés.* Avant de s'installer dans les Champs Libres, les collections du musée de Bretagne se doivent d'être informatisées... et un tel déménagement demande des préparatifs importants. Fin 2005, voire courrant 2006, le nouveau musée ouvrira ses portes mais d'ici là, il faudra patienter car le musée de Bretagne n'expose plus ses collections permanentes, après plus de trente ans de fonctionnement. En attendant, quelques collections temporaires sont visibles dans les salles du rez-de-chaussée, à gauche, du bâtiment du musée des beaux-arts de Rennes.

MUSEE DES BEAUX-ARTS Quai Emile-Zola ✆ 02 99 28 55 85. *Site Internet : www.mbar.org Fermé le lundi et les jours fériés. Ouvert de 10h à 12h et de 14h à 18h. Réservation obligatoire pour les groupes ✆ 02 99 28 58 71, tarif pour les groupes à 2,50 € à partir de 10 personnes. Entrée : 4,15 €, tarif réduit, 2,10 € et gratuit pour les étudiants en histoire de l'Art, sur présentation de leur carte d'étudiant, moins de 18 ans, demandeurs d'emploi et Amis du musée. Visites commentées : plein tarif à 7,25 € à demi-tarif à 5,20 € et 3,10 € pour les bénéficiaires de la gratuité de l'entrée, visites également en langue des signes. Accès aux personnes handicapées.* Le musée des beaux-arts de Rennes n'est pas concerné par le grand chambardement vers Les Champs Libres. Situé sur le quai Emile-Zola, il est accessible par le métro et les lignes de bus numéro 6, 7, 40, 64 et 67. Dans une athmosphère sereine, vous découvrirez des chefs-d'œuvres de la peinture et de la sculpture du XIVe et XXe siècles, des dessins originaux, des gravures, des photographies, des objets d'art et même une partie de la collection du département d'archéologie. Ses collections sont particulièrement riches avec des œuvres d'artistes bien connus comme Caillebotte, Picasso, Gauguin, Sérusier, Corot, Sisley, Bouchez, Coypel ou encore Rubens. De ce dernier le musée possède la fameuse Chasse au tigre, datant de 1616. Bref, de nombreuses écoles de peinture, de courants d'artistes y sont représentés : des affichistes du XXe siècle à l'Ecole flamande en passant par celle de Pont-Aven, pour ne citer que quelques exemples. Le musée des beaux-arts de Rennes, c'est aussi, des expositions temporaires comme La Photographie pictorialiste en Europe qui débutera le 19 octobre 2005 et s'achèvera le 15 janvier 2006. Il propose également de nombreuses conférences tout au long de l'année. Enfin, le musée possède une bibliothèque, ouverte le mercredi et le jeudi après-midi de 14h à 17h, où est disponible à la consultation un fond de 32 000 ouvrages, sans compter les périodiques, 17 000 dossiers d'artistes et surtout l'ensemble des catalogues d'exposition remontant au XVIIe siècle. Par conséquent, le musée des beaux-arts de Rennes est un lieu incontournable de la vie culturelle rennaise.

Visites et promenades aux alentours

MAISON DU CANAL A HEDE Ecluse de la Magdeleine ✆ 02 99 45 48 90. *Ouvert en avril, mai, juin, septembre et octobre de 14h à 18h, sauf le mardi. En juillet et août, tous les jours de 10h30 à 12h30 et de 13h30 à 18h. De novembre à mars, le dimanche et le mercredi de 14h à 18h.* Vous pourrez y admirer la construction et la vie du canal à travers une collection de photos, modèles et documents d'archives. Les expositions présentées sont renouvelées régulièrement. Et la promenade le long du canal est très agréable, quoique bien fréquentée le week-end.

PORT MINIATURE DE VILLECARTIER, BAZOUGES-LA-PEROUSE ✆ 02 99 48 55 49. *Ouvert les mois d'avril, mai, juin et septembre le samedi, dimanche et jours fériés de 14h à 18h et, en juillet et août, tous les jours de 11h à 19h.* En direction de Saint-Malo, l'étang de Villecartier est situé au milieu de la forêt. A côté de la base nautique du lac, le port miniature comporte une flotte de bateaux électriques, pouvant accueillir chacun 2 à 4 personnes, véritables reproductions de ferries, de chalutiers, de remorqueurs ou de bateaux à vapeur style Mississipi. Vous naviguerez en toute autonomie, le maniement de ces bateaux étant très simple, et sans bruit de moteur intempestif : merci l'électricité ! Des activités pédestres ou équestres, un sentier botanique et un parcours d'orientation complèteront la visite.

LES JARDINS DE BROCELIANDE, BREAL-SOUS-MONFORT ✆ 02 99 60 08 04. *Ouvert du printemps à la Toussaint. Du mardi au vendredi de 13h30 à 18h, le samedi, le dimanche et les jours fériés de 10h à 18h. Pendant les vacances scolaires, tous les jours de 10h à 18h. Tarifs : 5,80 €, moins de 16 ans : 2,40 €, gratuit pour les enfants.* Sur 24 hectares, vous découvrirez une ferme typique des années 1900, ses prairies et ses animaux, entourée par des rocailles et des massifs fleuris, présentant des collections végétales : une centaine de chênes, d'érables, de viburnums, de pommiers, 1 000 iris, 80 hortensias, 50 camélias 250 rosiers, 400 lilas, bambous, céanothes, spirées, potentilles, saules, bouleaux, ginkgo biloba, liquidambars. Quatre grandes animations sont organisées dans les Jardins de Brocéliande au cours de l'année : la fête des Lilas, début mai, celles des Iris, le troisième week-end de mai et des Roses, le deuxième week-end de juin. Enfin, les Festailles, fin septembre. Une petite boutique permettra de compléter votre visite par l'achat de divers végétaux.

PARC ORNITHOLOGIQUE DE BRETAGNE 53, boulevard Pasteur - BRUZ ✆ 02 99 52 68 57. *Ouvert du 1er avril au 30 septembre tous les jours de 14h à 19h. En juillet et août, tous les jours de 10h à 12h et de 14h à 19h. Le dimanche, jours fériés et congés scolaires de 14h à 18h. Tarif de groupe à partir de 15 personnes, Adultes : 6,20 € - Enfants : 3,80 €.* Le paradis des oiseaux : le parc ornithologique de Bretagne présente une superbe collection d'oiseaux exotiques vivant dans un magnifique parc botanique et floral. Une grande variété de perruches et perroquets aux couleurs chatoyantes, des faisans multicolores, de nombreux canards, bernaches, cygnes, des rapaces aux yeux fascinants, des touracos, des émeus, des ibis... vous transporteront dans un paradis tropical au dépaysement assuré. Ce parc, qui existe depuis 1985, propose 250 espèces et plus de 1 000 oiseaux exotiques sur une superficie d'environ un hectare. Prendre le bus n° 59, arrêt Du Guesclin à Bruz. A 10 minutes du centre-ville de Rennes.

COBAC PARC, LANHELIN ✆ 02 99 73 80 16. *Ouvert le mercredi, week-end et jours fériés du 23 avril au 17 juin et tous les jours du 18 juin au 11 septembre. Tarif : gratuit moins de 3 ans, 3 ans et 14 ans 11 €, à partir de 15 ans 13 €. Tarif groupes : à partir de 20 personnes sur demande. Tarifs scolaires.* Ce parc d'attractions en sous-bois, destiné aux plus petits et aux plus grands, vous donne l'occasion de passer une belle journée en famille. Il s'étend sur plus de 15 hectares et propose une quantité d'activités de loisirs. Outre les nombreux jeux d'eau, piscines, toboggans..., des aires de jeux, dont une de 200 mètres carrés, couverte, des balançoires, un mini golf, des promenades en barque, du karting, la traversée fantastique, le carrousel 1900, le poney express et les montagnes folles, le rapido avec ses 80 mètres de descente sensationnelle en bateau... Les enfants ont la possibilité de rencontrer aussi les animaux, île aux chèvres, parc des oiseaux, et de découvrir le magnifique musée des animaux naturalisés. Depuis deux ans, des nouveautés sont apparues comme le rodéo, les toboggans vrille, le baby-foot humain et en 2004 le quad adulte. Sur place, vous avez tout à disposition : parking gratuit ombragé de 1 000 places, aires de pique-nique, boutiques, restauration rapide et relais bébé.

SECRETS DE SOIE La Sorais - CAMPEL ✆ 02 99 34 93 93. *Site Internet : www.secretsdesoie.fr A 30 minutes de Rennes, en direction de Vannes-Lorient, prenez la sortie Maxent. Ouvert 7j/7 sauf les samedis d'avril, mai et octobre, du 15 avril au 15 octobre de 10h à 12h et de 14h à 19h. Tarif : 6 € pour les adultes et 4 € pour les enfants (5-15 ans). Tarifs groupe (à partir de 20 personnes) : ,5,50 € pour un adulte et 3,50 € pour un enfant. Tarif de l'exposition temporaire : 4 € par adulte, gratuit pour les enfant accompagnés. En décembre : marché de Noël.* Un musée passionnant pour redécouvrir la soie : route de la soie, vers à soie vivants, mûriers et somptueuses soieries. Avec la complicité du guide, embarquez pour 1h30 de visite guidée et découvrez les trois salles à thème : vous toucherez alors du doigt l'aventure de Marco Polo tout en admirant des costumes ravissants qui vous plongeront dans un univers raffiné. Ce parcours original séduira toute la famille, qui s'étonnera devant tant de merveilles et apprendra beaucoup. Des stages d'art textile pour maîtriser ou aborder par exemple le patchwork ou la broderie sont programmés à différentes périodes de l'année.

VELO-RAIL DE MEDREAC Place de la Gare, MEDREAC ✆ 02 99 07 30 48. *Ouvert en avril, mai et octobre le dimanche et jours fériés de 14h à 18h et de juin à septembre tous les jours de 10h à 18h. Le reste de l'année sur réservation. 8 € pour 2 adulte + 2 € par* *enfant assis sur la nacelle pour le parcours de 6 km et 12,50 € pour 2 adultes et 3,50 € par enfant de moins de 8 ans assis sur la nacelle pour le parcours de 14 km. Pour la Draisine de 8 places : 5 € par adulte et 3,50 € pour les enfants de moins de 8 ans.* Une gare résiste encore sur un petit tronçon de voie ferrée contre l'intérêt économique et le temps qui passe... Le Vélo Rail vient de l'idée originale de réhabiliter l'ancienne ligne de chemin de fer la Brohinière-Dinan. Le vélo remplace la loco ! Deux vélos, chacun sur un des rails de la voie et reliés ensemble par une armature, forment l'équipage sur lequel vous pédalerez en binôme. Au milieu, une nacelle permet d'installer les enfants de moins de 8 ans. Deux parcours sont possibles : le premier de 6 kilomètres par ponts et viaducs à la découverte de la vallée du Néal. Le deuxième, un peu plus long, 14 kilomètres, vous permettra de voir le bocage, la chapelle de Lannelou et la forêt domaniale, où vous pourrez faire une pause et pique-niquer. Ce vélo-rail permet de s'aérer tout en proposant une petite note sportive très rafraîchissante ! Une autre possibilité est de prendre une draisine. Il s'agit de petits wagonnets motorisés qui suivent le même parcours que les vélos-rails... C'est une solution idéale pour les personnes handicapées, seniors, ou les femmes enceintes.

VALLEE DES CANARDS, PARC ORNITHOLOGIQUE La Heurtelais, Route de Châteaugiron, NOYAL-SUR-VILAINE ✆ 02 99 00 65 66. *Ouvert de mars à octobre, tous les jours de 9h30 à 12h et de 13h45 à 19h. En hiver, ouvert l'après-midi de 13h45 à 17h. Fermé entre Noël et le Nouvel An. Entrée : 5,50 € adultes, 3 € enfants de 4 ans à 10 ans.* Dans un parc paysager comprenant plus de 3 000 arbres, arbustes et vivaces, vous découvrirez 125 espèces d'anatidés, cygnes, oies, bernaches, sarcelles, etc., soit plus de 1 000 canards d'ornement du monde entier. Cette Vallée des Canards présente également 25 espèces d'échassiers et de linicoles, c'est-à-dire des petits échassiers, avocettes, échasses, etc. Tout ce petit monde est rassemblé avec bonheur dans des parcs individuels traversés par des rivières, et vous parcourrez le parc en suivant des chemins aménagés et en traversant des petits ponts. Pour casser la croûte, une aire de pique-nique ombragée a été aménagée. Le temps apporte chaque année son lot de nouveautés avec des acquisitions de petits et grands échassiers. Avis aux amateurs : vous pouvez également acheter des canards d'ornement, à tous les prix : comptez 7 € pour un colvert, par exemple, mais nettement plus pour d'autres espèces...

LE CAFE DE LA PLAGE La Plage, PLECHATEL ✆ 02 99 52 14 00. Une guinguette sur les bords de la Vilaine, avec lampions et terrasse comme au temps des premiers congés payés, ça existe près de Rennes ?Eh oui ! Il n'y a pas que sur les bords de la Marne que les citadins ont envie de prendre une bouffée d'air pur et d'oublier les tracas de la semaine. Ici, dans un cadre champêtre où le chant des oiseaux le dispute aux petits refrains nostalgiques sur fond d'accordéon, le dépaysement est garanti. On regarde sa moitié avec tendresse goûter aux plaisirs du pédalo ou du bateau électrique, ou ses enfants s'en donner à cœur joie dans le parc de jeux ou sur le circuit de voitures électriques, tandis que l'on apprécie le paysage en savourant les premiers rayons de soleil sur ses épaules, ou en reprenant une ritournelle, ou encore en tentant quelques pas de danse... Chaque vendredi et samedi soir, en automne et en hiver, un dîner aux chandelles comblera les plus romantiques.

PARC ZOOLOGIQUE DE LA BOURBANSAIS, PLEUGUENEUC ✆ 02 99 69 40 07. *Site Internet : www.labourbansais.com Ouvert de 14h à 18h à partir du 31 mars et visites à 15h30 et à 16h30. Tarif : adultes 12 €, supplément de 4 € pour visiter le château, enfants 8 €, supplément château à 2 €. Les chiens ne sont pas admis.* Situé à 35 kilomètres de Saint-Malo, vous accéderez au parc par la RN137 en direction de Rennes. Avec son château planté au milieu d'un parc boisé et fleuri, ce zoo présente plus de 500 animaux des 5 continents. Le château, classé Monument historique est l'objet de visites guidées tous les jours. Côté zoo, beaucoup de surprises, sachant qu'il a vocation à être un centre d'études et de sauvegarde des animaux en voie de disparition. Vous pourrez assister à des spectacles de meute et de fauconnerie, et faire une pause avec les plus petits sur l'aire de jeux située dans la basse-cour.

ZOOLOISIRS Quebriac, TINTENIAC ✆ 02 99 68 10 22. *Site Internet : www.zooloisirs.com Ouvert du 25 mars au 30 juin de 10h30 à 18h, du 1er juillet au 31 août de 10h30 à 19h, du 1er septembre au 11 novembre de 14h 18h. Plusieurs jours dans l'année ont des aménagements d'horaires différents. Accès handicapés.* Pour accéder à Zooloisirs, prendre la direction de Rennes à la sortie de Saint-Malo, sortez à Tinténiac et suivez le fléchage. En provenance de Rennes, sortez à Combourg et suivez également le fléchage. Ce parc propose de nombreuses animations sur divers thèmes, pour répondre aux goûts du plus grand nombre. Côté parc de loisirs, un parcours d'aventures sur des structures gonflables et de nombreux jeux pour sauter, glisser, se balancer ou tournoyer. Côté parc aquatique, frissons assurés sur le mégagliss, une structure de 6 toboggans d'eau géants pour les plus grands, et une vaste pataugeoire pour les plus petits. Zooloisirs propose aussi un zoo pour partir à la découverte des animaux sauvages, des oiseaux exotiques, kangourous... Et pour finir, un petit tour par le musée sur le thème des merveilles de la Terre, avec une belle collection de minéraux, d'insectes étranges et d'animaux naturalisés. Le tout agrémenté d'un bar, d'aires de pique-nique, de restauration rapide, d'un relais bébé, d'une boutique souvenirs, et de prêts de jeux de boules et de palets. Une journée y suffit à peine !

LE GRAND AQUARIUM Avenue du Général-Patton, SAINT-MALO ✆ 02 99 21 19 00. *Site Internet : www.aquarium-st-malo.com, e-mail : contact@aquarium-st-malo.com Horaires : de 10h à 19h du 1er avril au 30 juin et en septembre, de 9h30 à 20h en juillet et août, nocturne jusqu'à 22h du 14 juillet au 15 août, de 10h à 18h d'octobre à mars et de 10h à 18h, le jour de Noël et le Jour de l'An. Entrée : adultes 13,50 €, enfants, de 4 ans à 14 ans, 9,80 €, gratuit pour les moins de 4 ans. Famille nombreuse moins 10 %. Abonnement annuel adultes 27 €, abonnement enfants 19 €. Parking, restaurant et aire de pique-nique.* Plus d'un million et demi de litres d'eau et quarante aquariums géants pour mettre toutes les mers du monde en spectacle : unique au monde, le Nautibus, sous-marin englouti, offre une visite mystérieuse et inédite, qui se termine par une projection au cinéma en 3D. L'aquarium présente notamment 9 salles d'exposition, un anneau aux requins visibles sur 360° impressionnant avec 8 squales, 4 tortues marines et 1 mérou géant dans une eau à 22° C, un bassin tactile pour toucher les poissons, et un laboratoire de la mer qui répond à toutes les questions : "qu'est-ce que le plancton ?où vivent les roussettes ?"... Cinq cents espèces animales sont à découvrir. Nouveauté : le cinéma sensoriel et ses effets fabuleux pour une plongée dans la grande bleue, comme si on y était !

PARC DE TREFFENDEL, CIRQUE METROPOLE Le-Gué-Charet, TREFFENDEL ✆ 02 99 61 04 21. *Ouvert de 11h à 19h sauf le lundi et le samedi matin. Entrée : 11 € pour les adultes et 8,50 € pour les 3 ans à 9 ans.* Tout à la fois parc de loisirs, parc animalier et cirque, ce parc propose à ses visiteurs un parcours nature ainsi que la découverte d'animaux exotiques et d'activités liées aux arts du cirque dans un site naturel et boisé de 10 hectares. L'activité cirque se compose d'ateliers, de stages pour les groupes, et de spectacles. Ce parc est agréé par l'Education nationale, la Jeunesse et Sports, le ministère de la Culture, la Fédération française des Ecoles de Cirque, le conseil régional de Bretagne et le conseil général d'Ille-et-Vilaine, autant de garanties de qualité.

A table

- restaurants
- produits gourmands

Le plaisir de l'eau gazeuse

Savez-vous qu'il existe des goûteurs d'eau comme il existe des testeurs de vins ? Chaque eau a un goût, dû en grande partie à son origine et à sa composition. Prenons par exemple des eaux minérales gazeuses. On dit de Vernière qu'elle a un goût équilibré, qu'elle est légèrement pétillante et qu'elle laisse une saveur délicate très prisée des gourmets. St-Yorre aurait plutôt une forte personnalité, une tendance bicarbonatée, légèrement pétillante, très tonique avec de fines bulles agréables en bouche. Vichy-Célestins a une saveur spécifique, affirmée avec de fines bulles agréables en bouche. Chateldon a des bulles fines et denses qui libèrent une longue fraîcheur en bouche. Ne croirait-on pas l'avis d'un amateur de champagne ?! Et comme le vin, l'eau se boit à une certaine température. Les eaux gazeuses, en particulier, sont plus agréables fraîches ; les gourmets des bulles les boivent de 8° à 12° et dans un verre à pied, s'il vous plaît, pour éviter que l'eau réchauffe dans leurs mains...

Le conseil Futé : Chez-vous, buvez Vernière. *On dit de Vernière que " Le bonheur est dans ses bulles". Cette eau naturellement gazeuse possède un goût équilibré et très agréable ; elle agrémente parfaitement tous les repas.*

Au restaurant, faites-vous plaisir, dégustez Chateldon "l'eau des rois". *Elle était transportée à dos de mulet depuis l'Auvergne jusqu'à la table du roi Louis XIV à Versailles.*

Le savez-vous ? certaines eaux gazeuses favorisent la digestion... pour que plus rien ne vous prive d'un bon repas au restaurant ! Cette spécificité provient de leur composition riche en bicarbonates. Contrairement aux idées reçues, les bulles ne gênent en rien la digestion. Bien au contraire, elle procure encore plus de plaisir lorsqu'elles pétillent dans la bouche.

Le conseil Futé : Buvez St Yorre. *Cette eau minérale est la plus riche en bicarbonates du marché.*

Et avez-vous goûté les fines bulles de Rozana, *l'eau minérale gazeuze execptionnellement riche en magnésium ?*

Eau de source ou eau minérale, telle est la question...

Eau de source ou eau minérale ? Le consommateur a souvent du mal à faire la différence et pourtant ce n'est pas très difficile. D'abord leurs points communs : elles sont toutes les deux d'origine souterraine, garanties saines, sans microbes, sans traitement, et protégées des risques de pollution. Toutes les deux peuvent être bues en toutes occasions : avant de passer à table pour se rincer le palais, entre deux plats pour profiter des différentes saveurs, entre les repas pour s'hydrater, et avant de se coucher pour éviter la déshydratation nocturne.
Ensuite leurs différences : les premières ont des compositions minérales qui varient en fonction de leurs sources. Le savez vous : l'eau de source Cristaline est l'eau la plus vendue en France. Les eaux minérales sont agréées par le Ministère de la Santé pour la stabilité de leurs caractéristiques : débit, aspect, composition, goût. Elles ont une origine et une histoire. Thonon, "eau de la Versoie", fût recommandée dès le XVIème siècle par François de Sales pour ses vertus pour la santé. C'est en 1864 qu'elle est déclarée source d'intérêt public et reçoit le label d'eau minérale naturelle.

Le conseil futé : Buvez Thonon. *C'est une eau minérale plate, pure et légère. Elle se boit facilement en toutes circonstances et convient à toute la famille, même aux nourrissons.*

THONON
HAUTE SAVOIE
L'ORIGINALPES
EAU MINÉRALE NATURELLE DES ALPES DE HAUTE SAVOIE
SAVEUR DE L'ANNÉE 2004
RECONNU*
EAUX PLATES NATURE
La nature généreuse de Thonon s'invite à votre table.
L'eau minérale de Thonon est pure et légère. Parfaitement équilibrée en minéraux et oligo-éléments, elle contribue au bien être de chacun, à tous les âges de la vie. Son goût léger et subtil lui a valu d'être reconnu "Saveur de l'année 2004".
Le grand chef Marc Veyrat est l'Ambassadeur de l'eau minérale Thonon-: c'est l'alliance de deux montagnards animés par une même passion, transmettre l'âme de leur pays, la Haute Savoie.
Thonon, généreuse par nature.
www.eau-thonon.com
ALPES DE HAUTE SAVOIE
THONON
EAU MINÉRALE NATURELLE DES ALPES
Généreuse Par Nature
* Étude Monadia : produits goûtés et notés par un échantillon de 240 consommateurs de mai à juillet 2003 - www.saveurdelannee.com
Business

restaurants

- **Début de mois :** plus de 25 € à la carte
- **Milieu de mois :** entre 18 € et 25 € à la carte
- **Fin de mois :** moins de 18 € à la carte
- **Brasseries**
- **Cafétéria**
- **Cuisine des provinces :** crêperies et cuisine venue des régions françaises
- **Cuisine d'ailleurs :** sélection de restaurants étrangers classés par pays
- **Salons de thé**
- **Sandwicheries**
- **Virées gourmandes :** établissements situés hors ville et agglomération.

Début de mois

NOUVEAU

L'AMIRAL 1, rue de la Motte-Piquet, Place de Bretagne ✆ 02 99 35 03 91. *Ouvert du mardi au dimanche midi de 12h à 14h et de 19h à 23h. Formules à 12 €– entrée ou dessert + plat, et à 16 €, entrée + plat + dessert. Menus à 21 €, 28 € et 34 €.* Lignes épurées, design et raffinement sont au rendez-vous de cette nouvelle adresse rennaise située au bord de la place de Bretagne, au début du boulevard de la Tour-d'Auvergne. Ce restaurant, où l'art culinaire est déjà une réussite, possède une très grande capacité d'accueil tant en terrasse qu'à l'intérieur. Le service attentionné rivalise avec les plus grandes tables rennaises. En outre, vous pourrez, si vous le souhaitez, manger face à un mur d'eau ruisselante, alimentant le vivier vitré où homards et langoustes vous attendent. Au travers de cette vitrine originale vous pourrez voir à l'œuvre les cuisiniers, véritables virtuoses pour vous faire apprécier viandes, poissons et fruits de mer. Par exemple, ne ratez pas la noix de Saint-Jacques marinée sur son lit de saumon fumé ou le magret de canard accompagné de saveurs sucrées-salées... Ici, pas de surprise, que du bonheur dans vos assiettes, que des délices qui se marient admirablement à la cave à vin savamment sélectionnée par le maître des chais. De surcroît, les différentes formules et menus proposés permettent de se sustenter à une très belle adresse au devenir certainement gastronomique sans pour autant casser sa tirelire. A conseiller sans modération.

L'APPART' DE LOÏC 67 ter, boulevard de la Tour-d'Auvergne ✆ 02 99 67 03 04. *Fermé le dimanche et le lundi. Ouvert de 12h à 14h et de 20h à 22h. Fermeture annuelle : 3 dernières semaines du mois d'août. Outre la carte, 2 menus sont proposés. Celui du midi est à 12 €. Pour le soir vous trouverez un menu à 27 €.* Sur le boulevard de la Tour-d'Auvergne, à proximité du pont de Nantes et du quartier Foch, L'Appart', tenu par Carole et Loïc Pasco, reconnu comme l'une des toques les plus réputées de Rennes,, ressemble à un loft, avec une très grande hauteur sous plafond et une salle à l'étage, à laquelle on accède par un escalier

de belle taille. Côté cuisine, le chef côtoie là aussi les hauteurs : envolées gustatives garanties dans les assiettes !Loïc Pasco ne travaille que des produits frais, de saison, dont la qualité est indéniable, et nous offre une cuisine des jardins et des marchés délicieuse et subtile. Avec une carte très variée, L'Appart' de Loïc propose sur l'ardoise tout autant du poisson que de la viande, ce qui est très appréciable.

L'AUBERGADE 2, boulevard Julien-et-Pierre-Gourdel, CHATEAUGIRON © 02 99 37 41 35. *Fermé le samedi midi, le dimanche soir et le mercredi toute la journée. Menus de 14 € à 33 € et choix à la carte.* Bon c'est vrai, ce n'est pas à Rennes, mais l'adresse est tellement savoureuse que l'on se devait de parler de cette auberge ancienne de caractère, située à proximité du château du XVIIIe siècle de Châteaugiron. Karine et André Dalmas ont su y créer une atmosphère chaleureuse, propice à la détente et à la dégustation. André Dalmas travaille beaucoup le poisson, en fonction des arrivages du marché. Il vous concoctera, par exemple, des nems de saint-pierre à la menthe et au beurre de soja, un éventail de rougets avec petits légumes de Nice, mais aussi des viandes. Comme le carré d'agneau à la lavande, des confits de canard avec son jus de girolles ou son foie gras, ses gésiers confits et toutes ses autres spécialités du Sud-Ouest, dont un cassoulet maison, qu'il serait bon de découvrir toutes affaires cessantes !De plus, le midi, le menu du marché est à 14 € et permet de se régaler sans trop alléger son porte-monnaie. Il existe également des menus servis le midi et le soir à 19,50 €, 25 € et 33 €. L'intérieur de l'auberge ménage une certaine intimité aux convives, puisque les 35 couverts que compte l'auberge sont répartis sur deux salles, ayant chacune une cheminée d'époque. Un petit salon et une très belle terrasse viennent compléter très agréablement la convivialité des lieux.

LA BISCORNE 8, rue Saint-Melaine © 02 99 38 79 77. *Fermé le lundi, le dimanche et fermeture annuelle pendant 3 semaines en août. Ouvert de 12h à 14h et de 19h30 à 21h30. Menu du jour à 12,95 € et menus à 18 €, 22 € et 30 €, et carte.* Localisé entre la place Sainte-Anne et la place Hoche, dans la rue Saint-Melaine, ce restaurant nous étonne par ses copieux plats semi-gastronomiques aux saveurs subtiles. Laissez-vous tenter par ses spécialités de poissons, un vrai régal !L'endroit est particulièrement chaleureux dans un cadre cossu qui possède, aux beaux jours, une très belle terrasse ensoleillée. Et vous verrez, une fois que vous aurez goûté à la cuisine du maître des lieux, vous ne pourrez plus vous en passer. Il est quelquefois prudent de réserver, tant le succès est au rendez-vous pour cette bonne adresse qui cultive un très bon rapport qualité-prix et une carte régulièrement renouvelée, apportant toujours de nouvelles douces surprises pour nos papilles.

LA CANTINE DELICES 16, rue Nantaise © 02 99 31 36 36. *Ouvert de 12 h à 13 h 30 et de 19 h à 22 h. Fermé le dimanche et le lundi soir et fermeture annuelle : trois dernières semaine d'août et deux semaine en mars.* Son nom est à lui seul annonciateur de plaisirs gourmands... Et effectivement, la cuisine ne déçoit pas, tant les produits du marché sont préparés avec inspiration et savoir-faire. Ce lieu est un rendez-vous de gourmets, confirmés ou amateurs, qui apprécient à leur juste valeur : roulé de langoustine, gambas rôties au guacamole et salsa de tomates, filet de dorade royal, assiette tout chocolat, gâteau au fromage... Le lieu a été primé en 2004, obtenant pour sa cuisine une Chouette d'Or, rien que ça !Les formules du midi à 11,50 € (entrée, plat et café ou plat, dessert et café), celle du soir à 25 €, qui comprend entrée, plat, fromage et dessert, sont parfaitement équilibrées. Immanquablement, nous avons une faiblesse pour la décoration et l'atmosphère, à la fois sobre, chic, élégante et conviviale. Un autre renseignement à savoir : si votre bouteille de vin n'est pas finie, la maison vous l'emballe.

LE CHALAND 1, cours de la Vilaine, CESSON-SEVIGNE © 02 99 83 11 21. *Fermé le dimanche soir et le lundi.* Les pieds dans l'eau, au bord de la Vilaine, cette adresse cessonnaise vaut le détour. Michelle et Sébastien Primault et leur équipe vous accueillent dans un cadre simple et chaleureux, qui rend tout de suite à l'aise. On est loin d'une adresse collet monté. C'est un endroit charmant idéal pour s'amarrer, regarder le fil de l'eau, le temps d'un repas en famille, avec des amis ou des collègues.... La salle de restaurant accueille 80 couverts dont 28 dans une véranda en bordure de rivière. A l'étage, une salle est réservée aux groupes. Celle-ci permet d'accueillir jusqu'à 120 convives. La cuisine vaut, elle-aussi, le détour : mêlant les saveurs d'une cuisine traditionnelle aux influences du monde et aux créations douces amers, épicées ou sucrées... Comme la Poêlée de Langoustines aux épices d'Orient ou le Foie Gras poêlé aux fruits rouges... Sa cuisine au feu de bois et à la braise est aussi à goûter. Le midi, une formule Entrée + Plat + Dessert est à 14 €. Deux autres menus sont également proposés, en plus de la carte, à 19,80 € et 30 €. Voici donc une adresse alléchante avec des prix attractifs et qui possède une superbe véranda au bord de l'eau, idéale pour patienter quand il y a un peu de monde.

CHOUIN **12, rue d'Isly © 02 99 30 87 86.** *Ouvert de 12h à 14h et de 19h à 22h. Fermé le dimanche et lundi. Congés annuels : les 3 premières semaines du mois d'août.* Ce restaurant de la mer, comme il se définit lui-même, reste une des valeurs sûres de la capitale bretonne en matière de poissons et fruits de mer. Il propose des assiettes variées et des plateaux plus ou moins garnis, selon vos goûts et votre appétit... Ici, tous les produits sont d'une fraîcheur remarquable, très bien préparés et superbement présentés. Outre les coquillages et crustacés tant aimés, vous pourrez vous régaler de poissons accommodés dans les règles de l'art, du filet de bar au turbot, en passant par le saumon... Côté viande, la carte vous offre également un choix intéressant. Si la nourriture y est particulièrement alléchante, les prix ne sont pas en reste, une formule le midi est proposée à 14,50 €avec un plat, un dessert accompagnés d'un verre de vin. Deux autres menus sont également disponibles à 17,50 € et 22,50 €. Enfin, un petit salon, pouvant accueillir jusqu'à quinze couverts offre une atmosphère intime.

LE CLOS CHAMPEL **Rue de la Rigourdière, CESSON-SEVIGNE © 02 99 83 12 87.** *Ouvert de 12h à 14h et de 19h30 à 21h30. Fermé le dimanche, pendant 3 semaines en août et 1 semaine en février pendant les vacances scolaires.* Aux portes de Rennes, le Clos Champel est un havre de paix, où détente, cuisine gastronomique raffinée et service haut de gamme garantissent un repas particulièrement réussi. Le restaurant aux murs en pierres apparentes, tout en nuance d'élégance, avec sa grande salle, son salon particulier et sa terrasse, offre par ses baies vitrées une belle vue sur le jardin, paré de verdure fleurie. Les menus, de 18 € à 55 €, et la carte suivent les saisons et la fraîcheur du marché. Vous pourrez y déguster la fameuse coucou de Rennes, une volaille de la région rennaise, ou encore des œufs cocotte à la crème de poireaux, du homard ou des côtelettes de canard. Bref, si vous avez succombé, comme nous, aux charmes des lieux, sachez que le Clos Champel peut aussi vous accueillir pour la nuit dans ses chambres d'hôtel trois étoiles. Christian L'Haridon offre également un service traiteur, et assure repas de famille ou séminaires...

NOUVEAU **LE COMPTOIR DES HALLES** **25, rue Jules-Simon © 02 99 78 20 07.** *Ouvert tous les jours sauf le dimanche, de 12h à 14h et de 20h à 22h30 en semaine et jusqu'à 23h le vendredi et le samedi. Formule le midi à 12 € comprenant 1 plat du jour + dessert + un verre de vin ou un café.* Ce restaurant est une nouvelle adresse qui vaut vraiment le détour. Installé, depuis octobre 2005, à côté des halles centrales et de la criée, derrière la République, Le Comptoir des Halles se propose de vous faire partager sa passion des bons petits plats qui titillent agréablement les papilles gustatives. Si son intérieur possède une décoration avant-gardiste, au mobilier dessiné par des créateurs, sa cuisine n'en est pas moins empreinte de terroir et de fraîcheur. Le Comptoir des Halles développe un art culinaire à base de produits du marché, toujours frais. Sa carte est richement dotée en poissons, invariablement pêchés dans la nuit. Vous vous y délecterez, par exemple et selon les arrivages, de steak de thon rouge, de filets de barbus, de lieu jaune ou noir, de rougets, de brandade de morue mais aussi de fruits de mer, à la saison, comme des huîtres servies à la demi-douzaine, par 9 € ou par 12 €, provenant de Cancale... Si la carte fait la part belle aux poissons, vous pourrez vous y repaître de viandes, entrecôte à la française, assortiment de charcuteries, etc. Ce lieu cultive avec finesse une ambiance de bistrot où est servie une cuisine raffinée. Aux beaux jours, le restaurant ouvre sa façade en accordéon, s'agrandissant avec sa terrasse, à l'ombre des parasols, aux heures chaudes de la journée. Sachez aussi que ce restaurant travaille avec les meilleurs artisans des métiers de bouche du quartier. En dessert, vous trouverez, par exemple, le fameux moelleux au chocolat de la pâtisserie Le Daniel.

LE CORSAIRE 52, rue d'Antrain ✆ 02 99 36 33 69. *Fermé le dimanche soir et le mercredi. En juillet et août, fermé dimanche et lundi. Formules de 22 € à 39 €. Menu enfant à 12 €.* Au Corsaire, d'agréables salons particuliers sont aménagés et peuvent recevoir de 4 à 35 convives. Considérée comme l'une des belles étapes gastronomiques de la capitale bretonne, l'adresse offre aux fines bouches de se régaler avec les ormeaux au beurre persillé, la spécialité maison, servie en juillet et août,, le pétale de Saint-Jacques au jus de pomme verte ou la queue de bœuf à l'ancienne, pour ne citer qu'eux. Les menus varient de 20 € pour le menu retour de pêche, sauf samedi, dimanche et jours fériés,, à 65 € pour le grand menu prestige. Si le poisson est toujours privilégié, la viande est travaillée suivant la saison.

L'EAU A LA BOUCHE 12, rue de l'Arsenal ✆ 02 23 40 27 95. *Fermé le samedi midi, le lundi et le mardi. En août, ouvert le soir du mardi au samedi.* Restaurant fusion, c'est-à-dire traditionnel et saveurs du monde, comme il se désigne lui-même, L'Eau à la Bouche n'a rien laissé au hasard pour offrir à la quinzaine de convives qu'il peut accueillir, une atmosphère aérienne et reposante, au design épuré et moderne. La cuisine est une vraie révélation, fraîche, raffinée mais aussi surprenante, mélange de saveurs françaises et japonaises. Sur place, vous choisirez la carte ou la formule, zen le midi, 16 € : une entrée, un plat et un dessert,, teo le soir, 27 € : deux entrées, un plat et un dessert. Pour les anniversaires ou autres réceptions, le restaurant propose ses cocktails dînatoires, brioché de foie gras aux figues noires, sushi de saumon fumé au wasabi, sablé vieux comté, tataki de saumon aux graines de sésame..., et des repas à emporter, à partir de 6 personnes et sur commande.

L'ESCU DE RUNFAO 11, rue du Chapitre ✆ 02 99 79 13 10. *Ouvert de 12h à 14h et de 19h30 à 22h. Fermé le samedi midi et le dimanche soir. Fermetures annuelles : 10 jours en février et 3 semaines au mois d'août.* Installé dans une très belle demeure du XVe siècle, en plein centre de Rennes, à deux pas de l'office du tourisme et de la mairie de Rennes, l'Escu de Runfao vous accueille dans un cadre récemment entièrement renouvelé, à la décoration contemporaine de qualité lui conférant une ambiance chic. Sa cuisine de produits frais, de saison, fleurant bon le marché et le terroir, vous propose les plus savoureux mets, savamment élaborés. Testez, par exemple, le foie gras de canard frais assorti de sa purée de figue, ou la salade de homard bleu accompagné d'un foie gras tiède au caramel vanille. Côté poisson, la carte ne nous déçoit pas avec un bar farci d'huître tiède. En viande, l'originalité est de mise avec du canard colvert rôti aux cerises ou du perdreau rôti au miel et citron. En dessert, vous vous régalerez de son sabayon ou de son millefeuille au chocolat accompagné d'oranges confites. Des délices, de la gastronomie, une pure merveille, avec un accueil très chaleureux, sans être pour autant assommé par une addition très salée. Le midi et le soir, en plus de la carte, il existe un menu à 27 €. Le soir vous pourrez également profiter de la carte et des menus à 39 €, 52 € et du menu dégustation, pour appétit gargantuesque, à 82 €, vraiment exceptionnel !

LE FLORIAN 11, rue Armand-Rébillon ✆ 02 99 14 25 14. *Ouvert du mardi au dimanche midi de 12h à 13h30 et de 19h30 à 21h30, et jusqu'à 22 h le vendredi et samedi.* Avec ses deux terrasses au bord de l'eau puisqu'il est situé face au canal Saint-Martin et son architecture d'avant-garde, ce restaurant original propose une cuisine créative à base de produits frais : le méli-mélo de poissons, l'escalope de foie gras de canard poêlée sont autant de mets délicieux, pour les yeux comme pour le palais !Vous trouverez un menu à 15,50 € avec entrée ou dessert et un plat accompagné d'un verre de vin, un autre à 19,50 € avec entrée, plat, dessert et un verre de vin, servis uniquement en semaine, le midi en fonction du marché du jour, et, en plus de la carte, des menus à 27 €, 38 € ou 48 €. Pour ce dernier, vous aurez une entrée, un plat de poisson, un autre de viande, un dessert, bref, un repas cher à Rabelais. Le Florian fait partie de ces restaurants dont l'adresse se susurre entre initiés.

LA FONTAINE AUX PERLES Manoir de la Poterie ✆ 02 99 53 90 90. *Ouvert du mardi au dimanche midi. 80 couverts.* Dès l'accueil, on est séduit par la beauté du cadre du manoir de la Poterie : avec son parc arboré et tranquille, ses intérieurs raffinés avec une grande salle et 3 petits salons très intimes, un service d'une rare qualité, et puis le principal, des mets succulents aux saveurs inédites, fins et copieux. Rachel Gesbert est passionnée par son métier et sait faire chanter les parfums et les couleurs des saisons, imprimant dans notre mémoire gustative la richesse des saveurs de produits régionaux, cuisinés avec virtuosité. Ce "parfait équilibre entre terroir et innovation" se découvre sur la carte ou au fil des menus, 31 €, 38 €, 50 € et 68 €. Le midi en semaine, le menu à 25 € vous donnera le choix entre deux entrées, deux plats et deux desserts. Tout est de saison. Alors, vous vous délecterez de ses petites gourmandises en apéritif, flan de foie gras, feuilleté de boudin noir...,, puis vous poursuivrez avec une entrée tout aussi alléchante comme ses noix de Saint-Jacques à la forestière. Vous apprécierez ensuite tout autant son tourteau ou son canard sauvage laqué aux épices d'Orient. Quant aux desserts, comment choisir entre toutes ses perles appétissantes... En un mot, il s'agit d'un restaurant qui mérite amplement ses lettres de noblesse.

LE GALOPIN 21, avenue Janvier ✆ 02 99 31 55 96. *Fermé le samedi midi et le dimanche.* A deux pas du TNB, le Galopin est un restaurant d'élégance, chaleureux et de bon goût, qui n'est pas sans rappeler les grandes brasseries parisiennes. Une douce musique jazzy accompagne vos repas, composé suivant votre humeur d'entrées de la mer ou du terroir, de viandes fondantes à la plancha ou de fins poissons préparés, et pourquoi pas d'un plateau de fruits de mer, avec un homard pêché dans le vivier ?Carte, qui change tous les trois mois, ou menus raviront vos papilles et contenteront tous les budgets. Et pour les amateurs, le Galopin dispose aussi de digestifs fameux et de cigares excellents. Nouveauté tous les vendredis et samedis soirs, vous pouvez tenter votre chance à la roue pour gagner une bouteille de champagne !Et, tous les deux mois, des expositions de peintures avec des repas à thèmes sont organisés. Côté confort, un service voiturier est à votre disposition. La maison propose également ses bourriches d'huîtres à emporter ainsi que ses plateaux de fruits de mer.

LE GOURMANDIN 4, place de Bretagne ✆ 02 99 30 42 01. *Fermé le samedi midi, le dimanche et le lundi midi. Formules midi à 9,80 €, 13 € et 15 €. Le vendredi soir et le samedi soir, menus à 21 €, 25 € et 28 €.* Le Gourmandin est un restaurant de tradition, réputé à juste titre pour son excellente cuisine, qui marie saveurs du terroir et savoir-faire gourmet. Le cadre est cossu, sobre et classique et le service est d'un grand professionnalisme. Ici, les légumes oubliés sont remis au goût du jour, la polenta se déguste aux châtaignes, les lentilles et les pommes de terre sont préparées en crème et en mousseline... Foie gras, poissons et viandes trônent en bonne place sur la carte, aux côtés de plats traditionnels comme le kig ha farz.

NOUVEAU **LE GUEHENNEC 33, rue Nantaise ✆ 02 99 65 51 30.** *Site Internet : www.leguehennec.com Ouvert tous les jours sauf le dimanche et le lundi, de midi à 13h30 et de 19h30 à 21h15. Menus à 18,50 €, 28€ et 38 €, ainsi qu'un choix à la carte.* Installée à deux pas des Horizons, au bord du centre historique et antique de Rennes, depuis le 1er décembre 2004, le restaurant Le Guéhennec s'est déjà installé parmi les très bonnes tables rennaises. Il allie à la fois le chic et le sobre des lignes épurées de sa décoration à sa cuisine colorée, riche, au mille et une saveurs toujours accordées avec la plus grande finesse. Si la nourriture y est excellente, elle n'a d'égale que la qualité de l'accueil à la fois attentionné, professionnel et marqué par une extrême gentillesse. Aussi, on s'y sent tout de suite à son aise, tant l'ambiance y est reposante et le cadre agréable. Vous pourrez voir de surcroît officier les chefs et les commis au travers d'une baie vitrée qui révèle une cuisine passionnée, inventive, au soucis constant de fraîcheur, fleurant bon les produits d'un terroir de saison qui s'accordent, se mélangent afin de construire ce que l'on appelle la gastronomie. Bref, c'est une adresse pour se faire plaisir dont on ne se lasse jamais.

L'OUVREE 18, place des Lices ✆ 02 99 30 16 38. *Ouvert du mardi au dimanche midi et fermé le samedi midi. Formules à 16 € et 24 €. Menus à 14,50 €, 21,50 € et 32 €. Menu enfant à 14,50 €, boisson comprise. Lundi, samedi midi et dimanche, services sur commande pour les groupes de 20 personnes et plus.* Le haut de la place des Lices a son étape gastronomique. Dans une maison du XVIe siècle au toit en carène, L'Ouvrée rime avec mets délicats, cuisine équilibrée et novatrice, et bonne chère. Les menus, les sauces et les garnitures varient au gré du marché et des saisons, et le tout se déguste dans un cadre classique. Le lieu est certes réputé pour sa cuisine mais aussi pour son accueil à la juste mesure, ni trop zélé, ni trop effacé, ainsi que pour son service impeccable.

PARIS-NEW YORK 276, rue de Fougères ✆ 02 23 21 15 71. *Ouvert de 12h à 14h et de 19h30 à 22h. Fermé le samedi midi et le dimanche. Congés annuels : 10 premiers jours de mai et 2e quinzaine du mois d'août.* Restaurant qui monte, Paris-New York a su créer une ambiance contemporaine raffinée. Les plats proposés sont à l'image de l'ameublement et de la décoration, sobres mais très recherchés. Les émulsions, betteraves, avocats... accompagnent volontiers les entrées, les poissons, lotte, raie, thon suivant la saison, comme les viandes, veau, magret, porc, etc., trouvent une place d'honneur sur la carte. Celle-ci change tous les trois mois et n'offre pas une addition trop salée avec le menu du marché, servi le midi, à 14 €, les autres à 20 €, 3 plats, ou 28 €. S'il vous paraît un peu excentré, pensez que c'est l'occasion d'aller faire un petit tour aux Gayeulles...

LE PETIT SABAYON 16, rue des Trente ✆ 02 99 35 02 04. *Fermé le samedi midi, le dimanche soir et le lundi.* Ce petit restaurant de charme est une des très bonnes tables de Rennes. Gastronomie, musique douce et simplicité conviviale et souriante forment ici un tout, dont on ne se lasse pas. La cuisine, gourmande et inventive, réalisée avec les produits du marché, explorant saveurs du terroir et associations gustatives, est tout simplement parfaite. Deux menus ardoises le midi à 11,50 €, 2 plats, et 14,50 €, 3 plats, sont complétés par les menus à 22 € et 28 €, bien pensés et équilibrés. La nouvelle décoration mélange trois couleurs, le gris, l'orange et le brun : c'est moins classique et plus contemporain qu'avant. L'endroit est résolument non fumeur.

173501
Le Bistro des Saveurs
Menu du marché - Grill - Crêperie
Dans un cadre chic et chaleureux
Ouvert du lundi au vendredi
262, rue de Châteaugiron
RENNES
Tél. 02 99 26 94 73
Fax 02 99 53 16 45

NOUVEAU **LE PIANO BLANC Route de la Prévalaye-Sainte-Foix ✆ 02 99 31 20 21.** *Ouvert de 12h à 14h30 et de 19h30 à 22h30. Fermé le samedi midi et le dimanche.* Repris depuis peu, le Piano Blanc a fait peau neuve. Ses petits salons et sa grande terrasse à l'ombre des tilleuls de 120 couverts vous accueillent dans un cadre agréable et convivial, à la décoration la plus raffinée et la plus design qui soit. Côté cuisine, c'est le règne de la fraîcheur, agrémentant ses plats des plus fines saveurs. Par exemple, goûtez les nems de Saint-Jacques au boudin noir avec son balsamique réduit ou ses viandes grillées au feu de bois. Laissez-vous également tenter par les suggestions du jour : 2 ou 3 poissons du marché, saint-pierre, barbu, et même des langoustines. Côté prix, on n'est jamais déçu avec un menu le midi, entrée, plat et dessert, à 18 € et le midi et le soir à 27 € et 45 €. S'il est préférable de réserver, sa cuisine exceptionnelle fait oublier bien des tracas de ce genre. Il faut avoir goûté au moins une fois dans sa vie de tels mets délicats... Bref une adresse inoubliable.

LE PUITS DES SAVEURS 262, rue de Châteaugiron ✆ 02 99 53 18 14. *Fermé le dimanche soir, le lundi et le samedi midi. Menus de 30 € à 52 € et carte.* Dans une grande maison bourgeoise des années soixante, Pascal Jouzel offre aux gastronomes un véritable cérémonial de la table : accueil, présentation des plats, choix des mets et de leurs accompagnements, terrine de lentilles au foie gras, dos de sandre au coulis de coriandre..., et bien sûr, le cadre, raffiné, récemment refait à neuf. Moquette anglaise, insonorisation et climatisation, terrasse, le tout est encore plus chic !A cela s'ajoute le nouveau Bistrot des Saveurs en annexe, ouvert du lundi au vendredi, midi et soir. Bistrot chic et cosy à l'anglaise, parquet, bar arrondi en chêne teinté acajou, salle de restaurant et salon privé aux couleurs saumon et cuivre, terrasse en pin et tonnelle extérieure accueillent les cadres pour un menu du marché, des spécialités grill et crêperie. Les formules toutes douces, sont à 9,80 € et 13,50 € et les menus sont à 16 €, 24 € et 29 €. Le parking a été agrandi et donc pas de stress !

LE SERMENT DE VIN 20, boulevard de la Tour-d'Auvergne ✆ 02 99 30 99 30. *Fermé le dimanche et le samedi midi.* Restaurant réputé de Rennes, le Serment de Vin marie avec finesse, tradition et gastronomie, raffinement et saveurs du terroir. Du charolais label rouge aux Saint-Jacques et au homard, en passant par les feuilletés ou les salades de la mer, ce restaurant sait décliner en multiples variations les produits frais qui sont la base d'une cuisine toujours réussie. Carte ou menus, de 15 € à 35 €,, vous n'avez plus qu'à laisser vos papilles vous guider...

LA TOQUE RENNAISE 9, rue Emile-Souvestre ✆ 02 99 30 84 25. *Ouvert tous les jours jusqu'à 22h sauf dimanche, lundi soir et mardi soir. Menus à 17 € et 28 € et carte.* Ce restaurant, qui change sa carte tous les trois mois, propose une carte gastronomique issue des produits du terroir. Le gibier n'est pas oublié en saison. Les prestations sont de très grande qualité : accueil prévenant, service irréprochable, grande cuisine, belle sélection de vins, cadre soigné... D'ailleurs, la propriétaire est dans la restauration depuis quarante ans, c'est dire l'expérience qu'elle a !Tout est fait ici pour que chaque repas soit un moment exceptionnel. La maison fait aussi traiteur à domicile.

LE CELINE 87, avenue Joseph-Jan, La Rabine, BRUZ ✆ 02 99 52 62 83. *Fermé le dimanche, le mardi soir et le mercredi toute la journée, sauf réservation.* Christèle et Pascal Cochennec offrent dans leur restaurant gastronomique un accueil soigné et chaleureux. La carte est un défilé de saveurs, faisant la part belle à des plats originaux et savoureux, qui changent régulièrement suivant les humeurs du chef et les produits de saison. Pascal Cochennec a un réel talent pour révéler les goûts et faire revivre des senteurs oubliées. Des entrées, langoustines, andouille de Guéméné, salade et sauce au miel...,, aux viandes, dont du kangourou !– en passant par les poissons et les desserts, c'est un festival des papilles que vous offre Le Céline.

LE GERMINAL 9, cours de la Vilaine, CESSON-SEVIGNE ✆ 02 99 83 11 01. *Ouvert de 12h15 à 13h30, de 19h15 à 21h30. Fermé le dimanche toute l'année et le lundi de juillet et d'août. Menus à 17 €, 25 €, 31 €, 43 € et carte.* Superbe parmi les superbes, Le Germinal est un bijou à recommander avec soin. Cet ancien moulin a été transformé en hôtel restaurant de charme, comptant 3 cheminées Logis de France... Le cadre est reposant, les salles à manger offrent une vue directe sur la Vilaine, et la carte pleine de promesses tenues. La cuisine produit des plats aussi beaux que succulents, de l'entrée au dessert, puisés au cœur d'un savoir-faire gastronomique... Vous serez séduit par ses brochettes de langoustines aux graines de sésame. Le Germinal vous séduira à tel point que vous aimerez venir y célébrer les grands événements de la vie, vous réunir en famille ou pour un séminaire.

LA GRIOTTE 42, rue du Docteur-Léon, Le Pont de Pacé, PACE ✆ 02 99 60 15 15. *E-mail : restolagriotte@wanadoo.fr Fermé le mardi, mercredi et dimanche soir.* Voici une très belle table de la région rennaise, au service remarquable, à la cuisine copieuse et savoureuse et au cadre agréable et chaleureux. Installée dans une belle demeure bourgeoise du XIXe siècle, toute de lierre vêtue, La Griotte propose une salle de restaurant ou de banquet donnant sur un jardin verdoyant. A l'intérieur, sa cuisine est tout aussi raffinée et savoureuse. On y déguste des saveurs savamment assemblées qui ravissent les plus fins palais. Les menus, entrée et plat ou plat et dessert à 15 € et entrée, plat et dessert à 19 € le midi, de 26 € à 35 € le soir, font la part belle aux croustillants, aux viandes et aux poissons grillés ou en sauce, aux desserts créatifs, sans oublier les amuse-bouches et autres douceurs... Les bambins ne sont pas en reste avec deux menus à 10 €, entrée et plat ou plat et dessert, et à 15 € pour la formule complète. Les menus les plus chers, 58 €, sont quasi pantagruéliques, avec deux entrées, un plat de poisson, un autre de viande, fromage et dessert !La Griotte, c'est donc un rendez-vous de gourmets, qui aiment y retrouver, outre une cuisine parfaite, une équipe attentive et prévenante. Et ce depuis vingt-sept ans : un signe qui ne trompe pas...

LA MUSE BOUCHE 61 bis, rue Nationale, LE RHEU ✆ 02 99 14 60 14. *Ouvert du lundi au vendredi de 12h15 à 13h30 et de 19h15 à 21h30, le samedi de 12h15 à 13h30 et de 20h à 21h45.* La Muse Bouche, renommé pour la finesse de sa cuisine et le talent de son chef est l'endroit idéal pour déguster un repas gastronomique et convivial. Sur la route de Rennes vers Le Rheu, vous ne le manquerez pas, et apprécierez la grande verrière donnant sur le jardin, le cadre raffiné et confortable. La Muse Bouche propose deux formules. La première pour les personnes pressées : la formule du bistrot, vous permet d'être repu par une cuisine savoureuse et raffinée. Vous y trouverez une formule melting à 18 € qui satisferont les palais les plus délicats. L'autre cuisine est destinée à ceux qui ont du temps. Elle est gastronomique, vous délecte avec ses amuse-bouches, ses petits fours sucrés en fin de repas et ses plats les plus raffinés. De plus, vous trouverez une carte richement dotée, un menu, le midi à 20 €, le midi et le soir, de 24,50 € à 48 €, où vous pourrez découvrir ses fabuleuses Saint-Jacques poêlées sur ses petites tripes au cidre assaisonnées de persil plat. Un pur délice. S'il nous fallait y trouver une quelconque faiblesse, nous n'en verrions guère, d'autant que l'adresse nous donne envie d'y revenir régulièrement avec sa carte qui change à chaque saison. Enfin, La Muse Bouche c'est aussi le menu initiation pour les enfants : vous choisissez n'importe quel menu, et la maison le compte à moitié prix, tout en divisant les parts en deux. De quoi former de futurs gastronomes !

Milieu de mois

LES AMAN'DINES 18, rue du Pré-Botté © 02 99 79 21 47. *Ouvert du mardi au samedi de 11h30 à 15h et de 19h à 22h. Plat du jour à 8 €. Formule midi à 11 € et 13 €. Menus 20 € et 27 €.* Derrière la Poste en plein cœur de Rennes " Métro République ", Maïté vous accueille dans une ambiance conviviale dans son restaurant, au nom doux et sucré, et aux dominantes jaune soleil et bleu mer. Côté carte, une sélection variée vous y attend avec une cuisine traditionnelle et des repas à thèmes : le mardi, vous pourrez y dégustez une paëlla ou un couscous maison ou encore une tête de veau le premier jeudi du mois et le fameux cassoulet le vendredi... Mais vous pouvez aussi choisir les plats à la carte de la lotte à la provençale aux Saint-Jacques à la bordelaise, en passant par le foie gras et le magret de canard mais aussi pour ceux qui aiment des choses plus légères des salades (bretonne, du sud-ouest...) A noter une belle carte de vins. Une carte de fidélité et un apéritif maison sont gratuits sur présentation de la carte du restaurant.

L'ARBRE BLEU 6, cours des Alliés © 02 99 30 08 89. *Ouvert le midi, du lundi au vendredi. Formule midi à 9,20 €.* Au cœur de la maison du Champ-de-Mars, ce restaurant-bar vous concocte plats du jour, tartes salées, salades et desserts. Vous savez que vous y êtes car il y a un magnifique arbre bleu dans l'entrée. La formule déjeuner comprend une demi-salade et le plat du jour ou ce dernier et un dessert, crumble, mousse aux deux chocolats, fromage blanc, etc. Les employés de bureau du quartier sont les habitués de cet établissement et participe à une ambiance conviviale. La maison officie également avec brio en tant que traiteur : elle organise vos cocktails et dîners à partir de trente personnes, sur réservation, et le soir ou le samedi. Une nouvelle décoration sera à découvrir à la rentrée.

L'ATELIER DES GOURMETS 12, rue Nantaise © 02 99 67 53 84. *Fermé le dimanche et le lundi. Fermeture annuelle du 30 juillet au 20 août. Ouvert de 11 h 45 à 14 h et de 19 h 45 à 21 h 30. Le midi vous pourrez choisir un simple plat (entre 7,50 € et 10 €) ou une formule avec au choix 3 à 4 entrées, 2 plats (viande et poisson) et 3 à 5 desserts. Le soir, vous confectionnerez votre menu en sélectionnant parmi les 3* *entrées, les 3 plats de résistance et les 3 desserts. Ici, c'est le plat principal qui déterminera votre prix (22 €, 25 € ou 30 €).* On ne pouvait trouver nom plus approprié pour ce restaurant, tenu par des passionnés et qui affiche déjà complet régulièrement, après seulement une vingtaine de mois d'existence. L'ambiance chic et rustique, la personnalité agréable des maîtres des lieux et l'excellence de la cuisine sont pour beaucoup dans ce succès largement mérité. Le plébiscite de la clientèle s'explique aisément par les petits prix pratiqués pour savourer des plats d'une cuisine traditionnelle et gastronomique. Tables de bois, rideaux en coton épais à carreaux rouges et jaunes, tableaux vifs et gais représentant des poules aux murs : le cadre invite au plaisir, à la détente et à la dégustation. L'ardoise propose ses mets variés et originaux, comme la tartine à l'agneau, aux tomates confites et salade, la salade de légumes en mille-feuille, le marbré de pomme de terre au lieu, la feuillantine de fraises à la crème financière, la crème vanillée à l'ancienne, etc. Cette carte varie très régulièrement, suivant les saisons. En effet, le maître des lieux a pour premier souci d'employer toujours des produits frais pour ses plats.

AUBERGE DU CHAT-PITRE 18, rue du Chapitre © 02 99 30 36 36. *Site Internet : www.perso.wanadoo.fr/auberge.du.chat.pitre/, e-mail : chat-pitre@wanadoo.fr Fermé le dimanche. A la carte uniquement. Pas de menu enfant mais des demi-portions à demi-prix.* Une bonne adresse que ce restaurant médiéval, dans la rue pleine de charme du Chapitre !Chaque soir, des troubadours, des magiciens et des conteurs assurent une ambiance médiévale très en harmonie avec la cuisine inspirée aussi du Moyen Age. Les clients peuvent d'ailleurs eux aussi venir en habits d'époque. Venez festoyer et goûter la pêcherie de la mère Henriette, des rillettes de poisson-crudités,, le saumon et son rôt marin ou encore le lancelot de la mare, canard, sauce, bière, pains d'épice. Et pour arroser le tout, moultes boissons, vous avez !Choisissez parmi elles l'hypocras, élixir médiéval, qui est un vin parfumé aux épices,, du chouchen, de la cervoise, du vin au tonneau, du cidre ou encore de la tisane du berger. Les réservations sont vivement conseillées. Les prix à la carte sont plutôt élevés, mais loin d'être inaccessibles.

AUBERGE DU CHEVAL BLANC 9, rue de la Madeleine, CHATEAUGIRON © 02 99 37 40 27. *Fermé le dimanche soir et le lundi uniquement pour le restaurant, l'hôtel vous assure un accueil continu. A votre disposition, 12 chambres de 51 € à 53 € équipées de bain ou douche avec WC, téléphone et prise Internet haut débit. Les menus oscillent entre 13,50 € et 30 € et le midi formule de 10,50 € à 13,50 € Cartes et menus saisonniers suivant le marché et l'inspiration du chef. Squash, tennis, musculation, pêche et golf à proximité.* Châteaugiron abrite dc magnifiques demeures médiévales à colombages, dont cette auberge. Sa devise : " raffinement en toute simplicité : chez nous, vous êtes un peu chez vous "... L'ambiance, conviviale et familiale, ne déçoit pas, la cuisine traditionnelle du terroir se savoure et se partage en famille, entre amis ou lors de repas d'affaires. L'hôtel est classé deux Logis de France et l'établissement dispose d'un parking privé. De quoi réussir, voire même prolonger son séjour aux portes du beau château médiéval de Châteaugiron...

AUBERGE SAINT JACQUES 23, boulevard Jean Mermoz ✆ 02 99 31 79 46. *Fermé le dimanche soir et le lundi. Menu enfant à 9 € (3 plats) et 6 € (2 plats).* Après le pont de Nantes, direction Saint Jacques, se tient une petite auberge chaleureuse et très bon marché. Idéale pour un dîner en amoureux ou une pause gourmande le midi, elle se prête aussi aux repas de famille ou d'affaires, grâce à sa salle à l'étage pouvant accueillir 20 convives. Les plats sont excellents, jouant la tradition et le charme des terroirs. Les menus oscillent entre 9,60 € (menu du marché, le midi uniquement), 14.20 € le menu de l'auberge, 18.70 € le menu Jacquolandain à 23,70 €.(poêlée de langoustines au tandoori sur paillasson de pommes de terre ou encore marinière de coques et moules au thym vermicelle chinois, filet de bar craquant en habit d'oseille...) La carte change tous les deux mois en fonction des produits de saison. Mais on peut manger à tout moment le Parmentier de canard ou encore la crème d'asperges et sa tranche de foie gras poêlée et terminez son repas par le moelleux au chocolat avec son cœur coulant, un véritable délice. Sur commande, vous pourrez y déguster un homard de nos côtes sauce corail, flambée au cognac, fricassé à l'estragon ou encore parfumé à la vanille.... Talent : l'auberge dispose d'environ 80 références de vins en direct des viticulteurs.

LA BANQUE 5, allée Rallier-du-Baty ✆ 02 99 78 13 13. *Ouvert du lundi au samedi de 18h jusqu'à 2h du matin et 3h le week-end. Fermé le dimanche.* Au premier étage de l'ancienne prison Saint-Michel, se niche ce bar-restaurant-pizzeria où il est agréable de se retrouver entre amis pour boire un verre ou dîner. Trois petites salles en enfilade, style anglais et ambiance pub, murs en pierre, tabourets et banquettes, musique des années quatre-vingt. La toute petite salle de restaurant est dans le même ton, avec une cheminée et des rayonnages de livres. Elle propose magret, steak tartare, pizzas, poissons frais tous les jours, et des huîtres. Faiblesse : pas spécialement. Talent : le service est assuré jusqu'à minuit du lundi au jeudi et 2h du matin le week-end.

LE BISTROT DES CHAMPS 5, rue de l'Alma ✆ 02 99 31 48 76. *Fermé le dimanche toute la journée, le lundi soir et le samedi midi. Formules midi de 10 € à 12 €. Formules du soir de 14 € à 16 €.* En face du bureau de poste Colombier, à deux pas de la gare et de l'esplanade Charles-De-Gaulle, se tient un agréable petit restaurant : le Bistrot des Champs. Une cuisine inventive, à base de produits frais de saison, d'audacieux mariages sucrés-salés prêtent au saumon, au boudin antillais ou à l'agneau des saveurs insoupçonnées. Du début à la fin, entrées, plats et desserts régalent nos sens gustatifs !Les menus sont à prix doux, de 12 € à 14 €, et l'accueil est très souriant.

LE BISTROT DE MARC ANGELLE 58, avenue du Mail ✆ 02 99 54 30 12. *Fermé le dimanche et le lundi soir. Menus à 19 € le midi et 30 € le soir.* Marc Angelle, jadis le Wonderboy de la ville au Piré, vous fera déguster une cuisine légère et raffinée dans un bistrot tout simple. Avec le savoir-faire des grands chefs, de nouvelles saveurs s'offriront à vous avec des ingrédients très simples. Le menu, comprenant une entrée, un plat principal et un dessert pour 19 €, vous sera proposé d'emblée chaque midi. Et pour les groupes, des formules sont spécialement faites pour eux. Choisissez de vous installer en extérieur s'il fait beau, le patio est extrêmement agréable et dépaysant, vous oublierez aisément l'avenue du Mail, pourtant toute proche. Il est fortement conseillé de réserver.

LE BOCAL P'TY RESTO 6, rue d'Argentré ✆ 02 99 78 34 10. *Fermé le dimanche, le lundi et le samedi midi. Plat du jour à 7,50 €. Formules midi à 10 €, plat du jour ou tartine + dessert + café, ou à 11 €, petit plat + entrée ou dessert + café. Formules soir à 12 € et 14 €.* Ce restaurant a du succès et pour cause : il est tout simplement génial !Venir au Bocal, c'est la garantie de n'être jamais déçu et c'est le bonheur d'une cuisine simple et inventive. Le décor est plein d'astuces et de clins d'œil, à la fois ancien et moderne avec ses ardoises, ses vieilles planches et ses objets détournés. Que ce soit la salade du Bocal, les muffins au poulet et cheddar, le steak de requin ou le sauté de poulet au citron et au pain d'épice. Les desserts sont délicieux et originaux tel le cheesecake au citron ou la dame-blanche, glace vanille, chocolat et chantilly. A cela s'ajoute une petite sélection de bons petits vins de pays que l'on peut déguster au verre. Les maîtres des lieux vous accueillent toujours avec le sourire et le service s'avère tout à la fois discret et efficace. Un endroit certes à la mode, mais n'est pas à la mode qui veut !Toutefois, la réservation est fortement recommandée même le midi.

LE BOUCHON JEANNOT 2, rue des Carmes ✆ 02 99 79 28 29. *Ouvert de 11h45 à 14h et de 19h30 à 21h30. Fermé le samedi midi, le dimanche toute la journée et le mercredi soir. Plat du jour à 8,10 €. Formule à 11,15 €. Menu des halles à 13,40 €.* Le restaurant de spécialités lyonnaises de Rennes, c'est lui !Nappes vichy à carreaux rouge et blanc, rideaux blancs et murs crème, petits carrelages au sol, c'est un endroit où vous vous sentez tout de suite à l'aise, qui fleure bon son atmosphère d'authenticité. Carte et menus séduisent tout autant avec des plats traditionnels, qui vous laisseront l'agréable sensation du "bien-manger", salade de cailles farcies, quenelles, andouillette lyonnaise, rôti de bœuf aux pommes sautées, crumble, ainsi que des plats plus tendance et plus diététiques comme la terrine de légumes ou la poêlée de fraises balsamiques. A la question "C'est de l'art ou du cochon ?", que pose sur ses cartes de visite Hervé Jamin, successeur talentueux de Jeannot,, nous, on répond : "Les deux, mon capitaine !"

LES BULLES AU PLAFOND 11, place du Champ Jacquet ✆ 02 99 78 14 42. *Bar ouvert du lundi au samedi de 9 h 30 à 1h. Petit déjeuner servi de 10 h à 11 h. Service le midi de 12 h à 14 h 30 du lundi au vendredi et le samedi jusqu'à 15 h. Le soir, en semaine, restauration de 19 h à 22 h et le vendredi et samedi de 19 h à 23 h. Le dimanche, brunch anglais et plat coup de coeur servis jusqu'à 15 h.* Voici un lieu étonnant à Rennes qui est à la fois un restaurant, un bar, une brasserie. Ouvert depuis 4 ans et demi, et tenu par Georgette et sa fille Pascaline, Les bulles au plafond vous ravira avec sa cuisine de saison, dans une ambiance conviviale, détendue qui contente les plus fins gourmets. Vous trouverez, au menu ou à la carte, le midi, des salades, des tartines, des viandes grillées et des poissons. Laissez vous tenter par la salade du curé nantais où se mêle melon, jambon cru, raisins frais, pomme et pommes de terre gratiné au curé nantais. Côté tartines, vous ne serez pas non plus déçu par la Briarde (brie, jambon blanc, poire et miel). En ce qui concerne les tarifs, il y en a pour toutes les bourses, mais globalement l'adresse est d'un bon rapport qualité-prix. En plus de la carte, vous trouverez, un menu bambino (enfant) à 7 €, formule du midi, avec plat et dessert, à 10 €, formule tartine et dessert (le midi) à 8 € et deux copieux menus à 18,50 € et 25 €. Pour ce dernier, il n'est servi que le soir. En effet, si la cuisine du midi est déjà très savoureuse, le soir, Les bulles au plafond propose une cuisine plus élaborée. Un classique, le travers de porc caramélisé cuisiné ici aux pommes et au miel ou le bar en croute de crumbles...Enfin, ce restaurant est également connu à Rennes pour sa magnifique salle en sous-sol (en partie voûtée de berceau) et sa terrasse ensoleillée, où l'on aime y manger, prendre un apéritif, une régalade en journée ou en soirée. Ici on a le souci de vous proposer que des produits frais sélectionnés auprès d'artisans locaux...

LE CAFE BRETON 14, rue Nantaise ✆ 02 99 30 74 95. *Ouvert le lundi de 12h à 15h, du mardi au vendredi de 12h à 15h et de 19h à 23h et le samedi de 12h à 15h. Fermé le dimanche.* Situé dans une ancienne quincaillerie, ce resto est le bon plan pour les déjeuners et les dîners entre amis. L'ambiance est chaleureuse et beaucoup d'habitués s'y retrouvent. Entre armoires et casiers boisés, cafetières en émail et plaques publicitaires début de siècle, les ardoises tiennent lieu de carte : tartes, tartines et plat, vins et vin du mois sont bien de notre temps et oscillent entre 5 € et 8,30 € pour les plats et 3,50 € et 4 € pour les desserts. La tarte terre et mer est très copieuse et très parfumée avec son thon, sa moutarde, ses carottes, ses poireaux et ses fines herbes. En dessert, la soupe de fraises est désaltérante. Toutefois, réserver, c'est mieux !On vous l'a dit, l'endroit a un succès fou.

CANTINA MIA 7, place Saint-Germain ✆ 02 99 78 33 42. *Ouvert du mardi au samedi, hors-saison et fermé le dimanche de mai à octobre.* Pimpante, pétillante et gaie, à l'image de sa propriétaire, Cantina Mia s'habille de bleu, de jaune et de rose, et ne fait pas de cachotteries : la cuisine ouvre directement sur la salle et les étagères exposent les réserves de la cuisinière. Quant aux spécialités, italiennes,, elles sont tout simplement plus délicieuses les unes que les autres. Le soir, parmi les 4 bruschettes, qui sont de petits pains, choisissez donc celle garnie de champignons de Paris, d'huile de truffe et de speck. Les salades composées ne sont pas en reste : celle avec le bœuf séché, bresaola et son Parmesan est copieuse. Il n'y a pas de menu ni de carte, ici on choisit sur l'ardoise. Les prix n'ont pas augmenté et tout est fait maison. Pour accompagner votre repas, vous aurez le choix entre plusieurs vins italiens, servis au verre ou en bouteille. D'authentiques saveurs italiennes donc, huile d'olive et basilic, et un tiramisu particulièrement réussi sont les points forts de cet endroit !

FENETRES SUR COUR 18, rue de Robien ✆ 02 99 36 13 26. *Ouvert du lundi au samedi, de 12h à 14h30 et à partir de 19h. Formules à 9 €, 9,50 €, terroir,, 12,50 €, 13,50 €, retour du marché,, 15 €, jazz, et 20 €.* Les propriétaires sont des fans de cinéma. Cela se remarque sur certains menus et d'après le nom du restaurant. Il fait référence au célèbre film d'Alfred Hitchcock datant de 1954 avec James Stewart et Grace Kelly. A deux pas du Crous, ce restaurant est original de part sa structure. Il porte bien son nom puisqu'il est en forme de U avec une cour intérieure dans laquelle on peut également s'installer. La carte gastronomique et traditionnelle est très variée : elle comporte beaucoup de formules, des salades, des omelettes, des pizzas et des grillades. Dans la formule midi, il n'est pas possible de choisir. Toutefois, la cuisine est bonne notamment le pain de foies de volailles et la longe de porc au miel. Le café est compris dans le prix. Les quantités sont honorables et c'est bon marché. La carte des vins offre beaucoup de choix et on saura vous conseiller. On peut emporter ses plats sur commande uniquement.

LE FOUR A BAN 4, rue Saint-Melaine ✆ 02 99 38 72 85. *Formule du midi à 18 €. Menus à 25 €, 35€ et 45 € ainsi qu'un choix à la carte, de vin au verre. Possibilité de foie gras et de plats à la carte à emporter. Salon particulier pour 10 à 12 personnes. Possibilité de parking, place Hoche, métro place Saint-Anne. Ouvert du lundi au samedi sauf le samedi midi et le lundi soir (durant l'année), de 12 h à 14 h et de 19 h 30 à 22 h. Fermé 3 semaines à partir du 14 juillet et une semaine fin février. Notez aussi que l'été le restaurant est fermé le lundi midi au lieu du soir.* Situé en plein cœur du centre ville de Rennes, entre la place Sainte-Anne et la place Hoche, à deux pas du Parlement de Bretagne, le Four à Ban vous accueille dans un cadre convivial et raffiné où se mêlent un mobilier design à la rusticité d'une cheminée plusieurs fois centenaire, de vieilles poutres et d'un ancien four banal qui donna son nom à ce lieu. Le Four à ban démocratise la cuisine gastronomique en proposant un menu (entrée+plat+dessert) à 18 € qui comprend également des mises en bouche et des petits fours. Ce restaurant climatisé offre une cuisine du marché, respectueuse des saisons et qui sait ne pas oublier le gibier, les fruits de mer et les mets les plus fins pour vous faire goûter pleinement les quatre saisons. Vous pourrez faire vibrer vos papilles avec une fricassée d'escargot au jus de persil et son blanc manger à l'ail doux. Vous vous délecterez aussi de son quasi de veaux braisé accompagné de gnocchis et de légumes d'été. Vous apprécierez son lieu jaune et son blezotto de sarrasin avec son jus de sarrasin sur cébettes... Bref, s'il y a une adresse gastronomique à bon prix que l'on aime, c'est bien celle-ci, tant on s'y sent bien et tant le rapport qualité-prix y est avantageux avec une belle carte de vins. Une adresse à conseiller sans modération.

L'INATTENDU 3, place du Général Giraud, Rennes ✆ 02 99 35 06 54. *Fermé le dimanche et le lundi. Formule à 12,50 € (entrée + plat du jour ou plat + dessert), Menus 16 €, 22 € (menu saveur) et 36 € (menu Inattendu). Plats à emporter sur commande. Accueil groupes sur réservation jusqu'à 35 personnes.* Juste derrière l'entrée de C&A proche des 3 soleils, se dresse un restaurant cosy aux couleurs provençales qui sent bon les vacances !Eloigné du bruit de la ville, protégés par un entourage de raphia, vous vous détendrez instantanément . Laissez-vous tentez par le " menu Inattendu " véritable coup de cœur du chef qui réalisera à base de produits frais un menu imaginatif & audacieux alliant mets, saveurs & vins. Ludovic Blasco vous propose de nombreuses spécialités de poissons ainsi que des viandes préparées avec finesse & bon goût. La carte est totalement modifiée 4 à 5 fois par an en fonction des aspirations du chef et de ses découvertes. A noter à l'intérieur une ambiance chaleureuse, couleurs éclatantes et s'il fait beau goutez aux charmes de la terrasse totalement inattendue en plein cœur de Rennes. A découvrir...

LEON LE COCHON 1, rue du Maréchal-Joffre © 02 99 79 37 54. *Ouvert tous les jours hors-saison et fermé le dimanche en juillet et en août. Formule midi à 11,50 €.* La déco plaît beaucoup et l'espace est bien agencé. La cuisine est fine et copieuse servie avec sourire et gentillesse. Chacun trouvera son bonheur sur une carte variée. Quoi que vous choisissiez, viandes et accompagnements réjouissent. Le magret de canard est favori, et c'est justice. Du côté des desserts, aucun problème, ils sont tous très réussis, et pour ne rien gâcher, la carte des vins est vaste. Au moindre doute sur votre choix, n'hésitez pas à solliciter le personnel qui prendra vraiment le temps de vous conseiller. C'est un endroit très à la mode depuis quelque temps, et il est donc recommandé de réserver.

LE LOUNGE 11-13, place des Lices © 02 99 79 70 60. *Ouvert jusqu'à 3h du matin le week-end. Fermé le dimanche.* Le Lounge, c'est avant tout un décor totalement atypique, hors du temps et surprenant. Lourds rideaux de velours violine, banquettes et alcôves également tendues de velours, coussins soyeux, tables de bois sombre ornées de vases et de bougeoirs. La carte n'est pas en reste, puisqu'elle invite à un tour du monde des spécialités culinaires : sushis, foie gras, brochettes du Sud-Ouest, agneau à l'orientale, tagliatelles, poulet thaï, etc. Et les spécialités sont le saumon à la japonaise, c'est-à-dire salé-sucré, et les rognons de veau grillés entiers. La formule du midi à 9,90 € comprend un plat et un dessert, le menu du soir, 16,90 €, une entrée et un plat.

LA MAISON DES SOUPES 1, rue des Fossés © 02 99 38 18 87. *E-mail : maisondessoupes @free.fr Ouvert le midi du lundi au vendredi de 11h30 à 14h30 et le soir du mercredi au dimanche de 19h30 à 1h. Formules midi à 7,50 €, saveur, et 9,50 €, tradition.* A deux pas de la place Hoche, cette maison, agréablement aménagée d'une mezzanine, vient d'ouvrir ses portes. Enfin manger devient un bonheur pour son corps! Des soupes en été ?Eh oui, certaines sont froides et onctueuses !Mais si vous préférez une salade, une omelette ou une viande marinée, la carte et les ardoises vous en proposent. Bon, ce n'est pas forcément très copieux mais les jus de fruits sont faits à la demande et le service est très courtois. Mais surtout, ne faites pas l'impasse sur le dessert : les salades de fruits sont exquises et elles vous apportent un plein de vitamines !

M. GEORGES 4, place de Bretagne © 02 99 31 33 03. *Du lundi au jeudi, service jusqu'à 23h et vendredi et samedi jusqu'à 24h. Fermé le samedi midi et le dimanche.* M. Georges est installé entre la Taverne de la Marine et Le Gourmandin. Il fait honneur à ses réputés voisins, car ici aussi, l'équipe sait vous recevoir avec gentillesse et standing. La déco contemporaine aux tons bruns, bordeaux et gris perle est réussie, et les chaises de velours assorties particulièrement confortables !La spécialité de la maison ?Là encore, chapeau bas : les viandes grillées tendres, savoureuses... et copieuses, les tartares et les carpaccios, la sélection de poissons eux aussi grillés et finement accompagnés sont d'une qualité gustative excellente. N'oublions pas les saveurs d'ailleurs avec le filet de bœuf mexicain, le pavé d'autruche, la poêlée de légumes chinoise ou encore les crevettes sautées poivre et sel. La formule déjeuner, uniquement le midi, à 9 € pour 2 plats et 11 € pour 3 plats, entrée, plat, dessert, est d'un bon rapport qualité-prix. La sélection de vins vous réserve de bonnes surprises, au verre ou à la bouteille. Carte ou menus, à vous de jouer !

LA MUSE GUEULE 1, rue Saint-Melaine © 02 99 27 73 15. *Ouvert du lundi au samedi à partir de 9h à 2h. Fermé le samedi midi (car la Muse fait son marché !) et dimanche. Service jusqu'à 23h30 les jeudi, vendredi et samedi. Formule à 12 € (E+P+D).* Mikaël et Gaël ont ouvert ce bistrot restaurant avec la conviction d'en faire un endroit à la mode et en servant une cuisine de qualité. Et, en effet, ils ont réussi. Le bar à la décoration décalée se situe au rez-de-chaussée. Pour accéder à la salle du haut, vous emprunterez un escalier en colimasson tout en cuivre, exceptionnel !Quant à la déco de l'étage, elle est tendance puisqu'ils ont associé des meubles des années 70, sièges et tables en plastique avec des murs restés à nus. Une table de 8 personnes de forme irrégulière domine la rue Saint-Melaine. Allez absolument faire un tour aux toilettes qui sont cachées derrière un rideau blanc puis une porte coulissante. Le lavabo est une auge où il est inscrit " Restez vivant ". Et sur la porte, une autre citation vous attend... Quant à la cuisine, il n'y a rien à dire. La carte change tous les 15 jours afin de vous satisfaire. Le tartare de bœuf au couteau avec ses légumes croquants et sa salade est un pure délice. La maison vous propose également le filet de bar à la plancha parfumé à la vanille avec sa timbale de légumes de saison ou encore l'andouillette à la ficelle pommes rissolées et mesclun de salade. Le plateau de fromage de Seb (maître fromager) est particulièrement copieux et très parfumé. Les desserts sont eux aussi très bien servis (croquant au chocolat amer avec sa crème anglaise, pain perdu en croustillant au Cointreau, truffes aux deux chocolats avec son coulis de café). Et les jeudis, des groupes ou des chanteurs se produisent.

La "Fraîche Attitude",

Un état d'esprit !

La Fraîche Attitude est un style de vie : porteur de santé au sens large du terme, c'est à dire de bien être, autant physique que psychologique.

Pour couvrir nos besoins en éléments essentiels, nous devons varier notre consommation en fruits et légumes frais. 5 à 10 fruits et légumes frais différents chaque jour, c'est du plaisir, des vitamines, des fibres, des micronutriments....
Les bienfaits des fruits et légumes frais dans la prévention de certaines pathologies, comme les maladies cardiovasculaires et le cancer, sont scientifiquement prouvés.

Pourquoi diversifier sa consommation ?

Parce que chaque fruits ou légume possède sa propre particularité nutritionnelle (l'orange est réputée pour sa richesse en vitamine C alors que le chou se caractérise par ses substances soufrées) et que chaque partie de la plante telles les racines (carotte, navet, betterave, radis...), les feuilles (chou, épinard, salade...) ou les fruits (pomme, tomate...) présente des éléments complémentaires.

Aussi c'est en diversifiant sa consommation et en combinant différents fruits et légumes qu'on retire le maximum de bienfaits.

5 par jour, soit environ 400 g, c'est le minimum. Mais c'est avec 10 par jour que vous atteignez les 800 g souhaités selon les experts.

L'idéal est d'assurer un équilibre entre une consommation de fruits et de légumes crus et cuits, crus (fruits à croquer, crudités, salades et jus) ils vous apportent un maximum de vitamines C et autres vitamines, et cuits (en accompagnement de vos plats, en purée, en compote et en soupe), ils facilitent la digestion.

Vous allez voir le compte est vite fait

1 fruits à croquer 3 fois par jour
1 crudité à midi et 1 légume d'accompagnement au dîner

= 5. votre ration minimum au quotidien

Ajoutez y :
1 jus de fruits au petit déjeuner (ou cocktail de fruits)
1 salade de fruits au dessert ou 1 jardinière de légumes au déjeuner
1 potage de légumes variés ou 1 grosse salade mêlée au dîner
et n'oubliez pas d'ajouter une pincée de saveur :
persil, ciboulette, basilic, oignon, ail

= 10. votre objectif est atteint

Fruits et légumes frais, avec 5 à 10 par jour, Libérons notre nature !

www.10parjour.net
Service consommateur
N°Azur 0 810 810 000

aprifel
agence fruits et légumes frais

LE NAVIRA 39, rue Saint-Georges © 02 99 38 88 90. *Ouvert tous les jours midi et soir sauf dimanche et mercredi. Formules midi duo à 9 € et trio à 12 € et carte.* Des pierres et des poutres apparentes, une vieille machine à coudre transformée en table, une façade bleu clair, on se croirait à la campagne !Un resto tout beau, qui propose dans une ambiance très conviviale un choix de salades dont celle au chèvre chaud absolument exquise, poissons et viandes, comme le rouget à la rhubarbe par exemple, et des plats traditionnels... Et pour un dîner en tête à tête penchez pour l'apéritif Tang'rose qui se compose de pétales de rose, dilué dans du Soho et accompagné d'un pétillant pour vous mettre dans l'ambiance. Si çà vous a plu vous pourrez poursuivre l'aventure en testant le magret au confit de rose. Côté dessert goutez aux profiterolles maison servie avec une boule de glace au choix de maître artisan glacier, un véritable délice ! Le vin du mois peut se déguster au verre à 1,80 € ou à la bouteille à 10 €. A noter que la carte change l'été pour laisser place aux brochettes ...Notre avis : un bon rapport qualité-prix dans une ambiance très chaleureuse !

LES NEGOCIANTS 6, rue du Pré-Botté © 02 99 78 10 78. *Ouvert midi et soir du lundi au samedi jusqu'à 23h30. Salle de 25 personnes pour les séminaires. Menu groupe sur réservation. Formule contrat midi à 10,90 €. Menu pour les petits à 8,50 €. Menu étudiant à 10,50 €. Groupes jusqu'à 40 personnes.* Depuis mi-mai 2005, un nouveau propriétaire a repris ce restaurant café et pizzeria. Bois sombre exotique, parquet au sol, murs crème, poutres, chaises en bois, larges et de couleur foncée, plantes vertes, salle fumeur au rez-de-chaussée et salle très agréable non fumeur à l'étage : le décor est planté, et dans cette atmosphère joliment coloniale, on se sent immédiatement à l'aise. Situé derrière la poste République, ce grand restaurant séduit aussi par sa carte variée et copieuse. Wokis de poissons voisinent les pizzas, aux garnitures souvent innovantes,, les salades gourmandes de terroir ou d'ailleurs côtoient tartares, pièces de viande, grillades, plats et pâtes. Le nouveau chef concocte des plats très copieux. Le plat du jour, par exemple, un médaillon de volaille, sauce champignons, servi avec une tomate confite et des haricots verts, est bon, et on ne lésine pas sur la garniture. Les desserts sont tout autant généreux. Les serveurs, élégants dans leur uniforme, sont professionnels et très souriants !

NOUVEAU

LE PERE ALFRED 2, place du Calvaire © 02 99 79 01 11. *Fermé le dimanche et le lundi.* Anciennement Le Bistrot de la Mer, trois frères d'origine Morbihannaises ont repris cet établissement en mai 2005. Situé derrière le cinéma Gaumont, ce restaurant est idéalement placé : on se croirait à la campagne avec sa terrasse en pierres lovée place du calvaire. Mais l'intérieur est tout aussi sympa avec les photos de famille d'origine qui nous ramène à nos belles années...Amateurs des richesses gustatives que nous offre l'océan, ce restaurant est fait pour vous !Terrines, soupes, entrées de la mer, poissons grillées ou en sauces et légumes frais. A noter dégustation d'huîtres en permanence et possibilité de déjeuner au Bar ce qui a un côté très convivial. Une ardoise au mur propose des plats différents chaque jour : c'est le principe de l'ardoise à la Parisienne. Par exemple, pour 11,90 €, on vous sert une terrine de campagne et une blanquette de veau à l'ancienne. Accueil groupe jusqu'à 40 personnes sur réservation. Une entrée réussie & un très bon accueil...

LA P'TITE ETAPE 111, rue Eugène-Pottier © 02 99 67 38 16. *Ouvert du lundi au vendredi, le midi. Menus à 12 € et 15 € et les suggestions du jour.* Une sympathique p'tite étape que celle-ci. Grand bien vous prendra de vous arrêter dans ce bar-restaurant du quartier Cleunay qui, chaque jour, relève le défi d'une cuisine réussie. Que ce soient les formules ou les suggestions du jour comme le ris de veau ou le magret de canard, la cuisine se veut traditionnelle et gourmande. Terrine campagnarde ou salade de chèvre chaud en entrée, saucisses aux choux ou pièce de bœuf sauce béarnaise ensuite, une crème brûlée à la liqueur de mandarine pour finir, voilà quelques exemples de ce qui vous attend ici. Nono, le maître des lieux, est là pour l'ambiance. Son sourire et sa convivialité sont au rendez-vous pour vous faire passer un agréable moment. Christophe, en cuisine, et Soizic, en salle, voilà une fine équipe qui combine efficacité et convivialité. Vous pouvez, en outre, compter sur un service rapide si tel est votre souhait. Il y a une agréable terrasse en été, où l'on organise des barbecues, et chaque vendredi des spécialités sont à découvrir.

LA P'TITE FERME 35, rue Poullain-Duparc © 02 99 65 15 15. *Ouvert 7j/7 et toute l'année. Formule midi à 11 €. Menus à 13,50 €, 17,50 €, 23,50 € et 26 €.* Grandes et petites tablées, estrades de bois, et même une charrette de belle taille sur laquelle une table est installée : La P'tite Ferme a réussi une déco à l'atmosphère campagnarde chaleureuse. Malgré l'affluence, le service est effectué très rapidement si besoin est. Les groupes trouveront ici une ambiance propice aux grandes retrouvailles copieuses. La carte propose un grand choix d'entrées, de plats et de desserts, issus de recettes traditionnelles, efficaces et savoureuses !Les menus offrent un excellent rapport qualité-prix, notamment celui à 23,50 € qui propose 3 plats, un apéritif et un verre de vin.

LE POUSSE TONNEAU 6, rue de la Sauvaie © 02 23 30 25 26. *Site Internet : www.pousse-tonneau.com, e-mail : info@pousse-tonneau.com Ouvert le midi et le soir du lundi au vendredi et le samedi soir.* "Miracle du vin qui refait de l'homme ce qu'il n'aurait jamais dû cesser d'être : l'ami de l'homme". Cette phrase d'Engel, affichée comme d'autres sur des caisses à vin dans la salle du Pousse Tonneau, pourrait bien en être la devise !La formule est séduisante, puisque le Pousse Tonneau est à la fois une cave à vins et une très bonne table. L'espace du caviste présente une bonne sélection de crus. La salle, très bien agencée et décorée avec goût sur le thème du vin, de l'authentique, du terroir compte près de 100 places assises, qui ne suffisent pas à accueillir les nombreux clients, le midi comme le soir. Il est donc impératif de réserver. Vous pourrez alors goûter l'excellente cuisine servie ici : tartines, grandes assiettes, entrées, plats et desserts maison. Est-il utile de préciser que vous serez conseillé avec justesse sur le choix du vin ?

LE POUSSE TONNEAU L'ANNEXE 16, rue du Pré-Botté © 02 99 78 15 41. *Fax : 02 99 78 38 20. Ouvert du mardi au samedi de 9h à 19h et le soir du jeudi au samedi. Service continu. Menu gourmand, potage méditerranéen et tartine niçoise, à 9,90 €, plat du jour à 9 €, menu à 10,90 € et menu jour complet à 14 €. Menu minot à 5,50 €.* Cette annexe, bar à tartines et cave à vins, est un excellent endroit pour manger en plein cœur de la ville même si on n'aime pas le vin !A l'étage, on est au calme. L'ambiance y est littéraire grâce à la bibliothèque. Le décor, avec ses plantes vertes, ses étagères garnies de livres et de revues sur le vin, son coin salon est très réussi. La cuisine est savoureuse et vraiment goûteuse. Lors de notre visite, la pomme était l'élément central du menu complet du jour, de l'entrée au dessert. C'est vraiment original et garant d'une cuisine inventive. Des citations sur le vin de grands auteurs sont disséminées dans le restaurant : ceci incite à la réflexion...

QUEEN MUM 11, rue Saint-Georges © 02 23 20 09 83. *Ouvert du lundi midi au samedi soir. Formule midi à 10,20 €.* Un joli cadre, classique et chaleureux, une cuisine traditionnelle, aux envolées inventives, de la musique harmonieuse et un restaurateur jeune et souriant : les repas entre copines, en amoureux ou en petit comité sont ici un vrai moment de détente. La carte est modifiée trois fois l'an. Velouté de potiron, sole poêlée, bar grillé, magret de canard, moelleux au chocolat et sa confiture de lait... sont quelques-unes des préparations Queen Mum. Côté prix, les menus sont très attractifs, la formule midi notamment est servie du lundi au vendredi sauf les jours fériés, et comprend le plat du jour, un verre de vin et un café. Les groupes de 10€ à 20€ personnes sont les bienvenus.

LE RANCH Rue de Bray, ZI sud-est, CESSON-SEVIGNE © 02 23 30 00 29. *Fermé le dimanche et le lundi soir. Menus de 12 € à 30 €.* Dans la zone industrielle sud-est de Rennes, Le Ranch offre une bonne prestation : le restaurant est grand, avec un étage en mezzanine, et les plats copieux et très bien cuisinés. Les viandes de bœuf 1er choix, entrecôte, hampe, brochette, etc., sont grillées au four à bois et accompagnées de sauces maison réussies. Les brochettes de gambas ou de Saint-Jacques et les pizzas sont elles aussi cuites à la chaleur des flammes. Le Ranch propose également des menus étudiés pour les groupes à partir de quinze personnes. Remarquons à regret que les enfants verront trois biquettes dans un espace clos vitré sur tout un côté du restaurant. Quant aux écuries annoncées, il s'agit d'un petit espace à côté du parking où sont installés deux poneys apaloosas.

LE ROCHER DE CANCALE **10, rue Saint-Michel** © **02 99 79 20 83.** *Ouvert du lundi au vendredi de 12h à 14h et de 19h à 23h. Formule le midi à 9 €, menus à 14 €, 20 € et 25 € ou carte.* Un Rocher tranquille où l'on accoste avec grand bonheur. Le service est très professionnel et prévenant, et l'ambiance paisible qui règne en salle est une invitation à la dégustation. Le plaisir d'une gentillesse des plus accueillantes, le plaisir aussi que procurent les bonnes tables. La carte offre, avec une appellation pareille on s'en doutait, une sélection de poissons et de fruits de mer, mais aussi des plats de viande. La carte des vins est en parfaite harmonie avec les mets à déguster.

LE SAINT-GERMAIN DES CHAMPS **12, rue du Vau-Saint-Germain** © **02 99 79 25 52.** *Ouvert le midi du mardi au samedi et en soirée le vendredi et le samedi. Formules midi de 13 € et 16,50 €. Formules de 15 € et 18 €.* Alors que la demande va croissante, il n'existe qu'un seul restaurant végétarien en centre-ville. Les saveurs sont nouvelles, les produits sont ultra-frais et bio : le résultat est innovant. Le tableau des plats change tous les jours : pas mal, non ?La maison propose aussi des plats à emporter. La décontraction, de l'accueil au service, est un plus notable.

LA TABLE D'EUGENIE **2, rue des dames** © **02 99 30 78 18.** *Fermé le lundi midi, le samedi midi et le dimanche. Plat du jour à 9 €, formule à 13,50 € et 17 €.* Depuis décembre 2003, c'est une joie de venir dans ce petit bistrot dont le nom est celui de la fille du chef cuisinier et patron, Erwann Hergué. La salle est coquette, élégante et cosy : la couleur dominante est le jaune pâle. La cheminée et les poutres apparentes donnent du caractère à l'ensemble. La petite terrasse est un enchantement en été puisque le resto se situe dans la partie historique de Rennes. Le jour de notre visite, quel ne fut pas notre enthousiasme de prendre la formule à 17 € et de déguster la salade de perles marines au caviar de truite. C'est rafraîchissant et épicé à la fois. Les filets de rouget grillés tatin de légumes et riz safrané ne sont pas en reste. L'euro de supplément sur la formule est bien peu comparé au plaisir de manger ce poisson divinement cuisiné !Et le dessert ?Que dire ?La tarte aux framboises est savamment présentée avec un coulis et d'autres fruits rouges. Est-il utile de préciser que c'est exquis ?oui !

LE TIRE BOUCHON **2, rue du Chapitre** © **02 99 79 43 43.** *Ouvert du lundi au vendredi midi et soir.* Bistrot à vins, le Tire Bouchon l'est, et attire depuis des années une clientèle fidèle, amatrice de l'ambiance comme du bien boire et du bien manger. L'atmosphère bistrot est particulièrement charmante. Midi et soir, Marianne Boisselier, issue d'une longue lignée de cuisiniers, concocte plats, salades, assiettes, tartines et desserts, à choisir sur les ardoises. N'oubliez pas de goûter son coucou de Rennes, qui est une variété de poulet, ou ses lasagnes de chèvre et de poivrons !Cuisine du terroir, produits brutes, authentiques et carte de vins remarquable font du Tire Bouchon une étape gourmande recommandée. Vins d'ici et d'ailleurs, petits vins de pays et grands crus..., le Tire-Bouchon propose une sélection de vins servis au verre, tandis que la majorité est disponible à la bouteille.

LES TONTONS VOYAGEURS **4, avenue Janvier** © **02 99 30 09 20.** *Fax : 02 99 30 49 86. Ouvert la semaine. Le midi : menus à 9,90 €, 11,50 € et 14,50 €. Le soir, "dînons en ville" : menus à 14,90 €, 19,90 € et 23,90 €. Choucroute pour 2 personnes à 29,90 €. Menu enfant à 6,90 €.* Ce bistrot restaurant est un endroit agréable avec ses tables et ses chaises très confortables de style brasserie. Un coin à la décoration originale est aménagé au fond du restaurant. En effet, une partie des Tontons Voyageurs a été aménagée de façon japonisante : vous êtes assis sur le sol et vos pieds comme ceux des tables sont installés dans l'espace creusé sous la table, dans le sol !La cuisine est vraiment de grande qualité : le carpaccio de saumon et l'émincé de volaille à la coriandre et aux nouilles chinoises sont dignes d'un restaurant gastronomique. Tout est fait pour que le client passe un bon moment : le service est rapide et simple et les plats sans défaut.

VINS ET VOYAGES **Gare SNCF** © **02 23 30 13 06.** *Fermé le samedi. Ouvert du lundi au jeudi de 10h à 21h, le vendredi, de 10h à 22h30 et le dimanche de 11h à 22h. Formules à 8,40 €, plat et vin compris, et à 9,40 €, plat, dessert et vin non compris.* Vins et Voyages est un bistrot-cave à vins, situé au premier étage de la gare SNCF. Vins au verre pour déguster et découvrir, plat du jour, salades et tartines pour remplir les petits creux, formule huîtres-vin blanc à toute heure : l'escale Vins et Voyages est toujours bienvenue avant, après ou entre deux trains. C'est un endroit qui change des habituels cafés de halls de gare, grâce à une décoration marine tout en bois et à un bar en forme de coque de bateau particulièrement réussi.

LES JARDINS DE GREGOIRE Centre d'affaires Alphasis, SAINT-GREGOIRE ✆ 02 23 25 06 50. *Ouvert du lundi au vendredi midi et soir.* Le centre d'affaires Alphasis, situé à côté de la voie rapide vers Saint-Malo, première sortie, en direction de Saint-Grégoire, compte de nombreuses entreprises et sociétés. Les Jardins de Grégoire s'occupent donc de restaurer tout ce petit monde travailleur, c'est-à-dire d'être la cantine des employés de bureau. Et à voir les tables pleines chaque midi, on se doute qu'il y a de quoi faire... La déco est très maritime avec ses filets de pêche et ses couleurs bleu et blanc. Et donc, les serveurs sont dans le ton : ils portent une brassière marine. La carte propose pizzas, crêpes et galettes, salades, viandes et petite brasserie : de quoi varier ses menus chaque jour !Les Jardins de Grégoire assurent aussi la vente à emporter. Attention, passez vos commandes avant 11h30 le midi et à partir de 18h le soir.

Fin de mois

L'ABRI DU MARCHE Place des Lices ✆ 02 99 79 73 87. *Ouvert 7j/7. Du lundi au jeudi de 12h à 14h30 et de 19h à 22h30, le vendredi et samedi de 12h à 14h30 et de 19h à 23h, et ouvert en continu le dimanche.* Localisée en haut de la place des Lices, cette moulerie-crêperie affiche une carte alléchante avec pas moins de 16 préparations différentes de moules, de 7,30 € à 10,30 €, accompagnées de frites maison, fines et croustillantes, ainsi que des galettes, simples ou complètes, et spécialités, de 4,85 € à 9,30 €. Vous trouverez également un menu à 8,50 €. Et pour ceux qui auraient d'autres envies, la cuisine du marché se décline sur une grande ardoise avec 3 entrées, 3 plats du jour et 3 desserts, entre 10 € et 12 € pour un repas complet. Le décor, rustique traditionnel, est particulièrement réussi, avec son bois vieilli, ses tomettes brique, les reproductions de cartes postales anciennes aux murs et divers objets sortis tout droit du passé de nos arrière-grands-parents !Après un tel éloge, il nous faut quand même dire que quelquefois, les assiettes nous ont déçus, alors que d'autres fois ce fut exquis...

L'ARCHIPEL 1, rue Anatole-France ✆ 02 23 46 05 06. *Ouvert du lundi au vendredi de 12h à 19h.* Un lieu inhabituel où l'on peut déguster des plats biologiques dans une ambiance très décontractée. L'Archipel est avant tout un espace d'économie alternative et solidaire qui expose parfois et vend des créations artisanales ou issues du commerce équitable. Vous y trouverez, en plus de son activité de restauration et vente, un bar associatif sans alcool, un centre d'information sur le commerce équitable, l'économie solidaire et un cybercafé. Son but est d'appréhender l'économie grâce à une démarche de respect des personnes et de l'environnement. Solidarité et soutien sont les maîtres mots de ce lieu d'accueil, de rencontres et d'échanges. Un certain dynamisme souffle régulièrement sur L'Archipel qui prend part à de nombreuses manifestations rennaises, comme le Salon Vivre et consommer autrement qu'il organise chaque année aux halles Martenot, fin avril début mai. Côté repas, le midi, un buffet froid est à votre disposition avec des tartes, des salades, des céréales... Il faut compter 5 € pour une petite assiette, 6,50 € pour la grande, et pour ceux dont l'appétit est gargantuesque, la formule buffet à volonté coûte 10 €. Le jeudi et le vendredi, des repas chauds à thème sont proposés avec une libre participation de 10 € à 14 € pour un repas très complet comprenant entrée, plat, dessert, une boisson et un café. Au fait, on s'y nourrit aussi intellectuellement.

NOUVEAU **L'ARSOUILLE 17, rue Paul-Bert ✆ 02 99 38 11 10.** *Ouvert du mardi au samedi de 11h à 16h et de 18h à 1h. Formule à 11 € et carte, ticket moyen le soir 25 € pour un verre de vin et un repas complet.* C'est à la fois un bar et un restaurant. Le maître des lieux est venu à la cuisine par le vin. Avec sa forte personnalité, il ne conçoit pas un repas sans vin, c'est dire. D'autant que l'élixir cher à Bacchus est ici dans tout ses états. Imaginez, une cinquantaine de références pour la table et 150 à emporter. Sa carte des vins s'étale, comme la pléiade, méticuleusement rangée, derrière le comptoir. Côté déco, le rétro confortable sur un fond sonore jazzy, aux voix roques ou féminines qui susurrent quelques mots... Un détail qui est de taille, le bistrotier ne vous proposera aucun vin souffré, ni de vin de Bordeaux. Ici, le "pisse-vigne" est exclu, seuls des petits vins de producteurs, des découvertes, des cépages méconnus sont à l'honneur. En un mot, avec son accueil sympa, sa terrasse et surtout son vin, le lieu ne manquera pas de vous séduire. Un petit bémol, c'est si bon qu'il faut savoir se réfréner ou sinon la note risque d'être lourde sur les hanches...

NOUVEAU **AU LIEU-DIT VIN 14, rue de l'Arsenal ✆ 02 99 67 24 15.** *Ouvert tous les jours sauf le dimanche de 7 h 30 à 1 h du matin. Bar à vins, restaurant, grignotage, petit déjeuner...35 références de vins en permanence.* Une fringale, une faim gastronomique, une envie soudaine d'un bon cépage, voilà ce que peut pour vous cette adresse. Au lieu-dit vin, c'est à la fois un restaurant, un bar à vin, idéal pour combler une petite envie de grignotage ou pour passer une soirée de plaisir culinaire accompagné par de bonnes petites bouteilles tout droit sortie de derrière les fagots. Vous pourrez même y prendre votre petit déjeuner, façon britannique. Alors si ça ce n'est pas de l'adresse futée... Bref. Vous y découvrirez, dans une salle à l'ambiance de bistro sympathique, des bons petits plats comme des petits salés à la fleur de sel, de l'épaule de veau braisée au thym, de l'espadon au jus de figues... Avec les deux ou trois suggestions quotidiennes, vous vous embarquerez dans un voyage gustatif qui aurait ravi Bacchus ou Dionysos. Le midi, la formule entrée + plat ou plat + dessert est à un prix qui n'est pas vraiment prohibitif : 9,90 € et plat du jour à 7€. A l'ardoise, vous trouverez également des tartines, des marinades, des salades, des brochettes, ou encore une pièce de bœuf avec des frites maison à l'ancienne (façon grand-mère)... et des desserts qui font saliver : carpaccio de fraise (en saison) et son caramel de vin, ou des tartes du jour. Miam, miam !

AU P'TIT CREUX 17, rue Saint-Melaine, PACE ✆ 02 99 60 15 87. *Ouvert de 12h à 15h et de 19h à 22h30. Fermé le lundi soir, mardi soir et dimanche soir. Galettes de 2,75 € à 7,30 €, pizzas de 5,50 € à 9,15 €, formules à 6,10 €, 7,65 € et 9,20 €.* Petit ou gros, le creux d'avant repas qui vous tenaillait pourtant dur s'apaisera sitôt les yeux posés sur la carte. Galettes, pizzas, une quinzaine de références,, plat du jour, omelettes, croque-monsieur, steaks frites, crêpes, glaces, desserts... vous n'avez que l'embarras du choix. Un conseil futé, essayez la savoureuse galette à la noix de Saint-Jacques servie avec des champignons frais. Ajoutez-y une ambiance chaleureuse et des prix attrayants, et vous aurez les ingrédients qui font du P'tit Creux une bonne adresse à découvrir. La terrasse ensoleillée et calme, à l'ombre de l'église est particulièrement agréable en été.

LA BRIOCHE DOREE 2, rue Le-Bastard ✆ 02 99 79 00 65. L'adresse est bien connue des aficionados du grignotage ou d'une restauration simple, bonne et rapide. Pour combler vos petites et grandes faims, tout au long de la journée, La Brioche Dorée s'adapte, devenant tour à tour briocherie, sandwicherie et pâtisserie. Ainsi vous trouverez des formules adaptées suivant les heures qui passent : petit déjeuner, pause déjeuner, en-cas, goûter, sur place ou à emporter. L'éventail des produits couvre les viennoiseries, tartes salées, sandwichs classiques ou gastronomiques, chauds ou froids, salades diététiques, pâtisseries ou yaourts, etc. Sachez enfin que tout est du jour et ça se sent, les sandwichs et les pâtisseries notamment deviennent vite un incontournable, pour peu que vous passiez devant, occasionnellement ou plus souvent !
Autres adresses : 2, rue d'Orléans ✆ 02 99 78 30 07 • 2, rue d'Antrain 02 99 63 21 30 • Centre commercial Colombia ✆ 02 99 31 69 05 • Centre commercial Carrefour, CESSON-SEVIGNE ✆ 02 99 83 35 02 • Centre commercial Alma ✆ 02 99 53 69 95 • Centre commercial Opéra, PACE ✆ 02 99 85 58 41.

CAFE DE LA PLACE 7, place Sainte-Anne ✆ 02 99 78 31 03. *Ouvert du lundi au samedi de 7h30 à 21h30.* Niché au cœur de la bien connue place Sainte-Anne, bordant la fameuse rue Saint-Michel, Le Café de la Place vous propose une grande variété de produits, de quoi satisfaire n'importe quelle envie. En regardant sa carte, on se pourlèche d'avance, hésitant entre ses croque-monsieur et maxi-croques, ses tartiflettes, lasagnes, mais aussi de belles et bonnes tartines ainsi que plusieurs salades, froides ou tièdes, sans oublier quelques desserts. Suivant les saisons, le plat du jour de l'hiver devient la salade du jour l'été. Avec son service rapide, son accueil sympathique et l'ambiance toujours agréable, l'adresse est bien connue des Rennais. Sa terrasse est d'ailleurs prise d'assaut dès que le soleil pointe le bout de son nez... En un mot, pour une pause déjeuner ou une pause tout court, à n'importe quel moment de la journée, le Café de la Place est un endroit où l'on aime s'arrêter.

NOUVEAU **LE CAFE DES BAINS 36, rue Saint-Georges, RENNES ✆ 02 23 20 35 64.** *Ouvert de 12h à 14h et de 19h à 22h30 du lundi au jeudi et de 12h à 14h et de 19h à 23h30 le vendredi et samedi.* Sa cuisine est à l'image de sa décoration, contemporaine, aux peintures colorées ou monochromes. Vous mangerez dans une ambiance cosy, raffinée, au comptoir mosaïqué dans un cadre luxueux en pierre, bois et tissu ivoire rehaussés par quelques objets designés par les créateurs de Tom Dixon, des magasins Habitat. Laissez-vous tenter par ses 3 formules alléchantes : le plat à 9 €, le plat, entrée ou le dessert à 12 € et le menu complet à 15 €. Un conseil futé, choisissez la terrine de biche au genièvre en entrée, puis poursuivez avec la pièce de bœuf du boucher au gorgonzola, et finissez par un crumble aux fruits rouges avec sa boule de glace. Ce sera une pure merveille. La carte, écrite sur l'ardoise, vous permettra aussi un choix varié pour des repas inoubliables. Il y a 7 entrées, 10 plats à base de viande, bœuf, autruche, canard..., et 4 autres au poisson, accompagnés d'un wok de légumes et de riz sauvage, et 7 desserts. Pour accompagner ces mets copieux et originaux, vous pourrez également choisir une sélection raffinée de vins. Voici un conseil futé, le saint-estèphe est de toute beauté. La rapidité du service fait très vite oublier l'accueil un peu réservé, d'autant que le cuisinier est particulièrement talentueux.

NOUVEAU **CAFE DES BRICOLES 17, quai de la Prévalaye, RENNES ✆ 02 99 67 23 75.** *Ouvert le lundi, mardi et mercredi de 11 h à 22h, le jeudi, vendredi de 11h à 1h. Restauration le midi du lundi au vendredi et le soir du jeudi au vendredi.* La décoration du lieu est à l'image de la patronne, chaleureuse, accueillante, sympathique... où se mélange habilement horloge comtoise, vieux miroir piqueté, peintures, vase chinois, téléphone en bakélite noir, vasques en verre de créateur. Dans ce cadre convivial, vous profiterez, en salle ou en terrasse et avec modération, de sa très bonne carte des vins, servis au verre, de 2,70 € à 3,50 €,, au pichet, de 9 € à 14 €, et en bouteille, de 13 € à 18 €. En journée, le Café des Bricoles est un bar original, où sa clientèle d'habitués aime y venir discuter derrière un petit café noir, un chocolat, une bière, de 2,20 € à 3 € le demi, ou un whisky breton de la distillerie Warenghem. Le midi et le soir le lieu se transforme en restaurant avec ses grandes tablées et sa cuisine qui rassasie n'importe quel appétit vorace. Le midi vous pourrez choisir parmi 3 formules : plat du jour à 8 €, entrée ou dessert, plat à 12 €, entrée, plat, dessert à 15 €. Le soir, le choix se fait à la carte.

LA CAVE 6, rue de Paris, CESSON-SEVIGNE ✆ 02 99 83 14 34. *Ouvert du lundi au vendredi de 9h30 à 1h. Menus de 8,80 € à 21,30 €.* Un splendide endroit, une adresse particulièrement exquise, voilà qui définit La Cave !Avec son ambiance conviviale, simple et authentique, dans un cadre chaleureux de murs en pierre et de belles poutres apparentes, La Cave est un bar-restaurant qu'on se doit de connaître. Une fois sa cuisine essayée, on y revient forcément, tant les mets sont savoureux. La Cave sait recevoir avec des menus variés, des plats de saumon frais, de terrines campagnardes, de poissons et de viandes accompagnés de sauces traditionnelles et de légumes ou de frites fraîches. La maison dispose de 4 salles, dont une non fumeur, sur ses 2 étages, et d'une petite terrasse en saison. De plus, la maison peut accueillir les groupes. Enfin, pensez à réserver La Cave pour vos anniversaires, repas d'affaires et soirées en famille.

CHEZ MAMAN 5, rue de Penhoët ✆ 02 99 79 20 97. *Ouvert tous les jours sauf le dimanche et jour fériés de 12h à 14h et 19h jusqu'au départ des derniers clients.* A la vue de ses horaires, vous aurez bien compris que le client est roi, un vrai coq en patte tant la cuisine y est savoureuse, l'accueil agréable et le cadre familial et authentique. Certes, de prime abord, cela paraît petit, mais une salle, à l'étage, permet d'accueillir plus de monde qu'il n'y paraît, jusqu'à 36 couverts. Le lieu et les deux tenancières sauront vous séduire et vous y faire revenir. Les deux restauratrices n'ont pas encore l'âge d'être votre maman, mais une chose est sûre, elles ont hérité d'un savoir-faire incomparable !Ici tout est frais, des fleurs sur les tables aux produits dans vos assiettes. Viandes et poissons, de 9 € à 16 €, sont finement préparés, et certaines des salades à la carte, de 6 € à 9 €, explorent des associations de légumes et de fruits particulièrement réussies. Chez Maman, vous mangerez sainement, avec l'assurance du sourire et de la convivialité toujours au rendez-vous.

NOUVEAU **CHEZ P'TIT LOUIS 9, rue Saint-Louis ✆ 02 99 78 32 58.** *Site Internet : www.chezptitlouis.fr Ouvert midi et soir du mardi au samedi.* Chez P'tit Louis est un bistro-resto qui propose une foultitude de bons petits plats et de bonnes bouteilles de vin, tout droit sorties de derrière les fagots dans une ambiance chaleureuse, conviviale et détendue. Vous trouverez au choix, à l'ardoise, un gratin de légumes, une tarte salée, différents chaque jour, à 7 € ou 8 €, des tartines chaudes assorties de salade, des desserts maison, glaces, tartes, fondants, etc., à un prix tout aussi modique. Chacun des plats est élaboré devant vous, derrière les vitrines d'une cuisine tout de bois et de céramique blanche revêtue. Vous pourrez vous régaler de ces assiettes bien garnies dans un cadre qui sent bon les années trente, quarante et cinquante. Une publicité Dubonnet est peinte sur un pan de mur, des cadres avec d'antiques publicités y sont aussi accrochés. Vous retrouverez également en set de table des réclames désuètes où sont vantés les mérites de tel ou tel produit aujourd'hui disparu. En fouinant un peu, vous remarquerez face au vieux gramophone un tableau d'étiquettes de bouteilles de vin, où l'humour de Fluide Glacial, de L'Echo des Savanes est au rendez-vous.

L'EPICERIE GOURMANDE 16, rue du Maréchal-Joffre © 02 99 79 55 86. *Restauration du mardi au vendredi de 12h à 14h.* Si le lieu est original par excellence, sa cuisine l'est tout autant. L'Epicerie Gourmande, épicerie et restaurant, offre une cuisine gastronomique, artisanale et de terroir. Henri Divet propose, tous les midis, un plat et un dessert, renouvelés chaque jour. Le plat seul est à 7,60 € et la formule à 9,80 €. Si on ajoute à cette dernière un verre de vin, il vous en coûtera 11 €. Alors que la qualité des plats rappelle bien des adresses de la catégorie début de mois, les prix sont donc ici très intéressants, nous faisant le classer dans cette partie des restaurants fin de mois... Bref, la cuisine est tout simplement excellente, préparée avec des produits frais, et fait la part belle aux recettes traditionnelles et originales : bœuf bourguignon, foie gras mi-cuit, carbonade flamande, magret de canard, saucisson chaud de Lyon, tarte au citron meringuée, gâteau à la pomme de terre pour le dessert. Laissez-vous tenter également par ses bières ou ses saucissons artisanaux. Ces derniers, pas gras du tout, nous mettent l'eau à la bouche à leur simple vue. Vous trouverez aussi bien du saucisson traditionnel au porc mais aussi au sanglier, à l'âne, aux chanterelles, aux figues, au beaufort ou encore au Roquefort, tous étant de purs délices pour les papilles. En résumé, un seul plat et un unique dessert sont proposés par jour. Si c'est quelquefois déroutant, on aime cette formule, car elle réserve bien des surprises et est très conviviale : c'est un peu comme à la maison !Enfin, cette épicerie propose aussi des sandwichs à emporter, au pain haut de gamme, préparés avec les produits en vente à l'épicerie, jambon de pays, chèvre, saucissons, etc.,, de 3,20 € à 3,50 €. Eux aussi sont vraiment fameux...

LA GRAPPE 8, place des Lices © 02 99 78 19 25. *Fermé le dimanche.* La Grappe, c'est avant tout un petit bar à vins, connu des connaisseurs et autres fins palets rennais. Pour les petites ou les grandes faims, le maître des lieux vous servira, à toute heure du jour et de la soirée, des assiettes simples, bien garnies et surtout très savoureuses. Les produits frais et artisanaux sont la norme, avec, par exemple, des rillettes du marché, des fromages affinés accompagnés de salade et de pain au levain. Vous pourrez aussi opter pour la tarte de la mer ou celle de la terre. Ne faites pas l'impasse sur le dessert, une délicieuse tarte aux fruits maison, la formule assiette, dessert et café sont à 9 €. Bref, rien ici n'agresse la bouche. Tout convie à la dégustation, sans contrarier de quelconques papilles facétieuses. Côté vins, ils ne font pas honte à Bacchus. Les nez sont généreux, construits, les robes passent, selon les cépages, des couleurs tuilées, pourprées au doré des aligotés, et quant au goût, il dure, révélant peu à peu les arômes, les parfums les plus subtils. Au fait, la maison régale ceux qui ont des horaires décalés, petite faim impromptue. Ici, ce n'est jamais un problème, les assiettes sont servies quelle que soit l'heure, entre 12h et 24h.

HIPPOPOTAMUS 20, boulevard de la Liberté ✆ 02 99 65 08 65. *Ouvert en semaine de 11h45 à 14h et de 18h45 à 23h30, le week-end de 11h45 à 15h30 et de 18h45 à 0h30.* Cet hippopotame-là se décline à toutes les sauces : le mammifère de la capitale bretonne régale le citadin de brochettes de poulet, de classiques hamburgers, de calamars à la romaine, de manchons de canard confit et de bien d'autres choses encore... Il existe différentes formules : la complète, à 22,90 €, c'est un apéritif, une entrée, un plat, un dessert, une boisson et un café. La trio, à 16,90 €, inclut une entrée, un plat et un dessert. La duo, à 12,90 €, vous offre un plat accompagné d'une entrée ou d'un dessert. L'expresso propose un plat et une boisson à 8,90 €, servis du lundi au vendredi, chaque midi. Il existe également un menu à 14,50 €, avec une entrée, un plat et une boisson, et un menu enfant, à 7,50 €, avec un plat, un dessert et une boisson. Ce menu enfant est gratuit le samedi midi et dimanche soir. Enfin, pour ceux qui auraient des horaires britanniques pour leur repas, de 18h45 à 19h30, il y a une réduction de 30 % sur toutes les viandes et les salades servies comme plat de résistance. Toutes ces formules qui sont proposées du dimanche soir au vendredi midi et sont accompagnées de frites, riz basmati ou de ratatouille niçoise, peuvent également céder la place à un menu plus élaboré à la carte.

NOUVEAU **LE MAIGRET CAFE 4, rue de l'Arsenal ✆ 02 99 30 03 39.** *Ouvert de 9h à 22h en semaine et jusqu'à 23h le week-end. Restauration le midi et le vendredi et samedi soir sur demande pour un groupe de minimum 10 convives. Fermé le dimanche.* Les odeurs du cuir patiné des banquettes, du bois verni, les photos du célèbre commissaire encadrées aux murs vous accueillent dans une atmosphère qui fleure bon le p'tit bistrot traditionnel. Bistrot n'est pas le terme exact, puisque ce mot vient du russe et veut dire rapide, vite... alors que l'on n'a pas du tout envie de se presser de partir. On s'y sent bien, on se cheville au siège, profitant de la "chaleur épaisse" de l'ambiance, des mets savoureux et délicats de cette cuisine rustique, traditionnelle et si bonne. Huîtres, terrines de poissons ou entrées campagnardes, omelettes, salades, faux-filet, entrecôte ou tartare, plats et desserts du jour, assiette de fromages, ouvrent l'appétit et satisfont les grandes et les petites fringales. Sachez aussi que s'il y a beaucoup de monde le midi dans la salle aux vitrines, il reste toujours l'autre salle, soit un total de 80 places !Enfin, les prix sont intéressants. Il faut compter près de 9 € pour un plat du jour et fromage ou dessert, et 16 € avec une entrée en plus. Le plat du jour est à 7 €. En un mot, le Maigret Café est à goûter sans modération.

MIAM ET CAETERA 5, place de Bretagne ✆ 02 99 30 46 43. *A emporter, à table et en livraison de 7h45 à 16h.* Lignes épurées, lumières indirectes, style contemporain, la déco intérieure est soignée. Ce lieu de la gastronomie rapide vous proposera des petit déjeuner, déjeuner et goûter, à n'importe quelle heure, Miam et Cætera vous sert ses spécialités maison réalisées avec des produits bio et du terroir et surtout une bonne dose d'originalité et un grand sens des associations gustatives, simples mais pleines de personnalité. Le plat du jour et les salades à composer soi-même à 6,90 €, prix sur place,, les sandwichs autour de 4,90 €, in situ, s'apprécient au son d'une musique jazzy-classique bien agréable. La maison possède également un autre talent avec une sélection incomparable de cafés, 1,30 €, et de thés, à 2,20 €, à goûter et à emporter, ce qui complète élégamment les prestations du lieu.

L'OS OU L'ARÊTE 21, rue Saint-Georges ✆ 02 99 63 40 75. *Ouvert du lundi au samedi. Menus le midi de 12 € à 21 €, plat du jour et dessert à 10 €.* Installé depuis une demi-dizaine d'années, L'Os ou l'Arête est un petit lieu hors du commun. Sa décoration mélange habilement la pierre et le design dans un espace tout en longueur où une vingtaine de couverts prennent place. Il existe également une jolie terrasse ensoleillée d'une dizaine de places. Situé dans la rue Saint-Georges, à une petite encablure du Parlement de Bretagne, le lieu propose, comme son nom l'indique, tout autant de la viande que du poisson si savoureux qu'il n'en reste, et encore, que les os ou les arêtes. Côté prix, l'addition n'est tellement pas salée que l'on passe par les formules ou par la carte. La duo, entrée et plat ou plat et dessert, est à 12 €. La trio, à 16,50 € propose une entrée, un plat et un dessert. La quatro, à 21 €, ajoute à la trio un fromage. Quant à la carte, les plats sont tous à 9,50 €, les entrées à 5,50 € et les desserts à 4,50 €. Donc pas de casse-tête en perspective pour l'addition. Mais si les plats ne sont pas chers, il sont aussi exquis, savoureux, incomparablement bons et préparés devant vous dans la cheminée ou au comptoir. Pensez que les glaces sont ici artisanales et proposent des parfums originaux : figue, fromage blanc... Une adresse franchement futée pour les petits renards de la fourchette. Goûtez la glace au fromage blanc qui est peut-être la meilleure de Métropole bretonne.

LES P'TITS CLOUS 49, rue de Châteaugiron, RENNES ✆ 02 99 50 51 05. *Ouvert tous les jours de la semaine de 9h à 24h, fermé le samedi jusqu'à 16h et le dimanche toute la journée. Fermeture annuelle 1 semaine en février et les 2e et 3e semaines du mois d'août. Le soir sur réservation. 40 couverts en salle et 12 autres en terrasse close.* Si vous ne deviez essayer qu'un seul restaurant pas cher à Rennes, ce serait celui-là. Aussi, ne vous attendez pas à trouver une décoration faussement rustique, vaguement bo-bo ou même aux lignes épurées façon design cérébral, ici c'est la simplicité qui prévaut. Vous serez installé sur des tables aux nappes à petits carreaux rouge et blanc, façon brasserie, et entouré par un décor de photographies à la Robert Doisneau, d'affiches publicitaires désuètes et d'ardoises éparpillées où sont notées les formules, les menus, les vins... Bref, dans ce tout jeune bistrot-restaurant, qui a fêté ses 2 ans en juillet dernier, le surfait ou l'artificiel reste à la porte. C'est aussi cela que l'on retrouve dans l'extrême gentillesse des propriétaires. Il y a, ici, un côté familial. Tout le monde se connaît, se parle naturellement sans se soucier de qui est cadre ou de qui est un ouvrier. Certains soirs, on y refait le monde, à la belle saison, on se chamaille lors de mémorables batailles d'eau, on y danse également et depuis peu, il y a même une scène ouverte à la chanson d'auteur ou au répertoire jazzy. De plus, une soirée spéciale est organisée chaque mois, souvent le troisième vendredi du mois. Vous pourrez, par exemple, y déguster une savoureuse paella du chef, y voir évoluer une danseuse de flamenco, ou encore vous pourlécher les lèvres d'un goûtu cochon de lait. De surcroît, le couple de patrons est ouvert à toutes les propositions pour organiser des soirées spéciales, à thème, privées... Il suffit ensuite de réserver et ils s'occupent de tout le reste. Côté assiette, le chef a un talent fou. Vous pourrez le midi profiter de sa formule, simple et bien servie, entrée, plat, dessert, un verre de vin et un café pour 10 € ou bien entrée ou dessert et plat, un verre de vin et un café pour 8,50 €. Si ce n'est pas cher et de qualité, la carte des vins suit le même principe avec une offre à l'ardoise qui va de 8 € à 16 € la bouteille. Pour finir, vous pourrez vous laisser tenter par un casse-croûte ou par un petit encas à l'apéritif avec des assiettes de tapas, chorizo, anchois, gruyère..., dont le prix avoisine les 1,50 €. Bref, une très bonne adresse, avec une cuisine familiale de qualité à un prix particulièrement raisonnable, dotée d'un accueil excellent, même si elle est un peu excentrée.

PEANUT'S 11, avenue Janvier ✆ 02 99 30 10 10. ✆ *Ouvert du lundi au vendredi de 8h30 à 23h. Plat du jour à 6,50 € et à 7,70 €. Formules à 9,50 € (Plat + dessert ou buffet d'hors d'œuvres à volonté), à 11 € (Menu Express), à 13 € et à 15 € (Menu Affaires).* Ouvert depuis 7 ans, ce bar, restaurant, tenu par M. Papot et à deux pas du Théâtre National de Bretagne, offre une large gamme de formules dans lesquelles les boissons sont comprises, ce qui devient rare à Rennes. Le rapport qualité/prix est excellent. En fait, le midi, on peut y prendre un sandwich ou un menu et le soir, c'est plutôt chez vous que la maison se déplace. En effet, Peanut's fait également traiteur aussi bien le week-end que la semaine. Pour vos réceptions, vos cocktails ou votre mariage, il vous en coûtera de 10 € à 60 € par personne.

LES PETITS PAPIERS 2, place Saint-Germain ✆ 02 99 79 71 03. *Ouvert tous les jours de 10h à 1h du matin, sauf le dimanche. Restauration le midi.* Mon premier est un délicieux plat du jour à 7 €, mon second est un succulent dessert du jour à 3,60 €, quel est mon tout ? Evidemment, c'est un petit bistrot de caractère, incontournable à Rennes, toujours comme on l'aime, à la sauce sympathie, convivialité, entre copains, avec des amis ou des collègues. Autour d'une entrée savoureuse, d'un plat du jour, d'une salade gourmande, d'un croque-monsieur traditionnel ou aux légumes, les conversations se mêlent sur la petite terrasse ou à l'intérieur. Avec des plats compris entre 4 € et 7 €, vous avez en plus l'assurance de vous régaler sans vider votre porte-monnaie ! Enfin, les desserts sont faits maison, tout comme les glaces, servies toute la journée et dont les noms vous rappelleront une légende musicale française : "pauvre Lola", 3 boules de glace !–, "initials BB", "Bonnie and Clyde"...

LE SAINT-GERMAIN **9, place Saint-Germain © 02 99 79 32 57.** *Ouvert de 9h à 22h30 voire 1h du matin sauf le dimanche.* Le Saint-Germain est un bar-brasserie qui ouvre sur la jolie petite place Saint-Germain. La particularité de cet endroit est d'être aussi un lieu d'expositions : aux murs, tableaux de peintres sont exposés, tandis que confortablement installé sur les banquettes de cuir, vous prenez votre petit noir du matin, vous dégustez le plat du jour de la pause midi ou vous partagez un apéro avec les copains. Le Saint-Germain propose des salades à 6,10 €, composées avec du magret ou du saumon fumé, du chèvre chaud ou du bleu. Plat du jour, sandwichs, quiches et croque-monsieur complètent l'ardoise.

LE TEMPS D'ISTANBUL **21, rue de Penhoët © 02 99 79 07 18.** *Ouvert du mardi au samedi entre 11h45 et 14h15, le midi, le soir de 19h à 23h30, heure où l'on accepte les derniers clients.* Un petit air de la Corne d'Or, de la mer de Marmara, du détroit du Bosphore flotte dans ce palais des mille et un délices, que l'on se souvient avoir dégustés, non loin de l'Eyup Camii, dans le café de Pierre Loti. Ça sent les épices du marché des égyptiens d'Istanbul. Ce petit restaurant est idéal pour ceux qui vivent à l'heure méditerranéenne. On y sert jusqu'à minuit des spécialités turques ou d'Anatolie. Essayez, par exemple, les kulbasti, des brochettes marinées à l'ancienne, c'est purement divin, l'extase des derviches d'Antalya n'est pas loin. Le service est simple, efficace et agréable, pour combler les petits ou grands affamés. Notez enfin que le restaurant reste ouvert assez tard le soir, un détail qu'apprécieront les mange-tard !

LA TIMONERIE **39, avenue Janvier © 02 99 30 30 77.** *Service restauration de 12h à 16h. Ouvert du lundi au vendredi. Fermetures annuelles : 3 semaines en août, 1 semaine pendant les vacances d'Avril et une autre à Noël.* Face à Radio France Armorique, La Timonerie est un petit bar à vins où l'on aime faire escale, pour un café, un verre ou une pause déjeuner. Le midi, vous y trouverez tartes du jour, 4,70 €,, salades garnies à 5,80 €, tartines ou croque-monsieur variés de 3,50 € à 4,60 €, provençal, au bleu et aux noix ou encore au chèvre. Les desserts, brownie et crumble aux pommes sont au prix très honorable de 3 €. Le maître des lieux a un véritable sens de l'ambiance chaleureuse et décontract'. On sent que les habitués aiment s'y retrouver et les "occasionnels" n'y sont pas regardés comme des étrangers !

Brasseries

AU BUREAU **7, place Saint-Michel © 02 99 78 22 22.** *Ouvert tous les jours de 11h à 1h du matin. Plat du jour à 7,50 €. Menu à 12 €, plat, dessert et vin ou eau plate ou café. Menu enfant à 7 €.* Ce pub-brasserie accueille à toutes heures du jour et de la soirée pour un café, un pot entre amis, un repas... L'atmosphère tient autant du pub que de la brasserie, et la terrasse est très bien exposée au soleil. Variété et qualité sont au rendez-vous, qu'il s'agisse de la sélection de bières, pas moins de 70 sortes, en provenance du monde entier,, ou de la carte : flammekueches, grillades, viandes cuisinées, pizzas, etc. L'ambiance est chaleureuse et l'endroit bien fréquenté !Cependant, certaines tables sont très rapprochées les unes des autres. Alors attention à la table du voisin, lorsque vous passez...

BRASSERIE DES GAYEULLES **Route de Saint-Sulpice, Base de loisirs des Gayeulles © 02 23 20 76 37.** *Ouvert du mercredi au dimanche de 11h à 19h. Plat du jour à 6,50 €.* Le parc des Gayeulles est bien connu des Rennais, ceux qui s'adonnent au footing comme ceux qui viennent s'y balader tranquillement avec leurs enfants. Il est aussi possible d'y venir boire un verre ou de s'y restaurer : la Brasserie des Gayeulles, au bord de l'étang et à côté des jeux pour enfants, offre un cadre idyllique pour se détendre sans partir loin. Aux portes de Rennes, direction Fougères, c'est une invitation à une pause sereine au milieu des oiseaux et des canards. Le temps s'arrête : le stress de la vie urbaine n'a pas ses entrées ici !La brasserie fait snack dès les beaux jours, pas avant... Cependant, entre le repas et un verre dans l'après-midi, tentez le pédalo ou le mini golf !

LE CAFE NOIR 55, avenue Janvier © 02 99 30 54 40. *Service continu 7j/7 jusqu'à 2h du matin en semaine et 3h du matin le vendredi et le samedi.* Situé à deux pas de la gare, Le Café Noir est une brasserie fréquentée par des voyageurs de passage mais aussi par les Rennais, qui savent y trouver une cuisine de qualité. Le service est assuré à toute heure du jour et du soir, par un personnel à la fois discret, efficace et souriant. Formules, menus, à 16 €, 23,50 € et 34 €,, carte variée, menu enfant à 8 €, la palette de choix contentera chacun : salades traditionnelles ou raffinées, huîtres, foie gras, viandes et poissons grillés ou en sauce, omelettes, fromages, desserts, glaces et sorbets, rien ne manque pour vous assurer un excellent repas. Ici on trouve aussi bien la variété, la qualité que l'ambiance. Vous vous sentez immédiatement à l'aise, quel que soit votre style.

CAFE LEFFE Place de la Gare © 02 99 30 29 87. *Site Internet : www.cafe-leffe-rennes.com Ouvert 7j/7 de 8h à minuit en semaine et de 10h à 3h le week-end. Menus de 6, 50 € à 22 € dont menu diététique à 13 €. Menu enfant à 6,35 €.* Face à la gare, le Café Leffe attire avec sa belle devanture bleue toute vitrée et son intérieur bleu crème. Il existe une quarantaine de restaurants comme celui-ci en France. La terrasse est un endroit agréable puisqu'elle est séparée du trottoir par une haie de sapins et peut accueillir jusqu'à 40 personnes. Le service est rapide, efficace et souriant. Vous pourrez ici boire un verre, notamment une bière parmi les nombreuses proposées ou vous restaurer, puisque le Café Leffe est aussi une brasserie. Au menu, salades gastronomiques, viandes grillées (pavé d'aloyau ou de magret de canard, steak tartare, etc.), poissons, fruits de mer, moules-frites ou encore choucroutes laissent à chacun un large éventail de choix...

CHEZ MARGOT Centre commercial Alma, Rue du Bosphore © 02 99 51 90 00. *Ouvert du lundi au samedi, midi et soir, et le dimanche midi à partir de septembre. Menus à 11 €, 12,90 € et 16 €. Menu enfant à 6,50 €.* Moquette bordeaux, boiseries sombres et nappes vichy, photos de Fred Astaire et autres stars en noir et blanc : Chez Margot a un petit air de rétro parisien. Au premier étage de la tour Alma, face au grand parking Carrefour, cette brasserie propose des plats variés et copieux, qui en séduiront plus d'un.

Des entrées au bon goût de terroir, comme la tartine d'os à moelle, des salades, des croque-monsieur, des morceaux de bœuf choisis, bavette, pavé, steak tartare, côte de veau, etc.,, des poissons bien préparés, de la choucroute, de la Saint-Jacques à la plancha et des desserts ou des glaces.

LA CHOPE 3, rue de La Chalotais ✆ 02 99 79 34 54. *Ouvert du lundi au samedi soir. Dernier service à 24h. Formules de 11 €, 14 €, 18 € et 24 €.* La Chope existe depuis 1936 et fleure bon la brasserie à l'ancienne. Bois sombre et banquettes de cuir rembourrées, citations sur les murs, service impeccable, à la fois mesuré et souriant, la Chope est l'une des meilleures adresses de la ville. Un salon particulier peut accueillir jusqu'à 20 personnes. Des célébrités sont venues y manger, comme en témoignent discrètement les photos réunies sur le mur du couloir menant aux toilettes. Car la table est excellente : viandes grillées, truites aux amandes, desserts traditionnels et succulents ainsi que, grandes spécialités de la maison, huîtres et choucroutes ne sont que quelques exemples de ce qui vous attend ici. Les menus vont de 11 € à 24 € et pour un plat, il faut compter en moyenne 18 €.

LE DOM'S 45, boulevard de la Tour-d'Auvergne ✆ 02 99 65 47 27. *Ouvert du lundi au mercredi de 9h à 21h, le jeudi et le vendredi jusqu'à 1h du matin et le samedi jusqu'à 14h. Plat du jour à 7,30 €. Formule midi et soir à 9,50 €. Menu complet à 13 €.* En face de la cité du Notariat, le Dom's vous accueille tout au long de la journée et vous serez servi rapidement. Les grandes vitres donnant sur la rue laissent entrer un maximum de lumière. Après les cafés du matin, les tables se remplissent pour un croque, un sandwich ou un repas complet. Les plats du jour font la part belle aux poissons, sabre, turbot, thon à la provençale,, aux viandes ou à la paella. Le service est chaleureux, l'humeur est toujours bonne et les prix très corrects.

LA PAIX 1, place de la République ✆ 02 99 79 47 11. *Ouvert 7j/7. Formules à 11 €, 13 € et 18 €. Menu enfant à 8 €.* Ce grand café aux belles baies vitrées ouvertes sur la place de la République se transforme en brasserie midi et soir. Vous y dégusterez des plats aux noms alléchants : croustillant de Saint-Jacques, millefeuille d'andouille et de pommes, tournedos de cabillaud ou demi-cannette rôtie aux baies roses... Outre les entrées, les plats de poisson ou de viandes, la maison sert aussi salades, pizzas, huîtres, foie gras, et tout un assortiment de glaces. La terrasse peut accueillir une centaine de personnes.

LE PICCADILLY Place de la Mairie ✆ 02 99 78 17 17. *Ouvert 7j/7 de 7h à 1h du matin. Service du petit déjeuner à partir de 8h et carte de restauration jusqu'à 0h30. Formule brunch le dimanche à 14 €. Formule midi à 12 €. Menu à 21 € et carte de 12 € à 25 €.* En plein cœur de la ville, Le Piccadilly est une brasserie réputée, pour les Rennais comme pour les hôtes de passage. Née en 1932, cette incontournable de la vie citadine accompagne tous les moments de la journée, du café du matin aux rafraîchissements de l'après-midi, sans oublier l'apéro du soir !Côté restauration, on vous servira à toute heure, woks, tartares de bœuf, carpaccios, pièces de viande, spécialités de poissons, huîtres, coquillages, salades classiques ou plus excentriques, desserts fraîcheur, etc. Un mot sur les menus, attractifs et bien pensés, et sur la qualité de la cuisine, toujours parfaite. C'est l'une des plus grandes et des plus anciennes brasseries qui fait figure d'institution à Rennes. Aux beaux jours, la terrasse de 200 places offre une superbe vue sur la place de la Mairie et est des plus plaisantes.

LA TAVERNE DE LA MARINE Place de Bretagne ✆ 02 99 31 53 84. *Service tous les jours jusqu'à 24h. Formules déjeuner 10 € et 12 € le midi, menus à 18,50 € et 26 €. Menu petit lousse à 9€. Plateaux de fruits de mer à emporter sur commande.* Cette "brasserie de la mer" est un des établissements phares de la ville en matière de fruits de mer. Ses plateaux ont une belle réputation, ainsi que sa carte de poissons et sa carte de brasserie traditionnelle. La choucroute de la mer marie 4 succulents poissons. Un arrivage quotidien en provenance des ports de pêche, essentiellement bretons, et un vivier d'eau de mer sont les garants de la qualité et de la fraîcheur des produits. Parmi ses spécialités, la maison vous invite à découvrir son saint-pierre de 1 kilo à savourer poché ou grillé. Dans la pure tradition brasserie, vous pourrez y déguster le foie gras du chef, de délicieuses pièces de bœuf ou des tartares frais hachés.

LA TAVERNE DE MAÎTRE KANTER 2, rue de l'Alma © 02 99 30 26 00. *Ouvert 7j/7 de 12h à 24h.* A deux pas du centre Colombier, La Taverne de Maître Kanter est certainement la plus grande brasserie de Rennes. Ce qui ne l'empêche pas d'être très souvent bondée... C'est tout dire sur ce lieu qui offre à la fois une cuisine de qualité, une très grande variété de plats et une ambiance typique et chaleureuse, où chaque table est un îlot convivial. On se retrouve entre amis, en amoureux, entre collègues ou en famille pour déguster choucroutes, viandes grillées, poissons, plateaux de fruits de mer, tartares, carpaccios, plats diététiques, moules marinières, homard, tête de veau, tartiflette, etc. La mousse au chocolat est onctueuse et donc à ne pas manquer !Le service est très professionnel et assuré avec rapidité, et les prix sont tout à fait abordables.

NOUVEAU

LA TAVERNE DE LA SIRENE 31 bis, rue du Bignon, CHANTEPIE © 02 99 22 71 40. *Ouvert le midi du lundi au vendredi et le soir le jeudi, vendredi et le samedi. Formules à 8 €, 11,50 € et 14,50 €. Menu affaire à 25 €. Menu saveur à 35 €. Menu mousaillon à 8 €. Réservations possibles les autres soirs pour les groupes, les séminaires et les réunions de famille à partir de 35 personnes.* Impossible de passer à côté de cette brasserie de la mer, une énorme sirène vous tend les bras sur le toit !L'intérieur est bien sûr entièrement consacré à la mer, de l'uniforme des serveuses, aux serviettes bleues, à la boiserie du bar : c'est chic et simple !A l'extérieur, de somptueux salons de jardin en teck, dont un est surmonté d'un mini toit en chaume façon hutte, sont propices à la détente. C'est un plaisir d'y manger l'été. Les formules ne permettent pas de choisir les plats mais ce n'est pas un problème. Par exemple, lors de notre visite, le plat proposé est le jambon grillé à la crème fraîche et aux fines herbes avec une tomate confite et des pommes de terre : c'est très bon. Mais le délice se trouve dans la salade de fruits frais servie avec une glace à la menthe et aux copeaux de chocolat extrêmement parfumée. Le service des "matelots" est irréprochable.

Cafétéria

LE RESTO SELF 5, rue de la Baudrairie ✆ 02 99 79 42 42. *Ouvert de 11h30 à 14h30. Chèque-Restaurant accepté.* Il a pour mérite d'être l'un des seuls self-services du centre-ville. Des prix attractifs drainent une clientèle d'habitués. Les plats sont simples et copieux et les menus bien équilibrés. On peux y manger un repas complet de 7,50 € à 8 €, avec comme plat de résistance un couscous ou une choucroute. C'est le rapport qualité-prix qui vous séduira. Toutefois, un petit bémol s'impose concernant le décor et l'ambiance, un peu de gaieté et d'imagination seraient les bienvenus, car actuellement, et depuis déjà un bon nombre d'années, aucun effort à ce niveau n'a été fait.

Cuisine des provinces

Crêperies

AR PILLIG 10, rue d'Argentré ✆ 02 99 79 53 89. *Fermé le dimanche. Ouvert de 12h à 14h et à partir de 19h.* Situé quasiment en face du théâtre de la Parcheminerie, à l'angle de la rue de La Chalotais et de la rue d'Argentré, Ar Pillig est une crêperie incontournable de Rennes. C'est peut-être parce qu'en ces lieux, autrefois, il y avait le premier bar de nuit de Rennes, ou que sa décoration de panneaux de bois sont historiés et signés par les sculpteurs Jorj Rual, R-Y Creston et Jean Goron en 1943, ou que la tenancière du lieu défend son art culinaire depuis vingt-deux ans... C'est certainement pour toutes ces raisons. Il ne faut pas se méprendre, le lieu est particulièrement attachant, avec un cachet indéniable, accueillant, qui s'accorde à merveille avec la gentillesse de la maîtresse de maison, et de son savoir-faire reconnu par les amateurs de galettes et de crêpes de Rennes. Il existe différente formule la breizh à 7,60 € comprend une galette avec un choix de 4 ingrédients, parmi une longue liste,, une crêpes beurre sucre ou chantilly, ou chocolat, ou encore à la confiture. Une autre formule à 7,90 € propose ce même choix avec en plus une bolée de cidre. Il existe aussi un menu enfant à 5,50 €. Côté galettes ou crêpes spéciales, la carte réserve bien des surprises. Testez, par exemple, la cancalaise à 8,10 €. Elle est composée de moules, de calamar, de noix de Saint-Jacques et de beurre d'escargot. Particulièrement appétissant à la lecture, à la dégustation c'est une vraie merveille. Sachez que les 2 salles sont très petites et il faut penser à réserver certains soirs. Enfin, nous décernerons une mention spéciale pour la qualité de l'accueil.

L'ART TY CHAUD 7, allée Rallier du Baty ✆ 02 99 79 19 20. *Ouvert tous les jours sauf le dimanche de 12 h à 14 h 30 et de 19 h à 23 h. Plat du jour, le midi, à 8,50 €, formule entrée + plat ou plat + dessert à 10,50 € et entrée + plat + dessert à 12,50 €. Kig ha Farz, à consommer sur place (12,50 €) ou à emporter (10,50 €).* Le mot crêperie serait plutôt réducteur pour qualifier ce nouveau restaurant breton !Repris cette année, avec Mlle Bréger aux fourneaux, le lieu vous fait découvrir une grande variété de galettes (complète, Saint-Jacques...) de crêpes et surtout quelques produits du terroir. Par exemple, vous pourrez vous délecter du Kig Ha farz, ce plat traditionnel de Basse-Bretagne par excellence (pays du Léon), le Kig ha Farz signifie textuellement " Viande et Farce ". Il est élaboré traditionnellement à base de viande de porc, de bœuf, de légumes, d'œuf et de blé noir. Quelquefois, il est nécessaire de le commander à l'avance, car tout les bons plats doivent se mijoter. De plus, il est servi pour six personnes minimum. Bref, la gastronomie bretonne ne s'arrête pas aux galettes de blé noir ou au sarazin. Mais vous pouvez aussi composer vous même vos crêpes et salades en choisissant vos ingrédients pour faire tourner vos méninges !Alors il serait dommage de s'en priver, d'autant que l'accueil est particulièrement chaleureux et que le cadre est purement exceptionnel : la prison Saint-Michel. Bref, c'est la cuisine d'une passionnée qui satisfait avec intelligence les bouches exigeantes.

NOUVEAU **AU JARDIN DES SAVEURS 52, rue de Vern © 02 99 51 50 15.** *Ouvert du mardi au samedi à partir de 12h et de 19h. Formule le midi : plat + dessert à 8,60 €.* Ouvert depuis avril 2005, voici une adresse, à la façade vert anis, avec un nouveau propriétaire qui vous fera saliver, bien qu'elle soit un peu excentrée... Une fois la porte franchie, il y a un bouquet qui flotte dans l'air, une douce odeur qui annonce bien des merveilles pour les papilles. Vous y dégusterez des galettes et des crêpes avec un large choix d'assortiments dans un cadre coloré et chaleureux au service rapide, souriant et très attentionné. Vous vous y délecterez peut-être de la liliacée marine : fondue de poireaux mijotée à la crème, accompagnée de lardons, de crevettes. Ou vous goûterez peut-être la crêpe appelée le zeste : millefeuille de pancake sous une crème citron accompagnée de ses zestes et d'une boule de glace framboise faite maison. Mais si je vous conseille l'adresse, c'est aussi parce que le restaurant crêperie-grill s'ouvre à l'arrière sur un magnifique jardin arboré très agréable à la belle saison. En fin de repas, vous apprécierez la sélection des cafés de la maison. Il en existe 3 sortes : la force d'un café italien, le léger de l'éthiopien et pour la rondeur le café de la Nouvelle-Guinée. Chacun en trouvera un à son goût. Enfin, si c'est à de petits détails que l'on juge aussi un restaurant, la maison propose de savoureuses mise en bouches à base de petites galettes et pour accompagner le café des mini crêpes au chocolat. Un délice.

AU MARCHE DES LICES 3, place du Bas-des-Lices © 02 99 30 42 95. *Ouvert tous les jours sauf le dimanche.* Voici une des bonnes adresses rennaises. Dans un cadre chaleureux, avec ses murs en pierre, ses tables recouvertes de nappes à carreaux rouge et blanc et surtout sa cheminée, où il n'est pas rare de voir, en hiver, une paisible flambée, la crêperie du Marché des Lices vous fera découvrir les spécialités et les produits régionaux. Vous aurez un choix varié de galettes, de crêpes, de salades et des spécialités... tout cela à des prix très abordables. Ici, c'est une cuisine, un peu comme à la maison, simple et traditionnelle, sans fioritures excessives et surtout dont on ressort jamais déçu.

NOUVEAU **LA BIGOUDINE 206, rue de Fougères © 02 99 36 80 30.** *Ouvert de 12 h à 14 h et de 19 h à 21h30. Fermé le mercredi soir et le dimanche. Formule le midi à 7,90 € et plat du jour à 6,50 €. Changement de propriétaire.* Dans une ambiance chaleureuse, avec un accueil excellent, la Bigoudine est une crêperie de quartier qui vaut le détour. Vous pourrez y déguster les incontournables galettes complètes comme La Biquette à base de chèvre chaud, lard fumé et salade ou encore la Bigoudine (St-jacques crevettes avec sa fondue de poireaux), la Lorientaise élaborée à base de sardines épicées, e tomates tabasco et sa salade, une pure merveille pour les amateurs des mets marins. Le midi, le lieu vous propose une formule complète à 7,90 € comprenant : une galette complète, une crêpe au chocolat chaud ou une crêpe sucré, une bolée de cidre et un café. Côté sucré nous retiendrons la suzette (orange pressée, sucre, beurre le tout flambée au grand marnier) ou la sous-bois avec sa glace aux fruits rouges et son coulis de framboise accompagné de chantilly, un délice !En plus, les assiettes sont copieusement garnies. Vous pourrez aussi essayer le plat du jour à 6,50 €, qui est particulièrement succulent. L'endroit possède également un plus, fort agréable : aux beaux jours, une petite terrasse s'installe sur le trottoir en devanture.

LES BLES GOURMANDS **8, place des Arcades, CESSON-SEVIGNE © 02 99 83 86 97.** *Ouvert du lundi au samedi de 11h45 à 14h et de 19h à 22h en semaine et jusqu'à 22h30 le vendredi et samedi.* Gourmands et gourmandes se retrouvent dans cette salle de 25 couverts, avec un plaisir toujours renouvelé ! L'excellent rapport qualité-prix n'a d'égal que la convivialité qui caractérise la maison. Galettes et crêpes croustillent au centre de Cesson, sous les arcades... La complète est à 4,30 €. Une quinzaine de spécialités remplissent la carte des galettes, de 5,10 € à 7 €, dont la fameuse émincé de poulet à l'indienne avec salade. Les spécialités de crêpes vont de 3,90 € à 5,10 €. L'accueil y est très chaleureux. Ici, le maître des lieux aime son métier et ça se sent.

LA BONNE PATE **6, rue de Derval © 02 99 38 88 87.** *Ouvert 7j/7 de 12h à 14h et de 19h à 23h. Menus à 6 €, 6,50 €, 7,50 € et 9 €. Menu enfant à 8,50 €.* Cette crêperie se situe dans une petite rue près de la place du Parlement-de-Bretagne, perpendiculairement à la rue Saint-Georges. De l'extérieur, le lieu paraît tout petit. Mais les apparences sont trompeuses : la crèperie peut accueillir beaucoup de monde sur trois niveaux. La décoration est chaleureuse. Il y a une trentaine de spécialités pour les galettes et les crêpes de qualité. Une spécialité à essayer, car pas ordinaire : le secret de grand-mère. C'est une crêpe garnie de confiture de rhubarbe, de sirop d'érable et de chantilly. C'est délicieux !Quant aux vins, ils sont sélectionnés par J.-P. Lécluze du Cellier Saint-Germain, caviste réputé de Rennes.

AU BOULINGRAIN **25, rue Saint-Melaine © 02 99 38 75 11.** *Formule midi à 10 €. Menus étudiant à 8 €. Menu dégustation à 19 €. Menu gastronomique à 24 €.* C'est Le thé-crêperie gastronomique de Rennes. L'adresse est très réputée et l'on sait pourquoi. Le cadre est chaleureux avec sa cheminée, ses colombages intérieurs et ses vieilles pierres. Le service est dynamique et jovial : chanter en servant n'est pas banal et très agréable !Côté cuisine : rien à redire. La galette boulingrain, par exemple, est un chef-d'œuvre. Elle est garnie de foie gras sur un pain d'épice, de gambas et de Saint-Jacques flambées au cognac sur un lit de salade et de pommes. C'est royal !La jolie présentation des galettes, recouvertes de leurs garnitures, ouvre instantanément l'appétit. C'est beau et bon !

NOUVEAU **LA CIDRIERE, CREPERIE-GRILL** **15, rue de Dinan, Gévezé © 02 99 69 07 36.** *Ouvert tous les jours sauf le lundi, le samedi midi et le dimanche midi. Formule à 8 € (galette + crêpe + cidre ou café), plat du jour le midi à 6,60 € et dessert du jour à 3,50 €. 3ème prix de la créativité 2005 Maître Galetier.* Vous voici partis de Rennes, en direction de la mer, par les petites routes, ou vous voilà entrain d'arpenter la route du meuble ou de vous détendre dans la zone de loisirs de Cap Malo, alors faites un petit détour par Gévezé, où la toute jeune Cidrière vous attend, en haut du bourg (en direction de Romillé). Dans un cadre confortable très bien pensé et dont le concept est entièrement destiné à l'histoire du cidre, vous trouverez une ambiance très conviviale, chaleureuse, voire même familiale. Côté déco, rien n'est laissé au hasard des tonneaux suspendus au mur alliant meubles de créateurs, magnifiques suspensions en fer forgé, parquet, teintes chaudes et boiseries mais aussi une immense ardoise au mur vous indiquant la carte des ...cidres. Côté assiette, l'adresse fait rimer petits prix avec qualité avec une carte elle aussi bien pensée puisqu'elle est structurée (les classiques, les spécialités côté campagne, côté mer, côté montagne, les flambées...) Vous trouverez, à la carte et à l'ardoise, les spécialités de galettes au blé noir comme la Paimpolaise composée de noix de St-Jacques et fondue de poireaux avec une réduction au cidre crémé ou encore La Cidrière avec émincé de volailles, sauce crémée au cidre, petits légumes et son mesclun de salade. Côté sucré , les crêpes ne sont pas en reste avec la Nounours composée de miel, noisettes pralinées et amandes ou encore la Cidria avec sa gelée de cidre et ses pommes cuites. La Cidrère vous propose également des viandes et des poissons grillés, des salades, des coupes glacées et des desserts maison.

AU COIN DU FEU 22, place de l'Eglise, LA MEZIERE © 02 99 69 26 62. *Ouvert du mardi midi au samedi soir, de 12h à 14h et de 19h à 22h, en semaine,, et de 12h à 14h et de 19h à 23h, le week-end. Fermeture annuelle : 3 dernières semaines d'août.* Carole vous accueille avec bonne humeur et se met en quatre pour que votre repas soit le plus agréable. La crêperie, installée dans une belle demeure en pierres apparentes, haute de plafond, et agrémentée d'une véranda et d'un petit jardin est l'endroit idéal pour se détendre. La maison a fait le choix de ne travailler qu'avec des artisans. Les galettes comme les crêpes sont fines et croustillantes. La carte propose des galettes côté terroir et potager, comme la rustique avec son caramel au cidre, des complètes et des spécialités, mais aussi un plat du jour, servi chaque midi, sauf le samedi,, des viandes grillées, des poissons, des salades et des glaces. Le midi, la formule entrée, plat et dessert est disponible à 9,80 €. Elle est particulièrement intéressante pour son rapport qualité-prix. Faiblesse : aucune. Talent : de bons produits dans un beau cadre !Carole et son équipe ont obtenu le 3e prix au Lauréat de la Créativité 2004, notamment grâce à leur caramel au beurre salé maison...

AU COIN DU PHARE Place Jane Beusnel- MONGERMONT © 02 99 68 70 51. *Fermé le dimanche et le lundi soir. Plat du jour à 6,40 €. Formule (plat du jour + dessert) à 7,70 €. Formule (entrée + plat + dessert).* Stéphane et Martial ont ouvert cette crêperie depuis le 7 février 2005. Sur la terrasse ensoleillée ou à l'intérieur à la décoration marine, qu'il est agréable de déguster la Super Galette avec ses champignons à la crème et au jambon cru !La qualité est irréprochable car les produits sont frais et cuisinés maison. On y sert des salades, snack et plat du jour. La spécialité " phare " des crêpes est éponyme, elle se compose de pomme et de caramel au beurre salé maison.

AUX CAPRICES DE SUZETTE 17, rue Vasselot ✆ 02 99 79 31 23. *Fermé le Dimanche. Ouvert en continu de 8h à 19h30. Formules le midi à 8,20 € et 10,20€.* Tenu par des anciens pâtissiers passionnés Aux Caprices de Suzette est un lieu incontournable pour goûter aux crêpes, galettes, tartes salées... toutes faites maison. Ambiance chaleureuse dans cette crêperie-salon de thé : les tons jaune et orangé, les étagères de bois, la clarté donnée par les deux grandes vitrines et la musique genre Yann Tiersen invitent à la détente et à la bonne humeur. Le midi, la maison propose crêpes et galettes, salades et tartes salées, de 5,90 € à 7,90 €,, et à toute heure de la journée, ses délicieuses pâtisseries et sa sélection de thés, une trentaine,, d'infusions et de cafés, sur place ou à emporter. Crumbles, kouign amann, tartes au chocolat ou au citron, far breton régaleront les petites faims de l'après-midi. Et les coupes glacées rafraîchiront agréablement aux heures les plus chaudes de l'été.

CHEZ TANTE YVONNE Centre commercial Opéra, PACE ✆ 02 99 85 57 25. *Ouvert du lundi midi au samedi soir, de 11h45 à 21h du lundi au jeudi et 21h30 du vendredi au samedi. Vente à emporter.* Un petit creux en pleine après-midi ?Eh bien, pas de problème. Chez Tante Yvonne, le service est en continu du matin au soir. Alors comment resister à une galette complète, ou à une crêpe sucrée pour votre encas, ou votre goûter. Laissez-vous tenter par une des spécialités, si appétissantes ou la galette complète à 4,80 € !Située au bout de la galerie commerciale, cette crêperie toute de bois vêtue propose crêpes et galettes, de 2,20 € à 7,70 €,, mais aussi salades composées, de 6,50 € à 6,70 €,, tartes salées du jour accompagnées de petits légumes, 5,60 €–, plat du jour, 7,50 €, et glaces. Quand variété rime avec petits prix et qualité...

A LA CIBOULETTE 33, rue Saint-Melaine ✆ 02 99 87 50 25. *Ouvert du lundi au vendredi de 11h30 à 14h et de 19h à 22h et le samedi de 1h30 à 14h et de 19h à 22h30. Formule étudiant à 7,50 €, menu rapide à 8,20 € et plat du jour à 6,90 €.* Niché entre la place Sainte-Anne et le Thabor, le restaurant A la Ciboulette est un lieu à part à Rennes. Ce petit havre de paix vous propose galettes, crêpes, tartines et salades dans un cadre coloré et chaleureux, aux tables mosaïquées à la pâte de verre, aux assiettes décorées par les clients. Si les assiettes sont belles à voir et appétissantes, la carte elle aussi est originale et alléchante. Elle est astucieusement déguisée sous la forme d'un carton d'un élève des Beaux-Arts. Côté spécialités, laissez-vous tenter par les crêpes au coulis de framboise à la cardamome et son effeuillé de menthe ou celle à la banane garnie de raisins macérés au rhum avec 4 épices. Le midi, vous pourrez également choisir le menu rapide qui comme son nom l'indique est idéal pour combler une fringale quand on a que peu de temps. Ce menu, à 8,20 €, vous propose une galette avec 3 garnitures au choix, accompagnée d'une salade verte, d'une bolée de cidre ou d'un café, et d'une crêpe au sucre ou à la confiture ou encore à la crème chantilly.

AU CŒUR DE LA SAVEUR 4, rue du Moulin-Neuf, LA CHAPELLE DES FOUGERETZ ✆ 02 99 66 46 54. *Ouvert du mardi au samedi de 12h à 15h et de 19h à 23h.* Sa décoration, avec ses murs de torchis de couleur ocre de Provence et sa terrasse ensoleillée, nous invite à rêvasser aux vacances. Cette crêperie vous fait voyager avec les saveurs, les parfums, les arômes qui s'associent et s'équilibrent dans toutes ses créations culinaires. Ses spécialités de crêpes n'ont d'égales que leurs grandes sœurs de blé noir, pour lesquelles Stéphane a mis en œuvre tout son talent créatif. La fruitière, par exemple, est une galette à l'andouille agrémentée de pommes caramélisées et d'une confiture de figues... Si l'adresse vous le détour, il faut toutefois sortir de Rennes. Mais avouez que cela fait du bien de s'échapper de la ville de temps en temps !Enfin s'il nous fallait décrire l'accueil, un mot suffirait : excellent, tout comme le pain et les pâtisseries maison.

CREPERIE DE LA MOTTE-PICQUET 20, rue de la Monnaie ✆ 02 99 30 39 18. *Fermé le mercredi.* Cette crêperie, très connue à Rennes, est chaleureuse avec ses colombages, ses couleurs chaudes et son service gai et souriant. Elle excelle dans la fabrication des galettes et des crêpes, mais pas seulement : ici, viandes grillées, bavettes et entrecôtes, et des salades font aussi partie de la carte. Une spécialité originale, La penn sardine, est copieuse avec son filet de sardine bretonne, ses pommes de terre, ses tomates et sa salade. Les cidres Coat-Albret, dont la réputation n'est plus à faire en Bretagne entre autres, et les bières artisanales bretonnes Coreff, Telenn-Du et Saint-Colombe accompagneront agréablement votre repas. Le pétillant blanc breton s'appelle un merlin l'enchanteur. N'oubliez pas de réserver le week-end, l'adresse est bien connue et appréciée !Et remarque importante : fumeurs et non-fumeurs ont chacun une salle.

CREPERIE DE LA PLACE 6, place Sainte-Anne © 02 99 79 01 43. *Fermé le dimanche. Service jusqu'à 23h30. Menu à 8,50 €. Menu enfant à 6 €.* La Maison de la Galette s'est renommée la Crêperie de la Place. En face de la station de métro Ste-Anne, cette crêperie offre un choix de galettes et de crêpes impressionnant. C'est vraiment très copieux et vous en aurez pour votre argent. La crêpe au nutella et au citron vous déculpabilisera de manger du chocolat. Et pour vos enfants, prenez le menu spécial : ils auront en cadeau un ticket pour le manège, " Le Voyage Extraordinaire " situé sur la Place Sainte-Anne. La terrasse est très agréable aux beaux jours.

CREPERIE DES BLES D'OR 62, rue de la Poterie, CHARTRES-DE-BRETAGNE © 02 99 41 21 10. *Fermé le dimanche et le lundi, ouvert le midi à partir de 12h et le soir à partir de 19h.* Voici, à quelques encablures de Rennes, à peine à 8 minutes au sud,, une crêperie où la chaleur humaine, la passion des produits du terroir et d'une cuisine goûtue n'est pas un vain mot pour les maîtres des lieux : M. et Mme Vaillant. La Crêperie des Blés d'Or vous fera, par exemple, goûter sa galette d'argoat à l'andouille de Guémené ou sa crêpe pomme caramel au beurre salé, un vrai régal. Côté cadre, l'endroit est chaleureux et champêtre avec sa terrasse qui donne sur un jardin ombragé. Toutefois, il y a un petit bémol : la crêperie ne propose pas de formule, seule une carte est disponible avec des prix très honnêtes pour cette cuisine de qualité.

CREPERIE DES PORTES MORDELAISES 6, rue des Portes-Mordelaises © 02 99 30 57 40. *Ouvert 7j/7 de 11h45 à 14h et de 18h45 à 23h.* Si elle est située au cœur du centre historique, bordant les anciennes Portes mordelaises du XVe siècle, et le cadre de style traditionnel, la cuisine n'en est pas moins créatrice. Le maître des lieux est un alchimiste créant des associations nouvelles au goût redoutable qui font fondre bien des papilles. Il suffit de vous parler de la succulente galette aux sardines et sa sauce d'algues. Bientôt il y aura même des plats avec ses nouveaux condiments marins à la texture nouvelle pour vos assiettes et à la saveur iodée et fraîche. Si la passion et la création sont ici les maîtres mots, il nous faut ajouter la chaleur humaine et une volonté de toujours vouloir se mettre en quatre pour vous satisfaire. C'est peut-être pour cela que cette crêperie est réputée pour être la meilleure de Rennes, réputation bien méritée. Sa décoration raffinée, avec son haut plafond, les pierres apparentes et ses boiseries intérieures, donne à cet endroit une atmosphère particulière où le monde médiéval vous fait un clin d'œil culinaire avec des garnitures originales, galette à la crème de pruneaux, par exemple, qui donne au lieu ses lettres de noblesse. Notez que vous pouvez aussi composer votre galette, à partir d'une liste d'ingrédients. Toutefois, comme cette crêperie est nichée dans la petite rue des Portes-Mordelaises, on ne pense pas toujours à elle, et c'est dommage. Enfin, sachez que le cidre est servi à la pression, et sur la carte les galettes et les crêpes sont accompagnées d'un petit dessin, représentant la meilleure association : vin, cidre, etc.

LA CREPERIE DES QUAIS 1, quai Lamennais © 02 99 79 34 79. *Ouvert 7j/7, heures du service : de 11h45 à 14h30 et de 18h45 à 22h30.* Située tout près du métro République, en face des Galeries Lafayette, cette crêperie-saladerie-salon de thé a misé sur une ambiance "campagne" particulièrement réussie. Le personnel porte de jolies tenues normandes, l'éclairage soigné ajoute sa note personnelle à l'atmosphère chaleureuse qui règne ici. Les galettes aux prix sages, anchois 2,70 €, Saint-Jacques 7,80 €..., voisinent sur la carte avec de bonnes salades de terroir, des viandes, entrecôte à 12,50 €, ou encore le menu du jour, 9,40 €. Ce dernier vous propose une galette complète, une crêpe chocolat et un quart de cidre. Crêpes et desserts se dégustent toute la journée, car la Crêperie des Quais assure un service continu.

CREPERIE KERANGAL 37 bis, rue Leguen de Kerangal © 02 99 53 61 92. *Ouvert du mardi au samedi de 11h30 à 13h45 et 18h30 à 21h30.* Installée depuis 17 ans sur le quartier, la crêperie Kerangal à su faire son trou et attirer une clientèle fidèle avec sa cuisine traditionnelle, authentique et familiale. La décoration se définit comme cette dernière. Le lieu est particulièrement accueillant, où le futile et le superflu ne sont pas de mise, rien ne trouble votre dégustation. Si le lieu propose des spécialités aux noms évocateurs bretons, vous pourrez également choisir des crêpes et galettes composées de 2 (4 €), 3 (4,70 €) ou 4 (5,40 €) ingrédients. Un conseil futé, laissez vous tenter par la très bien servie Belle Ile (9 €) composée d'œuf, de steak haché, de fromage, de champignons, d'oignons et de tomates... La cuisine est particulièrement gouleyante, le service irréprochable, l'accueil chaleureux dans un cadre qui l'est tout autant, bref la crêperie atteint quasiment la perfection. A noter pour un meilleur confort, le restaurant est entièrement non fumeur.

CREPERIE SAINTE-ANNE **5, place Sainte Anne ✆ 02 99 79 22 72.** *Fermé le dimanche. Service continu de 11h45 à 22h30. Possibilité de groupes jusqu'à 35 personnes.* A deux pas du métro Saint-Anne, cette crêperie, une des plus anciennes de Rennes, est facilement reconnaissable à ses murs moyenâgeux noirs et blancs et vous accueille dans un décor authentique. Ici, les galettes et les crêpes sont préparées sous vos yeux, que vous soyez installés au rez-de-chaussée ou dans la salle du bas. Cela donne un petit cachet familial à cette crêperie souvent bondée. Les galettes et les crêpes sont préparées avec de la farine Tréblec, à base d'ingrédients classiques frais et copieux. Parmi les nombreuses spécialités l'Atlantique à base de thon tomates crème fraîche et œuf, la complète " une institution " est composée de 2 galettes l'une sur l'autre avec jambon œuf fromage ou encore la tartiflette très copieuse avec son reblochon, sa soubise, son lard et sa crème fraîche !Côté sucré, nous retiendrons les spécialités de crêpe pommes avec son caramel au beurre salé maison, la créole plus exotique à base de bananes flambée rhum et glace rhum raisin. Sachez que la crêperie fait également glacier avec une soixantaine de coupes glacées " maison ". Ici chantilly et boules glacées sont servies avec générosité, tout au long de la journée à goutez absolument avec les tuiles maison ou palets au chocolat, un délice !

CREPERIE ST CORNELY **Place de Bretagne, 53, bd de la Liberté ✆ 02 99 30 61 21.** *Ouvert tous les jours. Salle climatisée. Formules à 8,50 €, 8,90 € et 9 €. Menus grill à 13 €. Capacité : 70 places assises avec possibilité d'accueil de groupes jusqu'à 25 personnes.* Au carrefour du bd de la Tour d'Auvergne et du bd de la Liberté, cette crêperie grill a bonne réputation et pour cause elle vient d'être reprise par les anciens propriétaires de la Motte Picquet. Facilement reconnaissable avec sa grande véranda, elle propose des galettes copieuses au sarrazin breton, des salades énormes, des crêpes onctueuses et des viandes et brochettes variées. Les serveurs, qui font tout pour que vous vous sentiez chez vous, sont professionnels et élégants dans leur uniforme. Le point fort de cet établissement , c'est que tout est très copieux : vous en avez vraiment pour votre argent. Notre conseil : goûtez la Gourmande, une galette garnie d'emmental, de tomates, de champignons persillés, de jambon et d'un œuf : absolument délicieuse !Et si vous optez pour une salade, laissez vous tenter par celle du chef. Avec ses dés de jambon et de chèvre, sa laitue et ses pommes de terre, elle est tout simplement suffisante pour un dîner tellement elle est garnie. Côté crêpes, l'accent est mis sur l'originalité (chocolat maison, frangipane, sirop d'érable, etc....) Un conseil, garder une place pour le dessert car les profiterolles sont de toute beauté comme le caramel maison, on retrouve ici le talent du chef, ancien pâtissier de métier. Côté boisson, la maison vous propose de jouer la carte tradition notamment avec la bière Sainte Colombe petit producteur de Janzé ou la Coreff de Morlaix, mais vous pouvez également goûter son cidre ou opter pour le vin au verre. A noter, un accueil particulièrement chaleureux gai et souriant...

LA CREPERIE SAINT-GEORGES **31, rue Saint-Georges ✆ 02 99 38 87 04.** *Fermé le dimanche et le mercredi, service assuré de 12h à 14h et de 19h à 23h.* Cette coquette petite crêperie, à l'accueil particulièrement chaleureux, possède 2 petites salles. Afin de préserver le confort des convives, le restaurant est entièrement non fumeur. Vous trouverez sur la carte tous les grands classiques de la galette ou de la crêpe, mais également des spécialités, aussi bien en salé qu'en sucré : la grand-mère est une galette au lard fumé, aux pruneaux, à l'œuf et aux oignons. Elle est accompagnée comme toutes les spéciales d'une salade verte. Précisons, quand même, que tous les plats sont joliment présentés. L'établissement propose plusieurs formules de 7,70 € à 9,90 € et à 11,50 €. Vous vous délecterez d'une galette complète à 7,70 €, œuf, emmental, jambon,, assortie d'une salade verte. En dessert, vous aurez, avec ce menu, le choix entre une crêpe à la confiture, au chocolat ou encore au beurre et au sucre. Et pour vous désaltérer vous choisirez entre la bolée de cidre ou une eau minérale. Notez aussi que le service reste rapide même quand il y a beaucoup de monde. Bref, un repas qui se passe bien !

NOUVEAU **CREPERIE-GRILL LA TERRASSE 33, rue Poterie, CHARTRES-DE-BRETAGNE © 02 99 41 30 70.** *Ouvert tous les jours de 12h à 14h et de 19h à 22h en semaine et de 12h à 14h et de 19h à 23h le week-end, sauf le mercredi soir, le samedi midi et le dimanche midi. Fermeture annuelle du 4 au 22 août. Menu galette servi le midi à 7,90 €.* Cette toute jeune crêperie-grill, déjà réputée pour sa cuisine et son accueil chaleureux, possède 50 couverts en salle et 40 couverts en terrasse. Elle vous propose des formules plat du jour à 6,50 €, entrée et plat du jour ou plat du jour et dessert à 8,50 € ou encore entrée, plat du jour et dessert à plus de 10,50 €. Le vendredi, le plat du jour, 6,50 €, est un poisson. Vous pourrez aussi déguster, en saison, de juin à septembre, des moules marinières à 7 €, ou des moules à la crème à 8 €. De plus, elle compte un grand choix de spécialités en crêpes, de 2 € à 7,30 €, et galettes, de 2 € à 8,10 €. En voici quelques exemples qui vous mettront l'eau à la bouche : **la provençale**, 8,10 € : noix de Saint-Jacques et crevettes flambées au pastis accompagnées de ratatouille aromatisée aux herbes de Provence. **La bretonne,** 8,10 € : noix de Saint-Jacques et crevettes flambées au whisky assorties d'une fondue de poireaux. **L'aumônière**, 7,30 € : foire au vin avec son coulis glacé à la chartreuse. **La créole,** 6,90 € : bananes caramélisées accompagnées d'une glace au rhum raisin et flambées au rhum. Elle propose aussi des viandes grillées telles des côtes de bœuf à 16,10 €, des salades de 3,75 € à 4,50 €. Pour ces dernières, nous vous conseillons d'essayer la dolmen, andouille de Guémené, chiffonnade de sarrasin, pommes de terre, cœurs d'artichauts et salade, ou la baltique, saumon sur blinis de blé noir, crevettes, avocat, tomates, crème citronnée et salade. Pour accompagner tous ces alléchants plats, vous pourrez déguster des bières bretonnes, non pasteurisées, comme la bière Lancelot, ou un grand choix de vins servis au verre. Sachez qu'outre la qualité et l'originalité de ces plats, le service reste rapide même quand les tables sont toutes occupées.

L'EPI DE BLE 12, place de la Gare © 02 23 42 13 94. *Ouvert 7j/7, de 11h30 à 14h30 et de 18h30 à 22h30 et jusqu'à 23h en saison.* Grande, exposée plein sud, cette crêperie-saladerie au décor champêtre offre un service rapide et une grande variété de galettes, entre 2,30 € et 6,80 €, garnies certes d'ingrédients simples mais excellentes et copieuses. Vous pourrez les accompagner d'une bolée de cidre à la pression. La situation de L'Epi de Blé face à la gare permet, même en transit, de se rassasier de blé noir et de froment entre deux correspondances. Notez que ce restaurant propose une copieuse formule rapide le midi à 9,20 € : galette complète suivie d'une crêpe au chocolat et accompagnée d'un petit carafon de cidre.

L'EPI D'OR 2, rue Saint-Thomas ✆ 02 99 78 23 49. *Fermé le samedi midi et le dimanche. Ouvert de 11h45 à 14h15 et le soir à partir de 18h45. Reçoit les groupes midi et soir sur réservation. Formule midi et soir à 6,90 € et 8,35 €.* Dans le prolongement de la rue Vasselot vers le TNB, à 2 minutes à pied de celui-ci, du Liberté et de la République, tenue par une passionnée, cette crêperie est accueillante à souhait. Les galettes et les crêpes servies ici conviennent à tous et sont fabriquées avec de la farine du terroir. Elles ont la particularité d'être cuites des deux côtés. Les produits utilisés sont ultra frais et le tour de main incomparable, en témoignent les prix gagnés : en 1999, 1er prix de la Création trophée Noël-Du-Fail, et en 2001 diplôme de maître galetier. L'ambiance est d'une convivialité très plaisante : non seulement on mange bien, mais en plus on se détend !Des formules à des tarifs très compétitifs sont proposées midi et soir et la maison peut s'enorgueillir de spécialités délicieuses.

LA GAVOTTE 41, rue Saint-Georges ✆ 02 99 36 29 38. *Ouvert tous les jours de 12h à 22h30. Fermé les 24, 25 et 31 décembre et le 1er janvier.* Les galettes ont la belle couleur sombre du sarrasin, les crêpes sont dorées et fondantes... Sylvie et Olivier Geffroy, elle parfaite au service, lui seigneur des galetières, vous accueillent avec sourire et savoir-faire depuis huit ans. Cette crêperie ne désemplit pas, et pour cause. Galettes et crêpes traditionnelles ou plus élaborées, spécialités du jour, kir breton, cidre et punch parfois, sont à l'honneur !Les nouveaux parfums de glaces, pain d'épice et noisette sont à ne pas manquer !

LA GOURMANDE 1, rue Victor-Hugo, BRUZ ✆ 02 99 52 79 21. *Ouvert du mardi au samedi. Fermé les jours fériés sauf le week-end.* En face de l'Intermarché, La Gourmande fleure bon la crêperie bretonne. Dans un cadre simple mais authentique, vous pourrez déguster des spécialités de galettes et de crêpes faites maison, dont la fameuse crêpe caramel salé ou l'agenoise, crème de pruneaux au vin épicé et glace vanille, mais aussi des salades et des viandes savoureuses. Le cidre de fabrication artisanale et les produits frais utilisés participent à la réussite de l'établissement. Les formules à 7,20 €, 8,70 € et 9 €, le midi en semaine, sont toutes accompagnées d'une bolée de cidre, d'un verre de vin ou d'un jus d'orange. Les enfants n'ont pas été oubliés et bénéficient d'un menu adapté à leur âge : enfant à 4 € et junior à 6,10 €.

LA MARIE-COQUINE 33, rue Saint-Georges ✆ 02 99 87 27 27. *Ouvert de 12h à 14h30 et de 19h à 22h30. Fermé le mardi et le mercredi, en hiver et fermé le mardi en été. Formule galette à 8,20 €. Formule moulerie à 12,50 €.* Un nom digne d'une fière frégate de corsaires et auquel la décoration fait honneur : poutres en bois, filets de pêche, coquillages, tonneau et un beau bateau de bois vous donnent la sensation de remonter le temps. La Marie-Coquine s'est spécialisé dans les crêpes de blé noir, mais aussi dans les moules !Une quarantaine de galettes différentes sont proposées et une vingtaine de recettes de moules : quel choix !Les tarifs sont abordables et sont compris entre 7,50 € et 8,40 €. La maison peaufine ses produits puisque les galettes sont toutes décorées de ciboulette, par exemple, ainsi que les crêpes qui sont garnies de fraises, de feuilles de menthe ou de bonbons. On peut déguster également 5 sortes de salades et des omelettes. La terrasse pouvant accueillir une vingtaine de personnes, avec ses beaux sièges de bois et ses parasols de toile blanche, est superbe, et c'est la seule ensoleillée dans la rue Saint-Georges.

OUZH TAOL 27, rue Saint-Melaine ✆ 02 99 63 36 33. *Fermé le dimanche midi et le lundi toute la journée. Formule à 8,50 €, bolée, galette traditionnelle, crêpe et café.* Ouzh Taol, expression bretonne qui signifie, à table... Et la table est ici particulièrement avenante !Les 2 petites salles en enfilade respirent la vivacité, avec leurs couleurs jaune et bleue mêlées, les carrelages de faïence, le coco au sol. Ouzh Taol sert des galettes, maximum 7 €,, préparées avec une farine de blé noir bio faite à la meule de pierre au Moulin de la Fatigue, un nom pareil ne s'invente pas... La différence de goût non plus d'ailleurs !Les galettes affichent une garniture classique ou plus originale, en osant des associations inventives, comme le chutney de figue et le raisin avec des magrets ou le chèvre avec des poires et des noix. La spécialité de galette miélée est délicieuse avec son émincé de poulet, sa sauce de miel et moutarde et ses pommes de terre oignons. L'argoat n'est pas en reste avec son andouille de Guéméné, ses pommes poêlées, ses oignons et son filet de crème. La frangipane est faite maison : elle est fine et onctueuse. Les crêpes sont elles aussi délicieuses. La carte propose également des salades, bien pensées et savoureuses.

LA POMMERAIE 16, rue Baudrairie © 02 99 78 25 11. *Ouvert du mardi au samedi soir. Menu enfant à 5,10 €.* La décoration est géniale car les propriétaires des lieux ont récupéré des objets pour en faire de petites œuvres d'art. Le résultat est gai et coloré aux couleurs acidulées avec un mélange de vivacité et d'espièglerie qui fait du bien au moral !L'ambiance est chaleureuse et la cuisine de qualité. Côté carte, un choix important de galettes et de crêpes pour tous les goûts au menu (savoyarde, au magret de canard, etc..) mais également des viandes (bavette à l'échalotte, entrecôte au poivres...), des pizzas, des pâtes mais aussi des glaces. Notre conseil goûtez la galette Pommeraie avec ses filets de canard, ses pommes et sa salade un vrai délice !Fûté, le mardi soir c'est la fête pour nos bambins, leur menu est offert !

POMME ET SARRASIN 5, quai Lamennais © 02 99 79 17 04. *Fermé le dimanche. Menus à 8, 70 € et à 9,90 €. Accueil groupes jusqu'à 35-40 personnes sur réservation. Capacité 80 places assises. Carte de fidélité.* C'est par un accueil souriant et chaleureux qu 'Eric et Sandrine vous attendent dans leur crêperie située face au cinéma le Gaumont. Une carte très variée avec de nombreuses spécialités, mezzanine vue sur les quais, galettes et crêpes succulentes et salades composées : que dire de plus sur l'excellence de cet établissement !!! Les galettes sont cuisinées avec du pur blé noir “ or ” cultivé en Bretagne. Le sel vient de Guérande. Quelques spécialités : La concarnoise à la coquille St-Jacques accompagnée d'une fondue de poireaux à la crème ou la raclette ou encore la chavignole avec du chèvre chaud, des cerneaux de noix et une salade verte. Ici on vous propose aussi bien des salades que des glaces, en passant par des galettes à la confiture, aux pommes ou au chocolat et surtout au Lait Ribot, que tous les “ vrais ” Bretons apprécient !!! Les galettes peuvent se marier facilement avec le sucré comme l'Exotique qui mélange harmonieusement le jambon, le fromage, l'ananas et la crème fraîche. La maison revendique les produits frais et du terroir comme l'andouille de Guéméné En dessert, dégustez donc la crêpe chocolat, frangipane et parsemée d'une pléthore d'amandes : absolument exquise ou encore la Framboisine avec son nid de framboise et son coulis, une glace à la vanille et de la chantilly, un régal !Bien sûr vous pouvez boire du cidre mais également du vin. A retenir de cet établissement : les crêpes sont très copieuses, ce qui n'est pas si fréquent !!!

LA SARRASINE 30, rue Saint-Georges © 02 99 38 87 54. *Fermé le dimanche et le lundi. Formules midi à 8,50 € et 9,50 €.* La Sarrasine vaut le détour. Dans une maison du XVIIe siècle de la charmante rue Saint-Georges, toute de pans de bois vêtue, de véritables galettes de blé noir et crêpes de froment, cuites à la demande et dans le respect des traditions, vous seront servies. Une présentation délicate et originale dans des assiettes aux formes variées précédera la dégustation d'une cuisine particulièrement relevée, mariant avec brio les produits du marché. La cuisine est inventive : la crêpe garnie de confiture de rhubarbe et de fraises est un appel aux sens !Toutefois, n'y allez pas à l'improviste, vous risqueriez de vous casser le nez, car l'endroit est toujours plein. Pensez à réserver !

LES TEMPLIERS 17, rue Saint-Michel © 02 99 79 09 00. *Fermé le mercredi. Formule à 7,90 €.* Ambiance rustique, îlot traditionnel breton au milieu de la rue de la Soif... Le cadre a ici des airs d'autrefois, on a envie de boire du lait ribot, de s'attabler et de faire ripaille... Cette crêperie fait également des salades et glacier. La formule propose une galette, une crêpe et un quart de cidre ou un jus de pomme. La rue Saint-Michel est parfois un peu trop animée. Mais les quelques tables en extérieur, sur la rue piétonne, invite à une pause, même en dehors des heures de repas : crêpe, glace, à chacun son envie...

NOUVEAU

LA THOSTE 13, place du Champ Jacquet © 02 99 79 15 29. *Ouvert en continu de 12h à 22h30 sauf le lundi et le mercredi (fermeture à 21h30). Fermé le mardi et le dimanche midi. Formule à 9 € (1 galette + 1 crêpe + 1 verre de cidre).* Cette nouvelle crêperie intallée depuis mars 2005 a beaucoup de charme. Dans un décor très sobre aux lignes épurées, vous serez accueilli chaleureusement et avec beaucoup de délicatesse. Mais ce n'est pas tout puisque les galettes y sont vraiment délicieuses et parfaitement préparées comme par exemple la chèvre harmonieusement accompagnée de miel, d'ananas avec une salade verte. Un vrai délice !Quant aux crêpes, la chocolatière est tout simplement exquise avec son chocolat noir et blanc associé parfaitement à une glace au nougat. Une adresse tout en finesse ou le détail a son importance. A découvrir...

LA VILLE D'YS 5, rue Saint-Georges ✆ 02 99 36 70 28. *Fermé le lundi et le mardi. Salle à l'étage.* Dans la bien-aimée rue Saint-Georges, la crêperie La Ville d'Ys s'annonce comme un établissement de spécialités finistériennes. La maison revendique un grand soin dans le choix de ses produits, avec notamment l'emploi d'une farine biologique et de produits régionaux. Les spécialités changent selon les saisons. Une formule au tarif très doux, 7,80 €, est proposée, qui comprend une crêpe de blé noir avec 2 ingrédients au choix accompagnée d'une salade, une crêpe de froment au choix et une bolée de cidre. Les galettes et les crêpes sont réalisées traditionnellement devant vous, au fur et à mesure des commandes... C'est bête à dire, mais il y a des "crêperies" où ce n'est pas le cas !L'escalier du XVe siècle vaut le détour.

Alsace

CHEZ YVI 31, rue de La Chalotais ✆ 02 99 78 37 28. *Ouvert du lundi au samedi midi de 12h à 14h30 et de 18h15 à 23h15. Fermé le dimanche. Capacité : une vingtaine de couverts.* Depuis trois ans, l'Alsace et le Jura gourmands débarquent dans vos assiettes avec ses spécialités bien servies de tartes, tourtes, gratins de munster, flammekuche salées ou sucrées, remouillon du Jura, daubes au vin de Jura, beckaofa, charcuterie alsacienne, galette de gaude, kougelhopf, bettelmann, bibalkass, gaudet du Jura, strudel... Le maître des lieux vous fera partager sa passion culinaire avec un choix remarquable de recettes familiales. Ses plats régionaux sont autant de dépaysement qui fleurent bon la route des vins, les ballons d'Alsace ou le vin de paille du Jura. Ce petit restaurant possède aussi de nombreuses originalités avec un étonnant escalier aux marches tronquées qui mène jusqu'à un caveau, c'est-à-dire une salle de restaurant en sous-sol, aux tablées en bois, à la décoration traditionnelle de lambris... Avec cet escalier, on change d'un coup de région, fini le biniou et la bombarde, voici les yodles et les alphorns. Suivant la saison, les cuissons du jour ou les livraisons, vous vous délecterez aussi de desserts à la fleur d'acacia, à la fin mai, ou encore d'une "boîte chaude" : fondue au mont d'or, à partir de 2 personnes, 10,50 € par convive. En plus, l'adresse n'est franchement pas chère. Vous disposez de 5 formules de 6 € à 10 €, de 2 menus à 10 € et 12 €, d'une carte très richement fournie à toutes les saisons. De plus, il y a un menu étudiant à 7,50 € avec une demi-flammekuche salée suivie par une demi-flammekuche sucrée et accompagnée d'une boisson, eau, bière, vin, pepsi..., et un menu enfant à 5,50 € proposant une demi-flammekuche salée ou la moitié d'un plat au choix, un dessert et une boisson. Vous pourrez même commander des plats à emporter. Et franchement, nous ne voyons ici aucune faiblesse, avec la disponibilité et la gentillesse du chef patron serveur qui pendra toujours un moment pour vous expliquer les plats ou pour savoir si vous avez le temps ou si c'est pour manger sur le pouce. Cette dernière option serait dommage, tant les recettes familiales de ces spécialités régionales sont vraiment savoureuses. En un mot ne vous privez pas...

Cuisine du Sud de la France

NOUVEAU **LA GROLLE 34, rue de Saint-Malo ✆ 02 99 38 80 89.** *Fermé le dimanche et le lundi, et chaque midi. Service en semaine jusqu'à 23h et le week-end jusqu'à 24h.* Repris en septembre 2004 par un nouveau propriétaire, ce restaurant savoyard propose dans une décoration montagnarde ressemblant à une grotte, aux peintures pariétales, une cuisine qui fleure bon les alpages, les sapinières, la fraîcheur des glaciers, des mers de glace. On ressent d'emblée cette chaleur humaine et une certaine douceur de vivre qui caractérisent les gens de la montagne. Côté assiette, vous trouverez les habituelles fondues savoyardes, 14,50 €,, raclettes, mais aussi fondues bourguignonnes, 17 €,, tartines, pierrades, 14 € à 17 €,, salades et bien d'autres surprises qui raviront les plus fins palais. En plus, la lumière feutrée et le service attentionné y sont particulièrement agréables. Alors pourquoi se priver d'une telle adresse, située en plein centre, dans le quartier des noctambules rennais, et qui assure un dépaysement garanti.

LA MOULE RIEUSE **19, rue Saint-Malo © 02 99 38 46 16.** *Ouvert du mardi au samedi à partir de 19h30 jusqu'à... tard.* Pas de chichis, rien que de la gouaille pour ce restaurant bourré de charme, à la décoration astucieuse et à l'accueil très amical. Sa cuisine est peut-être simple mais sans complexe, avec ses moules frites déclinées à toutes les sauces, à la crème, marinière, mais aussi à l'espagnole..., que l'on peut accompagner aisément d'un vin à la carte ou au pichet, 1 litre ou 0,50 litre voire 0,25 litre pour les plus raisonnables. Pour vous rassasier, outre la spécialité marine du lieu, vous pourrez également choisir parmi d'autres suggestions... Allez hop !Un dessert et retournons nous plonger dans la nuit rennaise.

Pays basque

L'ESPELETTE **19, rue Saint-Michel © 02 99 78 26 33.** *Fermé le dimanche et le lundi.* Chipiron. Axoa d'espelette, qui se prononce achoa, parillada de poisson... il s'agit bien entendu de quelques spécialités basques que vous retrouverez dans cette fameuse adresse : L'Espellette. Un nom évocateur, pimenté, mais sans brûler les papilles gustatives,, raffiné, savamment élaboré, cuit à la plancha, mode de cuisson typique du pays basque, que l'on retrouve également dans le maestrazgo espagnol,, bref tout un terroir en plein cœur d'une des rues les plus réputées de Rennes : la rue Saint-Michel. Alors, si vous avez envie de changer vos agapes et d'atmosphère, de goûter aux recettes délicieuses et aux saveurs suaves, c'est vraiment l'adresse futée par excellence. Le choix se fait sur la carte inscrite sur un tableau noir, qui propose un grand nombre de plats variés, à base de poissons cuisinés, fumés ou marinés, de jambons et de charcuteries traditionnelles, de viandes, ainsi qu'une sélection de desserts. Tous les produits sont frais, ce qui fait que la carte peut très rapidement varier. Ils sont tributaires des arrivages et des saisons. Par conséquent, ne vous attendez pas à trouver des tartes aux fraises en décembre, mais choisissez plutôt le gâteau basque... Vous ne serez pas déçu de la part plus que généreuse du dessert national du Pays basque. Le soir, vous trouverez 2 formules à 18 € et 25 €, recélant les principales spécialités. Le midi, la formule à 10 € est intéressante, avec ses entrées en self-service, un plat et un dessert. Faiblesse : il n'y en a pas vraiment, peut-être que son succès amène quelquefois à réserver. Talent : les cuisiniers officient en direct devant vous. Pas de secrets ici, rien que de la convivialité !

Cuisine d'ailleurs

Afrique

LE MAQUIS **13, rue Saint-Malo © 02 99 63 83 06.** *E-mail : maquis35@free.fr Ouvert du mardi au samedi de 12h à 14h30 et de 18h30 à 1h30 du matin. Sur place ou à emporter.* Une adresse à découvrir, et dont ensuite on ne peut plus se passer !La musique, les couleurs, le cuisinier-serveur d'une bonne humeur contagieuse, les plats, authentiques spécialités de Côte d'Ivoire, du Cameroun et du Sénégal : tout ici vous met de bonne humeur, tant l'ambiance et la cuisine servie se complètent pour offrir un petit coin d'Afrique en plein cœur de Rennes. Accras de morue, maffé, bœuf à l'arachide en bourguignon,, dorade grillée, alloco, banane plantain frite,, attiéké, semoule de manioc finement concassée,, saka, riz blanc parfumé à l'africaine,, cocktails et jus de goyave, bières traditionnelles et desserts, flan de coco ou suprême aux 3 chocolats : la carte ne déçoit à aucun moment du repas !Le midi 2 formules sont disponibles à 8,50 € : entrée, plat ou plat, dessert. Il y a même un menu enfant, le nayou, plat, dessert à 8 €. Le soir, les menus doubéhi, à 16,50 € et bonheur ivoirien, à 18,50 € vous permettront de vous délecter de quelques spécialités du lieu. Un bon plan futé à connaître : le mercredi au Maquis, l'apéro c'est gratis. Aïe, aïe, le rhum... Chrystelle et Dayoro sont durs avec nous.

Amérique Latine

AY MEXICO 7, rue de Juillet (en bas de la place des Lices) ✆ 02 99 31 67 02. *Fermé le lundi midi, le samedi midi et le dimanche. Ouvert de 12 h à 14 h et de 19 h à 22 h en semaine et jusqu'à 24 h le week-end. Formule le midi (1 plat + 1 dessert) à 8,50 €.* En bas de la place des Lices, ce petit resto mexicain régale les envies d'exotisme d'une cuisine authentique. Tacos ou plats traditionnels (fajitas ou burritas, chili con carne, tamales -poulet cuit dans une feuille de maïs, sauce piquante, enchiladas et crevettes marinées) sont autant de saveurs nouvelles à découvrir. La présentation des plats est à l'image de l'ambiance et de la décoration, colorée, piquante (avec les cactus en vitrine) et festive. Le restaurant est d'ailleurs le point d'attache et de rencontre des Mexicains de Rennes, qui retrouvent ici l'âme du pays. En plus, ici les non-initiés à la cuisine d'ailleurs, parfois un peu relevée, pourront demander conseil et peuvent ainsi y aller les yeux fermés.

EL POPOCA 14, rue Nantaise ✆ 02 99 30 22 41. *Ouvert du lundi au samedi, uniquement le soir, à partir de 19h jusqu'à la tardive fermeture, tant la nuit peut s'y prolonger. Service à la carte. Ticket moyen 20 €, pour sortir repus.* Dans une ambiance d'Amérique latine, au décor de lampions et de cactus, contrastant avec la tour Du Chesne toute proche, El Popoca est une nouvelle adresse très souvent bondée, où les amateurs de fajitas, d'enchiladas se retrouvent. Certains plats sont destinés aux bons coups de fourchette et autres appétits pantagruéliques. Par exemple, tester l'assortiment d'entrées à 9 € ou de plats de résistance à 16 €... Après ceux-là, la carte des desserts ne s'impose pas forcément, alors qu'elle propose de splendides parfums de glace, fromage blanc, abricot..., et de pâtisseries. Vous pourrez également commencer votre repas par un cocktail au prix plutôt abordable, comme le mojito à 3,50 €. Enfin, si l'accueil est très cordial et l'ambiance extrêmement chaude, il y a un revers à la médaille. Il faut penser à réserver assez tôt. Par exemple, pour manger un mardi soir nous avons téléphoné à 19h30, eh bien, le premier service étant déjà complet, il nous a fallu attendre 22h. Alors un conseil futé, soyez prévoyant !

LA PAMPA 7 bis, place Saint-Michel, RENNES ✆ 02 99 78 12 12. *Ouvert tous les jours sauf le dimanche et le lundi.* Ça pique, ça chauffe, ça chante dans les assiettes, voilà un restaurant mexicain en plein cœur de Rennes, qui vous étonnera par son accueil et la qualité des plats proposés. Situé dans l'impasse donnant sur la place Saint-Michel, à côté du bar Le Bureau, le lieu est inévitablement le rendez-vous des soirées estudiantines, vous obligeant quelquefois à réserver, surtout le jeudi soir. C'est là la rançon d'un succès mérité pour ses fajitas, ses enchiladas et autres mets typiques... Bref, quand vous aurez goûté à cette cuisine et cette ambiance latine, vous ne pourrez plus vous en passer.

Antilles

KING CREOLE 5, rue de Saint-Malo ✆ 02 99 78 37 60. *Fermé le dimanche et le lundi midi.* Passée la porte, des parfums, des couleurs vous assaillent, vous transportant dans des contrées lointaines. La décoration colorée et chatoyante, l'accueil chaleureux, voire familiale, font que l'on s'y sent bien d'emblée. Côté assiette, ça pique, ça chauffe, c'est sucré ou salé, accompagné d'un petit feu ou d'un rhum, on s'enivre, on se régale des accras de morue, des boudins antillais, des samoussas maison, du colombo au poulet, des bananes plantin ou d'autres flambées dans un décor des îles sur fond de béguine ou de mérengué... Le King Créole est un restaurant de spécialités antillaises et réunionnaises. Après avoir fini votre repas, vous pouvez même danser !La musique montera alors d'un ton et l'ambiance sera à l'image de la cuisine : colorée, vivante, comme les Antilles. Dépaysement assuré.

Asie

LES BAGUETTES D'OR 2, rue de Saint-Malo ✆ 02 99 63 14 88. *Le midi ouvert du mardi au vendredi, le soir du lundi au samedi. Fermé le dimanche toute la journée.* Une fois entré dans ce restaurant chinois et thaïlandais, vous voilà envahi par l'ambiance sereine, exotique et légèrement cossue qui se dégage de cette salle joliment arrangée. Les spécialités sont alléchantes, et les prix peu élevés. Carte ou menu, vous n'aurez aucun mal à vous laisser tenter par les nems, le porc au caramel, le poulet au chou chinois et autres délices de cette cuisine étrange et délicieuse. Testez les spécialités thaïlandaises, avec ses mets, certes un peu relevés, mais toujours savoureux tant pour les viandes que pour les poissons et les fruits de mer. Un autre détail qui ne trompe pas : les prix. Le menu étudiant est à 11,50 €. Deux autres formules, avec une entrée, un plat accompagné de riz cantonnais et un dessert, vous sont également proposées à 13,50 € et à 17,50 € pour la plus copieuse et raffinée.

LE DRAGON D'OR 37, rue de Saint-Malo © 02 99 35 18 07. *Ouvert tous les jours de 12h à 14h et de 19h à 23h.* Le Dragon d'Or a remplacé le réputé restaurant Apsara qui a déménagé à Cesson. Même décor intérieur, mêmes grandes fenêtres ouvertes sur le haut de la rue de Saint-Malo, seule l'équipe change. Vous trouverez ici les plats habituellement servis dans les restaurants asiatiques. Une cuisine chinoise et thaïlandaise, des spécialités à la vapeur : la carte est riche, mais vous pourrez aussi opter pour un menu à 7,60 € et 10 € le midi, ou 14,50 € et 19 € midi et soir. Sachez aussi qu'il y a une remise de 10 % sur les plats à emporter.

LA GRANDE MURAILLE DE CHINE 29, rue de Penhoët © 02 99 79 15 01. *Ouvert tous les jours sauf le dimanche midi. Heures d'ouverture de 12h à 14h30 et de 19h à 23h30.* Après l'Italie, la Chine : la pizzeria du 29, rue de Penhoët a laissé la place à un restaurant chinois et à la cuisine asiatique. Nems, rouleaux de printemps, salades chinoises aux crevettes ou au crabe, spécialités grillées, fondues chinoises, porc, bœuf, poulet, canard au caramel, aux pousses de bambou, à la sauce saté... les spécialités se bousculent sur la carte, il ne reste plus qu'à faire son choix, parmi les mets préparés façon chinoise, thaïlandaise ou vietnamienne !Le restaurant compte 2 salles à l'étage et peut donc accueillir un grand nombre de convives. Les prestations générales sont ici tout à fait correctes. Le midi, en plus de la carte, 2 formules vous sont proposées avec entrée, plat, dessert et vin ou café : 8,50 € et 12,50 €. Cette dernière est également servie le soir.

LAN XANG 11, boulevard de Solférino © 02 23 40 15 96. *Ouvert tous les jours de 11h à 14h et de 17h30 à 23h, fermé le dimanche midi. Buffet à volonté à 13 €, sandwich asiatique 2,50 €, menu midi à 7,50 €, avec en entrée samosa, en plat du poulet à l'ananas accompagné de riz cantonnais,, un large choix de grandes assiettes complètes à 6,50 €. Menus, entrée + plat, à 12 € et à 15 €, entrée + plat + dessert.* Ce restaurant asiatique, localisé à deux pas de la gare, face à la gare routière, vous accueille dans un cadre dépaysant. Les sets de table eux-mêmes invitent au voyage avec des scènes champêtres, des geishas, des paysages traités à la manière d'estampes. Côté art culinaire, la maison offre également bien des surprises. Tout d'abord, après l'apéritif offert, vous vous sustenterez des spécialités de bœuf, de porc, de crevettes, de fruits de mer, façon chinoise, thaïlandaise ou vietnamienne, mais aussi des cuisses de grenouilles, bouchées à la vapeur, ou des spécialités japonaises comme les fameuses yakitoris. Dans une ambiance conviviale, sans chichi, vous pourrez aussi profiter d'un buffet à volonté. Bref, une adresse à connaître pour un petit encas comme au Pays des matins calmes ou de l'Empire du Milieu.

PALAIS DE CHINE 31 r Legraverend © 02 99 30 68 30. *Fermé le lundi. Ouvert de 12 h à 14 h et de 19 h à 22 h. des plats à emporter sont également disponibles.* Ce restaurant de spécialités chinoises, proposant également des plats cambodgiens, thaïlandais, est localisé dans le quartier Dinan-Chézy à 5 mn à pied de la place Sainte-Anne. Il est assez grand pour y aller les yeux fermés sans nécessairement réserver. Ici, l'atmosphère douce et confortable. La gentille n'est ici pas un vain mot, elle accompagne immanquablement le service, rapide et attentionné. Le Palais de Chine vous dépaysera avec ses spécialités de fondues chinoises ou de planchettes à la sauce saté. De surcroît, la carte propose un grand choix de spécialités, il nous faut donc choisir, ce qui n'est jamais une mince affaire, tant tout nous paraît alléchant ! En plus, les prix sont plus que corrects. Le soir, vous serez repus pour moins de 15 € (avec entrée, plat, riz et dessert). Alors il serait dommage de se priver de ce petit coin d'Asie en plein cœur de Rennes.

LE MANDARIN 4, place de Bretagne © 02 99 67 60 00. *Ouvert du mardi au samedi de 12h à 14h et de 19h à 22h. Chèque-restaurant accepté, uniquement le midi.* A coup sûr l'un des meilleurs restaurants asiatiques de Rennes, Le Mandarin ne manquera pas de vous séduire avec sa gastronomie, la qualité de son accueil et la beauté du cadre décoré par des trompe-l'œil figurant des petites maisons, échoppes traditionnelles, rappelant les petites ruelles de l'antique Phnom Penh ou du vieux Pékin. Vous y découvrirez une grande variété de spécialités comme le phoenix d'or, du bœuf au saté et autre canard laqué. En dessert, il vous est également possible de sortir des sentiers battus en goûtant un savoureux sangkya, un flan à la noix de coco sur un lit de lait de coco battu parsemé de graines de sésame. Aussi, il vous est possible de choisir parmi un nombre important de spécialités de viandes sur planchettes, de plats à la vapeur, marinés, rôtis ou flambés. Sur chaque page de la carte, un poème accompagne la présentation des mets, et c'est justement cette osmose entre cuisine et culture traditionnelle, qui fait du Mandarin un lieu unique. Les prix sont par ailleurs très corrects : comptez 10,50 € pour un bœuf au saté et 4,40 € pour une spécialité en dessert. Sachez qu'il existe également des formules de restauration le midi qui avoisine les 10 € et 15 €.

L'ORCHIDEE D'ASIE 32, rue de la Visitation © 02 23 20 63 11. *Fermé le dimanche. Vente à emporter également disponible.* Entre la rue Hoche et la place Sainte-Anne, une devanture discrète cache un délicieux petit restaurant de spécialités asiatiques, tenu par une Vietnamienne accueillante et toujours prête à discuter avec ses convives !Plusieurs plats, dont les recettes sont parfaitement maîtrisées en cuisine, raviront de saveurs exotiques vos papilles, mêlant spécialités grillées et légumes, ananas, pousses de bambou, champignons noirs, germes de soja, etc., ou encore spécialités à la vapeur et sauces diverses.

LE PEKIN 7, impasse Rallier-du-Baty © 02 99 79 53 12. *Ouvert tous les jours de 12h à 14h et de 19h à 23h, sauf le lundi midi.* Cap sur l'Asie avec ses sauces aigres-douces, au saké, à l'huître... Surprenant, exotique et dépaysant, voilà en quelques mots de quoi caractériser le très fameux Pékin. C'est un restaurant asiatique bien connu des Rennais. Ses 3 salles, dont 1 à l'étage, ne désemplissent pas depuis près de trente ans. Toutefois, dans cette ambiance chaleureuse, conviviale et détendue, on vous trouvera toujours une petite place. Sa décoration accueillante allie élégamment les motifs tradi-

tionnels asiatiques et ceux de son cadre historique tout en pierre et en bois. En effet, cet établissement est niché au rez-de-chaussée de l'ancienne prison Saint-Michel. Si son succès ne semble pas décroître, c'est également en partie dû à sa carte de spécialités cambodgiennes, vietnamiennes, thaïlandaises et chinoises. Vous y trouverez de nombreuses entrées, de 4 € à 7 €,, des fondues pour plusieurs personnes, entre 33,60 € et 38,20 €,, un large choix de potages, de 4 € à 5 €,, de multiples raviolis à la vapeur, de 4 € à 7 €,, ainsi que les mille et une façons de cuisiner, version Asie, le bœuf, entre 6,80 € et 8 €,, le canard, aux environs de 10 €,, le porc, entre 6 € et 8,30 €,, le poulet, entre 6 € et 8 €, et les fruits de mer, aux environs de 12 €. Côté desserts, vous ne serez pas déçu par la taille de la carte où vous trouverez forcément quelque chose à votre goût. Bref, pour une vingtaine d'euros par personne, hors-boisson,, vos papilles gustatives seront à la fête.

RESTAURANT APSARA Rue du Muguet, Centre commercial Beau-Soleil, CESSON-SEVIGNE © 02 99 83 25 52. *Fermé le dimanche. Ouvert de 11h30 à 14h et de 18h30 à 23h.* Ce restaurant de spécialités asiatiques fait la part belle à une cuisine traditionnelle et aux spécialités vapeur cambodgiennes, chinoises et vietnamiennes. La légendaire politesse asiatique n'est pas un vain mot ici, vous serez reçu avec le sourire et la gentillesse zen !Dans un cadre élégamment décoré de tableaux asiatiques jusqu'aux sets de tables reproduisant eux aussi des peintures traditionnelles, vous goûterez à des plats exotiques et raffinés. En outre, un bon plan à connaître : la maison fait les plats à emporter. La formule du midi compte également, depuis de nombreuses années, ses fidèles inconditionnels qui se délectent des spécialités, à la noix de coco... Cette formule du midi est à 10 € et comprend une entrée, un plat accompagné de riz nature, et d'un dessert ou d'un café.

Brésil

HOT BRASIL 27, rue de Penhoët © 02 99 78 17 81. *Service de 19h à 24h. Restaurant non fumeur.* Cette adresse fait partie du carnet d'adresses des Rennais branchés... alors impossible de ne pas y aller au moins une fois, pour voir. La déco de la salle est assez réussie, bien que très basique. La carte donne envie, avec ses apéritifs aux couleurs du Brésil et ses plats alléchants. Vous pourrez y déguster des spécialités brésiliennes à partir de 11,60 € et jusqu'à 13,20 €. Toutefois, précisons que l'adresse se mérite. Le restaurant est assez irrégulièrement ouvert pour que l'on se "casse souvent le nez" devant la porte fermée. Mais quand elle est ouverte, aie aie aie !On ne ressort pas forcément indemne, un peu étourdi par la cuisine qui nous a régalés, du début à la fin, de la caïpirina au café, plusieurs sortes.

Géorgie

MA PETITE GEORGIE 27, rue Saint-Melaine © 02 99 12 50 12. *Ouvert de 11h à 14h et de 19h à 23h sauf dimanche et lundi soir. Vente également à emporter.* Dépaysement assuré à Ma Petite Géorgie : les plats aux sonorités mystérieuses, la décoration et la musique de là-bas vous transporteront le temps d'un repas dans ce pays lointain d'Asie centrale. La porte franchie, nous somme à Tbilissi ou sur les bords de la Koura ou du Rion, mais pourtant vous êtes simplement assis sur votre chaise au cœur de Rennes, à deux pas du Thabor et de la place Sainte-Anne !Les spécialités caucaso-géorgiennes servies dans ce tout petit restaurant surprendront votre palais par leur finesse et leurs saveurs exceptionnelles. Parfait pour un dîner en tête à tête ou avec quelques amis, Ma Petite Géorgie est l'une des tables de Rennes à absolument découvrir et retenir. Ce que d'aucuns ont déjà entrepris, et il est donc conseillé de réserver, notamment le week-end.

Grèce

HELIOS 5, rue de Saint-Malo © 02 99 79 61 49. *Fermé le lundi. Menus à 9,45 €, 12 €, 16 € et 21 €.* La Grèce dans votre assiette : voilà ce qui vous attend si vous allez faire un tour du côté de la rue de Saint-Malo, dans le restaurant de Violaine !Les entrées froides sont visibles dans leur étal réfrigéré et donnent déjà une idée de la diversité des plats proposés ici. La carte est remplie de noms inconnus, mais Violaine se fait un plaisir de vous détailler la composition de chacun des mets, chauds ou froids, typiques, préparés dans la petite cuisine attenante. Tarama, feuilles de vignes, moussaka, plats de viandes, de légumes, vous n'aurez vraiment que l'embarras du choix !Tous les plats peuvent aussi être servis à emporter.

LA TAVERNE GRECQUE 1, rue des Dames © 02 99 31 63 31. *Fermé le dimanche et le lundi.* Une taverne aux couleurs de la Grèce, du blanc, du bleu, déco et musique elles aussi typiques, vous voilà en condition pour choisir parmi les spécialités proposées !Feuilles de vigne, salades de feta, moussaka, brochettes de viandes marinées, boulgour... garnissent généreusement les assiettes. Il est tout à fait conseillé de les accompagner d'un vin de Crète ou du Péloponnèse !Toutes les parts sont réellement copieuses.

ULYSSE 27, rue de Penhoët ✆ 02 99 79 49 96. *Fermé le dimanche et le lundi. Formule midi à 6 €.* Situé juste à côté de la place Sainte-Anne, ce restaurant grec séduit d'emblée : petit mais bien agencé, une déco confortable, avec moquette, aquarium et tableaux lumineux de cascades où l'eau semble couler, et surtout de belles et bonnes assiettes, remplies de viandes marinées ou grillées, de salade et de tomates, de boulgour ou de frites, de moussaka et autres spécialités ensoleillées. Les kebabs à emporter sont aussi délicieux que les plats servis à l'intérieur.

Inde

BOMBAY 137, rue de Nantes ✆ 02 23 42 18 53. *Ouvert tous les jours, sauf le dimanche midi. Menu midi à 5,50 €. Menu complet à 9 €. Menus soir à 15 € et à 20 €.* Juste après le pont de Nantes, le Bombay est un petit et chaleureux restaurant de spécialités indiennes et ceylanaises : couleurs chaudes, bois, statuettes et plantes vertes créent l'atmosphère. La carte propose une variété de plats traditionnels, qui ne vous laissent que l'embarras du choix !Des samosas aux plats tandoori, des poulets tikka, des currys viande, poisson et végétarien aux biryanis, en passant par les spécialités, comme le dossaï ou les noodles, les envies de saveurs nouvelles seront ici rassasiées !A noter, le Bombay fait une réduction de 10 % sur les plats à emporter.

LE GANGE 34, place des Lices ✆ 02 99 30 18 37. *Site Internet : www.legange.com Fermé le dimanche. Menu promotionnel à 8,60 €, menu végétarien à 14,50 €, menu non végétarien à 18 € et menu à 22,90 €.* Situé sur la place des Lices, ce restaurant est bien connu à Rennes. Il sent bon l'encens et sa déco est kitch comme les restaurants chics en Inde. L'accueil est professionnel et serviable. Pourquoi ne pas goûter les tandoori, les currys et les galettes et pains maison ?On en a plein la table !Et avec le menu promotionnel, un apéritif est offert. N'oubliez pas de réserver, notamment le week-end. Les restaurants chics en Inde ont la même apparence que celui-ci !

INDIA 41, rue Saint-Georges ✆ 02 99 87 09 01. *Ouvert tous les jours. Menu express à 6 €. Menu midi à 9 €. Menu végétarien à 12 € et non végétarien à 16 €. Menu enfant à 9 €.* Ce restaurant est similaire à ceux que l'on trouve en Inde : c'est kitch à souhait avec ses tentures et ses couleurs. Et c'est ce qui fait le charme et le dépaysement du lieu. Viandes et poissons préparés tandoori, curry ou biryani, accompagnés de riz basmati et de nans, pain traditionnel nature ou fourré au fromage ou à la viande, régaleront les convives qui ont eu la bonne idée de s'arrêter ici. Les beignets de légumes sont frais et très bons, surtout agrémentés d'une des 4 sauces proposées. Quant aux boulettes de lait parfumé à la rose, elles sont un peu écœurantes mais exquises pour ceux qui aiment le sucré !Se garer dans le quartier n'est pas toujours une mince affaire. Mais le jeu en vaut la chandelle. Le service est par ailleurs discret, souriant et rapide. A noter : on vous offre une super carte postale de Krishna, le dieu hindou bleu, sur demande à la caisse !

INDIAN EXPRESS 14, contour Saint-Aubin ✆ 02 99 78 19 57. *Ouvert 7j/7.* Un indien version snack bien amélioré, bien pratique les soirs de fringale exotique, avant, après, un concert à la Cité, le dimanche soir "retour de week-end, plus rien dans le frigo", ou le midi pressé. La carte propose la plupart des spécialités indiennes, beignets de crevettes ou de légumes, currys et tandooris, comptez aux alentours de 10 € pour un plat,, nans et desserts, à manger sur place ou à emporter. Faiblesse : les plats sont copieux, mais sans finesse excessive. Talent : l'effort fait sur la déco et la grande amplitude d'ouverture. A Indian Express, vous êtes maintenant dépaysés !

TANDOORI 13, rue de Penhoët © 02 99 78 21 29. *Fermé le dimanche toute la journée et le lundi midi.* Tandoori est le premier restaurant indien à avoir été ouvert à Rennes, et depuis dix-huit ans, sa réputation ne s'est jamais démentie. Le propriétaire des lieux sait concocter une cuisine traditionnelle, indienne et ceylanaise, parfumée de couleurs et de saveurs, et aime plus encore la faire partager. De véritables surprises vous attendent parmi les plats qui défilent les uns après les autres, dans une danse des goûts à chaque fois renouvelée. Faiblesse : c'est bien simple, on n'en voit pas !Talent : outre l'accueil chaleureux, les prix des menus, 8,08 € la formule du midi avec entrée, plat et dessert à 13,57 €, et 17,55 € pour les autres menus avec un grand nombre de plats au choix. Réduction d'au moins 10 % sur les plats à emporter.

YAMOUNA 16, rue de Robien © 02 99 63 40 95. *Fermé dimanche midi.* La salle de ce restaurant indien est chaleureuse et joliment décorée. La carte, très fournie, fait la part belle aux spécialités culinaires de l'Inde, des viandes et poissons grillés au tandoori, aux currys et plats végétariens, en passant par les nans, nature ou garnies. Le service impeccable est en harmonie avec l'ambiance agréablement conviviale. Le midi, vous pourrez choisir le menu express à 8,50 €. Le soir, 2 menus sont proposés à 17 € et 14 €, végétarien. Il y a 10 % de réduction pour les plats à emporter, à choisir sur la carte.

Italie

LA CASA PEPE 29, rue Saint-Georges © 02 99 38 99 55. *Ouvert 7j/7.* Des ocres, des verts et des bruns de Sienne : la déco très chaleureuse se décline sur les plus belles des tonalités italiennes. Après l'apéro, que l'on vous sert accompagné de petits cubes de mozzarella à l'huile d'olive et de fines tranches de chorizo, vous aurez le choix entre les pizzas, de 6,50 € à 9,50 €, et une spéciale bambino à 4,50 €€, les salades, mais aussi les viandes, les pâtes ou les gratins. Les plats sont copieux et les pizzas débordent de l'assiette !Vous en viendrez quand même à bout, d'une part parce qu'elles sont excellentes, ensuite parce que la pâte est fine comme là-bas... Midi et soir, le restaurant est très souvent bondé. Et si vous n'aviez pas réservé, il vous faudra attendre le deuxième service... Mais l'ambiance agréable en vaut le coup.

CHEZ DEDE DI TREVI 32-34, rue Saint-Melaine © 02 99 63 59 16. *Fermé le dimanche midi. Service jusqu'à minuit le week-end.* Chez Dede, on n'a pas son pareil pour mettre tout le monde à l'aise : serveurs qui jouent avec l'humour, pizzas énormes et plats italiens délicieux, ambiance café-resto conviviale, et 2 salles en plus pour tous les gourmands qui se donnent régulièrement rendez-vous ici. Midi et soir, les tables sont occupées pour un déjeuner ou un dîner rapide, une soirée retrouvailles entre étudiants ou en famille, un repas agréable en amoureux ou entre copains. La bonne musique et le cadre sympa en font un endroit agréable. Et lorsque vous finissez votre pizza, vous gagnez un carambar !Après une pizza, on est obligé de faire l'impasse sur le dessert, à moins d'avoir un deuxième estomac de réserve !

CHEZ DEDE BIS 21, rue Hoche © 02 99 87 10 83. *Ouvert jusqu'à minuit le vendredi et samedi. Fermé le dimanche.* La déco est à vous couper le souffle !Moquette léopard, couleurs vives alternées aux murs, sièges boules en plastique orange ou rose, banquettes année soixante... Chez Dede Di Trevi Bis, on voit la vie en rose, pas de doute !Cette ambiance unique en fait un restaurant apprécié de tous, étudiants, familles, trentenaires fêtards, etc. Et dans l'assiette ?Pizzas de belle taille et qui plus est sont modulables, on peut retirer un ingrédient, en rajouter un...,, tartines chaleureuses, gratins de légumes ou de viande, desserts, glaces et crêpes, permettent à chacun de trouver son bonheur. L'ambiance générale, des serveurs à la déco, en passant par les pizzas est parfaite!

DA PIETRO 39, rue Vasselot © 02 99 79 10 96. *Ouvert du mardi au samedi.* Les produits du jour et pâtes fraîches sont à l'honneur dans cette pizzeria ristorante. Pizzas à la mozzarella et au jambon cru, raviolis frais aux champignons et à la bolognaise, bocconcini, escalope de veau, jambon cru, mozzarella, vin blanc et crème, sont quelques-unes des spécialités de la maison. En dessert, ne passez pas à côté du tiramisu ou de l'assiette du chef. Un menu à 10,40 € est proposé, et pour les enfants à 7 €. Une cuisine généreuse à l'image de l'accueil. La carte des vins italiens présente notamment le donna fugata de Sicile et le chianti classique.

LA DENTELLIERE 42, rue Vasselot © 02 99 79 62 01. *Fermé le mercredi soir, le samedi midi et le dimanche.* Un décor gai et chaleureux, un accueil familial, et surtout une pâte au levain, façonnée à l'ancienne... Les pizzas, dont la napolitaine ou la vulcano soufflée, vous combleront. Viandes et pâtes ne sont pas en reste, en témoigne l'entrecôte pizzaïolo de 250 grammes !Plusieurs formules sont proposées le midi, à 7,60 €, 9,40 € et 10,90 €. La talent de Lucio bien sûr est à noter !

ENZO 25, avenue Janvier © 02 99 30 69 69. *Fermé le samedi midi et le dimanche. Formules à 9 €, 11 € et 15 €. Menu enfant à 7 €.* Entre la gare et le TNB, Enzo, restaurant-pizzeria, jouit d'un bel espace, clair et lumineux : les grandes vitres donnant sur la rue et les teintes jaune soleil des murs confèrent une sensation de gaieté à l'ensemble. Les pizzas sont cuites au feu de bois et la pâte est faite à la main. Si vous prenez une formule, vous aurez le choix parmi 7 entrées, 7 plats et 10 desserts : pas si mal !Quant à la carte, elle fait la part belle aux entrées et aux viandes, magret de canard sauce poivre vert, entrecôte, escalope à la milanaise ou à la bolognaise, gratin végétarien aux légumes, la chaleur du Sud se cuisine aussi dans vos assiettes !Poissons, spécialités de pâtes et de pizzas complètent un panel de plats aussi variés qu'appétissants. Le pizzaïolo vous amène lui-même votre pizza. Vous pourrez discuter pâtes et garnitures !

LA GAZZA LADRA 14, rue de Saint-Malo © 02 99 78 29 40. *Fermé le dimanche.* C'est vrai qu'ils sont légion les restaurants toutes catégories de la rue de Saint-Malo, et des têtes d'affiche, il y en a qui tiennent le haut du pavé !Mais, il n'empêche qu'une petite halte au 14 de la rue de Saint-Malo vous réjouira le palais. La qualité des pizzas et des pâtes est réelle. Les prix sont très sages et un fond de musique de variétés italiennes des années soixante-soixante-dix accompagnera votre repas... La voilà la vraie Italie, non sans défauts et pourtant si attachante !Une "pie voleuse" qui a plus d'un tour dans son sac !

LA JANATA 3, place du Haut-des-Lices © 02 99 79 11 65. *Fermé le samedi midi et le dimanche. Formule à 8 €. Menu enfant à 7 €.* Vieilles poutres et atmosphère chaleureuse donnent le ton. Après avoir escaladé quelques marches, vous prendrez toujours le même plaisir à y déjeuner ou y dîner, en tête à tête ou entre amis. La pizza aux lardons et Saint-Jacques est bonne ainsi que les nouvelles spécialités la pitsiflette et la honey moon. La formule à 8 € comprend un plat, un dessert et un café ou du vin : c'est pas cher et la quantité est là. Toutefois, hors-saison, pas de terrasse,, il faudrait presque pousser les murs. Mais le service est efficace, à la fois très discret et gentil. Le pizzaïolo réalise de bonnes pizzas au feu de bois.

LA LUPA 10, place Rallier-du-Baty © 02 99 79 31 15. *Fermé le dimanche. Plat du jour à 7,50 €.* Un des atouts de cette pizzeria consiste dans le bon rapport qualité-prix qu'elle offre. Les pizzas sont bonnes et pour ceux qui veulent manger autre chose, il n'y a que l'embarras du choix : salades, viandes, gratins et pâtes sont aussi au menu. D'ailleurs, la salade de Saint-Jacques grillées est un délice ainsi que le carpaccio de poisson, lotte ou bar. Les assiettes sont copieuses, mais les tables petites !Alors ne commencez pas à sortir portable, crayons et autres babioles si vous voulez qu'il reste de la place pour le vin ET la carafe d'eau !Le restaurant n'est pas très grand, d'où une certaine promiscuité entre les tables parfois. Mais ceci est compensé par un service souriant et décontracté.

LA NOTTE 4, rue des Innocents © 02 99 31 79 22. *Fermé le samedi midi et le dimanche toute la journée.* En haut de la place des Lices, la petite rue qui mène à la rue Saint-Louis abrite La Notte. Quatre petites salles en enfilade garantissent confort et convivialité aux amateurs de spécialités italiennes. La carte s'affiche entièrement sur votre set de table et propose pizzas, de 5 € à 10,50 €,, mais aussi pâtes fraîches, entrées, charcuteries italiennes, viandes, gambas et Saint-Jacques, accommodées au gorgonzola, au basilic, aux champignons... Pour ceux qui déclarent forfait après la pizza, pas de dessert ?Mais si !La Notte a pensé à tout et propose dans sa carte des desserts la coupe de fruits frais. On apprécie !Le talent de cet endroit ?l'équipe de serveurs, tous italiens et tutti quanti !

PIZZERIA ITALIA TRATTORIA 32, rue Saint-Georges © 02 99 63 88 94. *Fermé le dimanche et le lundi soir. Plat du jour à 7,50 €. Menu enfant à 7,30 €.* Non seulement vous y serez bien accueilli, mais encore et surtout vous y mangerez d'excellentes pizzas dont les prix varient de 5 € à 10 € sans oublier les viandes, les entrecôtes, les carpaccios, les magrets et les escalopes de veau. Eh oui !encore une drôle de bonne adresse dans la rue Saint-Georges... Avec des cuisines d'ici et d'ailleurs, la rue est très fréquentée, d'autant que son caractère piéton lui confère l'avantage de nombreuses terrasses agréables, notamment celle de ce restaurant. Cette pizzeria est considérée par les habitués du genre comme une des meilleures de la rue, et à juste titre. Les spécialités sont nombreuses puisque l'on en compte une dizaine. La felicita garnie de gambas sauvages et de Saint-Jacques avec sa sauce au vin blanc est exquise tout comme l'imprévue avec son gorgonzola, son coppa, ses champignons et son filet de bœuf. La décoration remis au goût du jour vous fait voyager car il s'agit d'une fresque de Venise mêlée aux pierres et aux poutres apparentes qui illuminent la pièce.

PIZZERIA MONDELLO 1, rue Saint-Michel © 02 99 79 16 22. *Ouvert tous les jours sauf le dimanche. Service du midi jusqu'à 14h30-15h en été et le soir jusqu'à 23h15 et 23h30 les vendredi et samedi. Formules à 10 € (Express), 12,50 € (Détente) et 16,50 € (Gourmand). Menu enfant à 6,50 €.* Pour déguster l'Italie et ses multiples spécialités, la pizzeria Mondello, dotée d'une salle surprenante dans un immeuble classé avec des poutres apparentes et une cheminée, s'avère être un bon choix. Notez que des peintures de Gainsbourg sont exposées partout dans la pizzeria : ça ravira les fans et les autres !Commencez donc par la spécialité de la maison, un kir italien, l'amaretto asti. M. Sanchez a crée une carte variée, avec ses plats, ses pizzas, ses gratins (notamment le piémontais), ses poissons, ses viandes, entrecôtes ou brochettes Saint-Jacques, tous cuits au feu de bois. Les spécialités de pâtes ne sont pas en reste, avec plusieurs préparations alléchantes dont la farandole préparée avec 6 pâtes différentes. Le service est franchement agréable, souriant et naturel, italien !Et ici, vous pourrez innover avec la spéciale Santo(assortiment de petites pizzas), des cafés au marsala ou au whiskie. Les desserts sont excellents. Dès les beaux jours, une petite terrasse ensoleillée ravira les plus chanceux.

LA PONTE VECCHIO 4, cours de la Vilaine © 02 99 83 42 52. *Fermé le dimanche et le lundi. Formule midi à 9,70 €. Plat du jour à 6,50 €. Menu enfant à 9,90 €.* Pizzas au feu de bois sur place ou à emporter, viandes, pâtes à l'italienne et salades, telles sont les délicieuses spécialités de cette pizzeria-grill. Deux salles conviviales, l'une pour les fumeurs, l'autre pour les non-fumeurs permettent d'accueillir jusqu'à 64 couverts. L'ambiance y est toujours agréable et sans chichis. Bref, vous vous sentirez tout de suite à l'aise ! Maintenant que vous y êtes, profitez-en pour faire une petite promenade digestive le long de la rivière qui longe Cesson. C'est tout simplement très agréable !

LA TORRE DI PISA 8, place Saint-Michel © 02 99 79 03 78. *Fermé le samedi midi. Formule midi et en semaine à 9 €. Plat du jour, excellent de surcroît !, à 7 €.* La Torre Di Pisa donne directement sur la place Saint-Michel et dévoile une grande et agréable terrasse aux beaux jours. L'intérieur compte une salle en rez-de-chaussée, où l'on peut suivre les mouvements du pizzaïolo devant ses fours, et une autre en sous-sol. Le cadre est agréable, la carte ressemble à celle de nombreuses autres pizzerias de Rennes, avec ses pizzas, ses pâtes et ses viandes. Les assiettes sont cependant copieuses : avis aux gros mangeurs, aux étudiants affamés et à ceux qui aiment avoir quelque chose dans leur assiette !La terrasse, on ne s'en lasse pas !

VILLA BELLAGIO 48, rue de Bray, Espace Monniais © 02 99 32 24 90. *Fermé le dimanche et le mardi soir. Plat du jour à 7 €. Formule superbo à 8,30 € et formule splendido à 9,90 €. Menu enfant à 6,50 €. Vente à emporter.* Avec sa terrasse agréable et sa décoration imitant les maisons méditerranéennes avec leurs toits de tuiles, cette pizzeria, grill et glacier a tout pour plaire. Et l'accueil que l'on vous réserve, notamment grâce à Sandrine, est très chaleureux. Les pizzas, à choisir parmi des viandes, des pâtes, des salades et des poissons, sont excellentes. La soufflée, appelée cadore, avec son Parmesan, son épaule, son œuf et sa crème fraîche ressemble vraiment aux pizzas que l'on mange en Italie. Et chacun sait si les pizzas en Italie sont exquises !Et les desserts ne sont pas en reste. Pour certains, on les sert dans des plats en forme de girafe : effet garanti sur les clients !Et pour ceux qui arrivent à 11h30, un kir leur est offert. Enfin, pour vos réunions de famille, la Villa Bellagio cuisine pour vous.

LA VILLA D'ESTE 1, rue de la Psalette © 02 99 30 42 07. *Fermé le samedi midi et le dimanche. Plat du jour à 6,75 €. Formule express à 9,80 €. Menu bambino à 7,55 €.* On accède à cette pizzeria restaurant par un petit escalier. Les pierres, les poutres apparentes et la cheminée en font un endroit chaleureux tout comme l'hospitalité des propriétaires. La salle à l'étage est romantique car très calme. On y sert des viandes, des gratins, des poissons, des salades et des pâtes. L'ai quattro formaggi est un délice avec ses 4 fromages. Les pizzas sont vraiment bonnes car elles sont onctueuses !La couleur des nappes des tables de l'étage est un peu triste et la décoration manque de couleurs à notre humble goût !Cependant, la qualité des pizzas est irréprochable.

PIZZA PAI Leroy-Merlin, Parc d'activité Rocade Sud, CHANTEPIE © 02 99 41 06 93. *Ouvert du lundi au samedi, de 8h à 20h.* Pizza Paï, qui se situe dans la galerie marchande de Leroy-Merlin, ouvre en même temps que ce dernier. Cette pizzeria vous propose ses pizzas à déguster sur place ou à emporter, mais pas seulement : le matin, vous pourrez y prendre votre petit déjeuner, composé de viennoiseries, le midi une salade ou une pizza et l'après-midi la pause-café s'accompagne de brownies, de tartes et de doony's. On ne sait que choisir parmi les différentes variétés de pizzas, toutes alléchantes. On trouve la pizza cocktail à emporter, pour les réceptions, l'apéritif entre amis ou en plateau-télé pour toute la famille. 48 petits carrés composés de 6 sortes de pizzas. Miam !

Japon

LE FUJI 4, rue Derval © 02 99 38 12 00. *Fermé le dimanche, le lundi et le samedi midi.* Succulent, savoureux, exquis, il nous manque les mots pour vous parler de cette très bonne adresse rennaise. Ici, se côtoient les amateurs et les novices de cette cuisine raffinée. Les conseils avisés du personnel, particulièrement chaleureux, vous combleront et vous feront tourner la tête avec ses mille et une saveurs épicées, aigres, sucrées... Chaque bouchée est une véritable petite douceur pour les papilles. Bref, il faut connaître ce restaurant, qui n'est pas un simple sushis-bar. Ici, c'est de la gastronomie japonaise, tout en finesse, avec un service rapide et remarquable. Vous vous y délecterez certes des habituels sushis mais aussi de sashimis, de yakitoris ou yakimoris, brochettes de viandes grillées, dans un cadre agréable décoré de calligraphies japonaises. Pour finir de vous convaincre, ses menus sont peu onéreux : de 9,50 € à 12 € le midi, de 11 € à 26 € le soir. Pour pourrez également déguster, à plusieurs, une marmite de bœuf ou de fruits de mer... à 42 €. S'il nous fallait chercher une faiblesse à ce lieu nous n'en trouverions aucune, à part peut-être qu'il faut parfois réserver, tant l'adresse est prisée des Rennais et surtout de la communauté japonaise de la cité bretonne...

NOUVEAU

LE SAKURA 1, rue Saint-Louis © 02 99 78 11 80. *Ouvert de 12h à 13h45 et de 19h à 23h.* Musique zen, décoration typiquement japonaise, avec sets en bambou, idéogrammes, sumotoris, mont Fuji..., nous donneraient presque envie de manger agenouillés sur des petits sièges façon Soleil levant ou Pays des matins calmes. Côté cuisine, la chef, en kimono, s'il vous plaît, officie dans la plus grande tradition des maîtres de cette gastronomie extrême-orientale. Au Sakura, vous trouverez, en plus de la carte, un grand nombre de sushis, de sashimis, de yakitoris, mais aussi, le midi une formule très séduisante, à 8 €, avec un misoshiro, soupe,, une salade verte aux pousses de soja, un niku de teriyaki, bœuf caramélisé, véritablement succulent,, accompagné de riz. Vous pourrez, si vous avez encore faim, choisir parmi les desserts à 3,50 €. En outre, l'ambiance y est très détendue, conviviale, voire même rieuse.

Liban

LE BYBLOSS 13, rue Saint-Malo © 02 99 38 70 57. *Ouvert tous les jours.* Même si la décoration n'est pas d'un goût sûr, courez au Bybloss !L'hospitalité du maître des lieux et de son équipe est d'une chaleur rare : on vous sert la main en arrivant et en partant. Il n'y a pas un endroit comparable à Rennes pour découvrir la cuisine libanaise dans de telles conditions. Quoi que vous choisissiez, vous aurez droit à une explication complète, soyez prêt, le débit de parole est d'une joyeuse rapidité, hahaha !Le mezze, 12 € par personne, vous fait faire un tour d'horizon de l'art culinaire du Liban, avec 5 plats froids et 5 plats chauds accompagnés de markouk et du pain des campagnes libanaises. C'est incroyable comme c'est bon. On trempe un morceau de pain dans les plats, qui sont très parfumés. Le taboulé, le vrai !– est excellent. La carte des vins réserve de belles surprises. Pour finir, ne faites pas l'impasse sur le thé. Allez-y, vous y reviendrez, c'est sûr !

LA FAMILIA 5, place du Bas-des-Lices ✆ 02 99 35 01 90. *Fermé le dimanche. Formule à 9 €.* La cuisine orientale se caractérise notamment par sa convivialité. Et La Familia ne fait pas exception à la règle, bien au contraire : les fameux mezze, 12 € par personne,, ces assortiments de hors-d'œuvres chauds et froids à partager, les tajines parfumés ou épicés, les grillades de viandes marinées, les couscous royaux avec 4 viandes, et les spécialités couleur soleil, tous les plats sont à 10 €, se dégustent ici en toute simplicité. L'accueil est à l'image de la cuisine, souriant et chaleureux. Attention : pour ceux qui ne font jamais l'impasse sur le dessert, méfiez-vous des plats très copieux !Toute la carte est également proposée en vente à emporter.

LE PIGNON DE PIN 13, quai Lamennais ✆ 02 99 78 27 41. *Ouvert du mardi au samedi de 12h à 13h45 et de 19h30 à 22h30.* Ce petit restaurant, situé face aux Gaumont, vous propose ses spécialités libanaises, des entrées aux desserts, en passant par les plats typiques, variés et épicés juste comme il faut !Brochettes de viande, marinades, kaftas, baklawa, etc., régaleront vos papilles. Les formules sont à 7,50 € et 9,50 € et pour le soir, comptez un prix à la carte entre 13 € et 15 €. A essayer absolument, la spécialité maison sur commande : le coquelet mariné à la fleur de sel, grillé et éteint au filet de citron.

LA SOURCE 25, rue de La Chalotais ✆ 02 99 78 25 88. *Ouvert du lundi au samedi de 19h à 23h. Le midi, sur réservation pour les groupes.* Depuis seize ans, La Source enchante les palais rennais avec ses spécialités libanaises. Dans un joli cadre intimiste, aux couleurs verte et rouge, les maîtres des lieux s'occupent des tables, expliquent comment sont préparés les différents mets servis, et veillent à ce que tout se passe bien. Cette prévenance discrète ajoute un charme aux plats traditionnels que vous découvrirez ici. Entrées chaudes ou froides, viandes grillées, hachées ou marinées accompagnées de boulgour et de salade, mezze, 30 € pour 2 personnes,, desserts et café libanais à la cardamome... Les plats sont copieux. L'ambiance y est agréable.

Pays méditerranéens

L'ASSIETTE KABYLE 6, place Rallier-du-Baty ✆ 02 99 79 41 26. *Ouvert tous les jours de 12h à 14h et de 19h à 23h. Formule midi : plat + dessert + 1 quart de vin à 11 €.* Les horaires d'ouverture sont assez flexibles et vous pouvez vous présenter un peu avant 12h. L'adresse est centrale pour déguster couscous, tajines ou brochettes puisqu'elle est située dans le quartier Saint-Michel-Les Lices, sur la place Rallier-du-Baty. Aux beaux jours, de nombreuses tables sont installées en extérieur, sous de grands parasols qui servent parfois de parapluie... La formule proposée au déjeuner attire beaucoup de clients : elle comprend un couscous au choix, un dessert au choix et un quart de vin rouge ou rosé. On repart rassasié !Le personnel, essentiellement masculin, effectue son service à bonne cadence. Le service est rapide pour des plats très copieux.

AU PETIT SOLEIL 16, rue de La Visitation ✆ 02 99 63 26 65. *Fermé le dimanche et le lundi. Menu végétarien à 11 €.* Pas très loin de la place Sainte-Anne, ce petit restaurant méditerranéen est une petite oasis en plein cœur de la ville. Si vous êtes pressé, prenez donc un houmous, purée de pois chiches,, un taouk, poulet mariné,, un falafel ou encore un kebab. On y parle de tout au comptoir : beaucoup d'habitués sont à l'heure à l'ouverture du restaurant. L'assiette végétarienne est composée de moussaka, de brik et de salade de chèvre chaud : onctueux !N'oubliez surtout pas de goûter aux desserts maison comme les doigts de mariée ou le gâteau coco et chocolat. La courette à l'arrière, décorée d'une frise marocaine, se transforme en terrasse atypique et sympathique dès les beaux jours.

LA GOULETTE 3, rue des Dames ✆ 02 99 31 57 23. *Fermé le dimanche. Menu enfant à 6,50 €. Salle pour groupes.* Rares sont les endroits rennais qui servent une bonne paëlla... La Goulette figure en bonne place en la matière. Cette adresse futée propose plusieurs spécialités de Grèce, d'Espagne et d'Afrique du Nord : gambas à la madrilène, couscous, moussaka, paëlla, grillades, souvlaki. Dans la salle du bas, la maison accueille volontiers les groupes pour toutes les occasions spéciales, comme les enterrements de vie de jeune fille ou de garçon. La sono est à cette occasion de sortie et les convives s'enflamment très rapidement. La gentillesse du patron est au rendez-vous à tous les services.

L'HOMME BLEU 1, rue des Carmes ✆ 02 99 79 12 77. *Ouvert du lundi au samedi. Formule rapide à 8,80 € le midi, menu à 10,20 € le midi, formules à 10,80 € et 12,80 € midi et soir. Groupe 50 personnes.* Ici, vous êtes sûr de déguster un véritable couscous réalisé dans les règles de l'art, doublé d'un accueil simple et bon-enfant, chaleureux comme l'Orient. Vous pourrez opter pour l'excellent couscous royal, à 14,50 €, ou pour des couscous poulet, agneau ou brochettes. La grande qualité et la fraîcheur des viandes, les desserts faits maison, tartes ou pâtisseries orientales, sont autant de plus pour un repas réussi, agréable moment de détente. La maison propose aussi des salades et des plats plus classiques mais ça serait vraiment dommage de se priver de la spécialité maison. La maison propose des soirées couscous avec des danses orientales. Et le vendredi de juin à septembre, L'Homme Bleu organise des soirées sur réservation.

LE KHALIFA 20, place des Lices ✆ 02 99 30 87 30. *Fermé le samedi midi, le lundi toute la journée et le mardi midi. Formule express le midi à 8 € avec un plat au choix, un verre de vin Boulaouane et un café ou un thé.* Le Khalifa est un restaurant de spécialités marocaines. Couscous végétarien ou à la viande, poulet, bœuf, agneau, royal,, tajines garnis de légumes, d'amandes, de pruneaux ou de citrons sont tout simplement parfaits et... copieux !Les amateurs de cette cuisine ensoleillée et épicée connaissent d'ailleurs bien l'adresse. Accompagnés de boulaouane et de musique marocaine, les plats qui oscillent entre 10,95 € et 13,50 € vous seront servis par une équipe au sens de l'accueil particulièrement agréable. On ne parvient pas forcément à finir tout le couscous !

LE MAROC 24, avenue Janvier ✆ 02 99 31 61 10. *Ouvert de 12h à 14h et de 19h à 23h. Fermé le samedi midi et le dimanche. Formule midi à 8,50 € et carte le soir.* A deux pas de la gare, ce petit restaurant vous ouvre les portes... du Maroc !La décoration soignée vous met dans l'ambiance, avec ses teintes bleu nuit et ses sabres d'argent aux murs. Les couscous proposés à la carte sont variés, avec plusieurs choix de viandes possibles, et pas de viande du tout pour les végétariens, à 8 €. Les enfants n'ont pas été oubliés : Le Maroc leur a prévu un couscous enfant à 7 € !La gentillesse du maître des lieux, et la formule couscous à emporter, dans un couscoussier, ne pas oublier de le ramener le lendemain, sont un plus pour cet établissement.

LE MARRAKECH 75, boulevard de la Tour-d'Auvergne ✆ 02 99 30 84 70. *Fermé le dimanche soir. Trois salles à disposition pour les groupes. Menu pour les groupes. Menu enfant à 9 €.* Dans un cadre typiquement oriental, de la vraie cuisine marocaine, des tajines aux saveurs mélangées de produits gorgés de soleil, des couscous généreux... cette délicieuse cuisine traditionnelle est servie avec la plus grande gentillesse. Lors de votre première visite, vous ne pourrez pas rater les nombreuses peintures qui habillent les murs intérieurs de l'établissement. Pour un dépaysement total, vous pourrez déguster les spécialités maison sous une tente de nomade.

Russie

LE KOZACK 3, rue d'Argentré ✆ 02 99 79 18 66. *Fermé le dimanche et le lundi. Formules midi à 9,50€, 10,50 € et 11,50€. Formules à 17 €, 20 € et 25 €.* Il y avait longtemps que la capitale bretonne n'avait pas goûté aux saveurs de la cuisine slave. Simple, sans prétention, le restaurant affiche des menus à 8,50 € le midi pour des plats réussis mais sans grand raffinement. L'ambiance est conviviale, mais on peut juste regretter le côté impersonnel et peu intime de la décoration, où seules quelques matriochkas et bouteilles de vodka nous rappellent ce grand et beau pays. Cette enseigne, tenue par des Ukrainiens, fait néanmoins son petit bout de chemin, discrètement et sans bruit. La gentillesse et les explications sur telle ou telle spécialité russe sont immanquablement présentes à tous les services.

Salons de thé

DURAND 5, quai Chateaubriand ✆ 02 99 78 10 00. *Ouvert le lundi de 15h à 19h, du mardi au samedi de 10h à 19h et le dimanche matin de 10h à 13h.* Chocolaterie réputée et salon de thé hors du temps. Durand accompagne les gourmets tout au long de la journée !Tous les chocolats sont enrobés d'une couverture noire à 72 % de cacao issu de fèves des meilleures provenances. Toute la gamme de chocolats est frappée de numéros. Elle est composée de ganaches fondantes, mariage subtil des épices, des fleurs, des thés et du chocolat. Les noms des chocolats sont un appel à l'exotisme : guyane, chocolat au lait, muscade, cannelle, vanille de Madagascar, zestes de citrons frais,, yucatan, chocolat noir, miel amer d'arbousier, piment d'espelette, ou viet-nam, chocolat noir, citronnelle et gingembre frais, entre autres excellents chocolats.

THE AU FOURNEAU 6, rue du Capitaine-Alfred-Dreyfus ✆ 02 99 78 25 36. *Fermé le dimanche. Ouvert du lundi au samedi de 10h à 18h30. Pâtisseries à emporter.* Tout près de l'église Toussaint, une devanture étroite abrite un salon de thé à l'atmosphère unique et intemporelle. Un endroit reposant. Pour un petit déjeuner en amoureux, un goûter entre copines, ou encore pour une pause régénératrice au milieu d'une journée shopping avec maman. Le Thé au Fourneau a composé pour tous une carte astucieuse et alléchante : quelques salades, des tartines chaudes et des tartes salées à déguster éventuellement avec du vin, au verre, à la carafe ou à la bouteille. Mais il y a aussi des formules pour le goûter, avec des pâtisseries maison un tantinet british qui accompagnent à merveille chocolat chaud, vin chaud ou thé.

Sandwicheries

LES NOURRITURES TERRESTRES 17, rue Hoche. *Ouvert du lundi au vendredi de 11h à 14h.* Ancienne librairie réputée, Les Nourritures Terrestres se sont transformées en sandwicherie, annexe de la boulangerie Hoche attenante. Un comptoir de vente propose sandwichs traditionnels ou innovants, quiches et pâtisseries, tous d'excellente qualité. La preuve, lorsque vous passez vers 13h15, l'étal est presque vide !

PALAIS DU KEBAB 6, rue Saint-Michel ✆ 02 99 78 11 68. *Ouvert du lundi au samedi jusqu'à 1h du matin.* A deux pas de la place Sainte-Anne, ce snack est connu de tous comme sandwicherie turque et grecque. La vente à emporter constitue la principale activité de cette adresse. Le kebab salade est à 3,50 €, si vous ajoutez des frites il est à 4 €, et le maxi kebab coûte 4,50 €. Ils sont bons. Dehors et dans la petite salle du rez-de-chaussée, quelques tables invitent à la pause.

POINT GOURMAND 33, rue Vasselot ✆ 02 99 79 68 11. *Ouvert de 7h30 à 21h30 tous les jours sauf le dimanche et les jours fériés.* A n'importe quelle heure du jour et jusqu'en milieu de soirée, Marie et Isabelle vous accueillent dans leur Point Gourmand. Les viennoiseries et le pain sont faits maison, et les sandwichs préparés par les deux complices sont de véritables repas complets. Les quelques tables sont souvent prises d'assaut le midi, car ici, c'est bon et pas cher !

LE RESTO POUCE 20, rue de Penhoët ✆ 02 99 79 53 28. Le Resto Pouce s'annonce comme une invitation à boire un petit quelque chose... Les sandwichs ont l'air si appétissants, qu'instantanément un petit creux se fait sentir. Les formules sont légion : steak-frites-baguette pour 3,50 €, baguette-frites-camembert pour 3,85 €, reblochon à 2,75 €, hot-dog à 2,15 € et savoyard à 3,85 €.

MARGO Centre commercial Gare SNCF ✆ 02 23 35 04 24. *Ouvert du lundi au jeudi de 8h à 20h30, le vendredi jusqu'à 22h30, le samedi jusqu'à 18h et le dimanche jusqu'à 22h.* Ne cherchez plus, SAM signifie tout simplement Sandwich Au Menu. Et avant, après ou entre deux trains, une petite pause dans ce nouvel espace de restauration rapide peut être particulièrement bienvenue. Les sandwichs sont présentés sous opercule mais sont confectionnés sur place chaque matin à partir de produits frais : pain nordique, pain aux céréales, jambon vendéen, poulet et maïs... vous attendent en libre-service sur les étagères réfrigérées. Boissons diverses et yaourts fermiers, quelques salades, tartes, cookies ou muffins compléteront agréablement votre menu. **Autre adresse : centre commercial des Trois Soleils rue d'Isly.**

SANDWICHERIE DES LICES 4, place Saint-Michel ✆ 02 99 79 25 33. Toute l'année, cet établissement sert aux passants et aux clients des bars des alentours, sandwichs, salades et paninis... pour caler un petit creux, reprendre ses esprits, manger à la terrasse d'un café ou sur place, quand cela est possible. Chauds ou froids, avec ou sans frites, à chacun son sandwich, à chacun sa faim...

Virées gourmandes

AN DUCHENN HUD 4, place Jehanin, BECHEREL ✆ 02 99 66 77 00. *Ouvert du mercredi au dimanche et tous les jours en été.* En découvrant Bécherel, vous ne resterez pas insensible à son charme, surtout si vous aimez les livres. Les amateurs de bonnes tables apprécieront aussi d'y trouver des adresses de cette qualité. Cet établissement regroupe deux passions : librairie et restauration se mariant ici dans une bonne ambiance. L'Ann Duchenn Hud est à la fois une crêperie et un grill. A côté des livres, cd et objets déclinés sur le thème de la Bretagne et de la Celtie, on trouve l'occasion de s'attabler. C'est un bon endroit pour déjeuner, histoire de reprendre des forces avant de poursuivre la découverte de Bécherel et de ses nombreuses librairies et autres bouquinistes.

L'ARDOISE et L'HOTEL DU COMMERCE 14, Place de l'église 35137 BEDEE. *www.hotel-du-commerce-bedee.fr - Bar ouvert de 8H à 22h, Petit déjeuner " buffet " servi en salle de 7h à 11h.* A 20 minutes de Rennes sur l'axe Rennes-St-Brieuc se tient l'hôtel du commerce ouvert 7j/7 (sauf dimanche soir). Il vous accueille dans leurs 22 chambres, fraîchement rénovées qui sauront vous faire apprécier le calme d'un petit village. Chaque chambre dispose d'une salle de bain (ou douche) avec wc, télévision, penderie, bureau et accès wifi. 5 chambres familiales pouvant accueillir jusqu'à 4 personnes sont également disponibles pour une étape gourmande. Côté restaurant, l'Ardoise vous propose dans un cadre chaleureux " ambiance vieille ferme " 3 formules, le plat seul à 8 €, la formule autour d'un plat à 12,50 € ou la formule gourmande à 16 €. Les enfants ne sont pas oubliés avec un menu Bambino. La maison dispose également d'un self dans une autre salle servi jusqu'au vendredi midi proposant une formule unique, buffet de hors d'œuvre, 3 plats chauds au choix, plateau de fromage et buffets de desserts. La maison travaille à partir de produits frais, qui changent au gré ds saisons. Enfin l'hôtel du commerce vous reçoit également pour vos séminaires jusqu'à 24 personnes, repas de famille ou de groupes jusqu'à 70 personnes. On peut dire qu'ici on a pensé à tout !

AR MILIN' 30, rue de Paris, CHATEAUBOURG ✆ 02 99 00 30 91. *Site Internet : http://www.armilin.com Restaurant gastronomique ouvert tous les jours sauf le samedi midi. Fermeture du restaurant le lundi et mardi midi de juillet à août et le dimanche soir de novembre à février. Bistrot ouvert du lundi au samedi toute l'année.* Ce moulin hôtel-restaurant trois étoiles fait partie des Châteaux et Hôtels de France ainsi que des Hôtels de Charme et de Caractère en Bretagne. Deux références qui en disent long sur l'accueil raffiné et généreux que l'on vous réservera ici. Construit au-dessus de la Vilaine, Ar Milin' est au cœur d'un parc de 5 hectares un havre de paix et de beauté. Le restaurant, avec ses belles nappes blanches, son décor bourgeois et sa vue sur le parc arboré, sert une cuisine de saveurs et de traditions, particulièrement succulente. Au bord de l'eau, vous trouverez le Bistrot du Moulin, qui offre un cadre de charme pour déjeuner d'une belle, et bonne, assiette composée, d'un dessert et d'un café, à prix léger : entre 15 € et 20 €. Côté restaurant, vous aurez le choix entre un menu à 26,50 € et un autre de dégustation à 44 €.

L'AUBERGADE 2, boulevard Julien-et-Pierre-Gourdel, CHATEAUGIRON ✆ 02 99 37 41 35. *Fermé le samedi midi, le dimanche soir et le mercredi toute la journée. Menus de 14 € à 33€ et choix à la carte.* Dans une ancienne auberge de caractère, située à proximité du château du XVIIIe siècle de Châteaugiron, Karine et André Dalmas ont su créer une atmosphère chaleureuse, propice à la détente et à la dégustation. André Dalmas travaille beaucoup le poisson, en fonction des arrivages du marché. Il vous concoctera, par exemple, des nems de saint-pierre à la menthe et au beurre de soja, un éventail de rougets avec petits légumes de Nice, mais aussi des viandes. Comme le carré d'agneau à la lavande, des confits de canard avec un jus de girolles ou un foie gras, des gésiers confits et autres spécialités du Sud-Ouest, dont un cassoulet maison, qu'il serait bon de découvrir toutes affaires cessantes ! En plus, le midi, le menu du marché est à 14 € et permet de se régaler sans trop alléger son porte-monnaie. Il existe également des menus servis le midi et le soir à 19,50 €, 25 € et 33 €. L'intérieur de l'auberge ménage une certaine intimité aux convives, puisque les 35 couverts que compte l'auberge sont répartis sur 2 salles, ayant chacune une cheminée d'époque. Un petit salon et une très belle terrasse viennent compléter très agréablement la convivialité des lieux.

AUBERGE DE REAN 86, route de Redon, BRUZ © 02 99 42 24 80. *Fax : 02 99 42 28 66. Le restaurant est fermé le dimanche soir et le lundi. 9 chambres de 36 € à 55€. Menus 16,50 € à 42 € et carte.* Au sud de Rennes, cet hôtel-restaurant bénéficie d'une situation privilégiée au bord de l'eau. La cuisine, elle, n'est que délice et se veut gastronomique, à la fois traditionnelle, délicate et inventive et préparée par Patrick Gicquel, chef de cuisine talentueux. Foie gras poilé au pain d'épice, nouilles farcies aux langoustines, filet de canard au poivre de sechouan, croustillant de noix de coco avec marmelade et coulis de fruits rouges... Un menu terroir à 31 €, 4 plats, et celui de la carte blanche à 42 €, 5 plats, contenteront les fins gourmets. Une petite promenade aux alentours, sur les chemins de halage de la Vilaine ou du côté du Moulin du Boël, apportera une touche champêtre finale, bien agréable à votre escale à l'Auberge de Réan, à moins que vous ne préfériez vous relaxer sur la terrasse aménagée au bord de l'eau... Si vous souhaitez prolonger votre séjour, la maison dispose également de chambres à des tarifs intéressants pour cet hôtel deux étoiles. Et pour les repas d'affaires, les séminaires ou les repas de famille, ce restaurant bénéficie de 2 belles salles pour vous accueillir.

L'AUBERGE DU BORDAGE Le Bordage, ERCE PRES LIFFRE © 02 99 68 42 47. *Site Internet : www.ferme-du-bordage.fr Achat en ligne et à l'auberge des produits de la ferme. Pour s'y rendre : A84, sortie 27.* Agriculteurs et éleveurs depuis 1664, l'Auberge du Bordage sait recevoir, quelle que soit la circonstance ! L'enclos de l'ancienne ferme du château du Bordage a été entièrement réaménagé. Visite guidée : le cellier, situé dans l'ancien cellier de la ferme, séduit d'emblée avec ses pierres apparentes, sa cheminée, son style à la fois rustique, classe et chaleureux. La patine des ans opère son charme... La grange, rénovée avec marbre au sol, compte 100 couverts et se prête à merveille aux barbecues, cochon grillé, cocktails, réceptions et vins d'honneur. La verrière, construite dans le jardin, est dans la même veine, lumineuse et accueillante. Salle de restaurant, elle reçoit aussi les fêtes familiales et les petites réceptions. L'étable est en cours de rénovation et accueillera prochainement séminaires et réceptions, 80 à 100 couverts. Le chef, Anita Gélin, Chouette de Bronze à la 15e édition du concours organisé par l'office du tourisme de Rennes, travaille avec doigté et fantaisie les produits de la ferme : carpaccio de magret fumé à la poire ou le confit de canard aux airelles se découvrent au fil des menus. Par exemple, le menu traiteur, pour 25 à 35 personnes, est à 24 € par convive et propose un apéritif, une entrée, un plat de résistance, du fromage, un dessert et un café. Le menu anne, pour les repas familiaux, est à 35 € par personne. Le menu du terroir, à partir de 6 personnes, est à 25 € par personne. Il y a même un menu spécial association, à partir de 12 personnes, à 20 € par convive. La carte se fait belle, avec sa pintade au cidre, son suprême de volaille en aumônière ou encore son coq au vin... La maison est également passée maître dans l'art de préparer des buffets traiteur, sur place ou à emporter, et assure les grandes ou les petites réceptions, les anniversaires et les réunions de famille, les mariages, etc. Enfin, sachez que l'auberge organise des dîners spectacles.

AUBERGE DU CHEVAL BLANC 9, rue de la Madeleine, CHATEAUGIRON © 02 99 37 40 27. *Fermé le dimanche soir et le lundi uniquement pour le restaurant, l'hôtel assure un accueil en continu. 12 chambres équipées de bain ou douche avec wc, téléphone et prise Internet.* Châteaugiron, à 15 kilomètres de Rennes, est une petite cité de caractère, et abrite de magnifiques demeures médiévales à colombages, dont l'Auberge du Cheval Blanc. Cet ancien relais de poste, tenu par la même famille depuis 1902, offre le gîte et le couvert. Leur devise : "Raffinement en toute simplicité, chez nous, vous êtes un peu chez vous". L'ambiance, conviviale et familiale, ne déçoit pas, la cuisine traditionnelle du terroir se savoure et se partage en famille, entre amis ou lors de repas d'affaires. L'hôtel est classé 2 cheminées Logis de France et l'établissement dispose d'un parking privé. De quoi réussir son séjour, voire même le prolonger, aux portes du beau château médiéval de Châteaugiron.

AUX BERGES DU LAC Métairie des Grigonières - GOVEN © 02 99 64 22 06. *Site : www.auxberges-dulac.com Formule le midi. Ouvert tous les jours sauf le mardi, sur réservation.* Sérénité et gastronomie se marient à merveille dans cet hôtel-restaurant qui offre une très belle vue sur le lac (d'où son nom !) La salle de restaurant bénéficie d'une grande baie vitrée, et la véranda couverte, qui accueille, elle aussi, des tables, permet de profiter pleinement du paysage calme et reposant. La cuisine traditionnelle métissée d'exotisme (épices douces et saveurs de Nouvelle-Calédonie) se découvre et se déguste à la carte ou parmi un des menus. La maison accueille avec le même soin, vos repas d'affaires, séminaires, repas de famille et mariage. Et si le cadre et l'ambiance vous tiennent sous leur charme, Aux Berges du Lac propose, en plus du couvert, le gîte, avec ses huit chambres, confortables et spacieuses. Les prix des doubles démarrent à 49 €, petit déjeuner compris. Talent : l'accueil y est particulièrement attentif et chaleureux. Une adresse à découvrir ou à retenir...

LE FEU DE BOIS 81, route Nationale, LE RHEU ✆ 02 99 14 72 55. Ce restaurant chaleureux est à 3 minutes de Rennes seulement, et connaît une fréquentation qui ne se dément pas au fil du temps. Le cadre est idéal, avec sa grande cheminée, qui vous accueille d'une belle flambée l'hiver, et sa terrasse, agréable dès le printemps... Les salles sont climatisées, donc pas de crainte à avoir pour les grosses chaleurs de juillet ou d'août !Sachez aussi qu'il y a une belle terrasse, dès les premiers beaux jours. Avec une capacité de 10 à 300 couverts, ou 200 couverts et espace dansant,, le restaurant se prête à toutes les occasions : déjeuner à deux, entre amis ou entre collègues, repas de famille, mais aussi grandes soirées traiteur, mariages, fêtes d'anniversaire. Le retour de noces du lendemain est aussi prévu et assuré par la maison. Une dernière précision : il est conseillé de réserver, car les portions généreuses, la qualité de la cuisine et l'accueil convivial du Feu de Bois attirent toujours plus de monde.

LE BON ACCUEIL La Peinière, SAINT-DIDIER ✆ 02 99 00 33 05. *Site Internet : www.le-bon-accueil.com Le restaurant est ouvert tous les jours sauf le dimanche soir et le lundi toute la journée.* Hôtel deux étoiles et restaurant Logis de France, le Bon Accueil offre une combinaison subtile entre une cuisine traditionnelle raffinée et un cadre exceptionnel. Un intérieur chic et cossu, une verrière, par laquelle vous aurez une vue imprenable sur le parc et la chapelle... Car le Bon Accueil est entouré de verdure, situé en pleine campagne entre Rennes et Vitré, idéal pour une étape gourmande, une journée de travail, un repas entre amis. Côté menus, la maison réalise des prouesses de fraîcheur et d'inventivité à des tarifs réellement intéressants. A partir de 12 € en semaine pour un menu. Le week-end d'autres menus sont également disponibles à 19 €, 25 €, 29 € et 34 €. A chaque fois, vous assisterez à un défilé de saveurs et de savoir-faire qui ne pourra vous laisser insensible... Le Bon Accueil assure également la réception et les menus pour les mariages, les séminaires, etc., et peut, en outre, mettre à votre disposition une salle en location d'une capacité de soixante personnes, pour vos repas de famille , à la Ferme de la Peinière, située à 50 mètres de l'hôtel-restaurant. A noter, la maison a été lauréate de la Chouette Jeune Talent 2003 et 2004.

CASTEL J'HULY La Goulgatière, CHATEAUBOURG ✆ 02 99 00 75 13. *Site Internet : www.castel-jhuly.com Ouvert du lundi au samedi le midi et le soir du jeudi au samedi. Menus à 17 €, 22 €, 25,50 €, et 30 € à*

tous les services. Le Castel J'Huly honorera vos papilles d'une cuisine traditionnelle de qualité. Deux salles, et une terrasse l'été, accueillent les convives : la salle brasserie et la salle restaurant, ouverte chaque midi, où vous aurez au choix à 22 € : noix de Saint-Jacques poêlées au noilly Prat, ballottine de poularde et foie gras de canard et son pain moisson ou tournedos de bœuf à la crème de morilles, tajine de légumes ou encore filet de bar poêlé, beurre rouge, galette de poireaux suivie par une fine tarte à la poire et fourme d'Ambert ou une sélection de fromages au plateau ou encore crémeux au chocolat et son sorbet banane ou fine tarte aux pommes tièdes et sa glace vanille. Bref tout un programme. Le lieu fait donc une place de choix aux produits régionaux, à la fraîcheur et au terroir qui concourent, hélas, à bien des excès pour la ligne. Enfin, sur réservation, vous pourrez y organiser vos banquets, anniversaires, etc.

AUX DELICES DES ROIS Rue de Saint-Cyr-Coëtquidan, Beignon © 02 97 70 80 37. *E-mail : aux-delices-des-rois@wanadoo.fr Bar ouvert tous les jours sauf le mercredi, restaurant ouvert tous les jours sauf le mercredi toute la journée et le dimanche soir. Menus de 9,60 € à 30 €. Repas de groupes, possibilité d'accueillir vos mariages jusqu'à 230 personnes. Service à domicile à partir de 12 personnes.* Ce restaurant, tout proche de Paimpont, vous propose dans un cadre raffiné des repas ouvriers, une carte variée et un grand choix de vin au verre ou à la bouteille. Laissez-vous séduire par les suggestions du chef : aiguillette de Saint-Pierre et sa chiffonnade de salade à la framboise, fricassée de ris de veau à la crème, poêlée de Saint-Jacques aux asperges vertes... Ne passez pas à côté des 1/2 homards grillés issus des viviers du restaurant ou du foie gras de canard accompagné de sa confiture à l'oignon !Un véritable délice, un pur bonheur. Sachez aussi qu'Aux Délices des Rois, on fabrique également son propre pain, ainsi que son propre saumon fumé.

LA FORGE , BAR-RESTAURANT, BROONS-SUR-VILAINE © 02 99 00 30 79. *Ouvert tous les jours, le midi. Le soir sur réservation.* Autrefois, il y avait une forge. Maintenant c'est un restaurant, et le nom est resté... Ici, la convivialité est la reine des lieux : toutes les viandes sont grillées au feu de bois devant vous, par le chef en personne. Couscous royal, choucroutes, paëllas s'invitent dans vos assiettes pour vos soirées thématiques, vos banquets, anniversaires, communions... Et du lundi au samedi midi, le chef propose un menu ouvrier, comprenant entrée, plat du jour, plateau de fromages, dessert maison, café et une boisson, 9,60 €,, des menus à 15 €, 20 € et 22 €, qui font la part belle aux Saint-Jacques, au rôti de veau et aux lardons maison, ou encore aux filets de poissons. Enfin, il y a aussi une carte où le choix est toujours difficile tant les mets sont tous alléchants. En outre le cadre, avec ses pierres apparentes, son feu de bois, ses poutres massives, confère au lieu une atmosphère des plus agréables. Une terrasse permet de goûter pleinement le calme environnant.

LES FORGES DE PAIMPONT Les Forges, PLELAN-LE-GRAND © 02 99 06 81 07. *Menus de 11 € à 27 € en semaine et de 17 € à 32 € le dimanche. Menu du terroir à 21 €. 200 couverts. Accueil groupe de 20 à 120 personnes. Sur réservation, possibilité de soirée-étape en chambre d'hôtes. Salles de séminaires à disposition.* Un lieu à la longue tradition familiale et aux recettes secrètement gardées caractérise bien cette étape gourmande. En effet, déjà en 1850, c'était la cantine des ouvriers des forges. En fait, cela fait quatre générations que la famille Gouneau vous accueille dans ce beau pays enchanteur de Brocéliande que Chrétien de Troyes a certainement aimé parcourir. A 30 minutes de Rennes, après la sortie Plélan-le-Grand et 2 kilomètres après le bourg, quel que soit le jour que vous choisirez pour découvrir cette adresse, vous y trouverez de quoi passer un bon moment : cuisine authentique de terroir et produits fins, comme ses terrines de gibier. D'ailleurs, le restaurant a été lauréat Festival Gourmand 2004 avec la médaille d'argent, encore un gage de qualité. Cette année, il a été labellisé Restaurant du Terroir rejoignant 58 autres établissements de la région. Ceci l'oblige à vous faire découvrir uniquement des produits locaux, chose faite avec son fabuleux menu du terroir à 21 €. Ce dernier propose au choix, en entrée, une andouille au lard et aux pommes chaudes, une terrine avec de la confiture d'oignons. Le festin se poursuit avec soit un magret de canard soit une escalope viviane aux humeurs de la forêt et son kouign amann de pommes de terre suivis par un fromage de La Trappe chaud sur son lit de salade. Le repas se terminera par un délice des forges, c'est-à-dire un croustillant de pommes au caramel de cidre de Brocéliande. Viandes et gibiers sont préparés avec savoir-faire, et les portions copieuses plairont aux bons mangeurs. Parmi les spécialités des Forges de Paimpont, la confiture d'oignons... tout simplement délicieuse. Ce restaurant, qui n'a pas moins de 5 salles au décor reprenant des thèmes de chasse peints à la main, vous attend. Enfin, il offre une vue panoramique sur la forêt et sur l'étang des Forges, et les enfants pourront jouer dans le très beau parc. Une bonne adresse pour vos repas de famille , repas d'affaires ou de groupes.

HOTEL-RESTAURANT LA CROIX VERTE 10, place Henri-IV, BAIN-DE-BRETAGNE ✆ 02 99 43 71 55. *Restaurant ouvert tous les jours sauf le dimanche soir. Capacité hôtelière : 10 chambres. 4 menus de 12 € à 23 € ainsi qu'un menu express à 9 € chaque midi, sauf le week-end.* Dans le centre bourg de Bain-de-Bretagne, à environ 35 kilomètres au sud de Rennes, la Croix Verte conjugue avec grand soin l'art de l'hôtellerie et celui de la restauration. Dans une maison du XVIe siècle, donnant sur une place coquette, le lieu est charmant et propice à passer d'agréables instants, emprunts de convivialité. Le prix des chambres doubles est tout particulièrement intéressant et débute à partir de 43 € pour atteindre 50 € pour une chambre familiale, 1 lit double et 2 lits une place. Le restaurant est ouvert tout le temps, excepté le dimanche soir. La cuisine délicieuse est régionale et inventive, à base de produits du terroir, et fera le bonheur de vos invités lors de repas de famille ou de banquets. En effet, la maison est grande et accueille volontiers pour des séminaires, réunions, fêtes de famille ou toute autre occasion. Des salons particuliers sont d'ailleurs disponibles. De nombreux menus y sont proposés à partir de 9 €, ainsi qu'une formule petit déjeuner à 5 € ou 6 € servi dans la chambre. Il est également possible d'y établir un tarif spécial en pension.

LE MANOIR DU PETIT CORCE Le Petit Corcé, NOUVOITOU ✆ 02 99 62 19 12. *Site Internet : www.manoirdupetitcorce.fr Ouvert le midi et le dimanche midi sur réservation.* Sur la route d'Angers, à 10 minutes à peine de Rennes, le Manoir du Petit Corcé est le lieu idéal pour les aficionados de repas champêtres, de réceptions gourmandes. Son cochon grillé à la broche servi en retour de mariage a déjà fait bien des heureux. Cette étape gastronomique peut aussi organiser des cocktails de 300 personnes dans son magnifique parc arboré, situé au cœur d'un verger de 35 hectare. La cuisine est semi-gastronomique avec une constante indéniable : la fraîcheur des produits pour des plats qui varient au fil des saisons. Par conséquent, c'est un des lieux incontournables pour organiser une fête familiale ou entre amis, un séminaire ou un congrès, un mariage, de 20 à 200 personnes. Ce restaurant couleur nature sera l'archipel de vos envies.

LE MANOIR DU PLESSIS Route de Lorient, Le Plessis-Saucourt, LE RHEU ✆ 02 99 14 79 79. *Fermé le samedi midi, le dimanche soir et le lundi. 70 couverts.* Dans un manoir du XVIIIe siècle entouré d'un parc boisé de 2,5 hectares, le restaurant propose des prestations de grand standing, dans un cadre tout à fait exceptionnel. En été, la terrasse du restaurant permet de goûter pleinement les charmes de la nature environnante. La cuisine, assortie à l'ambiance générale, propose des découvertes traditionnelles et gastronomiques d'une très grande qualité. En semaine et au déjeuner, un menu à 16 € est servi, les autres menus vont de 22 € à 36 €. Les produits viennent du marché et suivent le rythme des saisons. Pour vos réunions de famille , mariages, baptêmes, etc., un chapiteau pouvant accueillir 200 personnes peut être installé dans le parc. L'établissement dispose également de 5 chambres qui offrent un grand confort.

LA METAIRIE Beaumont, MORDELLES ✆ 02 99 60 48 43. *Ouvert le midi de mardi au vendredi, le vendredi soir, le samedi soir et le dimanche midi.* Quitter la ville, pour retrouver une ancienne ferme auberge, pleine de charme, à moins de 15 minutes de la vie citadine, c'est ce à quoi invite La Métairie, en ouvrant les portes de son restaurant. La maison reçoit volontiers les groupes jusqu'à 45 personnes, sur réservation, et, pour quinze personnes, peut organiser des séminaires. Une bonne option pour un repas de famille, un événement... La Métairie pourra alors vous faire découvrir son cochon grillé, ses confits de canard...

LE RELAIS DE BROCELIANDE 5, rue des Forges, PAIMPONT © 02 99 07 84 94. *Site Internet :www.le-relais-de-broceliande.fr* Au cœur de la forêt de Brocéliande, dans le joli bourg de Paimpont, le Relais de Brocéliande vous invite à vous ressourcer et à vous détendre dans son pays de légendes et de magies. L'hôtel deux étoiles offre l'hospitalité de ses 80 chambres confortables, d'un jardin et d'une aire de jeux, ainsi que de deux étangs privés, à 3 kilomètres de l'hôtel,, sur lesquels vous pourrez faire une balade en barque et pêcher... Le restaurant propose des plats sains et authentiques du terroir breton, dans une salle à manger au décor forestier. La terrasse, et le salon rustique et reposant, complètent les prestations de la maison. Vous y trouverez des menus à 22,50 €, 34,30 € et 68,60 €, avec mousseline de brochet, terrine de sanglier, sauté de biche, ballottine de saumon, tournedos Rossini, homard... Cette bonne tablée est un endroit où il fait bon s'arrêter, pour un séminaire, une visite touristique, un week-end entre amis ou en amoureux... Les balades et les découvertes environnantes ne manquent pas, et l'ambiance chaleureuse du Relais de Brocéliande remettra sur pied les marcheurs fatigués !La maison vous accueille également pour vos repas de famille , mariages, etc., groupes jusqu'à 120 personnes.

PEN ROC, La Peinière, SAINT-DIDIER-CHATEAUBOURG © 02 99 00 33 02. *Site Internet : www.penroc.fr Ouvert tous les jours, midi et soir, à la haute saison, sur réservation de préférence. Fermé en hiver le vendredi et dimanche soir. Prix des menus : de 20,50 € à 64 €, menu enfant : 13,50 €. Nombre de couverts : 75.* Au cœur du bocage du pays de Vitrée, cet hôtel-restaurant se distingue par la qualité de ses prestations, piscine chauffée, terrasse, bains et douche hydromassants, sauna, espace fitness, potager du restaurant...,, le raffinement de sa cuisine et le confort de son hôtellerie. Le Pen Roc est un hôtel 3 étoiles au restaurant renommé qui appartient au réseau Hôtel de Charme et de Caractère en Bretagne. Il possède également le label Relais du Silence,Silence Hôtel. C'est dire s'il a des gages de qualité. La partie hôtelière possède 29 chambres, un nombre raisonnable conférant au lieu une atmosphère familiale et distinguée. Sachez qu'une chambre simple climatisée est à 67 € la nuitée en basse saison et la suite climatisée avec son bain hydromassant et sa terrasse est au prix de 183 € par nuit. Le petit déjeuner est à 10,80 € par adulte et 9 € par enfant. Quant au garage, le tarif est de 11 €. Le Pen Roc c'est aussi une cuisine de qualité qui a elle seule vaut l'escapade. Joseph Froc et Eric Bouchy, les maîtres des fourneaux choisissent, dans la fraîcheur des saisons et la finesse du terroir, les meilleurs produits préparés avec un savoir-faire indiscutable, créant un art culinaire rare et savoureux mêlant veau, bœuf, canette, pigeonneaux, homard, ormeau, langoustine, bar de ligne, saint-pierre, noix de Saint-Jacques, sole, foie gras, agrumes, radis, râtes, chou, pois, fraise, vanille ou encore abricot au gré de leur imagination et de leurs pérégrinations dans le monde des saveurs et de la gastronomie de saison. Chaque plat sera pour vous une véritable fête que vous pourrez accompagner par une très vaste carte des vins, aux millésimes rares et aux cépages anciens. Après un tel éloge, vous avez peur de l'addition. Eh bien il ne faut pas. Le midi, du lundi au vendredi, le menu étape est à 20,50 €. Vous trouverez également des menus gastronomiques qui auraient fait plaisir à Rabelais : un menu tout homard, de l'entrée aux plats de résistance, à 78 €. D'autres menus sont également disponibles, dont le menu être bien entre amis, le bien-nommé, à 29,80 €. Une carte de saison vous permettra aussi un large choix, chaque plat étant tout aussi alléchant. Il est difficile de ne pas craquer. Bref, les saveurs du terroir breton sont ici mises à l'honneur avec brio. Pen Roc est l'endroit idéal pour une pause en famille, une halte au cours d'un voyage d'affaires... C'est de surcroît le lieu rêvé pour vos week-ends romantiques, vos séminaires savoureux ou encore vos conférences et réceptions gourmandes.

LA REPOSEE Route de Fougères (sortie 26), LIFFRE ✆ 02 99 68 31 51. *Site : www.hotel-la-reposee.com Tarifs de l'hôtel de 52 € la chambre simple à 71 € la chambre triple (tarif week-end 55 € la chambre double). Deux cheminées aux Logis de France. Menus à 18 €, 25 € et 34 €, ainsi qu'un choix à la carte. Possibilité également de menus spécifiques pour vos repas de famille ou professionnel. 3 salles de séminaires, 1 salle de réception pour mariage, anniversaire, repas d'entreprises ou d'associations. Ouvert tous les jours midi et soir, sauf le samedi midi et le dimanche soir. Accès A84 sortie 26.* Nouveau propriétaire pour La Reposée depuis janvier 2005. Cette belle maison bourgeoise hôtel ** - restaurant rivalise avec les plus grandes maisons. Son écrin verdoyant et arboré, sa terrasse donnant sur son parc de 2 hectares, sa décoration cossue, ses 22 chambres personnalisées et sa bonne cuisine du marché qui fleure bon les produits frais du terroir font de ce lieu une halte calme qui vaut, à elle seul, le détour en pays de Liffré. La Reposée, c'est aussi trois salles de séminaire ayant une grande capacité d'accueil (de 20 à 130 personnes), une salle de bal " La Bretonnière " (jusqu'à 150 personnes) à la belle piste de danse en parquet et un bar. Cette salle est située en plein cœur du parc cet est disponible pour toute vos réunions privatives (mariage...). A 10 minutes de Rennes, vous y trouverez un restaurant qui cultive avec merveille une cuisine savoureuse et créative, à la carte régulièrement renouvelée, suivant les saisons. Les maîtres des lieux, Nolwenn et Florent ETIENNE et leur équipe ont choisit de marier grande cuisine et petits prix.

LA VIEILLE AUBERGE Route de Saint-Malo, HEDE ✆ 02 99 45 46 25. *Fermé le dimanche et le lundi. 50 couverts. Groupes inférieurs à 20 personnes. Menus de 24 € à 60 €.* Une maison du XVIIe siècle, calme et de tradition, au charme anglais. Viandes, poissons et autres produits de la mer y sont traités en hôtes de marque. L'environnement offre une restauration aux beaux jours sur la terrasse ombragée. Une pièce d'eau à proximité apporte une note supplémentaire de dépaysement.

Ferme auberge

AUBERGE A LA FERME DE LA GARDE La Garde, SAINT-DIDIER ✆ 02 99 00 90 09. *Ouvert toute l'année, sur réservation de préférence. Capacité de 24 couverts. Spécialités de foie gras, magrets, confits, volailles des champs, poulets, oies, pintades et dindes,, recettes du terroir de Rennes. Menus de 17 € à 28 € et carte. Vente de produits d'élevage selon la saison à emporter. Possibilité d'animation musicale. Accueil de groupes et de séminaires.* Sur 7 hectares de parc, cette ferme auberge produit toutes les volailles, oies, pintades, dindes, canettes..., et les légumes qui sont servis à table. Les animaux sont préparés dans leur abattoir agréé par les services vétérinaires. Toute la cuisine est faite maison : le pain, les terrines, les pâtisseries, le cidre... Le menu à 19 € le midi est particulièrement savoureux et copieux. Après un apéritif, kir breton,, vous dégusterez en entrée une splendide terrine, suivie d'une tarte aux légumes. Puis en plat de résistance, la volaille du jour vous émerveillera. Enfin, le fromage et le dessert finiront de combler les appétits les plus grands. Notez que ce menu est servi avec un quart de merlot rouge ou un quart de cidre. A l'heure où l'on se soucie de la provenance des produits que l'on mange, on aime ici tout particulièrement ces mets sains et naturels issus de la ferme. La convivialité de Catherine et de Louis, le cadre champêtre et la cuisine délicieuse font de cet endroit un lieu plein de charme. Et en partant, n'oubliez pas de faire le plein de provisions !

AUBERGE LA MAISON NEUVE Ferme Auberge, CHAUVIGNE ✆ 02 99 95 05 64. *Site Internet : www.ferme-auberge-35.fr Ouvert toute l'année sur réservation, sauf le dimanche soir et le mercredi.* Eh oui, vous êtes à Brousse-Brousse City !Peu d'habitants, des champs à perte de vue, un paysage vallonné au nord de Rennes... on en redemande. Les maîtres des lieux, d'une grande gentillesse, vous prépareront, à des prix défiant toute concurrence de la dinde au cidre ou tout autre spécialité de la ferme, style jambon à l'os ou potage aux orties. Des chambres, de 15,20 € à 38,10 €,, un gîte de groupe et un gîte rural sont également à votre disposition pour que la nuit n'en finisse plus !Une boutique du terroir propose des produits du terroir, cidre, jus de pomme, miel, terrine et foie de canard..., ainsi que des fabrications artisanales, bijoux, poteries, paniers en osier... A découvrir.

produits gourmands

Boucheries et charcuteries

ANDRE FERRON 57 ter, rue de Riaval © 02 99 50 73 90. *Ouvert du lundi au samedi de 7h à 13h et de 15h à 19h30.* Depuis le début de l'année 2005, un nouveau propriétaire a repris cet établissement. Il fait lui-même ses plats cuisinés et sa charcuterie. Il est également traiteur et est labellisé Blonde d'Aquitaine. On y vend du veau de lait. Ce commerce de proximité est bien à l'image du quartier Sainte-Thérèse : un agencement simple et sans fioritures, un rien désuet, et un accueil authentique.

AU FIN PALAIS 15, rue Saint-Hélier © 02 99 30 40 40. *Ouvert du lundi au samedi de 7h30 et 13h15 de 15h à 19h30.* Ce charcutier-traiteur propose un grand choix de plats préparés, de salades bien troussées faites maison, de savoureux pâtés de campagne et de poulets rôtis qui séduiront les fines bouches et les bons vivants. Ce commerce de proximité se distingue par sa devanture attrayante et la présentation impeccable de ses produits.

BOUCHERIE ABOU-TARIK 36, rue de l'Alma © 02 99 53 60 94. *Ouvert tous les jours sauf le dimanche de 9h à 13h et de 14h30 à 19h et le samedi de 9h à 18h30.* Cette boucherie musulmane ne paye pas de mine au premier abord, mais, une fois entré, vous découvrirez de la viande de mouton ou de bœuf préparée halal, suivant les recommandations du Coran. Vous aurez certes un peu de mal à vous garer car la rue de l'Alma n'offre guère de possibilités de stationnement. Pourtant, cette boucherie vaut le détour puisque vous y trouverez tous les ingrédients nécessaires à la préparation du couscous. Vous pourrez même en commander. Une adresse bien connue des initiés.

BOUCHERIE VINCENT AUBAULT 23, avenue Monseigneur-Mouézy © 02 99 50 66 22. *Ouvert du lundi au jeudi de 7h à 13h et de 15h à 19h30, le vendredi de 7h à 19h30 et le samedi, en été, à partir de début juin, de 6h30 à 13h et en hiver, de 6h30 à 19h30 en journée continue.* La boucherie est très accueillante avec sa rôtisserie située dehors, ses deux petits sapins et son tapis rouge sur lequel sont représentées deux vaches. M. Aubault, un homme très agréable et très serviable, est polyvalent puisque son établissement fait boucherie, charcuterie, les volailles, les plats cuisinés et traiteur. L'agneau provient du Poitou-Charentes. Les produits sont contrôlés régulièrement par Labo Conseil. Et la boucherie a reçu le prix d'excellence en 2005.

BOUCHERIE-CHARCUTERIE SAINT-MARTIN 206 bis, rue de Saint-Malo © 02 99 59 11 56. *Ouvert de 7h à 13h30 et de 15h30 à 20h. Fermé le lundi matin et le dimanche.* Près de l'église Saint-Martin, Pascal et Anita Bertrand proposent une viande de qualité : agneau du Poitou, veau de lait, viande rouge de premier choix, etc. Mais aussi de la bonne charcuterie de Bretagne et tout un assortiment de plats préparés chauds ou froids. Salades, sandwichs, couscous chaque jeudi et poulet frites tous les jours, raviront ceux qui aiment bien manger !

NOUVEAU BOUCHERIE SYLVAIN BARON 34, boulevard Oscar-Leroux © 02 99 50 80 04. *Ouvert du lundi au vendredi de 8h à 13h et de 15h à19h30 et le samedi de 8h à 13h et de 14h30 à 19h. Chèques-Restaurants sont acceptés.* Cette sympathique boucherie-charcuterie de quartier sent bon le savoir-faire traditionnel. De délicieuses odeurs de viande et de plats préparés allèchent immédiatement vos papilles. Des prix très sages et un accueil sympathique vous donneront envie de revenir.

TRIHAN ET CIE 28, rue de Nemours ✆ 02 99 79 49 23. *Ouvert du mardi au samedi de 8h30 à 19h.* Cette charcuterie-traiteur du centre-ville est incontournable dans son domaine. Tenue par Maurice Trihan, Meilleur Ouvrier de France, elle régale depuis des années une clientèle bien établie, et fidèle aux douceurs préparées ici. Salades, quenelles, plats du jour, tarama, lucullus de foie gras, quiches, etc. se savourent sans lassitude !

Boulangeries et pâtisseries

BABA 7, rue d'Orléans ✆ 02 99 79 40 95. *Ouvert du lundi au samedi de 8h à 19h15 et fermé le dimanche.* Baba, fondé en 1925, a fait le choix de travailler avec des agriculteurs respectueux de l'environnement. Le blé utilisé dans les délicieux et divers pains traditionnels de l'enseigne est contrôlé de sa plantation au fournil du boulanger. Et le résultat est là : des produits de boulange, croustillants, avec une mie tendre, des pâtisseries excellentes, et de nombreux sandwichs, à emporter ou à manger sur place. Des formules sont possibles notamment celle à 5,50 € pour une boisson et une tartelette. Une salle à l'étage est aménagée en salon de thé, pour une pause gourmande le matin, le midi, ou l'après-midi. **Autres adresses : 77, boulevard Albert-Ier ✆ 02 99 50 44 62 • Avenue Winston-Churchill, Square de Flandres ✆ 02 99 59 26 69 • Centre commercial Grand-Quartier , Saint-Gregoire ✆ 02 99 54 25 45.**

BOULANGERIE CHAUOU 18, rue Baudrairie ✆ 02 99 79 51 06. M. Chauou, descendant de quatre générations de pâtissiers et chocolatiers, est venu s'installé à Rennes en 1999 après avoir travaillé pour de grandes maisons comme Fauchon à Paris, Bernachon à Lyon ou encore pour Paul Bocuse. Il a su conserver des recettes ancestrales qui font la spécificité de l'établissement. Ainsi, cette adresse brille dans le firmament gourmand rennais. Là, retour aux saveurs originales, celles des pâtisseries classiques et celles qui font la réputation d'une maison qui est connue comme une institution. Citons comme spécialités, le fraisier traditionnel ou encore le parlementin, spécialité rennaise à base d'amandes ou encore le Kéops (ganache de chocolat au lait avec des noisettes caramélisées et meringue chocolat en forme de pyramide). La maison développe également une gamme entièrement destinée aux personnes souffrant d'allergies : nous citerons l'Oxford, sans œuf, qui est une praline à la pistache assortie d'une ganache de chocolat ou encore la tarte aux pommes sans sucre ajouté pour les diabétiques. Les pains ne sont pas en reste : classiques ou traditionnels, ils sont tous pétris et cuits sur place. Une gamme diététique aux oméga 3 est également proposée avec du beurre et de la farine provenant de petits producteurs de la région. La maison fait également traiteur et se tient à votre disposition pour vous confectionner ses canapés, ses pains surprises, ses brioches garnies et bien d'autres choses...

BOULANGERIE GAUTHIER CHEZ SOSTHENE 51, rue de Lorient ✆ 02 99 59 28 71. *Ouvert tous les jours de 4h du matin à 13h15 et de 15h à 20h. Fermé dimanche et jours fériés.* Une adresse à noter pour ceux à qui il arrive de prendre des petits déjeuners très matinaux, puisque la maison ouvre ses portes dès 4h du matin... Impeccable pour se restaurer après une nuit festive, ou prendre des forces pour une journée qui commence tôt. Le pain et les viennoiseries sont fabriqués à base de levain à même l'établissement et sortent des fours dès l'ouverture. Les brioches sont dignement représentées avec 6 variétés, aux pépites de chocolat, à la crème d'amandes...

BOULANGERIE HANTRAIS 74, boulevard de Metz © 02 23 21 18 43. Sympathique petite boulangerie à l'angle du boulevard de Metz et de la rue du Stade Courtemanche. Des travaux, réalisés récemment, lui confèrent un style " belle époque " traditionnel. Venez déguster les nombreuses spécialités telles la baguette celte, le pain campaillou, la tarte Linzer et une multitude de pâtisseries alléchantes. L'accueil est parfait.

BOULANGERIE HELIGON 3, rue Bernard-Palissy © 02 99 50 56 07. *Ouvert du lundi au samedi de 7h à 19h45.* Cette boulangerie qui se situe juste à côté de l'église La Madeleine, est bien connue pour la qualité de son pain et l'amabilité de la patronne, qui vous accueillera toujours avec le sourire. Des baguettes bien fraîches et croustillantes, des croissants ou des viennoiseries au goût délicieux, vous serez séduit et vous y reviendrez dès que possible. Un petit plus pour la baguette graine de champion ou celle spécial fibres.

BOULANGERIE HOCHE 17, rue Hoche © 02 99 63 61 01. *Ouvert du lundi au samedi de 7h00 à 19h30. Fermé le dimanche et les jours fériés.* Mr et Mme Giteau qui ont repris cet établissement en 2000 ont su très vite se faire une place sur le marché rennais des produits gourmands grâce notamment à leur gamme très importante de pains bio (une vingtaine de spécialités de la T65 à la T150) nous citerons la T80 pour les connaisseurs (farine écrasée à la meule de pierre), le 3 graines ou encore l'épeautre. Vous découvrirez également toute une gamme de pains blancs de farine tradition sans apports d'additifs, très sympa à l'apéro comme la féria (pain aux oignons chorizo et forki) ou encore les ficelles abricot moelleux raisins seigle ou les fougasses tomates basilic ou encore fougasses du sud avec olives vertes piment d'espelette ainsi que leurs salicornes... Mais on trouve également les pains d'ici et d'ailleurs comme le vollkornbrot, l'irlandais, la ciabata ou le pitta qui côtoient les baguettes traditionnelles et les boules aux farines ancestrales. Côté gateaux, la maison a sa gamme hiver et sa gamme été, Mme Giteau et son équipe se feront un plaisir de vous renseigner sur le sujet. Enfin, la Boulangerie Hoche officie également dans la confiserie fine avec ses macarons maison, ses pâtes de fruits, perles de cristal et marrons de Turin. Une gamme de sandwichs variée du classique Américain à l'Italien en passant par le Montagnard, le croq sud, le suédois ainsi qu'une gamme très large de brioches feuilletées, de pain de Modane, brioches d'Armor, brioches crémentaises vous attendent... Et pour vos soirées, la boulangerie prépare sur commande toasts, feuilletés, mignardises sucrées et pains surprises...Bref une adresse à découvrir pour agrémenter à souhait vos repas ou réunion de familles !

BOULANGERIE MARCEL LAIGRE 7, rue du Maréchal-Joffre © 02 99 79 24 95. *Ouvert du lundi au vendredi de 7h à 19h15 et le samedi de 8h à 19h en continu. Fermé le dimanche.* Toute proche de la poste centrale, cette petite boulangerie, qui s'étire en longueur, séduira les amateurs de bon pain et de pâtisseries gourmandes. Cette très bonne qualité de pain s'accompagne d'une présentation impeccable des produits.

BOULANGERIE DE LA ROTONDE Place de la Rotonde, 21, rue de la Motte-Picquet © 02 99 67 23 60. *Ouvert du mardi au samedi de 7h à 20h.* Vous ferez certainement la queue dans cette boulangerie-pâtisserie. Pour une très bonne raison : le savoir-faire de Thierry Bouvier et de son équipe n'oublie ni les pains spéciaux, aux carottes, aux figues, aux algues, etc.,, ni les pâtisseries, absolument succulentes, ni les amuse-bouches sucrés ou salés, ni les sandwichs et les salades... Ici, le simple fait de regarder anticipe le plaisir de la dégustation. Alors, une fois que l'on connaît l'adresse, on n'hésite plus, quitte à faire un détour...

BOULANGERIE PASCAL SAINT-OUEN 111, rue de Paris © 02 99 36 89 01. *Ouvert du lundi au dimanche de 7h30 à 20h sauf le jeudi.* Juste à côté de l'auto-école ECF, la boulangerie Saint-Ouen laisse échapper de bonnes odeurs de pain chaud et de croissants fondants... Cette adresse est connue, et pas seulement par les habitants du quartier, pour ses pains de campagne cuits au feu de bois, sa grande diversité de pains spéciaux et ses excellentes pâtisseries. La maison est également passée maître dans l'art de la chocolaterie, et il est toujours difficile de résister à toutes ces douceurs ! Gentillesse et rapidité caractérisent le service.

JEAN-LUC COUPEL 21, rue Saint-Hélier © 02 99 30 70 67. *Ouvert du mardi au samedi de 7h à 19h30 et jours fériés de 7h30 à 12h30.* Toute vêtue de rouge foncé, cette grande boulangerie fabrique du pain de tradition et du pain biologique, ainsi que de la pâtisserie fine. Bien connu des Rennais, cet artisan-boulanger dispose d'une belle devanture, et la présentation des produits, toujours d'une grande fraîcheur, est impeccable. L'adresse fait également salon de thé, avec quelques petites tables installées dans la partie gauche du magasin.

LE DANIEL 19, rue Jules Simon © 02 99 78 85 82. *Ouvert du mardi au samedi de 8h30 à 19h, le dimanche de 8h30 à 13h.* Ce pâtissier-chocolatier-glacier, élu meilleur ouvrier de France et dont le magasin est situé place de la Mairie, dispose aussi d'une pâtisserie-salon de thé en face des Halles centrales. L'accueil y est convivial. Dans un décor aux lignes épurées et un atmosphère chic et confortable, laissez vous aller au plaisir de la dégustation. Les desserts sont de véritables créations gustatives, témoignant d'un savoir-faire inimitable, qui a assis la renommée de La patisserie Le Daniel sur Rennes, et même plus loin. On peut citer, entre autres, les lichous (une petite gourmandise bretonne), le sablé de tatie Jeanne, le Parlementin, le fest-noz qui est une mousse au chocolat noir et lait crémeux et mousseux au caramel salé accompagné d'un biscuit sablé ou encore le Boréal (mousse au chocolat noir avec une crème brulée vanille)... N'hésitez pas à demander conseil pour toute composition de confiseries et chocolat ou de maccarons. Les glaces ne sont pas en reste avec 25 parfums au choix. La maison officie également dans une gamme de cake, de fruits confits, de guimauve maison sans colorant et à partir de produit naturel, de tuiles au chocolat entre autre. Le midi des tartes salées (8,60 €) et des assiettes composées (8,90 €) sont également servies. La formule composition nous propose une salade, une 1/2 Plancoët (eau minérale) et un verre de vin et si vous prenez le dessert du jour, cela vous en coûtera 12,90 €. Quant à la formule tarte salée, c'est la même chose : elle passe à 11,90 € avec le dessert du jour. Autres adresses : 13, galerie du théâtre (en haut de la place de la mairie) 02 99 79 33 81 ouvert du mardi au vendredi de 9h30 à 13h30 et de 15h à 19h30, le samedi de 9h30 à 19h30 et le dimanche de 9h30 à 13h. Et NOUVEAU un troisième magasin à St-Jacques de la Lande rue Emile Souvestre Z.A. Mivoie pour les commandes de C.E. et vos réceptions. Renseignements tél/Fax 02.23.46.23.56

A LA FOURNEE SAINT-MICHEL Place Sainte-Anne © 02 99 79 20 88. *Fermé le lundi.* A la place du Cotton s'est installée une boulangerie-pâtisserie-sandwicherie à la belle devanture verte. On aperçoit les fournils derrière le comptoir de vente et les boulangers qui s'activent toute la journée sans répit ! L'enseigne dispose d'une belle surface et propose un large choix de pains et de petits pains spéciaux à l'unité, pain miel-figue-orange-pomme, pain aux carottes...,, des viennoiseries, des pâtisseries et le fameux kouign amann breton. Les parts sont très largement généreuses, et les gros creux y trouveront leur compte !

LE FOURNIL DE BROCELIANDE 24, avenue Janvier ✆ 02 99 30 00 53. *Ouvert du mardi au dimanche de 7h30 à 20h15.* Les Lemoine sont au fournil de père en fils depuis 1932. La fieurinette, grande spécialité de la maison, est une baguette pétrie artisanalement et façonnée à la main, à partir d'une farine travaillée elle aussi artisanalement, à la technique de fermentation ancestrale. Et c'est toute une gamme qui est déclinée ici, de la ficelle aux petits pains. Le Fournil de Brocéliande prépare des sandwichs variés et fait également salon de thé : 3 petites tables vous accueillent pour une pause gourmande. Car gâteaux et pâtisseries sont aussi beaux que bons et il est difficile d'y résister...

LE FOURNIL DE L'HERMINE Centre commercial Le Gast, 3, rue Alexandre-Lefas ✆ 02 99 36 10 49. *Ouvert du mardi au samedi de 8h à 20h.* Comme les petits pains qu'ils fabriquent, les établissements Morel se multiplient et on les retrouve maintenant dans 2 centres commerciaux rennais. Savoir-faire, amour du travail bien fait et accueil charmant, vif et chaleureux, feront le reste pour vous proposer des produits de boulange bien croquants et croustillants, ainsi que des pâtisseries divines. Autre adresse : Centre commercial Les Longs-Champs ✆ 02 99 38 12 35.

LE FOURNIL VASSELOT 13, rue Vasselot ✆ 02 99 79 02 07. *Ouvert du mardi au dimanche de 7h30 à 20h.* Vaste et chaleureuse, cette boulangerie-pâtisserie met un point d'honneur à servir chaudes ses baguettes celtes, traditions ou rustiques, régulièrement dans la journée. Autant dire qu'elles ont du succès ! Sandwichs et pâtisseries offrent un bon choix, et sont copieux. Les cookies, les brownies, les sablés sont énormes, les tartes choco-poire rivalisent avec le kouign amann, les macarons avec les financiers, pour le plus grand plaisir de tous les gourmands. Qui connaissent d'ailleurs bien l'adresse...

AU PAIN D'ANGE 14, place du Colombier ✆ 02 99 30 54 98. Vous ne pouvez pas passer à côté de cette boulangerie, pâtisserie, viennoiserie et sandwicherie sans vous y arrêter. Elle est située à l'entrée du centre commercial Colombia. On sent les bonnes odeurs des viennoiseries avant d'aller faire son shopping, un délice des sens ! Au Pain d'Ange, maison de père en fils depuis 1925, porte bien son nom : ici variété rime avec qualité. Pains spéciaux, tartes au chocolat 100 % cacao et charlottes aux fruits attirent le regard et enchantent les papilles. La carte des sandwichs aux noms évocateurs invite au voyage : le sicilien, l'antillais, le californien, la pince de crabe... En outre, les pains se distinguent selon chaque sandwich, pain de mie anglais, petit pain, pain au sésame, etc.,, avec des prix allant de 2,50 € et 3,50 €. Des formules existent aussi comme une boisson et une tartelette pour 5,50 €. **Autres adresses : centre commercial des Trois Soleils 20, rue d'Isly ✆ 02 99 30 52 87 et centre commercial La Poterie ✆ 02 99 53 79 05.**

Cafés et thés

BRULERIE JOUENARD 7, rue Chateaurenault ✆ 02 99 79 14 25. *Fermé le dimanche et le lundi matin. Ouvert de 9h15 à 12h45 et de 14h15 à 19h, le samedi en continu.* La torréfaction est ici une affaire de famille : Madame et son fils travaillent avec un importateur et proposent plusieurs cafés, dont un mélange maison assez fameux. Se mêlent aux odeurs de café celles des nombreux thés sélectionnés, et c'est là un des secrets de l'atmosphère qui règne dans ce genre d'endroit. Gentillesse et sourires complètent le tableau. Les amateurs apprécieront les accessoires pour que la dégustation soit un vrai bonheur.

Le Panier Gourmand de Rennes

Le chou-fleur

L'Ille-et-Vilaine est le 3e département français producteur de choux-fleurs derrière le Finistère et les Côtes-d'Armor.

Ses atouts Santé

Le chou-fleur s'intègre parfaitement bien dans un menu minceur : sa consistance et les fibres qui le composent donnent une agréable impression de satiété. Son efficacité sur le transit intestinal est également connu. Le chou-fleur est aussi riche en vitamine C. Sa richesse en calcium et phosphore contribue à une bonne ossification. Enfin, il contient des éléments soufrés réputés pour nous protéger contre certains cancers.

Comment choisir

Bien blanches, les fleurettes du chou-fleur doivent être régulières et présenter un grain fin et serré. S'il est vendu couronné de ses feuilles, l'aspect de celles-ci est un bon gage de fraîcheur.

Comment conserver

Le chou-fleur se garde 2 à 3 jours dans le bac à légumes du réfrigérateur. Lavé, divisé en petits bouquets placés dans une boîte hermétique, il se conservera encore mieux. Il peut également se congeler : il suffit de faire blanchir les bouquets et de bien les égoutter.

Suggestions de préparation

• Entremet de chou-fleur • Tarte au chou-fleur • Bouquets de chou-fleur cru en apéritif

La tomate

Bien que la tomate demeure associée à la Provence, la Bretagne a su se spécialiser dans la production de tomates sous serre haut de gamme.

Ses atouts Santé

Une des principales caractéristiques de la tomate est sa richesse en «lycopène», un pigment responsable de sa couleur rouge et impliqué dans la prévention de nombreuses maladies. La tomate contient un autre pigment, le béta-carotène, qui n'est autre que le précurseur de la vitamine A. La tomate est également très riche en eau et renferme de nombreuses vitamines (vitamine C bien sûr mais aussi vitamines du groupe B) et sels minéraux (le potassium étant le plus abondamment présent). Elle contient aussi des fibres, majoritairement concentrées au niveau de sa peau et des pépins, qui facilitent le transit intestinal.

Comment choisir

La tomate doit être souple sous la légère pression du doigt, sa peau lisse et bien tendue.

Comment conserver

Contrairement à certaines idées reçues, la tomate ne se conserve pas au réfrigérateur. Elle garde en mémoire son origine tropicale et craint le froid ! La placer dans un compotier.

Suggestions de préparation

• Crumble à la tomate • Tomates farcies au blé • Gratin de tomates et aubergines

COFFEA Centre commercial Colombia ✆ 02 99 30 33 60. *Ouvert du lundi au samedi de 9h30 à 20h non-stop.* Les petites tables alignées autour du comptoir Coffea, en plein cœur du centre commercial Colombia, sont souvent occupées. Amateurs de café et de thé s'arrêtent ici pour déguster ou découvrir les saveurs inimitables des cafés d'Afrique, d'Amérique du Sud ou d'Italie. Quant à la carte des thés, elle donne tout simplement le tournis, avec plus de 70 sortes différentes. Ces sélections, ainsi que des chocolats fins sont en vente au comptoir, sans oublier les théières, cafetières, boîtes et petites panières. **Autre adresse : Centre commercial Alma ✆ 02 99 51 43 02.**

AU FIN CAFE 1, rue de Nemours ✆ 02 99 79 06 67. *Ouvert du mardi au jeudi de 9h à 12h30 et de 13h30 à 19h. Le vendredi de 9h à 19h, et le samedi de 8h45 à 19h.* Cette bonne odeur de café fraîchement torréfié qui vous chatouille les narines et alerte vos sens d'amateur avisé ! Au Fin Café est une des meilleures brûleries de Rennes avec sa vingtaine de cafés en grains ou moulus à la demande, ainsi qu'une sélection de près de 90 thés, classiques, exotiques ou mélanges originaux. Et pour accompagner ces saveurs, vous trouverez ici toutes sortes de théières, en verre, en terre, de Chine ou d'Angleterre, des tasses, des cafetières et des boîtes à thé joliment décorées de toutes les tailles. Un incontournable.

L'ILE AUX CAFES Centre commercial Les Longs-Champs, Allée Morvan-Lebesque ✆ 02 99 63 31 03. *Ouvert du lundi au samedi de 9h à 20h.* Une invitation à la pause là encore, dans cette grande galerie marchande. Dans un esprit anglais, l'Ile aux Cafés offre la possibilité d'une restauration rapide : tartes salées et sucrées sont proposées tous les jours. L'activité principale reste toutefois la dégustation et la vente à emporter de cafés, thés et chocolats. Un mélange maison s'ajoute aux 8 sortes de cafés, et presque une centaine de thés : un choix important donc, et il est difficile de ne pas trouver son bonheur !

RENARD LILYAN LANGLAIS 3, rue Jules-Simon ✆ 02 99 78 28 38. *Ouvert du mardi au samedi de 10h à 19h.* Cadeaux, épicerie fine, importation et négoce de thés, listes de mariage, arts de la table : à vous de choisir vos préférences ! La devanture rouge à carreaux donne le ton : ici, nous sommes dans un magasin de produits tous plus "british" les uns que les autres. La culture anglaise avec ses accessoires futés est représentée remarquablement ! Thés, une centaine, de la marque Beetjeman & Barton,, marmelades, biscuits, bien sûr, mais aussi un très beau choix de vaisselle, de théières et de tasses de tous styles, anglais ! Pour tous les amateurs, cette boutique est tout simplement incontournable, et l'idée cadeau vous guette sur chaque étagère. A noter : les scones frais préparés le jeudi, vendredi et samedi. Délicieux !

REVES DE THES 8, rue de Toulouse ✆ 02 99 79 03 92. *Ouvert du mardi au samedi de 10h à 19h en continu. En hiver, septembre à mars,, ouvert également le lundi de 14h à 19h.* Certainement l'adresse qui propose la plus vaste carte de thés en vrac, tous soigneusement conservés dans d'énormes boîtes bleu et or. Thés verts japonais et chinois, blancs, noirs fumés ou non, grands jardins du Darjeeling, oolong de Formose et mélanges parfumés, autant d'odeurs qui envahissent l'atmosphère de cette jolie boutique. On y trouve également un grand choix de théières et autres accessoires indispensables à la bonne préparation des infusions. Une merveilleuse invitation au voyage.

Chocolatiers

L'ATELIER DU CHOCOLAT 11, rue Jules-Simon ✆ 02 99 78 50 58. *Ouvert du lundi au jeudi de 9h à 13h et de 14h à 19h, le vendredi et le samedi de 9h à 19h.* Vous avez déjà certainement offert des bouquets de fleurs. Mais des bouquets de chocolats ? C'est ce que propose cette nouvelle enseigne, en garnissant de longs morceaux cassés dans de grandes plaques chocolatées, des emballages de bouquets. Une quinzaine de saveurs se prêtent au jeu, chocolat 3 couleurs aux amandes caramélisées, grandes origines et extra-noir, chocolat blanc aux pistaches et noix grillées, etc. Mais d'autres délices, plus classiques dans leurs formes, sont également au rendez-vous.

LA BONBONNIERE 15, quai Lamennais ✆ 02 99 79 42 83. *Ouvert de 9h à 19h.* Ce magasin ressemble à un rêve d'enfant. Gourmands de tout âge, amateurs de chocolats, français ! –, de bonbons, de guimauves ou de dragées, dragées Médicis,, les confiseries présentées ici ne vous laisseront certainement pas indifférents. La gentillesse de la maîtresse des lieux, la qualité des produits, la jolie présentation, toutes ces couleurs qui se répondent entre elles et mettent l'eau à la bouche sont une invite à laquelle on ne peut tout simplement pas résister !

PHILIPPE BOUVIER 22, rue de Nemours © 02 99 79 69 69. *Ouvert du mardi au samedi de 9h30 à 13h et de 14h30 à 19h.* Couleurs chocolatées, évidemment, pour cette boutique où le cacao est à l'honneur. Comment ne pas craquer devant tous ces chocolats fourrés de pâte d'amandes, de ganaches, et de préparations toutes plus raffinées les unes que les autres ? Travailler le chocolat est un art, le déguster aussi, et ce chocolatier prouve amplement sa qualité en la matière. Les spécialités de la maison à ne surtout pas manquer sont les macarons et le parlementin : ce sont des délices ! En période de fêtes, la file d'attente formée sur le trottoir est d'ailleurs impressionnante. **Autre adresse : 5, rue de la Parcheminerie © 02 99 78 14 08.**

JEFF DE BRUGES Centre commercial Alma © 02 99 51 91 75. *Site Internet : www.jeff-de-bruges.com Ouvert du lundi au vendredi de 9h30 à 20h30 et le samedi de 9h à 20h.* Au milieu de l'allée marchande du centre commercial Alma, cette boutique-kiosque, de la célèbre enseigne belge, propose tout un choix de dragées Martial, de bonbons, de calissons, de fruits de mer, de blocs, morceaux de chocolats, et bien sûr de chocolats, pralines fins, ganaches intenses et mousses légères. On y trouve des spécialités de la semaine comme le gianduja ou encore des collections originales comme la ligne zen attitude présentée dans une boîte noir et blanc, composée de chocolats du Venezuela et de Madagascar. On découvre une maxime sur chaque mini tablette de la ligne. Quant aux prix, c'est tout à fait abordable. Comptez 8,20 € pour un ballotin de 250 grammes et jusqu'à 49,20 € pour 1,5 kilogramme. Pour 3,28 € les 100 grammes, vous pouvez choisir parmi les spécialités comme le hibou, une pâte à truffe et chocolat, un sphinx, un praliné amandes et noisettes, ou une succulente tortue, praline et éclats d'amandes caramélisées et salées. Au plaisir du shopping s'ajoute celui du délicieux quatre-heures. Alors pourquoi ne pas déguster les fabuleux chocolats Jeff de Bruges, gorgés de magnésium, vous vous sentirez extrêmement mieux ! **Autres adresses : 2, rue Le-Bastard © 02 99 79 03 75, ouvert le lundi de 15h à 19h et du mardi au samedi de 10h à 19h, et 14, rue de Tronjolly © 02 99 65 61 89, ouvert de 9h30 à 12h30 et de 15h à 19h30.**

LA FEE CABOSSE 2, rue Poullain-Duparc © 02 99 78 46 42. *Ouvert du mardi au samedi de 10h à 19h.* Ce chocolatier adore... le chocolat, et n'hésite pas à croquer le premier avant de vous faire goûter ses blancs ou noirs croquants. Les truffes, entre autres, sont excellentes et s'ordonnent sagement dans de jolies boîtes en métal ou cartonnées à l'effigie de l'échoppe. Outre son savoir-faire de chocolatier, il développe un autre talent, et non des moindres : il sculpte son chocolat et crée ainsi masques massaïs, palettes de peintre, arbres, etc. Les thématiques saisonnières de La Fée Cabosse, comme Halloween, Noël ou Pâques ne sont pas oubliées et se déclinent avec originalité et bonheur des yeux, suivi de celui du palais !

DURAND 5 quai Chateaubriand ✆ 02 99 78 10 00. Voir rubrique salon de thés.

LEMEE CHOCOLATIER 3, rue Vasselot ✆ 02 99 79 01 33. *Ouvert du lundi au samedi de 10h30 à 19h et le dimanche de 10h30 à 12h30.* Une délicieuse odeur de chocolat vous taquine les narines lorsque vous entrez dans cette petite boutique, tenue par un artisan chocolatier de talent. Didier Lemée fabrique artisanalement, sur place, tous ses chocolats, ainsi qu'une belle palette de sorbets. Une adresse à ne pas oublier, pour faire plaisir ou se faire plaisir !

LEONIDAS, AU JARDIN DES DELICES 4, rue de L'Hermine, En haut de la place de la Mairie ✆ 02 99 79 49 01. *Site Internet : www.leonidas.com Ouvert le lundi de 14h à 19h et les autres jours, de 9h30 à 19h.* Les chocolats de la célèbre enseigne belge sont connus de tous. Si vous aimez le mélange subtil entre le chocolat et la crème, c'est la boutique qu'il vous faut ! Vous serez ici conseillé dans le choix de vos assortiments. Mais surtout, ils s'habillent de ballotins esthétiques et originaux. Pour les dragées, Léonidas a imaginé toutes sortes de jolies petites boîtes. Le concept, très répandu en Belgique, reste original en France : ici, la qualité des emballages va de pair avec celle de leur contenu chocolaté. **Autre adresse : LEONIDAS, DOUCE PASSION 12, rue Isly ✆ 02 99 31 10 00.**

Fromagers

LA FROMAGEE Halles centrales ✆ 02 99 79 42 03. Tout ce que les différentes régions françaises peuvent produire se retrouve dans cette petite fromagerie appétissante. Certes, le chèvre est très présent, sous toutes ses formes : chabichou, brique de brebis, crottin, mais vous trouverez également du camembert, du bleu de Gex ou d'ailleurs, du livarot, du munster... Le choix est vaste et la bonne odeur de frais qui se dégage de ce petit commerce vous fera succomber. Une autre adresse existe à Saint-Malo, 9, rue de l'Orme, pour les fanatiques du fromage !

FROMAGERIE SAINT-HELIER 19, rue Saint-Hélier ✆ 02 99 30 63 76. *Ouvert de 8h30 à 13h et de 15h30 à 19h45.* Les bonnes odeurs du fromage s'échappent de la boutique, flottent sur le trottoir et happent le passant vers l'intérieur. Outre les fromages variés à la coupe, vous trouverez aussi faisselles et crème à la louche, motte de beurre à la coupe, yaourts fermiers naturels et confitures. La clientèle est fidèle au magasin, c'est un signe qui ne trompe pas !

LA GIBELOTTE Halles centrales ✆ 02 99 79 54 55. Dans ce quartier qui n'en manque pas, une autre bonne adresse en matière de fromages. Le choix permet d'effectuer un véritable tour de France, de délices en surprises. Idéal pour trouver votre fromage préféré comme pour partir à la découverte de nouveautés, en suivant les conseils de ce professionnel.

LUCO FROMAGER 26, rue de Nemours ✆ 02 99 79 37 27. *Ouvert de 9h30 à 12h30 et de 15h30 à 19h. Fermé le dimanche et le lundi.* Produits fermiers assortis de toute une gamme de bonnes petites spécialités fromagères exciteront vos narines et votre palais si vous passez du côté de la rue de Nemours. Lorsque fromage rime avec bons petits vins de pays ou autres, les Bretons ne sont pas en reste pour en acheter.

UN ZESTE ET DEUX PINCEES 2, rue Alphonse-Milon, SAINT-GREGOIRE ✆ 02 23 25 29 46. Voir à la rubrique produits fins.

Marchés

Chaque jour, un ou plusieurs autres quartiers s'animent le temps d'un marché. Le mardi c'est à Maurepas, Cleunay et au Landrel que ça se passe.

Le mercredi c'est au tour des quartiers Sainte-Thérèse et Saint-Germain. Puis le jeudi, les cabas sont de sortie du côté des halles centrales, du boulevard Alexis-Carrel, de la place Sarah-Bernhardt et de la route de Lorient. Le vendredi, ça se passe à Villejean, place Albert-Bayet et à la Poterie de 15h à 19h30.

Le samedi vous choisirez entre les Lices, la place Hoche, la place Bernanos, le Landrel et le cours d'Isly. Eté comme hiver, les halles centrales, en bas de la rue de Nemours, accueillent un marché permanent du lundi au samedi, de 7h à 18h30. Sans pour autant venir au cœur de Rennes ou dans un de ses quartiers, les habitants des communes voisines profitent aussi de leur marché heboulevardomadaire :

- **mardi :** Noyal-sur-Vilaine
- **mercredi :** Pacé
- **jeudi :** Chartres-de-Bretagne • vendredi : Vezin-le-Coquet, à partir de 15h, Chantepie
- **samedi :** Cesson-Sévigné, Chapelle-des-Fougeretz, Le Rheu, Saint-Gilles, Vern-sur-Seiche
- **dimanche :** Betton, Thorigné-Fouillard. Le marché Sainte-Thérèse. Certes moins prestigieux et célèbre que son confrère de la place des Lices, le marché Sainte-Thérèse n'en reste pas moins un rendez-vous attachant qui réserve de belles surprises, témoignage de la vie d'un quartier qui revit. Produits manufacturés et dégriffés, qui varient chaque semaine au gré des arrivages, fruits et légumes de saison, fleurs, c'est incontestablement l'un des marchés les mieux fournis de la capitale bretonne. Si le troisième âge aime à s'y promener dès les premières heures de la matinée, à 10-11h on peut voir l'arrivée de poussettes ou autres cabas. Une constante : chacun y trouvera, outre les incontournables denrées alimentaires, son bonheur pour pas bien cher.

Petites et moyennes surfaces

INNO COLOMBIA Centre commercial Colombia ✆ 02 99 31 68 17. *Ouvert de 9h à 20h30 du lundi au samedi.* Au sein du centre commercial Colombia, Inno a de plus que les autres de nombreux produits étrangers et originaux. Chaque rayon apporte un petit brin d'exotisme... à des prix certes pas très sages. Est-ce le fruit d'une clientèle citadine et très exigeante ? Toujours est-il que vous serez certainement conquis par des rayons bien fournis, une présentation alléchante des fruits et légumes, ou des petits services supplémentaires tels que la location gratuite d'une poussette ou la livraison express. Le parking qui dessert le supermarché est celui du centre commercial : hélas assez onéreux et souvent encombré. Toutefois, lorsque vous effectuez vos courses ici, une petite somme est déduite de votre note de parking !

MARCHE PLUS 75, rue Saint-Hélier ✆ 02 99 31 40 40. *Ouvert du lundi au samedi de 7h à 21h, le dimanche et jours fériés de 9h à 12h.* Les petits supermarchés Marché Plus implantés un peu partout dans la ville sont bien pratiques. D'abord parce qu'ils proposent des produits de supermarché aux prix des supermarchés, ensuite pour les nombreux plus : la large plage des horaires d'ouverture est l'un des services appréciables de l'enseigne, comme la présence d'un photomaton et des distributeurs de cartes de téléphone et de billets, le point fax, les photocopies, ou encore le dépôt pressing et le développement des photos. Vous pouvez vous faire livrer à domicile. La commande se fait par téléphone, fax ou sur place. **Autres adresses 107, rue de Fougères ✆ 02 99 63 27 23 • 5, boulevard de Metz ✆ 02 99 84 09 00 • 25, boulevard Léon-Bourgeois ✆ 02 99 50 97 67 • 47 bis, boulevard de Verdun ✆ 02 99 14 43 93 • 10, place Hoche ✆ 02 23 21 10 60 • 8, boulevard Voltaire ✆ 02 23 44 81 10 • 1, rue Pierre-Lerebourg ✆ 02 99 67 31 26 • Centre commercial La Bellangeraie ✆ 02 99 38 12 47 • 56, rue du Poullain-Duparc ✆ 02 99 31 04 33.**

MONOPRIX 205, rue de Fougères ✆ 02 99 36 04 26. *Ouvert de 8h30 à 19h30 du lundi au samedi.* Un supermarché vivant et ouvert sur le quartier de la rue de Fougères. Il y a tout ce qu'il faut : un rayon frais, bien approvisionné, un vrai boucher, un rayon prêt-à-porter, un service livraison à domicile appréciable... Une ambiance de quartier conviviale, rare pour un supermarché ! **Autre adresse : Centre commercial Colombia ✆ 02 99 35 15 53, nouvelle décoration !**

SHOPI Centre commercial La Forge – SAINT-GREGOIRE ✆ 02 99 68 95 67. *Ouvert de 8h à 20h, le dimanche de 9h à 12h.* Un bon compromis au " plein de folie " dans les grandes surfaces. Vous trouverez là un établissement à taille humaine avec un très beau rayon fruits et légumes, une vraie boucherie-charcuterie, un personnel affable et souriant, un stationnement très aisé et surtout pas de trop grandes tentations en tête de gondole comme ailleurs, qui alourdit de façon notable le " budget course ". Petit test le jour de notre passage : 1 caddy pour une semaine, cinq personnes : 110 euros, viande comprise et ce, en 22 minutes montre en main, qui dit mieux ?

Hard-discounts alimentaires

LEADER PRICE 44, boulevard de la Liberté © 02 99 79 61 78. *Ouvert du lundi au samedi de 9h à 20h.* Ce hard discount alimentaire où bon nombre d'étudiants et de ménages font volontiers leurs courses, attirés par des prix vraiment bas, est implanté à deux adresses différentes à Rennes. Le magasin le plus central, boulevard de la Liberté, bénéficie également d'une entrée au numéro 27 de la rue Poullain-Duparc. **Autre adresse : 97, rue Ferdinand-Pelloutier, ZAC Les Longs-Champs © 02 99 38 29 48.**

LIDL 181, rue de Châtillon. *© Ouvert du lundi au samedi de 9h à 19h.* Lidl compte 2 magasins au nord de Rennes et 2 au sud. L'enseigne propose des prix compétitifs, car les articles sont présentés directement dans les cartons d'emballage, et les caisses ne fournissent pas de sacs plastique pour transporter vos achats. Une grande variété de yaourts, la plupart inconnus des supermarchés habituels, des produits de bonne qualité, font de ce hard discount une bonne adresse en matière d'économies. **Autres adresses : boulevard Volclair • rue de la Donelière, à côté du centre commercial Leclerc • rue de Saint-Malo, à côté du McDonald.**

NETTO Square Sarah-Bernhardt © 02 99 50 84 69. *Ouvert du lundi au jeudi de 9h à 12h30 et de 14h15 à 19h30 et le vendredi et samedi de 9h à 19h30.* Ce hard discount des Mousquetaires affiche des prix très compétitifs pour des produits de qualité. La présentation des articles est simple et efficace et les rayons sont bien tenus. Faire ses courses ici laisse une agréable impression de netteté et d'ordre, qui va de pair avec un bon rapport qualité-prix et un accueil simple et agréable. **Nouvelle adresse : Centre commercial Du Landry 167, rue de Chateaugiron © 02 99 51 61 39.**

Poissonneries

CHOUIN POISSONNERIE Halles centrales, 1, rue Jules Simon ✆ 02 99 78 58 58. *Ouvert de 8h30 à 13h et de 15h30 à 19h le mardi, mercredi et jeudi, le samedi et dimanche de 8h30 à 19h. Ouvert également le dimanche matin et les jours fériés.* Installé dans les halles centrales, cet artisan de la mer, comme il se définit, occupe toute une partie de l'aile des halles, côté boulevard de la Liberté. Plats cuisinés à emporter, poissons de mer, filets faits maison et sans arêtes, plateaux de fruits de mer, la liste est longue de ce que vous pourrez trouver chez cet artisan poissonnier. Le poisson est préparé selon vos souhaits et le personnel n'est pas avare de conseils ou de petits trucs pour réussir vos plats. Les petits plus de la maison bien appréciables : l'ouverture gratuite des huîtres ou la cuisson, gratuite également, des crustacés.

LA MOUETTE 17, rue Jules-Simon ✆ 02 99 79 28 14. *Site Internet : www.lamouette.fr Ouvert du mardi au jeudi de 8h à 13h et de 15h30 à 19h30, le vendredi et samedi de 8h à 19h30, le dimanche et les jours fériés de 9h à 13h.* La Mouette offre sur 300 mètres carrés des poissons frais et des coquillages à l'étal, mais aussi tout un service traiteur remarquable. Terrines et rillettes de poissons, salades de la mer, quiches, feuilletés surprises, plats cuisinés chauds ou froids, cassolettes de Saint-Jacques garnies, couscous, pot-au-feu ou choucroute de la mer, sauces... Tous les plats sont conditionnés en barquettes spéciales, pouvant être réchauffées au four ou au micro-ondes. Le plus dur, c'est de choisir ! La maison livre également à domicile menus et plateaux de fruits de mer et accepte les Chèques-Restaurants. Une adresse incontournable. **Autres adresses : 28, rue Saint-Hélier ✆ 02 99 31 54 73, ouvert du mardi au samedi de 8h à 13h et le vendredi de 8h à 13h et de 15h30 à 19h30 • Centre commercial Les Longs-Champs ✆ 02 99 63 44 94, ouvert du mardi au samedi de 9h à 20h • 9, rue Alphonse-Milon ✆ 02 99 68 75 23, ouvert du mardi au samedi de 8h30 à 13h et de 15h30 à 19h30.**

SOHIER POISSONNERIE 127, rue de Paris ✆ 02 99 36 39 02. *Ouvert le mardi, mercredi et vendredi de 8h30 à 13h et de 15h30 à 19h30, le samedi de 7h30 à 17h et le dimanche matin et jours fériés, sauf en juillet et août.* Une devanture toute en bois percée d'un hublot bleu : la poissonnerie Sohier cultive sa différence. Les produits de la mer frais pêchés, les crustacés et les coquillages se côtoient sur un étal alléchant. La maison vous indique comment les préparer et vous conseille sur les meilleurs accompagnements. La partie traiteur est tout aussi bien maîtrisée et propose canapés et toasts, saumon fumé maison, plateaux de fruits de mer, buffet froid, salades, paëllas et choucroutes de la mer, etc. N'hésitez pas à faire appel à ce professionnel de la mer, qui vous concoctera des formules traiteur pour 20, 30, 50 personnes et plus. **Autre adresse : 26, rue Violettes, VEZIN-LE-COQUET ✆ 02 99 64 50 84.**

Primeurs

LE PALAIS DU FRUIT Halles centrales ✆ 02 99 79 33 02. Ce bel étal de fruits et légumes au cœur des halles centrales ressemble à la palette d'un peintre aux couleurs chatoyantes. Un grand choix de produits frais disposés et présentés avec soin et amour, vous met l'eau à la bouche. Ici, point de produits abîmés, rien que du bon et du beau. Vous désirez une ou deux pommes, ne savez pas comment cuire du fenouil : qu'importe, le personnel est à votre écoute, toujours soucieux de répondre à vos questions. Elle est bien loin l'ambiance froide et anonyme du supermarché... pour notre plus grand plaisir.

L'ILE AUX FRUITS Halles centrales ✆ 02 99 79 53 41. Là encore, du bon et du beau, le sourire, l'amabilité et la disponibilité en plus. On regarde ces beaux légumes frais, ces fruits mûrs "juste ce qu'il faut", on demande un avocat à point pour le lendemain, etc. Bref, un contact s'installe, la voisine vous conseille tel ou tel fruit de saison à préparer selon sa bonne vieille recette... C'est cela un vrai commerce de proximité et on en redemande ! Alors faites le plein de vitamines !

A LA BONNE FERMIERE 11, rue Vasselot ✆ 99 79 16 47. *Ouvert tous les jours de 8h à 20h sauf le dimanche, de 8h à 13h.* Comme l'indique son nom, vous trouverez dans cette petite épicerie de nombreux produits fermiers et un choix de fruits et légumes. Située dans une rue piétonne, il est bien agréable de trouver ce genre de petite échoppe à l'accueil simple et cordial.

Produits biologiques et diététiques

AMANDINE NATURE ET SANTE 64, rue de Vern © 02 99 50 71 28. *Ouvert de 9h30 à 12h15 et de 14h30 à 19h15 et le mardi en journée continue de 9h30 à 19h15.* La maison a déménagé de quelques centaines de mètres et se trouve maintenant à proximité du carrefour de la rue de Vern et du boulevard Franklin-Roosevelt. Un nouveau magasin bien plus grand, et disposant d'un petit parking donne à Nature et Santé un coup de jeune salutaire. Très au point sur l'offre bio et diététique, l'enseigne prodigue conseils et astuces sans compter. Les rayons sont bien remplis : produits bio frais, épicerie diététique, ainsi qu'un large choix de compléments alimentaires, de produits de phytothérapie et de cosmétiques naturels contenteront tous les amateurs et inconditionnels du naturel et de la santé.

L'ARCHIPEL 1, rue Anatole-France © 02 23 46 05 06. *Ouvert du lundi au samedi de 12h à 19h.* Cyber, café, resto, boutique, L'Archipel, c'est tout ça et plus encore ! Cet espace d'économie alternative et solidaire propose des produits bio, cafés, vins, biscuits, huiles, etc.,, issus de l'agriculture biologique ou du commerce équitable, mais aussi des bijoux, des chapeaux, créés par des artisans d'ici et d'ailleurs. Vous pouvez également vous restaurer et goûter à la délicieuse cuisine de Marie, inspirée par des produits oubliés et des recettes saines et variées : salade de quinoa, tarte au chèvre et épinards n'en sont que quelques exemples. D'ailleurs, Marie anime chaque mois à L'Archipel des cours de cuisine. Un grand nombre d'animations sont régulièrement proposées, autour d'une association, d'une cause, d'un livre, d'une soirée contes. Bref, cet endroit vous réserve bien des surprises !

AZUR BIO 261, rue de Nantes © 02 99 31 25 25. *Ouvert du lundi au samedi de 9h30 à 19h30.* Azur Bio propose tout ce qu'un supermarché propose en général, à une différence près : yaourts, jus de fruits, nourriture pour chiens, petits pots pour bébés... sont tous biologiques. Avec un nom pareil, on s'en doutait un peu ! Les rayons sont aérés et le personnel, serviable et discret, vous conseillera de manière précise. Et comme tout supermarché, Azur Bio dispose d'un grand parking, toujours bien pratique.

BRIN D'HERBE « Le Verger » route de Châteaugiron CHANTEPIE © 02 99 41 48 95 – « Le Grand Chevillé » VEZIN-LE-COQUET © 02 99 64 79 40. *Ouvert le mercredi de 9h à 12h30 et de 14h à 19h, le vendredi de 9h à 19h et le samedi de 9h à 12h30 et de 14h à 18h.* Ces deux magasins de proximité vous proposent 70% de produits bio et 30% de produits fermiers en direct de votre région. Ici c'est mieux qu'un commerce, c'est une philosophie de vie : une vingtaine d'agriculteurs se sont regroupés dans une ferme à taille humaine ou ils sont présents pour mieux vous conseiller à tour de rôle, un bon moyen pour maintenir les liens indispensables entre la compagne et la ville...Ici l'accent est donc mis sur la qualité des produits et leur provenance bien sûr mais aussi sur un accueil particulièrement chaleureux et professionnel puisque vous avez à faire aux producteurs eux-mêmes qui sont bien évidemment très à l'écoute de vos besoins, vos goûts, vos remarques...Côté bio, vous trouverez des œufs, des fruits et légumes, des produits laitiers comme du fromage de brebis, du miel, du pain, mais aussi du cidre et du jus de pommes ainsi qu'un rayon épicerie toujours bio. Parmi les produits fermiers, on peut y acheter des poulets, des lapins... Le porc, l'agneau, le veau et le bœuf sont quant à eux bio. Tous ces produits sont de qualité dû au soin apporté aux fermiers tant dans la production que dans la transformation. Quelques indications pour vous y rendre pour le magasin de Chantepie, ne pas rentrer dans le bourg prendre direction Chateaugiron. Pour celui de Vézin le coquet de Rennes prendre direction St-Brieuc ensuite Vézin sur la gauche puis prendre sur la droite direction « Le Tertre ». En un mot Brin d'herbe c'est le plaisir des saveurs retrouvées !

FAMILLE MARY 7, rue Vasselot ✆ 02 99 79 00 30. *Ouvert du mardi au vendredi de 10h à 13h et de 14h30 à 19h et le samedi de 10h à 19h.* Cette petite boutique a pour vocation d'assurer votre bien-être et votre vitalité, grâce aux nombreuses vertus du miel et de ses dérivés. Depuis 1921, la famille se transmet un savoir-faire unique, en collaboration étroite avec la recherche scientifique et les laboratoires spécialisés. Pollen, gelée royale, propolis se retrouvent sous différentes formes, fraîches, gommes à mâcher, sprays, gélules, infusions, et sont autant d'aliments santé qui agiront sur votre mémoire, votre minceur ou votre sommeil. Côté beauté et soins du corps, ils sont également présents et vous trouverez bien sûr de quoi vous régaler parmi les nombreuses sortes de miels proposées, les pains d'épice et les bonbons.

SCARABEE BIOCOOP 57, boulevard Voltaire ✆ 02 99 67 38 63. *Site Internet : www.biocoop.fr Ouvert le lundi de 12h à 19h, du mardi au vendredi de 9h30 à 19h et le samedi de 9h30 à 18h. Restaurant ouvert du lundi au samedi de 12h à 14h.* Trois magasins bio, dont deux flanqués d'un restaurant biologique pour le Scarabée Biocoop. L'enseigne bien connue des Rennais défend depuis vingt ans une éthique sociale solidaire, et propose en libre-service des produits biologiques et issus du commerce équitable, dans un souci de l'environnement et de la santé. Produits frais, céréales en sachets ou en vrac, produits d'entretien, boissons, mais aussi cosmétiques, algues et produits végétariens remplissent les rayonnages des 3 magasins. Quant aux 2 restaurants, boulevard Voltaire et rue de La Cerisaie,, vastes et clairs, ils sont très fréquentés par les Rennais pour leur cuisine biologique, végétarienne et diététique, il va sans dire de grande qualité. **Autres adresses : 12, avenue des Peupliers, CESSON-SEVIGNE ✆ 02 99 83 09 84 • 8, rue de la Cerisaie, SAINT-GREGOIRE ✆ 02 99 87 14 14.**

LES TOURNESOLS 47, boulevard de la Liberté ✆ 02 99 31 53 69. *Ouvert lundi de 14h à 19h, mardi et vendredi de 9h à 19h, mercredi et jeudi de 9h à 12h30 et de 14h à 19h, samedi de 9h à 12h30 et de 14h à 18h.* Produits naturels pour la forme et la beauté et aliments biologiques sont réunis dans ce magasin proche de la place de Bretagne. Le bien-être passe par une hygiène de vie naturelle, et tous les articles présents ici ont pour but de vous apporter énergie et vitalité. Pas de problèmes pour les néophytes, les propriétaires du magasin se feront un plaisir de vous guider dans la découverte du bio.

LA VIE CLAIRE 7, rue Poullain-Duparc ✆ 02 99 79 18 30. *Site Internet : www.lavieclaire.com Ouvert le lundi de 14h30 à 19h15, du mardi au vendredi de 9h15 à 13h et de 14h30 à 19h15, et le samedi de 9h15 à 13h.* Cette enseigne, spécialisée dans les produits naturels et biologiques, s'affirme comme l'une des valeurs sûres de l'alimentation biologique à Rennes. Compléments alimentaires, produits de beauté et de santé, épicerie, fruits et légumes ou rayon frais, vous y trouverez l'essentiel des grandes marques de produits biologiques. De surcroît, humour et gentillesse vous attendent à la caisse. Est-ce cela l'esprit bio ? Si oui, on en redemande !

Produits de la ferme

AU FIN GORET Monthélon, ACIGNE ✆ 02 99 62 54 19. *Magasin ouvert le mercredi de 10h à 12h et de 15h à 18h, le jeudi de 10h à 12h et de 15h à 18h, le vendredi de 10h à 12h et de 15h à 19h, le samedi de 9h à 12h et de 15h à 18h.* Aux portes de Rennes, Pierrette et Michel Letort élèvent des porcs. Nourris aux céréales et aux compléments triés et sélectionnés par l'agriculteur, les animaux sont beaux... et bons ! Au fin Goret est le nom du magasin d'exploitation et vend au détail charcuterie traditionnelle, rôtis, grillades, saucisses, pâtés, rillettes, boudins et produits fumés mais aussi depuis peu de la volaille fermière, pintades et bœuf au détail. La différence se retrouve dans le goût car ici toute l'attention est portée sur l'alimentation étudiée de façon à faire ressortir toutes les saveurs des produits sans conservateurs avec des recettes ancestrales non accessibles à l'industriel ! Ici pas de doute sur la provenance de ce que l'on mange...Le magasin est facilement accessible, à partir de la rocade Est, sortie Thorigné-Fouillard et direction Acigné.

AUX DELICES DU COCHON La Grande Pialière, BROONS-SUR-VILAINE ✆ 02 99 00 74 67. *Ouvert le mercredi de 10h à 13h, le vendredi de 10h à 13h et de 15h à 19h, le samedi de 10h à 12h et de 14h à 17h et sur rendez-vous pour les caissettes.* Christine et Joël Mochet sont installés entre Châteaubourg et La Bouëxière, et proposent viande de porc et charcuterie traditionnelle en vente directe à la ferme. Nés, élevés avec une alimentation 100 % naturelle et transformés sur place, les porcs sont ensuite disponibles en demi-gros ou au détail, grillades, rôti, lard, etc. Quant à la charcuterie, Christine et Joël l'élaborent d'après d'anciennes recettes n'utilisant que des produits frais et sans colorants. Pensez aussi à eux pour vos repas en famille et vos soirées, car ils vous prépareront un buffet campagnard et un barbecue complet. Et lorsqu'on y a goûté une fois... on y revient sans hésitation !

BRIN D'HERBE " Le Verger " route de Châteaugiron CHANTEPIE ✆ 02 99 41 48 95, " Le Grand Chevillé " VEZIN-LE-COQUET ✆ 02 99 64 79 40. *Ouvert le mercredi de 9h à 12h30 et de 14h à 19h, le vendredi de 9h à 19h et le samedi de 9h à 12h30 et de 14h à 18h.* Ces deux magasins de proximité vous proposent 70% de produits bio et 30% de produits fermiers en direct de votre région. Ici c'est mieux qu'un commerce, c'est une philosophie de vie : une vingtaine d'agriculteurs se sont regroupés dans une ferme à taille humaine ou ils sont présents pour mieux vous conseiller à tour de rôle, un bon moyen pour maintenir les liens indispensables entre la compagne et la ville...Ici l'accent est donc mis sur la qualité des produits et leur provenance bien sûr mais aussi sur un accueil particulièrement chaleureux et professionnel puisque vous avez à faire aux producteurs eux-mêmes qui sont bien évidemment très à l'écoute de vos besoins, vos goûts, vos remarques...Côté bio, vous trouverez des œufs, des fruits et légumes, des produits laitiers comme du fromage de brebis, du miel, du pain, mais aussi du cidre et du jus de pommes ainsi qu'un rayon épicerie toujours bio. Parmi les produits fermiers, on peut y acheter des poulets, des lapins... Le porc, l'agneau, le veau et le bœuf sont quant à eux bio. Tous ces produits sont de qualité dû au soin apporté aux fermiers tant dans la production que dans la transformation. Quelques indications pour vous y rendre pour le magasin de Chantepie, ne pas rentrer dans le bourg prendre direction Chateaugiron. Pour celui de Vézin le coquet de Rennes prendre direction St-Brieuc ensuite Vézin sur la gauche puis prendre sur la droite direction " Le Tertre ". En un mot Brin d'herbe c'est le plaisir des saveurs retrouvées !

DOUZ'AROMES La Brandais, BETTON ✆ 02 99 27 79 26. *Ouvert les mardi, mercredi et vendredi de 9h à 19h et le samedi de 9h à 17h en journée continue.* Sur la rocade Est, juste après la sortie Betton, Douz'Arômes est un point de vente collectif aménagé dans une ferme en activité, créée par douze agriculteurs, qui ont décidé de se réunir pour vendre ensemble les produits de leurs fermes. Vous y trouverez donc un large choix allant du beurre et des produits frais aux fruits et légumes, du pain aux nombreuses viandes, en passant par du miel, du cidre, du pommeau, des rillettes de la mer, des condiments aux algues, etc. Les agriculteurs se relaient chaque jour derrière les comptoirs et vous apporteront tous les conseils souhaités et les explications détaillées sur la fabrication de leurs produits. Et quand on sait ce qu'on mange, on en apprécie d'autant plus la saveur, qui franchement, est ici de qualité.

LA FERME DU BORDAGE Le Bordage, ERCE PRES LIFFRE ✆ 02 99 68 42 47. *Site Internet www.ferme-du-bordage.fr Vente à la ferme du mardi au vendredi de 11h à 18h et le samedi de 11h à 17h. Volailles, canards gras, bœufs, porcs sont élevés naturellement à la Ferme du Bordage.* Ici point d'antibiotiques, l'alimentation est naturelle. Idem pour les conditions de vie des bêtes, à l'air libre, comme il se doit ! Les Jouault sont agriculteurs et éleveurs de père en fils dans le canton de Liffré, depuis 1964. Autant dire qu'à la ferme du Bordage, le métier, ils connaissent ! et jamais ne le séparent de la qualité... Vous pouvez visiter l'élevage et acheter les produits de la ferme sur place : terrines de pâté, foies gras, magrets, confits, conserves maison, viandes, volailles, œufs, et toute une gamme de produits issus de l'agriculture biologique. La maison livre gratuitement le vendredi après 16h pour les commandes passées avant le mercredi 18h, à partir de 100 € d'achats.

Produits étrangers

ALIMENTATION 2005 39, avenue Janvier ✆ 02 99 31 85 47. Cette petite échoppe qui s'étire tout en longueur se reconnaît facilement à son étal de fruits qui rogne sur le trottoir de l'avenue Janvier. A l'intérieur, épicerie de produits exotiques et spécialités turques se côtoient dans ce petit espace, plus haut que large, certes quelque peu encombré, mais regorgeant de nombreux articles directement importés ainsi que de produits plus classiques, susceptibles d'attirer les touristes venant de la gare.

LA BAIE D'ALONG 8, quai Emile-Zola ✆ 02 99 79 61 73. *Ouvert du lundi au samedi, en été, de 11h à 18h et en hiver, de 11h à 19h30.* Un nom bien poétique pour des mets et un service exotiques. Alimentation générale d'une part, fournissant nouilles, conserves ou fruits et légumes, vous y trouverez également des sandwichs et plats à emporter vietnamiens. Petit espace pour accueil adorable et disponibilité maximum.

BELASIE 30, rue de La Donelière ✆ 02 23 20 23 23. *Site Internet : www.pagesjaunes.fr/belasie Ouvert de 9h30 à 19h30. Fermé le dimanche.* Spécialisé dans l'alimentation exotique, ce supermarché répondra à vos attentes les plus diverses en matière de produits asiatiques. Dépaysement assuré entre les sacs de riz, les fruits et légumes frais, les plats préparés, le grand choix d'épices ou de condiments, ou encore les aliments surgelés. Vous y trouverez également de la vaisselle en porcelaine ou des ustensiles de cuisine et plein d'idées cadeaux. L'accès du parking n'est pas très facile et le nombre de places est plutôt réduit. Les prix sont très compétitifs. Alors, à vos baguettes !

LA BOUTIQUE ITALIENNE Halles centrales ✆ 02 99 79 11 43. Une escale à Rome, le temps d'une commande : c'est ce que vous réserve la Boutique Italienne en plein centre-ville : une bouteille de marsala, des pâtes fraîches, des olives bien relevées ou autres spécialités italiennes, n'hésitez pas à faire un petit crochet après le marché de la brocante le jeudi matin ou en revenant du travail. L'accueil, jovial et typique, n'a d'égal que l'accent du propriétaire. Un bémol sur les prix serait bienvenu !

LE COMPTOIR IRLANDAIS 6, rue de Dinan ✆ 02 99 31 65 09. *Ouvert le lundi de 14h30 à 19h et du mardi au samedi de 10h à 13h30 et de 14h30 à 19h.* Les amoureux de l'Irlande et les amateurs de produits du terroir trouveront dans ce magasin unique à Rennes toutes les spécialités de l'île verte. Biscuits, bières, whiskies, épicerie mais aussi kilts, chaussettes et pulls des Arans, livres, musique. Bref, tout un tas d'idées cadeaux originales ! Le Comptoir Irlandais sert des scones frais le vendredi et le samedi. Vous pouvez même faire envoyer une carte timbrée et postée en Irlande, via la boîte aux lettres du magasin !

L'ITALIE GOURMANDE 26, rue de Nemours ✆ 02 99 78 21 54. *Ouvert de 9h à 13h et de 15h à 19h30. Fermé le lundi et dimanche.* Bien sûr, vous y trouverez les traditionnelles pizzas, que l'on prépare devant vous avant de les mettre à cuire, mais vous pourrez également acheter de nombreuses spécialités italiennes telles que des pâtes ou des raviolis frais, de délicieux antipasti, ou des apéritifs italiens. Les prix sont ceux d'une épicerie étrangère, les produits excellents. A tester par ceux qui souhaitent découvrir de nouvelles saveurs.

LE PHENIX D'OR 32, rue Saint-Hélier ✆ 02 99 35 18 36. *Ouvert du mardi au samedi de 9h à 13h et de 15h à 19h30, le dimanche de 15h à 19h30.* Cette épicerie exotique ressemble à un supermarché miniature, spécialiste de produits asiatiques, indiens, vietnamiens et africains. Fruits et légumes frais, céréales en gros ou au détail, surgelés, rayon traiteur asiatique, cadeaux et souvenirs, produits cosmétiques pour peaux noires, mèches, thés, épices et bières du monde, conserves exotiques... le tout dans un joyeux fouillis d'étagères bien remplies ! Une bonne adresse en centre-ville pour trouver des produits bien spécifiques.

RIVAGES EXOTIQUES 47, mail François-Mitterrand ✆ 02 99 33 72 43. *Ouvert de 10h à 13h et de 15h à 19h30, le mardi de 16h à 19h. Fermé le lundi et le mardi matin.* Spécialiste de l'Afrique, Henriette, avec sa gouaille et sa nonchalance, saura vous faire apprécier les produits de ce continent. Prix très sages pour ces produits d'importation. Une bonne adresse pour qui souhaite s'initier à la cuisine africaine sans trop dépenser. Attention toutefois, les horaires sont eux aussi importés d'Afrique et fréquemment soumis aux perturbations ambiantes.

Produits fins

COMTESSE DU BARRY 2, rue Château-Renault ✆ 02 99 79 15 53. *Ouvert de 9h30 à 13h et de 14h à 19h du mardi au samedi et le lundi, de 14h à 19h. Fermé le dimanche.* Ce magasin se reconnaît aisément à sa devanture bleu foncé et à sa vitrine où s'affiche toute une sélection de produits du terroir. Une fois à l'intérieur, vous pourrez découvrir les nombreuses spécialités que produisent nos belles régions françaises. Foies gras, confits, truffes, conserves fines, plats mijotés, confitures, chocolats, coffrets saveur ou encore vins et spiritueux, le tout présenté avec beaucoup de goût, même si l'on peut tout de même regretter une tendance à la surabondance ! On peut se faire livrer à domicile et une carte de fidélité vous offrira des avantages.

L'EPICERIE GOURMANDE 16, rue du Maréchal-Joffre ✆ 02 99 79 55 86. *Ouvert du mardi au samedi de 10h à 20h et le dimanche de 10h à 13h. Formules à 7,60 €, 9,80 € et 11 €.* Cet établissement est un restaurant et une épicerie fine à ne surtout pas manquer ! Les étagères réjouiront tous les amateurs de bien-manger et de bien-boire ! Gourmandes et gourmands trouveront ici des produits des terroirs méditerranéens, bretons et du Sud-Ouest, en bocaux, en conserves, mais également en produits frais, des épices, des bières artisanales, des vins, des thés et des vieux alcools. Douceurs sucrées et spécialités régionales salées font la part belle aux saveurs traditionnelles mais n'hésitent pas non plus à jouer l'innovation. Et au fond du magasin, vous pouvez vous installer dans une sorte de jardin d'hiver où pour un prix très convenable, vous pouvez manger des produits de qualité. L'accueil naturel et souriant, qui accompagne le choix des produits, fait rimer emplettes avec plaisir... Et même si vous n'achetez rien, le propriétaire vous offre un petit cadeau comme un grain de raisin macéré dans du sauternes et au chocolat, un plaisir des sens ! Et si l'envie de partager chez soi ces produits de grande qualité, vous pouvez composer vos propres colis gastronomiques.

NOUVEAU

L'EPICERIE DES HALLES 18, rue de Nemours ✆ 02 99 79 17 64. Ouvert depuis mars 2005, cette charmante épicerie fine à la décoration soignée est une caverne d'Ali Baba qui regorge de produits régionaux de Bretagne et du Sud-Ouest . Vous y trouverez le fameux foie gras mais aussi des plats cuisinés bretons (fricassée de poulet fermier, lotte à l'armoricaine, cocos de Paimpol...) Le choix de produits est impressionnant alors voici quelques noms évocateurs comme le caramel breton au beurre salé, le salidou, le Kouign Breizh. Mais encore environ 17 sortes d'épices, des huiles à la pistache, aux pépins de raisin, des gâteaux au nougat, du pain d'épices au miel et aux noix, du miel de sapin, d'acacia, de bruyère ou encore de tilleul, des biscuits de Saint-Brieuc, des berlingots Nantais, des cookies celtes aux pruneaux (eh oui ! ! !), des confitures insolites comme par exemple celle à la grenadine ou encore aux pétales de roses, du chutney de mangue, du confit d'olives, du caviar de poivrons (excellent avec des pâtes, dixit la patronne !), des pâtes parfumées à l'olive noire et à la farine de blé noir, du thé aux feuilles entières et des alcools comme de la liqueur d'amandes et au cacao, du chouchen, de la liqueur de gingembre, de rose, de caramel et de noix. Du Tamaris, du confit de chocolat noir...Et si vous désirez faire des cadeaux, La maîtresse des lieux se fera un plaisir de vous confectionner vos paquets avec des bourriches d'huîtres, original non ?

LA FAUVELIERE Halles centrales ✆ 02 99 79 07 06. *Ouvert du mardi au vendredi de 9h à 13h et de 15h à 19h, le samedi de 8h à 19h.* Ce spécialiste de produits du terroir vous étonnera par la qualité et la diversité de son étal : plats cuisinés, cassoulet, garbure basque, axoa de veau, choucroute alsacienne, saucissons savoyards ou lyonnais, nature, pistachés ou truffés, produits corses, confiture de figues et d'oignons, c'est un tour de France des saveurs que nous offre La Fauvelière ! A consommer sans modération.

AUX FRERES PROVENCAUX Place de la Mairie ✆ 02 99 79 38 42. *Ouvert le lundi de 15h à 19h et du mardi au samedi de 9h30 à 12h30 et de 14h30 à 19h.* Plus besoin de voyager, on trouve de tout dans ce lieu atypique. Depuis 1931, la maison fournit les Rennais en vins fins, spiritueux, champagnes et en spécialités gastronomiques régionales. Une atmosphère d'autrefois un peu kitch caractérise l'agencement des lieux, lui conférant ce cachet unique. Chez cet épicier-caviste réputé, les conserves fines voisinent avec les thés, les épices en vrac, turrons, bonbons espagnols exquis,, pruneaux frais, et autres douceurs sucrées et salées, tandis que les vins, liqueurs et whiskies sont sagement alignés sur les étagères bien fournies. Choix et qualité ont fait de cette adresse un incontournable rennais !

LE MARCHE SAINT-GERMAIN 6, rue du Vau-Saint-Germain © 02 99 79 12 26. *Ouvert lundi de 11h à 20h15, du mardi au samedi de 9h à 20h15 et dimanche de 10h à 13h.* Cette petite épicerie de terroir a sélectionné conserves et produits frais en provenance des différentes régions françaises : liqueurs de café noir ou au caramel salé, confits du Sud-Ouest, et produits gastronomiques bretons misent sur la qualité. Mais la maison n'oublie pas pour autant sa vocation d'épicerie, et vous y trouverez aussi bien du coca que de la mayonnaise Lesieur, ainsi que fruits et légumes frais. Un choix de plats cuisinés de fabrication artisanale est en outre proposé chaque jour. Et le petit plus à noter : la livraison à domicile est gratuite.

UN ZESTE ET DEUX PINCEES 2, rue Alphonse-Milon, SAINT-GREGOIRE © 02 23 25 29 46. *Ouvert du lundi au vendredi de 9h30 à 12h30 et de 15h30 à 20h et le samedi de 9h30 à 13h et de 14h30 à 20h.* Cette épicerie fine vend une large gamme de produits. Des vins et spiritueux, notamment du champagne, elle propose également du thé, des huiles essentielles et des vinaigres. N'oublions pas les délicieuses confitures et les produits gourmands. Si vous voulez offrir un panier gourmand, il n'y a aucun problème. Même les entreprises sont les bienvenues pour faire des cadeaux. Le service est souriant et très professionnel.

Spécialités régionales

RENARD CASA MASSIMO Halles centrales © 02 99 79 18 56. Un étal de belle taille pour des produits corses, italiens et espagnols tous plus alléchants les uns que les autres ! Dans le pavillon de la boucherie des halles centrales, Casa Massimo apporte les saveurs du Sud : charcuterie des montagnes corses et italiennes, jambons et saucissons espagnols, olives préparées et macérées, tomates confites, tomates séchées, caviar d'aubergine, douceurs et plats préparés... L'eau vient à la bouche devant toutes ces spécialités et ces produits d'épicerie fine, qui promettent de grands moments de dégustation ! Casa Massimo est également présent chaque samedi matin sur le marché des Lices, là encore, dans la halle aux bouchers.

LES DELICES DE LA TRINITAINE 3, rue Tronjolly © 02 23 42 40 58. *Site Internet : www.latrinitaine.com Du lundi au samedi de 9h30 à 19h.* La célèbre enseigne bretonne présente des produits alimentaires variés et, disons-le sans hésiter, alléchants : que diriez-vous d'un pot de crème de sardines au whisky ou d'une terrine de sole tropicale aux girolles ? A moins que vous ne soyez tenté par la soupe de poissons ? Vous avez envie de boire un petit coup, faites donc un tour du côté des étagères remplies de chouchen, liqueurs bretonnes et bières bretonnes. Quant au rayon des galettes, palets et autres pâtisseries traditionnelles pur beurre, il est tout simplement impressionnant avec ses différentes boîtes de fer blanc décorées. Tabliers et vaisselle Mam'Goudig et Henriot sont aussi de la partie.

Surgelés

MAXIMO 12, rue de La Donelière © 02 99 38 32 38. *Livraison à domicile.* Vous reconnaîtrez facilement cette enseigne à ses voitures rouge et bleue qui sillonnent le département. A l'intérieur, des bonshommes toujours souriants qui viennent chez vous, prennent votre commande et vous livrent trois jours plus tard... Inutile donc de vous déplacer rue de La Donelière, car Maximo est un entrepôt, non un magasin. Le système est souple, sans abonnement ni obligation quelconque. Plus de 800 références des meilleures marques sont disponibles et la chaîne de froid est respectée scrupuleusement de bout en bout. Se faire livrer chez soi a un prix, et les articles sont un tout petit peu plus coûteux qu'ailleurs. Mais, au final, la souplesse du système l'emporte largement.

PICARD SURGELES 35, boulevard de la Liberté ✆ 02 99 79 43 86. *Site Internet : www.picard.fr Ouvert le lundi de 14h30 à 19h30, du mardi au samedi de 9h30 à 13h et de 14h30 à 19h30, et le dimanche de 10h à 12h30.* En plein cœur de Rennes, cet établissement séduit par la disposition de ses rayons et une lecture des prix très bien faite. Glaces ou desserts traditionnels côtoient légumes, et légumes bio bien représentés dans le rayon,, viandes, soupes ou crèmes, plats cuisinés, pains surprises, brochettes et autres bonnes idées. Un petit catalogue est disponible à la sortie du magasin, qui vous donnera mille et une bonnes idées pour recevoir vos amis ou essayer de nouvelles recettes. Le service livraison à domicile complète l'offre : les commandes se font par téléphone au 0 820 16 00 39 ou directement sur leur site. Sachez que le forfait livraison est de 5 €. **Autres adresses : 95, boulevard Emile-Combes ✆ 02 99 32 00 17 • 84, boulevard de Metz ✆ 02 23 20 19 97.**

THIRIET GLACES ET SURGELES 318, rue de Saint-Malo, ZAC de l'Auge-de-Pierre ✆ 02 99 54 38 36. *Site Internet : www.thiriet.com Ouvert le lundi de 10h à 12h30 et de 14h30 à 19h30, du mardi au jeudi de 9h30 à 12h30 et de 14h30 à 19h30, le vendredi et le samedi de 9h30 à 19h30 et le dimanche de 9h30 à 12h30.* Au nord de Rennes, non loin du centre commercial Géant et de Décathlon, Thiriet propose une gamme de produits large, avec plus de 1 100 références en rayons. Des crèmes glacées aux pizzas, en passant par les légumes ou les poissons, les articles sont présentés de façon intelligente et les prix bien indiqués. D'autre part, les amateurs de bio ne sont pas oubliés et trouveront légumes, mais aussi volailles, viandes et glaces bio. Tous les mois, promotions et nouveaux produits renouvellent les rayons, accompagnés d'une dégustation quotidienne. Des fiches de recettes, ainsi que des fiches présentant des idées-menus, et privilégiant l'approche diététique et l'équilibre alimentaire, sont mises à la disposition du client. **Un autre bon point de l'enseigne : la livraison à domicile, au 02 99 83 46 06, est gratuite et sans minimum d'achats ! Autre adresse : 1, avenue des Peupliers, CESSON-SEVIGNE ✆ 02 99 83 59 26.**

Vins et spiritueux

CAVAVIN 32, rue Saint Hélier ✆ 02 99 67 29 00. *Ouvert du mardi au samedi de 10h à 13h et de 15h à 20h, et le samedi de 9h30 à 13h et de 14h30 à 20h.* Benoît Gombert, à la tête de ce petit magasin, aime le vin, et plus encore le contact avec ses clients. Il n'est jamais avare de conseils, partage impressions et coups de cœur, et vous ouvre les portes de sa Cavavin avec un sourire toujours réjoui ! 1000 références de vins sont présentes. Cette bière artisanale du Trégor, version blanche, blonde, rousse ou brune : allez-y les yeux fermés, elle est plus que fameuse ! Résultat : une clientèle fidèle, pour des vins à tous les prix, du petit aux grands crus, soigneusement sélectionnés. La maison fait également des bags in box, des cadeaux d'entreprise, du champagne, des liqueurs, des dégustations et des alcools forts. Côté service, possibilité de livraison à domicile et de bouteilles fraîches. Entrez dans l'atmosphère d'un passionnée ou arôme rime avec convivialité et générosité...Une adresse à ne pas manquer !

LA CAVE FRANCK PINARD 22, rue Nantaise ✆ 02 99 30 97 38. *Ouvert du mardi au samedi de 10h à 13h et de 15h à 19h30.* La Cave est tenue par un certain Franck Pinard... La devise de la maison : "Meilleur Choix-Qualité-Prix". Et effectivement, les petits vins blanc, rosé ou rouge sélectionnés par Franck Pinard affichent des tarifs concurrentiels, à partir de 2,90 €, grolleau rosé 2003,, 4,90 €, vin de pays des Collines de la Moure, domaine-de-belle-mare 2002, ou encore 6,50 €, faugères, château-haut-lignières 2001. Ce caviste n'hésite pas à faire partager ses coups de cœur et vous indique à quelle date tel ou tel vin a été goûté par son palais averti. Champagnes, alcools forts et fontaines à vin sont également de la partie. A noter, la livraison gratuite à Rennes et la périphérie à partir de 24 bouteilles.

LA CAVE DU SOMMELIER 24, rue Hoche ✆ 02 99 63 14 68. *Ouvert du mardi au vendredi de 10h à 13h et de 15h à 20h, et le samedi de 10h à 20h en continu.* Une adresse qui fait preuve de régularité dans ses produits et ses prestations. Grand choix de vins, rayon spiritueux et objets de cave. L'accueil détendu est plaisant et le conseil avisé. Les connaisseurs trouvent ici quelqu'un à qui parler et les débutants de qui apprendre. Avec certaines bouteilles à petits prix, le plaisir du vin n'est pas forcément ruineux.

LA CAVE DU STADE 140, route de Lorient ✆ 02 99 33 79 87. *Ouvert du mardi au samedi de 10h à 19h.* Bien vu de rester ouvert entre midi et deux ! La Cave du Stade recèle une intéressante sélection de vins et de vins de pays, ainsi qu'un choix de spiritueux et quelques accessoires de cave : verres et carafes, tire-bouchons, ainsi que le très à la mode stop-goutte. **Autre adresse : halles centrales ✆ 02 99 79 58 01. Ouvert de 9h30 à 12h30 et de 16h30 à 19h le mardi, jeudi et vendredi, de 9h30 à 12h30 le mercredi et de 9h30 à 19h le samedi.**

LA CAVE DES 4 VENTS 254, rue de Nantes © 02 99 35 08 65. *Ouvert du mardi au samedi de 9h30 à 12h30 et de 14h30 à 18h.* Cette cave est tenue par une sommelière, et propose un grand choix de vins, représentatifs de l'immense diversité des vignobles français, avec une spécialité affirmée sur les vins du Languedoc-Roussillon. La caviste connaît chacun de ses vins pour les avoir répertoriés, dégustés et... appréciés ! Vous y trouverez également des fontaines à vins, du champagne toujours frais, un frigo les accueille,, et un rayon de spiritueux, liqueurs et whiskies. Et pour les réceptions, La Cave des 4 Vents vous prête les fûts. La maison organise en outre des initiations régulières à la dégustation, sur réservation, et modulables suivant les demandes des goûteurs, amateurs ou confirmés.

LE CELLIER SAINT-GERMAIN 3, rue du Vau-Saint-Germain © 02 99 79 36 82. *Ouvert de 9h à 12h30 et de 14h à 19h30.* Même maison que Saint-Germain-des-Lys. Il est de ces adresses que l'on adopte avec une rapidité troublante. Les 2 établissements de M. Lécluze, maître caviste renommé, ont grande réputation, et c'est justice. Les vins et alcools proposés ici sont le fruit d'une sélection éclairée. Quel que soit le budget prévu, chaque visiteur est accompagné dans son choix et repart contenté ! Le personnel à la vente possède une solide formation de sommelier et aime faire découvrir le vin.

LE CELLIER RENNAIS 6, rue de La Binquenais © 02 99 41 98 83. *Ouvert du lundi après-midi au samedi soir, de 9h à 12h et de 14h à 19h.* Depuis dix-sept ans, Le Cellier Rennais se fait fort d'offrir à sa clientèle un grand choix de vins. Toutes les régions viticoles sont dignement représentées. Les amateurs peuvent y acheter leur vin en bouteille, en vrac et même en petits tonneaux de bois pour les buffets et réceptions. Même si ce n'est pas le point fort de ce caviste, il possède un rayon confortable de spiritueux. Des articles de cave y sont également vendus : une bonne idée de cadeaux, qui fera certainement plus plaisir qu'une cravate !

LE CHAI DES RUFFES 3, allée Pierre-Tumoine © 02 99 59 25 99. *Ouvert de 9h à 12h et de 14h30 à 19h.* Voilà un caviste souriant et disponible ! C'est un négociant en spiritueux et vins. Il conseille avec bonheur du petit vin de pays au cru classé, et se met à l'écoute pour mieux servir. La maison dispose aussi d'un rayon de spiritueux assez large pour contenter les amateurs. Le Chai des Ruffes propose également une petite sélection d'objets de cave.

HISTOIRES DE VINS 47, rue Vasselot © 02 99 79 18 19. *Ouvert de 9h30 à 13h et de 14h30 à 20h. Fermé le lundi et ouvert le dimanche matin.* "Vin d'artisan... Vin de fête... Vin de paysan... Vin de copains... Vin de soif... Vins d'ici et d'ailleurs... mais Vins de Plaisir". Cette devise maison résume bien l'esprit de cette cave à vins. Le but d'Olivier est de faire partager plaisir et passion du vin et de ses innombrables saveurs, pour des prix abordables. Il ne travaille qu'avec des récoltants et peut ainsi mettre un visage derrière chacune de ses bouteilles ! La plupart de ses vins se situe dans une fourchette de 6 € à 10 €, et ce sont des vins magnifiques. N'hésitez pas à lui faire confiance, ses conseils sont adaptés à vos goûts, votre repas mais aussi au temps et à la saison : on ne boit pas les mêmes vins en été qu'en hiver ! Olivier anime aussi des cours de dégustation. L'idée ? permettre à chacun de mieux définir quels sont ses goûts, en affinant et en analysant sa perception olfactive. Des cours d'approfondissement et de perfectionnement sont également au menu.

NICOLAS 13, rue Le Bastard © 02 99 79 39 30. *Ouvert le lundi de 15h30 à 19h30, du mardi au samedi de 9h30 à 19h30.* Faut-il encore vraiment présenter cette enseigne connue de tous ? En revanche, certains ne connaissent pas encore les nombreux services proposés ici : il y a d'abord la livraison à domicile qui peut faciliter la vie, la possibilité, sur certains produits, de personnaliser l'étiquette, et n'oublions surtout pas le service InterMagnum : grâce à lui, vous pouvez faire livrer à qui vous le souhaitez une bouteille, même à l'autre bout de la France ! Les dames étaient couvertes de fleurs grâce à Interflora et compagnie... et désormais c'est aussi possible avec le vin. Bravo ! L'enseigne a également mis en rayon Les petites récoltes Nicolas qui regroupent de délicieux vins de terroir, rouge, rosé ou blanc, à prix imbattables. **Autre adresse : 18, rue de Nemours © 02 99 78 82 19. Ouvert le dimanche.**

LE POUSSE-TONNEAU 6, rue de la Sauvaie © 02 23 30 25 26. *Ouvert du lundi au samedi.* "Miracle du vin qui refait de l'homme ce qu'il n'aurait jamais dû cesser d'être : l'ami de l'homme". Cette phrase d'Engel, affichée comme d'autres sur des caisses à vins dans la salle du Pousse-Tonneau, pourrait bien en être la devise ! Cette adresse fait toujours autant parler d'elle et pour cause. La formule est séduisante, puisque le Pousse-Tonneau est à la fois une cave à vins et une très bonne table. En entrant, sur la droite, l'espace du caviste présente une bonne sélection de vins, en provenance directe de petits producteurs. **Autre adresse : LE POUSSE TONNEAU L'ANNEXE 16, rue du Pré-Botté © 02 99 78 15 41.**

SAINT-GERMAIN-DES-LYS 36, place des Lices © 02 23 42 04 20. *Ouvert le lundi de 14h15 à 19h45, et du mardi au samedi de 9h15 à 12h45 et de 14h15 à 19h45.* Cette cave bénéficie d'un grand renom qui n'est pas seulement dû à la beauté des lieux. La cour de Saint-Germain-des-Lys est très appréciée, et il arrive très souvent que l'on s'y fasse photographier. Mais l'adresse est surtout un trésor pour les amateurs de bon vin, du petit vin de pays au premier grand cru classé. Grâce à une sélection attentive, on y trouve toujours des vins surprenants et intéressants, sans forcément se ruiner. Visite guidée des étagères, annonçant pour chacune une "définition" du contenu : les exceptionnels, les très bons, les excellents, les découvertes, mais aussi "la vie en rose" ou encore "pour vous mesdames" ! Ce caviste présente également des vins étrangers, des articles de dégustation et objets de cave.

LA CAVE SAINT-GREGOIRE Les Balus, Ancienne route de Saint-Malo, SAINT-GREGOIRE © 02 23 46 00 33. *Site Internet : www.lacavesaintgregoire.com Ouvert le lundi de 14h30 à 19h, du mardi au vendredi, de 9h30 à 12h30 et de 14h30 à 19h et le samedi de 9h à 19h30.* Inter Caves dispose d'une belle surface, où les nombreuses références de vins trônent allègrement sur les caisses et les cartons de producteurs. Petits prix ou grands crus classés, réserves à vin et vin en vrac, whiskies, champagnes ou bières du monde, l'échantillonnage proposé contentera particuliers et entreprises. Les vins du mois, choisis en fonction de leur rapport qualité-prix, sont souvent l'occasion de bonnes surprises. Des produits du terroir, terrines de sanglier, rillettes de canard..., vous permettront d'accompagner agréablement le vin choisi. Et pour vos soirées professionnelles ou privées, les Chevaliers du Vin vous prêtent fûts, verres, carafes ou encore tireuses à bière, et personnalisent gratuitement les étiquettes. Chevaleresque !

chez soi

A emporter

Couscous

COUSCOUS SALAMA 58, rue de Saint-Malo ✆ 02 23 20 73 18. *Fermé le vendredi midi et le dimanche midi.* Les couscous à emporter ou à déguster sur place de ce nouveau petit restaurant sont copieux, très bons et aux prix compétitifs : de 5 € le couscous merguez à 10,60 € le couscous royal, en passant par les assortiments d'agneau, de brochettes, de poulet ou de bœuf. La maison fabrique également plusieurs pâtisseries orientales : cornes de gazelle avec ou sans sucre glace, pâte d'amandes et dattes, etc. Une bonne adresse pour ceux qui veulent manger chez eux, sans avoir à sortir poêles et casseroles !

Cuisine chinoise

BAMBOO D'OR 13, rue de Plélo ✆ 02 23 40 08 46. *Du lundi au samedi de 10h30 à 14h et de 17h à 21h.* Devanture vert foncé, lettres jaune soleil : entre le Liberté et l'entrée nord de Colombia, se tient un traiteur laotien-thaïlandais aux spécialités aussi délicieuses que l'accueil est souriant. Vous pourrez déguster sur place, quelques tables, ou chez vous nems, beignets, porc au caramel, poulet au gingembre, canard aux champignons noirs, nouilles asiatiques, nougats chinois, etc. pour un prix tout à fait abordable. Les conseils sur la manière de réchauffer vos nems et les barquettes qui passent directement au micro-ondes font partie du service, et on apprécie !

CHINA HUT 29, rue Saint-Melaine ✆ 02 23 20 66 28. *Ouvert du lundi au samedi de 11h à 20h30 et le dimanche de 16h à 20h.* China Hut est une toute petite échoppe de spécialités culinaires asiatiques à emporter, toutes faites maison. Le choix des entrées est particulièrement vaste, nems, samoussas, papillotes, rouleaux de printemps, raviolis, etc,, avec toutes sortes de saveurs explorées, du crabe au porc, en passant par le bœuf et les légumes. Des salades et quelques plats préparés complètent l'offre. A noter, les nombreuses formules, de 4,30 € à 8,50 €, bien pensées et copieuses. La maison pratique une remise de 10 % de votre achat à déduire sur votre prochaine visite. C'est une incitation à revenir, mais de toute façon, on en avait bien l'intention !

FRANCE D'ASIE TRAITEUR 13, rue Vasselot ✆ 02 99 79 37 36. *Ouvert du lundi au samedi de 10h à 14h30 et de 16h à 20h.* Porc au caramel, crevettes sauce piquante, bœuf saté, bœuf à la citronnelle..., autant de saveurs sucrées-salées ou piquantes, qui sont parfaitement maîtrisées. Nems au crabe ou au porc croustillants, assortiments de samoussas, beignets de crevettes, rouleaux de printemps bien garnis, nougats chinois, et chaque vendredi soupe phô. L'adresse promet de nombreuses découvertes d'une qualité jamais démentie. Vous pouvez aussi manger sur place. Mais pas de déco particulière. Un talent indéniable à signaler : l'endroit est extrêmement propre, l'hygiène irréprochable.

Tous les restaurants indiens, chinois, et quasiment toutes les pizzerias de Rennes, proposent leur carte, ou leurs pizzas pour les pizzerias, à emporter. Une bonne idée, qui permet de manger comme au restaurant, mais à domicile !Si vous savez ce que vous voulez, vous pouvez même commander par téléphone, et ainsi vous vous évitez d'attendre pendant la préparation. Mais attention cependant aux incompréhensions, dues à une pratique parfois difficile de la langue française... Les restaurants indiens de la ville ont une particularité bien vue, puisqu'ils offrent quasiment tous une remise de 10 % sur leurs plats à emporter.

Cuisine du monde

PLANET FOOD RENNES NORD 18, passage du Trégor ✆ 02 99 33 16 33. *Ouvert tous les jours, de 11h30 à 13h30 et de 18h30 à 22h30 et fermé le samedi midi et le dimanche midi.* Pour changer des pizzas quand on a envie de se faire livrer un repas à domicile, Planet Food a pensé à proposer différentes sortes de plats du monde entier : salades, couscous, poulet tandoori, spécialités asiatiques, colombo de porc, tagliatelles au saumon... et a aussi prévu entrées, empenades, chaussons mexicains,, jalapenos, guacamole, samoussas, tzatziki et blinis, desserts, tiramisu, crumble, salade de fruits, brownies, fruits exotiques..., et boissons variées. Sans oublier la partie snack, avec kebabs, hamburgers et paninis. Le menu à 12 €, indien, chinois, grec, caraïbes et tex-mex, comprend une entrée, un plat et une boisson, la formule salade XXL est à 11 € et le menu planet à 13 €, une entrée, un plat et un dessert. Planet Food garantit une livraison à domicile ou sur le lieu de travail en 45 minutes. La ponctualité et le sourire sont au rendez-vous au moment de la livraison. Si vous passez chercher votre commande, vous obtiendrez une remise de 20 %.

Poulet

CHICKEN SPOT 30, rue de Saint-Malo © 02 99 79 20 75. *Site Internet : www.chickenspot.com Ouvert 7j/7 toute la journée et toute la soirée.* Ce nouveau venu de la vente à emporter s'est spécialisé dans le poulet et les burgers hallal. Le poulet se décline en nuggets, 3 € les 6 et 4,20 € les 10–, en wings spices, 4 € les 6–, en BBQ wings, 3 € les 4–, en burger ou en chicken roll, 4 €. Chicken Spot sert aussi des burgers végétariens et des burgers au poisson ou au steak haché. Toutes sortes de menus ont été concoctés, avec frites et boisson, de 4,75 € à 14,99 €, famille. Ce fast food est par ailleurs très bien tenu et le service souriant est à la hauteur.

SPEED BURGER 68, mail François-Mitterrand © 02 99 33 08 08. *Ouvert 7j/7. Livraison gratuite à domicile.* Il existe 4 menus. Le menu classic ou végétarien est à 8,70 € et comprend un burger, une frite, un soda, une barre glacée Magnum et un beignet. Le menu baby box est à 5,50 €. Les menus double et triple sont quant à eux à 9,50 € et 10,20 €. Vous pouvez composer votre burger ou choisir parmi une grande variété de burgers notamment des grillés. On trouve sur la carte des tapas et des salades ainsi que des nuggets et des frites. Ben & Jerry's est la marque des glaces allant de 2,60 € à 6,20 €. C'est bon, chaud, pas cher et pratique !

Cuisiniers à domicile

CAROLE ET LOIC PASCO 4, rue Isly © 02 99 35 00 60. *Site Internet : www.unchefdanslaville.fr* En voilà une idée maligne pour épater la galerie, mais avant tout, pour le plaisir de partager sa cuisine avec un grand chef. Piètres cuisinières, pressés, stressés, surbookés, faites appel à Loïc Pasco car la cuisine, et la bonne, ça le connaît !Aux fourneaux de l'Appart' de Loïc, boulevard de la TA, il vient aussi chez vous, apporte ses ustensiles, prépare l'ambiance, fleurs, cocktails..., et les plats, sert et nettoie la cuisine après les agapes. Il peut même, si vous le souhaitez, faire le marché pour vous, et vous propose aussi de faire la cuisine ensemble. Histoire de vous initier à des tours de main particuliers, des astuces culinaires, etc. Carole et Loïc Pasco se déplacent pour les petits comités, de 2 à 25 personnes,, qu'ils soient particuliers ou entreprises, et établissent au préalable un devis, suivant le menu concocté avec vous pour l'événement.

Livraison à domicile

Couscous

SAHARA 10, rue de Vern © 02 99 26 32 00. *Ouvert 7j/7.* Pour une soirée aux saveurs orientales, pensez sahara couscous et paëlla express !A emporter ou en livraison, que vous soyez un particulier ou une entreprise, que vous fêtiez un événement regroupant tous vos amis ou que vous passiez une soirée familiale, Sahara vous propose couscous, de 8 € à 11,50 €,, tajines, de 7,50 € à 8,50 €,, paëlla, cassoulet libanais, pâtisseries orientales, 4,50 €, glaces, 3 €, et boissons, dont le célèbre vin Boulaouane. Des menus sont aussi concoctés, étudiant, spécial été, etc. Les chèques et les tickets restaurants sont acceptés.

Pizzas

DOMINO'S PIZZA 3, rue de Saint-Malo © 02 99 79 76 79 / 08 11 02 20 00. *Site Internet : www.dominospizza.fr Ouvert tous les jours de 11h à 14h et de 18h à 23h.* A emporter ou à recevoir chez soi, les domino's pizza !3 pâtes différentes au choix, près de 20 recettes réparties entre les pizzas grands classiques, celles du terroir ou du monde, de 2 à 4 personnes, et de 11 € à 21,50 €, mais aussi des blancs de poulet marinés ou des ailerons grillés, une salade composée suivant les produits de la saison, 4 €,, des boissons, des glaces, 6 €, et des desserts, 1,60 €. Domino's Pizza propose aussi des menus. Promotions et offres spéciales sont régulièrement au rendez-vous dans vos boîtes aux lettres. Et à emporter, une pizza achetée égale une pizza offerte, 7j/7. Pas de quoi se priver !**Autre adresse : 9, rue de Rennes, CESSON-SEVIGNE © 02 99 83 03 03.**

PIZZA MAESTRO 61, rue de Lorient ✆ 02 99 54 55 55. Une bonne partie de la cuisine italienne est proposée comme des pizzas, de 6 € pour 1 personne à 21,10 € pour 4 personnes,, des paninis à 4 €, des lasagnes bolognaises, carbonara et saumon. La cuisine américaine n'est pas en reste avec des chicken wings, des potatoes et des nuggets. Des salades sont également vendues comme la niçoise, la parisienne ou encore la savoyarde. En dessert, on a le choix entre des brownies, des tartes, des gâteaux et des glaces. Bière, jus de fruits et vin constituent les boissons. Des menus familiaux et pour 2 personnes sont proposés occasionnellement. Et bien sûr, vous pouvez accumuler des points afin d'avoir des réductions !

PIZZARENE 21, rue Duhamel ✆ 02 99 30 49 49. *Ouvert 7j/7, de 11h30 à 13h30 et de 18h30 à 22h30 et le vendredi et samedi, de 18h à 23h. Menu pour 2 à 18,50 € et menu pour 4 personnes à 25 €.* Cet établissement relève le défi de la livraison à domicile et il le fait remarquablement bien. Les 29 pizzas sont très bonnes, ainsi que les autres spécialités que propose la carte, chickens wings, patates, glaces, boissons, vins italiens... Le prix des pizzas varie de 8 € à 9 € pour une personne, de 11 € à 14,90 € pour 2 personnes et de 15 € à 21,20 € pour 4 personnes. Les pizzas sont livrées à domicile rapidement.

PIZZA SPRINT 194, rue de Saint-Malo ✆ 02 99 33 00 00. *Site Internet : www.pizzasprint.com Ouvert 7j/7.* Pizza Sprint est maintenant très présent à Rennes. Les pizzas sont disponibles pour 2 et 4 personnes. C'est peut-être le plus discret des livreurs de pizzas à domicile, puisqu'il n'inonde pas trop nos boîtes aux lettres. Pourtant, il diffuse quand même quelques bons promotionnels dont on n'hésite pas à se servir. Pour nos estomacs, des pizzas, de 5,90 € à 7,90 € pour 1 personne, de 9,90 € à 14,70 € pour 2 personnes et de 16,90 € à 22,20 € pour 4 personnes– et 2 pâtes au choix, la fine, la moelleuse et la deep pan, des entrées, les incontournables 8 ailes de poulet pour 4,50 €,, des boissons et des desserts, Häagen Dazs of course !Des menus existent également comme le kids à 4,90 €, nuggets, potatoes, boisson, compote et surprise,, l'étudiant à 4,90 €, le nuggets à 5,50 €, le wings à 5,50 €, le duo à 17 € et le quattro à 25 €. En prime, sourire, efficacité et bonne humeur au téléphone !Et 7j/7, si vous venez chercher une pizza à emporter pour 2 personnes, la deuxième est offerte. **Autres adresses : 46, rue Paul Langevin ✆ 02 23 35 00 00 • 98, rue Saint-Hélier ✆ 02 99 23 40 05 06.**

SPEED RABBIT PIZZA 4, place Sainte-Anne ✆ 02 99 79 08 00. *Ouvert tous les jours, midi et soir. Journée continue le dimanche de 11h à 23h.* Près d'une centaine de magasins en France, 3 adresses à Rennes : l'enseigne est présente et couvre Rennes ainsi que Saint-Jacques, jusqu'à Saint-Jacques aéroport, et toute la ZI sud-est jusqu'à Chantepie. A emporter ou à se faire livrer directement chez soi, pizzas, pour une, 2 ou 4 personnes, de 7,50 € à 22,50 €,, salade à 6,10 €, nuggets de poulet, 4 € ou 6 €,, potatoes, 3 €,, onion rings, 3 € ou 4 €,, guacamole et tortilla chips, 4 €, et rouleaux mexicains, de 4 € à 6 €,, boissons et desserts, de 1,90 € à 6,50 €. Les menus vont de 16,50 € pour le découverte à 27,50 € pour le dégustation pour 4 personnes. Une pizza est offerte pour une achetée le lundi et mardi. A noter, les pizzas sont bonnes et la livraison rapide !**Autres adresses : 248 bis, rue de Nantes ✆ 02 99 65 56 56 • 259, rue de Châteaugiron ✆ 02 99 50 10 00.**

Se détendre

- sorties
- spectacles
- culture
- loisirs
- sports

sorties

Bars

ACROPOLE BAR Les trois soleils 20, rue d'Isly © 02 99 31 25 50. *Ouvert du lundi au samedi de 8h à 20h.* Au dernier sous-sol des Trois Soleils et au niveau du Champion, ce bar, café et brasserie offre une halte agréable en faisant son shopping. Le cadre y est donc un peu sommaire mais l'ambiance est conviviale. Un nouveau propriétaire a repris cet établissement pendant l'été 2005 et la carte a varié légèrement. Le bon rapport qualité/prix est le point fort de cette maison.

L'ATELIER DE L'ARTISTE 2, rue Saint-Louis, 35000 RENNES © 02 99 79 60 98. *Ouvert du lundi au samedi de 12h à 1h du matin.* Dans un cadre chaleureux, sur un petit air de Boris Vian, de Brassens ou d'un blues rauque de la New Orleans, uniquement aux horaires matinaux des noctambules, on peut venir se délecter d'un bon verre de vin, voire d'une bouteille. Dans ce bistro-expo, les vrais épicuriens aiment également s'abreuver avec une bonne ripaille. Alors, le bar se transforme le midi en une brasserie, où pour 5 € ou 6 €, il est possible de choisir entre une salade, très composée, et des tartines chaudes ou froides qui caleront bien les grands appétits assoiffés, deux épaisses tranches de pains enrichis de pommes de terre, de fromage, de viande ou uniquement de légumes pour les végétariens. Elles sont assorties d'une salade verte et d'une clémentine. Chèques-Restaurants acceptés. Environ 50 couverts, 3 salles et une terrasse dans une cour close.

LE BARANTIC 4, rue Saint-Michel © 02 99 79 29 24. *Ouvert jusqu'à 1h du matin.* Un nom que connaissent ceux qui fréquentent un tant soit peu les cafés et autres bistrots... au cœur de la rue de la Soif. Le Barantic existe depuis tellement longtemps que certains pensent qu'il a toujours existé. En journée, les lieux sont plutôt calmes et agréables, surtout si la terrasse est ouverte. Le soir, c'est une bonne adresse : on y rencontre beaucoup de monde sur un fond sonore énergique.

LE BATEAU IVRE 28, rue de La Visitation © 02 99 38 76 93. *Ouvert de 15h à 1h.* Il est souvent compté sur un des cinq doigts de la main des Rennais à qui l'on demande de citer les bonnes adresses en la matière, et à juste titre, puisque le Bateau Ivre est un de ces lieux paisibles en journée qui s'animent joliment en soirée. La température atteint parfois des sommets, comme à l'époque de la fête de la Musique, des Transmusicales et en quelques autres occasions. Et le bateau tangue sous les assauts de clients très nombreux. Bon esprit et plein de vie.

LE BIGORNEAU 24, rue Nantaise © 02 99 65 48 87. *Ouvert du lundi au vendredi de 16h à 1h et le samedi de 11h à 1h.* En bas de la place des Lices, Le Bigorneau est un bistrot où Rennais et Rennaises aiment se retrouver, au bar, à la terrasse qui reçoit le soleil du soir en été, ou à l'une des tables des salles intérieures. Le lieu est apprécié par une "faune" de poète, de doux rêveurs, mais aussi de forts des halles à la personnalité gouailleuse. La déco, entre vieilles poutres et tableaux éclatants de couleurs et de formes, crée une atmosphère à la fois gavroche et conviviale. Vous pourrez goûter ici la fameuse godinette, ce mélange de fraises, de sucre, de vin blanc et de goutte. Le samedi midi, on vous sert l'apéro du marché, à ne manquer sous aucun prétexte !Régulièrement, Le Bigorneau organise des concerts. En général, ça déménage...

LE BISTROT DE LA CITE 7, rue Saint-Louis © 02 99 79 24 34. *Fermeture à 1h du matin.* Un petit café qui draine toute une clientèle d'habitués dans un décor désuet. On remarque rapidement, dans le fond de la salle une collection d'horloges tout droit sorties des années cinquante-soixante-dix, alliant inox, bakélite et formica. L'ambiance est tout aussi décalée que la déco. Elle est souvent festive, rassemblant les noctambules de tous les horizons. Les garçons derrière le bar y sont évidemment pour quelque chose, et c'est tant mieux parce que le zinc du bistrot est assez grand pour accueillir de bonnes équipes. Les rhums arrangés réchauffent les gosiers et les demis délient les langues.

LA BOCA CHICA 12, rue des Dames © 02 99 85 86 17. *Ouvert du mardi au vendredi de 15h à 1h et le samedi de 12h à 1h.* Cette bodega, installée au pied de la cathédrale Saint-Pierre, dans le plus vieux quartier de Rennes, vous accueille dans une atmosphère latine, décorée de photographies et d'objets cubains. Il y a même un brin de Troisième Internationale, de révolution, avec un Che humant son cigare, le regard pensif, lointain héro moderne qui fit trembler le capitalisme de Kissinger à celui du plan Condor. Il ne semble pas être récupéré. Un vent de liberté souffle ici bas, où le jeudi soir, à partir de 20h, les soirées salsa cubaine débarquent, faisant jaser le cléricalisme voisin. Atención !Los gabachos borrachos vienen hacer la revolución... peut-être s'arrêteront-ils à la terrasse ou dans l'un des 2 niveaux de ce haut lieu de la vie nocturne des Rennais. A la Boca Chica, vous pourrez vous repaître d'assiettes de tapas, à 5 €,, accompagnées de cocktails, à 6 €, tous les jours de la semaine et le samedi midi vous aurez en plus le choix de déguster une assiette cocktail composée d'huîtres, de crevettes et de bigorneaux du marché, de 3 € à 6 €. Arriba, abajo, al centro y a dentro. Y salud, que fuerza el canuto !Voilà, en un mot, comment aussi décrire ce lieu convivial et festif, animé par une pétillante barmaid qui met à disposition une cave à cigares. Une fois la nuit bien avancée, ici, il est de coutume de la poursuivre au Caveau du Chapitre.

CAVEAU DU CHAPITRE 1, rue de la Psallette © 02 99 67 03 18. Fermant au petit matin, vous y retrouverez une ambiance feutrée et conviviale, idéale pour passer une bonne soirée sur fond de musique mixée, électro, jazz, latino. Vous pouvez également y organiser des apéros dînatoires ou des cocktails. Le lieu s'adapte à vos attentes, du début de soirée privatif à la fin de nuit festive. Le Caveau du Chapitre est à lui seul tout un programme.

LA BRASSERIE DU THABOR 2, rue de la Palestine © 02 99 38 05 99. *Ouvert du lundi au dimanche de 12h à 21h30.* Un endroit qui offre un cadre comme il n'y en a pas beaucoup dans la ville. Impossible de résister au plaisir de s'y arrêter au cours d'une balade au cœur de la cité. La terrasse est magnifique, tout simplement.

CAFE DE L'HOTEL DE VILLE 9, rue de l'Horloge © 02 99 79 61 91. *Ouvert du lundi au jeudi de 8h à 20h, le vendredi de 9h à 22h et le samedi de 9h à 20h.* Coincé derrière la mairie, voici un petit bistrot à l'ambiance franchement sympa, musique française, bons mots et bonne humeur en prime. Difficile de ne pas s'y sentir bien, à toute heure de la journée, pour une pause café.

NOUVEAU **CAFE DES BRICOLES 17, quai de La Prévalaye, 35000 Rennes © 02 99 67 23 75.** *Ouvert le lundi, mardi et mercredi de 11h à 22h, le jeudi, vendredi de 11h à 1h. Restauration le midi du lundi au vendredi et le soir du jeudi au vendredi.* La décoration du lieu est à l'image de la patronne, chaleureuse, accueillante, sympathique, où se mélange habilement horloge comtoise, vieux miroir piqueté, peintures, vase chinois, téléphone en bakélite noir, vasques en verre de créateur. Dans ce cadre convivial, vous profiterez, en salle ou en terrasse et avec modération, de sa très bonne carte des vins, servis au verre, de 2,70 € à 3,50 €,, au pichet, de 9 € à 14 €, et en bouteille, de 13 € à 18 €. En journée, le Café des Bricoles est un bar original, où sa clientèle d'habitués aime y venir discuter derrière un petit café noir, un chocolat, une bière, de 2,20 € à 3 € le demi, ou un whisky breton de la distillerie Warenghem. Le midi et le soir le lieu se transforme en restaurant avec ses grandes tablées et sa cuisine qui rassasie n'importe quel appétit vorace. Le midi vous pourrez choisir parmi 3 formules : plat du jour, à 8 €,, entrée ou dessert, plat, à 12 €, entrée, plat et dessert, à 15 €. Le soir, le choix se fait à la carte.

CAFE L'ELEPHANT 18, rue de Bertrand © 02 99 36 95 03. Dans un quartier bien garni en bonnes adresses, le Café l'Eléphant n'a pas à rougir de son état, bien au contraire. Il propose une bonne alternative au déjeuner, avec des plats du jour bien ficelés et pas chers. Une adresse maligne pour déjeuner rapidement.

THE CELLAR CAFE 1, rue de Coëtquen © 02 99 79 19 53. *Du lundi au samedi de 8h à 1h.* En bas de la place de la Mairie, ce bar discret accueille une clientèle hétéroclite, notamment gay. Les lieux sont agréables et sur fond de musique soft, vous apprécierez de vous y offrir une pause détente à toute heure de la journée.

LE CHANTIER 18, carrefour Jouaust ✆ 02 99 31 58 18. *Fermeture à 1h du matin.* Haut lieu de la scène électro rennaise, il accueille également des personnalités montantes de la musique électronique d'ici et d'ailleurs. La décoration du lieu illustre le nom du bar. Dominantes de peinture rouge et jaune, casques, tuyaux et autres objets hétéroclites sont suspendus n'importe où. Le résultat est unique !L'ambiance y est franchement festive le week-end, il y a autant de gens dedans que dehors, sur sa vaste terrasse. Le lieu est pris d'assaut lors de soirées concerts animées par des dj ou lors d'événements rennais comme les Trans, les Tombées de la Nuit ou plus simplement pendant la fête de la Musique. L'endroit est donc incroyable. Un conseil futé, essayez les rhums arrangés locaux : fameux, connus pour très vite réchauffer les cœurs, et leur abus occasionne quelques matinées au ralenti.

LE CHAT QUI PECHE 2, rue des Francs-Bourgeois ✆ 02 99 79 30 04. *Ouvert jusqu'à 1h du matin.* Repris récemment, le Chat Qui Pêche a fait peau neuve. La déco s'est éclaircie et le café a pris une nouvelle orientation : plus de jazz, mais une restauration assurée à toute heure du jour et de la soirée. Une très bonne cuisine, qui se retrouve dans les salades, les tartes et surtout les desserts servis ici. Cordialité et bonne humeur sont également au rendez-vous : le Chat Qui Pêche va vite devenir le lieu des pauses gourmandes, des cafés du matin et des pots entre amis !

CHEZ RAMON ET PEDRO 43, rue Duhamel. *Ouvert jusqu'à 1h du matin.* Ramon et Pedro est une histoire de famille. Ramon, qui nous a quittés il y a déjà quatre ans, était un libertaire, ayant fuit l'Espagne de Franco. Arrivé à Rennes, il acheta, au bout de quelques temps, un bistrot ouvrier. Pedro reprit le flambeau en 1970. Aujourd'hui, l'histoire continue. On y parle toujours de politique, de chienlit intellectuelle, de nourritures terrestres, que l'on accompagne de jerez, de malaga, de sangria ou d'une paëlla locale, sur commande. La restauration est gourmande. On se pourlèche, festoie, ripaillant de plaisir dans cette atmosphère incomparable où l'on est à mille lieux du profit à tout prix. Habitués, étudiants ou passants y referont le monde autour d'un verre, d'une bouteille, d'une ritournelle... Des esprits libres, libertaires, poètes, des gens simples et sympathiques, à l'image du patron, c'est ça Ramon et Pedro !Lieu à abuser sans modération.

LA CITE D'YS 31, rue Vasselot ✆ 02 99 78 24 84. *Ouvert jusqu'à 1h du matin.* Un établissement qui n'a plus besoin de publicité tellement il remporte les suffrages d'une clientèle éclectique : de tous âges et de tous horizons, pour une petite mousse le soir, un café le matin. L'architecture intérieure et la décoration de la Cité d'Ys défient les lois du temps, créent un monde unique en son genre, donnant dans l'ambiance gothique, imaginée et réalisée par les Malouins de Skene Décor. Un pub breton, comme on les aime, à l'atmosphère forte, et une clientèle qui suit !

COULEURS CAFE 27, rue Legraverend ✆ 02 23 40 07 13. *Ouvert tous les jours de la semaine de 12h à 1h, le samedi de 16h à 1h.* Ambiance cool et plutôt jeune dans ce bistrot où l'on se sent bien. Un petit détour dans le Couleurs Café peut mettre le feu au gosier. Le choix de la carte est ahurissant : 2 000 cocktails alcoolisés ou non, une trentaine de rhums et une cinquantaine de rhums arrangés maison. Sans oublier ses 30 chocolats maison. Ça laisse pantois, non ?Toutefois, il y a un bémol, les rhums arrangés ou maison sont un peu trop bons à notre goût. Attention aux excès de toute sorte, la note pourrait devenir douloureuse, surtout le lendemain matin.

LE DECLIC Place Sainte-Anne ✆ 02 99 38 82 50. *Ouvert de 8h du matin à 1h du matin.* Situé place Sainte-Anne, l'endroit est agréable et bienvenu pour une pause déjeuner, plats du jour, croques et salades, ou pour boire un café dès 8h du matin, un verre lors d'un après-midi dans le coin ou l'apéro le soir. Ce lieu possède une très belle terrasse, avec une vingtaine de tables, prises d'assaut aux beaux jours. Un endroit à découvrir, surtout le samedi midi, après le marché.

LE DUGUESCLIN 1, rue Du-Guesclin ✆ 02 99 79 19 51. Ce bar traversé de lumière est l'endroit idéal pour faire une pause lors d'un après-midi shopping ou venir y manger le midi. Croques, quiches ou salades entre 4 € et 6,10 €, un plat du jour à 6,40 €, il n'y a franchement pas de quoi se priver, car en plus, tout est fait maison. Et chaque samedi soir de 18h à 20h, apéro-concert avec un petit groupe irlandais.

NOUVEAU

EL CUBANACAN 26, avenue du 41e-RI ✆ 02 23 46 49 39. *Ouvert jusqu'à 1h du matin.* Il y a ici un petit air de La Havane, entre Golf du Mexique et Mer des Caraïbes, des odeurs épicées de cigares et de piments nous envahissent, les rhums, quant à eux réchauffent les cœurs envoûtés par la musique cubaine. Bon plan, le mardi et mercredi, à 21h30, l'ambiance monte d'un cran avec des cours de danse qui réchauffent vivement une atmosphère déjà tropicale et sensuelle. Dans cet îlot caraïbéen qui a largué ses amarres en plein Rennes, vous pourrez également grignoter quelques planchettes pour accompagner votre apéritif. Ce jeune lieu a déjà conquis bien des aficionados qui aiment y passer pour un apéro ou pour une soirée festive.

ELSA POPPING 19, rue Poullain-Duparc ✆ 02 99 78 31 71. *Ouvert jusqu'à 1h du matin.* Dans une rue qu'il ne faut pas oublier de fréquenter parce qu'elle compte quelques bonnes adresses, l'Elsa Popping n'est pas en reste. Souvent sur un air de jazz ou de chansons françaises, lors des concerts, le lieu se remplit de fins connaisseurs, habitués ou nouveaux venus. Le bar permet également d'avoir des moments de calme, idéal pour les amateurs d'échecs ou de lecture. On aime y venir en journée prendre un petit café, y revenir à l'apéritif ou en soirée pour y déguster de bons verres de vin ou quelques excellents spiritueux ou boissons non alcoolisées. Ce café, à la fois intimiste et festif, se joue des archétypes de l'ambiance branchée des bistrots bourgeois-bohèmes ou des rassemblements éthyliques estudiantins. Il est égal à lui-même, un lieu simple, convivial, éclectique où l'on y fait d'intéressantes rencontres sur fond de bonne musique et d'expositions d'art contemporain de qualité, accrochées régulièrement. En d'autres termes, à ne pas rater.

HAPPY HOUR Place Sainte-Anne ✆ 02 99 79 22 79. *Ouvert jusqu'à 1h du matin.* La terrasse est ensoleillée jusqu'en fin de journée, ce qui en fait un endroit agréable à l'heure apéritive ou, comme le nom du bar l'indique, les prix s'amoindrissent selon la quantité. L'espace s'articule autour du rez-de-chaussée qui comprend une salle au fond, et le sous-sol accueille flipper, billard, fléchettes et autres jeux. Le Happy Hour propose une petite carte de brasserie.

NOUVEAU

SALE SUCRE 6, rue Baudrairie 35000 RENNES ✆ 02 99 79 07 69. *Ouvert tous les jours sauf le dimanche et le lundi, de 11 h à 1 h du matin.* Tout jeune à Rennes, ce café est un lieu à part. Dans un cadre chaleureux et avec un accueil tout aussi sympathique, vous pourrez déguster les spécialités de la maison. Citons à ce sujet, ses fameux chocolats élaborés sur place, avec une teneur en cacao de 55 %, mélangé avec de la crème fraîche et du lait parfumé à la fleur d'oranger, pour 2,20 € et parfois enrichis de praliné ou de noix de coco (à 2,50 €)... Vous pourrez aussi vous y délecter des meilleurs thés, sans pour autant casser votre tirelire. Par exemple, le Thé haut de gamme Betjeman and Barton, illustre marchand de thé installé à Paris depuis 1919, n'est qu'à 2,20 €, soit pas plus cher qu'un modeste lipton dans les autres bars. Côté café, vous apprécierez les recettes du fabricant Illy. Pourquoi ne pas aussi essayer ses cocktails à 4,50 €, il s'entend avec modération, ou, plus traditionnel, ses sodas, bières, apéritifs. Un conseil, laissez vous tenter par son pastis à la mélisse à 1,90 €. Le midi, cette adresse vous propose de vous rassasier avec 2 plats du jour, plutôt copieux et traditionnel : bœuf bourguignon, poulet basquaise, porc braisé au vin blanc... A 8 €, c'est dire si c'est raisonnable, vous aurez un plat, une garniture, une salade ou des crudités, une part de gâteau (parmi les deux fait-maison). Le soir, dans une ambiance jazzy, en plus d'y passer une agréable soirée, vous pourrez profiter des jeux de société originaux (présentés le mercredi soir de chaque semaine, avec la collaboration de La Courte Echelle) ou bien d'assister aux improvisations d'une troupe de théâtre (le 1er mardi de chaque mois), tout ceci, sans droit entrée ni majoration sur les consommations.

HENRI CORDING BISTROT 2, rue des Fossés ✆ 02 99 38 76 70. *Ouvert jusqu'à 1h du matin.* Sur un petit air de jazz, de chansons françaises, de piano-bar, un verre à la main, on y bavasse, palabre, refait le monde. Ici, ce n'est certainement pas le bourgeois, ni le bohème qui compte, c'est la chaleur humaine qui accompagne, comme un air de bringue ou un petit apéro de fin d'après-midi qu'il faut faire durer, tant on s'y s'en bien, un peu comme à la maison. Dans celle-ci, l'hôte des lieux pourra vous faire découvrir, en plus des nombreux élixirs chers à Bacchus, sa collection de jouets, robots à la X-Sor, ses expositions d'œuvres d'art : photos, planches de Boulevard... Artistes locaux uniquement !De plus, vous pourrez même vous connecter au monde entier avec son accès Internet qui ne ressemble pas du tout à un cybercafé. Bref, il règne en ces lieux une vraie ambiance de bistrot, avec ses heures apéritives particulièrement animées et ses soirées se prolongeant dans une atmosphère enfumée, vivante et chaleureuse. En un mot, nous, on adore !

NOUVEAU

IGLOO 12, rue Champ-Jacquet, RENNES ✆ 02 99 79 15 45. *Ouvert la semaine et le week-end jusqu'à 1h du matin.* Ce tout jeune bar est très vite devenu incontournable sur la place rennaise. Il possède une décoration savante et design, alliant le confort des cafés lounges à l'amphigouri d'un lieu convivial, où l'on se sent tout simplement bien. Dans une ambiance éclectique, électro, jazz, reggae...,, on aime s'y arrêter, apprécier un petit apéro. Certains soirs, des dj viennent mixer, distillant une fièvre énergique, d'autres soirs ce sera une atmosphère plus cosy. Bref, ici, il y en a pour tous les goûts et on y trouve forcément son compte. De plus, pour les affamés, une petite carte de tapas pourra leur permettre de se satisfaire. Et si vous faites un petit tour aux toilettes, faites attention à ne pas vous piquer les fesses avec la lunette ornées de dessins de punaises.

LE KENLAND 15, place des Lices © 02 99 79 02 02. *Ouvert du lundi au samedi de 12h à 1h du matin.* Le Kenland est un pub irlandais, spécialiste du whiskey et de la plus "stout" des bières, j'ai nommé la Guinness. Ce vaste temple de la bière et du whiskey vous propose également des cocktails, des boissons sans alcool et les habituels spiritueux et autres apéritifs que vous pourrez accompagner à l'heure de l'apéro de tartines de chèvre ou de flammekueches, à 6,50 €. Si son ambiance musicale varie du rock à l'électro, vous serez également agréablement surpris par sa décoration atypique : avec sa lumière tamisée, ses guirlandes fines et lumineuses courant sur le plafond, ses murs recouverts de bois, de tiroirs, d'une baie cuivrée, avec son bar d'environ 27 mètres de long. D'immenses écrans vous permettront de suivre les grands événements sportifs, matchs de foot ou de rugby,, et s'il n'y a pas de sport, ils restent en permanence branchés sur MTV. Le lieu accueil une clientèle éclectique, variant aux gré des soirées estudiantines, sportives ou lors des concerts.

LE KENT'UCKY 18, rue de Penhoët © 02 99 79 60 60. *Ouvert de 18h à 1h du matin.* Au bord du triangle bien connu en matière de cafés et de bars que forment les rues Saint-Michel, Saint-Malo et la place Sainte-Anne, la rue de Penhoët offre elle aussi un havre de fête, bien accueillant : le Kent'Ucky et sa grande sélection de rhums, de cocktails à base de rhum et de punchs à macérations diverses, plus de quarante... Deux étages peuplés de joyeuses bandes qui se mêlent sans s'emmêler... Et une petite terrasse dès les beaux jours.

LE LATITUDE 10, rue de la Parcheminerie © 02 99 78 12 48. *Fermeture à 1h du matin.* La programmation musicale fait la part belle à l'électro et au jazz. Le Latitude est un des rendez-vous incontournables de la ville pour qui aime ce genre d'ambiance. Sa terrasse ou sa cour ombragée sont également assiégées aux beaux jours, alors que l'endroit est un peu excentré des quartiers festifs rennais. Ici, on est face au théâtre de la Parcheminerie, l'atmosphère est conviviale et l'ambiance est toujours au rendez-vous lors des soirées animées par un dj. Le midi, c'est aussi un festival, mais là, cela concerne vous papilles. Kalou, le maître des lieux, n'oublie pas vos estomacs entre le café du matin et l'apéro du soir, il prépare des salades et de la petite restauration, avec un plus que beaucoup apprécient déjà : l'option végétarienne !A découvrir, parmi d'autres surprises du Latitude. Le sirop de coquelicot, par exemple...

MELTIPOTES 17, boulevard Beaumont © 02 99 85 92 18. *Métro gare. Fermeture à 1h du matin.* Musique et cadre sympas, chaleureux et conviviaux, où l'on aime se laisser aller une fin d'après-midi, à profiter d'un apéritifs, d'un verre de vin blanc rafraîchissant l'été. Ce bar à vins propose aussi de savoureuses tartines chaudes ou froides pour ceux qui auraient un petit creux. Il vous est également possible de réserver un plat pour vous rassasier. Il sera fait rien que pour vous. C'est dire si le maître des lieux est à votre service.

LE NAG'S HEAD 8, rue Saint-Sauveur © 02 99 79 05 55. *Ouvert de 11h à 1h du matin.* La rue Saint-Sauveur est l'une de ces rues discrètes et calmes... Il y a une convivialité immédiate dans ce lieu où il fait bon, chaud et où l'ambiance est familiale. On s'y procure des joies simples, par exemple, s'y retrouver pour jouer aux échecs ou au tarot tout en sirotant un cocktail rafraîchissant. Mais ce sont surtout les whiskies qui donnent au Nag's Head ses allures d'outre-Manche. Un éventail impressionnant de ce que les sujets de sa gracieuse Majesté savent élaborer dans leurs distilleries. Les hauts tabourets du comptoir accueillent les clients habitués et fidèles qui viennent taper la "discut" en descendant une bière pression. En soirée, la population augmente considérablement, le son et l'ambiance en font de même.

LE NABUCHODONOSOR 12, rue Hoche ✆ 02 99 27 07 58. *Ouvert de 11h à 1h du matin pour boire et jusqu'à 24h sans interruption pour manger. Fermé le dimanche et jours fériés.* Premier bar à vins de Rennes, le Nabuchodonosor est réputé sur la ville, pour ses bons petits crus au verre, sélectionnés directement chez les producteurs, et son ambiance terroir. Tartines, plats maison, plat du jour, gâteaux au chocolat, crumbles, etc., se dégustent à toute heure du jour. Et puis, si vous avez aimé ce que vous avez découvert dans votre verre, sachez que les vins peuvent être emportés, à prix caviste.

LE NEMO 16 ter, place Sainte-Anne ✆ 02 99 79 60 98. *Ouvert tous les jours jusqu'à 1h du matin.* Une adresse dont on avait un peu oublié la terrasse le temps des travaux d'aménagement qui ont chamboulé pendant des mois la vie du quartier de la place Sainte-Anne. Le calme revenu, les bonnes habitudes ont vite repris : la terrasse bleue du Nemo est un bon endroit pour boire un verre ou se restaurer. En effet, ce café-bar-rhumerie est aussi une sandwicherie grecque et propose une petite carte brasserie. Pour accompagner vos moules frites, vous pourrez choisir du vin au verre.

LE NOZDEI 38, rue de Dinan ✆ 02 99 30 61 64. A l'angle de la rue d'Echange et de la rue de Dinan, le Nozdeï est bien plus qu'un petit café de quartier. Bien sûr, les habitués ne viennent pas de très loin, mais ils ont choisi cette adresse pour d'autres raisons que la seule proximité : le Nozdeï organise dès que possible de petits événements, des concerts, des animations, souvent au rythme des manifestations rennaises. Habitués et étudiants se mêlent dans une touffeur amicale. Bon esprit et bonne ambiance.

L'OAN'S PUB 1, rue Georges-Dottin ✆ 02 99 31 07 51. *Ouvert du lundi au samedi de 14h à 1h du matin.* La terrasse reste une des plus paisibles de la vieille ville, du moins en journée, et depuis que la rue appartient au secteur piétonnier, elle a plus que doublé de volume. Par conséquent, il y a de la place pour tout le monde, alors que ce n'est pas une mince affaire dans bien d'autres lieux. A certaines heures, il est impossible de s'y asseoir tant elle est appréciée, mais lorsque par bonheur il reste une table libre, c'est la promesse d'un bon moment. L'Oan's Pub a eu la bonne idée de proposer une solution de déjeuner, avec une petite carte de plats du jour, tartines ou différentes salades bien troussées. En soirée, le rythme s'accélère et les bières pression bretonnes ou irlandaises coulent à flots.

O'CONNELL'S 6-7, place du Parlement-de-Bretagne ✆ 02 99 79 38 76. *Ouvert du lundi au samedi de 11h à 1h et le dimanche de 17h à 1h.* Voici un véritable irish pub, tenu par des Irlandais. C'est l'un des plus grands de Bretagne. Il vous fera découvrir les spécialités d'outre-Manche. Sessions danses irlandaises ont lieu chaque dimanche soir à partir de 20h30, sauf pendant les vacances scolaires. Il y a également en moyenne un concert d'un groupe irlandais par mois. Ceci n'occasionne pas de majoration du prix des bières. Justement, à propos de bière, vous aurez à choisir entre la Beamish Red, 5,90 € la pinte,, la Foster, 5,20 € la pinte,, la Newcastle... Une autre spécialité est aussi à la carte, le cidre irlandais : Strong Bow. Et comme en Irlande, on va se servir au bar !Le O'Connell's Irish pub retransmet sur ses téléviseurs plasma et son écran géant tous les grands matchs de football et de rugby. Vous pourrez aussi vous restaurer le midi avec des plats et spécialités copieuses. Par exemple, pour 6,80 €, vous vous délecterez de l'irish breakfast, boudin, bacon, saucisse, œuf. De plus, à la carte, vous pourrez choisir entre un mixted grill, des backed potatoes, des steaks, des magrets de canard, des club-sandwichs, des crêpes... en d'autres termes de quoi vous combler à satiété.

LE PETIT BAZAR 14, rue Saint-Melaine ✆ 02 99 38 72 32. Une adresse à recommander en toute sérénité. La clientèle d'habitués est plutôt jeune, l'ambiance est conviviale sans être trop "cour de récré". La salle en sous-sol accueille une flopée d'habitués. Il est même possible de se restaurer ici, puisque le Petit Bazar propose une carte de sandwichs. L'adresse joue carrément bien le jeu d'une vie musicale à Rennes. On se souvient avec émotion de certains de ses concerts, comme celui de Dominique A, que les amateurs de chansons françaises soignées, aux tonalités éloignées des stars en herbe télévisuelles et aléatoires, connaissent bien.

LE PROGRES 7, rue de La Chalotais ✆ 02 99 79 00 04. *Du lundi au vendredi de 8h à 1h et le samedi de 9h à 1h.* Il est de ces petits troquets qu'on ne remarque pas au premier abord. Le Progrès en fait partie. Mais les fins limiers débusqueront pourtant l'endroit, charmant avec sa terrasse ombragée. Vous y rencontrerez des gens du quartier, des rêveurs et poètes du quotidien, tendres, souvent francs et sans concession. Tout ce petit monde se croise et se décroise dans un va-et-vient incessant. Des étudiants, à l'humour débridé, côtoieront les commerçants du quartier devant leur petit noir de bon matin. Juste un instant, juste une heure, un après-midi, faites-y une halte et appréciez.

LE PUB GALL' 24, place des Lices ✆ 02 23 42 09 96. *Fermé le dimanche et lundi. Ouvert de 19H à 3H du matin.* Dans un quartier qui n'en manque pas, le Pub Gallery récemment rebaptisé le Pub Gall' par ses habitués possède l'avantage indéniable d'offrir un large choix de cocktails dont le Perrosien à base de gin, de bombay, de jus de pamplemousse et de grenadine ou le Fanch Broudig à base de rhum. La spécificité de l'établissement étant l'ambiance festive " chansons françaises ". Une carte de vins divers sont également de la partie ainsi qu'une dizaine de whiskies et un grand nombre de bières pression. Le pub a été repris il y a maintenant quatre ans par " Doumé et La Chine " qui ont su conserver la particularité de ce bar à savoir la pose d'empreinte : en effet, s'il y a un bar où vous passerez une bonne soirée à faire pillier c'est bien celui-ci car il vous faudra bien la soirée pour décripter les quelques 700 plaques de laiton gravées sur le bar qui retracent ainsi son histoire depuis l'ouverture... Alors si vous aussi vous souhaitez laisser une trace de votre passage dans la capitale Bretonne, courez au Pub Gall et commandez votre plaque en laiton mais attention, une fois gravée votre texte ne peut être modifié et vous rentrez dans l'histoire du pub Gall' !Une idée de génie.

LE ROYAL 3, place du Calvaire ✆ 02 99 79 59 38. *Plat du jour à 6,40 €.* Sur la place située à l'arrière du cinéma Gaumont, Le Royal, avec son air tranquille, continue son petit bonhomme de chemin. Au bar ou en salle, la gentillesse est toujours de mise, et l'on aime s'installer à l'une des tables du Royal, pour un petit café, une rêverie, un bout de roman... Les gens du quartier s'y croisent, et ceux qui viennent d'ailleurs se sentent un peu comme chez eux.

BAR LE SAINT-GERMAIN 9, place Saint-Germain ✆ 02 99 79 32 57. *Ouvert de 8h30 à 23h du lundi au samedi.* Une des terrasses les plus agréables pour profiter des premiers soleils printaniers. Superbement orientée, elle n'est pas trop parasitée par la circulation peu dense dans ce quartier. L'intérieur respire le café de quartier, agréable et tranquille. La maison ne s'arrête pas là et propose le midi des petites salades bien troussées ou de bons petits plats du jour à des tarifs tout à fait raisonnables. Le vin se déguste au verre.

LE SCOOP 1, place des Lices02 99 79 10 39. *Ouvert de 8h30 à 1h. Restauration de 11h30 à 14h30.* Les habitués de ce lieu agréable ont bien vite renoué avec leurs pauses café et leurs rencarts apéro. La déco intérieure du bar est des plus sympathiques et la terrasse est toujours autant convoitée, d'autant que c'est l'une des plus matinales pour la place. C'est un lieu très fréquenté aux beaux jours. Il est parfois difficile de trouver une place en terrasse, tant elle est prisée parce qu'elle reçoit les derniers rayons du soleil, l'été. Le midi, vous pourrez vous sustenter avec une bonne ripaille maison.

LE SCENARIO 28, rue Vasselot ✆ 02 99 79 28 30. *Ouvert du lundi au samedi de 8h à 1h du matin.* Aux après-midi tranquilles succède, le soir venu, une ambiance décontractée et fort plaisante. La grande terrasse du Scénario, située dans la partie piétonne de la rue, est une invitation à la détente qui attire habitués et passants. On y vient pour le petit déjeuner tôt le matin, pour un café italien à toute heure de la journée, ou pour l'apéro qui s'agrémente de toasts. A midi, plats du jour, tartines, salades, snacks, omelettes ou sandwichs s'invitent dans vos assiettes. Des soirées thématiques animent régulièrement le lieu.

LE SYMPATIC 11, rue Saint-Michel ✆ 02 99 79 10 05. Un must de la rue de la Soif qui, malgré les efforts de la préfecture pour que cette rue s'endorme de bonheur, a encore de belles années festives devant elle... Une clientèle bigarrée s'y relaie, dans la journée comme en soirée. Les concerts rock y sont détonants. Le lieu est peuplé d'irréductibles qui ne laisseront pas mourir les nuits rennaises sans un baroud d'honneur.

LES TEMPS MODERNES 26, rue Saint-Georges ✆ 02 99 63 38 82. *Ouvert du lundi au samedi jusqu'à 1h du matin.* La déco ne déçoit pas avec des boiseries classées Monument de France et une superbe cheminée. Dans la journée, ambiance calme, plutôt bistrot qui draine une clientèle hétéroclite. On s'y installe, on boit un coup, puis un autre. Le soir, c'est fête. Musique à fond, dj déchaîné, des soirées à thème et des animations avec divers partenaires sont au programme. On se déhanche sur des airs de musique générale et festive.

LE TIPI 36 bis, rue Dupont-des-Loges ✆ 02 99 31 86 47. *Ouvert 7j/7.* Bienvenue dans l'univers de la "route 66" !Ce bar à la déco américano-indienne vous offre un accueil des plus chaleureux. A noter, chaque 3e jeudi du mois, vous pourrez vous retrouver pour un bœuf musical organisé par AX6 Music. Ouvert à tous, même à ceux qui ne disposent pas d'un instrument, puisque Le Tipi prête guitare, basse, etc. Ambiance assurée !Le midi, Thierry propose galettes et crêpes copieuses, avec une formule à 6 €.

LE TIVOLI 19, rue Saint-Georges. Tout étudiant rennais qui se respecte connaît inévitablement ce bar pour y avoir passé une, deux, trois, voire beaucoup plus de soirées !Quand on est au Tivoli, au fil des heures, on se détend, on se débride dans cette ambiance chaleureuse, on rigole et on finit par connaître tout un cercle d'initiés et de joyeux lurons. Les patrons sont là pour que le cocktail soit à la bonne température et pour que tout ce petit monde s'amuse.

LE WESTPORT INN 35, rue de Dinan ✆ 02 99 35 05 43. *Ouvert en semaine de 15h à 1h. Le dimanche 17h.* Ohé !Ohé !Amateur de bière et inconditionnel des lagers et des bitters, un bout d'Irlande a débarqué depuis quelques années dans la capitale bretonne. Beamish, Mac Ewan's, Kilkenny, Foster ou encore whiskey, chouchen, Breizh Cola permettront de vous abreuver dans un Irish Pub tenu par un natif de l'outre-Manche. Dans ce superbe bar, tout en longueur, décoré de boiseries, se retrouvent les férus de la langue bretonne, de fléchettes et d'une certaine convivialité. Certains soirs, l'établissement est bondé, surtout lorsque des musiciens débarquent avec leurs airs traditionnels. Bon esprit, bonne ambiance, souvent festive. Et s'il fallait y aller qu'une seule fois dans sa vie, chose impossible,, le soir de la Saint-Patrick serait le moment le plus approprié. Le lieu est plein, les chants bretons, celtiques et irlandais raisonnent, la bombarde hurle quelquefois, la bière et le whiskey délient les langues et font chavirer les cœurs. Bref une soirée exceptionnelle dans un lieu hors du commun.

Bars de nuit

L'AMARYLLIS 12, carrefour Jouaust ✆ 02 99 31 58 32. *Ouvert du lundi au samedi jusqu'à 3h du matin, le dimande jusqu'à 1h.* Tout en bas de la place des Lices, ce bar s'est doté d'un nouveau look. La déco de la salle à l'étage a été entièrement refaite, et le résultat est largement concluant !L'ambiance reste, même différente, toujours très agréable et les soirées animées. A tester sans modération.

L'AVENTURE BAR Cours de la prison Saint-Michel, 5, allée Rallier-du-Baty ✆ 02 99 79 37 44. *Ouvert de 17h à 2h en semaine et jusqu'à 3h le week-end. Fermé le dimanche.* S'il y a bien un rendez-vous incontournable de la nuit rennaise, c'est l'Aventure Bar !Depuis plus de vingt-cinq ans, l'établissement nous assure sans faillir des nuits mémorables, dans le somptueux cadre de l'ex-prison Saint-Michel. Debout ou installé sur de confortables banquettes, la clientèle palabre ou danse tardivement sur les musiques des années soixante-dix jusqu'à nos jours !Estrades et plusieurs petites salles accueillent tout le monde, et le week-end le lieu est carrément bondé. D'autant plus qu'il ferme tard, et les Rennais le savent bien.

LE BACCHUS 23, rue La Chalotais ✆ 02 99 78 39 93. *Ouvert du mardi au samedi de 12h à 3h. Salle de spectacle en sous-sol et performances théâtrales également dans le bar.* Il est dur de devenir un bon café-théâtre. Et bien c'est chose faite ici. A la fois café-concert de bon goût et habité par une belle énergie, et un café-théâtre à la programmation éclectique et régulière, ce bar est un lieu à ne pas rater. La salle en sous-sol accueille des spectacles variés, entre théâtre, humour et chanson. Avec les nouvelles normes ministérielles, ces endroits, découvreurs de talent, diminuent d'année en année : la ville en a perdu quelques-uns. Heureusement de bonnes adresses, comme celle-ci, perdurent !En dehors des spectacles, le lieux respire une ambiance propice à l'inspiration, verbale et littéraire. On aime s'y installer au cœur d'un après-midi, muni d'un bon bouquin, seul ou pour partager un verre de vin avec des compagnons choisis ou des comparses découverts sur place le temps d'une tournée. Le Bacchus propose des tartines goûteuses et copieuses.

LA BANQUE Prison Saint-Michel, 1er étage ✆ 02 99 78 13 13. *Métro Sainte-Anne. Ouvert de 18h à 2h du matin en semaine et 3h le week-end. Fermé le dimanche.* Voilà quelque chose d'original, un bar-restaurant au premier étage d'une ancienne prison où l'on accède par un escalier en colimaçon. Le décor de style anglais sent l'authentique, et pour cause, il a été conçu et réalisé par des Anglais. Connaissant les frangins Nico et Pascal qui mènent la barque, on peut compter sur de belles soirées. Ambiance déridée et accueil convivial en toute circonstance sont les garants d'une soirée réussie.

LE BENTLEY 27, rue de la Monnaie ✆ 02 99 31 57 64. *Ouvert du lundi au jeudi et dimanche de 18h à 4h, le vendredi et samedi de 18h à 5h.* De la luxure, de la volupté, des femmes aux déhanchés sensuels, des hommes à la séduction agile, parasité quelquefois par certains qui l'ont monétaire... le Bentley vous ouvre ses portes avec son atmosphère de bar de nuit raffiné, intime, à la lumière tamisée, sur un fond de musique d'ambiance douce, agréable dans un décor d'objets anciens toujours en relation avec le sport. Vous pourrez y déguster un large choix de cocktails, comme le cherry baby, qui se déguste à plusieurs, ou le train bleu, pour ceux qui n'auraient pas encore trouvé l'âme sœur !Installé dans de confortables canapés, vous pourrez y achever sereinement votre soirée, sans l'ombre d'une déception. Ce bar de nuit est depuis longtemps un endroit cocasse chargé des mille souvenirs d'étudiants qui y ont bamboché pendant des années.

LE BOB PUB 12, rue de la Parcheminerie ✆ 02 99 79 53 05. *Ouvert de 16h à 5h du matin.* Bien connu par les couche très tard, le Bob Pub est situé à côté du théâtre de la Parcheminerie, à deux pas des quais et de la sortie du métro République. Avec ses lumières tamisées, sa déco aux tons boisés et rouges, ses petits salons répartis sur plusieurs niveaux dans de nombreuses salles, on y oublie très vite que l'horloge tourne, surtout quand la compagnie se fait bonne... Alors on aime laisser s'y égrainer le temps sans se soucier du lendemain.

LE CACTUS 3, rue Pontgérard ✆ 02 99 79 23 90. *Ouvert jusqu'à 3h du matin* Le Cactus est un des lieux privilégiés des jeunes noctambules de Rennes. Ce bar possède une vaste salle en sous-sol où sont régulièrement organisés concerts et soirées étudiantes, BTS, Pharma... A deux pas de la rue Saint-Michel, Le Cactus est envahi vers 1h du matin par une clientèle qui n'a vraiment pas envie d'aller se coucher et préfère venir y déguster une marguarita ou une des nombreuses bières disponibles à la vente à ses deux comptoirs. Un dj anime également de nombreuses soirées et fait danser, sur une musique éclectique, une foule bigarée.

LA CONTRESCARPE 5, rue du Champ-Jacquet ✆ 02 99 79 36 97. *Ouvert jusqu'à 3h du matin le week-end.* En descendant les quelques marches de l'entrée, plutôt discrète, vous découvrirez une ambiance chaleureuse, où les oiseaux de nuit aiment se retrouver dans ce dédale de petites salles. Le dernier niveau de caves, voûtées en pierre, possède son propre comptoir évitant les encombrements des noctambules déshydratés. Musique branchée pour des soirées animées, où il n'est pas rare que tout le monde se mette à danser. Ici, on connaît le sens du mot "fiesta".

LE DEJAZEY 54, rue de Saint-Malo ✆ 02 99 38 70 72. *Ouvert jusqu'à 3h du matin.* Haut lieu de la nuit rennaise, Le Dejazey, avec ses horaires de nuit, est un bar que tous les étudiants rennais ont forcément fréquenté au moins une fois. Il arrive très souvent, surtout après minuit, que les lieux soient bondés : il faut alors affronter la foule agglutinée le long du bar pour accéder à la salle du fond qui a, entre autres, le mérite de posséder un petit bar !Le jeudi soir, des soirées salsa enflamment une clientèle friande.

LE MONDO BIZARRO 264, avenue du Général-Patton ✆ 02 99 87 22 00. *Ouvert du mardi au dimanche de 17h à 2h du matin.* Excentré mais unique à Rennes, ce café salle de concert programme des groupes au minimum trois soirs par semaine, entre 20h30 et 23h30. Au menu : punk garage, ska, folk pop, heavy rock, hip-hop, soul, funk, new-wave, grind-core, thrash... Les musiciens et les formations viennent de toute la France, Rennes, Nantes, Montbéliard, Grenoble, etc.,, voire même de plus loin, Belgique, Suède, USA... Certains se souviennent aussi de soirées un peu plus bizarre avec un certain Jean-Louis Costes, les initiés comprendront. Les spectateurs arrivent parfois eux aussi des quatre coins de la France, parce qu'un groupe mythique se produit. Au fait, entre 19h et 20h, le Mondo Bizarro fait une happy hour, eh oui, dur dur pour le foie !

LE MUSEUM-CAFE 12, rue Duhamel ✆ 02 99 35 14 02. *Ouvert du mardi au samedi de 16h à 2h du matin.* Une belle réputation en matière de programmation musicale, tout au long de l'année, avec un effort particulier pendant les Transmusicales. C'est une des caractéristiques du Muséum-Café. Certains le fréquentent assidûment, d'autres avec parcimonie, mais pour tous, c'est à chaque fois un plaisir. Dès le milieu de la soirée, l'ambiance est chaude et festive. Un lieu apprécié des Rennais même s'il n'est pas dans les quartiers chauds de la ville.

LE P'TIT VELO 8, place Saint-Michel ✆ 02 99 78 23 96. *Ouvert du lundi au dimanche de 11h à 3h du matin.* Un bar bien connu des Rennais, qui est depuis longtemps un des lieux incontournables de la vie nocturne. Sur 2 niveaux, on y apprécie souvent de nombreuses boissons dans un décor éclectique et désuet, sur un fond de musique rock, funck, hip-hop... Chaque salle possède son propre comptoir, évitant des allers-retours fatalement dangereux, les mains pleines de verres, entre le rez-de-chaussée et la cave. Aussi, le P'tit Vélo organise régulièrement des concerts, de la musique électro à de l'acoustique en passant par des soirées animées par des dj. Enfin, il vous faudra goûter les 3 cocktails maison : le p'tit vélo, calva, citron et limonade,, le skate-board, vodka, crème cassis et limonade, et la trottinette, tequila, grenadine et limonade. Au fait, l'abus d'alcool est dangereux pour la santé...

LA PLACE 7, place du Champ-Jacquet ✆ 02 99 79 05 75. *Ouvert du mardi au samedi et veille de fête de 18h à 3h du matin.* Une porte discrète, à l'angle de la place du Champ-Jacquet, voilà ce que laisse transparaître de l'extérieur le bar de nuit La Place. La porte s'ouvre et là, on découvre un lieu bondé, avec de nombreux comptoirs, où la foule se perd dans un dédale de salles. Le décor, d'inspiration orientale, invite à un voyage nocturne accompagné ou non. Le lieu, avec sa grande capacité d'accueil, est un rendez-vous prisé par les Rennais. Il s'y déroule régulièrement des fêtes estudiantines ou Erasmus, qui attirent généralement les foules. A'mateurs, courrez-y !

LE TI-KOZ 3, rue Saint-Guillaume. *Ouvert de 17h à 2h du matin.* Après bien des années de fermeture à la suite d'un incendie en 1994, le Ti-Koz, installé dans une vieille maison rennaise, surnommée à tort la maison Du Guesclin, est devenu un bar de nuit très tendance, animé par un dj résident, Bertrand, qui distille une musique électro de salon, de la deep house et bien d'autres choses encore. Les deux chapelains de la cathédrale toute proche, qui y vivaient au XVIe siècle, n'en croiraient pas leurs yeux ni leurs oreilles. Une décoration totalement repensée, où meubles design fréquentent des fauteuils club côtoyant du mobilier baroque et d'autre d'inspiration Louis XV, agrémentée de tableaux contemporains. Le résultat est là, inédit et intimiste, pour une clientèle un brin smart et triée sur le volet. Au bar du rez-de-chaussée succèdent petits salons et cave à cigares à l'étage.

LE ZING 5, place des Lices ✆ 02 99 79 64 60. *Ouvert du lundi au jeudi de14h30 à 2h, le vendredi et le samedi de 14h30 à 3h et le dimanche de 15h à 2 h.* Un des lieux de "branchitude" de la jeunesse rennaise. Incontournable, vous y passerez à un moment ou à un autre de la soirée. La grande terrasse accueille une flopée de clients, après le bureau ou à la sortie de l'école, car le plus gros de la clientèle de ce Zinc-là est assez jeune. La musique, la déco, tout est dans l'air du temps. Bref, vous le découvrirez si vous voulez.

Discothèques

LE DELICATESSEN 7, allée Rallier-du-Baty ✆ 02 99 78 23 41. Dans l'ancienne prison Saint-Michel, Le Délicat' est connu de tous les noctambules. La déco a fait beaucoup parler d'elle et elle continue de plaire. Une bonne adresse pour ne pas rentrer trop tôt, en plein centre-ville. Idéal pour ceux qui n'ont pas envie de conduire, ou pour qui tenter l'exercice ne serait pas raisonnable. Il s'agit tout de même d'être assez en forme pour ne pas s'endormir... L'endroit est particulièrement bien placé.

L'ESPACE 45, boulevard de la Tour-d'Auvergne ✆ 02 99 30 21 95. Le premier bon point de cette boîte de nuit dont personne ne se lasse, est qu'elle est ouverte tous les soirs. Du dimanche au mercredi, elle ouvre ses portes de 24h à 4h du matin, et dès 23h à partir du jeudi soir. Etre ouvert, c'est bien... mais certains soirs, l'ambiance n'est franchement pas au rendez-vous. Oui, bien sûr, c'est aux clients d'assurer le spectacle : mais quand la mayonnaise ne prend pas, y'a rien à faire. Un espace dans l'espace qui reste fréquenté par une clientèle gay-friendly plutôt bon-enfant et festive. La musique y est bonne.

LE PYM'S 27, place du Colombier ✆ 02 99 67 30 00. *Ouvert tous les soirs de 23h à 6h sauf le dimanche et jeudi jusqu'à 4h. De 18 ans à 25 ans, le ticket jeune est à 8 € et comprend l'entrée et une consommation, le vendredi et samedi jusqu'à 1h. Les jeudis étudiants, sur présentation de la carte universitaire de l'année en cours,, entrée gratuite avant 1h du matin, après le tarif est de 8 €.* Sur la dalle du Colombier, une des boîtes les plus réputées de la ville. Très généraliste, Le Pym's offre une programmation musicale qui plaît à une large clientèle. Grâce à 3 salles différentes, elles sont ouvertes selon les soirs de la semaine,, chacun peut choisir son ambiance et varier les plaisirs : le salon Lounge Bar avec son espace VIP et de danse à deux, le Club qui diffuse de la disco-variété et des chansons françaises et La Planète qui vibre sous les musiques plus actuelles. Jeunes et moins jeunes s'y côtoient dans une bonne ambiance, pour danser jusqu'au petit matin. Pour éviter toute attente à l'entrée, vous pouvez acheter votre ticket du lundi au jeudi de 9h à 12h et de 14h à 17h. De grandes soirées à thème sont régulièrement organisées.

LA GUINGUETTE L'ESPACE VIP, LE LOUP-GAROU, CHAVAGNE ✆ 02 99 64 24 33. *Ouvert du jeudi au samedi et veilles de fête de 22h30 à 5h du matin.* Voici une bonne adresse nocturne de la région rennaise. Avec ses 3 salles, qui sont autant d'ambiances différentes, cette discothèque vous promet, à tous, de bonnes soirées. Musiques variées, ambiances chaleureuses et festives, La Guinguette, club rétro,, l'espace VIP, Club 80's, et le Loup-Garou, club actuel, vous feront vivre des soirées inoubliables dans cet établissement, un des plus anciens encore en activité en France. L'endroit se porte comme un charme, avec ses 45 ans, fêtés en novembre 2005. L'adresse est bien connue d'une clientèle fidèle et éclectique, accros à l'ambiance et aux animations régulièrement proposées. Soirées du célibat, 2 jeudis par mois,, où convivialité et bonne ambiance sont de mise, soirées danse rock chaque premier vendredi du mois, et salsa de plus en plus souvent, soirées thématiques au fil du calendrier, Halloween, soirées de la pleine lune, concerts, etc. Ça bouge et on s'amuse !Des soirées privées sont aussi organisées, du dimanche soir au vendredi soir.

LA PERGOLA 15, rue du Champ-Trinquant, BAIS ✆ 02 99 49 01 91. *Ouvert le vendredi, le samedi et les veilles de fêtes, 22h30 à 5h.* La Pergola aime se définir comme un centre de loisirs de nuit, et même comme l'un des plus grands d'Europe, plutôt que comme une discothèque. Le complexe comporte 4 salles discothèques, un pub, un espace karaoké, un snack-grill et une salle de billard. Les prestations foisonnent en un seul lieu, à quelques encablures de Rennes. Des soirées thématiques et autres événements ponctuent l'année, de la Nuit des Exams aux fêtes pour les anniversaires. Etudiants, jeunes et moins jeunes s'y côtoient dans une bonne ambiance, pour danser jusqu'au petit matin.

LE PLATINIUM ZA du Chêne-Vert, LE RHEU ✆ 02 99 14 62 62. *Ouvert du jeudi au samedi, les veilles de fêtes et les jours fériés, de 22h à 5h.* C'est souvent après une longue file d'attente que vous pourrez entrer dans ce vaste complexe de loisirs. C'est dire s'il y a du monde et de tous horizons !Le Platinium mise sur la diversité pour faire vivre de folles nuits à tous, quels que soient l'âge et le style de chacun. Un restaurant karaoké, un espace-jeux, un club, des animations incessantes. Tous les genres musicaux sont diffusés pour le plaisir des danseurs : dance, disco, rap, rétro, techno... Dans chacune des 4 salles règne une ambiance différente !Pour fêter un anniversaire, assister à un défilé ou à un concert, Le Platinium répond à toutes les demandes.

LE STANLEY Le Haut-Val, SAINT-GREGOIRE ✆ 02 99 66 54 78. Quelques kilomètres seulement séparent le centre-ville de cette discothèque qui est située sur l'ancienne route du meuble. La clientèle plutôt jeune et branchée s'y retrouve pour danser dans une ambiance festive et joyeuse. Ici, on ne se prend pas la tête, on croise essentiellement des bandes de potes venus prolonger la soirée, boire quelques verres en refaisant le monde, se dépenser sur de la bonne musique.

Gays et Lesbiennes

Retrouvez les informations et les bonnes adresses de Rennes et de la Bretagne dans le guide France Gay et Lesbien. Retrouvez également les adresses sur le site www.thegayfox.com

spectacles

Cinémas

ARVOR 29, rue d'Antrain ✆ 02 99 38 72 40. Audiophone ✆ 08 92 68 00 39. *Plein tarif à 7,50 € et tarif réduit à 6 €, le mercredi pour tous et les autres jours sur présentation d'un justificatif. Carnet fidélité-passion de 7 places à 38,50 €, valables tous les jours à toutes les séances.* Haut lieu de la cinéphilie, la programmation éclairée fait la part belle aux films en version originale, au cinéma indépendant et étranger de qualité : japonais, coréen pour ne citer que ceux-là. Il possède 2 salles, au confort irréprochable. Les rangées de sièges, montées en gradin, permettent véritablement de voir l'intégralité du film même si la personne devant soit est de taille imposante ou qu'elle possède des cheveux hirsutes. L'Arvor est un cinéma d'art et d'essai, et de recherche. Tous les mois, un petit journal présente les films programmés durant le mois en cours : drôlement bien fait, tout simple et donc très efficace, il est gratuit. L'Arvor participe à des manifestations culturelles dès que l'occasion se présente : il est, par exemple, partenaire du festival Travelling. A noter : les séances commencent par le film.

CINEMA LE SEVIGNE 43, rue du Muguet, CESSON-SEVIGNE ✆ 02 99 83 75 80. Programmes ✆ 02 99 83 12 21. *Plein tarif à 6,30 € et tarif réduit à 4,70 € pour les moins de 18 ans, les étudiants, les demandeurs d'emploi, les handicapés et les familles nombreuses. Abonnements : carte magnétique fidélité, 10 places, 40 € la première fois, puis 38 €, valable jusqu'au 30 décembre quelle que soit la date de l'achat, et utilisable directement dans la borne située à l'entrée du cinéma. Les tickets du carnet sont à échanger avant le film contre un ticket cinéma à la caisse.* Ce petit cinéma, il ne compte qu'une salle, est néanmoins classé Art et Essai et dispose de tout le confort de ses grands frères de Rennes : son dolby SR, SRD, DTS, accès handicapés, distributeur d'eau fraîche, billetterie électronique pour acheter vos billets vous-même ! Il projette 3 films par semaine en moyenne, et au moins un film Art et Essai par semaine. Les tarifs sont par ailleurs particulièrement avantageux, et l'ambiance y est conviviale, sans les grandes foules et le tourbillon citadin incessant.

CINEMAS GAUMONT 8, quai Duguay-Trouin, Audiophone ✆ 0 892 696 696, puis #137. *Plein tarif à 8,10 € et tarif réduit à 6 € pour les moins de 16 ans et plus de 65 ans, 6 € pour les lycées et les étudiants pour les séances du dimanche à 19h au vendredi soir compris. Tarif pour la séance du matin à 11h à 5,20 €. Pour les adhérents du Club Gaumont : 5 € pour toutes les séances et pour tous les jours.* Oui, oui, vous avez bien lu, 8,10 € la séance pour le plein tarif. En outre, côté spectacle, l'endroit date un peu, et propose majoritairement des films à grands spectacles, restant trop longtemps à l'affiche. Toutefois, précisons qu'une petite place est faite au cinéma indépendant et étranger, projeté souvent en VO ST. A l'intérieur, vous trouverez un coin confiserie, aux prix redoutables. Sachez aussi, que le Gaumont va bientôt quitter ses murs et déménager dans le futur cinéma multiplex de la place du Général-De-Gaulle, risquant de malmener la fréquentation du Cinéville Colombier...

CINE TNB 1, rue Saint-Hélier ✆ 02 99 31 55 33. Audiophone ✆ 08 92 68 00 39. *Tarif plein à 6,20 €, tarif réduit à 5 €, le mercredi pour tous et les autres jours sur présentation d'un justificatif : carte de chômeur, d'étudiant, vermeille. Tarif enfant jusqu'à 12 ans inclus à 3 €. Tarif fidélité à 4,10 € pour l'achat d'un carnet de 5 places à 20,50 €, valables tous les jours à toutes les séances. Tarif unique de 3 € pendant les vacances scolaires pour la séance de 11h30.* Depuis le début des travaux de réfection du TNB, le cinéma a été déménagé au théâtre de La Parcheminerie, mais cela sans altérer la qualité de sa programmation. Le Ciné TNB reste une adresse incontournable en matière de cinéma d'art et d'essai. La programmation, loin des blockbusters du moment, ravit les cinéphiles portés vers les bons films d'auteurs souvent délaissés du grand public et donc peu projetés dans les grandes salles, ou inversement. Le Ciné TNB possède même un projecteur en 75 mn, les amateurs comprendront ce que cela signifie... Ici, exclusivité ou rediffusions sont toujours de bon goût, et l'on revoit avec plaisir des chefs-d'œuvre ressurgis du passé, lors des rétrospectives. Le Ciné TNB participe à plusieurs événements de la vie culturelle de la ville, comme pour Travelling, le Festival Télérama, etc. L'ambiance qui règne ici est particulière, et le calme se mêle à l'ébullition de la vie du TNB. Tentez l'expérience d'une séance de Ciné TNB en pleine journée, c'est un pur bonheur !Juste une petite précision : la séance commence par le film.

CINEVILLE COLOMBIER Place du Colombier ✆ 02 23 44 84 00. *Plein tarif à 7,80 € et tarif réduit à 6 € pour tous de 12h à 18h30 du lundi au vendredi. Tarif du matin à 5 €. Abonnements : carte ciné-liberté, nominative, adhésion annuelle 12 €, puis 4,90 € la place tous les jours pour tous les films, et carte ciné-préférence, 38,50 €, soit 7 places à 5,50 €, valable tous les jours à toutes les séances pour 1, 2 ou 3 personnes par film, pendant 3 mois. Paiement par carte bancaire, monéo et monnaie, les chèques ne sont pas acceptés.* Le hall d'entrée est vaste, coloré et abrite les caisses et le ciné-café. Les 6 salles, son numérique et écran géant, dont 2 accessibles aux handicapés, projettent les derniers films sortis. Mais le Cinéville Colombier, c'est aussi un lieu ouvert à tous les cinémas et à ceux qui le font, réalisateurs comme spectateurs. Réalisateurs et acteurs viennent régulièrement présenter en avant-première leur dernier film, et rencontrer leur public : vous !Des animations spéciales sont organisées tout au long de l'année, comme les Nuits du cinéma : 5 films sont projetés en une nuit, avec pour fil conducteur un thème, fantastique, policier, super-héros... Entre chaque projection, vous aurez droit à des pizzas, des friandises, des glaces, vous pourrez gagner des cadeaux, et le petit déj' est offert !Quand vous saurez qu'une Nuit du cinéma, c'est 18 €... Par ailleurs, le Cinéville Colombier accueille les cycles Connaissances du monde, et programme chaque année, des cycles cinéma espagnol, cinéma italien, etc.

MEGA CGR Cap Malo, Route de Saint-Malo, sortie La Mézière ✆ 08 92 68 04 45. *5 à 6 séances par jour, à 13h45, 16h15, 18h, 19h45, 22h15, et le dimanche et petites vacances scolaires, séance supplémentaire à 11h au tarif de 4,90 €. Tarif normal à 7,50 €, réduit à 6 € et le lundi pour tous à 4,90 €. Etudiants et moins de 18 ans à 5 €, 7j/7.* Au nord-ouest de Rennes, le Méga CGR est le premier multiplex de la région rennaise. Même si c'est un peu l'usine, avec une programmation qui ne laisse que peu de place aux films indépendants, le lieu propose une grande variété de services : un pôle confiserie en plein milieu de l'entrée, un ciné-café et un espace jeux vidéo. Côté plaisir de l'image, on est quand même très bien servi avec ses écrans géants, ses 12 salles dont 3 en son numérique : mais comme de nombreux multiplex, l'endroit reste résolument commercial et impersonnel. La programmation est grand public : projection de films à gros budgets et exceptionnellement en VO.

LE GRAND LOGIS 10, avenue du Général-De-Gaulle, BRUZ ✆ 02 99 05 30 62. *Plein tarif : 5 €, réduit : 4 €, moins 18 ans : 3 €, moins 12 ans : 2,50 € et carnet 10 entrées : 35 €.* Cet espace culturel possède une salle de cinéma, sur la commune de Bruz. Une salle unique de plus de 400 places fait office de salle de spectacle et de salle de cinéma à la fois. Très bien conçue et confortable, elle peut également accueillir les personnes handicapées. Quant à la qualité de la salle, elle n'a rien à envier à ses grandes sœurs rennaises avec son dolby stéréo SRD, DTS, EX, distributeur de boissons fraîches. Cinq projections par semaine sont programmées : le mardi soir à 20h30, le samedi à 18h et à 20h30, le dimanche à 15h et à 17h. Le Grand Logis, classé salle Art et Essai, est entré dans la danse en participant au festival Travelling. Tarifs réduits pour les jeunes, les étudiants et les demandeurs d'emploi.

LE TAMBOUR Auditorium de Rennes II, Université Rennes II, Place du Recteur-Henri-Le-Moal ✆ 02 23 46 47 08. *Tarif à 3,50 € et carte 10 places non nominative valable pour l'année universitaire à 22 €. Projections le mercredi à 18h ou 20h30, et séances jeune public à 14h30, de début octobre à début juin.* Le Tambour, situé à la sortie du métro Villejean et à l'entrée principale de l'université de Rennes II, propose les tarifs cinéma les plus avantageux de Rennes. Mais ici, aucune chance de voir le dernier Harry Potter à sa sortie !La programmation, assurée par l'association Clair Obscur, à qui l'on doit la création, l'organisation et la préparation du festival de cinéma Travelling,, projette les films du patrimoine et reprises récentes, c'est-à-dire au moins un an après la sortie en salles. Les films sont systématiquement proposés en VO, et régulièrement les projections sont liées à une thématique autour d'un auteur ou d'un sujet. C'est au Tambour que vous pourrez avec délice voir ou revoir Métropolis, Les Temps Modernes, des films de Buñuel ou de Fellini, etc. La quarantaine de séances programmée sur l'année universitaire est également pensée en lien avec les enseignants de l'université, mais aussi avec les différentes associations et équipements culturels du quartier pour proposer des séances aux résidents de Villejean.

> Revoir Le Dictateur, confortablement installé sur l'herbe du Thabor à la tombée d'une nuit d'été : voilà encore une idée née de l'enthousiasme fertile de l'association Clair Obscur pour le cinéma !Tous les étés, 4 projections gratuites sont organisées dans les parcs de Rennes, comme le parc de Bréquigny, celui des Gayeulles ou encore le Thabor, exceptionnellement ouverts pour ces séances originales. Un grand écran est monté, il ne reste plus qu'à s'asseoir en attendant la nuit !Les prévoyants emmènent un petit coussin ou une couverture. Et pour connaître le lieu, le jour et le film, vous pouvez vous rendre sur le site Internet : www.travelling-festival.com.

Théâtres et salles de spectacles

Rennes compte un bon nombre de structures de qualité, tant par l'agencement des salles de spectacles que par la qualité des programmations qui s'y déroulent. Très souvent animés par une poignée de personnes enthousiastes et compétentes, ces lieux participent largement à donner une vie culturelle résolument tournée vers le spectacle vivant. Théâtre, conte, danse, musique... Les années 2005 et 2006 seront marquées par de nombreux chantiers dans le domaine de la culture. C'est tout le mandat municipal qui s'annonce riche en constructions ou rénovations.

Café-théâtre

LE BACCHUS 19, rue La Chalotais © 02 99 78 39 93. *Tarifs : 13 € et 10 € pour les étudiants et les chômeurs du mercredi au vendredi. Le mercredi, tarif spécial : 10 € pour tout le monde.* Deux en un, c'est à la fois un bar à vins où l'on peut même manger et un café-théâtre comme on les aime. A un saut de puce de la place de Bretagne, ce petit lieu connu des amateurs de spectacles comiques, de magie et de bonne chère vous accueille dans une ambiance inégalée à Rennes. Boire, manger et se divertir est au programme de votre soirée au Bacchus. Un pied dans la cave et la fête vous emporte, vous bluffe avec ses spectacles de magie, le mardi soir. Bref, une fois que vous y avez goûté, il est difficile de se passer du Bacchus. Il vous permettra de découvrir de nouveaux talents, des humoristes efficaces et hilarants, des comédiens du cru ou d'ailleurs. Un bonheur à renouveler à volonté.

Centres culturels

CENTRE CHOREGRAPHIQUE NATIONAL DE RENNES ET DE BRETAGNE 38, rue Saint-Melaine © 02 99 63 88 22. *Site Internet : www.ccnrb.org Ouvert de 9h à 13h et de 14h à 17h30.* Une entrée somme toute assez discrète, pour un lieu qui foisonne d'idées et d'initiatives. Dès l'entrée, une exposition libre et permanente de photographies. Chaque premier jeudi du mois, le Centre présente un nouveau spectacle au public, représentation à 20h30, entrée gratuite, sur réservation, 70 à 120 places. Il s'agit de spectacles qui viennent s'achever, se fignoler, se rôder dans ces locaux, et cela vaut vraiment la peine de venir les découvrir. Les activités du Centre chorégraphique ne s'arrêtent évidemment pas là. Catherine Diverrès, chorégraphe et directrice artistique, conduit chaque année de nouvelles créations. Le samedi après-midi, un professeur du conservatoire dispense des cours techniques. Environ 3 fois dans l'année, un atelier d'écriture autour de la danse est animé par la journaliste spécialisée Geneviève Vincent. Des journées de réflexion portant sur la danse à l'école sont régulièrement organisées, ainsi que moult stages et manifestations.

L'INTERVALLE CENTRE CULTUREL 1, passage de la Motte, NOYAL SUR VILAINE © 02 99 04 13 23. L'Intervalle ne manque ni de charme ni de cachet, ni de modernité. A 10 km de Rennes, sur la 4 voies Rennes-Paris, ce centre culturel est composé de deux anciens bâtiments de caractère qui accueillent l'école de musique et la médiathèque. Ils sont reliés entre eux par une construction ovoïdale d'architecture contemporaine qui abrite la salle de spectacle de 153 places assises, aux conditions de confort et d'acoustique excellentes. Le rapport scène-salle est juste, intime et chaleureux. La programmation culturelle riche et cosmopolite fait la part belle aux artistes confirmés comme aux jeunes talents : musique, chanson, danse, théâtre, conte et spectacle jeune public trouvent ici un lieu à taille humaine pour se produire et un public toujours au rendez-vous.

CENTRE CULTUREL LE RALLYE 135, rue d'Antrain © 02 99 63 13 82. *Ouvert du lundi au samedi de 14h à 18h et le mercredi toute la journée de 9h à 12h et 14h à 18h.* Dans la longue rue d'Antrain, ce centre culturel compense sa situation un tantinet excentrée par une activité dynamique. Dédié au jeune public, cet endroit propose toute l'année, sauf en juillet et août, une programmation alléchante à un public qui le mérite : les moins de 12 ans découvrent ici le théâtre, les marionnettes, la danse, la musique, rock et pas que du Henri Dés,, les contes et le cinéma, grâce à diverses associations dynamiques comme La Marmaille. Une programmation cohérente, intelligente et souvent pleine d'humour, qui contente les écoliers comme les enfants conduits par leurs parents ou leur école. La salle de spectacle du Rallye peut accueillir jusqu'à 300 chérubins, et elle résonne bien souvent de leurs rires et applaudissements. Le centre culturel Le Rallye s'inscrit dans les manifestations qui ont lieu à Rennes, par exemple, lors du festival Travelling junior. Chaque année, Le Rallye organise un festival jeunesse, le festival Marmaille, en octobre. Une quinzaine de compagnies viennent enchanter leur jeune public par des spectacles vivants : marionnettes, danse, théâtre, musique, contes et cinéma. Toujours dans un souci de découverte des spectacles et de formation du public, Le Rallye organise également des rencontres, ateliers avec les artistes, discussions et visites du théâtre

LE GRAND LOGIS 10, avenue du Général-De-Gaulle, BRUZ © 02 99 05 30 62. *Ouvert du mardi au jeudi de 14h à 18h, le vendredi de 10h à 12h et de 14h à 18h et le samedi de 14h à 18h.* Le Grand Logis bénéficie d'une architecture et d'un agencement très actuels. Tout a été pensé : une salle unique sert à la fois d'amphithéâtre, de salle de spectacle et de salle de cinéma. Les locaux, aussi fonctionnels que confortables, accueillent aisément les personnes à mobilité réduite. Une salle d'exposition, l'Espace Gauguin, reçoit dans de très bonnes conditions des expos variées : la peinture, la sculpture et la photographie y trouvent une place de choix. La salle de spectacle, qui peut accueillir jusqu'à 450 personnes, a déjà de beaux événements à son actif : de la chanson, de la musique, du théâtre, de la danse. Parmi les artistes déjà passés par là, citons Casse-Pipe, Arno, La Tordue, Jeanne Cherhal, Didier Lockwood trio, Yann-Fanch Kemener... Le Grand Logis, dont l'ambition est de s'intégrer aux programmations déjà en place, est partenaire du festival Travelling et du festival dédié à l'accordéon Le Grand Soufflet.

INSTITUT FRANCO-AMERICAIN 7, quai Chateaubriand © 02 99 79 20 57. *Site Internet : www.ifa-rennes.org* Outre les cours d'anglais, l'Institut Américain dispose d'un bel auditorium qui lui permet d'honorer dignement son rôle d'ambassade culturelle d'expression américaine. Concerts, conférences et expositions de peintures ou de photographies sont autant de rendez-vous qui rythment la vie de l'Institut tout au long de l'année. Le répertoire s'attache tant à la musique classique qu'à la musique contemporaine. Vous y trouverez des concerts de musique de chambre, tous les mois, d'octobre à juin, le dimanche à 11h et le lundi et mardi à 12h30. Il est également possible de se restaurer sur place puisque le repas est inclus dans le prix du billet. Réservations © 02 99 78 23 46 ou à l'office de tourisme © 02 99 67 11 66.

LE PONANT Boulevard Dumaine-de-la-Josserie © 02 99 60 16 23. *E-mail : leponant-pace@wanadoo.fr* Cette salle de spectacle est consacrée à la musique, au théâtre, à la danse. C'est un lieu de création et de diffusion de la culture. Il a pour vocation de toucher tous les publics, mais toujours avec une certaine convivialité et un goût prononcé pour la qualité. Cette année, un soir de mars, un certain enfant d'Alexandrie est passé nous mettre des rêves plein la tête avec sa gueule de métèque, de juif errant... Je parle bien évidemment de George Moustatki qui a donné un récital de ses plus belles mélopées. La saison s'achève, mais que de souvenirs et que d'envies de connaître la suite, la programmation de l'année prochaine. Quand on connaît le lieu, on a hâte d'assister à une autre pièce de théâtre aussi pertinente et provocante que celle, qui passa un week-end d'octobre, intitulée C'est encore mieux l'après-midi de Jean Poiret, où un député-maire monte à la capitale défendre un projet de loi sur le sexe et la sécurité. Bref, c'était tout un poème. Par conséquent, Le Ponant est le lieu incontournable de la culture, qu'elle soit d'ici ou d'ailleurs, pour les jeunes ou les moins jeunes ou qu'elle soit pamphlétaire, satirique ou poétique.

POLE SUD Rue Antoine-Châtel, CHARTRES-DE-BRETAGNE © 02 99 77 13 20. *Ouvert du mardi au vendredi de 14h à 19h, le samedi de 10h à 12h30 et de 14h à 16h30.* Ce centre culturel dispose d'une salle de spectacle de 345 places, qui fait également office de salle de cinéma une fois par week-end. La programmation est plus particulièrement dédiée à la chanson française et aux musiques du monde, et accueille régulièrement artistes connus et moins connus, dans un objectif renouvelé tous les ans de découvertes musicales. D'autres spectacles émaillent l'année, danse et humour. Le Pôle Sud reçoit un festival de théâtre amateur tous les deux ans, ainsi que le festival du Voyage et de l'Aventure, en janvier,, festival centré sur l'image et qui propose diaporamas, films, documentaires, exposants et rencontres avec des réalisateurs. D'autre part, le centre possède sa propre galerie d'expositions Le Carré d'Art, spécialisée dans les photos d'artistes professionnels. L'accès est gratuit, les horaires d'ouverture sont les mêmes que ceux du Pôle Sud.

LE TRIANGLE 3, boulevard de Yougoslavie ✆ 02 99 22 27 27. *Pendant les vacances : ouvert le mardi, jeudi et vendredi de 14h à 19h, le mercredi de 10h à 12h et de 14h à 19h, le samedi de 10h à 12h et de 14h à 17h. Hors vacances scolaires : ouvert du lundi au vendredi de 15h à 20h et le samedi de 10h à 12h et de 13h30 à 18h.* Un foisonnement culturel et artistique savamment orchestré, un centre culturel excentré très apprécié du public de Rennes et d'ailleurs. Il est très rapidement accessible par le métro Val, à 5 minutes du centre direction La Poterie, arrêt Triangle. Le Triangle offre une programmation qui sait prendre des risques, notamment en proposant beaucoup de spectacles de danse. Un plateau pour la danse assorti de conférences dansées, de répétitions publiques et de stages de danse. La musique y a également une place, quand notamment l'Orchestre de Bretagne s'y produit gratuitement en été. Quel que soit le spectacle, l'issue est toujours la même : le verre de l'amitié. Le Triangle est aussi un espace de congrès qui se loue. Ce lieu accueille également une médiathèque regroupant un espace bibliothèque, une discothèque, une vidéothèque et, tout récemment, une dvdthèque, créée essentiellement pour les habitants des quartiers sud, et qui attire une clientèle beaucoup plus large, surtout étudiante, mais pas seulement. Il faut dire que le choix est grand et les tarifs très intéressants, l'abonnement annuel donne le droit aux Rennais d'emprunter jusqu'à 6 documents pour trois semaines. Elle fonctionne aux mêmes horaires que Le Triangle en période scolaire, valable toute l'année.

MJC DE BREQUIGNY 88, rue d'Angleterre ✆ 02 99 86 95 95. La MJC de Bréquigny fait montre d'un très grand dynamisme. Elle propose de nombreuses activités : des cours en tout genre bien sûr, mais aussi une belle programmation. Cette MJC concentre son activité vers des artistes et spectacles peu connus du grand public, souvent en marge du battage médiatique. Une politique tout à son honneur qui répond à une vraie demande. Il est assez aisé de se tenir informé de ce qui se passe dans cette maison-là.

MJC DU GRAND CORDEL 18, rue des Plantes ✆ 02 99 87 49 49. Une autre MJC très dynamique, offrant de larges possibilités en matière de cours et d'ateliers dans des disciplines très variées. Les soirées y sont organisées tous azimuts : musique, danse, théâtre... Les jeunes du quartier ont un bel instrument à leur disposition et savent s'en emparer.

MJC DE CLEUNAY L'ANTIPODE 2, rue André-Trasbot ✆ 02 99 67 32 12. Voici la MJC incontournable de Rennes. Créé en 1998, ce lieu qui a pour étymologie "marche à l'envers" poursuit avec brio son activité en quartier d'exploration des musiques actuelles de qualité. Elle propose bien entendu des cours, des conférences et également des spectacles et des concerts à la programmation résolument éclectique. Rock, rap, chanson française, électro y sont souvent à l'honneur. L'Antipode est un lieu à destination des artistes locaux et aux personnes aspirant à vivre du spectacle et de ses innombrables métiers, des stages de découverte, des métiers techniques du spectacle sont même proposés. En plus de cette action éducative, l'animation Jeunes et Musique initie les jeunes Rennais et plus particulièrement du quartier de Cleunay de s'investir dans la mise en place d'événements musicaux. Toutes les semaines, la MJC de Cleunay organise des ateliers d'expressions musicales et des concerts de personnalités de la scène musicale locale, nationale et quelquefois internationale, avec souvent un goût certain pour la culture underground. Par exemple, citons quelques artistes passés cette année : Alexis HK, Tété, Banane Métalik... bref un large panel de ce qui se fait en ce moment dans la musique. Sachez à ce sujet que l'ouverture des portes est à 20h30, sauf mentions particulières, et que les prix ne dépassent que très exceptionnellement les 13 €, donc restent abordables.

Musiques actuelles

LE JARDIN MODERNE 11, rue du Manoir-de-Servigné, ZI, LORIENT ✆ 02 99 14 04 68. *Site Internet : www.jardinmoderne.org Ouvert du mardi au vendredi de 12h à 1h et le samedi et dimanche de 15h à 1h. Réservation des locaux de répétition ✆ 02 99 14 37 20. Adhésion individuelle à 11 € et adhésion associative à 19 €.* En 1997, avec la mise en relation de quarante associations, le collectif est né, ayant pour but de “faire entendre les revendications concernant l'ensemble des acteurs de la scène musicale locale”. Il s'installe en juin 1998 dans les anciens entrepôts Kodak, alors en friche, où il fonde le Jardin Moderne, un espace dédié aux musiques actuelles, une pépinière de jeunes talents. Ce lieu a tout de suite une vocation de mise en commun des différents savoirs des multiples acteurs du monde du spectacle. C'est ainsi que, depuis sa création, se mêlent les musiciens, les labels, les managers, les organisateurs, les techniciens, les vidéastes... pour élaborer de nouveaux projets. Avec un espace de concert et de travail de 1 200 mètres acrrés, l'endroit a très vite rencontré un succès incontestable auprès des Rennais. Aujourd'hui, il y a près de 60 000 visiteurs par an et plus de 1 000 adhérents. Pour ces derniers il y en a 2 types : le membre usager, cotisation 11 €, et le membre actif, adhésion individuelle à 15 € et la cotisation associative à 19 € qui ouvre les droits à l'adhésion à 3 membres d'une association. Le Jardin peut désormais se targuer d'être dans les premiers en France à posséder tous les maillons de la chaîne, de la simple information à la confrontation au public. En effet, vous y trouverez des ateliers d'informations, d'initiation aux métiers du spectacle, par exemple, l'atelier plateau et son,, vous pourrez bénéficier aussi d'un centre de documentations, d'une aide à la diffusion, d'un espace de concert, de 200 places,, de studios d'enregistrement, de cours de musique assistée par ordinateur, de cours de chant, et pour vous détendre d'un café culturel, d'une salle d'exposition et d'un restaurant. Donc des cours au concert en passant par l'enregistrement, voilà ce que propose le collectif dans Le Jardin Moderne. En plus 5 associations particulièrement dynamiques y ont leurs locaux, Banana Juice, Les Enragés, l'Œil Electrique, la Férarock..., et permettent d'envisager d'autres débouchés pour les groupes locaux, labels, festivals... Enfin, le lieu est aussi le théâtre de certains grands événements de la vie culturelle des Rennais. Par exemple, nombreux se souviennent du bel anniversaire de la radio Canal B qui s'y est déroulé cet automne dernier. En bref, le Jardin Moderne est un lieu que l'on se doit de connaître et de soutenir toujours plus, car toujours plus nombreux seront les personnes et les groupes qui bénéficieront de ses infrastructures et services, plus vivante et novatrice sera la vie culturelle rennaise.

Opéra

OPERA DE RENNES Place de la Mairie ✆ 02 99 78 48 78. *Site Internet : www.opera-rennes.fr Les tarifs varient selon les séries, de 5 €, ici pensez au jumelles, à 42 € ainsi que 5 formules d'abonnement ouvrant à de nombreuses réductions, de -10 % à -50 %. Location : Carré Lully, de 12h à 19h.* Haut lieu de la musique classique, de l'art lyrique et de la danse, ce bâtiment somptueux tient une place de choix dans le cœur de la ville. Le jour tout autant que la nuit, puisqu'en plus, l'édifice est joliment éclairé. De saison en saison, la direction s'évertue à offrir une programmation de grande qualité à un public friand de bons spectacles : opéras, programmation lyrique et danse classique y sont dignement représentés. Pour suivre au mieux les manifestations, l'Opéra diffuse des programmes et propose plusieurs solutions d'abonnement. Les concerts Happy Hour rencontrent un vif succès. A 18h et 20h, ils offrent au public la possibilité de prendre un bain de musique au sortir d'une journée d'activité. 3,50 € et 45 minutes de Mozart, d'opérette ou de musique baroque. Une initiative reconduite cette année et qui permet à de nouveaux spectateurs de découvrir l'opéra.

Orchestre

ORCHESTRE DE BRETAGNE 29, rue Saint-Melaine ✆ 02 99 27 52 75. *Site : www.orchestre-de-bretagne.com Boutique de l'Orchestre ouverte du mardi au samedi de 13h à 18h. Pass Jeunes, moins de 26 ans, c'est 20 € les 5 concerts, billet à l'unité : plein tarif à 21 €, tarif groupe à 18 € et tarif réduit à 11 €. Il existe également 3 formules, Vivace, Allegro et Andante offrant des places de 5,50 € à 50 €, pour le Marathon Mozart. Enfin, cette saison, l'orchestre propose également une formule appelée Le Parcours, une sélection de 7 concerts à 112 € en plein tarif, à 98 € pour le tarif groupe et 56 € en tarif réduit.* L'orchestre est composé de très bons musiciens qui aiment jouer et se produire ensemble. L'oreille du public ne s'y trompe pas !Cette formation, créée en 1989, donne une centaine de concerts symphoniques et de récitals par an, en France comme à l'étranger. Elle se produit lors de festivals prestigieux et dans des salles à renommée internationale, par exemple, dans la très prestigieuse salle du Konzerthaus de Vienne !Chaque été en août, l'Orchestre de Bretagne offre aux Rennais et aux mélomanes venus d'ailleurs, 3 soirées de concerts gratuits en différents lieux de la ville. Les enregistrements discographiques des concerts sont maintenant au nombre d'une vingtaine. L'Orchestre de Bretagne vit une saison 2005-2006 à la hauteur des précédentes, et l'ensemble a évidemment prévu des dates rennaises qui raviront les amateurs. A Rennes, ils présenteront en septembre Carmen, avec un dialogue entre les œuvres de Bizet et de Saint-Saëns,, en octobre ce sera le tour du thème Amour Sorcier, entre Golijov, De Falla, Lalo, Nobre,, puis Romantique au mois de novembre, avec des œuvres de Bruckner et de Mozart,, en décembre le violoncelle sera à l'honneur, avec des œuvres de Ravel, de Fauré, de Ropartz et de Houdy. En 2006, le 5 et 6 janvier la Symphonie iroise sera présentée par Didier Squiban au piano, puis ce sera le tour d'un événement incontournable : le 250e anniversaire de la naissance de Mozart. Il sera animé par un marathon musical à l'église Saint-Germain, au Parlement de Bretagne et à l'hôtel de ville, le jeudi 26 et vendredi 27 janvier 2006 de 18h à 24h, où Mozart sera dans tous ses états, accompagné d'un buffet viennois avant de clore sur le fameux Requiem !Les 8 et 9 mars seront donnés au Liberté 2 concerts spéciaux des grands élèves du réseau CNR et ENM de Bretagne : Boléro, concerto pour main gauche de Ravel et les tableaux d'une exposition entre Moussorgski et Ravel. Le même mois le profane et le sacré se rencontreront au travers des œuvres de Roussel, Debussy, Escaich, Poulenc et Stravinsky. En avril, la Passion, avec une création de Sekiya et les œuvres de Malher et Schumann. Le mois de mai sera le mois du piano, avec des œuvres de Mozart et de Schubert. Il nous faut ajouter également des récitals de Grigory Sokolov, le 24 novembre 2005,, de Augustin Dumay, les 20 et 21 avril 2006, et Henri Demarquette, les 4 et 5 février 2006,, ainsi que des concerts de musique de chambre, Ravel, Escaich et Bizet, le 11 mars 2006 et Mendelssohn, Escaich et Schubert le 20 mai 2006, et pour finir un concert d'une œuvre de Stravinski à destination du jeune public, les 11 et 12 avril 2006 en partenariat avec le festival Mythos. Bref, l'Orchestre de Bretagne, c'est tout un programme pour vos oreilles entre 2005 et 2006.

Péniche spectacle

LA PENICHE SPECTACLE, L'ARBRE D'EAU ET LA DAME BLANCHE 30, quai Saint-Cyr ✆ 02 99 59 35 38. Haut lieu de la vie culturelle rennaise, la Péniche Spectacle s'est très vite fait une place de choix dans le cœur des artistes comme dans celui du public. Ambiance chaleureuse et décontractée où s'épanouit une programmation intéressante : musique, danse, théâtre, contes... de styles et de provenances très variés pour des spectacles toujours réussis. Comme dans tout endroit où il se passe vraiment quelque chose, il faut y aller pour voir, il paraît même que certains y vont pour être vus !Ce bateau ne fonctionne ni à voile ni à moteur : il avance grâce à l'énergie qui émane de ses "entrailles", bouillonnant d'activités culturelles et artistiques. La Dame Blanche, sa consœur, ouvre quant à elle sa porte aux ateliers, contes, voix, écriture et musique, et abrite expositions annuelles et soirées cabaret. Chaque année, à partir d'avril, la péniche l'Arbre d'Eau prend le large et fait escale dans des villes et villages d'Ille-et-Vilaine. Elle propose alors des spectacles montés en collaboration avec les écoles de musique, les mairies ou les bibliothèques. L'ambiance y est évidemment tout aussi bonne, les rencontres s'y font tout naturellement, les conversations se nouent.

Salles de spectacles

L'AIRE LIBRE 2, place Jules-Vallès, SAINT-JACQUES-DE-LA-LANDE ✆ 02 99 30 70 70. L'Aire Libre programme essentiellement des spectacles musicaux et théâtraux. Avec en moyenne 5 concerts et spectacles par mois, il accueille également des compagnies de théâtre en résidence qui restent donc assez longtemps dans les locaux. Les spectacles commencent généralement à 20h30, et les portes s'ouvrent 1 heure avant. Il arrive que quelques représentations de danse contemporaine y aient lieu ponctuellement. L'Aire Libre prend part à quelques manifestations rennaises, notamment à l'époque des Transmusicales, de Mettre en Scène et du Grand Soufflet, festival rennais autour de l'accordéon. Une programmation qui réserve régulièrement de très belles surprises.

L'ANTIPODE 2, rue André-Trasbot ✆ 02 99 67 32 12. La MJC Cleunay abrite l'Antipode, une des scènes de musiques actuelles à Rennes. Particulièrement actif, l'Antipode propose en semaine ou le week-end, des concerts et soirées. Des stages de hip-hop, de chant, etc., le mercredi et pendant les vacances scolaires. Deux box de répétition pour les jeunes groupes, un café citoyen chaque mercredi animent également le lieu.

LA HARPE Avenue Charles-Tillon ✆ 02 99 59 45 38. *Site Internet : www.laharpe.net* Au nord de la ville, à quelques encablures de l'université de Rennes II, le site de la fac de sport de l'université Rennes II est aussi un lieu important pour les amoureux de jazz. Depuis quatorze ans, installé dans la ferme de la Harpe, le club est en effet devenu un lieu incontournable pour les musiciens qui veulent échanger et progresser. Des pointures sont déjà passées par-là, qui ont enchanté les oreilles d'un public amateur. Une adresse incontournable pour découvrir ce qu'est le jazz d'aujourd'hui, La Harpe accueille des solistes réputés, des big bands impressionnants, et pas seulement venus de la Nouvelle-Orléans.

LE LIBERTE Esplanade du Général-De-Gaulle ✆ 02 99 85 84 84. Audiophone ✆ 02 99 85 84 83 *Billetterie : du lundi au vendredi de 9h à 12h30 et de 13h30 à 18h30, le samedi de 10h à 17h.* La plus grande salle de spectacles de la capitale bretonne accueille de grands concerts, des spectacles et divers salons tout au long de l'année. Elle est modulable et peut recevoir de 1 200 à 5 500 personnes. Accès handicapés. Mais, et il y a toujours un mais, elle est en cours de travaux depuis le début de l'été. Donc de nombreux concerts sont délocalisés vers d'autres salles de la métropole bretonne. Par exemple, l'édition de l'année dernière des Transmusicales s'est déroulée, pour partie, dans le Parc Expo de Rennes, hélas quelque peu excentré.

MAISON DU CHAMP DE MARS 6, cours des Alliés ✆ 02 99 85 89 51. Une institution qui abrite des lieux incontournables. Il y a le CIJB, Centre Informations Jeunesse Bretagne,, l'OSCR, Office Social et Culturel Rennais,, l'Apras, Association pour la promotion de l'action et de l'animation sociale,, l'Office des Sports. L'OSCR regroupe plus de 500 associations, organise concerts, spectacles, danse, théâtre..., et manifestations diverses, conférences, congrès..., à la Maison du Champ-de-Mars. Une adresse à visiter si vous arrivez en ville. Des spectacles s'y tiennent régulièrement et un excellent petit restaurant, L'Arbre Bleu, réserve toujours de bonnes surprises.

SALLE DE LA CITE 10, rue Saint-Louis ✆ 02 99 79 10 66. Salle de concerts ou de réunions publiques, à la fois mythique et historique pour les Rennais, elle est installée dans les locaux de la Maison du Peuple de Rennes où siège également la CGT. Pourtant, la mise en conformité de la salle vis-à-vis des normes de sécurité et sonores, obligeait une réfection de la salle. Pour ce faire, il faudrait construire un nouveau bâtiment à l'intérieur de l'actuelle Citée, et ce, sans certitude de résultat, selon les sources municipales. On peut aussi penser que le déplacement de cette salle, hors du centre-ville, tombe à point nommé pour les associations de riverains qui manifestent régulièrement contre les nuisances sonores de ce quartier animé de Rennes. Rappelons pour l'histoire que la rue de la Soif, toute proche, était deux à trois fois plus grande il y a à peine dix ans, bref il y a des coïncidences qui ne trompent pas. Donc ce sera, avec le cœur gros que la ville et les Rennais vont devoir bientôt se passer de cette salle incontournable où des artistes aujourd'hui confirmés ont fait leurs premiers pas et où de grandes pointures nationales et internationales se sont produites. Citons par exemple, Arno, Mogwai, Dominique A ou encore Yann Tiersen... Toutefois, elle ne sera définitivement close que lorsqu'une autre salle de concert sera sortie de terre sur le mail Mitterrand. En attendant, vous pourrez tout aussi bien venir y écouter du rock qu'assister à des réunions diverses. Parfaite pour de nombreux concerts, ni trop grande ni trop petite, le son y est bon. Souvent, le trottoir de la rue Saint-Louis accueille une file d'attente sage mais impatiente, venue bien avant le début du concert. La Salle de la Cité déroule toute l'année une programmation variée, et participe à certains temps forts de la vie de la cité : c'est le cas lors des Transmusicales, par exemple.

LE TAMBOUR Auditorium de Rennes II, Université Rennes II, Place du Recteur-Henri-Le-Moal ✆ 02 99 14 11 55. Salle de cinéma, de concerts et de conférences, Le Tambour se situe à l'entrée principale de l'université de Rennes II, juste à la sortie du métro Villejean. La programmation suit les dates de l'année étudiante et propose, de fin septembre à fin mai, un cycle de conférences, des concerts au répertoire qui embrasse tous les styles, du classique à l'électronique en passant par le rock, le rap... Le Tambour accueille également les rendez-vous du conte, des documentaires vidéo et certaines manifestations en partenariat avec de nombreux festivals, Jazz à l'Ouest, Travelling, Roulements de Tambour, Meeting, Mythos, Electroni[k], etc. Pour consulter l'agenda mensuel, rendez-vous sur le site Internet : www.uhb.fr, rubrique culture, ou allez au bâtiment O Musique-Culture, portes 212 et 213.

L'UBU 1, rue Saint-Hélier ✆ 02 99 30 31 68. Un temple musical de la nuit... Discrètement accolée au TNB, cette salle de spectacle fait très souvent parler d'elle. Certains sont des fidèles, d'autres n'apprécient pas le genre de la maison, et quelques-uns n'y ont jamais pointé le bout du nez !L'Ubu agite régulièrement les nuits rennaises avec sa propre programmation de concerts. Les genres s'y succèdent à belle cadence, même si la musique actuelle y a la plus large place allant du métal au rap en passant par les créations ovnis des artistes du label Warp. Les fins connaisseurs d'électro, version Autechre ou Aphex Twin comprendront. La salle de L'Ubu est toujours aux mains de l'association des Transmusicales. Pouvant accueillir jusqu'à 410 personnes debout, ce temple de la nuit a été rafraîchi.

Théâtres

ADEC 35 45, rue Papu, Ancien cinéma Le Régent ✆ 02 99 33 20 01. A la croisée du théâtre amateur et professionnel, l'Adec, Art dramatique expression culture, respire d'une atmosphère peu commune, et ce depuis ses débuts en 1964. En bien des points, c'est la structure théâtrale qui offre le meilleur rapport qualité-prix sur la ville, en offrant un lieu de répétitions aux troupes et comédiens amateurs, en organisant des stages... L'Adec ouvre grand ses portes aux amoureux de l'art théâtral : amateurs, spectateurs et professionnels s'y retrouvent dans un bonheur qu'ils partagent. Les salles vibrent de tous les spectacles donnés en ces murs. On y voit des prestations de qualité, souvent sous le signe de la découverte. Fierté de l'Adec : sa bibliothèque qui abrite un fonds documentaire important. Avec plus de 9 000 références, dont environ 6 000 ouvrages, des revues, magazines... le théâtre est traité sous toutes ses formes. Elle s'efforce également de répertorier toutes les troupes de théâtre amateur du bassin rennais. C'est l'adresse incontournable pour se documenter sur cet art et sa pratique.

THEATRE DE LA PAILLETTE 9, rue de la Paillette ✆ 02 99 59 34 07. *Ouverture de la MJC hors vacances scolaires : le lundi de 14h à 21h, le mardi de 9h à 12h et 14h à 21h30, le mercredi de 9h30 à 21h, le jeudi de 9h à 12h et de 14h à 21h, le vendredi de 10h à 12h et de 14h à 22h et le samedi de 10h à 12h et de 14h à 18h.* A cette adresse, une salle de spectacle qui peut accueillir environ 120 personnes. La maison se concentre sur une programmation théâtrale, pour réserver et retirer ses billets, accueil de 15h à 19h. Dans la rue Louis-Guilloux, en bas du domaine Saint-Cyr, la MJC rattachée au Théâtre de la Paillette accueille nombre d'associations et d'activités : dessin, danse, musique, yoga, arts plastiques... Autant d'activités que les Rennais pratiquent avec plaisir !Un ancien lavoir abrite régulièrement de jolies expositions.

THEATRE DE LA PARCHEMINERIE 23, rue de la Parcheminerie ✆ 02 99 79 47 63. Petit, tout petit, comme replié en contrebas de la rue, on a même cru un jour qu'il allait finir par disparaître pour de bon ! Le Théâtre de la Parcheminerie, en sa discrète place, est pourtant un lieu qui respire. Il résonne encore des bons spectacles qu'il a donnés, et continue son chemin en programmant des pièces de qualité. Sous la coupe du TNB depuis sept ans, les représentations de la Parcheminerie sont annoncées sur le programme du TNB. Avec la réfection de ce dernier, le Théâtre de la Parcheminerie accueille également le cinéma du TNB jusqu'à la fin des travaux. Les réservations et achats de billets se font sur place, une heure avant les spectacles. Prudence, car les pièces s'y jouent régulièrement à guichet fermé, 120 à 130 places assises. Le Théâtre de la Parcheminerie peut accueillir les personnes à mobilité réduite : en prévenant de leur venue, elles se verront ouvrir un accès commode à l'arrière du bâtiment.

THEATRE DU CERCLE 30 bis, rue de Paris ✆ 02 99 27 53 03. Le Théâtre du Cercle Paul-Bert abrite divers ateliers pour les jeunes : enfants et adolescents s'y épanouissent. C'est aussi un lieu qui vibre et qui propose plusieurs spectacles au cours de l'année. L'art de la parole y tient une belle place, avec notamment Les vendredis du conte et des représentations données par des conteurs et autres beaux parleurs.

THEATRE DU VIEUX SAINT-ETIENNE Rue d'Echange ✆ 02 99 28 55 55. En bas de la rue d'Echange, le Théâtre du Vieux Saint-Etienne. En passant, on ne peut que le remarquer : belle, cette ancienne église du XVe siècle semble, au premier coup d'œil, appartenir à un autre temps. Ses ouvertures barricadées, la grande porte close toute la journée. Et pourtant !Géré par la direction de l'action culturelle de la ville, ce théâtre est vivant, ô combien vivant. Lieu de créations et de représentations, il accueille toute l'année de bonnes troupes régionales. Les compagnies professionnelles de théâtre et de danse investissent le lieu tout au long de l'année. Le Vieux Saint-Etienne est très souvent associé aux manifestations qui se déroulent dans la ville : les Trans', le festival Mythos, les Tombées de la Nuit...

TNB 1, rue Saint-Hélier ✆ 02 99 31 12 31. Qui n'est jamais entré en ces lieux n'imagine pas l'ambiance qui y règne dès le pas de la porte franchi. Une sorte d'effervescence dans le hall, avec sur la gauche un café agréable, souvent bondé à l'heure des pauses, sur la droite un guichet où l'accueil est constamment souriant et attentif, et toujours un va-et-vient tranquille. Lieu incontournable de la vie culturelle rennaise, le TNB est rénové depuis cette année. L'accueil, la billetterie et certains spectacles seront accueillis dans l'ancien gymnase de l'école Guy-Ropatz. La salle Gabily, celle du Triangle, l'Opéra et le Théâtre du Vieux Saint-Etienne et celui de la Parcheminerie hébergeront le reste de la programmation, qui ne sera donc pas affectée par le déménagement. Une programmation cohérente et variée, qui cette année encore, tient ses promesses : théâtre, musique, danse, compagnies bretonnes et jeunes compagnies en devenir, compagnies européennes et étrangères se produisent pour leur bonheur et le nôtre. Depuis deux ans, le TNB est un centre européen de production théâtrale et chorégraphique. Une reconnaissance du travail accompli par l'établissement, au niveau régional, national et même international.

Les différents points de billetterie à Rennes.

Billetterie de l'office de tourisme 11, rue Saint-Yves ✆ 02 99 67 11 66 • Carrefour Alma, Centre commercial Alma, Carrefour Cesson Centre commercial, CESSON-SEVIGNE • FNAC, Centre commercial Colombia, Géant Centre Commercial, SAINT-GREGOIRE : un seul numéro ✆ 0 892 68 36 22 • LE LIBERTE Esplanade du Général-De-Gaulle ✆ 02 99 85 84 83 • RENNES MUSIQUES 19, rue du Maréchal-Joffre ✆ 02 99 79 10 40 • VIRGIN 6-10, rue Le Bastard ✆ 02 99 78 80 80.

Agenda des principales manifestations

Grand Soufflet, Festival de l'accordéon dans toutes ses utilisations, traditionnel, chanson, rock, jazz, etc. Du 7 au 16 octobre. Renseignements : le Grand Soufflet ✆ 02 99 22 27 30.

Festival Marmaille, Jeune public, danse, marionnettes, mimes... Du 19 au 31 octobre. Renseignements : Centre culturel Le Rallye ✆ 02 99 63 13 82.

Jazz à l'Ouest, Programmation européenne et américaine. Du 5 au 10 novembre. Renseignements : MJC Bréquigny ✆ 02 99 86 95 95.

Mettre en scène, Rencontres de metteurs en scène et de chorégraphes. Du 4 au 20 novembre. Renseignements : Théâtre national de Bretagne ✆ 02 99 31 55 33. Site Internet : www.t-n-b.fr/festival/

Yaouank, Fête bretonne de la jeunesse. En novembre. Renseignements : Skeudenn ✆ 02 99 30 06 87.

Transmusicales, Découverte des futurs talents du rock et de la musique actuelle. Du 2 au 4 décembre. Renseignements : ATM ✆ 02 99 31 12 10. Site Internet : www.lestrans.com

Travelling et Travelling Junior, Festival de cinéma sur le thème de la ville. Février. Renseignements : Clair Obscur ✆ 02 99 14 11 43. Site Internet : www.travelling-cinema.com

Mythos, Festival consacré au conte et à la parole. En avril. Renseignements : Festival Mythos 02 99 79 24 35. Site Internet : www.festival-mythos.com

Les Tombées de la Nuit, Festival de la création contemporaine, théâtre de rue, musique... En juillet. Renseignements : les Tombées de la Nuit ✆ 02 23 40 47 73. Site Internet : www.tdn.rennes.fr

Rock'n Solex, Festival des étudiants de l'Insa. Courses de solex, concerts de musiques actuelles, fest-noz, tremplin musical... Début mai. Renseignements : Rock'n Solex ✆ 02 23 23 84 12. Site Internet : www.insa-rennes.fr/amicale/rns

culture

Galeries d'art

CREDIT MUTUEL DE BRETAGNE 30, boulevard de la Tour-d'Auvergne02 99 85 78 78. Une banque et un bel espace dédié à la peinture, la sculpture, la photographie.

LA CRIEE Place Honoré-Commeurec © 02 99 78 18 20. *Site Internet : www.criee.org Ouvert du mardi au vendredi de 14h à 19h, le samedi et le dimanche de 12h à 19h. Fermé le lundi et les jours fériés.* La Criée est un centre d'art contemporain, soutenu par la Drac. C'est un lieu d'expérimentation pour les artistes, un lieu privilégié de rencontres et de débats entre les artistes et le public, autour des œuvres. Les expositions durent de six à huit semaines, et il est possible d'être informé sur les expositions programmées pour l'année par téléphone ou sur place. Résolument tournée vers l'art contemporain, La Criée accueille des artistes de tous horizons et présente performances, installations, peintures, sculptures, photographies... Une adresse à fréquenter régulièrement.

GALERIE ART ET ESSAI Université Rennes II, 2-6, avenue Gaston-Berger © 02 99 14 11 42. *Ouvert de septembre à juin, du mardi au vendredi de 13h à 18h.* Sous la bibliothèque universitaire du campus de Villejean se cache l'un des plus grands espaces d'expositions de la ville. Cette galerie de 300 mètres carrés a une programmation centrée sur la création plastique contemporaine, et expose des artistes reconnus internationalement comme les jeunes créateurs. Photos, nouvelles technologies, sculptures, performances, installations, peintures... : les œuvres s'accompagnent souvent de rencontres et de discussions. Des visites commentées sont aussi proposées auprès de tous les publics, non-initiés, universitaires ou encore scolaires. Un lieu de formation, de recherche et d'échange, qui vaut la peine de pousser jusqu'au campus, d'autant qu'avec le Val, elle est située à 5 minutes de la République, montre en main. La Galerie Art et Essai est également un lieu d'expérimentation artistique, mais aussi un lieu de recherche pour la muséologie. C'est pourquoi, on pourrait être, de prime abord, quelquefois dérouté, mais c'est toujours pour interroger notre relation à l'œuvre.

NOUVEAU **GALERIE DES ARCADES 3 bis, rue Toullier © 02 99 79 23 81.** *Ouvert du mardi au samedi de 10h à 12h30 et de 14h30 à 19h.* Située entre la place de la République et le musée de Bretagne, derrière le lycée Emile-Zola, cette galerie propose des œuvres d'art de créateurs contemporains. Elle fait la part belle à la découverte de jeunes talents et possède également des artistes permanents, et ce, avec toujours un soucis d'exposer le meilleur de la création contemporaine en peinture et en sculpture avec des artistes reconnus au niveau international. Vous y trouverez des œuvres de Iwamura, de Khromova ou de Citron, tous déjà primés pour leur travaux lors de salons internationaux et souvent invités d'honneur d'exposition au Japon, en Angleterre ou en Allemagne. Ainsi, vous découvrirez des pastels, des natures mortes ou des œuvres avant-gardistes. La maîtresse des lieux vous permettra également de rencontrer les artistes, de leur passer une commande... Bref, une jeune adresse qui renouvelle, depuis sa création en mars 2005, l'offre d'art contemporain à Rennes et dont on ne se lasse jamais.

GALERIE DU CLOITRE, ECOLE DES BEAUX-ARTS 34, rue Hoche © 02 99 28 55 78. *Entrée libre. Aux dates d'exposition, ouvert du lundi au vendredi de 15h à 19h.* Avec sa salle de 70 mètres carrés et les couloirs du cloître, cette galerie fait partie intégrante de l'Ecole des beaux-arts de Rennes. Au rythme de 2 à 3 accrochages par mois, elle est entièrement consacrée à des expositions d'art contemporain. Peinture, sculpture, design d'objets ou graphique et photographie y sont à l'honneur. Les élèves des Beaux-Arts ne sont pas les seuls à exposer ici, et les artistes viennent parfois même d'assez loin. En général, les expositions sont installées pour une semaine ou deux, et il est donc essentiel d'y passer assez souvent.

GALERIE DU TNB 1, rue Saint-Hélier © 02 99 31 55 33. *Ouvert du mardi au samedi de 14h à 20h. Le dimanche de 14h à 18h, de septembre à avril.* Située habituellement au premier étage du TNB, cette galerie expose les artistes faisant partie de la collection du Frac, Fonds régional d'Art contemporain,, toutefois avec les travaux du TNB cette galerie a dû suspendre son activité in situ.

GALERIE LOUIS RANCON 14, rue de La Visitation ✆ 02 23 20 05 18. En cas d'absence ✆ 06 07 46 74 57. *Ouvert du mardi au vendredi de 14h à 19h et le samedi de 10h à 12h et de 14h à 19h.* Située en plein cœur de Rennes, entre la place Sainte-Anne et la rue Hoche, cette galerie est dédiée à la peinture du XIXe siècle et du début du XXe siècle, et plus particulièrement celle de la Bretagne. En effet, l'Ecole Bretonne a marqué cette époque de son empreinte. Elle est connue souvent par le biais de l'Ecole de Pont-Aven et de Gaugin, pourtant on ne peut la résumer qu'à ceux-ci. Vous y découvrirez des surprises comme des œuvres de Mathurin Méheut, Lucien Victor Fournier, mais aussi des dessins ou tableaux d'artistes ayant séjournés en Bretagne comme Jean Cocteau ou Thomas Wainewright... De plus, vous y trouverez des sculptures contemporaines. Derrière ses airs discrets de galerie tranquille, elle développe d'autres activités riches et éclairées : restauration de tableaux des XIXe et XXe siècles, encadrements, achats et ventes, ainsi qu'expertise de tous objets d'art quelle que soit l'époque. Des expositions monographiques de peintres bretons ou ayant vécu en Bretagne ont lieu régulièrement au cours de l'année.

GALERIE TONY ROCFORT 18, rue de Bertrand ✆ 02 99 27 58 60 / 06 07 77 05 13. *Site Internet : www.galerie-tony-rocfort.com Ouvert du mardi au samedi de 14h à 19h, et le matin sur rendez-vous.* Fondée en 1989, à deux pas du célèbre Parlement de Bretagne, cette galerie est spécialisée dans l'exposition de sculptures, en bronze, en bois, en verre... créées par des artistes de renommée internationale. Vous y découvrirez également des peintures et des dessins où s'entremêlent techniques et matières traditionnelles avec les approches contemporaines. Les œuvres exposées ravissent, bouleversent, interrogent, mais ne laissent jamais indifférents. Pièces fortes, parlant plus que beaucoup de beaux discours, et magnifiquement mises en valeur par la sobriété et la sérénité d'un cadre bien pensé, aux murs blancs et parquet de bois sombre. Les artistes se succèdent et ne se ressemblent pas, mais la sélection est cohérente et de bon goût.

LENDROIT 23, rue Quinele ✆ 02 23 30 42 27. *Ouvert du mercredi au dimanche de 15h à 19h.* Ce lieu culturel se révèle un cocktail réussi d'atypisme et de convivialité. A la fois librairie-galerie-café, Lendroit est ouvert à tous et propose des livres d'artistes contemporains, des cd-rom de poésie sonore ou des vidéos de cinéma expérimental, diffusés hors des circuits traditionnels de distribution. Rencontres entre auteurs, artistes, éditeurs et public, concerts et expositions font également partie du programme. Et pour se rafraîchir, ou se réchauffer !–, jus de fruits, café et thé vous seront servis, accompagnés le week-end de gâteaux maison.

L'ORANGERIE DU THABOR Parc du Thabor ✆ 02 99 67 86 48. En ces lieux poétiques et reposants, l'Orangerie est un havre. Souvent, l'art vient ajouter au bonheur des lieux, le temps d'une exposition. Les artistes qui ont la joie de montrer leur travail dans cet endroit exceptionnel sont ravis de voir la réaction des bienheureux visiteurs. Galerie municipale d'une dimension de 80 mètres carrés, elle est louée aux associations ou aux particuliers. Sa programmation est très libre et volontairement diverse.

ONIRIS 38, rue d'Antrain ✆ 02 99 36 46 06. *Ouvert du mardi au samedi de 15h à 19h.* Une galerie dédiée à l'art contemporain. Oniris présente une belle sélection d'artistes de renommée internationale. Si un artiste est mis à l'honneur pour un mois et demi, les œuvres des artistes permanents sont visibles sur demande. La galerie est plus spécialement concentrée sur quelques artistes qui représentent une ligne minimaliste et d'autres qui sont très peinture. Afin d'élargir le marché, la galeriste n'hésite pas à se déplacer régulièrement sur les foires et salons internationaux.

YVES HALTER 19, rue de la Monnaie ✆ 02 99 650 100. *Site Internet : www.galerie-yves-halter.com Ouvert du mardi au vendredi de 10h à 12h et de 14h à 19h et le samedi de 10h à 13h et de 15h à 19h.* Jeune lieu d'exposition rennais, situé dans le centre historique entre la cathédrale Saint-Pierre et la place de Bretagne, la galerie Yves Halter s'est très vite fait une réputation pour la qualité et l'originalité des œuvres présentées. Ce lieu vous fera aborder de nouveau pans de l'art contemporain avec ses découvertes, ses artistes coup de cœur dans ses 3 salles à la décoration sobre et claire, toutes dévouées à la mise en valeur des œuvres, peintures, sculptures. Bref, on aime cette galerie pour les risques qu'elle prend à exposer et à promouvoir de jeunes artistes pleins de talent.

Bibliothèques

BIBLIOTHEQUE CENTRALE 1, rue de la Borderie ✆ 02 99 87 98 98. *Ouvert le lundi, mardi et vendredi de 13h30 à 18h30, le mercredi de 10h30 à 12h30 et de 13h30 à 18h30, ainsi que le samedi de 10h30 à 12h30 et de 13h30 à 17h30.* La bibliothèque centrale propose un abonnement annuel pour lire, voir et écouter. Une seule carte de lecteur permet d'emprunter dans les 14 bibliothèques municipales de Rennes 8 documents, dont 4 maximum qui ne soient pas des livres, c'est-à-dire méthodes de langues, vidéos, cd, cassettes, cédéroms et dvd. Vous pourrez emprunter des documents dans l'une des bibliothèques de quartier et les rapporter dans une autre. Un tarif unique de 18 € a été mis en place pour les plus de 18 ans. Cette simplification des modalités de prêt facilite grandement l'accès aux bibliothèques de la ville. Il y a également un site pour découvrir l'actualité de la bibliothèque, animations, expositions,, interroger le catalogue informatisé des fonds, accéder à une sélection de plus de 400 sites, consulter des publications en ligne, son dossier lecteur ou la page Lire à Rennes qui présente les modalités d'accès au réseau de la bibliothèque municipale, et participer à des forums dans la rubrique De vous à nous. Site Internet : www.bm-rennes.fr Sachez aussi que cette année sera l'année d'un grand chambardement. La bibliothèque municipale installée depuis longtemps à côté de la fac d'éco va déménager aux Champs Libres. Les plus optimistes prévoient ce changement d'adresse pour septembre 2005, d'autres, évasifs, donnent la date du début de l'année 2006.

NOUVEAU

LA BIBLIOTHEQUE DES CHAMPS LIBRES Rue Gurvand. Elle regroupera près de 150 000 documents multimédia en libre accès, avec 600 places assises et de nombreux postes informatiques. L'ensemble des collections seront répartis sur 6 niveaux d'une pyramide et dans les espaces Vie du Citoyen et Jeunesse. Chaque étage de la pyramide inversée, signé par Christian Portzamparc, sera dédié à un thème : jeunesse, musique et cinéma, sciences et techniques, romans, langues et littératures, patrimoine, arts, civilisation et société. Enfin, outre des ouvrages imprimés, près de 120 000,, les collections de la bibliothèque de Champs Libres seront également constituées par 300 titres de périodiques, 15 000 cd ou encore 12 000 cd-rom et dvd.

Notez également que les bibliothèques universitaires sont ouvertes au public rennais pour la consultation sur place.

Bouquinistes

AU BOUT DE LA NUIT 29, rue Legraverend © 02 99 65 08 00. *Ouvert de 11h à 19h, du lundi au samedi.* Ce bouquiniste est un vrai libraire d'occasion, une mine d'or, qui sélectionne ce qu'il vend, et achète, et connaît parfaitement son fonds. Le rangement des livres correspond ici à une logique, et vous trouverez donc facilement le rayon qui vous intéresse. Littérature, sciences humaines, ouvrages universitaires, arts, livres pour enfants remplissent l'espace, notamment en hauteur, avec des étagères qui montent jusqu'au plafond !En plus du choix, auquel on adresse toutes nos félicitations,, les prix pratiqués encouragent la boulimie de lecture. La boutique est ouverte le lundi, chose assez rare pour être signalée. Il faut aussi dire que quelquefois la boutique est close en journée, mais ne paniquez pas, le maître des lieux est seulement parti faire une course. Enfin, c'est aussi un lieu que je vous recommande pour la gentillesse de son propriétaire, avec qui on peut discuter longuement de littérature, à qui on peut commander un ouvrage rare qu'il est capable de dénicher, sans pour autant que la facture soit douloureuse, parce qu'ici les prix sont mini.

BOUQUINERIE DU CENTRE 6, rue Du-Guesclin © 02 99 79 00 66. *Ouvert du lundi au samedi de 10h à 19h.* Protégés des aléas du temps par des stores, les bacs installés à l'extérieur de la bouquinerie sont une invitation à fouiner parmi les magazines et les revues, les livres de cuisines et d'art. A l'intérieur, tous les rayons d'une librairie généraliste sont représentés : jeunesse, Boulevard, polars, romans, livres historiques, etc. Avec une différence, leurs prix. En provenance de particuliers, certains livres ont déjà été lus et relus, mais d'autres arrivent neufs, encore emballés pour certains, de maisons d'éditions qui arrêtent une collection ou font faillite. **Autre adresse : 14, rue d'Antrain © 02 99 63 84 97.**

BOUQUINERIE SAINT-MELAINE, Librairie 28 28, rue Saint-Melaine © 02 23 20 19 70. *Ouvert de 11h à 13h et de 14h à 19h30.* Une atmosphère particulière règne en ces lieux. Les lecteurs et lectrices invétérés trouvent dans cette bouquinerie des éditeurs représentés en nombre et des titres en très grande quantité. La qualité de la sélection effectuée honore la production littéraire d'hier et d'aujourd'hui, d'ici et d'ailleurs. Grands classiques et chefs-d'œuvre moins populaires se mêlent sur les rayons. En outre, le choix de recueils de poésie contentera les amoureux du genre.

BOUQUINERIE JEAN BREHELIN 22, place Sainte-Anne © 02 99 38 70 95. Voici une adresse où il faut aller, quand on est un vrai amateur de littérature sous toutes ses formes. Ici, il faut fouiner, farfouiller, chiner, et soudain on trouve la perle rare, une vieille édition, un livre normalement épuisé ou passé au pilon, une édition originale... Bref, un choix varié de romans et d'ouvrages spécialisés dans une petite boutique qu'il est bon de visiter avant de se rendre à la terrasse d'un café pour déguster une après-midi vagabonde, entre plaisir des papilles et plaisir de l'imagination. On sort de la boutique invariablement avec un livre à la main. Voici donc le piège, mais on aime ça.

CD BULLE 25, rue Saint-Melaine © 02 99 27 76 70. *Ouvert du mardi au vendredi de 11h à 13h et de 14h à 19h, le samedi de 10h30 à 12h30 et de 14h à 19h.* Ce lieu est à destination des amateurs de Boulevard et de cd. On y vient fouiner sur les étagères, dans les bacs, on y déniche pêle-mêle des comics, des mangas, des éditions originales, des collectors. En un mot, c'est l'adresse qu'il faut quand on est passionné de bulles, d'humour noir, des humanoïdes associés... Le maître des lieux, un passionné intarissable sur le sujet, s'évertue à ne vous proposer que des œuvres originales, à l'état impeccable. Il vous conseillera, vous fera découvrir, suivant vos goûts, toujours de nouvelles choses, des versions détournées de vos héros préférés. Sa culture il la partage, en vrai féru de Boulevard qu'il est. Entièrement à votre service, il trouvera votre bonheur. Côté musique, l'adresse est également très bien forunie. Notre recommandation ?Aller-y faire un tour régulièrement !

LIBRAIRIE FRANCOIS CORRE 18, rue Hoche © 02 99 38 78 87. *Ouvert du mardi au samedi de 13h30 à 19h. Livres anciens et d'occasion.* Discrètement installée en haut de la rue Hoche, cette librairie est bien connue et ô combien appréciée. Depuis presque vingt ans, les rayonnages accueillent de magnifiques ouvrages qui ont traversé les ans pour parvenir jusqu'à nous. Bien sûr, ces livres ont un prix, mais le plaisir est rare. Le choix surprend et séduit, et le maître des lieux sait en parler. Enthousiaste et jovial, M. Corre attire la sympathie. Après une journée médiocre, une visite ici est un vrai régal.

LIBRAIRIE GRUEL 15, rue d'Antrain © 02 99 87 51 24. *Ouvert du mardi au samedi de 14h à 18h.* Spécialisée dans les beaux livres anciens et les éditions remarquables, la Librairie Gruel ne propose que des éditions originales et expertise tous vos ouvrages. C'est un bonheur de découvrir certains ouvrages dont on ne soupçonnait même pas l'existence ou la survivance. Un rayon régionaliste vient compléter le choix offert. L'accueil attentif sans être pressant est des plus agréables.

Librairies

Librairies générales

ESPACE CULTUREL LECLERC Centre commercial Cleunay, Rue Jules-Vallès. Leclerc est une enseigne résolument engagée. On lui doit des séries de pub sur l'emploi des sacs en plastique et la dégradation de l'environnement. Dans le domaine de la culture, ce nom de la grande distribution est également présent : ce sont les espaces culturels. Ils sont implantés dans les galeries commerciales accueillant la grande surface, et celui de Cleunay ne déroge pas à la règle : vous le verrez dès l'entrée de la galerie. Une partie est occupée par les livres, parmi lesquels vous trouverez principalement les nouveautés et les titres qui ont bien marché. Pour les enfants, par exemple, la sélection va de l'Ecole des Loisirs aux collections de Martine. Une bonne idée d'achat, avant d'aller faire ses courses avec vos bouts de chou !**Autre adresse : ZI de l'Etang au Diable, SAINT-GREGOIRE © 02 99 84 86 99.**

FNAC Centre commercial Colombia © 02 99 67 10 10. *Ouvert du lundi au samedi 10h à 20h.* Boulevard, romans, beaux livres, littérature jeunesse, etc. ont chacun leur rayon au premier étage du magasin. Ici, c'est bien entendu le grand nombre de références que l'on remarque en premier. Alors, on parcourt les rayons à la recherche d'un ouvrage. Cependant, on est très vite frappé par le fait qu'il y a beaucoup d'incontournables, de classiques, de meilleures ventes et de nouveautés parues à la rentrée pour les prix d'écrivain. Alors le choix devient difficile. La sélection des ouvrages souffre quelquefois d'un manque d'originalité, normale quand il s'agit de vouloir satisfaire le plus grand nombre. Aussi, on déplorera la faiblesse du rayon Beaux-Arts qui propose certes des ouvrages très joliment illustrés mais dont les textes sont réduits à une peau de chagrin. Parce qu'ici Beaux-Arts semble, comme partout ou presque, rimer avec livres d'image. Mais l'atout de cette grande enseigne c'est de vous donner la possibilité de commander. Donc ce défaut ne se fait pas trop sentir. Enfin, les forums Fnac sont aussi l'occasion de découvrir, en personne, des auteurs et des éditeurs, à l'occasion de la parution d'un ouvrage.

FORUM DU LIVRE 5, quai Lamartine © 02 99 79 38 93. *Du lundi au samedi de 9h30 à 19h.* Le Forum du Livre est un des lieux incontournables de Rennes quand on cherche un ouvrage, en poche ou en grand format ou des fournitures de bureaux ou pour vos loisirs créatifs. Ici, ce que l'on remarque en premier, c'est généralement le grand nombre de références et la qualité du conseil. Le personnel y est toujours souriant et aimable, ce qui change de bien des endroits. L'année dernière, le Forum du Livre s'est relooké, adoptant un cadre chaleureux avec parquet, meubles de librairie et étagères en bois clair, une disposition aérée et des rayons repensés pour améliorer votre service. Le premier étage est toujours consacré aux beaux livres, aux Boulevard, à la jeunesse, à la littérature régionale, aux romans et aux essais. Il y a même une section voyage avec de très bons guides, Oups, je fais de l'auto-promo... Le deuxième bénéficie des mêmes changements, et abrite les poches, les ouvrages scolaires et universitaires. Au dernier étage sont installés la papeterie, les articles de bureau et les fournitures pour Beaux-Arts, qui, ceci dit en passant, bénéficie d'une belle place consacrée aux loisirs créatifs. Côté choix, vous y trouverez quasiment à tous les coups votre bonheur, près de 400 000 références répertoriées,, et si vous ne trouviez pas ce que vous cherchez, le guide Petit Futé Namibie, par exemple...,, la librairie vous le commandera.

FRANCE LOISIRS 20, rue d'Isly © 02 99 30 39 58. La célèbre enseigne est bien présente à Rennes, avec une boutique qui propose tous les produits et services que l'on s'attend à trouver chez France Loisirs.

LIBRAIRIE LE FAILLER 8-14, rue Saint-Georges © 02 99 87 87 87. *Ouvert le lundi de 10h30 à 19h et du mardi au samedi de 9h30 à 19h.* S'il y a un lieu que tous les Rennais, aimant lire ou se cultiver, connaissent, c'est bien la Librairie Le Failler. Elle est installée dans un bel édifice en colombage au début de la très vieille rue Saint-Georges, qui a échappé à l'incendie de Rennes, à côté de la place du Parlement-de-Bretagne, où elle a eu pendant longtemps son adresse. Indépendante, la Librairie Le Failler propose sur 3 niveaux spacieux pour une multitude de références d'ouvrages scolaires, universitaires, des romans, des guides... Il y a une multitude de rayons toujours bien fournis, avec un large choix et suivant l'actualité. Ici, même les spécialistes trouvent leur bonheur. De plus, les écoliers et les étudiants y trouveront toujours les ouvrages demandés par leur établissement, amateurs de polars, de romans, d'ouvrages psychologiques ou d'actualité, de beaux livres, d'histoire régionale, de cuisine, d'ouvrages d'art, et pas seulement des livres d'images,, livres de préparation aux concours ou de guides touristiques, n'auront que l'embarras du choix. Il y a même de nombreuses collections et éditions prestigieuses, comme les sommes de recherche de Citadelles Mazenod ou les catalogues des dernières grandes expositions mondiales. Aussi, si vous ne trouviez pas ce que vous recherchez, le personnel se mettra en quatre pour vous le trouver dans les plus brefs délais et au meilleurs prix. Bref, la Librairie Le Failler est un trésor pour la culture des Rennais. Sans elle, il y aurait beaucoup trop de grande surface du livre. En plus, c'est bien rangé, les rayons sont bien indiqués, on ne se sent pas perdu : au sous-sol, vous trouverez les poches, les manuels scolaires et le rayon jeunesse, au rez-de-chaussée, les romans grand format ainsi que les beaux livres, le rayon régional, et le premier étage est réservé aux ouvrages universitaires et aux sciences humaines. Et les libraires connaissent parfaitement leurs domaines respectifs... on apprécie toujours !

VIRGIN MEGASTORE 6, rue Le Bastard © 02 99 78 80 80. *Ouvert du lundi au samedi de 9h30 à 21h.* La grande amplitude des horaires d'ouverture est l'un des atouts de cette grande chaîne de la culture. Parmi les autres, citons le bel espace dont elle dispose, récemment réorganisé, la mise en avant claire et immédiatement disponible à l'œil des nouveautés et des meilleures ventes, comme des titres moins récents, souvent en collection Poche, de très bonnes productions littéraires des cinquante dernières années. Essais, romans, Boulevard, polars, livres pour enfants, chaque genre a son rayon. On aime aller y flâner, histoire d'avoir une vue d'ensemble de ce qui se fait ou de ce qui s'est fait. On aime y rester quelques heures, le temps de déguster quelques passages d'ouvrages, de vagabonder de page en page, d'un livre à l'autre. Le passage en caisse hyper rapide est à saluer. La librairie partage maintenant le premier étage avec un rayon papeterie et fournitures très élargi. Musique, vidéo et multimédia occupent le deuxième étage. Enfin le rez-de-chaussée renferme les offres promotionnelles et les meilleures ventes.

Librairie régionale

L'ENCRE DE BRETAGNE 28, rue Saint-Melaine © 02 99 63 98 35. *Ouvert le lundi de 12h30 à 17h30, du mardi au vendredi de 10h à 19h30, le samedi de 12h à 19h30 et le dimanche de 14h à 18h.* Des livres bien sûr, romans, policiers, guides, beaux livres, recueils de poèmes, ayant pour thème la Bretagne, mais aussi des livres en breton, des revues, Ar Lanv, ArMen, Armor, musique bretonne, etc.,, des cd... L'Encre de Bretagne est un lieu vivant, qui dépasse le cadre de la simple librairie. Des dédicaces sont régulièrement organisées, les murs au-dessus des étagères accueillent une expo de tableaux, et un coin café est à disposition pour feuilleter ou tailler une bavette.

Librairies spécialisées

ALBUM 13, rue Saint-Hélier © 02 99 30 31 83. *Ouvert le lundi de 14h à 19h30. Du mardi au samedi de 9h30 à 12h30 et de 14h à 19h30.* Le spécialiste Boulevard par excellence de Rennes, Ty Bull n'a pas d'équivalent au niveau du choix et de la qualité des conseils. Ce libraire connaît son affaire et ça se sait. Tout y est, des Boulevard aux mangas en passant par les affiches et les figurines. Ty Bull organise aussi régulièrement des séances de dédicaces. Polars et science-fiction sont l'autre spécialité de la maison et là encore, c'est la passion du genre qui parle dans les échanges entre les clients et le libraire. **Autre adresse : ALBUM 5, rue de Coëtquen © 02 99 78 17 69.**

ALPHAGRAPH 5, rue d'Echange © 02 99 79 74 20. *Ouvert le lundi de 14h à 19h, le mardi de 11h à 19h et du mercredi au samedi de 11h à 20h.* Littérature, graphisme, Boulevard, art et photo, ainsi qu'un coin cd et dvd. Dans sa boutique, Jérôme est comme un poisson dans l'eau. Souvent en pleine discussion avec un pote, à moins que ce ne soit un client,, il s'occupe de nous dès qu'on le lui demande. C'est le genre d'endroit d'où l'on repart heureux, un livre sous le bras, la promesse d'un bon moment. Sur les étagères, les tables et le comptoir, il y a plein de curiosités : la plupart des livres sont issus de collections et d'éditeurs inconnus du grand public. Voilà encore une fois la preuve du caractère indispensable des petites librairies indépendantes, qui échappent aux logiques commerciales de masse. D'ailleurs, Jérôme est même le héros d'une Boulevard, réalisée par l'un de ses copains. Car la librairie est aussi le lieu de rendez-vous d'une poignée d'auteurs underground de la Boulevard rennaise qui y signe régulièrement leurs ouvrages.

L'ESPRIT LIVRE
LIBRAIRIE
LE FAILLER
8-14, rue Saint-Georges - 35000 Rennes
Le confort d'une rue piétonne, à droite,
place du Parlement de Bretagne.
Tél. 02 99 87 87 87
www.librairielefailler.com

ARIANE LIBRAIRIE DU VOYAGE 20, rue du Capitaine-Dreyfus ✆ 02 99 79 68 47. *Site Internet : www.librairie-du-voyage.com Fermé dimanche et le lundi matin. Ouvert de 9h à 12h et de 14h à 19h.* Envie de voyager comme Thésée, il serait dommage de partir sans son fil d'Ariane. Voici la seule librairie spécialisée dans le voyage sous toutes ses formes en Bretagne, que vous soyez un globe-trotter, un mordu du tourisme culturel, un loup de mer, un fondu de randos ou un arpenteur de régions, de pays ou de continents. C'est bien l'adresse qu'il vous faut visiter avant de débuter votre périple. Parce que partir, ça se prépare !Cette librairie vous donnera aussi des envies de voyage et des idées pour sortir des sentiers battus. Vous y trouverez tout sur le pays ou la région que vous avez choisi pour destination. C'est là aussi que vous vous procurerez les indispensables cartes routières ou marines, guides pratiques et de voyage et même quelques accessoires bien utiles, comme des boussoles ou des articles de trekking. Le libraire renseigne à tous les coups avec pertinence, quelles que soient votre destination et votre demande, et ça, c'est irremplaçable !

LA COMEDIE DES LANGUES 25, rue de Saint-Malo ✆ 02 99 36 72 95. *Site Internet : www.comedie-deslangues.fr Ouvert du lundi au vendredi de 9h30 à 19h et le samedi de 10h à 18h.* Ouvert depuis septembre 1997, étudiants, amateurs de littératures en langues étrangères ou bilingues trouveront leur bonheur dans cette librairie au créneau original et bien fournie en ouvrages neufs ou d'occasion. La sélection de romans anglais, allemands, espagnols, italiens, etc. sont proposés dans leurs versions originales, quelquefois accompagnées de traduction française, souvent en format de poche. Les ouvrages étudiés en cursus universitaires, deug, capes..., sont rassemblés sur les différentes étagères, et vous trouverez également dictionnaires, grammaires et méthodes, ainsi que des vidéos, des cd et des dvd en langue originale, parfois sous-titrée. C'est ainsi que La Comédie des Langues s'est taillée, au fil des ans, une réputation justifiée à Rennes, qui a d'ailleurs été couronnée par l'implantation d'une librairie sur le campus de Rennes II.

LA COURTE ECHELLE 26 et 30, rue Vasselot ✆ 02 99 79 20 70. *Ouvert du mardi au vendredi de 10h à 13h et de 14h à 19h et le samedi de 10h à 12h30 et de 14h à 19h.* Depuis bientôt vingt ans, la Courte Echelle propose aux enfants, et aux parents !–, tout ce qui est édité en matière de littérature jeunesse. Cette librairie spécialisée possède un nombre extraordinaire de références, et l'équipe saura vous conseiller pour faire votre choix et être sûre de trouver l'histoire qui ravira votre bout de chou !Suivant l'âge et les goûts de l'enfant, mais aussi son "appétit" de lecture, vous opterez pour un album, un roman, un documentaire, une Boulevard. Et pour mieux vous y retrouver, les livres sont classés par genre ou par thématique, aussi divers que le cirque, les sorcières, le divorce, l'adoption ou encore le théâtre, les curiosités, etc. Livres-cassettes, cassettes audio et vidéo sont également de la partie. A l'étage vous découvrirez jeux, jouets, mobiles, doudous et un peu plus loin au fond de la cour, tout ce qui concerne les activités manuelles. Une adresse bourrée de trésors !

CRITIC 19, rue Hoche ✆ 02 23 20 24 98. *Ouvert le lundi de 14h à 19h et du mardi au samedi de 9h30 à 19h.* Policiers, SF et Boulevard : pour tous les amateurs de ces trois genres, Critic offre une bonne sélection de titres. Le lieu est agréable, notamment avec son espace-café niché au fond de la boutique. Une pause-lecture à laquelle on prend inévitablement goût !Vous trouverez également chez Critic quelques objets dérivés, des mangas, comics et goodies américains et la possibilité de faire importer des Etats-Unis les comics, les collectors et leurs produits dérivés, introuvables en France. Séances de dédicaces et rencontres sont aussi régulièrement au menu de la librairie.

LIBRAIRIE GREENWICH 1, rue Jean-Jaurès ✆ 02 99 78 34 90. *Ouvert du mardi au samedi de 10h30 à 19h.* Une autre indépendante dans le paysage des librairies spécialisées de Rennes : celle-ci se consacre aux littératures étrangères traduites. En format de poche ou grand format, vous découvrirez des auteurs des 5 continents. Idéal pour les lecteurs qui préfèrent une sélection plutôt que des étagères remplies de livres à perte de vue. Car le conseil est bien présent et agréable dans cette petitre librairie.

LIBRAIRIE DU LYCEE 1, place Albert-Bayet ✆ 02 99 53 61 11. *Ouvert tous les jours de 6h30 à 13h30 et de 15h à 19h, sauf le samedi de 6h30 à 12h30.* Ouverte très tôt le matin afin de pouvoir lire les nouvelles avant les autres, cette librairie offre un large choix de services. C'est un endroit où l'on aime s'arrêter afin de lire du coin de l'œil les derniers potins des stars ou les romans en vogue. Elle vend la presse quotidienne et nationale, des revues et des journaux. De plus, elle ne s'appelle pas la Librairie du Lycée pour rien. On y trouve des livres scolaires et parascolaires : certains livres très spécifiques se commandent et d'autres sont sur les étagères. Pour réviser le bac ou passer en seconde, tout y est pour réussir ses études. Et si vous voulez tenter votre chance, des jeux de grattage et de loterie sont à votre disposition.

LIBRAIRIE SAINT-GERMAIN 6, rue Nationale ✆ 02 99 79 40 89. *Ouvert du lundi après-midi au samedi de 9h30 à 12h30 et de 14h à 19h.* Cette boutique fait essentiellement des livres d'arts religieux. Vous trouverez également des disques et des cassettes. Mais, ce n'est pas tout. Pour soi, à mettre dans sa maison, ou pour offrir, la boutique propose de superbes icônes byzantines grecques ainsi que des santons, des figurines, des articles et des ornements religieux. Et pour les communions de vos petits, vous pouvez acheter ou louer des aubes à prix abordable car il n'est pas si facile d'en dénicher une à notre époque.

PLANETE IO 7, rue Saint-Louis ✆ 02 99 79 35 14. *Ouvert le lundi et samedi de 10h à 19h, et du mardi au vendredi de 10h à 20h en continu.* Ce café littéraire, en face de l'entrée de la salle de la Cité, jouit d'une lumière intérieure qui n'a d'égal que l'amour du livre. Une atmosphère tranquille et sereine, qui permet de feuilleter les livres, voleter entre les étagères. Ici, on vous laisse faire votre petit tour sans vous assaillir, à moins que vous ne demandiez conseil. De nombreux ouvrages traitent de théâtre et de poésie, sans oublier les ouvrages artistique, cinématographique, poétique et la littérature étrangère, notamment maghrébine.

AUX PORTES DU MYSTERE Rue Jules-Simon ✆ 02 99 79 49 92. *Ouvert du lundi après-midi au samedi soir, de 10h à 19h en continu.* Un choix aussi large que l'est la notion d'ésotérisme : arts divinatoires, psychologie, santé, religion... des ouvrages de toutes sortes sur des thèmes très variés, que l'on ne trouve pas aisément dans les librairies plus classiques. Vif intérêt et simple curiosité méritent une visite en ces lieux qui abritent d'étonnants livres.

LA ROSE MYSTIQUE 2, rue Bonne-Nouvelle ✆ 02 99 38 70 96. *Ouvert du mardi au samedi de 10h à 12h30 et de 14h à 19h. Journées continues le jeudi et le vendredi.* Cette librairie ésotérique se pare d'une devanture saumon, gaie et positive, à l'instar des livres référencés ici. Ouvrages de spiritualité orientale et occidentale, qui interrogent les différents mystères de l'univers et de l'homme, guides pratiques pour bien vivre sa vie et son corps, ouvrages ésotériques, etc. remplissent les rayons. La maison offre également un service de vente par correspondance.

VAGABONDAGES 4, rue des Fossés ✆ 02 99 38 14 94. Cette petite librairie est une merveille du genre : des livres partout, qui débordent des étagères, qui forment des piles iconoclastes sur les tables et les moindres recoins de la boutique. Un désordre, relatif, dans lequel tous les amoureux de la lecture s'y retrouveront sans peine, tant il ressemble à celui de leurs propres étagères surchargées !Vagabondages a choisi de se spécialiser dans les romans étrangers ou français, la littérature de voyage, les polars, et vous y ferez de véritables trouvailles. Car la maison travaille avec de toutes petites maisons d'édition, comme avec les plus connues, et si vous commencez à partager votre passion de la lecture avec la maîtresse des lieux, vous aurez envie de tout découvrir : ses coups de cœur, les vôtres, au hasard de la conversation et des étagères. Vagabondages possède en outre un bon rayon consacré à la littérature asiatique, et un rayon enfants.

Librairies à prix réduits

BOOKAN 20, rue Isly ✆ 02 99 31 46 91. *Ouvert du lundi au samedi de 9h30 à 19h.* Le concept de cette librairie est de vendre des livres neufs à des tarifs promotionnels, c'est-à-dire à tout petit prix. C'est donc une bonne adresse pour satisfaire sa passion de la littérature car parfois cela peut coûter très cher. Les prix sont vraiment avantageux et s'échelonnent de 1 € à 150 € pour les plus beaux livres. Ici, vous trouvez de tout... des livres pratiques de bricolage, aux romans, en passant par des ouvrages d'art et régionaux, et bien sûr des guides de voyage comme le nôtre !N'hésitez pas à demander un conseil, on vous aidera d'une manière charmante.

MAXI LIVRES 5, rue d'Orléans ✆ 02 99 78 14 95. Cela vaut le coup de venir y faire un tour régulièrement : beaux livres, notamment sur le voyage, l'art ou l'architecture, l'histoire, mais aussi un grand nombre de livres de recettes, d'histoire et de coloriage pour les petits sont vendus ici à prix réduits. La raison ?Arrêt de commercialisation d'un titre, d'une collection, fonds d'une maison d'édition non repris, etc. lancent les livres dans un deuxième circuit de vente : les librairies à prix réduits, qui vendent du neuf.

Maisons de la presse

RELAIS Centre commercial Gare ✆ 02 99 41 91 44. *Ouvert du lundi au jeudi de 5h15 à 22h, le vendredi de 5h15 à 22h45, le samedi de 5h15 à 21h45 et le dimanche de 7h à 22h.* Ce tabac-presse-librairie, situé à un point névralgique de la ville, en dépannera plus d'un, en manque de lecture !Outre les quotidiens et les magazines, la boutique dispose d'un bon rayon littérature, qui est maintenant de plus en plus éloigné des sempiternels romans de gare. Ici, vous trouverez, les dernières parutions et les best-sellers parmi les romans en livres de poche, les polars... Une autre spécificité du lieu est la présence de romans bretons, ainsi que toute une partie consacrée aux beaux livres sur la Bretagne, en plus des autres rayons regroupant les ouvrages de recettes de cuisine et les Boulevard. Bref, l'adresse assure aux voyageurs, et à ceux qui n'ont plus rien à lire pour leur dimanche !– de quoi résoudre une crise de manque !Ou encore de trouver un cadeau de dernière minute. L'amplitude des horaires d'ouverture est en adéquation avec celle des trains. Une adresse indispensable, en somme !Autre adresse : 2, rue Henri-Le Guilloux 02 99 33 29 82.

EBULLITION Centre commercial Grand-Quartier, SAINT-GREGOIRE © 02 99 54 06 51. *Ouvert du lundi au samedi en continu de 9h à 20h.* Ebullition, au cœur de l'action, un îlot à vocation multiple : fournitures de bureau et informatique, papeterie, presse, librairie générale et parascolaire : tout y est !Installée dans un bel agencement où la circulation est de surcroît aisée, cette boutique de la galerie commerçante de Grand-Quartier offre un bon choix de romans, plus spécialement axé sur les grands classiques et les productions littéraires récentes et médiatisées.

Médias

Presse

CINE SPECTACLES, Réalisé par Nantes Presse Média 11 bis, rue Lamoricière BP 38611, 44186 Nantes CEDEX 4 © 02 99 00 60 81. Ce petit heboulevardo gratuit distribué dans les salles de cinéma et dans certains commerces diffuse régulièrement la programmation de toutes les salles de la ville, ainsi que les conditions particulières à chaque film, tarifs, horaires... En fin de journal, vous trouverez la pertinente rubrique Bloc-note de la semaine. Elle regroupe les concerts, les festivals, les pièces de théâtre, les spectacles à destination du jeune public, les représentations à l'Opéra, les activités des compagnies de danse... bref, une mine d'or chaque semaine. Il y a même en plus une page entière consacrée régulièrement à une exposition ou à un artiste.

CONTACT 17, avenue Chardonnet © 02 99 38 99 11. Ce guide gratuit des spectacles, qui paraît chaque semaine, passe en revue les programmes de cinéma, les pièces de théâtre et autres manifestations telles que concerts, expos... On le trouve facilement dans les bars, à l'office de tourisme, dans les cinémas et chez de nombreux commerçants.

DIMANCHE OUEST-FRANCE 10, rue du Breil © 02 99 32 67 26. Ce supplément au grand quotidien est un cocktail réussi, dans la forme comme dans le fond, d'infos locales et d'articles magazine. La présentation en 4 cahiers permet à chaque membre de la famille de lire ce qui l'intéresse particulièrement : actualité, guide, famille, sports. Dimanche Ouest-France a très vite atteint sa vitesse de croisière avec cette formule, et compte 500 000 lecteurs fidèles.

EKO, CCI 2, avenue de la Préfecture, Cs 64204 35042 RENNES CEDEX © 02 99 33 66 66. Ce mensuel diffusé dans Ouest-France chaque premier mardi du mois, est édité par la CCI. Les 8 pages d'Eko donnent des informations concernant l'actualité des entreprises, des commerces et de la restauration. Actualités, agendas, portraits d'entrepreneurs actifs dans le tissu économique local et zooms sont au menu.

LA GRIFFE 36, rue Alma, 35000 RENNES © 02 23 30 04 44. Ce gratuit culturel s'est fait une belle place depuis sa création. Chaque numéro est diffusé à 20 000 exemplaires, dans près de 1 000 lieux du Grand Ouest : centres culturels, théâtres, cinémas, bars, restaurants, restos U... L'équipe de rédacteurs bénévoles et enthousiastes travaillait au départ à un rythme survolté, pour paraître chaque semaine. Mais assez vite, La Griffe a trouvé son rythme de croisière avec une parution tous les quinze jours. Autre évolution, La Griffe est passée du noir et blanc à la quadrichromie, mais les principes de base énoncés dès les premiers jours sont toujours respectés : gratuité du journal et bénévolat des rédacteurs. Seuls 2 permanents sont salariés : le rédacteur en chef, et un commercial chargé de vendre les encarts publicitaires. La Griffe parvient à garder cet équilibre essentiel entre rédactionnel et annonces publicitaires. Aujourd'hui, La Griffe se lance un nouveau défi : conquérir Nantes.

L'INDIC, Edition de Rennes, Etincelle 324, avenue de la Pompignane, 34000 Montpellier © 04 67 13 23 00. C'est un petit gratuit que l'on obtient dans pas mal de commerce de la ville, ainsi qu'à l'université. C'est un recueil de bonnes adresses, de bons plans pour les jeunes et les étudiants, mais aussi pour les nouveaux arrivants à Rennes. Vous y trouverez l'adresse et les numéros de téléphone des principaux services administratifs, des services d'aide de la ville, mais aussi des informations utiles pour trouver son logement, financer celui-ci, trouver un stage, un emploi, un job d'étudiant... Enfin une dernière partie est consacrée aux salles de spectacles, aux cinémas, théâtres, musées, points billetterie, bibliothèques, librairies, restaurants... En un mot, ce guide convoité se révélera très vite indispensable, surtout pour les moins de 30 ans.

L'INFO METROPOLE 4, boulevard de Chézy © 02 99 28 56 68. Ce gratuit arrive chez vous tous les mois dans votre boîte aux lettres. Sous-titré Le magazine de l'agglomération rennaise, cette parution vous informe sur l'actualité de l'agglomération, présentant des reportages, des enquêtes, concernant Rennes, les communes environnantes et des thèmes liés à l'économie, au social, à la politique urbaine, au transport. En un mot, c'est une mine d'informations.

LE RENNAIS 4, boulevard de Chézy © 02 99 28 55 17. Edité par la ville de Rennes, Le Rennais est un mensuel distribué gratuitement dans les boîtes aux lettres des habitants de la ville. Ce journal municipal traite en profondeur de l'actualité de la ville et s'organise autour de 4 grandes rubriques. L'Actualité société traite la vie rennaise par toute une série de brèves, des portraits et une enquête ou un reportage. L'Actualité mairie rend compte des décisions et débats du conseil municipal, de la mise en œuvre des réalisations municipales et des principales réflexions, projets et dossiers à l'étude. L'Actualité quartiers rend compte des initiatives des habitants et leur donne la parole. Enfin, Le Guide comprend informations pratiques et reportages sur des pratiques de loisir, un sujet histoire, l'agenda loisirs et des rubriques livres, cd, etc. Le Rennais est consistant, l'information variée et bien traitée, et la nouvelle mise en page réussie et colorée. Il est tellement indispensable que quand on vit à Rennes, il est rare de ne pas le lire.

NOUS VOUS ILLE 1, avenue de la Préfecture CS 24218, 35042 RENNES CEDEX © 02 99 02 35 32. C'est le magazine gratuit du conseil général d'Ille-et-Vilaine, qui va changer de nom au profit de Haute-Bretagne. Vous trouverez dans cette parution un grand nombre de dossiers documentés sur l'actualité départementale, sur les gens qui font l'Ille-et-Vilaine, mais aussi la culture, l'économie, le patrimoine du département. D'autres rubriques sont également consacrées à la littérature, aux associations et à des phénomènes de société. L'été, vous aurez en plus un supplément, également gratuit, qui vous fournira les bons plans pour passer un bel été en Ille-et-Vilaine : où sont recensés les divers festivals de l'été, les musées, les châteaux, les parcs, les jardins, les bases de loisirs, les espaces naturels à visiter dans le département. Bref, surveillez votre boîte aux lettres et ne jetez pas toute la publicité, vous risqueriez de passer à côté de ce magazine gratuit très pratique.

OUEST-France, Rédaction locale 38, rue du Pré-Botté © 02 99 29 69 00. Siège social : ZI, CHANTEPIE 10, rue du Breil © 02 99 32 60 00. Le premier quotidien de France, avec presque 783 000 exemplaires vendus chaque jour, toutes éditions confondues, se répartit sur Rennes en 2 éditions : Rennes pour la ville, et Rennes 2 pour la métropole. Un savant traitement d'informations internationales, nationales, régionales et locales a fait le succès de ce quotidien régional. Une armée de correspondants locaux font écho de l'actualité en tous domaines : articles et photos illustrent chaque événement de la vie locale, toujours au plus près de l'actualité. Depuis fin 1997, Ouest-France publie une édition dominicale qui a rencontré rapidement un beau succès. Vendu en kiosque ou sur abonnement, c'est pour beaucoup le premier geste de la journée : certains l'ouvrent directement à la page qui les intéresse, d'autres le dévorent du début à la fin, certains font quotidiennement mots fléchés et croisés... Bref, chacun le consomme comme il l'entend, mais toujours fidèlement !

PARU VENDU 3, rue de Nemours © 0 825 77 35 35. Tiré à 170 000 exemplaires sur Rennes et 30km autour, ce journal gratuit hebdomadaire propose des petites annonces concernant l'équipement, l'automobile, des offres d'emploi, locations de vacances... et, bien sûr, des annonces immobilières. Ces dernières sont celles de professionnels et de particuliers, quelques fois illustrées par des photographies. Le journal est distribué dans toutes les boîtes aux lettres par médiapost. Pour consulter les 2000 petites annonces hebdomadaires surfez sur www.paruvendu.fr.

SORTIR, Supplément à l'Info Métropole 4, boulevard de Chézy © 02 99 35 42 11. Ce supplément de 24 pages, livré avec l'Info Métropole gratuitement dans les boîtes aux lettres des habitants de l'agglomération rennaise, concentre toute l'info culturelle de Rennes et des alentours. Des articles de fond, des rencontres, des portraits et des interviews rendent compte des événements culturels et sportifs et de ceux qui les font. Les rubriques sont attrayantes : événements, coups de cœur, regards croisés et bien sûr, l'indispensable agenda culture et loisirs, la rubrique A ne pas manquer. Dans cette dernière, vous y lirez des articles fouillés, joliment écrits sur l'actualité théâtrale, de la photographie, des expositions, des animations à destination du jeune public... à Rennes et sa métropole.

ZAP RENNES, CIJB Cours des Alliés © 02 99 31 57 67. C'est le mensuel d'expression des jeunes Rennais mis en place par le CIJB. Coordonné par Mathias Orhan du CIJB de Rennes, le Zap n'aurait pu voir le jour sans le soutien actif de la ville. Les jeunes se sont bien appropriés ce support, par le biais d'articles et d'illustrations de qualité. Actualité pas seulement locale, dossiers thématiques, musique... en quelques pages, différents domaines sont abordés, par et pour les jeunes.

LE 35   30, rue du Pré-Botté ✆ 02 99 79 01 80. Un heboulevardo gratuit qui tombe dans les boîtes aux lettres chaque lundi. Achats, ventes et échanges... les petites annonces se succèdent, ainsi que les publicités. Un très bon support pour vendre son véhicule, diffuser une offre ou une demande d'emploi, caser un des chatons de la dernière portée de votre Gribouille... Pratique et sérieux, il jouit d'une bonne réputation.

7 JOURS LES PETITES AFFICHES DE BRETAGNE   1, rue de La Chalotais ✆ 02 99 79 39 09. Un heboulevardomadaire d'informations générales, judiciaires et légales qui paraît depuis environ quatre-vingt ans et qui a à son actif plus de 4 000 numéros. Il intéresse un grand nombre de lecteurs, car il est habilité à publier les annonces légales et judiciaires, ce qu'il s'applique à faire, tout en laissant une large place à l'information locale. Incontournable pour être informé au plus tôt de l'actualité de la vie commerciale de la ville : ouvertures, changements d'adresse, fermetures... les annonceurs sont nombreux chaque semaine, et les lecteurs aussi !

Radio

CANAL B, 94 Mhz en FM   10, avenue du Général-De-Gaulle, BRUZ ✆ 02 99 52 77 66. Une radio locale associative qui diffuse de la musique que les autres stations radiophoniques ne diffusent pas. Placé sur un créneau de différence, Canal B et ses animateurs proposent des rythmiques qui leur plaisent, et ne répondent pas forcément à une logique commerciale. Dans l'ombre de la musique standard, des éclaircies minoritaires éclatent, et c'est tant mieux pour les amateurs qui sont devenus auditeurs fidèles. Tous les concerts à Rennes ou aux alentours sont annoncés sur les ondes du 94 Mhz, il y a même des places à gagner. En outre, Canal B organise des stages radio pendant les vacances, pour les jeunes de plus de 8 ans. Une formule lancée il y a maintenant dix ans, et qui suscite un intérêt largement mérité.

CHERIE FM, 106.8 Mhz en FM. La matinale "Good Morning Ville", 6h-9h30, propose des informations locales et un programme de proximité, grâce à plus de 100 journalistes et animateurs qui réveillent les auditeurs de Chérie FM. Dès 9h30, le flux musical accompagne les auditeurs avec toutes leurs chansons préférées. La programmation de Chérie FM offre un voyage au cœur des années quatre-vingt, quatre-vingt-dix et deux mille avec de nombreux artistes comme Pascal Obispo, France Gall, Florent Pagny ou encore Céline Dion. Le succès de cette radio repose sur les valeurs incontestées et les nouveautés qui composent son programme musical. Avec 45 % de variétés internationales et 55 % de variétés françaises, dont 20 % de nouveautés.

FRANCE INTER, 93,5 Mhz en FM. “Au début ça surprend, après aussi”, voilà un slogan qui en dit long sur cette radio généraliste. Vous y entendrez des programmes quotidiens, en semaine et heboulevardomadaires, le week-end. Toutes les heures, le matin de 5h à 9h, de 13h à 14h et de 19h à 19h30, vous pourrez profiter d'un point sur l'actualité. France Inter, c'est aussi une radio qui s'adresse à votre intelligence. Elle n'est pas là pour vous reservir le dernier tube le plus entendu sur toutes les autres radios nationales. La différence ici, c'est une liberté de ton de chacun des animateurs. Les opinions politiques s'entendent, on déteste certains animateurs, on en adore d'autre, c'est aussi cela France Inter. Alors si certains sont des mordus de l'émission de 17h, d'autres préféreront les interventions du Rendez-vous des entrepreneurs. Il y en a pour tous les goûts et c'est tant mieux.

HIT WEST, 99.2 Mhz en FM 35, avenue des Peupliers, CESSON-SEVIGNE © 02 23 45 16 16. Une station dont on ne se lasse pas, grâce à sa programmation musicale plaisante et variée. Les morceaux s'enchaînent à un rythme serein, ponctués d'interventions mesurées. Les programmes sont adaptés à chaque moment de la journée. En voiture, au bureau ou à la maison, Hit West nous accompagne.

NOSTALGIE, 97.6 Mhz en FM. Nostalgie, La Légende, offre à ses auditeurs une programmation unique en France : de Johnny et Eddy aux Beatles et Rolling Stones, du début du rock'n'roll à l'apogée du disco. Nostalgie réunit dans une programmation rythmée et source de bonne humeur tous les tubes des années soixante et soixante-dix. A Rennes, Nostalgie c'est 9 rendez-vous d'informations locales dès 6h et une émission locale dans l'après-midi pour encore plus de jeux, d'infos et de bons moments. Sur Nostalgie, chacun s'y retrouve à sa manière et tout le monde s'y rejoint dans l'émotion partagée. Nostalgie, c'est la référence des sixties et seventies. C'est original !

RADIO CAMPUS, 88.4 Mhz en FM 6, avenue Gaston-Berger, Salles D114 et D117 © 02 99 14 19 61. Au rez-de-chaussée d'un bâtiment de la fac de Villejean, une salle avec des dizaines d'affiches, des jeunes qui discutent autour d'un café : Radio Campus Rennes, l'une des 18 radios universitaires affiliées à la fédération Iastar France. Elle émet 24h/24, 7j/7 et couvre une zone de près de 30 kilomètres de rayon. La quasi-totalité des émissions est en direct. Radio Campus regroupe actuellement 180 bénévoles et 2 emplois jeunes. De quoi constituer une grille de programmes fournie avec en vedette, la musique. Les auditeurs profitent de plus de 60 heures heboulevardomadaires de programmation. Une grille des programmes bien pensée, cohérente et variée, avec des rendez-vous attendus en semaine, et des émissions plus décalées le week-end. Actualités locales et musique sont à l'honneur, et les animateurs se succèdent, sous l'égide de Ramon Perez, directeur des programmes. Radio Campus est reconnue sur le plan local et les interviews d'artistes de passage dans la région s'en trouvent facilitées. Parmi les rencontres marquantes, citons les chanteurs Hubert-Félix Thiéfaine, Dominique A., Brigitte Fontaine ou le comédien Michel Piccoli. Elle reste un écho particulier des événements que vit la ville.

103.9
HITMUSICONLY!*
*Que du Hit sur NRJ.
188035A
NRJ MASTERMIX
LE SAMEDI DE 20H À 2H, 6H DE PUR MIX
TOUS LES MATINS
6H / 9H BRUNO, MANOS ET FLO
NRJ MUSIC TOUR LA TOURNÉE
DE CONCERTS GRATUITS, BIENTÔT CHEZ TOI
TOUS LES SOIRS
L'ÉMISSION SANS INTERDIT 21H-00H
NRJHITMUSICONLY!
DJ ABDEL
MORGAN
DJ MAZE
DJ LBR
ALBERKAM
RETROUVE LES MEILLEURS DJ'S
NRJ MasterMix
TOUS LES SAMEDIS
DE 20H À 2H
SUR NRJ
LE 6/9
le matin 6-9h sur NRJ !
MUSIC TOUR
L'ÉMISSION
SANS INTERDIT
21H>00H
NRJ.FR

TOUS LES MATINS ÉCOUTE LE 6/9 SUR NRJ 103,9
LE 6/9
-BRUNO-
-MANOS-
-FLO-
LE 6/9
EN EUX EST LA FORCE
1ER MORNING(1) DE FRANCE ILS SONT
HITMUSICONLY!*
NRJ
103,9
NRJ.FR
* Que du Hit sur NRJ.
(1) Médiamétrie 126000,
Janvier-Mars 2005, Audience Cumulée
et 1/4 d'heure moyen, Lundi-Vendredi,
6h-9h, 13-49 ans

RADIO CAROLINE, 90.8 Mhz en FM 17, avenue Chardonnet ✆ 02 99 38 26 26. Créée en 1982, au moment où la bande FM se démocratisait Radio Caroline, autrefois Rennes FM, a su s'attirer un nombre d'auditeurs fidèles et toujours de plus en plus important. Cette radio indépendante ancrée dans notre région bretonne qui, avec son savant mélange de beaucoup de musiques et d'infos, cible les adultes. Ses programmes musicaux vont des standards des années soixante-dix aux hits, softs, d'aujourd'hui.

RADIO FRANCE ARMORIQUE, 103.1 Mhz en FM 14, avenue Janvier ✆ 02 99 67 43 21. Pour reprendre la comparaison de notre prédécesseur, disons que RAF est à la radio ce que Ouest-France est à la presse. Un contenu sérieux et vivant, servi par un son de grande qualité, voilà la clé de voûte de la réussite de cette station. Les émissions se succèdent, les plages musicales sont éclectiques. Tout va bien donc, et Radio France Armorique a encore de beaux jours devant elle.

RCF ALPHA, CHRETIENS MEDIAS 35, 96.3 Mhz en FM 1, rue Père-Lebret ✆ 02 99 14 44 55. Quand le Saint-Esprit souffle sur les radios, ça donne... RCF Alpha !Une sorte de communion radiophonique qui a ses fidèles.

RADIO RENNES, 100.8 Mhz en FM 3, rue Beaumanoir ✆ 02 99 79 23 23. Subventionnée par la Ville, Radio Rennes suit les manifestations rennaises et est présente sur certains événements incontournables, les Tombées de la Nuit, les Transmusicales, etc., ainsi que sur des hauts lieux de la vie culturelle, comme sur la Péniche Spectacle.

RMC INFO, 106.0 Mhz en FM. *Site Internet : www.rmcinfo.fr* RMC Info, c'est la radio d'info de la génération FM !Talk Show en direct, interactivité permanente, etc. Avec Jean-Jacques Bourdin, Christian Spitz, Brigitte Lahaie, etc. Tous les programmes de RMC Info vous informent et vous donnent la parole en direct. RMC Info, c'est aussi la radio n°1 sur le sport avec près de 50 heures d'antenne par semaine !

Mais aussi

CANAL B, 94.0 • CHERIE FM, 106.8 • EUROPE 1, 104.7 • EUROPE 2, 102.0 • FRANCE CULTURE, 98.3 • FRANCE INFO, 105.5 • France INTER, 93.5 • France MUSIQUE, 89.9 • FUN RADIO, 94.5 • HIT WEST, 99.2 • LE MOUV, 107.3 • NOSTALGIE, 97.6 • NRJ, 103.9 • RADIO CAMPUS, 88.4 • RADIO CAROLINE, 90.8 • RADIO RENNES, 100.8 • RCF ALPHA, 96.3 • RADIO FRANCE BLEU ARMORIQUE, 103.1 • RFM, 96.9 • RTL, 104.3 • RTL 2, 92.7 • SKYROCK, 88.9.

libertyTV
0892/700 313 (0,34€/min.)
Les meilleurs prix des vacances sont sur
www.libertytv.com
Le futur n°1 des sites des vacances en France
Canal Satellite canal 53
TPS canal 26
Noos canal 52
France Télécom câble canal 49

Télévision

ASSOCIATION SAINT-EXUPERY 7, square Saint-Exupéry ✆ 02 99 87 08 00. *Permanences du lundi au vendredi de 14h à 16h sauf le mercredi.* Envie d'assister à une émission de télévision ?L'association d'Animation Maurepas Saint-Exupéry organise régulièrement des sorties en car à Paris pour assister aux différents enregistrements sur les plateaux de télévision. Avis aux amateurs !

FRANCE 3 OUEST 9, avenue Jean-Janvier ✆ 02 99 01 79 79. *Site Internet : www.france3.fr* A deux pas du TNB, sur l'avenue Janvier, l'antenne régionale de France 3 a fière allure. Les équipes rattachées à France 3 Ouest produisent des documentaires et émissions de grande qualité, alliant proximité et professionnalisme. Les journaux locaux sont très suivis, à l'heure où le régionalisme est mis en avant à bien des égards : fouillés et construits, les reportages informent des téléspectateurs friands et curieux. Présent sur les grands événements comme sur les plus petits, toujours à l'affût, France 3 Ouest est un excellent relais régional. Ses équipes sont aussi reconnues pour leur professionnalisme. Elles interviennent d'ailleurs pour la préparation d'émissions diffusées sur le canal national de France 3, comme pour Des racines et des Ailes. Là encore, un gage de leur compétence.

M6 RENNES 12, rue Vasselot ✆ 02 99 79 13 93. Comme le soulignait avec humour Ramon Pérez, dans son spectacle Rennes c'est vachement bien, les parents et autres connaissances décrochent promptement leur bigophone dès qu'une caméra a capté votre image durant quelques secondes, passant ou spectateur, et ils vous crient dans l'oreille : "Viiiitte, allume la télé, t'es sur M6 !". Un autre moment que bien des téléspectateurs ne sauraient manquer, c'est la minute de météo locale, où l'humour décalé est toujours au rendez-vous. "La petite chaîne qui monte" a eu aussi une bien belle idée lorsqu'elle a inauguré son premier Six minutes d'infos locales. Diffusé vers 20h30, ce rendez-vous quotidien est très suivi. Les flashs s'enchaînent certes à vive allure, et l'on regrette parfois que les reportages ne soient pas plus longs, mais telle est la règle : un maximum d'infos concentrées en un minimum de temps. Le secret de la réussite de l'équipe locale : jeunesse, enthousiasme et professionnalisme !Un cocktail imparable. M6 Rennes est présente sur toutes les manifestations, se déplace rapidement dès que cela s'avère intéressant, pour le plus grand bonheur des téléspectateurs.

QUARTIER LIBRE PRODUCTIONS 193, boulevard Jacques-Cartier ✆ 02 99 26 93 92. Animé par une équipe jeune, volontaire et expérimentée, Quartier Libre revendique déjà quelques documentaires intéressants, tel Ailleurs, un film sur des ados difficiles en vacances. Mêlant un angle journalistique et social, la politique de cette boîte de production devrait rencontrer un succès mérité.

TV BREIZH Quai du Péristyle, LORIENT ✆ 02 97 35 01 00. *Site Internet : www.tvbreizh.fr* Petite dernière du paysage audiovisuel français née le 1er septembre 2001, il aurait été dommage de ne pas en parler, même si elle émet depuis Lorient. TV Breizh est disponible par le câble ou par satellite. Musique, cinéma, sport, magazines, documentaires, talk-shows, débats, événements culturels... chaque jour, 17 heures de programmes pour découvrir le monde par le canal celte.

TV RENNES 19, rue de la Quintaine ✆ 02 99 30 58 58. A l'heure où le local prime, l'info de proximité retrouve plus que jamais ses lettres de noblesse. Rennes n'est pas en reste et a sa télé spécialisée. Au cœur de la Métropole, TV Rennes assure une réalisation en direct chaque jour de l'actualité locale, servie par une équipe de 12 journalistes reporters d'images et rédacteurs, et toute une équipe de techniciens, de réalisateurs, de monteurs et de cadreurs. La chaîne, disponible sur le câble, compte aujourd'hui 140 000 téléspectateurs. La grille de programmation fait la part belle aux reportages et documentaires réalisés dans la région. Magazines de l'actualité économique, sportive, notamment l'émission Rouges et Noires créée cette année, qui parle de la vie du Stade rennais,, sociale et locale rennaise, périples en bus à la découverte des quartiers et des communes, recettes de cuisine, et à ne pas louper, la fameuse émission culturelle Mon Rennes à Moi, vivante et rythmée, animée par miss Sylvie Denis entourée de ses deux complices impertinents, Titus et Schvartz. Tous les rendez-vous quotidiens sont rediffusés plusieurs fois dans la soirée.

loisirs

Rennes accueille un marché du livre le mercredi et samedi sur la place du Parlement, qui est quelquefois déplacé sur la place Sainte-Anne. Il existe aussi un marché ponctuel de la création, chaque 1er et 3e samedi du mois sur la place Sainte-Anne, toute l'année hormis en juillet et août. Une quarantaine d'artistes et d'artisans venus de toute la Bretagne donnent un petit air de vacances à la place, lorsqu'ils déballent leurs parasols et leurs créations... Bijoux de bronze et d'argent, mobiles pour enfants en bois, sacs en lin, mobiles de coquillages, miroirs, c'est un enchantement des yeux et les prix pratiqués sont réellement raisonnables.

Beaux-Arts et Loisirs créatifs

A LA PENSEE 8, quai Robinot-de-Saint-Cyr, ZI de Lorient ✆ 02 99 59 00 01. *Ouvert du mardi au vendredi de 13h30 à 18h30 et le samedi de 10h à 12h et de 14h à 18h.* Dans ce nouvel espace situé derrière le grand magasin Rouxel, ce spécialiste du point compté, plus connu sous le nom d'abécédaire, vous fournira tout ce dont vous avez besoin pour mener à bien votre ouvrage. Qui plus est, ce magasin-atelier donne également dans l'exposition, histoire de contempler concrètement ce que des mains adroites savent créer. Une adresse à retenir.

BOUTIQUE IMPRIM' 20, rue du Maréchal-Joffre ✆ 02 99 79 34 24. *Ouvert le lundi de 14h à 19h, du mardi au vendredi de 10h à 19h et le samedi de 10h à 12h30 et de 14h à 19h.* Tous les amoureux de beau papier et d'articles de papeterie seront aux anges dans ce magasin. Une présentation impeccable et colorée met en valeur carnets et albums photos originaux, encriers et tampons de bois aux dessins fantaisie, mais aussi valisettes de carton aux couleurs vives et serviettes de papier décorées. Autant de bonnes idées cadeaux, pour les enfants comme pour les plus grands.

GTA LOISIRS CREATIFS 11, rue Jean-Le-Hô ✆ 99 79 33 13. *Ouvert le lundi de 14h à 19h et du mardi au samedi de 9h à 19h.* GTA est un magasin spécialisé dans les fournitures de loisirs créatifs et de beaux-arts. Vous y dénicherez un multitude de sortes de papier, de pinceaux, de perles, de peinture... pour toutes vos réalisations plastiques. En plus de ce très large choix de produits, vous bénéficierez des conseils avisés d'une équipe dynamique, accueillante et au fait des techniques, des matériaux et autres fournitures nécessaires pour concrétiser vos idées créatrices ou vos délires les plus fous. Des ateliers y sont également organisés et font la joie de tous les artistes en herbe. Bon nombre d'ouvrages pratiques pourront, s'il en est besoin, vous donner d'ultimes et précieuses explications. Alors qu'attendez-vous pour personnaliser votre déco.

LA CITE DES ARTS, CASTEAL Route du Meuble, Zone Décoparc, MONTGERMONT ✆ 02 99 23 88 33. *Ouvert le lundi de 14h à 19h et du mardi au samedi de 10h à 12h et de 14h à 19h.* Le rendez-vous des amateurs de loisirs créatifs, où les créateurs en herbes trouvent toujours pinceaux à leurs mains, peintures, crayons, chevalets, toiles, châssis, encadrements... Installée dans 400 mètres carrés, La Cité des Arts vous propose tout ce dont vous avez besoin pour assouvir votre passion créatrice. Les conseils prodigués en cas de besoin se transforment vite en conversation de spécialistes !A noter : les artistes bénéficient d'une réduction de 10 % sur leurs achats. La maison organise régulièrement des expos, des ateliers de démonstration et des stages.

LE COMPTOIR DES ARTS 5, rue de la Retardais, ZI de Lorient ✆ 02 99 54 53 74. *Site Internet : www.lecomptoirdesarts.fr* L'univers du dessin, de la peinture ou de l'art en général n'aura plus de secrets pour vous. Créée en septembre 2002 par des amateurs de loisirs créatifs, cette grande surface de l'art, très fréquentée, affiche des prix très compétitifs. En effet, les fondateurs du lieu connaissent bien l'investissement que nécessite la pratique de votre passion. Ils ont alors choisi d'être indépendant pour mieux vous satisfaire et afin d'être les plus compétitifs en ce qui concerne le prix. Sur place, vous trouverez un grand choix de pinceaux, toiles, peintures, livres pratiques pour travaux en tout genre, papiers classiques ou terriblement fantaisistes, et d'une façon générale tout article de beaux-arts ou loisirs créatifs. Conseils pertinents à la clé.

LES COULEURS DU TEMPS 3, rue des Chênes, MONTGERMONT ✆ 02 99 23 88 19. *Site Internet : www.les-couleurs-du-temps.com Ouvert le lundi de 14h30 à 19h, le mardi, mercredi et vendredi de 10h à 12h30 et de 14h à 19h et le jeudi et samedi de 10h à 19h en non-stop.* Appartenant à une chaîne de magasins, cette moyenne surface vous sera très utile pour toutes les petites mains bricoleuses, artistes confirmés ou amateurs aux envies créatives et inspirées. Les Couleurs du Temps offrent de quoi vous occuper pendant des heures avec un choix quasiment inégalé à Rennes de divers matériaux et ustensiles pour assouvir votre passion. Ainsi, vous pourrez vous y fournir en perle, pinceaux, terre, peintures, pigments, pastels, crayons, fusains, tabliers de peintre, cansons, tissus, feutres, dominos, ustensiles pour la broderie ou pour abat-jour, tabourets d'artistes, chevalets, toiles de lin... Bref, vous y trouverez tout ce dont vous avez besoin, y compris un grand nombre de conseils et d'astuces dans des ouvrages et auprès du personnel qualifié du magasin. Il y en a pour tous les goûts, tous les âges et toutes les bourses. Vos chefs-d'œuvre ou ceux de vos enfants peuvent être encadrés ici. Enfin, un petit plus : les démonstrations gratuites organisées chaque samedi, permettant de découvrir des techniques aussi variées que la calligraphie, le déco patch, la réalisation de lampes ou la mosaïque.

LOISIRS TRAVAUX MANUELS 9, rue Poullain-Duparc ✆ 02 99 78 20 60. *Ouvert le lundi de 14h à 18h, du mardi au vendredi de 8h30 à 12h et de 13h30 à 18h30 et le samedi de 9h à 12h et de 14h à 18h.* Là encore, l'essentiel pour créer de jolis objets grâce à vos toutes petites mains. Un peu de fantaisie, d'imagination, une touche de colle et le tour est joué : vous avez devant vous le bijou dont vous rêviez ou un abat-jour plus qu'original puisque issu de votre cerveau imaginatif. Le prix de revient est très intéressant étant donné les tarifs des matières premières. Bref, le lieu pratique des prix très compétitifs, vous offre des conseils avisés, en plus d'un choix très vaste de fournitures. Par exemple, à la recherche d'un produit pour vos moulages, alginate, latex...,c'est l'adresse à connaître, d'autant que cette boutique est située à côté de Lisaa, L'Institut supérieur des Arts appliqués.

TOUT SEUL OU PRESQUE 18, rue de La Visitation ✆ 02 23 21 08 23. *Ouvert le lundi de 14h à 19h, du mardi au vendredi de 10h à 19h et le samedi de 10h à 12h30 et de 14h à 19h.* Cette échoppe est un des spécialistes rennais des loisirs créatifs pour les enfants ou les adultes. Les vitrines vous montrent ce qu'il est possible de réaliser avec un peu d'imagination et de dextérité. Ici, les fabrications ne sont pas à vendre, elles sont là à titre d'exemple et donne des idées pour un bijou, un jouet, un objet de décoration. Vous y dénicherez tout ce dont vous avez besoin comme matériaux, perles, peintures, papiers, tissus, pièces de bois, pâte à modeler... pour assouvir votre passion créatrice. Ce qui est également futé, c'est qu'il y a un grand nombre d'ouvrages pour apprendre à faire des objets sympas. En plus, le lieu possède un coin détente pour initier les enfants à votre passe-temps favori. Au sous-sol, expositions et ateliers réguliers de travaux manuels sont au menu.

Beaux-Arts, reliures et encadrements

ATELIER SAINTE-ANNE 6, rue Pont aux Foulons ✆ 02 99 79 62 89. *Ouvert du lundi après midi au vendredi de 10 h à 12 h et de 14 h à 18 h, et sur rendez-vous.* Installée depuis 8 ans à deux pas de la place Sainte-Anne après avoir fréquenté notamment l'école Estienne à Paris, Annie Robine joue avec les matières nobles et les objets extraordinaires pour relier vos livres anciens ou contemporains. Sa spécialité est la la reliure d'art. Pour cela, elle utilise des matériaux étonnants et luxueux comme le cuir, la pâte d'autruche, les reptiles, le galuchat, la grenouille, le saumon, la peau de chagrin (c'est-à-dire de la peau de chèvre), du plexiglas, de la rouille, des ammonites... qu'elle rehausse d'incrustation d'or, de palaquium... Elle peut également faire aposer pour vous des initiales en dorure sur un porte-monaie ou un porte-feuille, une idée de cadeau plutôt originale à effet garanti. Bref, vous l'aurez compris, vous y trouverez ici un savoir- faire rare. D'ailleurs, les conservateurs du cartulaire de Redon ne s'y sont pas trompés en lui confiant la restauration de la reliure de cet ouvrage. Tout comme ne se sont pas trompé les artistes, les auteurs, les éditeurs rennais ou la galerie Ombres et Lumières qui lui ont fait appel. En effet, Annie Robine fait également de la restauration d'ouvrage. Enfin, son atelier sera la bonne adresse rennaise à visiter pour relier, à la manière classique ou contemporaine, tous vos carnets de voyage, votre recueil de textes variés, vos livres d'art ou la restauration de vos vieux livres. Pour finir, sachez que la très sympatique maîtresse des lieux, passionnée, organise aussi des cours de reliures dans son atelier en petits groupes d'environ cinq personnes. A découvrir...

L'ECLAT DE VERRE 55, boulevard de la Tour-d'Auvergne ✆ 02 99 67 34 33. *Site Internet : www.eclatdeverre.com Ouvert le lundi de 14h à 18h30, du mardi au samedi de 9h30 à 12h30 et de 14h à 18h30, journée continue le jeudi de 9h30 à 18h30.* Ce magasin est une mine d'or pour ceux et celles qui recherchent des encadrements de qualité. Car l'encadrement est un art, et vous aurez ici tout ce dont vous pourrez avoir besoin pour réaliser ou faire réaliser des créations, très originales jusqu'aux plus classiques. Conseils sur mesure et à volonté, ici la passion est à l'image du bon goût et de l'écoute attentive de vos désirs. Au fond du magasin, l'atelier, où les spécialistes s'affairent à la réalisation des travaux, et avec le sourire s'il vous plaît !Un espace est réservé aux différentes manières de recouvrir vos livres, de recettes par exemple, avec du lin brut, brodé...

EDITION SPECIALE 38-40, rue de La Visitation ✆ 02 99 38 37 46. *Ouvert du mardi au samedi de 10h à 12h et de 14h à 19h.* Bienvenue au pays de l'image et de l'encadrement !Vous adorez Kandinsky, Paul Klee, Corto Maltese. Vous êtes tintinophile. Vous recherchez des petites figurines de vos héros de Boulevard. Ou peut-être, êtes-vous un amoureux des lithographies de paysage... Dans ce vaste magasin surélevé, au-dessus d'une librairie spécialisée, avec ses grandes vitrines lumineuses et aux belles poutres de bois, vous n'aurez que l'embarras du choix. Reproductions de toutes tailles, cartes postales, cadres combleront toutes vos attentes. L'équipe saura vous conseiller efficacement en ce qui concerne l'encadrement de telle ou telle œuvre, en fonction de vos goûts et de votre intérieur. A consommer sans modération, donc !**Autre adresse : Editions Spéciales Rive Gauche 5, rue Jules-Simon ✆ 02 99 79 09 71.**

LA FABRIQUE ATELIER D'ENCADREMENT Rue des Fossés ✆ 02 99 63 90 72. *Ouvert du mardi au samedi de 10h à 12h et de 14h à 19h.* Un simple coup d'œil à cette belle vitrine noire et aux œuvres qui y sont accrochées en dit long sur le savoir-faire et l'expérience de longue date de cette boutique élégante. Ici, de l'encadrement sobre, beau et sans fioritures avec pour unique but la mise en valeur de l'œuvre elle-même : dorure sur bois, polychromie... cela donne vraiment envie de leur confier nos précieux documents.

Chasse et pêche

ARMURERIE-COUTELLERIE DE BRETAGNE 9, place de Bretagne ✆ 02 99 30 19 93. De quoi se prendre pour Rambo : des petites ou des grandes lames, des armes, et tout l'équipement pour la chasse ou la pêche vous attendent place de Bretagne. Les professionnels connaissent l'adresse, et les poissons autant que les volatiles de toutes plumes n'ont qu'à bien se tenir !

AUX POISSONS VOYAGEURS 18, quai Emile-Zola ✆ 02 99 79 29 33. *Ouvert le mardi, jeudi et vendredi de 10h15 à 12h30 et de 14h à 19h, le mercredi de 14h30 à 19h et le samedi de 10h30 à 12h30 et de 14h30 à 18h.* A cette bonne adresse rennaise, vous trouverez les mille et une petites, et grandes, choses nécessaires à tout amateur de pêche en eaux vive ou douce, de pêche côtière ou aficionados de la pose de lignes en étang et rivière. Le maître des lieux, passionné, distille les meilleurs conseils pour le choix d'une mouche, d'une cuillère, d'une quantité de plomb, d'un moulinet, d'un équipements vestimentaires, des casiers, des hameçons, des anneaux, des livres, etc. En un mot ce magasin, grand et très bien fourni, est une véritable mine d'or.

PECHE UNIVERS MARINE 6, rue Petits-Champs, SAINT-GREGOIRE ✆ 02 99 38 68 81. *Site Internet : http://peche-univers.fr/* Sur 1 000 mètres carrés, des articles de pêche, des tenues vestimentaires, de l'accastillage, des objets de décoration façon marine, et même des bateaux, des enseignes, des avirons... voilà ce que l'on pourrait dire de cet immense magasin. C'est un paradis pour les pêcheurs passionnés, qu'il s'agisse de la pêche en mer ou de celle en rivière, avec plus de 20 000 références. Des offres promotionnelles et des prix très bas sont autant d'atouts pour cette grande surface de la mer.

Cuisine

CERCLE CULINAIRE DE RENNES 8, rue du 7e-Régiment-d'Artillerie ✆ 02 99 31 45 45. Des cours de cuisine pour tous, qui feront de vous un cuisinier hors pair. Devenir un cordon bleu devient facile avec les ateliers culinaires proposés. Sans abonnement, avec 17 € l'heure de cours et 10 € de remise tous les 2 ateliers-cuisine, voilà comment marmitons du dimanche et cordons bleus se côtoient pour une séance de démonstration ou de travaux pratiques sur un thème choisi à l'avance, dégustation comprise. Chacun choisit son programme "à la carte"parmi la cinquantaine de cours proposés. Recettes pratiques ou de fête, saveurs marines, spécialités du terroir ou cuisine du marché égayent ainsi les programmes proposés. Les 8 ans à 11 ans peuvent aussi mettre la main à la pâte avec les Petits Toqués des Sciences, ateliers où ils pourront apprendre à cuisiner par le biais d'expériences amusantes de physique et de chimie. Véritable faire-valoir de l'art de vivre à la française, du goût et de l'harmonie alimentaire, le Cercle Culinaire de Rennes a pour vocation de transmettre un savoir culinaire tout en faisant connaître et apprécier les qualités des produits laitiers.

DEMARLE 3-5, boulevard Sébastopol, Immeuble Quai-Ouest ✆ 0810 811 940, coût d'un appel local. *Renseignements du lundi au vendredi, de 9h à 12h, et de 14h à 18h.* Demarle s'est associé avec Lenôtre, ce fameux chef gastronomique, pour vous proposer des cours à la carte Lenôtre. Ceux-ci sont dispensés par des chefs Lenôtre, pour des petits groupes de 12 personnes maximum. D'une durée de 2 heures ou 4 heures, ils vous permettront d'acquérir des tours de main, un savoir-faire rare pour briller dans vos conceptions de plats gastronomiques, du terroir, des saveurs marines, ou du marché... On compare souvent un chef à un alchimiste, c'est ce que vous allez devenir avec ces ateliers culinaires. On vous prêtera tout le matériel nécessaire, on vous assistera, vous corrigera, et au terme de chaque cours vous dégusterez ou emporterez vos réalisations.

Danse

ACADEMIE STYL'DANCE CENTER 6, rue Henri-Delaborde ✆ 02 99 36 20 42. Qu'il s'agisse d'éveil à la danse, de danse de salon, de rock'n'roll, de hip-hop ou de danse jazz pour petits ou grands, cet atelier, situé dans le quartier Thabor Saint-Hélier, propose de très nombreuses activités. A vous ensuite d'y mettre le prix !

L'APPATAME BRETAGNE COTE D'IVOIRE 5 bis et 5 ter, rue Lenée ✆ 02 99 54 90 13. Exerçant ses activités sur 3 quartiers rennais, La Touche, Bourg L'Evêque et le Moulin du Comte, cette association propose des cours de danse africaine pour enfants, à partir de 3 ans, ou pour adultes. Bien connue à Rennes, cette association est particulièrement active, que ce soit au niveau des manifestations qu'elle organise ou de ses cours de danse.

CENTRE CHOREGRAPHIQUE DE L'OUEST, ACADEMIE DE DANSE ANNE-DE-BRETAGNE 23, rue Gurvand ✆ 02 99 30 21 85. Exclusivement consacrés à la danse classique, ces cours, dispensés par un ancien maître de ballet de l'Opéra de Vienne et de La Scala de Milan, s'adressent aux enfants à partir de 4 ans ainsi qu'aux adultes. Les prix, disponibles à la demande, sont amplement justifiés par la qualité des prestations. Discipline de rigueur !

CERCLE CELTIQUE DE RENNES LA HARPE Avenue Charles-Tillon ✆ 02 99 54 36 45. Envie de briller ou simplement de vous éclater dans les fest-noz et les fest-deiz !Voici l'adresse qu'il vous faut. Cet atelier organise des cours de danse traditionnelle en soirée ou le week-end, et balaye un éventail de disciplines, de la danse bretonne pour débutants à la danse irlandaise, sautillante, en passant par l'ensemble chorégraphique traditionnel, et ce, pour un prix modique. Idéal pour s'initier à la gavotte ou au plinn.

CONSERVATOIRE NATIONAL DE REGION 26-28, rue Hoche ✆ 02 99 28 55 72. A partir de 8 ans, vous pouvez inscrire votre bout de chou au conservatoire, à condition qu'il réussisse le concours d'entrée en septembre. Un bon tremplin pour qui s'adonne à la danse passionnément.

DUO-DANSE, Maison du Champ-de-Mars 6, cours des Alliés ✆ 02 99 51 00 54. La liberté avant tout, avec un choix à la carte pour chaque danse, un entraînement libre et gratuit en complément des cours. Rock, tango, paso-doble, valse, rumba, samba, chacha, madison, twist, mambo, salsa... les danses de salon n'auront bientôt plus aucun secrets pour vous. Pour ceux qui ont décidé de s'aliéner la vie entière, un protocole d'ouverture de bal de mariage les attend.

EL CUBANACAN (C'est t'y pas) 26, avenue du 41e-RI ✆ 02 23 46 49 39. Pour les cours de danse cubaine dispensés dans ce bar, veuillez vous reporter à la rubrique Sortir puis Bar.

LE GROUPE GALLO-BRETON DE RENNES La Croix Pilonnière, VERN-SUR-SEICHE ✆ 02 99 00 43 71. Les biniouseries, les bombardes hurlantes et fracas de tambours ne vous laissent pas indifférent ? Eh bien, pourquoi ne pas vous laisser tenter par les danses traditionnelles de Haute et Basse-Bretagne ?Ambiance bon-enfant mais sérieux assurés !De 6 ans à adultes, laissez-vous guider par des formateurs passionnés qui vous donneront le goût, si vous ne l'avez déjà, de la musique et de la culture bretonne en général. Les prix pratiqués sont tels que cela ne vaut vraiment pas le coup de s'en priver.

MIRA-BAI 4 a, rue Saint-Martin ✆ 02 99 38 16 32. Spécialisée dans la danse indienne classique, cette association, tenue par des passionnés de l'Inde, pourra également vous initier aux danses folkloriques de ce pays. Que vous soyez débutant ou d'un niveau avancé, vous trouverez les rythmes et les cours qui vous conviennent. Dépaysement garanti.

ROCK'N'FUN CLUB 5, rue Pierre-Gourdel ✆ 06 11 96 86 16. *Renseignements de 12h à 18h30 au numéro ci-dessus.* Vous souhaitez découvrir et apprendre le rock, acrobatique ou non, la salsa ou la valse, en cours du soir ou les week-ends. Cédric, le maître des lieux, saura vous initier dans la bonne humeur et la convivialité. Des cours de rock pour enfants sont également dispensés. Amateurs confirmés ou néophytes, laissez-vous guider : vous pourrez ensuite épater vos amis, rock'n' rollant parlant bien sûr !Deux courts de squash sont également disponibles à la même adresse.

SALSA FIEVRA LATINA 7, square Pierre-Merlat ✆ 02 99 63 57 23. Très active, Salsa Fievra Latina est tout à la fois association et compagnie de danse de salsa. Elle organise toute l'année des cours, 4 € l'heure, 2 cours d'essai gratuits,, des stages et de grandes soirées Fiesta y caliente une fois par mois au Pym's. Des concerts et des spectacles sont programmés tout au long de l'année. Elle participe également aux nombreux événements qui ponctuent la vie rennaise.

LE TRIANGLE Boulevard de Yougoslavie ✆ 02 99 53 01 92. A partir de 8 ans, vous pouvez vous initier au hip-hop, au modern-jazz, au flamenco ou à la danse orientale dans ce centre au sud de Rennes, à vocation avant tout culturelle. Prix compétitifs.

YV'DANSES 45, avenue Aristide-Briand ✆ 02 99 63 76 18. *Site Internet : http://yv.danses.chez.tiscali.fr/* Venez y apprécier une pratique de danse accessible pour tous et ludique. Au programme, vous trouverez des cours de tango argentin, de danses de salon... Et comme à deux, c'est mieux, une fois que vous aurez goûté à la sensualité d'une danse en couple, il vous sera difficile de vous arrêtez. Courrez-y, l'adresse vaut vraiment le détour !

Hobbies

Cirque

LES ENFANTS DE LA BALLE 19, rue du Chapitre ✆ 02 99 65 47 75. *Ouvert du mardi au samedi de 10h à 12h et de 14h à 19h.* Quelques étagères accueillent balles de jonglage en tout genre, massues, cerceaux, rubans et diabolos. La boutique est suffisamment vide pour autoriser les essayages du matériel de jonglage. Une petite sélection d'ouvrages sur les arts du cirque est exposée à la vente. Troubadours amateurs, fans de GRS, gymnastique rythmique et sportive, qui se pratique avec un ballon, des massues, une corde ou un ruban,, jongleurs débutants ou confirmés s'équipent ici. La qualité des articles et des conseils prodigués instaure une belle confiance.

BING BANG CIRCUS 12 bis, rue Bernard-Palissy ✆ 02 99 32 45 24. *Accueil ouvert de 9h à 17h, activités de 10h à 16h.* Envie de vous initier ou de vous parfaire dans les activités de cirque, de pratiquer de la jonglerie, des acrobaties, de la boule d'équilibre, du trapèze, du fil d'équilibre... Eh bien voici l'adresse qu'il vous faut. Le Bing Bang Circus, situé à deux pas de la gare, dans le quartier du Sacré-Cœur, vous offre de pratiquer tout un tas d'activités en lien avec le cirque, et ce au travers de stages, ouverts à tous, à partir de 6 ans et sans limite d'âge. Vous pourrez ainsi créer ou approfondir un ou plusieurs numéros avant de vous produire en représentation. Les tarifs varient autour de 105 € pour un stage d'une semaine. Il est également possible de s'initier lors d'une séance à 30 €. En plus de ces possibilités de stages, le Bing Bang Circus intervient durant l'année scolaire auprès des écoles ou des divers organismes qui le souhaiteraient. Pour ce faire, il suffit de rentrer en relation avec eux pour programmer une activité dans leurs locaux ou chez vous. Il ne reste plus qu'à quitter le plancher des vaches, de vous promener dans le ciel sur un fil d'équilibre, de vous mettre à faire des sauts périlleux, ou de réaliser des portés acrobatiques avant de vous envoler sur un trapèze.

Jeux de rôle

L'AMUSANCE Centre commercial Les Trois Soleils ✆ 02 99 31 09 97. *Ouvert le lundi de 14h à 19h et du mardi au samedi de 10h à 19h.* Niché au sous-sol du centre commercial des Trois Soleils, sous la rue d'Isly, l'Amusance réjouira les adultes et les ados avec ses jeux d'échecs ravissants, de nombreux jeux de rôles et tout ce que l'imaginaire humain a pu créer de ludique. La diversité des articles est importante et l'envie de partager entre passionnés est évidente. A conseiller à ceux que l'amour du jeu titille.

GAMES WORKSHOP 3, rue Vau-Saint-Germain ✆ 02 99 79 11 80. Un lieu animé et géré avant tout par des mordus de jeux en tout genre et des joueurs invétérés. Jeux de figurines et accessoires grandeur nature sont disponibles dans cet espace concret, axé autour de l'imaginaire et de l'éducation au jeu. Les joueurs auront le loisir de confronter leurs armées sur place, dans l'espace rencontre, ou d'unifier leurs stratégies.

Magie

ABRACADABREIZH 16, rue de La Chalotais ✆ 02 99 79 24 08. *Site Internet : http://www.abracadabreizh.com Ouvert du mardi au samedi de 13h30 à 19h30.* Des tours de magie pour tous, en soirée, entre amis ou à l'apéro ?Eh oui !C'est possible de jouer à Garcimore grâce à cette boutique magique, unique en son genre, qui vous vendra tout un tas d'accessoires et de tours de magie. Jeux de cartes divinatoires et autres supports délirants régaleront les initiés comme les débutants. L'autre facette de la maison consiste à proposer des prestations scéniques pour comités d'entreprises, mariages, anniversaires, soirées privées... : close-up, mentalisme interactif, attention, magie !Enfin, Abracadabreizh propose également une école de magie et des stages d'initiation ou de perfectionnement ouverts aux adultes et aux enfants. Ça aussi, c'est magique !

Modélisme et miniature

LA MINIATURE 2, rue de La Chalotais ✆ 02 99 79 74 60. *Ouvert du mardi au samedi de 10h à 12h et de 14h30 à 19h.* A peine la porte poussée, vous entrez dans un autre univers, celui de la miniature et de la maquette : miniatures du 1/43e au 1/12e, etc, maquettes plastiques du petit soldat au camion, ainsi qu'une grande gamme de maquettes historiques en bois et des accessoires divers. Les connaisseurs apprécieront les nombreuses références de modèles réduits présentées ici et les connaissances en la matière des propriétaires. Passionnés, ils sauront vous guider de leurs conseils dans le choix d'une maquette en fonction de sa difficulté mais aussi de vos goûts. Vous trouverez aussi toutes les teintes des fameuses peintures à maquettes Heller, de la colle, des baguettes de bois, bref tout ce dont vous aurez besoin pour aider vos doigts de fée à réaliser un Pen-Duick, un char d'assaut ou un mirage !

L'OMNIBUS 135, rue de Nantes ✆ 02 99 67 59 50. *Ouvert le lundi de 14h à 19h et du mardi au samedi de 10h à 12h30 et de 14h à 19h.* Gardien du modélisme à Rennes, ce passionné dispose d'un très grand choix de modèles réduits, qu'il s'agisse de trains, voitures ou autres maquettes immobiles. A ce jeu de patience, le maître des lieux pourra vous fournir de nombreuses pièces détachées pour finir votre bel ouvrage. Ses conseils et son service après-vente font de cette enseigne un incontournable à Rennes, d'autant que l'on y trouve vraiment tout : décors et accessoires inclus. Aussi, l'Omnibus propose un service d'achet sur catalogue, de vente par correspondance et il y a même un rayon dépôt-vente : Futé et moins cher.

Paint Ball

SPACE LASER 12, rue Jules-Vallès ✆ 02 99 35 20 40. *Ouvert le dimanche de 15h à 22h, du mardi au samedi de 15h à 1h du matin. Fermé le lundi. 1re partie à 8 €, 2e partie à 6 € et 3e partie à 4 €. Le Kid Club, le mercredi de 15h à 19h avec toutes les parties à 5 €, moins de 14 ans uniquement.* Seule restriction : mesurer plus de 1,20 mètre. Pour se défouler, rien de tel qu'un petit tour boulevard Voltaire à Cleunay. Dans ce labyrinthe de 600 mètres carrés sur 2 niveaux, aux murs noirs, peintures fluo et musique hard-rock, histoire de faire monter l'adrénaline, les Rambos amateurs partiront à l'assaut de l'ennemi, munis de leur arme à rayon laser. Ce jeu de défoulement, né en Angleterre à la fin des années quatre-vingt, cible les ados le mercredi et le samedi après-midi ainsi que les 20 ans à 30 ans qui préfèrent quant à eux venir se canarder en soirée. Notez aussi la présence sur place d'un bar pour se rafraîchir après ces émotions belliqueuses et de jeux vidéos pour poursuivre le divertissement.

Musique

Magasins multigénéralistes

FNAC, Centre commercial Colombia 40, place du Colombier ✆ 02 99 67 10 10. *Ouvert de 10h à 20h du lundi au samedi. Métro Val, arrêt esplanade Charles-De-Gaulle.* La Fnac est un marchand de culture à vocation généraliste mais animé par des vendeurs spécialistes qui aiment vous faire découvrir une nouveauté, une perle rare ou un classique. Dans les bacs, où toute la musique actuelle prend place, vous pourrez y débusquer l'album que vous avez tant convoité, mais vous aurez également le choix de vous laisser guider par votre intuition, au gré de vos pérégrinations musicales, en choisissant un album ou un artiste inconnu et en l'écoutant sur une borne Web... Côté organisation des rayons, vous ne serez pas perdus. La partie du magasin dédiée à la musique se suboulevardivise en différents secteurs : variété française, pop-rock, classique, jazz-blues, soul-funk-rap, musiques du monde, électro, hard-métal, musiques de films, enfant, compil dance-divers, imports, indétendances, dvd musicaux, sac cd, singles-maxis et dans l'entrée les plus petits prix, prix Fnac... Bref, à chacun ses goûts, à chacun son rayon !Et si par malheur, dans tout ce choix vous ne trouveriez pas votre bonheur, il est toujours possible de commander. Un service billetterie finira de contenter votre soif de culture. Un autre bon plan futé : la Fnac organise régulièrement des mini concerts gratuits, des séances de dédicaces.

VIRGIN MEGASTORE 6-10, rue Le Bastard ✆ 02 99 78 80 80. *Ouvert du lundi au samedi de 9h30 à 21h.* Avec ses horaires d'ouverture très larges, cette grande surface du son et de la vidéo n'en finit pas de nous étonner et met l'accent sur les techniques de pointe. Le personnel est disponible et l'attente aux caisses très courte, même aux heures d'affluence. Cd, dvd, musique, vidéo et multimédia sont maintenant installés au deuxième étage du magasin. A côté des caisses, vous pourrez même réserver une place pour un concert aussi bien à Rennes que dans toute la France, voire au-delà des frontières. Côté musique vous trouverez, dans les rayons aérés, variété française et internationale, pop, rock, techno, électro, dance, soul, funk, disco, rythm'n'blues, groove , reggae, ragga, rap, hip-hop, musiques du monde, musique classique, jazz, blues, hard-rock, metal , enfants, country, bandes originales de films, indépendants, ambiance, relaxation... Il y aura donc forcément quelque chose qui vous plaira. Et si ce n'était pas le cas, vous pourrez toujours commander. Enfin, le magasin met à disposition des bornes d'écoute pour apprécier les cd en magasin. Toutefois, il y a un petit bémol : certains albums peu connus, mais en rayon, ne fonctionnent pas. Il est alors nécessaire de se rapprocher d'un responsable de rayon pour pouvoir découvrir avec vos oreilles l'album que vous voulez acheter.

Disquaires

HARMONIA MUNDI 3, rue Jean-Jaurès ✆ 02 99 78 33 64. *Ouvert le lundi de 14h à 19h et du mardi au samedi de 10h à 19h.* Editeur et distributeur indépendant, Harmonia Mundi a aussi ouvert plus d'une quarantaine de boutiques en France. Grand spécialiste de la musique classique, du jazz, de la world music et de productions pour les enfants, Harmonia Mundi présente, avec autant de bonheur, disques et dvd. La diversité des enregistrements proposés aux amateurs de musique classique est saisissante, et comme il n'y a pas d'intermédiaires entre l'éditeur et le vendeur, les prix sont tout petits, petits... Alors, il ne reste plus qu'à faire votre choix, entre la musique baroque de Couperin, la musique de chambre de Félix Mendelssohn Bartholdi, ou encore les grands orchestres pour les compositions de Wagner, de Beethoven ou encore les très très grandes formations pour Berlioz... à moins que vous ne préfériez les airs de la New Orleans, le ragtime ou les big-bang new-yorkais. Il vous suffira juste de faire votre choix entre toutes ces musiques, entre chanson douce et free jazz cérébral. Le magasin de Rennes est tenu par un disquaire accueillant, sachant conseiller et qui s'est en outre offert le plaisir d'exposer les œuvres picturales d'artistes locaux dans la petite arrière-salle. Il vous donne aussi la possibilité d'acheter des places de concert dans sa petite échoppe musicale.

RENNES MUSIQUE 19, rue du Maréchal-Joffre ✆ 02 99 79 10 40. *Ouvert du lundi au samedi de 10h à 12h45 et de 13h45 à 19h15.* Voici un disquaire indépendant où la musique rime avec qualité. Situé entre la République et le Liberté, Rennes Musique est devenu depuis bien longtemps une référence incontournable de Rennes. Le choix musical et une compétence aussi pointue que passionnée ont fait la réputation de la boutique. Cd, dvd, vinyles, imports, du rock au classique en passant par l'électro, le jazz, la world music, la house, le hard, la musique française ou les BO de films, toute l'actualité musicale comme les indémodables se trouvent dans les bacs. C'est là que vous trouverez le dernier Sigur Rus, les albums de Mogwai, de God Speed You Black Emperor, de Daniel Johnson ou des perles rares de musique jazzy... Des bornes sont également à votre disposition pour découvrir les nouveautés et les coups de cœur du moment. Il vous est également possible de demander à entendre un disque qui n'y figurerait point en vous adressant au personnel. Ce dernier, passionné et particulièrement calé dans son rayon, saura aussi vous orienter, vous dire si tel ou tel titre est disponible. A noter : un rayon occasion en cd, vinyls et dvd. Rennes Musique fait également billetterie, les dates de concerts sont en permanence indiquées, et les fanzines tenus à disposition.

Occasion

COMPACT BOUTIQUE Centre commercial de la Gare ✆ 02 99 50 57 57. Des cd d'occasion garantis à 7,50 €, 9 € ou 10,50 € maximum ou des cassettes vidéo à 4,40 €, voilà la recette gagnante de cette enseigne !A noter la difficulté pour se frayer un chemin le samedi après-midi ou aux heures de pointe d'une façon générale, les bonnes affaires sont nombreuses !A vous de fréquenter l'endroit assidûment et d'aimer fouiller dans les bacs.

O'CD 7, rue d'Antrain ✆ 02 23 21 22 94. *E-mail : rennes@ocd.net Ouvert le lundi de 14h à 19h30 et du mardi au samedi de 10h30 à 19h30.* Cette boutique est spécialisée dans l'achat, la vente et l'échange de cd et de dvd. O'CD garnit ses rayons de tous les genres de musiques, des BO à la musique classique, en passant par le rock, la techno, le blues, etc. Les dvd, musiques et films, sont également au rendez-vous. Depuis l'ouverture, jeunes et moins jeunes viennent y faire un tour, à l'affût d'une bonne occas'. Les cd se vendent à 7 €, 9 €, 11 € et 13 €.

ROCKIN'BONES 7, rue de la Motte-Fablet ✆ 02 99 79 36 49. *Ouvert du lundi au samedi de 14h à 19h.* S'il vous prend une irrésistible envie de musique, courez chez ce disquaire spécialisé dans l'occasion et les sons punk-rock, garage, soul, blues, rockabilly, etc. Vinyles, vidéos, laser disc, dvd et cd, imports et collectors en nombre, vos oreilles trouveront certainement leur bonheur chez ce spécialiste du rock indépendant. Situé sous le porche, le magasin est un peu difficile à trouver, dans l'annuaire aussi !–, mais suivez la musique, vous le localiserez aisément.

VINYL MARKET 13, rue du Pré-Botté ✆ 02 99 78 25 26. *Du lundi au samedi de 14h à 19h.* Des vinyles, encore des vinyles !La boutique en regorge, soigneusement classés dans les bacs remplis à ras bord. Les mordus de la musique électronique, comme ceux qui mixent, trouveront leur bonheur. Dj professionnels ou amateurs dénicheront la perle rare ou tailleront une bavette avec le maître des lieux, qui est, lui aussi, de la partie. Par conséquent, cette boutique est aussi un bon plan pour ceux qui aimeraient apprendre ou découvrir cette autre façon de faire de la musique.

Instruments de musique et accessoires

ATELIER LUTHERIE KOPO 50, rue d'Antrain ✆ 02 99 36 86 61. *Site Internet : www.gnko.com Ouvert le mardi, mercredi, jeudi, vendredi et samedi de 10h30 à 12h30 et de 14h à 19h.* Ce luthier, trilingue, anglais et allemand, façonne des guitares, des basses, des violons électriques et acoustiques. Le maître des lieux aux mains d'or restaure, fabrique de véritables petits bijoux. C'est de l'orfèvrerie. D'ailleurs, des noms prestigieux lui confient leur instrument fétiche, alors on ne s'y trompe pas. Cette boutique vous propose des instruments neufs, uniques, et à votre demande du sur mesure ou de l'occasion, pour les plus petites bourses. Enfin pour un besoin urgent et temporaire, cette lutherie possède également des formules de location.

LA BAGUETTERIE 6, rue de l'Arsenal ✆ 02 99 30 10 20. *Ouvert du lundi de 14h à 19h et du mardi au samedi de 9h30 à 12h30 et de 14h à 19h30.* Tout ce qui a un rapport de près ou de loin avec les percussions se trouve ici. Le magasin est étonnant de clarté et très agréable d'accueil. Le matériel est stocké à profusion, c'est dire si vous avez le choix. La maison vend aussi bien de bonnes vieilles percussions que de pures batteries électroniques et propose toute une gamme de cours au sous-sol. Avec en guise de première approche, une bonne tape sur le dos, fraternité des musiciens... Magasin hautement spécialisé et incontournable dans son domaine, vous trouverez aussi des possibilités de location d'instrument, du dépôt-vente, de l'achat en neuf et en occasion.

DUROS 10, rue de Plélo ✆ 02 99 30 32 04. L'affaire des professionnels comme des amateurs devient ici l'affaire d'une passion. Duros, c'est un peu le temple en la matière, celui des instruments quels qu'ils soient, pour Rennes bien entendu, et un peu pour la Bretagne aussi. Le magasin met l'accent tant sur l'électrique, l'acoustique que sur les instruments classiques. Un service après-vente solide et une équipe au poil, voire surqualifiée. Bref au top niveau. Le magasin qui se distingue en plusieurs adresses : partitions, instruments électriques, guitares, accordéons... est localisé rue de Plélo et rue Tronjolly. Vous trouverez implantée à Rennes depuis 1885 une immense boutique consacrée au piano. A noter que le magasin réservé aux occasions, rue de Plélo, est tenu par Yvon, spécialiste en la matière.

LUTHIER GILLES ORIN 56, rue d'Antrain ✆ 02 99 38 79 12. Du neuf ou de l'occasion, la maison saura vous conseiller sur la meilleure façon de réparer votre violon ou tout autre instrument à cordes. Les devis sont rapides, tout comme les délais d'intervention. Les mélomanes de tous bords y trouveront savoir-faire et amour du travail bien fait, à mille lieux de l'esprit mercantile que l'on trouve chez quelques concurrents. De quoi lui confier votre amour de violon sans l'ombre d'une hésitation.

LUTHIER MICHEL LAURENT 15, rue Hoche ✆ 02 9938 77 04. Ce luthier aux doigts de fées restaure, fabrique des violons, des violoncelles, des violons alto... Dès la porte franchie, une odeur de bois, de vernis vous saisit. On est de suite transporté vers de nombreuses mélodies, de douces harmonies. Ici, vous pourrez acheter un instrument à la sonorité unique, adaptée à votre façon de pratiquer votre instrument et issu d'un savoir-faire incomparable. Alors un conseil pour les amateurs d'archer, si vous recherchez un instrument, commencez par y faire un tour...

RENNES MAJEUR 7, rue de l'Horloge ✆ 02 99 78 32 90. Si vous êtes intéressé par un instrument à vent, faites un large détour vers ce magasin. Dans la cour du 7, rue de l'Horloge, les cuivres brillent de mille feux. L'accueil sympathique et visiblement compétent, de nombreux pros viennent ici, ainsi que l'atelier de réparation intégré font de cette adresse une référence en la matière.

STUDIO-ROCK 11, rue du Vieux-Cours ✆ 02 99 79 68 69. Voilà une autre enseigne très bien fournie : pianos, guitares, basses, batteries, percussions, synthés, sonos, effets... et surtout partitions, accessoires. Le personnel est passionné et compétent. Résultat, professionnels aguerris et fervents débutants s'y retrouvent, et un panneau reçoit les petites annonces du monde musical. Les clients viennent de loin. Outre les instruments, l'équipe a de l'énergie et de l'humour à revendre, ce qui donne vraiment envie de faire de la musique.

TROC MUSIC 214, rue de Nantes ✆ 02 99 65 11 11. Spécialisé dans la vente et la location d'instruments et d'accessoires de musique, ce magasin est une adresse utile qui dispose d'un bel éventail d'instruments. Tout dépend de l'offre et de la demande.

WEST PIANO La Brosse, Route de Saint-Malo - LA CHAPELLE-DES-FOUGERETZ ✆ 02 99 66 48 66. *Site Internet : www.westpiano.fr E-mail : westpiano@wanadoo.fr Ouvert du mardi au vendredi de 14h à 19h et sur rendez-vous les lundi et samedi de 9h30 à 12h et de 14h à 19h.* Accueil sympathique, conseils judicieux, choix pléthorique et très bon service après-vente dans ce hall consacré à l'instrument roi. Du piano d'étude le plus simple au grand piano de concert, tous les pianos présentés sont à votre disposition pour essai ou achat. Un studio de répétition est ouvert au public et peut se louer à l'heure ou au mois. Ici, on accorde, on répare, on achète des pianos droit, à queue, numériques, d'occasion et neufs de marques Kawai, Petrof, Pleyel et Yamaha et bien d'autres marques sur catalogue. Par ailleurs, on loue de 50 € à 59 € par mois des pianos acoustiques qui sont équipés d'une sourdine acoustique permettant de jouer sans déranger le voisinage. C'est également un dépôt-vente. A noter que la livraison et la maintenance sont assurées grâce notamment à un atelier de réparation. Enfin, pour faire plaisir à vos amis musiciens, des accessoires font de parfaits cadeaux à bon marché comme des banquettes, des métronomes, des lampes, des lutrins et des pupitres. **Autre adresse : route du meuble ZA Confortland MELESSE.**

Enseignement

ARPEGES 71, rue de Chateaugiron ✆ 02 99 51 89 00. Enfants comme adultes, vous pourrez vous initier à de très nombreux instruments de musique : piano, guitare, basse, violon, saxophone ou violoncelle, sans oublier l'inévitable solfège. Des cours de musique de chambre ou d'éveil musical sont également proposés. Arpèges est bien connu à Rennes pour la qualité et le sérieux de ses cours.

CONSERVATOIRE NATIONAL DE REGION 26, rue Hoche ✆ 02 99 28 55 72. Est-il encore besoin de présenter cette institution ?La qualité de l'enseignement et le concours pour y entrer témoignent, s'il en était besoin, du sérieux et de la bonne réputation de la maison. Des cours qui s'adressent aux plus jeunes et inculquent le goût de la discipline et de la rigueur !Des adultes sont toutefois admis en fonction des places disponibles dans les classes instrumentales. Un niveau minimum de solfège est exigé. Des concerts et spectacles sont régulièrement organisés. Se renseigner auprès de l'office de tourisme qui assure la billetterie.

CENTRE LEO-LAGRANGE, Ferme de la Harpe Avenue Charles-Tillon ✆ 02 99 59 45 38. Piano, solfège, synthétiseur, clavier, chant, jazz vocal, batterie ou percussions : des cours sont organisés toute l'année sur les quartiers de Beauregard et de Villejean, au nord de Rennes. Les prix sont disponibles sur demande.

LE JARDIN DES SONS 7, allée du Cormier, SAINT-JACQUES-DE-LA-LANDE ✆ 02 99 67 59 59. Eveil musical, violon, guitare, flûte ou atelier musical, ces cours fonctionnant sur la base de petits groupes de 6 à 8 personnes, s'adressent tout particulièrement aux enfants, de 6 ans à 12 ans. Le petit plus de la maison : 3 séances d'essai sont proposées avant un engagement sur l'année.

Photo

CENTRAL STUDIO 4, rue du Pré-Botté ✆ 02 99 79 23 39. *Ouvert le lundi de 10h à 19h30 et du mardi au samedi de 9h à 19h30.* Depuis sa création en 1950, Central Studio a toujours été à la pointe des dernières avancées photographiques. Amateurs et professionnels sont reçus par une équipe de spécialistes passionnés, dont les compétences et les conseils alliés à du matériel de haute technologie répondront à toutes les demandes. Le développement de vos photos numériques en 1 heure, la réalisation de photos d'identité à partir d'une photo de groupe, mais aussi des cartes de vœux, calendriers, mini affiches avec photo et texte à partir de vos cd ou disquettes, des photos sépia, ou encore le transfert de vos images par Internet via le site, la liste est longue de tout ce qu'ils peuvent et savent faire. Les films photographiques traditionnels seront traités avec ce même souci de qualité qui caractérise la maison.

EUROPHOTO 67, centre commercial Prés-Kennedy ✆ 02 23 48 47 83. Ce petit magasin de développement photo a tout d'un grand. Vous pourrez y effectuer vos développements noir et blanc, retirages, agrandissements, etc. Un service rapide et attentif complète avec simplicité la prestation générale. Enfin, les tarifs sont intéressants pour un travail soigné :

- **En 1 heure,** la photo est à 0,40 €, les 12 poses à 9,80 € et les 24 poses à 14,60 €.
- **En 24 heures,** la photo est à 0,35 €, les 12 poses à 8,20 € et les 24 poses à 12,40 €.
- **Tarif étudiant,** la photo est à 0,30 €, les 12 poses à 7,60 € et les 24 poses à 11,20 €.

Autre adresse : 4, rue du Vau-Saint-Germain 02 99 79 28 31.

FNAC Centre commercial Colombia © 02 99 67 10 10. Parmi les nombreuses cordes à son arc, la photo, et celle-ci se porte plutôt bien. On trouve ici ce que le marché fait de mieux avec une présence renforcée des marques asiatiques. La politique tarifaire comblera les initiés comme les amateurs, d'autant que ces derniers trouveront des renseignements précieux. Arrêtez-vous au premier étage, vous pourrez y contempler des expositions photos de bonne qualité, histoire de vous donner un avant-goût de ce qu'il est possible de faire avec un brin de talent.

FRANCK LEVEY PHOTOGRAPHE 21, rue de la Monnaie © 02 99 67 35 04. *Site Internet : www.francklevey.com Ouvert du mardi au samedi de 10h à 12h30 et de 14h à 19h.* Franck Levey est plus qu'un photographe, c'est un artiste qui sait saisir l'essentiel d'un regard, d'une pose, d'une attitude... Portraitiste renommé, il fixe les images et les émotions dans le temps : photos de bébés, de frères et sœurs, de famille et particulièrement de mariage. Il est également un maître en matière de photo-reportage, qu'il s'agisse d'un événement comme un course automobile ou d'une quelconque manifestation. La grande force des photos de Franck Levey réside aussi dans l'équilibre atypique créé entre l'agencement de la pose et le choix du cadre, fonctionnant de manière décalée, moderne, toujours forte. Franck Levey réalise pour les grands et les petits événements de votre vie des coffrets ou des albums, des cadres, et bien sûr tous les retirages souhaités. Juste en passant, sachez que ce photographe a reçu le 1er prix de Rennes au Futur en 1987, le titre de Portraitiste de France de 1992 à 1997, qu'il a été nominé aux Objectifs d'Or en 1995, qu'il a reçu le 1er Prix national Agfa Award en 1998... On s'arrête là ?

KONICA PHOTO EXPRESS Place Sainte-Anne © 02 99 38 81 62. *Ouvert le lundi de 10h à 19h, du mardi au vendredi de 8h30 à 19h et le samedi de 9h à 18h.* Ce magasin propose un grand nombre de prestations dans le domaine de la photo et du retirage. Quel que soit le support, pellicule, négatifs, diapos, tirages, documents, carte mémoire, cd-rom, zip, disquette, Konica Photo Express développe vos photos, mais pas seulement. L'enseigne effectue aussi des corrections, gomme les yeux rouges, renforce la netteté de l'image, crée un flou artistique, supprime les rayures et poussières, change le décor, restaure les photos abîmées... Tirages spéciaux ou multiples, recadrage, cartes de visite et cartes événements, calendriers, cadres, archivage sont autant d'autres spécialités maîtrisées par cette enseigne Konica. Enfin, elle sera aussi votre interlocutrice privilégiée pour vos reportages sur un petit ou un grand événement comme un mariage.

PHOTO STATION 5, rue de Rohan © 02 99 78 35 59. Photo Station c'est un service toujours rapide et efficace. De nouveaux appareils photo numériques jetables, la possibilité de développer vos photos numériques, des cadres et des albums en vente, un service ultra-rapide et efficace. Voilà le cocktail réussi de ce magasin qui ne désemplit pas. **Autre adresse : 22, rue Tronjolly © 02 99 67 83 55.**

PHOTO OUEST 5, rue Leperdit © 02 99 79 02 04. Si l'une des parties de ce magasin est consacrée au développement des photos, vous trouverez dans l'autre salle de nombreux appareils photo argentiques ou numériques en vente ainsi que des accessoires pour photographe averti. Le magasin vend également du matériel vidéo et des laboratoires pour amateurs, agrandisseur, révélateur... Quelques photos en exposition sont là pour vous rappeler, s'il en est encore besoin, ce que l'on peut faire lorsque l'on maîtrise bien la technique. Envie de vous lancer, n'hésitez pas !Ici, professionnalisme et bons conseils assurés, d'autant que Photo Ouest est agréé comme centre conseil par les trois plus grandes marques : Canon, Nikon et Leica, rien que ça !

Salons

PARC EXPO RENNES AEROPORT La Haie Gautrais, BRUZ, Face à l'aéroport de Rennes Saint-Jacques ✆ 02 99 52 68 42. *Site Internet : http://www.rennesparcexpo.fr* Il n'est pas un Rennais qui ne connaisse le Parc Expo. Les plus grandes manifestations et salons de la capitale bretonne s'y tiennent et ne se limitent pas à la foire ou au Space, Salon de la production animale carrefour européen. Les grands bâtiments sont occupés presque chaque week-end par un salon, grand public ou professionnel. La semaine, ils accueillent bien souvent concours, assemblées générales... Les différents halls sont modulables et le parc dispose d'un parking digne de ce nom. Voici quelques exemples d'événement qui vont ponctuer la rentrée 2005 au Parc Expo, liste non exhaustive au 15 juin 2005, avec dates sous réserve :

En septembre 2005

• Space, Salon de la production animale carrefour européen,, salon professionnel, du 13 au 16 • Mieux Vivre Grand Ouest, du 22 au 23 • Cirque Pinder, du 27 au 30.

En octobre 2005

• Salon du Cadeau, salon professionnel, les 2 et 3 • Florent Pagny, le 4 • Energie Reseau Expo, du 12 au 14 • Holiday on Ice "Dream", du 14 au 16 • Esprit Maison, du 14 au 17 • Trial, le 21 • Salon des Vins et de la Gastronomie, du 19 au 1er novembre 2005.

En novembre 2005

• Calogéro, le 1er • Kyo, le 2 • Brocante, du 5 au 6 • FFSA Rally jeune, les 5 et 6 • Mopby, le 11 • Salon du Mariage, du 11 au 13 • La plus grande guinguette du monde, le 17 • Yaouank, le 18 • Peter Pan sur glace, le 29 et 30.

En décembre 2005

• les Transmusicales de Rennes, du 8 au 10.

Vidéo

Jeux vidéo

DOCK GAMES 3, rue du Puits-Mauger ✆ 02 99 31 11 26. *Site Internet : www.dockgames.com* Une des meilleures enseignes dans le paysage des jeux vidéo à Rennes, voilà ce qu'affirme être ce magasin, et il n'a pas tort. On y trouve du neuf, de l'occasion, des jeux à foison, des conseils pertinents et même des astuces quand on reste bloqué sur un jeu. Le personnel y est passionné, toujours au fait des dernières nouveautés. A noter la possibilité de jouer en réseau dans les magasins de la marque.

GAMEWEST 3, rue Saint-Melaine ✆ 02 99 38 69 02. En proie à l'envie croissante d'espaces de jeux, Gamewest met à disposition les toutes nouvelles consoles, un grand nombre de jeux, récents ou plus anciens, pour le plus grand plaisir d'une tranche d'âge bien définie... quoique. L'équipe, jeune et sympa, reprend vos jeux et propose la vente d'occasions. Vous y trouverez aussi des figurines de vos héros de jeux et de films préférés, ainsi que des dvd.

MEGA GAMES 2, rue du Maréchal-Joffre ✆ 02 99 79 16 25. Voilà une bonne adresse pour échanger ou vous débarrasser des jeux vidéo qui n'ont plus vos faveurs. Moyennant une petite commission, on vous les reprend au même prix que celui affiché sur l'étiquette. Jeux ou consoles peuvent aussi vous être rachetés, que ce soient des PlayStation, Saturn, SuperNintendo, Game Boy, Game Gear ou encore des cassette vidéo ou dvd. Le tout est de s'y connaître et de savoir négocier.

SCORE GAMES 20, rue du Maréchal-Joffre ✆ 02 99 78 25 25. Again, and again, and again... le jeu passion : consoles, dvd, accessoires, neufs ou d'occasion ainsi que toute une série d'offres à consulter sur le Net. Les connaisseurs apprécieront et s'y retrouveront vite dans tout ce dédale de jeux vidéo.

STOCK GAMES ET NEXT LEVEL GAMES 20, rue du Maréchal-Joffre ✆ 02 99 67 53 10. Tous les joyaux de la technologie, entièrement voués au jeu électronique, s'entassent, se vendent et s'échangent dans ce petit espace avec un étage. Jeux de PlayStation 1 et 2 et consoles correspondantes, jeux de Dreamcast et sa console, jeux de Game Boy et sa console, X Box et sa console, jeux sur ordinateur ou de jeux de Game Cube sont vendus aux tarifs habituels. Les anciens jeux sont en revanche vendus d'occasion à des tarifs très compétitifs. La maison reprend toutes les consoles et les jeux vidéo, mais n'oubliez pas de vous munir de votre pièce d'identité. Pour des prix très sages, les connaisseurs s'y retrouvent, viennent, reviennent, discutent et ne s'y trompent pas. L'adresse est connue et reconnue des initiés, et les bonnes affaires sont légion, d'autant que l'accueil est invariablement très sympa. Ça vaut le détour !

Locations de films

ARTHUR VIDEO 11, rue Kerautret-Botmel ✆ 02 23 35 17 17. Calqué sur le même modèle que ses autres consœurs, cette borne automatique propose à la location des cassettes vidéo ou des dvd pour une somme très modique. Les dernières nouveautés ont la cote. Dommage pour ceux qui voulaient voir Usual Suspects ou revoir quelques grands et émouvants classiques.

CINE BANK VIDEO 50, boulevard de la Liberté ✆ 02 99 78 38 58. *Ouvert du lundi au samedi de 16h à 20h30. Service disponible 24h/24.* Il n'est guère aisé de se garer pour aller chercher la cassette que vous rêvez de regarder, bien au chaud dans votre canapé. A partir de 1,50 € pour 6 heures si vous possédez la carte Cinébank ou un peu plus, 3 €, si vous n'avez que votre carte bancaire en poche, vous pourrez visionner, si elles sont encore disponibles, les toutes dernières nouveautés. Un grand choix de vidéos en distributeur. Pour les cassettes, c'est au 50 boulevard de la Liberté, et pour les dvd c'est au 46, boulevard de la Liberté. **Autres adresses : Square Sarah-Bernhardt • Boulevard Villebois-Mareuil • 160, rue de Brest • 183, rue de Fougères • Station Total de Villejean.**

GO VIDEO 4, rue Julien-Offray-de-la-Mettrie ✆ 02 99 14 59 59. *Du lundi au vendredi de 14h à 20h30, samedi de 11h à 20h30 et dimanche de 18h à 21h, sauf de juillet à septembre.* Situé face à la station Malo, Go Vidéo fait le plein de références : spécialisé dans les nouveautés, mais aussi dans les incontournables des années cinquante à quatre-vingt-dix, Vous serez ici épaté par le choix énorme et la sélection des films : on y trouve vraiment de tout à la location en cassette vidéo et dvd. Un distributeur vidéo est disponible rue de Saint-Malo, et un autre à Chartres-de-Bretagne, au 7, avenue de la Marionais.

VIDEORAMA 10, place des Lices ✆ 02 99 79 07 65. *Ouvert le lundi de 14h à 19h30, du mardi au samedi de 10h à 19h30 et le samedi de 10h à 20h.* En passant devant, on remarque à peine cette petite boutique à la devanture bleue. Souvent un chat noir, celui du propriétaire, attend devant la porte, où il manque peut-être l'écriteau "Attention chat gentil". Le samedi, il y règne une ambiance particulière et conviviale. En effet, le tenancier du lieu, avec ses amis, font ripaille à l'heure de la fin du marché. Alors vous l'aurez bien compris ici, ce n'est pas un vidéoclub comme les autres. L'endroit est à part, inclassable. On y trouve certes quelques nouveautés, rarement grand public, sa sélection est très éclectique et même underground. Citons, par exemple, les films du réalisateur Jean Rolin ou ceux de l'étrange Russ Meyer... Côté déco, la boutique s'orne de montagnes de cassettes vidéo qui sont à la location. Enfin, derrière son comptoir, le fou de ciné à la culture cinématographique aura vite fait de vous trouver ce que vous cherchez, même si vous avez oublié le nom du film, ou de vous en conseiller un. En résumé, avec des tarifs plutôt sages et un stock de cassettes disponibles gigantesque, le lieu est le rendez-vous des amoureux du cinéma d'auteur et underground. Pour les non-initiés, essayez un film de Takeshi Miike, complètement décoiffant et provoquant !

VIDEO FUTUR RENNES 17, boulevard de la Tour-d'Auvergne ✆ 02 99 35 45 55. *Ouvert du lundi au samedi de 10h à 12h30 et de 13h30 à 20h30, le dimanche de 16h à 20h.* Ce bel espace de plus de 300 mètres carrés consacré au septième art a fière allure. Pour louer une cassette, rien de plus facile grâce à la borne en service 7j/7 et 24h/24. Il vous en coûtera 2,60 € pour un retour le lendemain ou 3,48 € pour deux jours ou cinq jours suivant la couleur du film si vous possédez la carte privilège, et un peu plus si vous êtes seulement muni de votre carte bancaire. A l'intérieur, un choix à faire pâlir d'envie le paysage vidéo rennais. A consommer sans modération. Vidéo Futur édite un petit magazine mensuel qui présente les nouveautés, l'actu des magasins et quelques potins de stars. **Autres adresses : Centre commercial Les Longs-Champs Allée Morvan-Lebesque ✆ 02 99 25 07 30 • 113, avenue Aristide-Briand02 99 84 03 04 • 11, boulevard de l'Yser ✆ 02 23 35 02 03.**

Et aussi pensez pour vos films aux vidéothèques des bibliothèques municipales :

Certes vous n'aurez pas la toute dernière nouveauté ou le blockbuster du moment, mais il est bon de temps en temps de réviser ses classiques ou de s'attarder du côté du cinéma indépendant. Pour ce faire, une simple carte d'abonnement annuel suffit. Futé et pas cher pour les grands vidéophages.

TRIANGLE 1, boulevard Yougoslavie ✆ 02 99 22 27 27.

Voyage

Agences de voyage

FRAM AMBASSADE ABC VOYAGE 9, rue du Puits-Mauger ✆ 02 99 65 14 14. Ici, vous trouverez une multitude de formules de séjours, de circuits, de croisières, de billets d'avion pour des destinations originales, loin des sentiers battus et des foules empressées et soucieuses d'une seule chose : échapper à la grisaille ambiante. Enfin, pensez à consulter son site www.abc-voyages-fram.com pour ses promotions de dernière minute. Véritablement futé !

AIR FRANCE 23, rue du Puits-Mauger ✆ 0820 820 820. L'agence se divise en deux parties, l'une, la plus grande, est consacrée aux billets d'avion pour des vols domestiques ou internationaux, l'autre au reste du séjour : nuits d'hôtels, location de voitures, visas, assurances. Si le cœur vous en dit, votre agence "s'occupe de tout pour vous". Quant aux prix, il est recommandé de trouver des réductions en tout genre si l'on veut éviter de payer le tarif normal, souvent douloureux.

ARCAD'VOYAGES CHARTERS & DECOUVERTES 24, rue du Pré-Botté ✆ 02 99 79 67 79. Que vous cherchiez un vol sec, un week-end à organiser à la dernière minute ou un circuit pour l'été, le personnel saura trouver le voyage et le mode de transport qui vous convient le mieux, quitte à passer pas mal de temps à rechercher la perle rare !On ne vous laissera jamais repartir insatisfait et on vous écoutera, sans chercher à vous vendre tel ou tel circuit. Les conseils sont pertinents et le résultat jamais décevant. Ces devis à la carte particulièrement intéressants vous donneront envie de revenir.

LOOK VOYAGES CLUB VOYAGE 7, rue du Puit-Mauger ✆ 0 823 313 613. Des circuits à la carte, un service rapide et clair, que demander de plus ?Une bonne écoute de vos souhaits, des prix raisonnables, un bon rapport qualité-prix : vous trouverez tous ces avantages dans cette agence de voyages bien connue des Rennais. A l'approche des vacances, il y a certes une certaine affluence mais le personnel sait gérer au mieux le temps d'attente. Les listes de mariage sont les bienvenues.

NEPTUNE VOYAGES 1, rue Leperdit ✆ 02 99 79 20 30. Séjours, circuits, croisières, billetterie air, fer et mer : que vous soyez un individuel ou un comité d'entreprise, la maison se chargera de la réussite de votre projet, quelle que soit votre destination. Le soleil à portée de main doublé d'un accueil agréable. Adhérent Sélectour et agréé par la SNCF, Air France, Club Med, Fram, Jet Tours, Kuoni... Alors convaincu ?

NOUVELLES FRONTIERES 10, quai Emile-Zola ✆ 02 99 79 61 13. Les réservations s'effectuent rapidement et ce qui vous semblait, de prime abord, compliqué voire alambiqué, devient devant ce personnel affable, simple et évident. Evitez cependant d'y aller aux heures de pointe car il y a souvent la queue. A noter un site Internet bourré de bonnes affaires mises aux enchères le mardi matin, inscription et choix des voyages dès le lundi !**Autre adresse : 13, rue Tronjolly ✆ 02 23 42 45 40.**

RANDOBALAD 2, rue Poullain-Duparc ✆ 02 99 78 83 70. *Site Internet : www.randobalad.com* Spécialiste de la randonnée sous toutes ses formes, pédestre, maritime ou cycliste, cette enseigne répondra à toutes vos demandes, qu'elles concernent des cartes détaillées ou des circuits balisés en Bretagne. Mettre en valeur le patrimoine, sillonner notre belle région et l'aborder parfois de façon inattendue ou insolite est aussi le but avoué de la maison. Autre adresse :

LA ROUTE DES ILES 36, rue du Puits-Mauger ✆ 02 99 31 51 31. De l'exotisme et du rêve plein la tête en sortant de cette agence : préparez vos valises, tout peut aller très vite. Week-end ou séjours plus longs, on vous concocte un voyage aux petits oignons avec rigueur et affabilité. Pour les jeunes mariés, une formule originale au nom évocateur Soleil de Miel peut faire l'objet d'un cadeau sur votre liste de mariage. Des prix défiant toute concurrence, un personnel à votre écoute, des circuits organisés ou à la carte, la recette fonctionne et le tout est bien huilé.

TRACES VOYAGES 28, quai Duguay-Trouin ✆ 02 99 67 05 05. Tout proche de la place de Bretagne, ce voyagiste propose des destinations, d'Asie en Amérique en passant par l'Afrique. La maison ne fait pas dans le voyage à prix discount mais, au final, le résultat reste très abordable.

sports

Agenda des manifestations sportives rennaises

MATCH DE GALA ENTRE CHOLET ET LE MANS, Basket-Ball. Le 16 septembre 2005.

LES JOURNEES DU CHEVAL, DE L'ANE ET DU PONEY. Du 16 au 18 septembre 2005.

MARATHON DE LA VIE, Opération Courir pour la vie, courir pour Curie. Dimanche 18 septembre 2005, organisé par l'ADMR de Janzé.

COURSE CYCLISTE DE LA FÊTE DE LA SAINT-MICHEL. Le 25 septembre 2005.

7e EDITION DE TOUT RENNES AU DOJO. LE 1er et 2 octobre 2005.

TOUT RENNES COURT. Le 8 et 9 octobre 2005.

CHAMPIONNAT DE FRANCE DES CLUBS DE COURSE EN LIGNE DE CANOË-KAYAK. Les 8 et 9 octobre 2005.

MANIFESTATION D'ESCALADE VOL DE NUIT. Les 12 et 13 novembre 2005.

LES FOULEES MAUREPASIENNES. Le samedi 19 novembre 2005.

JOURNEE NATIONALE DU 8, Aviron. En novembre 2005.

PALMARES DES SPORTIFS AMATEURS RENNAIS. Le vendredi 16 décembre.

TOUT RENNES NAGE. En mars 2005.

GRAND PRIX CYCLISTE DE LA VILLE DE RENNES. En avril 2005.

RENNES SUR ROULETTE. En mai 2005.

TRIATHLON INTERNATIONAL DE RENNES. En mai 2005.

MEETING NATIONAL D'ATHLETISME. En juin 2005.

Adresses utiles

CENTRE INFORMATION JEUNESSE BRETAGNE, Maison du Champ-de-Mars 6, cours des Alliés ✆ 02 99 31 47 48. Quel que soit le renseignement que vous recherchiez en matière de pratique sportive à Rennes, le CIJB saura vous répondre ou vous orienter vers le meilleur interlocuteur. Un accueil est assuré du mardi au vendredi de 10h à 18h et le samedi de 14h à 18h. En période de vacances, l'accueil est fermé le samedi après-midi.

CENTRE MEDICO-SPORTIF, OFFICE DES SPORTS 10, rue Alphonse-Bougoin ✆ 02 23 20 42 90. *Ouvert du lundi au jeudi de 18h à 22h, mercredi tout l'après-midi, et le vendredi de 17h à 21h. Permanence téléphonique du lundi au vendredi de 9h à 12h et de 14h à 18h.* Ouvert en période scolaire, le centre médico-sportif s'adresse principalement aux adhérents des clubs sportifs rennais affiliés à l'office des Sports. Les visites s'effectuent généralement en groupe, par club, mais il est possible de prendre un rendez-vous individuel dans certains cas.

DIRECTION DES SPORTS, VILLE DE RENNES, Palais Saint-Georges 2, rue Gambetta, ✆ 02 99 78 09 40. *Ouvert du lundi au vendredi de 8h30 à 12h et de 13h30 à 17h.*

DIRECTION DE L'ANIMATION SPORTIVE DE LA VILLE 1, square René-Cassin ✆ 02 99 27 50 90.

HANDISPORT RENNES 4, rue d'Andorre ✆ 02 99 51 33 54. *Ouvert du lundi et jeudi de 15h à 17h, sauf vacances scolaires.* Cet organisme universitaire œuvre pour l'accès des personnes handicapées aux pratiques sportives. Elle vous informera également sur toutes les informations nécessaires pour exercer tel ou tel sport, chemins d'accès, horaires...

MAISON DEPARTEMENTALE DES SPORTS 13 bis, avenue de Cucillé ✆ 02 99 54 67 67. *Ouvert du lundi au vendredi de 8h30 à 18h15.* La plupart des comités départementaux des ligues sportives disposent d'un bureau à cette adresse. C'est notamment le cas du comité olympique et sportif.

OFFICE DES SPORTS 10-12, rue Alphonse-Guérin © 02 23 20 42 90. *Ouvert du lundi au vendredi de 9h à 12h et de 14h à 18h, fermé mardi matin.* L'office des Sports réunit près de 300 associations et compte ainsi près de 47 000 sportifs. Centre névralgique de la vie sportive de la ville, l'office des Sports a plusieurs missions d'importance. Grâce à une collaboration étroite avec les services municipaux en charge des affaires sportives et une organisation efficace en commission, il œuvre pour développer les équipements, il participe à la promotion du sport et favorise les échanges sportifs internationaux, il fait une proposition de répartition des subventions. C'est aussi lui qui offre un suivi médical aux sportifs, voir plus haut le centre médico-sportif.

SIUAPS : SERVICE INTERUNIVERSITAIRE DES ACTIVITES PHYSIQUES ET SPORTIVES RENNES I Avenue du Professeur-Charles-Foulon © 02 23 23 63 87. *Ouvert du lundi au vendredi de 8h30 à 16h45.*

RENNES II, Campus Villejean Place du Recteur-Henri-Le-Moal © 02 99 14 14 70. *Ouvert lundi de 13h30 à 16h45 et du mardi au vendredi de 9h à 12h15.* Cet organisme universitaire propose aux étudiants, de Rennes I et II un accès à une multitude de sports. Citons quelques exemples : escalade, danse, judo, piscine, rugby, escrime, tennis, gymnastique... et bien d'autres encore qu'il serait trop long d'énumérer ici. Chacun trouvera également un groupe à son niveau et correspondant aux horaires de son choix. Il suffit pour cela d'acheter la carte SIUAPS et d'avoir un certificat médical d'aptitude. Sachez toutefois que bon nombre des activités sportives proposées sont ouvertes aux personnes handicapées. Aussi, sachez que les sports pratiqués avec le SIUAPS peuvent être validés dans votre cursus universitaire. Enfin, ce sera pour vous l'occasion de participer à des compétitions sportives universitaires.

Disciplines

Athlétisme

CERCLE PAUL-BERT RAPATEL-POTERIE 3, rue Rapatel © 02 99 32 33 40. *Du mardi au vendredi de 9h à 12h et de 13h30 à 17h30 samedi de 9h à 12h.* Ouvert à partir de 11 ans, le Cercle Paul-Bert Rapatel-Poterie organise des entraînements en soirée sur la piste de Bréquigny, boulevard Albert-Ier.

STADE RENNAIS 13, rue Zacharie-Roussin, COURTEMANCHE © 02 99 63 91 06. Selon votre âge, votre niveau en athlétisme et votre disponibilité, les entraînements ont lieu un jour de la semaine entre 16h et 19h30. Les inscriptions peuvent s'effectuer à partir de 11 ans, et l'école d'athlétisme propose des cours le mercredi et samedi après-midi. Le Stade rennais pratique des tarifs très raisonnables.

TOUR D'AUVERGNE 8, passage Couëdic, BP 60408 © 02 99 30 10 89. *A partir de 11 ans.* Selon la catégorie que vous intégrerez, vous vous entraînerez le mercredi ou le samedi après-midi, ou bien encore en soirée, à partir de 17h30. Les séances ont lieu au stade de Bréquigny, boulevard Albert-Ier, comme pour les athlètes du Cercle Paul-Bert. Pour tout renseignement, des permanences se déroulent du lundi au vendredi, 9h30 à 12h et 14h à 18h45, sauf le lundi matin.

Autres adresses :

ASPTT Stade Robert-Launay 1, rue Pierre-Nougaro, BP 60214, 35702 Rennes CEDEX 7 © 02 23 21 13 13. De 7 ans à adultes.

ASSOCIATION SPORTIVE ET CULTURELLE ADAPTEE DE RENNES, ASCAR 5 bis, rue Lenée © 02 99 07 44 22, Mme Marie-Hélène Decouard. Adolescents, adultes.

CENTRES D'INITIATION SPORTIVE, Palais Saint-Georges 2, rue Gambetta © 02 99 78 09 40. De 7 ans à 14 ans.

CLUB SPORTIF GARNISON DE RENNES Quartier Foch, BP 17, 35998 RENNES, Armée © 02 23 44 52 38. De 11 ans à adultes.

SIUAPS, SERVICE INTERUNIVERSITAIRE DES ACTIVITES PHYSIQUES Avenue du Professeur-Charles-Foulon, 35700 RENNES © 02 23 23 63 87. Adultes.

Aviron

BASE NAUTIQUE PLAINE DE BAUD 5, allée Pierre-de-Coubertin © 02 99 65 58 57. Vous pourrez obtenir à cette adresse des renseignements sur tout ce qui concerne l'aviron, le canoë-kayak ou le sauvetage.

RENNES ETUDIANT CLUB AVIRON Gymnase de Beaulieu ✆ 02 99 79 45 07. Ces cours ne sont pas seulement réservés aux étudiants qui s'entraînent le lundi et le jeudi après-midi. Il faut cependant être majeur pour entrer dans ce club. Plusieurs créneaux sont proposés en semaine et le samedi matin. Le point de départ, c'est encore la base nautique de la plaine de Baud. Les non-étudiants paient une participation annuelle.

SOCIETE DES REGATES RENNAISES 35 F, rue J.-M.-Huchet ✆ 02 99 36 65 75. *A partir de 10 ans.* Certains n'attendent pas d'être embarqués pour sortir leurs avirons et ramer. Mais c'est quand même plus agréable de glisser sur l'eau de l'étang de la plaine de Baud avec la Société des régates rennaises !Les entraînements ont lieu le samedi après-midi et le dimanche matin, tandis que les jeunes se retrouvent le mercredi après-midi. Sachez aussi qu'il est possible d'organiser des séances de groupe en semaine.

Autres adresses :

CENTRES D'INITIATION SPORTIVE, Palais Saint-Georges 2, rue Gambett ✆ 02 99 78 09 40. De 8 ans à 14 ans, sachant nager 20 mètres avec brassière de sécurité.

LES BOSCOS DE MAUREPAS 32, rue de la Marbaudais ✆ 02 99 63 25 12. A partir de 17 ans.

Badminton

CADETS DE BRETAGNE 139, rue d'Antrain, BP 30309, 35703 RENNES CEDEX 7 ✆ 02 99 63 13 71. *De 10 ans à adultes.* Cette association propose une trentaine d'activités sportives et de loisirs, dont le badminton. Il existe même des animations, sur les mêmes thèmes, pour les adolescents, pendant les vacances. La pratique du badminton s'effectue en petits groupes, de 16 personnes au maximum, et sachez aussi que le matériel est prêté. Pratique, Non !

Autres adresses :

ASSOCIATION SPORTIVE ET CULTURELLE ADAPTEE DE RENNES, ASCAR 5 bis, rue Lenée ✆ 02 99 07 44 22, Mme Marie-Hélène Decouard. Adolescents et adultes.

ASSOCIATION SPORTS ET LOISIRS COLLECTIFS 5, rue Emile-Bernard ✆ 02 99 63 75 48. Adultes.

Base-ball et Soft-ball

BASE-BALL ET SOFT-BALL CLUB DE RENNES ✆ 02 99 63 34 22 / 06 14 63 39 85. *A partir de 10 ans.* Il semblerait que cette discipline connaisse un début d'essor dans l'Hexagone. Alors si vous voulez taquiner la batte et chausser le gant de cuir, sachez que ce club enseigne aux cadets le vendredi soir et aux seniors le lundi et le jeudi soir. Les entraînements se déroulent à Gros Malhon.

Bowling

BOWLING ALMA LOISIRS Avenue du Canada ✆ 02 99 50 65 53. *Ouvert du lundi au vendredi de 11h à 2h et le samedi et dimanche de 14h à 3h. Tarifs en semaine avant 20h : 3,50 €, après 20h à 4,60 €. Le samedi à 5,50 €. Location des chaussures à 1,40 €.* Aficionados des strikes, amoureux des parquets, voici l'adresse où vous pourrez assouvir votre passion. En plus, un bar est à votre disposition... Futé quand il faut attendre son tour !

Boxe anglaise

CERCLE PAUL-BERT BINQUENAIS, Centre commercial Italie 2, rue de Suisse ✆ 02 99 51 14 16. *Dès 8 ans.* Ce cercle qui propose une multitude d'activités sportives et de loisirs, organise des entraînements au centre Alain-Savary, rue d'Andorre. Vous pourrez également faire de la boxe française, alias de la savate tant popularisée par les fameuses Brigades du Tigre, au gymnase du Portugal ou au centre Alain-Savary.

Autres adresses :

MAISON VERTE 5, rue de Saintonge ✆ 02 99 33 11 33. De 10 ans à 25 ans.

SIUAPS, SERVICE INTERUNIVERSITAIRE DES ACTIVITES PHYSIQUES Avenue du Professeur-Charles-Foulon ✆ 02 23 23 63 87. Cours réservés aux adultes.

Boxe chinoise, Bagua Zhang, Quan-Fa, Boxe des Huit Trigrammes

COURS D'HERVE MARIGLIANO, Gymnase Mendes-France 4, rue Bahon-Rault. Ouvert mercredi de 18h15 à 20h.

GYMNASE GANTELLES, Salle Type B Rue d'Erlangen. *Ouvert jeudi de18h30 à 20h. Contact Hervé Marigliano ✆ 06 76 63 51 64 et Loïc Denis ✆ 06 81 38 63 30.* Animateur de la commission handi-wushu, membre du comité national de kung-fu wushu et à la Fédération française de Karaté et Arts martiaux affinitaires, ceinture moire 4e dan de kung-fu interne, ceinture 2e dan d'aïkido et fondateur de la méthode handi-wushu pour malvoyants ou boxe de l'ombre pour les malvoyants, Hervé Marigliano intervient à Rennes, Saint-Brieuc et à Paris. Il vous initiera ou vous perfectionnera, que vous soyez homme ou femme, au kung-fu style bagua, au taï-chi-chuan au qi-gong, au bagua zhang et à l'handi-wushu. Il organise également des stages de self-défense, ainsi qu'un stage annuel avec son maître taïwanais Luo De-Xiu. Vous pourrez également aborder des techniques enseignées sur place.

Autres adresses :

ASSOCIATION BRETONNE DE TAI-JI-QUAN ET DISCIPLINES INTERNES 13, rue du Pré-Perché ✆ 02 99 48 35 05. Dès 17 ans.

CERCLE RENNAIS DE BOXE CHINOISE ET DE SAMBO COMBAT 70 bis, boulevard de Cleunay ✆ 02 99 30 44 04 / 02 99 63 07 58. Adolescents et adultes.

Boxe Française, Savate

REC SAVATE BOXE FRANCAISE 5, square du Bois-Perrin, Appt 507 ✆ 06 14 04 98 19. *De 13 ans à adultes.* Vous connaissez peut-être la série des Brigades du Tigre. Eh bien oui, la boxe, sport noble, n'est pas seulement l'apanage des Anglais ou des Américains où des Tiosot, des Tyson, à la puissance redoutable s'affrontent. C'est aussi un sport de souplesse, de finesse, d'agilité et de force, mais cette fois version béret et baguette sous le bras... Vous pourrez vous initier ou pratiquer ce sport que vous préférez dans la salle de combat du complexe sportif de l'université de villejean, SIAUPS, au COSEC VILLEJEAN Rue Jean-Gineste. Les cours débutants et confirmés ont lieu le mardi de 20h30 à 22h et le jeudi de 20h30 à 22h.

Autres adresses :

ASSOCIATION SPORTIVE DES CHEMINOTS RENNAIS 9 bis, square Louis-Armand ✆ 02 99 50 84 10. *Permanence secrétariat mardi au jeudi de 16h30 à 18h30.* De 16 ans à adultes.

MAISON VERTE 5, rue de Saintonge ✆ 02 99 33 11 33. De 10 ans à 25 ans.

Boxe thaïlandaise

KHAI MUAY THAI RENNES 11, rue Guy-Ropartz ✆ 06 08 77 10 04 / 02 99 36 09 44. *Heures de permanence : 17h à 19h tous les jours et pendant les cours. A partir de 15 ans.* Nous faut-il encore vous présenter ce sport, après les innombrables films qui traitent du sujet. Alors si vous voulez faire des prouesses en muay thaï ou simplement si vous avez envie de vous défouler, voici l'une des meilleures adresses rennaises. **Autre adresse : ASSOCIATION SPORTIVE DES CHEMINOTS RENNAIS 9 bis, square Louis-Armand ✆ 02 99 50 84 10. Permanence secrétariat mardi au jeudi de 16h30 à 18h30. Ouvert à tous.**

Canoë-kayak

KAYAK CLUB DE RENNES, Base nautique Plaine de Baud ✆ 02 99 38 94 01. *A partir de 8 ans.* Des permanences ont lieu tous les jours à la base nautique municipale, mais les entraînements sont proposés sur plusieurs autres sites, comme au stade d'eaux vives de Cesson-Sévigné, aux étangs d'Apigné et de Servon-sur-Vilaine. Ouverte à tous, la pratique du canoë demande de savoir bien nager, pas d'inscription avant 7 ans.

LE STADE EN EAUX VIVES 2, rue de Paris, CESSON-SEVIGNE ✆ 02 23 45 18 18. *Site Internet : www.ville-cesson-sevigne.fr Ouvert le matin et l'après-midi pour les stages en eaux sportives et du lundi au vendredi de 16h30 à 19h et le samedi et dimanche de 14h à 19h.* Le stade en eaux vives de Cesson-Sévigné propose des virées nautiques sur la Vilaine et ce sur 3 kilomètres sur des eaux sportives, en raft et en hot dog, et en balade calme. Pour la rivière sportive, il faut être au minimum 5 personnes et cela vous en coûtera 7 € pour 1 heure et 12,20 €

pour le double de temps. Sinon, vous pouvez acheter un carnet de 10h à 60 €. Quant à la promenade en eau calme, vous louez des canoës-kayaks à 4,10 € par heure par adulte et à 2,55 € par enfant. Le bambin doit avoir au minimum 8 ans et savoir nager 25 mètres seul pour participer à ces activités. Un système de navettes convoient les randonneurs ainsi que le matériel près de l'étang de Dézerseul où les embarcations sont mises à l'eau. La promenade dure environ 1 heure et est un véritable enchantement !Par ailleurs, des stages découvertes, d'initiation et de perfectionnement sont organisés et encadrés par des moniteurs. N'hésitez pas à contacter Sébastien et Vincent si vous voulez plus de précisions.

Autres adresses :

ASSOCIATION SPORTS ET LOISIRS COLLECTIFS 5, rue Emile-Bernard ✆ 02 99 63 75 48.

CANOE KAYAK CLUB D'ILLE-ET-RANCE Ile de Robinson, 35760 SAINT-GREGOIRE ✆ 02 99 68 89 69. A partir de 8 ans

RENNES EVASION NATURE 35 e, rue J.-M.-Huchet ✆ 02 99 63 07 80. Enseignement, loisir, compétition.

Canyoning, Spéléo

GROUPE SPELEOLOGIQUE DE RENNES 105, avenue de Rochester ✆ 02 99 23 59 91. Arnaud Rigollé, ou 02 99 85 49 92, Manuel Perrot. *Site Internet : http://g.s.r.free.fr/intro.htm A partir de 13 ans.* Si votre terrain de jeu favori est les entrailles de la terre ou si vous adorez batifoler dans les eaux vives, sauter dans des trous d'eau du haut d'une falaise, et bien c'est ce groupe qu'il vous faut contacter de toute urgence. Vous pourrez pratiquer, d'une manière encadrée et sécurisée, ce sport dans les environs de Rennes ou lors de déplacement, comme dans le Lot ou dans les Pyrénées.

Capoeira

LE GRAND CORDEL, MAISON DES JEUNES ET DE LA CULTURE 18, rue des Plantes ✆ 02 99 87 49 49. *Site Internet : www.grand-cordel.com De 5 ans à 10 ans et 14 ans à adultes.* Cet organisme propose des cours de Capoeira, cet art martial brésilien associant la danse au simulacre de combat, avec des gestes acrobatiques, sur fond de musique traditionnelle. Ici, les coups ne sont pas portés, les joutes se terminent toujours par la mise en défaut, sur un geste, de son adversaire.

Autres adresses :

ASSOCIATION BRASIL ARMORIQUE 22, rue Hoche ✆ 06 85 81 39 06. M. Luis Carlos. Dès 15 ans.

ASSOCIATION LADAINHA 13, avenue du 41e-Régiment-d'Infanterie ✆ 02 99 59 26 93. Dès 5 ans.

LE TRIANGLE Boulevard de Yougoslavie ✆ 02 99 22 27 22. Dès 8 ans.

Cerf-volant

EOLE ET NOUS, Carrefour 18, rue d'Espagne ✆ 02 99 32 46 07. Originaire de Chine ou du Cambodge, le cerf-volant nous vient, c'est sûr, d'Asie. Ce sport-loisir a pris une ampleur incroyable, jusqu'à devenir très populaire. Petits et grands prennent un plaisir immense à faire voler leur cerf-volant, et certains mordus vont même jusqu'à fabriquer leur propre engin.

XTREM VENT DUONG LONG 5, rue de Chateaudun ✆ 02 99 63 14 00. M. Duong se passionne depuis longtemps déjà, il était installé rue d'Antrain il y a une dizaine d'années, pour les cerfs-volants. Il a, depuis, élargi sa palette d'activités en suivant "l'air du temps" et propose désormais tout ce qui a trait de près ou de loin aux sports de glisse nécessitant une aéroportance. Vous y trouverez un conseil fort avisé, une gamme de matériels de qualité, et un plus remarquable : M. Long Duong n'hésite pas à vous consacrer jusqu'à une demi-journée de formation, gracieusement !

Danse

Consultez la rubrique Danse dans le chapitre consacré aux loisirs.

Escalade

COMITE DEPARTEMENTAL FFME 02 99 36 45 85. La Fédération française de la montagne et escalade organise régulièrement des stages d'alpinisme, en initiation ou perfectionnement.

RENNES EVASION NATURE 35 e, rue J.-M.-Huchet ✆ 02 99 63 07 80.

RENNES ETUDIANT CLUB Gymnase universitaire ✆ 02 23 44 03 36 / 06 61 56 86 98. Adultes.

TOUR D'AUVERGNE 8, passage du Couédic ✆ 02 99 30 10 89. *A partir de 7 ans.* L'initiation est possible dès 6 ans, mais la Tour d'Auvergne accueille aussi les ados et les adultes, pour des entraînements qui ont lieu à la salle du collège de la TA, 6, rue de la Santé.

VERTICAL OUEST LOISIRS 32, rue de la Marbaudais ✆ 02 99 38 79 78. *A partir de 10 ans.* Après vous être exercé sur les installations en intérieur, peut-être aurez-vous envie de vous essayer sur des murs naturels d'escalade en plein air ?Ce club propose une pratique au gymnase Félix-Masson, au gymnase de Beaulieu, à la salle de la maison de quartier de Maurepas, qui propose ses propres cours à plusieurs moments de la semaine et du week-end. Très sérieux, Vertical Ouest Loisirs est affilié à la FFME, Fédération française de la montagne et escalade. Tarifs réduits pour les familles, les étudiants et les demandeurs d'emploi.

Football en salle

SOCCER CENTER ZI Lavallot ✆ 02 99 35 35 10. *Site Internet : www.soccer.fr/soccer.html* Voici un complexe original de football à trois indoor. Ce sport allie la rapidité et le plaisir. Sa simplicité le met à

A vos marques, prêts, buvez !

Sportif du dimanche ou roi du marathon : il faut boire de l'eau. Mais attention : pas n'importe comment, pas n'importe quand et surtout pas n'importe laquelle ! Gym, fitness, golf, yoga, marche, natation, jogging, vélo, tennis... On se prend tous pour des grands sportifs mais on oublie souvent de bien boire. Sans vouloir aller chercher des médailles olympiques, il faut quand même savoir qu'en une heure de jogging, on laisse jusqu'à 1 litre d'eau dans le maillot et pour une heure de marathon c'est environ 2 litres. Ensuite, c'est toujours le même scénario : après le jogging du matin où l'on a bien transpiré, on se précipite sur la bouteille d'eau que l'on vide aux trois quarts d'une seule traite. Ami sportif, la bonne recette est pourtant simple. Avant l'effort, il est conseillé de boire pour partir bien hydraté. Pendant l'effort, boire à intervalles réguliers. Après, hydratez vous de façon régulière pour éliminer les toxines. Evitez de boire de l'eau trop glacée.

Le conseil futé : Boire St-Yorre. Riche en bicarbonates, cette eau désaltère mieux et lutte contre l'acidité produite par les muscles lors de l'effort. Du coup, moins de courbatures et une meilleure récupération. Ce n'est pas un hasard si beaucoup de sportifs boivent St-Yorre qui est aussi partenaire de la Fédération Française de Rugby depuis 6 ans.

la porté de tous. Le complexe possède 5 terrains intérieurs, indoor, de foot avec un revêtement de gazon synthétique Côté tarifs : de 10h A 18H et le week-end, l'heure de jeu est à 40 € TTC et en semaine à partir de 18h à 60 € TTC l'heure.

Football gaélique

AR GWAZI GOUEZ 31, rue des Frères-Blin. *Site internet : www.rennesgaa.com* Agrément jeunesse et sport N° 02.35.5.21. Le football gaélique est le sport le plus populaire en Irlande, avec environ 250 000 licenciés. Entièrement amateur, il est géré par la puissante Gaelic Athletic Association, GAA, regroupant environ 800 000 adhérents à travers le monde. On dénombre une vingtaine de clubs en Europe, dont 5 en Bretagne. Créé en 1999, Ar Gwazi Gouez, Les oies sauvages,, le club de football gaélique de Rennes, compte aujourd'hui une trentaine de passionnés. Ce sport, savante alchimie de soccer, de handball et de rugby, commence à connaître un franc succès en Bretagne, d'autant que l'ambiance qui règne dans l'équipe y est particulièrement conviviale et que les après match sont souvent festifs. Pour de plus amples renseignements, vous pouvez également contacter Yan, derrière le comptoir, du café le Westport, rue de Dinan, ou vous y rendre le mercredi soir : lieu de ralliement de ces footballeurs, version gaélique, après leur entraînement. Enfin, sachez aussi que ce sport, relativement physique, n'est pas réservé qu'à la gente masculine. Une équipe de filles est également présente parmi Les oies sauvages de Rennes. Elles se sont d'ailleurs classées 4e au championnat international de football gaélique de Rennes, avec 16 points derrière la Hollande, 3e,, Guernesey, 2e, et la victorieuse équipe parisienne, 1re,, et devant les équipes du Luxembourg, de Bains-sur-Oust, de Barcelone et de Munich. Les hommes, quant à eux, s'étaient classés 2e derrière Paris et devant des villes comme De Haag, Luxembourg, Munich, Barcelone, Guernesey, Madrid, Frankfort... En un mot, un sport amateur, à la réussite internationale, qui vous fera voyager.

Golf

GOLF DE CICE-BLOSSAC Domaine de Cicé-Blossac, BRUZ ✆ 02 99 52 79 79. Situé à 10 minutes du centre-ville par la voie express Rennes-Redon, ce golf breton rappelle les golfs américains. Les fairways y sont très larges et les greens vastes. Le bois de Cicé-Blossac borde un côté du golf, tandis que le parcours chemine parmi d'anciennes gravières. Le club-house se compose d'un bar, de 5 salles de séminaires et d'un restaurant. Parcours 18 trous par 68, 5 256 mètres.

GOLF DE CESSON-SEVIGNE, CESSON-SEVIGNE ✆ 02 99 83 26 74. *E-mail : golf@ville-cesson-sevigne.fr Ouvert tous les jours du 1er avril au 30 septembre de 8h à 19h30, 20h pour le practice,et du 1er octobre au 31 mars de 8h50 à 18h30. Tarifs : abonnement annuel à 424,80 € et avec la licence d'une association, 382,30 €, abonnement annuel couple à 743,40 € et avec une association à 669,10 €, abonnement semainier à 292,40 € et avec association à 263,30 €. A la journée, de novembre à mars, c'est 11 € et d'avril à octobre, c'est 12,80 €.* Dans un bel environnement, à l'est de l'agglomération rennaise, le golf de Cesson-Sévigné propose à quelques encablures du centre-ville un parcours de 9 trous sur 2 690 mètres. C'est un lieu particulièrement agréable pour apprendre à golfer où l'eau est omniprésente. On dispose également d'un practice partiellement couvert et éclairé ainsi qu'un green d'entraînement et un club house. Si vous voulez plus d'informations sur l'association, allez visiter le site Internet : www.asgolfcesson.free.fr

NOUVEAU GOLF DE LA FRESLONNIERE Le Bois Briand, LE RHEU ✆ 02 99 14 84 09. Un parcours 18 trous et un parcours 9 trous pour les débutants. Aux portes de Rennes, ce golf vous propose un parcours de qualité tracé au cœur d'une forêt centenaire. Ses massifs de rhododendrons et ses nombreuses essences d'arbres en font un golf bien protégé des vents.

GOLF DE RENNES Le Temple du Cerisier, SAINT-JACQUES-DE-LA-LANDE ✆ 02 99 30 18 18. *A partir de 7 ans.* Situé dans le périmètre de la ville, sur la route de Chavagne, ce terrain de golf offre plusieurs parcours : 18 trous par 72, 6 135 mètres, 9 trous par 32, 2 068 mètres, 9 trous compacts par 27, 833 mètres. L'association sportive de golf de Rennes y a son siège. Les entraînements y ont lieu. Bar et restaurant.

Hockey sous-marin

RENNES SPORTS SOUS-MARINS, RSSM 14, allée des Asturies ✆ 02 23 36 09 26. *Ouvert de 18h à 20h.* Si vous recherchez à pratiquer un sport peu répandu, histoire de ne pas faire comme vos petits camarades, bingo !Il faudra quand même être bon nageur pour vous lancer dans cette aventure du hockey subaquatique réservée aux plus de 14 ans. Les séances ont lieu à la piscine de Bréquigny, boulevard Albert-Ier.

Hockey sur gazon

CENTRES D'INITIATION SPORTIVE, Palais Saint-Georges 2, rue Gambetta ✆ 02 99 78 09 40. Pour les 6 ans à 13 ans.

CERCLE PAUL-BERT RAPATEL POTERIE, Siège CPB 3, rue Rapatel ✆ 02 99 32 33 40 / 02 99 27 74 00. A partir de 8 ans.

Hockey sur glace

CLUB DES SPORTS DE GLACE DE RENNES, Patinoire, Le Blizz 8, avenue des Gayeulles, BP 20201, 35702 RENNES CEDEX 7 ✆ 02 23 20 12 68. *Dès 4 ans.* Je vous le donne en mille, l'entraînement a bien lieu à la patinoire, en fin d'après-midi, le lundi, mercredi et vendredi selon les catégories. Garçons et filles sont les bienvenus sur la glace, et, depuis 1994, les plus jeunes peuvent s'initier grâce à la création d'une école. Aussi, il est également possible de profiter des infrastructures du Blizz, tarif étudiant à 5,80 €,, pour le loisir, du mercredi au samedi de 14h à 18h et de 20h à 24h, le samedi de 14h à 18h et de 20h à 1h et le dimanche de 9h30 à 18h.

Judo

DOJO RENNAIS 124, rue Eugène-Pottier ✆ 02 99 54 12 30. *Ouvert 7j/7, y compris en juillet et en août. Permanences tous les jours de 10h à 22h.* Si l'on vous dit voie du baton, voie des énergies unifiées cela ne vous dit peut-être rien, ou si l'on vous parle de morote, de kata guruma, de uchi mata, de ura nage de haraï goshi, de ippon seoï nage ou de sode tsuri komi goshi, cela vous évoque encore moins de chose. En fait, il s'agit d'arts martiaux, avec des sports de combat, de self-défense comme le judo, le ju-jitsu, l'hapkido, l'aïkido, le qi gong, ou encore le taï chi... Voilà tout ce que vous pourrez découvrir, pratiquer et perfectionner, dans une ambiance conviviale et chaleureuse, au Dojo Rennais. Après vingt-deux ans passés rue Vanneau, le célèbre Dojo Rennais a déménagé à Cleunay, pour un lieu encore plus vaste, net, confortable où règnent toujours patience, humilité, souplesse, rigueur, discipline et contrôle de soi. Les cours ont lieu sur place, avec une multitude de créneaux horaires quotidiens et de groupes de niveaux. Car il fallait au moins ça pour répondre à une demande toujours plus importante. Si vous ne savez pas quoi choisir, le Dojo Rennais offre 3 séances d'essai gratuites : une bonne initiative, pour être sûr. Patrick Barre, ceinture noire, 6E dan ayant un diplôme d'Etat du 2e degré, encadre les cours de judo. Vous trouverez également d'autres maîtres spécialisés dans les autres disciplines comme Thierry Luron 3e dan pour l'hap-ki-do. Enfin, sachez que des stages y sont régulièrement organisés, toute l'année, avec la participation de grands maîtres internationalement reconnus pour l'excellence de leur pratique martiale.

Karting

ASSOCIATION SPORTIVE DE KARTING DE RENNES 10, rue du Manoir-Servigné ✆ 02 99 59 25 98. Les entraînements sont proposés le mercredi, samedi et dimanche sur la piste du circuit de Lohéac, au Clos d'Ahaut, à Rennes.

KARTING DE RENNES La Haie Gautrais, Parc des Expositions, BRUZ ✆ 02 99 05 96 05. *Ouvert 7j/7, de 15h à 24h.* Vous y trouverez 2 circuits, l'un extérieur et l'autre intérieur, indoor. Les tarifs sont parmi les plus intéressants de la région rennaise. Par exemple, il faut compter 12 € les 10 minutes au tarif étudiant.

DAMIER 11, rue de Frébardière, ZI sud-est, CESSON-SEVIGNE ✆ 02 99 26 36 11.

THIME KART ZI Giraudière, NOYAL-SUR-VILAINE ✆ 02 99 00 65 65.

Lutte bretonne

SKOL GOUREN BREIZH ROAZHON Maison de quartier de Villejean ✆ 02 99 59 04 02. Renseignements au 4, rue Pierre-et-Marie-Curie ✆ 02 23 46 49 54. Cette école de lutte bretonne propose une pratique découverte, détente et compétition.

Autre adresse : SKOL GOUREN ROAZHON 6 bis, rue des Hardriers ✆ 02 23 20 92 38, J.F. Hubert, ou ✆ 02 99 54 42 10, J.Y. Thomas.

Natation synchronisée

CERCLE PAUL-BERT BREQUIGNY 12, boulevard Albert-Ier ✆ 02 99 31 71 17. Devenir une sirène d'eau douce, évoluer en toute harmonie avec l'élément liquide, en solo ou en équipe... Certains trouvent cette discipline un peu désuète, d'autres continuent à la trouver magique. Quoiqu'il en soit, les nageuses sont d'une grâce que n'arrive pas à altérer cette petite pince à linge qui orne leurs narines.

Palets

Il n'y a pas que les anciens qui prennent plaisir à lancer le palet. Comme la pétanque, cette discipline attire un bon nombre de jeunes : la relève est donc assurée. Plusieurs lieux :

CERCLE PAUL-BERT PALET 30 bis, rue de Paris © 02 99 27 02 46.

AS DES CHEMINOTS RENNAIS 9 bis, square Louis-Armand © 02 99 50 84 10. Permanence secrétariat mardi au jeudi de 16h30 à 18h30.

Patinoire

PATINOIRE DES GAYEULLES, Le Blizz 8, avenue des Gayeulles © 02 99 36 28 10. *De mi-septembre à mai en période scolaire, ouvert le mercredi de 14h à 18h et de 20h à 24h, le jeudi et vendredi de 20h à 24h, le samedi de 14h à 18h et de 20h à 1h du matin, le dimanche de 9h30 à 18h. Pendant les vacances scolaires, ouvert les dimanche et lundi de 9h30 à 18h, le mardi, mercredi, jeudi et vendredi de 9h30 à 18h et de 20h à 24h et le samedi de 9h30 à 18h et de 20h à 1h du matin. En juillet et août ouvert du mardi au samedi de 14h à 18h.* Situé au nord de Rennes, à l'orée du parc des Gayeulles, un bâtiment de 2 700 mètres carrés au look résolument moderne, au parking aéré et pratique, accueille les pros de la glisse, les débutants, les copains, la famille. Tout ce beau monde peut s'entraîner sur la piste ludique de 52 mètres sur 20 mètres ou olympique de 60 mètres sur 30 mètres, visualiser les deux écrans géants et se détendre à la cafétéria. Des gradins pouvant accueillir plus de 700 spectateurs offrent de nouvelles perspectives à cette aventure : soirées étudiantes, soirées “mousse” et à thème, “défis du Blizz” avec vélo ou basket sur glace, etc.

Pétanque

Comme le palet, et peut-être plus encore, la pétanque attire les jeunes générations. L'occasion de se retrouver entre copains pour des parties de détente. Avec sérieux et bonne humeur, tirez ou pointez :

MAISON DE QUARTIER DE LA TOUCHE 14, rue du Commandant-Charcot © 02 99 54 45 12.

ASPTT RENNES 5 bis, cours Kennedy © 02 99 14 37 00.

AS JEANNE-D'ARC 16, rue Guillaume-Lejean © 02 99 50 46 58.

ARTISTES ASSOCIES DE LA PETANQUE 7, cours d'Arhem © 02 99 51 13 94.

Piste de bicross

Pour les fanas de bicross, il existe 2 pistes bien entretenues : l'une est au stade de la Bellangeraie, 51, rue du Scorff, et l'autre aux Hautes-Ormes, près du square.

Piste de skate-board

Débutants et virtuoses, les jeunes citadins sont nombreux à pratiquer le skate. Heureusement, plusieurs installations existent : il y a notamment des rampes à la patinoire, rue des Longs-Prés, au parc des Gayeulles, sous abri, et au complexe sportif des Chalais, rue Bosphore, circuit routier de patins à roulettes.

Plongée sous-marine

AQUA PLONGEE LOISIRS 102, rue Eugène-Pottier © 02 99 30 13 00, M. Talé ou M. Rolland. *Permanence tous les jours de 9h à 12h et de 14h à 19h. A partir de 16 ans.* Dans les locaux du Ren'Sports Subchandlers, le personnel d'encadrement professionnel propose des cours particuliers ou en petits groupes, maximum 3 personnes,, pour obtenir les différents niveaux reconnus par la Fédération française. Cours de remise à niveau et formation rapide sont aussi envisageables. Les horaires sont à déterminer en fonction des disponibilités de chacun. Une belle façon de se préparer à des plongées en mer inoubliables.

CLUB D'ACTIVITES SUBAQUATIQUES DE RENNES Piscine de Bréquign © 02 99 37 20 49. Autre contact © 06 84 91 05 24. *Les entraînements se déroulent à la piscine olympique de Bréquigny, le lundi et jeudi en soirée, de 20h à 22h.* Le club propose aussi de la photographie sous-marine, des cours et sorties en apnée, mais il est plus spécialisé en plongée scaphandre. Le coût est raisonnable et comprend la licence, les entraînements en piscine et les sorties en mer à partir de Saint-Cast le Guildo.

CLUB LOISIRS SUBAQUATIQUES RENNAIS 3, avenue Gaston-Berger © 02 99 54 27 04.

Randonnée pédestre

COMITE DEPARTEMENTAL DE LA FEDERATION FRANCAISE DE RANDONNEE PEDESTRE, Maison des Sports 13 b, avenue de Cucillé ✆ 02 99 54 67 61. Toute l'année, un sport de plein air qui se pratique en toute liberté sur les sentiers les plus attrayants du département. Idéal pour un dimanche matin dynamique et vitalisant...

Rugby

REC 13, rue Zacharie-Roussin ✆ 02 99 63 15 15. *Permanences le lundi et mardi de 9h à 17h, le mercredi de 10h à 18h, le jeudi de 9h à 16h et le vendredi de 11h à 19h.* Les entraînements ont lieu aux stades de Beauregard, de Beaulieu et des Gayeulles. Le Rugby Etudiant Club accueille environ 200 enfants scolarisés des quartiers de Villejean et Maurepas. L'an passé, une trentaine d'amateurs de bon niveau s'y entraînaient avec bonheur. Ce sport entretient des valeurs, telles que l'esprit d'équipe of course, mais aussi le respect, le courage... Depuis plus d'un an, le club a la chance d'avoir un responsable pédagogique très dynamique et compétent : Stéphane Tricoire. Il s'efforce de créer une dynamique autour du rugby, en organisant des événements, des tournois.

Squash

CLUB DU BOIS DES ŒUVRES, VERN-SUR-SEICHE ✆ 02 99 00 41 59.

SQUASH DE L'HERMINE Zone Ecoparc, MONTGERMONT ✆ 02 99 23 80 80. Ce complexe dédié au squash dispose de 9 courts chauffés qui accueillent particuliers et entraînements de différentes associations. L'association de l'Hermine bien sûr, mais aussi les joueurs de l'Argoat Squash. Cet endroit possède bien d'autres atouts que ces courts. Un club-house, un restaurant et une belle terrasse en été. Pour couronner le tout, le personnel met une ambiance joyeuse dans les locaux : service et sourire !

SQUASH DES GAYEULLES Avenue des Gayeulles ✆ 02 99 36 59 71. Trois courts.

Tennis

Tennis municipaux

BREQUIGNY 12, boulevard Albert-Ier ✆ 02 99 30 36 44.

CLEUNAY 18, rue Ferdinand-de-Lesseps ✆ 02 99 67 31 74.

COURTEMANCHE 11, rue Zacharie-Roussin ✆ 02 99 36 36 89.

GAYEULLES Avenue des Gayeulles ✆ 02 99 36 59 71.

GROSMALON ✆ 02 99 54 40 53.

LE BLOSNE 8, boulevard du Portugal ✆ 02 99 51 78 23. Les terrains de tennis municipaux sont curieusement souvent libres et leur accès est vraiment bon marché. Ce serait dommage de ne pas en profiter. Certains sont en plein air, comme à Grosmalon et à Courtemanche, d'autres sont couverts comme aux Gayeulles. Il existe d'autre part un grand nombre de clubs et associations qui offrent la possibilité de taper dans la balle jaune. Difficile de les recenser ici, renseignez-vous au CIJB ou au comité départemental de Tennis, maison départementale des Sports 13 b, avenue de Cucillé ✆ 02 99 54 67 85.

Tennis de table

LIGUE BRETONNE DE TENNIS DE TABLE 10, rue Le Bris ✆ 02 99 32 46 00.

HANDISPORT RENNES CLUB 4, rue d'Andorre ✆ 02 99 51 33 54. Permanences du lundi au jeudi de 14h à 16h sauf vacances scolaires.

Yoga

CENTRE DE PRATIQUE DE YOGA 2, rue Poullain-Duparc ✆ 02 99 79 55 50. Zen, vous avez dit zen ? Pierre Le Men, enseignant expérimenté de yoga, vous initiera à cette pratique asiatique de relaxation et de contrôle du souffle, qui permet d'acquérir une meilleure santé du corps et de l'esprit. Il propose des cours collectifs ou particuliers, de tous niveaux, et accueille aussi les groupes.

 Autre adresse : ASSOCIATION ETRE, Maison du Champ-de-Mars 6, cours des Alliés.

Magasins

Vêtements et chaussures

AIGLE 3, rue de La-Motte-Fablet © 02 99 78 11 88. *Ouvert le lundi de 14h à 19h et du mardi au samedi de 10h à 19h.* A noter, nouvelle adresse pour cette enseigne bien connue. Depuis 150 ans, Aigle représente le rendez-vous de la qualité et de la technique au service de vêtements et de chaussures confortables, esthétiques et performants. Une recherche poussée sur les matières permet à l'enseigne d'offrir un habillement complet, particulièrement adapté aux réactions physiologiques du corps et à la pratique d'une activité comme le trek, la randonnée, la voile, etc. Fibres spécifiques, tissus, matières utilisées assurent aux vêtements et sous-vêtements de multiples propriétés : les uns absorberont l'humidité du corps ou offriront une forte protection thermique, les autres résisteront à l'eau salée et resteront durablement imperméables, certains neutralisent les effets nocifs des rayons UV sur la peau, d'autres sont légers et souples... Bref, "la nature vous aime en Aigle" !

POINT SPORT 3, rue de l'Horloge © 02 99 78 22 06. *Fermé le lundi matin.* Maurice Azeroual a dédié son magasin au tennis, pour homme, femme et enfant. Vous êtes fidèle à Nike ?Les Puma ont votre préférence depuis des années ?Et si toute la famille se chaussait en Converse ?Ici, mode et côté pratique font bon ménage, et toutes les grandes marques sont représentées. Les prix ne sont pas gonflés, et un petit étalage propose en permanence des fins de série soldées.

Magasins généralistes

DECATHLON 3, rue du Moulin, CHANTEPIE © 02 99 41 03 03. *Site Internet : www.decathlon.f Ouvert de 9h à 20h du lundi au samedi.* On trouve de tout dans ce supermarché du sport, du vêtement pour la pluie aux chaussures destinées à la pratique de tel ou tel sport, en passant par le vélo, la pêche ou l'équitation. Vous aurez bien du mal, une fois passé l'accueil où les hôtesses sont parfaitement charmantes, à obtenir un renseignement, car le nombre de vendeurs est plutôt restreint, et, comble de malchance, ils sont toujours débordés !C'est sans doute le prix à payer pour des articles à des tarifs très concurrentiels. **Autre adresse : 316, route de Saint-Malo © 02 99 59 24 24.**

SUPER SPORT Allée de Guerlédan, CHANTEPIE © 02 99 77 32 00. *Ouvert de 9h à 20h du lundi au samedi.* Magasin spacieux calqué sur le modèle d'un de ses célèbres concurrents, bien agencé, avec un rayonnage logique et bien organisé. De la toile de tente au tutu, en passant par le kit complet du golfeur ou les chaussures de foot, l'éventail d'articles proposés est large, assorti de prix doux. L'équipe vous renseignera de son mieux, à condition de ne pas tomber aux heures de pointe. **Autres adresses : Centre commercial Alma © 02 99 53 53 66 • Centre commercial Colombia © 02 99 31 39 50 • 3, rue Chesnay-Beauregard, SAINT-GREGOIRE © 02 99 38 96 22 • Centre commercial Carrefour, CESSON-SEVIGNE ©** 02 99 83 33 20.

Magasins spécialisés

ATTITUDE DIFFUSION 10, rue Victor-Hugo © 02 99 84 69 75. *Site Internet : www.attitude-diffusion.com Ouvert du mardi au samedi de 10h à 12h et de 14h à 19h.* Cette enseigne est le fournisseur de l'Opéra de Paris et des compagnies internationales, des conservatoires, des écoles et des associations. De l'élégance avant tout pour ces demoiselles, ces dames ou ces messieurs adeptes de danse classique ou de tout sport en général. Un justaucorps qui épouse parfaitement les formes, des chaussons propices à tourbillonner encore et encore, des tutus tout mignons, des bandeaux pour les cheveux, le kit complet pour qui souhaite devenir danseur étoile ou danseur tout court s'achète ici. Allez-y les yeux fermés, les maîtres des lieux connaissent bien leur affaire.

LA BOUTIQUE DU STADE RENNAIS 5, rue Ferdinand-Buisson © 02 99 79 06 13. *Football. Ouvert du mardi au vendredi de 11h à 14h et de 15h à 19h, le samedi de 11h à 13h et de 14h à 19h.* Les supporters de l'équipe rennaise de football sont dotés d'une belle boutique, en bas de la place de la Mairie. Tous les produits dérivés du Stade Rennais Football Club sont disponibles ici : tee-shirts, pulls, vidéos, tasses, etc., à l'emblème du club remplissent les portants. Bien située, bien conçue, cette boutique fera plus d'un heureux.

BRETAGNE ARCHERIE 2, rue Charles-Croizé, PACE © 02 99 60 24 27. *Tir à l'arc. Ouvert du mardi au vendredi de 9h à 12h30 et de 14h à 19h, le samedi de 9h à 18h.* Bretagne Archerie est le seul magasin du département spécialisé dans le tir à l'arc sous toutes ses facettes. 15 000 références pour les amateurs et professionnels de tir olympique, tir nature, tir 3D ou tir sur cible en salle. Vincent et Sophie Belay savent de quoi ils parlent, et leurs conseils sont précieux. Tous deux pratiquants, Vincent a en outre à son actif 14 médailles et s'est classé 4e aux Championnats de France 2004. Un palmarès qui ne leur donne pas la grosse tête... Le magasin dispose d'un pas de tir aménagé pour que les clients puissent tester le matériel. Des clients qui viennent parfois de loin, sachant trouver ici matériel et accueil à la hauteur.

PIERRE QUI ROULE 24, rue du Puits-Mauger ✆ 02 99 30 14 31. *Roller et Hockey. Ouvert le lundi de 14h à 19h et du mardi au samedi de 10h à 12h30 et de 14h à 19h.* Une enseigne bien connue des accros du roller et du hockey sur glace, pour le matériel proposé, les accessoires et les vêtements, mais aussi pour les facilités de paiement, en 3 fois sans frais, et surtout la compétence du vendeur. Ainsi, ceux qui débutent ne seront pas lâchement abandonnés avec leur première paire et effectueront les premiers tours de roue sur le large trottoir devant le magasin, en bénéficiant des conseils avisés du maître des lieux. De quoi se rassurer, et rassurer les mamans par la même occasion !

PQR ALTITUDE 26, rue du Puits-Mauger ✆ 02 99 30 88 34. *Escalade. Ouvert le lundi de 14h30 à 19h et du mardi au samedi de 10h à 12h30 et de 14h à 19h.* A coté des rollers de Pierre Qui Roule, PQR Altitude équipe pour la rando, l'escalade, le ski et le snow-board. Vêtements, mousquetons, cordages, chaussures d'escalade, harnais, surfs et bottes, sacs à dos sont exposés dans ce petit espace bien rempli. Les marques présentes sont Millet, Salomon, The North Face ou encore Lowe et Alpine. Et si besoin est, des conseils vous seront prodigués, avec sourire et compétence !

QUAI 34 17, passage des Carmélites ✆ 02 99 36 07 36. *Site Internet : www.wind-surf.net Ouvert du mardi au vendredi de 11h à 19h et le samedi de 10h à 19h.* Fun-boarders et surfeurs des mers ou des neiges trouvent ici tout ce dont ils ont besoin pour pratiquer leur sport-passion. Derniers modèles sortis de flotteurs ou de surfs, de voiles et de combinaisons, matériel d'occasion à prix très intéressants, accessoires, boots, etc. garnissent ce grand hangar situé dans l'impasse entre la rue d'Antrain et la place Hoche. L'équipe est au top en ce qui concerne les conseils, mais plus généralement aussi sur tout ce qui se passe dans le petit monde de la glisse. Des sorties sont régulièrement organisées, Nuit de la Glisse à Bercy, tests de nouveau matériel... Une adresse incontournable.

LA ROUTE DU GOLF 110, rue Eugène-Pottier ✆ 02 99 67 53 59. *Site Internet : www.route-du-golf.com Ouvert le lundi matin, de 14h à 19h30 et du mardi à samedi, de 9h30 à 19h30.* Situé dans le quartier Cleunay, à l'écart du centre, ce magasin s'adresse aux amoureux du green. Les passionnés y trouveront tout le nécessaire pour s'équiper de la tête aux pieds, du club au pantalon à carreaux, en passant par les chaussures ou la casquette. Ici, que de la marque, celle que l'on voit bien et que l'on paie cher : citons Ping, Callaway Golf, Cobra, Mizuno, Taylor Made. La clientèle le sait et c'est peut-être ce qu'elle recherche !

SOBHI SPORT 19, quai Chateaubriand ✆ 02 99 78 21 22. *Site Internet : www.sobhi-sport.com Ouvert le lundi de 14h30 à 19h et du mardi au samedi, de 10h à 12h30 et de 14h30 à 19h.* Entre la place Saint-Germain et le musée de Bretagne se tient un petit magasin de sport, spécialisé en athlétisme, course sur route, trail, triathlon et course d'orientation. Nourreddine Sobhi conseille l'amateur comme le professionnel, et il sait de quoi il parle : vice champion de France de Marathon en 1994 pour ne citer que ce résultat-là, il pose toutes sortes de questions à son client avant de lui recommander l'équipement ou la paire de chaussures adaptées à son niveau, au type de terrain sur lequel il court ou encore à sa morphologie. On partage un bon moment autour d'une passion commune, il faut tout de même prévoir son budget, de 55 € à environ 150 € pour des chaussures.

TRI RUNNING PASSION 117, boulevard de Verdun ✆ 02 99 30 12 97. *Running. Ouvert le lundi de 14h30 à 19h et du mardi au samedi de 10h à 13h et de 14h30 à 19h.* Le magasin a déménagé, et en a profité pour doubler sa surface !Un magasin qui, par ailleurs, porte bien son nom, puisque la passion est le moteur du propriétaire et des clients !Accrocs de la course à pied, du trail et de la natation, cette boutique est faite pour vous. Equipements à la pointe des dernières technologies, préparations nutritionnelles à l'effort, vous y trouverez tout ce dont vous avez besoin pour mettre le maximum d'atouts de votre côté. Avec en prime, conseils avisés et discussions amicales autour de votre sport favori.

XTREM VENT 5, rue de Châteaudun ✆ 02 99 63 14 00. *Ouvert le lundi de 14h à 19h et du mardi au samedi de 10h à 12h et de 14h à 19h.* Cerfs-volants, wind wheels, monofils, fly surfs, buggys kites ou mountainboards, accessoires : Xtrêm Vent, tenu par Long Duong, un asiatique passionné et hyper compétent, est le magasin à recommander à tous les adeptes de ces disciplines. La boutique est toute petite mais ne vous y fiez pas : elle est très bien fournie et compte aussi une petite partie atelier pour réparer les bobos malencontreux de votre matériel.

Occasion

TROC SPORTS ET LOISIRS 11, rue du Moulin, CHANTEPIE ✆ 02 99 41 50 41. Un petit détour par ce dépôt-vente où vous aurez tout loisir de revendre la planche à voile que vous avez lâchement abandonnée il y a six mois ou l'équipement de plongée que vous avez acheté l'été dernier pour découvrir les fonds marins. Un dépôt-vente uniquement consacré aux loisirs !Avec les 35 heures, vous allez vous en donner à cœur joie, surtout au vu des prix pratiqués.

Piscines

PISCINE DE VILLEJEAN Square d'Alsace © 02 99 59 44 83. *En périodes scolaires, ouverte le lundi, le mardi et le vendredi de 20h à 22h, le mercredi de 8h à 12h et 14h à 20h, le jeudi de 19h à 22h, le samedi de 14h à 19h et le dimanche de 8h30 à 12h30. Pendant les vacances, du lundi au samedi de 9h à 12h et de 14h à 20h, fermeture 19h le samedi,, et le dimanche de 8h30 à 12h30, fermée le dimanche en été.* Comme la plupart des piscines municipales, celles de Villejean, 25 mètres sur 12,50 mètres et 15 mètres sur 10 mètres, fonctionnent différemment selon que l'on soit en période scolaire ou non. Il faut donc consulter les horaires pour ne pas se "casser le nez" devant la porte. Il est possible d'y prendre des cours de natation, ainsi que des cours de gymnastique aquatique. Les plus petits sont accueillis avec leurs parents le samedi matin pour faire leurs premiers pas dans l'eau.

PISCINE DES GAYEULLES Avenue des Gayeulles © 02 23 21 11 50. *En périodes scolaires, fermée le lundi. Ouverte le mardi de 20h à 22h, le mercredi de 15h à 21h, le jeudi de 19h à 21h, le vendredi de 12h à 14h, le samedi de 9h à 12h et de 14h à 19h, et le dimanche de 8h30 à 12h30 et de 14h30 à 18h30 en mai et en juin. Pendant les vacances, ouverte le lundi de 14h à 20h, du mardi au vendredi de 9h30 à 12h et de 14h à 19h, le samedi de 14h à 19h et le dimanche de 8h30 à 12h30, ouverte le dimanche après-midi en été.* C'est la seule piscine rennaise, 25 mètres sur 10 mètres, qui permette, quand le temps ne fait pas des siennes, de nager à ciel ouvert. Un exercice bien agréable. D'autant que l'environnement est des plus appréciables. Avec celle de Bréquigny, cette piscine a aussi l'avantage d'être accessible aux handicapés. La piscine des Gayeulles propose de la gymnastique aquatique pour les futures mamans.

PISCINE OLYMPIQUE DE BREQUIGNY 12, boulevard Albert-1er © 02 99 35 21 30. *Petit bassin, 25 m sur 10 m, fermé le lundi et le jeudi, ouvert de 18h30 à 22h le mardi et le vendredi, le mercredi de 8h30 à 10h et de 14h à 20h, le samedi de 8h30 à 11h30 et de 14h à 19h et le dimanche, de 9h à 13h et de 15h à 19h. Grand bassin, 50 m sur 21 m, ouvert le lundi de 12h à 17h, le mardi et le vendredi de 8h30 à 17h et de 18h30 à 22h, le mercredi de 8h30 à 20h, le jeudi de 8h30 à 17h, le samedi de 8h30 à 19h et le dimanche de 9h à 13h et de 15h à 19h.* Les horaires d'ouverture varient en fonction des périodes et des saisons, et ce ne sont pas les mêmes pour le grand et le petit bassin. Alors, un seul conseil, renseignez-vous. La piscine olympique offre des installations dignes de ce nom, avec un restaurant-bar à l'étage, des gradins pour les spectateurs. Aux beaux jours, on peut se sécher sur la pelouse, une récompense bien méritée après quelques sauts du plongeoir et les longueurs de brasse, crawl, papillon.

PISCINE SAINT-GEORGES 2, rue Gambetta © 02 99 28 55 94. *En périodes scolaires, fermée le dimanche et le lundi. Ouverte mardi et vendredi de 12h à 14h, mercredi de 8h à 11h et de 15h à 22h, le jeudi de 12h à 14h et de 18h à 21h, le samedi de 9h à 13h et de 15h à 19h. Pendant les vacances, ouverte du mardi au samedi de 9h à 13h et de 15h à 19h. Fermée l'été.* Le bassin mesure 33,33 mètres par 14 mètres. Probablement la piscine qui a le plus de caractère. La rénovation de ses mosaïques Odorico lui a redonné toute sa splendeur. Les cabines et vestiaires ont aussi un petit air d'autrefois très agréable. Très appréciée des Rennais, il y a souvent beaucoup de monde. La piscine Saint-Georges permet aussi de faire un sauna, et fait bains-douches. Le sauna est ouvert pour les femmes le mardi de 8h30 à 12h30 et de 14h à 19h30, le mercredi de 8h30 à 12h30, le jeudi de 14h à 19h30 et le samedi de 9h à 12h30. Pour les hommes, c'est ouvert le lundi de 8h30 à 12h30, le mercredi de 15h à 19h30, le jeudi de 8h30 à 12h30, le vendredi de 8h30 à 12h30 et de 14h à 19h30 et le samedi de 15h à 19h. Quant aux bains-douches, ils sont ouverts le lundi de 8h30 à 12h30, le mardi, le jeudi et le vendredi de 8h30 à 12h30 et de 14h à 19h30, le mercredi, mêmes horaires sauf à partir de 15h et le samedi de 9h à 12h30 et de 15h à 19h.

PISCINE SPORTS LOISIRS Place Waltrop - CESSON-SEVIGNE © 02 99 83 52 10. *En périodes scolaires, ouverte le lundi de 12h à 14h et de 18h à 20h, le mardi et vendredi de 12h à 22h, le mercredi de 10h à 20h, le jeudi de 12h à 14h et de 16h à 20h, le samedi de 13h à 19h et le dimanche de 9h à 19h. Pendant les vacances, ouverte les lundi, mercredi et jeudi de 10h à 20h, les mardi et vendredi de 10h à 22h, le samedi de 13h à 19h et le dimanche de 9h à 19h.* Cette piscine pratique des tarifs d'entrée un peu plus chers que les autres et pour cause, elle offre un véritable parc aquatique ludique et bien pensé. Toboggan géant, bassin pour les tout-petits avec mini toboggan, champignons à eau, jets massant, spa et solarium, ainsi qu'un bassin réservé à ceux qui veulent faire des longueurs. Ici tout est fait pour votre confort, puisque vos bambins peuvent écouter de la musique sous l'eau dans le bassin ludique ou gouter aux joie du toboggan mutipistes extérieur récemment installé. Les fleurs artificielles laissent peu à peu leur place à des plantes tropicales naturelles. Envie de se rafraîchir ?Une cafétéria ouverte tous les jours vous attend. Et pour que vous soyez vraiment bien dans votre corps, une salle de remise en forme est également à disposition : musculation, gym, stretching.... L'été, la grande verrière de la piscine s'ouvre et donne accès à une terrasse ensoleillée où vous pourrez jouer les lézards !

Salles de gym et clubs de remise en forme

AQUATONIC, Espace performance Route de Saint-Malo, SAINT-GREGOIRE ✆ 02 99 23 78 77. *Site Internet : www.aquatonic-rennes.com Ouvert le lundi, le mardi, le jeudi et le vendredi de 9h à 21h, le mercredi de 10h à 21h et le week-end, de 10h à 19h. Ticket à 18 € avec entrée au parcours, le hammam et le sauna. Tarifs pour les enfants, les étudiants, les CE et les demandeurs d'emploi.* Pour être en harmonie avec votre corps, la zénothérapie Aquatonic s'avère à la fois agréable et efficace, grâce à des installations et des programmes qui vous apporteront tonus, détente et bien-être. Tout commence par le parcours aquatonique : eau à 34° C, geysers et hydrojets massant, jacuzzi, piscine, hammam. Le principe de la thalassothérapie aux portes de Rennes !Fitness, musculation et coaching sont assurés par des éducateurs diplômés d'Etat, à travers plus de 90 cours collectifs ou individuels. Bilan complet et programme personnalisé sont réalisés lors de votre inscription. Les abonnements se prennent au mois, au trimestre, au semestre ou à l'année : formules tout en souplesse, bien dans l'esprit du lieu !Troisième volet de votre relaxation, le spa Aquatonic est dédié à la beauté et propose toute la gamme des soins corps, visage et minceur : modelages aux huiles essentielles, enveloppements à base d'algues rouges ou de kaolin, aromathérapie, balnéothérapie, épilation, séances UVA... Corps dorloté, esprit relaxé, Aquatonic offre le haut de gamme du bien-être.

NOUVEAU

CURVES 16 a, rue de Brest, Centre commercial de Bourg l'Evêque ✆ 02 99 54 10 66. *Site Internet : www.curvesinternational.com Ouvert de 9h à 14h et de 15h à 19h30.* Ce nouveau concept de salle de gym est original : c'est une formule réservée aux femmes pour leur permettre de faire en 30 minutes l'équivalent de1 heure 30 de sport. Cela consiste en un circuit de résistances hydrauliques adaptées à la morphologie féminine. On peut donc se muscler en douceur à son rythme et sans coach !L'autre avantage c'est la grande souplesse puisque l'on fait le parcours seule aux heures que l'on a choisies sans contrainte d'horaire imposé !L'idéal est de venir 3 fois par semaine pour un résultat satisfaisant. Chez Curves, vous rencontrez d'autres femmes comme vous et vous bénéficiez d'un accueil chaleureux et agréable ainsi que du soutien nécessaire à l'accomplissement de vos objectifs. Un bilan gratuit est proposé pour une séance d'essai : alors n'hésitez plus !Enfin ici aussi pas de problème de parking puisque la 1re heure est gratuite.

FLEX TIME 202, route de Fougères ✆ 02 99 87 57 86. *Ouvert du lundi au vendredi de 10h à 20h et le samedi de 10h à 15h. Tarifs étudiants et demandeurs d'emploi. Tarifs duo.* Une grande salle unique accueille les cours collectifs au milieu, espace délimité par un recouvrement absorbant vert, et les installations et appareils de musculation tout autour. Ainsi se crée une interaction motivante entre les cours collectifs, step, stretching, aérobic..., et la pratique individuelle !Flex Time s'est récemment doté de nouveaux appareils de cardio-musculation : qualité et effort mesuré, convivialité et bonne ambiance sont les atouts de ce club qui vous maintiendra en forme, c'est sûr !Les formules d'abonnement sont proposées à l'année, au semestre ou au trimestre, et pour une activité à volonté, musculation, ou pour toutes les activités à volonté, musculation et cours collectifs.

GYM LINE 10, rue Nantaise, Bas de la place des Lices ✆ 02 99 31 08 46. *Ouvert le lundi de 10h à 21h30, le mardi de 9h à 21h30, le mercredi de 12h à 21h30, le jeudi de 9h à 21h30, le vendredi de 10h à 21h et le samedi de 10h à 16h30 l'hiver et 14h l'été.* Gym Line, l'incontournable salle de sport des Rennais !Accueil chaleureux et ambiance cool et sympa sont toujours au rendez-vous pour ce club qui dispose d'un atout de taille : vous choisissez votre inscription, qui peut aller d'une séance à un an. Les tarifs restent toujours aussi attractifs, surtout au mois ou au trimestre. Les étudiants bénéficient de tarifs préférentiels de 7 % à 8 % moins chers. Par contre, si vous prenez une inscription d'un mois, elle peut se transformer en un abonnement d'un an, vous ne paierez que la différence. Une souplesse qui mérite d'être soulignée ! L'essai est gratuit et vous aurez toutes les raisons de fréquenter l'adresse, d'autant que les cours collectifs de step et autres exercices dynamiques se déroulent dans une ambiance décontractée. Gym Line programme un grand nombre de disciplines et de séances au cours de la semaine, toutes encadrées par des enseignants diplômés. L'inscription inclut l'accès au sauna et au hammam, de quoi finir en beauté sa séance sportive.

ICR-FITNESS CLUB 46 ab, rue d'Antrain ✆ 02 99 38 71 52. *Ouvert du lundi au jeudi de 8h45 à 21h30, le vendredi de 8h45 à 20h30 et le samedi de 8h45 à 13h. Tarif couples, comités d'entreprises et étudiants : moins 10 %.* ICR Fitness Club fête son 50e anniversaire, mais n'a toujours pas une ride et prend soin des vôtres !Ou plutôt de votre forme physique, de votre tonus musculaire, de votre souplesse et de votre relaxation : vous êtes ici pris en main par des professionnels. Ses 500 mètres carrés sont très bien équipés, et vous promettent suées et santé !Stretching, gym et gym tonic, activités fitness et cardio, musculation et sauna se pratiquent en individuel ou en cours collectif. Vous pouvez vous abonner pour un mois comme pour douze mois, et choisir parmi plusieurs formules : avec ou sans sauna, 1 fois par semaine, 2 fois par semaine ou illimité. Y'a plus qu'à !

L'ORANGE BLEUE Route de Chantepie - Le Bois de Soeuvres, VERN-SUR-SEICHE ✆ 02 99 62 12 04. *Site Internet : www.lorangebleue.biz Ouvert toute l'année même l'été.* " Gardez la forme !" : voilà comment l'Orange Bleue conçoit votre passage dans ses salles, et met donc tout en œuvre pour assurer votre bien-être physique avec des activités adaptées à vos envies. Plus de 60 cours collectifs (abdos-fessiers, gym douce, step, aérobic LIA, body barres...), des activités de musculation (programme personnalisé, renforcement et entretien musculaire, cardio-training, etc), les professeurs diplômés d'Etat du club sauront vous motiver, vous entraîner et prendre soin de votre forme. Après l'effort, le réconfort : l'Orange Bleue dispose d'un sauna. Youpi !Les abonnements sont très intéressants (à partir de 24 € par mois avec fréquentation et activités à volonté) et sont, en plus, valables dans chacune des quatre salles que compte l'enseigne. **Autres adresses : ZA La Massue-rue Edouard Branly, BRUZ ✆ 02 99 52 97 37 • ZA route de Lorient-1, rue du Lt Colonel Dubois ✆ 02 99 14 63 59 et une toute nouvelle adresse : Z.A. La Rigoudière Immeuble Apollo à CESSON SSEVIGNE ✆ 02 23 45 19 89**

SAN FRANCISCO GYM 57, rue Duhamel ✆ 02 99 35 07 84. *Site Internet : www.sanfrancisco-gym.com. Ouvert le lundi et le mardi de 9h30 à 21h, le mercredi de 11h30 à 21h, le jeudi de 9h30 à 21h, le vendredi de 9h30 à 14h et de 17h à 21h et le samedi de 9h30 à 12h et de 14h à 16h30.* Depuis maintenant vingt-deux ans, San Francisco Gym accueille dans un cadre agréable et spacieux, plus de 600 mètres carrés de superficie totale,, les salles de cours collectifs, les deux saunas et la salle de cardio-training, équipée d'un matériel japonais high-tech !Ce qui est particulièrement plaisant ici, c'est l'ambiance décontractée et l'accueil lui aussi très cool. Cours collectifs et cours individuels sont dispensés suivant différentes formules d'abonnement intéressantes. L'établissement travaille également avec l'IRSS, Institut régional du sport et de la santé,, ce qui lui permet de former les futurs professeurs de gymnastique que vous croiserez ensuite dans les clubs de remise en forme et autres centres sportifs. Chaque année, 140 élèves y suivent l'entraînement de préparation au diplôme.

Shopping

- auto, deux-roues
- beauté
- cadeaux
- grands magasins
- maison
- mode
- multimédia

être éco-citoyen

Comment passer d'un ego-citoyen à un éco-citoyen ? Une question qui se pose avec acuité depuis des années et qui devient aujourd'hui l'une des questions primordiales pour l'évolution de la planète. C'est dans notre quotidien que nous devons changer notre comportement. Lorsque nous faisons nos courses, devenons un éco-consommateur responsable : le choix des produits, leur origine, leur prix, leur utilisation après l'achat, etc. sont des critères à prendre en compte. D'autre part, des entreprises se sont lancées dans le commerce équitable qui contribue au développement durable. Ces sociétés privilégient les petits producteurs afin qu'ils vivent dignement de leur travail, tout en offrant de la qualité aux consommateurs. Ces entreprises sont soutenues par des banques qui proposent à leurs clients des produits financiers “éthiques“ où la notion de solidarité est omni présente.

Enfin, être un éco-citoyen c'est aussi se soucier de l'environnement. Les collectivités locales, de plus en plus sensibilisées à la qualité de vie de leurs habitants, mettent en place différentes mesures pour entraîner les citoyens dans une démarche participative : tri sélectif, bataille de l'eau, économie d'énergie, etc.

Devenir un éco-citoyen, c'est consommer mieux, c'est être respectueux de ce qui nous entoure, c'est préparer l'avenir pour que demain soit meilleur qu'aujourd'hui.

©SONIA RABASTE

devenir un éco-consommateur

A chaque fois que nous faisons nos courses, nous opérons des choix de produits, de prix, de qualité ; mais nous achetons aussi les conditions de travail de ceux qui produisent, les conditions de fabrication, d'évolution et de destruction des produits, et donc leur impact sur la planète. Tout acte de consommation a une influence directe sur les conditions environnementales et sociales de production. L'éco-conception des produits, les produits écolabélisés, ou issus du commerce équitable ou bio, la responsabilité sociale des entreprises, autant de pratiques qui tendent vers un développement durable et qui méritent d'être encouragées et portées à la connaissance des consommateurs. Consommer responsable, en conciliant le développement économique, social et environnemental, devenir ainsi un éco-consom'acteur, c'est possible, c'est parfois facile, parfois plus complexe. Toujours utile. Pour consommer mieux, pour vivre mieux, ici et ailleurs, aujourd'hui pour demain.

Adresse : **66/68, rue de Bellechasse • 75007 Paris ✆ 01 43 19 76 53 • Fax 01 43 19 76 58.**
E-mail : contact@consodurable.org • Web : www.consodurable.org

Par Nathalie Kosciusko-Morizet,
Députée, Présidente de Consodurable

Les enjeux d'une consommation responsable

Quels sont les critères de choix écologiques ?

- **Pour les produits achetés très souvent :** aliments, lessive, produits frais…, prenez en compte les quantités d'emballages utilisées, qui deviennent vite considérables (1/3 de nos poubelles !). Evitez si possible les emballages et les sur-emballages inutiles. Privilégiez les produits concentrés, les emballages en matériaux renouvelables et / ou recyclables etc. Limitez les transports de marchandises en privilégiant des produits de nettoyage (lessives, savons) concentrés ou solides afin de diminuer leur volume et donc le nombre de camions nécessaires à leur transport ; des délais de livraison souples afin de permettre aux distributeurs d'optimiser leur logistique et le remplissage de leurs camions.

- **Pour les produits qui servent longtemps :** l'emballage a moins d'importance. Privilégiez plutôt : la durabilité (durée de vie) des biens d'équipements, leur caractère robuste (grâce aux marques de qualité) ou réparables (dont les pièces détachées sont disponibles). Vérifiez les consommations d'énergie voire d'eau pour l'électroménager, les ampoules électriques, la tondeuse à gazon. Orientez-vous vers les appareils les plus économes.

Pour retrouver l'Abc du Consom'acteur et l'ensemble des Consom'actions menées en France,

Bonnes pistes pour choisir les éco-produits...

- **Pour l'éco-consom'acteur,** tout commence au moment de l'achat : comment reconnaître les produits qui minimisent leurs impacts sur l'environnement tout en conservant leurs performances ? (voir encadré ci-dessous)
- **Écolabels, labels verts, etc. :** à quels repères faire confiance ? Que signifient exactement les déclarations et les logos écologiques sur les produits ? Quels sont les points de repère à utiliser ? Comment éviter d'être trompés par des auto-déclarations environnementales toujours plus vertes ?

Les logos ou déclarations écologiques concernent le produit que vous achetez, ou son emballage, ou même les deux. Ils vous renseignent généralement sur un aspect environnemental particulier, spécifique d'une étape du cycle de vie : l'emballage est recyclable, le produit est biodégradable, sa consommation d'énergie est faible, sa production est issue de l'agriculture biologique ou du commerce équitable...

- Pour repeindre le salon, je peux choisir une peinture avec l'écolabel français "NF Environnement" : l'écolabel me garantit sa qualité et ses caractéristiques environnementales.
- Je dois acheter du papier "essuie-tout" pour la maison et le bureau, je vais choisir celui avec l'écolabel européen.
- Ce réfrigérateur consomme moins d'électricité que les autres. C'est facile à voir avec l'étiquette-énergie. Je ferai donc des économies tous les jours !
- Faire du compost, ce serait bien. Justement il y a des composteurs "NF Environnement".
- Cet emballage est en plastique recyclable. Sera-t-il recyclé ou est-il juste recyclable.
- Regarde ce bonnet et cette écharpe : ils ont l'air bien chauds, les couleurs sont sympas ! Et tu sais quoi ? Ils sont fabriqués à partir ... de bouteilles d'eau minérale
- Un si grand emballage pour ce stylo, est-ce bien utile ?
- Un sac de 5 kg de riz, c'est mieux que 4 boites de 500 g : ça fera moins d'emballage.
- Il faut que je pense à diminuer la dose de lessive : le fabricant l'a concentrée.
- A la réflexion, je ne crois pas que ce stylo-montre-boussole-calendrier me servira énormément.
- J'ai relu la fiche d'information de notre future voiture : elle consomme moins d'énergie au kilomètre et elle émet également moins de gaz à effet de serre dans l'atmosphère !

Les labels privés collectifs, indépendants du fabricant

Ils sont proposés par un secteur industriel ou un organisme professionnel considéré comme indépendant du fabricant. Les professionnels qui en font la demande peuvent les apposer sur leur produits, si ceux-ci respectent le cahier des charges définissant le label.

- Exemple : Agriculture biologique, label FSC (forest stewardship council) ou MSC, Commerce équitable, Etc.

Les " labels " privés individuels

Ils sont créés par un fabricant ou un distributeur et relèvent de leur seule responsabilité. Aucune garantie n'est donnée quant à la pertinence des critères écologiques retenus, bien qu'ils soient en général extrêmement sérieux. De nombreuses règles de bonnes pratiques existent en effet, afin de ne pas induire le consommateur en erreur.

- Exemple : Monoprix vert, Maison verte, Chouchoutons notre planète.

Restez vigilants...

Certaines auto-déclarations environnementales délivrent un message "écologique" sans fondement ou jouent sur une ambiguïté trompeuse :

- attention aux logos dont on ne connaît pas l'origine, accompagnés d'allégations vagues, imprécises, voire fantaisistes.
- veiller à ce qu'un soi-disant logo environnemental ne fasse pas simplement état d'une obligation réglementaire que tous les producteurs doivent suivre. Si la déclaration environnementale ne correspond pas à un avantage environnemental effectif et spécifique du produit qui la porte, elle ne permet pas d'orienter les choix lors des achats. De telles déclarations risquent d'induire les consommateurs en erreur. Elles ne devraient donc pas figurer sur les produits. De même, certains logos sont encore, à tort, utilisés alors qu'ils auraient dû disparaître des rayons :

Papier recyclé

PRESERVE L'ENVIRONNEMENT

D'autres logos ou graphismes peuvent aussi induire en erreur sur la signification écologique des produits.

- Point sur le Point vert : le point vert signifie que le producteur contribue financièrement à un dispositif agréé par les pouvoirs publics (Eco-Emballages, Adelphe, etc) aidant les communes à développer des collectes sélectives des déchets d'emballage pour les valoriser. Il ne présume pas du recyclage effectif du produit qui le porte.
- Le logo du recyclable : cette représentation de l'anneau de Möbius signifie : "ce produit ou cet emballage est recyclable". Quasiment tous les produits ou leurs emballages l'arborent désormais. Cela signifie seulement qu'ils sont recyclables.

Mais attention, ils seront effectivement recyclés si et seulement :

- si le système de collecte ou la filière de recyclage existent ;
- si vous respectez les consignes de tri.

Cette représentation du logo de Möbius signifie : « ce produit ou cet emballage est **recyclable** ».

65 %

Celle-ci signifie : « ce produit ou cet emballage contient 65 % de matières **recyclées** ».

Les petits mots en "able "

Quelle est la différence entre "recyclable" et "recyclé" ? Ou entre "biodégradable" et "biodégradé" ? Le premier est une possibilité future ("able") et le second est une réalité ("é"). Bref, tout réside dans la nuance entre "réalisable" et "réalisé" !

- Guide des Anneaux noirs :

la composition des produits

- Lire un code barre

32 63852 913714

Pays

Produit

Fabricant Distributeur

Contrôle

alu

Aluminium

Acier

02

PE - HD

Polyéthylène haute densité

Etiquettes Energie : elles vous guident et vous signalent les appareils électroménagers et les ampoules économes*.Les classes A ou B rassemblent ceux qui offriront les meilleurs performances en matière d'économies d'énergie. Ces différences de consommation sont importantes : la consommation électrique des appareils électroménagers varie du simple au quintuple !

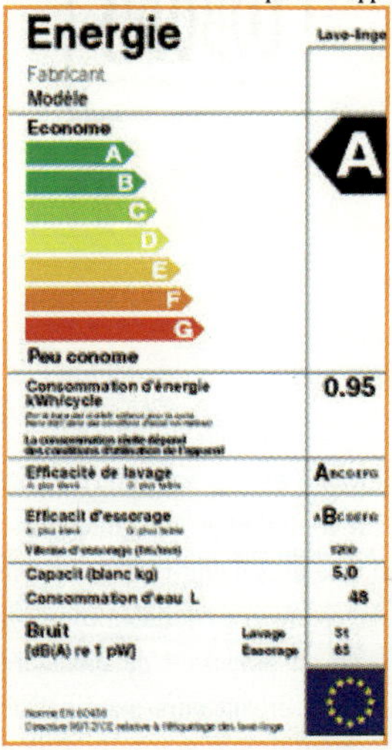

Informations suivantes :

- Trois lettres pour comparer les efficacités, de A (très bon) à G (mauvais) :

La 1re pour l'efficacité énergétique de l'appareil.

La 2e pour l'efficacité de lavage.

La 3e pour l'efficacité d'essorage (préférez des machines qui essorent à plus de 800 tours/mn).

- La consommation en kWh pour un cycle de coton blanc à 60°C
- La vitesse d'essorage maximale
- La capacité de la cuve exprimée en kg
- La consommation d'eau pour un cycle de coton blanc à 60°C
- Des informations facultatives peuvent être indiquées comme le bruit en phase de lavage ou d'essorage.

Vous trouverez les étiquettes-énergie sur les ampoules, les réfrigérateurs, les congélateurs, les lave-linge, les lave-vaisselle, les sèche-linge. Aucun sèche-linge ne bénéficie d'une classe A ou B, car ce sont des appareils très gourmands en énergie.

Petits réflexes pour mieux protéger l'environnement...

Au-delà de l'achat d'un produit, les conditions de son utilisation et de sa destruction sont aussi importantes. Il y a façon et façon de consommer. Consommer, c'est aussi se soucier de l'origine des produits et de la façon dont ils sont fabriqués, se préoccuper des matériaux ou des substances qui les composent, réfléchir sur la manière de les utiliser, se demander ce qu'ils deviennent quand on s'en débarrasse.

Après l'achat, l'utilisation

L'utilisation fait aussi partie du cycle de vie du produit. Le comportement du consommateur à cet égard est aussi important que les efforts des concepteurs et des différents acteurs intervenant à d'autres étapes du cycle (industriels, distributeurs, professionnels de la collecte et de la valorisation en fin de vie).

- Respecter les doses conseillées permet d'obtenir un résultat optimal en faisant des économies. Pour un produit plus efficace ou plus concentré, il faut réduire les doses utilisées.
- Veiller à leur consommation de ressources (eau, énergie), couper les modes veille des téléviseurs, recharges de téléphones portables etc. préserve leur durée de vie et limite les factures.
- Lire les modes d'emploi des produits donne des informations précises sur leurs conditions d'utilisation, leur nocivité éventuelle, les précautions à prendre pour les faire durer plus longtemps, les erreurs à éviter afin de les garder en état de marche.

Attention, saviez-vous ?

- Qu'une seule pile peut polluer jusqu'à 500 m3 d'eau pendant 50 ans ?
- Qu'un mégot de cigarette met 2 à 7 ans avant de se " biodégrader " ?
- Qu'un sac plastique met 200 ans avant de disparaître, et qu'il peut tuer les dauphins ou les baleines s'il est jeté en mer ?

Leurs déchets nécessitent un traitement particulier. Respectez quelques consignes simples pour vous en débarrasser : faites régulièrement un tour à la déchetterie. C'est là, dans des conteneurs appropriés, et non dans les poubelles ou les égouts, que doivent se retrouver les différents déchets dangereux tels les piles usagées, les peintures et solvants, les huiles de vidange, les produits phytosanitaires et leurs emballages.

LOBODIS, pionnier du commerce équitable

Labellisé Max Havelaar depuis 1993

Le commerce équitable est un partenariat commercial, fondé sur le dialogue, la transparence et le respect, qui vise plus d'équité dans le commerce international. Le commerce équitable contribue au développement durable en proposant de meilleures conditions commerciales aux producteurs marginalisés, spécialement dans le Sud, et en assurant le respect de leurs droits.

Max Havelaar France est une association à but non lucratif qui délivre un label aux produits répondant aux standards internationaux du commerce équitable. Son objectif : permettre aux producteurs et aux travailleurs défavorisés du Sud de vivre dignement de leur travail en instaurant des règles commerciales plus justes. L'association met en contact les organisations de producteurs avec les industriels du Nord, en veillant au bon respect des standards du commerce équitable, à travers des contrôles rigoureux des différents acteurs.

www.maxhavelaar.fr et www.lobodis.com

LOBODIS, dialogue, transparence et respect

Maintenir une cohérence entre la pérennité de l'entreprise en France et le développement des coopératives de "Petits Producteurs" de café, en les sortant de l'anonymat.

Construire un partenariat durable fondé sur un contrat "gagnant-gagnant".

Trouver des partenaires fiables au Sud, fidéliser des consommateurs du Nord, reste plus que jamais l'enjeu de ce commerce.

Obtenir la reconnaissance de ces producteurs dans un échange d'informations pour une meilleure maîtrise du marché.

Encourager ses producteurs partenaires à produire sous le label biologique dans une démarche de respect de l'environnement, mais aussi pour laisser naturels les composants responsables du goût, de la saveur, et permettre ainsi une torréfaction de haute qualité.

Créer des saveurs "d'origine pure" car chaque pays, chaque région a son identité et ses qualités propres.

Torréfier par petites quantités suivant la méthode lente, ce qui permet un meilleur développement des arômes.

Tels sont les objectifs que s'est donnés LOBODIS depuis plus de 10 ans, ce qui a renforcé sa grande expérience , mais aussi lui a conféré le statut d' "exception équitable".

www.lobodis.com

Du producteur au consommateur

L'exemple de Tzul Tacca, un café Lobodis issu des récoltes de la coopérative **San Pedrana**, membre de Fedecocagua, au Guatemala est typique du circuit "Du producteur au consommateur".

Fedecocagua, la Fédération de Coopératives Caféières du Guatemala, a été fondée en 1969 par 20 coopératives de café qui voulaient créer une plate-forme contre l'exploitation des producteurs par les intermédiaires locaux. Son Président actuel M. Bacilio Chioc Quiej, est lui-même originaire de la coopérative San Pedrana et entretient donc des relations étroites avec celle-ci. La Fédération coordonne la commercialisation et l'exportation, ainsi que des projets de crédit et de développement.

Sa mission est d'améliorer les conditions de vie de ses membres, petits producteurs organisés en coopérative. La Fédération aide les producteurs à améliorer la qualité de leur café et à accéder à des marchés rémunérateurs. Aujourd'hui, Fedecocagua regroupe 130 organisations membres (environ 20 000 producteurs).

Grâce à la mise en place du commerce équitable, la Fédération a pu acheter de nouveaux camions, permettant de réduire les coûts de transport du café.

La prime de commerce équitable a également permis d'assurer un programme de formation pour la gestion commerciale et financière des coopératives, le développement d'agences de micro-crédits, la construction de centres de santé et de pharmacies pour répondre aux besoins de soins médicaux des familles, la scolarisation des enfants par l'augmentation des revenus des producteurs.

NATURE & DÉCOUVERTES, le développement durable

Mettre en œuvre une politique de développement durable, en recherchant la performance économique, sociale et environnementale, tel est le pari de NATURE & DÉCOUVERTES depuis sa création en 1990.

Une politique globale fondée sur un système de management environnemental : du siège social construit avec des matériaux à Haute Qualité Environemementale (panneaux solaires, laine de mouton pour l'isolation…) aux magasins respectant des normes urbanistiques, de la gestion de l'entrepôt, classé comme Installation Classée pour la Protection de l'Environnement (ICPE) à la tenue des magasins, tout est fait pour réduire l'impact de l'entreprise sur l'environnement : maîtrise de la consommation d'énergie, rationalisation des transports, réduction et recyclage des déchets…

NATURE & DÉCOUVERTES diffuse auprès de ses fournisseurs une charte partenariale qui garantit que les produits vendus ont été réalisés dans le respect social (respect des droits du travail, conditions de vie des artisans…) et écologique (choix des matériaux, production peu polluante…). Nous nous efforçons de référencer des produits à l'image de notre engagement écologique : les bois utilisés pour nos jouets sont issus de forêts gérées, les piles utilisées pour nos produits sont changeables, les plantes de nos tisanes ou de nos huiles essentielles sont issues de l'Agriculture.

... un exemple :

La gamme BEAUTÉ DU MONDE issue du Commerce Équitable

En 2003, nous avons lancé en partenariat avec la société terre d'Oc une ligne de soins de beauté du monde. Fabriquée à partir de thé vert du Laos, cueilli à la main par les femmes de l'ethnie Phounoy dans les montagnes du nord, de karité du Burkina Faso dont les noix récoltées dans la brousse aride du Sahel sont transformées par le groupement de femmes Wemoukiga de Pô ou de miel de l'Himalaya récolté par les apiculteurs aborigènes d'Almora et de Ranikhet, cette gamme respecte les engagements du Commerce Équitable. Ces matières premières proviennent toutes d'un commerce solidaire basé sur des rapports commerciaux fondés sur la loyauté et la confiance mutuelle, sur un cours d 'achat permettant une rémunération équitable prenant en compte le coût de production, les besoins des producteurs et de leurs familles en terme d'éducation, de santé et de protection sociale.

Tout au long de cette démarche de Commerce Équitable, nous sommes accompagnés par des ONG (le Centre écologique Albert Schweitzer, La Pan Himalayan, Grassroots Foundation...) dont la philosophie consiste à allier économie et écologie en développant des techniques simples et accessibles aux populations les plus démunies telles que l'amélioration des conditions d'accès à l'eau potable, la valorisation des ressources naturelles de la forêt, la mise en place d'énergies renouvelables, la formation à l'agriculture biologique, etc.

A Rennes • CC Colombia - 40, place du Colombier

35000 Rennes • Tél. 02 99 31 38 00 - Fax 02 99 30 49 18

Retrouvez nos produits sur www.natureetdecouvertes.com

CRÉDIT COOPÉRATIF, donnez du cœur à votre épargne

CREDIT COOPERATIF

Banque à part entière, le Crédit Coopératif dispose d'une gamme complète de produits et services bancaires et financiers : comptes-chèques, livrets d'épargne, crédits immobiliers, ... mais ce qui la distingue des autres banques, c'est son engagement concret aux côtés de ses partenaires associatifs, dans des domaines aussi variés que le commerce équitable, l'agriculture biologique, les énergies renouvelables, le tourisme solidaire, le développement durable…

En choisissant le Crédit Coopératif comme banque, vous participez directement à ces initiatives.

Banque de référence du monde associatif depuis plus de 40 ans, le Crédit Coopératif a créé avec ses partenaires associatifs des produits qui leur permettent de faire appel à la solidarité des personnes qui souhaitent les soutenir. De grandes organisations à but non lucratif sont partenaires du Crédit Coopératif et intègrent ces produits dans leur démarche d'appel à la générosité et à la solidarité, en élargissant le cercle de leurs donateurs.

Dix de ces produits ont reçu le label indépendant Finansol, qui en garantit la transparence, la solidarité et l'éthique.

Pour en savoir plus, surfez sur le site solidaire banque-solidarites.coop
ou contactez-nous au 0 810 63 44 44 (prix appel local)

Pour donner du cœur à votre épargne, découvrez 4 produits innovants parmi la gamme des PRODUITS SOLIDAIRES du Crédit Coopératif :

3, rue de l'Alma BP 90429

35004 Rennes cedex - Tél. 02 99 85 96 96

OU notre agence de banque en direct

N°Azur 0 810 63 44 44 PRIX APPEL LOCAL

La carte AGIR

Cette carte Bleue VISA vous permet d'exprimer votre solidarité au quotidien, sans incidence sur votre compte.

• à chaque retrait dans un DAB, 6 centimes sont versés à l'association de votre choix par le Crédit Coopératif.

Partenaires : Médecins du Monde, UNAPEI, AIDES, Action Contre la Faim, Energies Pour le Monde...

FCP Faim et Développement

Ce FCP de partage, le plus important en Europe, vous offre de nombreuses possibilités comme le choix du niveau de risque.

• partage annuel des gains au profit d'associations qui travaillent à réduire l'écart Nord-Sud. Avantages fiscaux liés aux dons de parts.

Partenaires : 7 associations dont CCFD, CFSI, Agir abcd, Terre des Hommes…

Le Livret AGIR

Un livret d'épargne sans risque et qui conserve votre épargne disponible à tout moment. Rémunération : Livret A + 1%

• partage automatique de la moitié de vos intérêts annuels avec l'association de votre choix .

Partenaires : Action Contre la Faim, Habitat & Humanisme, Handicap International, Terre & Humanisme, AIDES, Energies pour le Monde, Artisans du Monde, Solidarités Nouvelles Face au Chômage...

Assurance-vie Solidaire :

Sur la base d'un contrat simple et récompensé de nombreuses fois pour sa simplicité, son rendement et sa transparence : Actiplus de Mutavie.

• Pourquoi ne pas léguer un an ou deux de capitalisation de votre assurance-vie à une association de votre choix ?

Partenaires : Toutes les associations partenaires des produits solidaires du Crédit Coopératif.

HANDY BAG vous invite à protéger l'environnement

PLUS FORT SUR LES POINTS FAIBLES

Saviez-vous que chaque Français jette plus d'un kilo de déchets par jour, soit 420 kg par an et par foyer. Parce que la terre n'est pas une poubelle, les poubelles ne doivent pas devenir des fourre-tout.

De ce raisonnement fort simple est né le principe du tri sélectif des déchets ménagers. Trier ses déchets, comme ramasser un papier par terre ou respecter les limitations de vitesse, c'est faire un geste utile pour soi et pour les autres. Alors, il n'y a plus qu'à vous y mettre !

Le tri sélectif, c'est quoi au juste ?

Le tri des déchets ménagers, c'est une grande chaîne humaine qui commence dans votre cuisine :

Tout d'abord, vous triez vos déchets en séparant les emballages, le verre et le papier dans des containers prévus à cet effet. Les différents bacs sont ensuite collectés par votre commune. Puis, ils prennent le chemin des centres de tri dans lesquels ils sont regroupés par catégorie de matériaux (acier, plastique, cartons…) avant d'être envoyés dans leurs usines de recyclage respectives. Ces matériaux constitueront la matière première servant pour la fabrication de nouveaux produits. Ainsi les emballages que vous aurez triés connaîtront une seconde vie et vous participez à la protection de l'environnement !

A titre d'exemple, 1 bouteille en plastique sur 2 naît du recyclage, 1 tonne de verre recyclé permet d'économiser 600 kg de sable et 1 tonne d'emballages en carton recyclé représente 2.5 tonnes de bois sauvées.

Vos déchets organiques, quant à eux, sont compostés, c'est à dire transformés en un produit facilement destructible. Enfin, les emballages non recyclables sont dirigés vers des centrales d'incinération afin d'y être détruits.

Vous l'avez compris, le tri sélectif permet de valoriser vos déchets ménagers (flacons de parfum, magazines, packs de lait...) par leur recyclage, leur compostage ou leur incinération.

Fin 2002, on comptait déjà 49 millions de français triant leurs déchets et près de 30 000 communes adhérant au programme de tri sélectif des déchets. L'Europe a eu pour objectif de valoriser 75% de ses déchets ménagers en 2003.

Handy Bag un partenaire incontournable

Vous êtes déjà 85% de foyers à avoir la possibilité de trier vos déchets ménagers. Mais si tout est bien organisé dans la rue, rien n'est prévu pour votre maison et votre cuisine. Pour vous aider à changer vos habitudes et à effectuer ces gestes éco-citoyens, Handy Bag devient votre partenaire incontournable à la maison en mettant à votre disposition une gamme de 3 sacs poubelle 30 l de couleur différente, à fond plat pour trier et stocker vos déchets. Enfin, pour réduire la production de plastique à la source, Handy Bag vous propose des sacs poubelles recyclés, fabriqués à partir de 80% de plastique recyclé.

Pour le tri de vos déchets organiques, Handy Bag vous propose un sac 100% biodégradable : Biosac®.

De petite taille (15L), il est adapté à la collecte des déchets organiques se décomposant rapidement. Biosac® est biodégradable en 40 jours.

Tetra Pak, emballage et éco-consommation

La démarche de Tetra Pak est fondée sur l'idée très simple qu'un emballage doit économiser plus qu'il ne coûte. Cette devise n'a cessé d'inspirer notre société depuis son origine, y compris dans le domaine de l'environnement. Les emballages de Tetra Pak réalisent l'équilibre nécessaire entre nos objectifs de praticité / facilité de transport / respect de l'environnement en fournissant aux produits une protection optimale tout en utilisant un minimum de matériau, d'énergie et d'autres ressources naturelles. Par le biais des technologies modernes, nous recherchons des solutions raisonnables. La préservation du monde dans lequel nous vivons est à ce prix.

Objectif : minimiser l'impact environnemental de nos produits tout au long de leur cycle de vie par une utilisation rationnelle des ressources lors du développement et de la conception des produits, dans nos processus de fabrication et dans nos opérations. Notre programme comporte deux volets : améliorer nos performances environnementales globales et améliorer la compréhension et la conscience des questions d'environnement liées à Tetra Pak.

Impact minimal sur l'environnement

Le carton, qui constitue l'essentiel (75 %) des emballages de Tetra Pak, est une ressource naturelle renouvelable, issue du bois provenant de forêts nordiques écogérées. Pour Tetra Pak, produire des emballages, c'est veiller à en minimiser l'impact environnemental, dès leur conception et tout au long de leur cycle de vie, en limitant l'utilisation des ressources naturelles et de l'énergie. Système de management environnemental : certification ISO 14001.

Tetra Pak : une gamme d'emballages recyclables et recyclés

Dans le cadre d'Eco-Emballages, les emballages de Tetra Pak, après consommation, sont pris en charge par Revipac, qui en garantit le recyclage. Le recyclage est effectué selon la méthode de séparation des matériaux : d'un côté, la fibre de carton (recyclée en papier essuie-tout, papier-toilette, papier pour plaques de plâtre, papier-cadeau Brikkado : opération du comité français pour l'UNICEF) ; de l'autre, le polyéthylène (recyclé en granulés pour la fabrication de produits tels que des pots horticoles ou encore des seaux à vendanges).

L'aluminium est quant à lui recyclé sous forme de lingots ou sous forme de poudre pour fabriquer des feux d'artifice, par exemple.

Tetra Pak à la maison : vous aussi, à la maison, triez vos déchets et déposez toutes les briques alimentaires (de lait, de jus de fruit, de soupe, de crèmes...), en ayant pris soin de bien les vider, dans la poubelle des emballages recyclables.

Geste indispensable pour que l'emballage Tetra Pak soit recyclé.

Tetra Pak : 95, rue Carnot
92592 Levallois-Perret Cedex

Réduction de l'impact environnemental du transport

Entre l'usine de fabrication Tetra Pak et les sites de conditionnement de ses clients, l'emballage Tetra Brik se transporte en rouleaux (22 palettes de 5 rouleaux de 8600 emballages = 946000 emballages dans un camion), ce qui permet de réduire considérablement le nombre de camions mis sur les routes ainsi que la pollution de l'air.

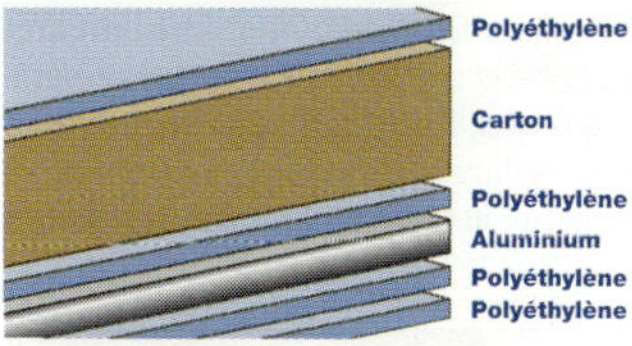

Les emballages Tetra Brik Aseptic sont composés de couches superposées :

- carton (75 %) qui confère la rigidité de l'emballage ;
- polyéthylène (20 %) qui assure l'étanchéité aux liquides ;
- aluminium (5 %) qui assure l'imperméabilité à l'air, aux odeurs et à la lumière pour garantir une parfaite protection bactériologique et organoleptique des produits conditionnés.

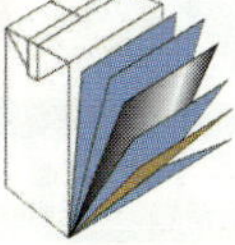

Auto, deux-roues

Auto

Accessoires

CAR PLAQUES 12, rue de la Carrière © 02 23 30 30 81. *Ouvert du lundi au samedi de 9h à 13h et de 13h30 à 18h30.* Devant l'entrée de la préfecture, un p'tit gars souriant distribue des tracts : remise de 10 % sur les tarifs de Car Plaques en présentant ce bon. L'offre est très intéressante puisque vous paierez 18 € le jeu de plaques en aluminium, habituellement à 26 €. Si vous êtes encore plus pressé, vous pouvez commander vos plaques par téléphone, elles seront prêtes à votre arrivée. Les motards y trouveront des plaques homologuées.

PLAQUE SERVICE 185, rue de Saint-Malo © 02 99 59 36 09. *Ouvert du lundi au vendredi de 9h30 à 18h30, et le samedi de 10h à 17h.* Leur publicité promet un premier prix excellent et une pose rapide et immédiate sans rendez-vous. Effectivement, l'affaire prend moins de 10 minutes... ce qui est largement appréciable quand on sort de la préfecture, située à deux pas, où l'on a attendu près de 2 heures pour faire un changement de carte grise !Plaques homologuées pour motos également ici. Les tracts distribués devant la préfecture offrent une remise de 10 % sur le jeu de 2 plaques traditionnelles européennes.

Auto-écoles

AUTO-ECOLE CONTACT CONDUITE 123, rue de Fougères © 02 99 36 35 90. *Ouvert le lundi de 17h à 19h, le mardi de 16h à 19h, le mercredi de 15h à 19h, le jeudi et vendredi de 10h30 à 12h30 et de 16h à 19h et le samedi de 10h à 12h et de 14h15 à 16h15.* Une ambiance détendue et une compétence reconnue, voilà comment on pourrait décrire cette auto-école rennaise. Elle vous prendra en charge du premier cours de code jusqu'à l'examen final de conduite. Concernant les cours de code, elle vous formera sur des dvd, et concernant les tarifs, il existe deux forfaits : la formule permis B est à 759 € et la formule permis AAC, conduite accompagnée, à 800 €. Ces 2 forfaits proposent les cours de code illimités jusqu'à obtention de l'examen, la première présentation à l'examen de code, 20 heures de conduite, la première présentation à l'examen de conduite et le kit pédagogique. Et pour la conduite accompagnée, 2 cours pédagogiques en plus.

AUTO-ECOLE DE LA TOUR D'AUVERGNE 20, boulevard de la Tour-d'Auvergne © 02 99 30 33 36. *Permanence du lundi au vendredi de 11h à 12h et de 16h à 19h, et le samedi de 10h à 12h.* Ambivalente, cette auto-école prépare quasiment à tous les permis de la voiture à la moto en passant par le bateau. Un bémol subsiste : elle n'assure pas la formation du BSR pour les tous jeunes conducteurs de scooters et autres vélomoteurs. Elle propose différents forfaits. Le permis B est à 830 € et comprend les fournitures pédagogiques et administratives, une évaluation de départ, des leçons de code illimitées pendant un an avec les droits d'inscription au premier examen, ainsi que 20 heures de conduite avec l'inscription à l'examen de conduite. Le permis AAC, conduite accompagnée, est, quant à lui, à 950 € et propose les mêmes services plus 2 fois 2 heures de pédagogie et 2 heures de conduite. Sachez qu'il existe aussi des formules pour les permis moto, à 550 €, et bateau, permis côtier à 290 € + 98 € de frais de timbres fiscaux. Enfin, l'heure de conduite est à 30,50 € et la leçon de code, sur dvd est à 8 €.

AUTO-ECOLE HOCHE **23, rue Saint-Melaine ✆ 02 99 38 26 16.** *Permanence du lundi au vendredi de 14h à 19h et le samedi de 14h à 17h.* Dans un quartier où la concurrence est présente, cette auto-école offre un forfait qui inclut des leçons de code, illimitées, et 20 heures de conduite pour 750 €. Les cours de code se font grâce à des dvd. Pour la conduite, l'heure d'évaluation se fait sur un simulateur, en toute sécurité donc.

AUTO-ECOLE RELOU 4 ROUES **3, rue Nantaise ✆ 02 99 30 22 55.** *Permanence du lundi au vendredi de 8h45 à 12h et de 13h45 à 18h30, et le samedi de 9h30 à 12h.* Ici, pas de forfait, "afin qu'il n'y ait pas de surprises". La formation de base comprend l'inscription, les frais de dossier, la présentation à l'examen et les cours de conduite. Les cours de code, illimités, se font dans les conditions de l'examen, avec un corrigé immédiat par un moniteur. Ensuite, vous paierez les leçons de conduite à l'heure. La maison ne prépare pas non plus au BSR, mais la maison sœur, Relou 2 roues, s'en chargera, rue des Petits-Champs, SAINT-GREGOIRE ✆ 02 99 38 64 81.

AUTO-ECOLE MELAINE AND CO **22, rue Saint-Melaine ✆ 02 99 38 74 94.** *Ouvert du lundi au vendredi de 13h à 19h et le mardi et jeudi de 10h à 12h et de 13h à 19h.* L'accueil charmant de cette école vous fera peut-être pencher en sa faveur, dans ce quartier où l'on a que l'embarras du choix. Le forfait conduite auto est à 705 €, code illimité avec dvd et 20 heures de conduite, et avec présentation à l'examen, il passe à 750 €.

AUTO-ECOLE DU SQUARE **2, square d'Alsace ✆ 02 99 33 06 56.** *Ouvert du lundi au vendredi de 15h à 19h.* L'adresse est réputée pour sa bonne humeur, une ambiance très conviviale qui ne porte aucun préjudice à la qualité de la formation dispensée, bien au contraire. C'est bien connu, on assimile mieux quand on est à l'aise. Le forfait code est véritablement attractif avec son prix de 60 €. L'heure de conduite est, quant à elle, à 29 €, et vous aurez la possibilité de régler les heures de conduite toutes les 3 heures.

Carrosserie

CAPT 11, rue Gabriel-Fauré ✆ 02 99 50 66 43. CAPT, pour Carrosserie Auto Peinture Tôlerie. Derrière ce nom, se cache un professionnel passionné de voitures. Une aile froissée, une peinture qui a besoin d'un coup de jeune... il vous rendra un véhicule comme neuf, lorsqu'il lui aura prodigué ses soins. Sachez également que ce spécialiste travaille sur toutes les marques. Enfin, le plus de CAPT est de vous proposer un devis gratuit.

CARROSSERIE GAUGUET 15, avenue des Peupliers, CESSON-SEVIGNE ✆ 02 99 83 70 73. *Ouvert de 7h30 à 12h et de 13h30 à 18h30 en semaine, une permanence est également assurée le samedi matin de 7h30 à 12h.* Comme il est bon de savoir que l'on peut confier sa voiture à un expert qui manifeste un intérêt particulier à votre véhicule. Dans un bâtiment à l'architecture contemporaine, ce véritable artiste de la tôlerie possède également un service pare-brise, un autre pour la peinture. Agréé toutes assurances, il réalise aussi le passage au marbre. Donc voici une adresse futée, idéale pour les voitures un peu froissées, cabossées ou étrangères, d'autant que cet homme est d'une grande amabilité et offre une écoute attentive.

Concessionnaires et agents

BETTON AUTOMOBILES AGENT FORD ZA Les Forges, La Hamonais, Route du Mont-Saint-Miche, BETTON ✆ 02 99 55 77 07. *Ouvert du lundi au samedi de 9h à 12h et de 14h à 19h.* Un peu hors-normes, ce concessionnaire Ford est LE garage qu'il vous faut contacter pour l'achat d'un véhicule. Il est multimarques à la fois en occasion et, plus original, en neuf. En plus, il s'occupe de tout : garantie de 2 ans en neuf et 1 an pour l'occasion, mise en place d'un financement, reprise de votre véhicule, service après-vente garantie, dépannage à moins de 10 kilomètres, essai et révision complète du véhicule. Bref, il fait tout à votre place avec ses partenaires rennais tels que les concessionnaires Ford, Opel, Peugeot ou Renault. De plus, le fait que ce garage vous propose tous les types de véhicules, dans toutes les marques et de tous les modèles vous garantit les meilleurs conseils avec la plus grande objectivité de ce spécialiste. Enfin comme tous garages, Betton Automobiles se chargera de l'entretien de votre véhicule. Vous accueillant sans rendez-vous, ce garage-concessionnaire pourra vous faire toutes les réparations nécessaires, comme le remplacement d'un embrayage en seulement 1 jour. Côté prix de l'occasion, vous pourrez dénicher, chez ce spécialiste de l'automobile, des voitures à partir de 2 500 € entièrement révisées, dont la provenance est assurée, concessionnaires rennais,, le kilométrage attesté et nettoyées de fond en comble avant livraison. Sachez, pour finir, que le parc des véhicules d'occasion est renouvelé tous les dix jours, encore là un gage de sérieux et de qualité.

CITROEN RENNES, Vitrine Rennes sud, ZI sud-est 4, rue du Breillou, CHANTEPIE ✆ 02 99 86 10 10 • Vitrine Nord : Route de Saint-Malo, ZI Saint-Grégoire ✆ 02 99 54 70 70. SAV ✆ 02 99 54 70 80. Véhicules d'occasion ✆ 02 99 54 70 75. Citroën dépannage 24h/24 et 7j/7 ✆ 02 99 26 18 18. Incontournable dans le bassin rennais, cette enseigne avec ses 2 établissements vend du neuf ou de l'occasion et reste toujours aussi soucieuse du confort, de l'innovation et des services : tôlerie, dépannage, assistance, location longue durée, pièces détachées ou boutique. On signalera un service technique bien rôdé qui se charge de l'entretien courant des véhicules et assure toutes les réparations. Vous pouvez apporter votre voiture le matin et la reprendre le soir. A moins que vous n'ayez craqué entretemps pour la dernière née de la marque ?

FORD CONTACTS AUTOMOBILES 73, rue de Rennes, CESSON-SEVIGNE ✆ 02 23 46 04 60. Ce garage a plusieurs cordes à son arc : concessionnaire, véhicules neufs ou d'occasion, carrosserie agréée, mécanique, pièces de rechange ou accessoires, vous trouverez tout ce dont vous avez besoin si vous possédez une Ford. Savoir-faire et service rapide garantis. **Autre adresse : CONTACTS SAINT-GREGOIRE CONCESSIONNAIRE FORD ET MAZDA 272, rue de Saint Malo ✆ 02 99 54 66 70.** L'adresse propose les mêmes services que sa consœur, avec en plus la marque Mazda : vente, accessoires et atelier. Mais pas de parc d'occasions ici.

GARAGE DU MAIL CONCESSIONNAIRE LAND ROVER JAGUAR 23, rue de Bray, CESSON-SEVIGNE ✆ 02 99 86 80 80. Cette concession agréée présente le haut de gamme anglais, et bien sûr des magnifiques 4x4, dans une ambiance feutrée et british. La maison donne dans le neuf mais sans oublier l'occasion : les véhicules de seconde main sont d'ailleurs bichonnés avec amour et retrouvent leur superbe sous des mains expertes. Carrosserie, peinture, accessoires et pièces détachées font partie des services ou articles disponibles chez ce spécialiste qui s'occupe également du financement.

GROUPE VAG FLOC SAS Rue Chesnay-Beauregard, SAINT-GREGOIRE ✆ 02 99 84 13 13, AUTOPOLE Rue des Mesliers, CESSON-SEVIGNE ✆ 02 99 32 94 94. Deux adresses qui en mettent plein les mirettes, allez-vous dire ?Eh bien, oui, c'est vrai. Il faut dire que Floc SAS a quelques cordes à son arc. Certes, il y a les incontournables Polo, voiture d'une génération,, Golf, qui marque toujours notre époque de son empreinte,, Passat, Sharan, mais vous trouverez également le très remarqué et confortable 4x4 Touareg, la luxueuse Phaeton et la redoutable, mais rigolote New Beetle, digne héritière de sa grande sœur la Coccs ou Coccinelle. En plus, le lieu permet d'essayer chaque modèle et d'apprécier la qualité et le confort de conduite de chacun des véhicules de la marque allemande toute populaire. Outre la vente de neuf, vous trouverez un service après-vente performant, vous permettant d'entretenir en toute confiance votre véhicule. Le plus de ce concessionnaire agréé est de vous proposer de réserver un véhicule pour l'essayer sur www.useweb.fr/vw/

L'adresse de l'Autopole : OLYMPE AUTOMOBILE CONCESSIONNAIRE AUDI, Autopôle Cesson Rue des Mesliers, ZI sud-est, CESSON-SEVIGNE © 02 99 32 91 91. Il réserve d'autres surprises comme ce nouveau cabriolet Audi TT qui fait tourner les têtes !Les amoureux et les fidèles de la marque le savent. Les autres modèles sont également en exposition et disposent de place pour se laisser admirer comme il se doit. L'accueil et le service après-vente sont dignes de ce que l'on s'attend à trouver pour un concessionnaire d'une marque de cette réputation et de cette qualité. Aussi, devenir propriétaire d'une Audi, c'est un peu à part. Par exemple, vous pourrez bénéficier de stage de conduite sur circuit privé, essayer les nouveaux modèles, sur anneau de vitesse, avoir des cours de conduite vous enseignant les bons réflexes à avoir lors d'un freinage d'urgence sur route mouillée. En plus, l'ambiance y est très détendue, surtout aux petits fours. De surcroît, ce concessionnaire assure les modalités de financement et reçoit des véhicules à faible kilométrage régulièrement. Futée, l'occasion, Non !Enfin, le garage de l'enseigne répond toujours présent pour pallier aux petits soucis mécaniques. Carrosserie : 32, rue du Bignon, ZI sud-est, CHANTEPIE © 02 99 86 04 06.

HUCHET SA BMW 316, route de Saint-Malo © 02 99 25 06 06. *Horaires : service commercial : de 8h30 à 12h15 et de 14h à 19h. Atelier : de 7h45 à 12h30 et de 13h30 à 19h. Magasin : de 8h15 à 12h30 et de 14h à 18h30.* Voici le revendeur rennais de BMW. Vous savez, la marque qui produit la nouvelle mini. C'est vrai qu'elle vous met la tête à l'envers cette nouvelle mini, surtout quand elle-même perd la tête !La version cabriolet, aie aie !Un vrai petit bijou qui fait des jaloux. En plus, vous pourrez choisir un maximum d'options et même la couleur de la capote. J'avoue, je craque littéralement pour ce petit bolide, surtout quand elle adopte une robe métallisée, vert anglais, à la capote et l'intérieur ivoire. Si il y a la mini one, la cooper ou la petite dernière, la cab, pour les intimes,, vous trouverez également exposée, à Huchet SA BMW, la majorité des séries BMW, de la berline à la cabriolet, en passant par les versions sportives ou 4x4 avec le remarquable X3. Ce concessionnaire vous propose, en plus du neuf, un large choix, toutes marques, d'occasions. Enfin, ce garage assurera votre entretien et les réparations éventuelles. Un large choix de pièces détachées et un service après-vente de qualité complètent le tableau. En résumé, c'est bien la fiabilité de BMW dans toute sa splendeur qui est présente ici.

NISSAN ESPACE 3 2, rue du Petit-Marais, CESSON-SEVIGNE © 02 99 83 59 59. *Ouvert du lundi au samedi de 8h30 à 12h et de 14h à 19h. Atelier ouvert du lundi au vendredi de 8h30 à 12h et de 13h30 à 18h.* A 100 mètres de McDonald, le hall expose les véhicules neufs Nissan. Dans l'atelier, vous attendent pièces et derniers accessoires de la marque. Et à l'extérieur, un parc d'occasions toutes marques. Les plus de la maison : préparation 4x4, service chrono et location à la journée, au week-end, à la semaine ou au mois de 4x4, histoire de vous mettre l'eau à la bouche !Normal pour le spécialiste du 4x4 du Grand Ouest, qui prépare d'ailleurs les véhicules pour les rallyes raids africains. L'accueil est impeccable.

RENAULT 300, route de Fougères © 02 99 87 67 67. Avec une ouverture de l'atelier 6j/7 et l'entretien de votre véhicule sans rendez-vous, cette concession est véritablement au service de ses clients. On y

admire les derniers modèles de la marque mais aussi de nombreux véhicules d'occasion, sans oublier un service de location de voitures. Ainsi vous pourrez essayer un large choix de voitures, adaptées à toutes les bourses de la Velsatis Initial 3.0dCi BVA 5 Proactive à 49 000 € à la toute dernière Logan à 7 500 €. **Autres adresses : Centre commercial Alma Rue du Bosphore ✆ 02 99 87 67 68 • Route de Melesse, SAINT-GREGOIRE ✆ 02 99 68 97 68.**

SEAT RENNES 1, rue du Petit-Marais, CESSON-SEVIGNE ✆ 02 99 83 84 84. Atelier ✆ 02 99 83 58 30. *Ouvert du lundi au samedi de 8h à 12h30 et de 14h à 19h. Atelier ouvert du lundi au vendredi de 8h à 12h et de 13h30 à 18h30 et le samedi de 9h à 12h15.* Juste en face de Nissan, ce concessionnaire Seat présente un hall d'exposition ouvert et un parc d'occasions bien fourni, le tout agencé de façon simple et sobre. Vous trouverez ici un bon accueil, ainsi qu'un magasin de pièces de rechange neuves et occasions, et la gamme des accessoires Seat. De quoi bichonner votre voiture préférée, avec une équipe de professionnels à votre service.

SMART ET MERCEDES-BENZ DELOURMEL AUTOMOBILES 9, rue de la Cerisaie, ZI Rennes Nord, SAINT-GREGOIRE ✆ 02 99 87 40 40. Service commercial et administratif ✆ 02 99 87 40 40. Service pièces détachées ✆ 02 99 87 40 30. Ateliers ✆ 02 99 87 40 35. De la petite citadine Smart aux belles routières Classe CLS, en passant par les monospaces compacts ou non de la Classe A et sans oublier les tout-terrains et SUV des Classe M et G, voilà l'étendu du choix disponible chez ce concessionnaire. Ici, peut-être plus qu'ailleurs, on est à l'écoute et attentif à votre demande. On vient de loin pour admirer les Smart ou les critiquer mais l'envie est là, qui titille, d'aller en essayer une, quelle soit 2 places, 4 places ou cabriolet. Ne vous privez pas de ce plaisir, de toute façon, ça ne vous engage à rien !A noter un service après-vente impeccable et de nombreux petits plus, ainsi qu'un parc de voitures d'occasion.

SOBREDIA CONCESSIONNAIRE ALFA-ROMEO FIAT LANCIA 9, rue de Paris, CESSON-SEVIGNE ✆ 02 99 83 40 00. Occupant une belle superficie, cette concession, située à côté du centre commercial Carrefour, présente de biens belles machines !L'accueil et le service après-vente sont tous deux impeccables. Beau parc d'occasions toutes marques. Et surtout divers ateliers sont là pour répondre à tous les besoins : l'atelier mécanique, carrosserie et peinture, et le service rapide, pour les marques de la concession, l'atelier spécifique véhicules d'occasion toutes marques, et le petit dernier, ouvert en 2004, l'atelier spécial campings-cars et utilitaires, notamment Fiat.

Démolition auto

DEPANN'AUTO La Janaie, VERN-SUR-SEICHE ✆ 02 23 27 05 63. *Ouvert du lundi au vendredi de 8h30 à 12h et de 14h à 18h et le samedi de 8h30 à 12h et de 14h à 17h.* Depann'Auto est une casse automobile et vend des pièces détachées d'occasion, provenant des voitures accidentées de son parc, mais aussi des véhicules de fourrière. Moteurs, batteries, etc., sont vérifiés, et les "petites" pièces, telles que rétroviseurs, sièges, pare-chocs, feux et autres, peuvent être démontées directement par les particuliers. La maison procède gratuitement aux enlèvements d'épaves et de véhicules hors-service, assure la pose de pneus d'occasion et vend également des véhicules d'occasion, préparés et passés au contrôle technique. La fourchette de prix est alléchante : de 762 € à 3 049 €, avec une garantie de trois mois pour tous les véhicules vendus au-delà de 1 500 €.

Entretien

EUROMASTER 70, avenue du Mail ✆ 02 99 59 35 29. "Notre seule ligne de conduite, c'est vous", voici un slogan qui en dit long et qui résume bien la qualité du service apporté par cet Euromaster. Très attentif à ses cleints, ce spécialiste du pneu, des amortisseurs, des freins, de l'équilibrage, du parallélisme ou de la vidange vous accueille avec le plus grand professionnalisme. Toutes les prestations de ce garage se caractérisent par la rapidité et la fiabilité, de plus l'accès au garage, au bord du centre-ville, est particulièrement pratique. **Autre adresse : 67, rue du Manoir-de-Servigné, Route de Lorient 02 99 14 67 00.**

MIDAS 5, avenue Aristide-Briand ✆ 02 99 38 81 56. *Ouvert du lundi au vendredi de 8h à 19h et le samedi de 8h à 17h.* Midas compte plusieurs adresses à Rennes qui offrent des services identiques et vous accueillent sans rendez-vous : pneus, freins, pots d'échappement, cardans, révisions et entretiens courants, voire même pour certains centre locations de voiture. Les centres Midas de Rennes n'ont pas tous les mêmes horaires, mais ils ont comme point commun la bonne idée d'être ouverts en continu. **Autres adresses : 311, rue de Nantes ✆ 02 99 35 08 72, mêmes horaires que avenue Aristide-Briand, • Centre commercial Carrefour, CESSON-SEVIGNE ✆ 02 99 83 42 24, ouvert du lundi au vendredi de 8h30 à 19h et le samedi de 8h à 18h, • Zone commerciale, rue de la Longeraie, SAINT-GREGOIRE ✆ 02 23 20 64 64, ouvert du lundi au vendredi de 8h à 19h et le samedi de 8h30 à 17h30.**

SPEEDY 212, rue de Nantes ✆ 02 99 65 52 03. *Ouvert du lundi au vendredi de 8h à 19h et le samedi de 8h à 17h.* Vous souhaitez un service rapide pour changer vos pneus, vos freins, vos amortisseurs, votre batterie ou votre échappement, effectuer votre vidange : alors bienvenue chez Speedy !Son nom ne ment pas, le service est efficace et la rapidité d'intervention appréciable. Toutes les adresses Speedy sont ouvertes 6j/7 en journée continue et aux mêmes horaires, et on s'y rend sans rendez-vous. N'hésitez pas, allez-y donc !**Autre adresse : 124, rue de Fougères ✆ 02 99 63 52 30 • Centre commercial Leclerc, SAINT-GREGOIRE ✆ 02 23 20 21 90.**

Garages et dépannage

GARAGE LOUIS BLAIN 85, rue Jean-Guehenno ✆ 02 99 38 03 65. Cet agent Citroën, anciennement dans la rue de Fougères, propose des véhicules neufs et d'occasion, en plus d'un service sérieux de réparations et de dépannages pour toutes les marques. Comme les autres petits garages de quartier, ici le service et le goût du travail bien fait ne sont pas de vains mots. On prend le temps de vous écouter et de suivre l'historique de votre voiture, à la différence de certaines grandes enseignes qui font plus souvent de l'abattage que du service.

GARAGE JEAN-PAUL BOULC'H 11, boulevard Franklin-Roosevelt ✆ 02 99 53 87 38. Agent Opel certes, mais M. Boulc'h répare toutes les marques en plus de vendre des véhicules neufs et d'occasion. Devis calculé au plus juste et un accueil chaleureux garanti. Le service rapide tient ses promesses et le dépannage est efficace et rapide.

GARAGE SOURGET- PEUGEOT 14, rue Jules-Vallès ✆ 02 99 67 02 67.

Dépannage 24h/24 ✆ 06 08 30 33 03. En plus de vous proposer des 107, 1007, 206, 206 CC, 307 et 307 CC, 407, 607, 807 ou encore Partner, c'est aussi une adresse solide pour tout ce qui touche à la tôlerie, la peinture, les accessoires, l'entretien ou la mécanique. Compétence et professionnalisme au rendez-vous, pour une maison où vous choisirez entre véhicules neufs ou d'occasion. Les services de cet agent Peugeot sont dignes d'une concession.

Pare-brise

ABC PARE-BRISE 6, rue de Châteaugiron © 02 99 53 46 46. Tout service de pose de pare-brise se doit d'être rapide et c'est ici le cas, même si les prix en souffrent un peu !Cette enseigne est agréée toutes assurances et membre du réseau mondial de pare-brise. Le règlement peut s'effectuer directement par l'assurance.

CARGLASS CENTRE TECHNIQUE 118, boulevard de Metz © 02 99 87 19 00 et numéro vert © 0800 77 24 24. *Site Internet : www.carglass.fr* Toujours disponible et même à domicile, Carglass est un service bon marché et rapide, même le samedi. Idéal pour changer votre pare-brise, réparer les éclats et même changer ou poser un toit ouvrant. L'ensemble du personnel est fort sympathique.

FRANCE PARE-BRISE 3, boulevard Jacques-Cartier © 02 99 30 07 97 et numéro gratuit © 0800 40 02 00. Vite fait, bien fait : la pose d'un pare-brise n'attend pas. Devis étudié au plus juste pour un service en un minimum de temps. Aussi, si cela ne pouvait être fait en peu de temps, il existe même un service de prêt de véhicule gratuit.

Pièces neuves et d'occasion

AUTODIS, ETS CARMOINE-MONVOISIN Rue des Charmilles, CESSON-SEVIGNE ✆ 02 99 86 11 15. *Du lundi au vendredi de 8h à 12h30 et de 13h30 à 18h, samedi de 8h30 à 12h.* Autodis est la bonne adresse des professionnels de l'automobile, j'ai nommé les garagistes. Ils font appel à cette société pour tous leurs entretiens, vente et réparation de karshers, compresseurs, démonte-pneus, aspirateurs... C'est donc un gage de confiance qui fait que nous vous conseillons cette adresse qui est également spécialisée dans la pièce détachée neuve et les accessoires pour les voitures françaises et étrangères, ainsi que les véhicules industriels. Vous pourrez y faire poser aussi un auto-radio ou votre crochet d'attelage ou y entretenir votre climatisation. Une adresse sérieuse et efficace.

DILANGE Rue Emile-Souvestre, ZA Mivoie, SAINT-JACQUES-DE-LA-LANDE ✆ 02 99 31 08 43. *Ouvert du lundi au samedi.* L'as des pièces d'occasion et de la récupération mettra un point d'honneur à vous fournir la pièce qu'il vous faut, quelle que soit la marque de votre voiture ou de vos véhicules industriels. Lorsque cette dernière est trouvée, elle sera garantie trois mois, six mois ou un an. De quoi se tourner vers l'occasion !Une ligne téléphonique "info stock" ouverte du lundi au samedi évitera tout déplacement inutile. Vous bénéficiez également d'un grand choix de pièces neuves, d'un service de démontage express et d'un atelier pour vos vidanges, pneus, freinage ou embrayage. En plus, Dilange peut également assurer le montage dans ses ateliers.

LETOURNEL 42, route de Fougères, CESSON- SEVIGNE ✆ 02 99 62 06 16 / 02 99 62 00 02. Numéro Azur ✆ 0800 80 05 96, appel gratuit à partir d'un poste fixe. *Ouvert le lundi de 9h à 12h15 et de 13h30 à 18h30, du mardi au vendredi de 8h à 12h15 et de 13h30 à 18h30, le samedi de 8h30 à 12h30.* Voici le spécialiste de la vente de pièces détachées de voiture !Il offre du neuf comme de l'occasion, entièrement revérifié. Il pourra également reprendre votre véhicule, y compris s'il s'agit d'une épave. Letournel propose un service d'entretien de votre véhicule, de montage de toutes pièces et de toutes marques, ainsi que des possibilités de vente de pièces détachées pour l'exportation, acheminées par containers. Enfin, un bon plan futé : son service de recherche de pièces France-Europe.

SA VANDENKERCKHOVE 3, rue du Breil, ZI sud-est, CHANTEPIE ✆ 02 99 26 96 21. Spécialiste de la vente de pièces neuves ou d'occasion, toujours garanties, SA Vandenkerkhove saura toujours vous satisfaire pour le meilleur prix. Il répondra toujours à vos demandes dans un minimum de temps. Aussi, il vend des véhicules d'occasion de toutes marques. Prix intéressants et atelier de montage compétent sont autant d'arguments pour vous séduire.

Prévention routière

CENTAURE BRETAGNE Le Bois Doré, LE RHEU ✆ 02 99 14 67 77. *Site Internet : www.bretagne.centaure.com* On l'aperçoit depuis la route de Lorient et on s'interroge : "Mais que propose cet établissement ?" Depuis dix ans, Centaure assure une activité de sensibilisation des conducteurs aux risques routiers. Sur

1 ou 2 journées, à travers des stages, la maison vous fera comprendre et découvrir les bases et vérités fondamentales sur le fonctionnement et l'environnement de la conduite. Grâce à des plateaux d'exercices qui reprennent toutes les configurations routières délicates, souvent difficiles à affronter pour le conducteur lambda, telles que la piste mouillée avec une faible adhérence ou le virage, pour ne citer qu'eux, Centaure vous permettra de mieux anticiper le danger. Vous allez vous découvrir et prendre conscience de vos limites. Mais ici, point de moralisation !Les stages sont conviviaux et s'adressent aux entreprises comme au grand public. Centaure est agréé formation continue. L'accident n'est pas un hasard, encore moins une fatalité !Aussi, depuis le mois de janvier 2005, Centaure Bretagne est agréé pour les stages de récupération de points pour le permis. Cet agrément couronne le sérieux de l'établissement.

COMITE DEPARTEMENTAL DE LA PREVENTION ROUTIERE Parc d'activités de la Bretèche, SAINT-GREGOIRE ✆ 02 99 23 10 30. Le comité départemental de la prévention routière a plusieurs cordes à son arc. Il est un lieu d'information et de renseignements sur la prévention routière, mais mène aussi plusieurs actions de sensibilisation en direction des écoles, des collèges et des lycées, des entreprises et des salariés. C'est également un centre agréé pour dispenser les stages de récupération de points, qui s'accomplissent dans les locaux sur deux jours. Le comité organise en outre des opérations ponctuelles, par exemple, celle intitulée Capitaine de soirée, en partenariat avec les discothèques et les associations : un des jeunes se désigne capitaine de soirée, s'engage à ne pas boire d'alcool et se charge donc de conduire et de ramener ses amis à bon port. Quand prévention rime avec action et partenariat, il y a une réelle chance de réduire les risques.

Vente aux enchères d'automobiles

BRETAGNE ENCHERES AUTO 108, route du Meuble, RENNES-MONTGERVAL ✆ 02 99 13 11 40. *Site Internet : www.encheres-auto.com* Chaque lundi à 10h30 et 14h, de 300 à 400 véhicules d'occasion sont vendus aux enchères par Bretagne Enchères Auto, à Montgerval sur la route Rennes-Saint-Malo. Les véhicules, berlines, breaks, monospaces, utilitaires, etc., sont visibles sur place le dimanche précédant la vente, de 10h30 à 17h30, le lundi à 9h, ou sur le site Internet. En provenance de flottes d'entreprises, de liquidations ou de loueurs, chaque véhicule dispose du contrôle technique, voire d'une expertise, et d'une fiche technique détaillée. Sachez qu'une fois l'enchère emportée, vous devrez ajouter au prix adjugé par le commissaire-priseur environ 10 %, correspondant aux frais de vente.

Vendez vous-même votre automobile !

Chaque dimanche, sur le parking du Parc des Expositions, une multitude de voitures sont à vendre ou à acheter. Si vous êtes vendeur, il vous suffit de vous déplacer avec votre véhicule, de remplir les formalités et de vous acquitter de la somme de 35 €, inscription valable jusqu'à la vente de votre véhicule. Puis d'attendre... De 8h à 13h, chalands ou curieux sont au rendez-vous. **Pour plus de renseignements ✆ 02 99 27 25 49. Site Internet : www.autodimanche.fr**

Moto

BOXER PASSION 19 bis, rue de Rennes, CESSON-SEVIGNE ✆ 02 23 45 15 45. *Ouvert du mardi au samedi de 9h à 12h et de 14h à 19h, 18h30 en hiver.* Ce concessionnaire BMW accueille les amoureux de ces belles cylindrées, et s'occupe de tout : vente de motos neuves ou d'occasion, réparation, amélioration et entretien de votre trésor motorisé. Les conseils et l'accueil sont par ailleurs d'un rare professionnalisme.

CELTIC MOTOS 14, rue des Tisserands, ZA les Forges, BETTON ✆ 02 99 55 12 62. *Ouvert du mardi au vendredi de 10h à 12h et de 14h à 19h, et le samedi de 10h à 12h et de 14h à 18h.* Cette adresse est le spécialiste du scooter de 50 centimètres cubes d'occasion en plus d'être agent Peugeot proposant un service de réparation, ainsi que des pièces détachées pour motos et scooters. Vous pourrez aussi y profiter de son savoir-faire pour revoir une peinture égratignée ou éraflée par une quelconque imprudence. En plus, l'accueil de se fondu de side-car est particulièrement chaleureux. Vous l'aurez compris, une adresse à retenir, d'autant que ce spécialiste du deux roues propose de nombreux modèles de motos en dépôt-vente qui attendent toutes de trouver un gentil motard.

DRYM'S MOTO 98, route de Lorient ✆ **02 99 14 05 15.** *Ouvert du mardi au vendredi de 9h à 12h et de 14h à 19h, et le samedi de 9h à 18h.* Tout près du stade, on reconnaît facilement l'enseigne à la horde de motards qui s'attroupent souvent autour de ce magasin. Concessionnaire Suzuki exclusif à Rennes, le magasin est tenu par un passionné. Accessoires et pneus Bis, belles routières, trails agressifs et puissants, ou plus fun avec le Van Van nouvelle génération, le choix est vaste et varié. Avec en outre un atelier réparation et entretien toutes marques, ainsi qu'un bon choix de motos d'occasion.

MOTO SHOP 35 5 bis, rue de Lorient ✆ **02 99 59 49 93.** Des Kawa en veux-tu, en voilà, belles, racées et rutilantes !Le seul concessionnaire Kawasaki à Rennes bien fourni en modèle de la dernière gamme et d'autres moins récents, sur lesquels il effectue de belles promos. Est-il nécessaire de préciser que la maison propose une gamme de services étendue ?Vente, reprise, mais aussi crédit, accessoires et réparation. Fox pour les vêtements, Igol pour l'huile, casques, gants et bien d'autres accessoires indispensables à la pratique de votre hobbie préféré remplissent les rayons. Par ailleurs, ce véritable fou du deux roues participe tous les ans aux 24 Heures moto du Mans. Enfin, ce concessionnaire Kawasaki distribue également les Jet Ski de la marque et est revendeur scooters et cyclos Derbi.

PLANETE YAM 55 et 57, rue de Rennes, CESSON-SEVIGNE ✆ **02 99 83 59 83.** *Ouvert du mardi au vendredi de 9h à 12h et de 14h à 19h, et le samedi de 9h à 12h et de 14h à 18h.* De la Yam en veux-tu en voilà. De la Yam dans tous ses états... Voilà un magasin qui en dit long avec son nom. Planète Yam s'est agrandi et tout "yamahiste" convaincu trouvera ici la gamme complète de la célèbre marque : scooters 50 centimètres cubes, scooters des mers, motos 125 centimètres cubes et grosses cylindrées, quads homologués, pièces détachées et tous les accessoires, vêtements, casques et bagagerie, indispensables à la pratique de votre hobby. Avec, en prime, des possibilités de financement avantageuses et des conseils avisés, sans oublier l'entretien de votre monture sans rendez-vous et des occasions toutes marques garanties.

RENNES MOTOS 55 b, rue de Rennes, CESSON-SEVIGNE ✆ **02 23 45 11 89.** *Ouvert du mardi au samedi de 9h30 à 12h30 et de 14h à 19h.* Le numéro un de la moto d'occasion, c'est lui. La bécane de vos rêves vous attend parmi les nombreuses occasions rassemblées ici, ainsi que tout l'équipement nécessaire à la pratique de votre sport favori : vêtements, casques, bottes, gants... pour la route ou le cross à des prix très intéressants. La maison s'occupe également de l'entretien et possède un atelier où vous pourrez faire réparer votre engin en toute confiance, s'il venait à tomber malade... Enfin, le lieu propose aussi un rayon dépôt-vente toujours de qualité.

Vélo, cyclo, scooter

CYCLES BONNAMY-VELOS OXYGENE 10, boulevard Laennec ✆ **02 99 36 04 27.** *Ouvert du mardi au vendredi de 9h à 12h et de 14h à 19h, et le samedi de 9h à 12h.* Ce magasin vend, répare vélos, motos et scooters. Ce commerce de proximité hors paire vous permettra de dénicher votre petit bonheur, version deux roues. Il vous sera également utile pour retaper une chaîne cassée, une roue voilée, un frein détraqué ou pour redonner vie à votre ancien vélo. Le tour de main est ici inégalé. De vrais miracles s'y produisent. Bref, une adresse essentielle et à retenir.

CYCLES GUEDARD 13, boulevard Beaumont ✆ **02 99 30 43 78.** *Ouvert lundi de 14h à 19h, du mardi au jeudi de 9h à 12h30 et de 14h à 19h, vendredi de 10h à 19h et samedi de 9h à 18h30.* Vtt, vtc, vélo de course ou de ville, achat ou location pour la journée, le week-end ou la semaine. Il est cependant conseillé de réserver car le parc de vélos à la location se trouve près de la gare et n'est pas très fourni.

L'ECHOPPE DU 2 ROUES 64, rue Papu ✆ **02 23 46 30 01.** *Ouvert le lundi de 14h30 à 18h30, du mardi au vendredi de 9h30 à 12h15 et de 14h à 18h, et le samedi de 9h30 à 12h15.* Un incontournable à Rennes. Situé à l'angle de la rue Papu et de la route de Saint-Brieuc, cette enseigne répare et vend du deux roues neuf : marque BH pour les vélos et Peugeot pour les scooters. Soyez-en certain, votre précieux moyen de locomotion fera l'objet de la plus grande attention. Savoir-faire efficace et prix très doux sont les maîtres mots de la maison.

LECONTE CYCLES 2, rue d'Isly ✆ 02 99 30 89 02. Face à l'esplanade Charles-De-Gaulle, à deux pas du magasin Léonidas. Il est bon de trouver une bonne adresse pour éliminer quelques kilos ou pour simplement trouver la perle rare, le vélo, le scooter, la vespa de ses rêves. De surcroît, si vous voulez trouver votre futur moyen de transport urbain ou champêtre écologique se sera également la bonne adresse. Bref, vous l'aurez compris, avec un vaste choix de modèle en exposition, sur deux niveaux,, Leconte cycles saura toujours vous satisfaire. Le lieu propose également des ustensiles, ainsi qu'un atelier de réparation rapide et efficace. Enfin, pour les amateurs de petits prix, il existe également un rayon de vélos d'occasion.

SCOOTS ET CIE 129, rue de Nantes ✆ 02 99 85 88 98. *Ouvert du mardi au samedi de 9h30 à 12h15 et de 13h45 à 19h.* Du 50 au 125 centimètres cubes, vous y trouverez pêle-mêle scooters, cyclomoteurs ou machines à vitesse, mais aussi accessoires, pièces détachées, service après-vente et atelier de réparation. Scoots et Cie est d'ailleurs un concessionnaire MBK aux prestations très complètes. Ce magasin présente également des occasions toutes marques.

CYCL'SHOP 43 a, rue de Rennes, CESSON-SEVIGNE ✆ 02 99 83 21 22. *Ouvert du mardi au samedi de 9h à 12h et de 14h à 19h, 18h le samedi.* Cycl'Shop est une enseigne incontournable pour les inconditionnels du deux roues. Vous y dénicherez un grand choix de 125 centimètres cubes, garantie 2 ans, de 1 990 € à 2 880 €,, des scooters et depuis peu des quads homologués, ainsi qu'un grand nombre d'accessoires et de pièces détachées pour embellir, rendre plus performant votre joujou pour adulte. Bref, ici, ça rutile, pétarade, vrombit... comme on aime. Côté marques, les grands noms du secteurs sont en vente à Cycl'Shop, comme Piaggio, Gilera ou encore Kymco. Enfin, cette enseigne offre de surcroît des prestations de dépannage, remorquage et réparation pour toutes les marques, ainsi qu'une formule de location de scooters.

beauté

Coiffeurs

ALIZEE B 3, rue Saint-Melaine © 02 99 38 03 04. *Ouvert le lundi de 13h à 19h, du mardi au vendredi de 9h à 19h et le samedi de 8h30 à 18h.* Ce joli petit salon de coiffure pratique le shampooing-coupe-coiffage à 31 €, et pour les étudiantes, c'est 24,80 €, dans une ambiance toujours décontractée. La maison pratique systématiquement un massage détente du cuir chevelu, bien agréable. La carte de fidélité donne droit à plein d'avantages, du soin détente à la bouteille de shampooing offerte, en terminant par un cadeau surprise à 15 €. Et chaque mercredi, réduction de 20 % sur le balayage mèches couleur, sauf veilles de fêtes, !Les étudiants ne sont pas oubliés, puisqu'ils bénéficient de 20 % de remise sur tous les services de la maison. **Autre adresse : 2, quai Emile-Zola02 99 79 24 90. Ouvert du lundi au vendredi de 9h à 19h, le samedi de 8h30 à 18h.**

ALTI COIFF' 13, rue Lanjuinais © 02 99 79 44 79. *Ouvert le mardi de 9h à 12h et de 14h à 19h, le mercredi et le samedi de 9h à 17h et le jeudi et le vendredi de 9h à 19h.* Le personnel d'Alti Coiff' est particulièrement charmant et attentif. Pour les dames, le salon offre un shampooing-coupe-brushing à 32 €, le même pour ces messieurs est à 19 €. Si seuls suffisent un shampooing et un coiffage pour vous remonter le moral, sachez Mesdames et Mesdemoiselles qu'il ne vous en coûtera que 21 €. Les étudiants bénéficient d'une réduction de 20 % sur toutes les prestations.

ANITA.P 3, rue Ferdinand-Buisson, En bas de la place de la Mairie © 02 99 79 18 26. *Ouvert du mardi au jeudi de 9h30 à 19h, le vendredi de 9h à 19h et le samedi de 9h à 17h.* Ce lieu tout en longueur respire la gaieté et la cordialité : l'accueil est chaleureux et la déco aussi, avec ses miroirs artisanaux. Anita.P traite vos cheveux avec dextérité, qu'il s'agisse d'une coupe, d'une coiffure, de la confection d'un chignon ou de tout autre mise en beauté de votre tête. Elle travaille avec des produits Sebastian et Wella. Le shampooing-coupe-brushing pour les femmes est à 33,50 € et à 19 € pour les hommes. Etudiants et étudiantes bénéficient là aussi de tarifs réduits. Une adresse à consommer sans modération, dès que l'envie vous prend de relooker votre coiffure !

ATMOSPH'HAIR 5, rue Duhamel © 02 99 30 11 84. *Ouvert du mardi au samedi de 9h à 19h.* Grand bien vous prendra de remettre votre précieuse chevelure entre les mains expertes de l'équipe d'Atmosph'Hair. Après une attente très courte, de petites mains magiques vous feront des mèches, une coloration ou une simple coupe. Ces dames méritent un 20/20 pour la façon dont elles comprennent votre demande et réussissent coupe ou coloration. Enfin, la note finale, 26 € pour les femmes et 17 € pour les hommes, remportera les suffrages de tous. Gentillesse en prime.

BIEN DANS SA TETE 15, rue de Vern © 02 99 50 86 30. *Ouvert du mardi au jeudi de 9h à 12h et de 14h à 19h, le vendredi de 9h à 19h et le samedi de 8h à 17h.* Passer un vrai moment de détente et être bien dans sa coiffure : tout un programme, que Maïté et son équipe assurent de main de maître !A tel point qu'il faut parfois s'y prendre une semaine à l'avance pour un rendez-vous. C'est dire si le salon fait des émules et des heureuses !Tous les soins sont ici naturels : shampooing aux huiles essentielles, colorations aux plantes, à l'huile de jojoba et aux protéines de soie, permanente sans ammoniaque aux acides de fruits, soin au vinaigre inclus, balayages et mèches à l'argile. Mais surtout et avant tout, Maïté vous conseille sur votre future coupe, à partir de vos désirs mais aussi de la forme de votre visage et de votre style. Et puis, après chaque shampooing, massage du cuir chevelu : un pur moment de bonheur !Le forfait shampooing-coupe-coiffage est à 28 € pour les femmes et 16 €pour les hommes.

BLACK CAPRICE 6, rue de Vern © 02 99 53 47 13. *Le lundi et le mardi de 9h à 18h, du mercredi au vendredi de 9h30 à 18h30 et le samedi de 10h à 18h.* Bienvenue au royaume de la coiffure africaine !Pour des tresses africaines, c'est un des soins les plus courants dans ce salon,, il faut compter 6 à 8 heures de travail, de 110 € à 150 € selon que vous voulez des mèches mi-dos ou mi-long. Au hit-parade des demandes les plus fréquentes, le défrisage, à partir de 45 €, est bien placé. Sans oublier le tissage, le curly, pour boucler les cheveux afros,, le wave, pour les onduler,, etc. N'oubliez pas de prendre rendez-vous, car tous ces soins nécessitent beaucoup de temps. Avec une durée de vie qui tient bien la longueur, elle aussi !

LA CABANA GIO 14, rue Vasselot, Cours du Vert-Galant © 02 99 79 12 66. *Ouvert le lundi de 14h à 19h et du mardi au samedi de 10h à 19h.* Tarifs concurrentiels, ambiance décalée, savoir-faire assorti d'une bonne humeur pétillante : la Cabana Gio est un salon de coiffure pas comme les autres, qui assure coupes, couleurs, mèches et même extensions de mèches à l'occasion. Dans la cour du Vert Galant, il offre une petite terrasse, couverte de canisses, qui sert de salle d'attente extérieure, et à l'intérieur couleurs et musiques se répondent et mettent l'ambiance !On se croirait sur un autre continent. Chaque premier mercredi du mois, le shampooing-coupe-coiffage est à 16 € pour les femmes, sur rendez-vous. Les autres jours, la même prestation est à 25 € et 16 € pour les hommes.

CRAZY HAIR Centre commercial Colombia © 02 99 31 78 66. *Ouvert du lundi au samedi de 9h à 19h30, avec ou sans rendez-vous.* A l'entrée du Colombia, en face de la Brioche Dorée, en bas des escalators, vous l'avez certainement remarqué. Ce salon mixte, aux couleurs chatoyantes, est très animé : une dizaine de coiffeurs et coiffeuses s'activent joyeusement. Il est vrai que c'est un peu bruyant mais Aline, par exemple, s'efforce de vous faire passer un bon moment. Les produits pour les soins des cheveux s'affichent sur toute la vitrine et des produits en promotion sont disposés à la caisse. Nourrir, protéger, embellir vos cheveux : tels sont les désirs de la maison, avec celui de réaliser la coupe qui vous ira parfaitement. C'est pari gagné !Parmi les produits utilisés, citons L'Oréal ou encore Lazartigue et Revlon. Le forfait shampooing-coupe-brushing femmes est à 33 € et hommes à 20 €.

CUT'S 23, avenue Janvier ✆ 02 99 30 05 12. *Ouvert le lundi et le mercredi de 14h à 19h, le mardi, jeudi et vendredi de 9h à 19h et le samedi de 9h à 17h.* Ce salon de coiffure est tenu par une styliste-visagiste. Ainsi, ses coupes de cheveux savent mettre en valeur vos traits et votre style, le tout dans une ambiance détendue, joyeuse et complice. Le shampooing-coupe-coiffage est à 28 € pour les femmes, avec un soin du cheveu, et à 17 € pour les hommes. Qui dit mieux ?

EXPOSITO 23, rue de Penhoët ✆ 02 99 79 09 84. *Ouvert du mardi au vendredi de 9h30 à 20h30 et le samedi de 8h à 17h, 13h en juin-juillet-août.* On aime particulièrement ce salon où l'on s'occupe à merveille de nos têtes, et où l'équipe devine d'instinct quelle coupe, suivant la nature de vos cheveux et votre look, vous mettra en valeur. L'adresse est une valeur sûre, l'ambiance décontractée et toujours souriante, le résultat à la hauteur de vos espérances !Côté prix, le shampooing-coupe pour homme est à 21 €, les étudiants débourseront 19 €, et le shampooing-coupe-coiffage femme plafonne à 35 €, 29 € pour les étudiantes. La musique diffusée est le plus souvent très agréable, ce qui ajoute au plaisir de passer un moment à se faire dorloter.

FRANCK PROVOST 19, quai Lamartine ✆ 02 99 78 33 03. *Ouvert du mardi au vendredi de 9h à 19h et le samedi de 8h30 à 18h30.* Le coiffeur des stars enfin sur Rennes !Et sans rendez-vous, s'il vous plaît !Gilles Marie a travaillé pendant dix ans avec Franck Provost à Paris en tant que coiffeur puis manager d'un salon de la maison mère avant d'ouvrir son salon à Rennes. Raffinement, mélange de bois avec une pointe d'acier très zen, tels sont les ingrédients pour une atmosphère réussie. Les salons de cette enseigne sont réputés pour plus d'une raison : outre la qualification des coiffeurs, l'hygiène y est scrupuleusement respectée. Les peignoirs et les serviettes sont jetables et à usage unique, les brosses sortent d'un sachet. Les produits utilisés sous la marque Franck Provost sont des produits conçus spécialement par le laboratoire Revlon, et le salon est également dépositaire des produits L'Oréal et Kérastase. La ligne Franck Provost est une gamme riche et complète de shampoings, produits coiffants, soins pigments pour personnaliser votre couleur, n'hésitez pas à demander conseil. Ici, rien n'est laissé au hasard pour vous assurer une coiffure digne d'une star évidemment, à 36 € pour les dames et 20 € pour les hommes. Brosserie et accessoires en vente au salon.

GERARD PRECHOUX 20, place Sainte-Anne ✆ 02 99 63 32 05. *Ouvert du mardi au jeudi de 9h à 18h, le vendredi de 9h à 12h et de 14h à 19h et le samedi de 8h à 13h.* Ce cabinet, situé au cœur de la ville, est spécialisé dans les problèmes de calvitie et propose des solutions qui s'adaptent à chacun. Prothèses, soins et chirurgie sont au menu, et la solution retenue se fera toujours après conseils et explications détaillées. Vous verrez des photos du genre "avant" et "après", qui ont le don de rassurer les plus hésitants. Le cabinet assure aussi le suivi, puisqu'il garantit le coiffage des compléments capillaires et volumaires posés. D'autre part, l'adresse s'est enrichie cette année d'une nouvelle activité : l'épilation longue durée, maillots, jambes, aisselles.

HENRI MICHEL INTERCOIFFURE 4, rue Tronjolly ✆ 02 99 79 48 26. *Ouvert le lundi de 10h à 18h, du mardi au vendredi de 9h à 19h et le samedi de 9h à 18h.* Coloration ou technique de coiffure adaptée à la nature de vos cheveux peuvent être au programme. Le petit plus de la maison s'appelle ponctualité. Avec ou sans rendez-vous, le planning est géré de main de maître et est scrupuleusement respecté. Les cheveux des femmes seront shampouinés, coupés et coiffés pour 39 €, 30 € étudiantes, et ceux des hommes pour 23 €, 18 € étudiants. Autre adresse : 5, rue de Clisson ✆ 02 99 78 11 01.

JACQUES DESSANGE 15-17, rue Tronjolly © 02 99 30 07 73. *Site Internet : www.jacques-dessange.com. Ouvert du lundi au mercredi de 9h à 19h, le jeudi et vendredi de 9h à 19h30 et le samedi de 8h30 à 19h.* La star, c'est vous !Votre salon Jacques Dessange vous invite à découvrir ou redécouvrir l'univers de la beauté globale et ses exclusivités, tous ces "plus qui font notre différence et créent la vôtre" : un accueil et un diagnostic personnalisés, une hygiène irréprochable, une brosse et un peignoir propres à chaque personne,, le bar à shampooing, c'est-à-dire que le shampooing est choisi en fonction de la nature de vos cheveux, des coupes personnalisées, les mille et une façons de voir la vie en blond, référence culte Dessange,, un conseil maquillage offert... Dessange, c'est ça, des professionnels entièrement dévoués à votre beauté. Une ligne d'accessoires et de bijoux, sobres et originaux, est en vente dans le magasin. Voir également la rubrique Instituts de beauté.

JEAN BERNARD COIFFURE 1, rue du Pré-Botté © 02 99 79 09 61. *Ouvert du mardi au samedi de 8h à 19h.* Eric, spécialiste couleur et stylisme, saura vous conseiller. Car ce salon est non seulement le plus ancien salon de coiffure de Rennes, mais il est aussi classé haute coiffure et création. Inutile de dire qu'ici la femme est reine, l'homme est roi, et que absolument tout dans ce salon est fait pour votre confort et votre bien-être, autant que pour la beauté et l'entretien de vos cheveux. Jean Bernard utilise plusieurs marques de soins capillaires en exclusivité et privilégie les soins par les plantes. Dans le salon, situé au premier étage, 2 salles distinctes ont été aménagées, créant deux ambiances différentes. Et chaque mardi une manucure indépendante vient s'occuper de la beauté de vos mains. L'équipe est aux petits soins et une fois passé entre leurs mains expertes, vous n'aurez plus qu'une envie : revenir vous faire coiffer !Le salon se visite sur www.pagesjaunes.fr à la rubrique Coiffeurs.

JEAN-CLAUDE BIGUINE 28, quai Duguay-Trouin © 02 99 31 52 91. *Ouvert du mardi au vendredi de 9h à 19h et le samedi de 9h à 18h.* Avec ou sans rendez-vous, certes, mais en fin de semaine, notre conseil est plutôt de prendre rendez-vous !Car l'adresse est connue et appréciée, comme salon de coiffure et comme institut de beauté. Coupes diverses et variées, couleurs Jean-Claude Biguine, lumineuses et actuelles, balayages ultra-blond, britney, etc. Vos cheveux seront traités avec tous les égards et selon vos envies. L'enseigne procure aussi soins du visage et du corps, épilation, manucure et beauté des pieds, versions traditionnelles ou orientales. Des soins spécifiques sont réalisés en fonction des saisons : pour préparer votre peau à l'été, par exemple, l'institut effectue le gommage corps au sel puis un massage relaxant aux huiles de fleurs, 39 €, comptez environ 1 heure 15 pour le soin complet. Des forfaits mariée sont proposés, avec soins, maquillage et coiffure. Et le petit plus pour finir : toutes les prestations bénéficient d'une remise de 20 % le mercredi après-midi, pour les étudiants, cette remise est valable tous les jours.

MARTINE GUIFFAUT 7, rue du Chapitre © 02 99 78 18 94. *Ouvert le mardi et le mercredi de 9h à 19h, le jeudi de 10h à 20h, le vendredi de 9h30 à 19h30 et le samedi de 8h30 à 18h30.* Pierres apparentes, parquet, des miroirs partout : le salon de coiffure de Martine Guiffaut est superbe. Le shampooing-coupe-coiffage pour hommes est à 27 € et pour les femmes à 39 €, cheveux courts, et 43 €, cheveux longs. Un devis est effectué pour les cheveux très longs. Les étudiants bénéficient de moins 10 %, les moins de 20 ans de moins 20 % et les moins de 10 ans de moins 30 %. Un tarif dégressif bien étudié !

NICKY COIFFURE 42, rue de Saint-Malo ✆ 02 99 84 65 92. *Ouvert du mardi au samedi de 9h30 à 19h.* Spécialisée dans la coiffure afro-antillaise, Nicky Coiffure accueille sa clientèle sur rendez-vous. Le tarif des tresses est toujours en fonction de la longueur. Celles et ceux qui tiennent à faire défriser leur chevelure seront exaucés. Dans une bonne ambiance, vous pourrez aussi vous y faire faire des dreadlocks, des teintures... Les tresses sont à partir de 53,38 €, le défrisage à partir de 50,84 € et les nattes de 39,64 €.

NICOLAS BOSSE 6, rue Saint-Melaine ✆ 02 99 38 71 28. *Ouvert du mardi au vendredi de 9h à 19h et le samedi de 9h à 18h.* Cet agréable salon au décor dépouillé et contemporain est mené par une équipe dont la rapidité n'a d'égale que la gentillesse !Pour changer de tête, essayer une nouvelle coupe ou tenter la coloration, rendez-vous dans ce lieu aux teintes crèmes et noires, ravivées de touches orangées. Le shampooing-coupe-coiffage est à 29 € pour les femmes, 22 € étudiantes, et à 17 € pour les hommes, 15 € étudiants. Nicolas Bossé coiffe également Malouins et Dinardais dans ses trois salons de la côte malouine. Il est maintenant bien installé aussi à Rennes et c'est tant mieux pour nous !

NORGIL 5, square René-Cassin, Square Les Galaxies ✆ 02 99 63 95 43. *Ouvert le lundi de 13h à 19h, le mardi de 9h30 à 12h30 et de 13h30 à 19h, le mercredi de 9h30 à 12h et de 13h30 à 19h, le jeudi et vendredi de 9h à 12h30 et de 13h30 à 19h et le samedi de 9h à 12h.* Norgil est situé à proximité immédiate du centre commercial Les Longs-Champs, sur un square surélevé, alors : levez la tête... Pénétrez en ces lieux si vous voulez en finir avec vos problèmes de calvitie. Norgil est un professionnel qui vous conseillera au mieux sur les techniques les plus récentes de microtransplantation de cheveux vivants, cette solution est réalisable à Paris,, procédera à des soins, vous posera des compléments capillaires, des cheveux de contact ou des perruques. Pour une calvitie momentanée ou définitive plus facile à vivre...

PATRICK TOUTIRAIS COIFFURE 14, rue du Pré-Botté ✆ 02 99 79 50 36. *Ouvert le lundi de 14h à 19h et du mardi au samedi de 8h30 à 19h.* Ce salon de coiffure, aux bonnes odeurs de shampooing et de sprays de coiffage, jouit d'une agréable situation, juste derrière la poste République. A pied ou en métro, avec ou sans rendez-vous, l'équipe est toujours prête à jouer du ciseau pour vous créer une coiffure adaptée à vos désirs !Et avec le sourire, s'il vous plaît. Le forfait femmes est à 36,40 €, celles qui étudient débourseront 25,80 €, les hommes 22,90 € et les étudiants 16,60 €. Une adresse qui compte ses fidèles !

SAINT ALGUE 8, rue du Pré-Botté ✆ 02 99 79 11 31. *Ouvert le lundi de 10h à 19h, du mardi au vendredi de 9h à 19h et le samedi de 9h à 18h.* Réduction de 20 % pour les étudiants et les moins de 20 ans. Plus de 300 salons sur tout le territoire prouvent le succès d'une enseigne dynamique et compétente. Les Saint Algue rennais n'échappent pas à la règle : l'équipe est jeune et efficace. Que vous ayez ou non pris rendez-vous, on s'occupera au mieux de votre chevelure. Et si vous venez en ces lieux pour changer de tête, ou vous suggérera plusieurs idées, du très classique au plus tendance, mais toujours en vous accordant une écoute attentive !**Autres adresses : Centre commercial Alma ✆ 02 99 53 99 53 • Centre commercial Carrefour, CESSON-SEVIGNE ✆ 02 99 83 38 50 • Centre commercial Leclerc, SAINT-GREGOIRE ✆ 02 23 20 38 38.**

SAINT-GERMAIN COIFFURE 5, place Saint-Germain ✆ 02 99 79 02 52. *Ouvert le lundi de 10h à 19h, le mardi et le samedi de 8h30 à 19h, le mercredi de 9h à 19h, le jeudi et le vendredi de 8h30 à 20h.* Il est de ces valeurs sûres qui ne déçoivent jamais. C'est le cas de Saint-Germain Coiffure. Le secret de la réussite de ces salons : une réelle compétence... et la sympathie que respire toute l'équipe. L'enseigne travaille avec plusieurs marques professionnelles, comme L'Oréal, Kérastase Paris, Sebastian et Revlon. Vous pouvez ainsi rester fidèle à votre marque préférée ou en découvrir une nouvelle !Saint-Germain Coiffure pratique le shampooing-coupe-coiffage femmes à 33,50 €, hommes à 21,50 €, et offre des tarifs spécifiques en direction des étudiants. **Autres adresses : Rue Duguesclin ✆ 02 99 79 34 84 • 39, boulevard Volney ✆ 02 99 38 87 28 • Centre commercial Grand-Quartier , SAINT-GREGOIRE ✆ 02 99 54 50 13 • 10, place des Arcades, CESSON-SEVIGNE ✆ 02 99 83 85 83 • 38, rue Jules-Lallemand, CLEUNAY ✆ 02 99 30 31 31 • Centre commercial les Platanes, MORDELLES ✆ 02 99 60 49 49.**

SAINT KARL COIFFURES SCULPTEUR D'IMAGES 15, quai Lamennais ✆ 02 99 79 25 51. *Ouvert du mardi au samedi de 9h à 19h30.* Ce salon, installé depuis vingt ans, jouit d'une belle exposition et d'une déco agréable. L'équipe est à votre écoute, mais n'hésite pas à vous ramener à la réalité lorsque vos désirs ne correspondent pas du tout à la nature de votre cheveu !Pour une coiffure qui vous va, ce visagiste n'a pas son pareil, et travaille avec les produits Wella et L'Oréal. Et pour une coiffure de mariée, l'équipe sera aux petits soins pour vous, et propose un forfait, qui comprend, outre l'adroit travail de mise en forme de vos cheveux, le maquillage. Pour votre jour J, le professionnalisme est au rendez-vous. **Autre adresse : Centre commercial Leclerc de Cleunay, Rue Jules-Vallès ✆ 02 99 31 20 60.**

SALON QUEMERE 2, rue Jules-Simon ✆ 02 99 79 05 85. *Ouvert en continu du lundi au jeudi de 9h à 19h, le vendredi de 9h à 20h et le samedi de 8h30 à 18h.* Le salon Quéméré, au look résolument avant-gardiste, existe depuis trente ans : voilà un lieu qui garde le cap, année après année, et les clients ne s'y trompent pas, fidèles au plaisir d'être toujours bien reçus !La qualité est au rendez-vous, de l'accueil attentif au coup de ciseau très sûr. Coupes, couleurs, mèches, etc., n'ont plus de secrets pour l'équipe de ce salon, qui réussit tout ce qu'elle touche !Prenez rendez-vous, ici on aime vous faire savoir que vous êtes attendus... Le traditionnel shampooing-coupe-brushing est facturé 38 € aux dames cheveux courts, 41 € cheveux longs et 23 € aux messieurs.

SONSEE ARHAY 9, place du Bas-des-Lices ✆ 02 99 65 02 65. *Ouvert du mardi au samedi de 9h à 19h, le vendredi jusqu'à 20h.* Se faire couper les cheveux dans un décor agréable ajoute du plaisir à toute l'affaire !Des tons bruns et briques, des cactus et des fauteuils de cuir brun aux clous dorés, aux murs des peintures abstraites, vives et colorées, Sonsee Arhay soigne la décoration avec brio. Les femmes payeront 34 € pour le shampooing-coupe-coiffage, 29 € pour les étudiantes,, les hommes 20 €, 15,50 € les étudiants,, tandis que les juniors à partir de 12 ans bénéficient d'un prix à eux : 13,10 € pour les garçons et 19,10 € pour les filles. Le salon pratique en outre des colorations végétales.

STYL'IN FORM'IN 4, rue de Nemours ✆ 02 99 78 17 28. *Ouvert du lundi au jeudi de 9h à 19h, le vendredi et le samedi de 8h30 à 19h.* Styl'in Form'in a déménagé pour mieux vous servir et vous propose un véritable temple de la beauté avec dans un lieu unique un salon de coiffure, un espace relooking et son institut de beauté. Stéphane installé maintenant depuis près de 20 ans et toute son équipe vous propose un accueil personnalisé et si vous le souhaitez démarrez par un diagnostic complet prenant en compte votre morphologie, taille, couleur d'yeux, de cheveux, de peau. Ces conseils précieux sont gratuits. Ensuite remettez votre tête entre ses mains expertes, qui en deux temps, trois mouvements vous la transformera La maison propose le shampoing coupe coiffage à 40 € pour les femmes et 23 € pour les hommes. Les étudiants (20 et 30 €). Le salon est ouvert à tous et dispose d'un accès handicapé très bien étudié ce qui reste encore si rare !Côté déco, des lignes très épurées avec un savant mélange de poutres apparentes marié à des fauteuils en cuir, un parquet vieilli le tout dans des teintes chocolat, il y a même une fontaine centrale et un miroir splendide dédié au diagnostic... S'il vous reste du temps, Flavie, une esthéticienne diplômée, vous accueille pour des soins qui vous apporteront les sensations d'une remise en forme complète grâce aux produits Pevonia, issus du monde botanique et marin. Une multitude de soins vous attendent comme les Spas visage, intensif anti-âge, corps, mains et pieds, buste et dos, les soins relaxants, raffermissants et amincissants, l'épilation (15 % de réduction pour les moins de 25 ans), le modelage traditionnel. Echappez-vous avec une " rêverie orientale " : après un gommage, on vous enveloppe de rassoul, puis on vous masse pour finir par un bain turc tout en dégustant un thé à la menthe. C'est absolument divin !!!

TCHIP 21, rue de La Chalotais ✆ 02 99 78 29 85. *Ouvert le lundi de 10h à 19h, le mardi et le samedi de 9h à 19h et le mercredi, jeudi et vendredi de 9h à 20h.* Pour une coupe, une couleur, une permanente à prix imbattables, une seule adresse : Tchip. Les forfaits sont à 17 €, shampooing-coupe-brushing,, 27 €, avec la couleur,, 37 €, permanente, et 47 €, balayage. Fini le fameux dilemme des fins de mois difficiles : un chariot de courses ou une coupe ?On salue l'idée, d'autant plus que le résultat est satisfaisant. Par contre, il faut souvent compter un peu, beaucoup, d'attente... A noter, Tchip n'utilise que les produits L'Oréal Professionnel.

THIERRY SCORDIA 6, quai Emile-Zola ✆ 02 99 78 25 24. *Ouvert le mardi et mercredi de 10h à 12h et de 14h à 19h, le jeudi jusqu'à 21h, le vendredi et le samedi de 10h à 19h.* L'équipe fait plus que vous couper les cheveux : elle décèle dans votre visage et votre silhouette LA coupe qui vous mettra en valeur. En fonction de votre style, de votre métier ou tout simplement de vos envies, on saura vous porter toute l'attention que vous méritez. La maison est aussi experte en matière de mèches, chignons, éclaircissement partiel, défrisage, double enroulage et couleurs artistiques. Comptez 45 € pour un shampooing-coupe-coiffage femmes et 25 € pour les hommes. Pour les jeunes de moins de 25 ans sont pratiqués des tarifs préférentiels du mardi au jeudi, 32 € pour les femmes et 20 € pour les hommes.

TOMBE SUR LA TETE 43, rue du Puits-Mauger ✆ 02 99 65 06 55. *Ouvert le lundi de 13h à 19h et du mardi au samedi de 9h à 19h. Nocturnes du lundi au vendredi à partir de 19h30 sur réservation. Les tarifs varient que ce soit pour une coupe d'entretien, 28 €, ou un changement complet, 45 €.* Voilà un salon où vous serez coiffé avec cœur !L'équipe se met en quatre pour réaliser la coupe qui vous ira et offre un service couleur sur-mesure. Le salon travaille avec 6 ou 7 marques différentes, ce qui élargit considérablement la palette de propositions et permet de disposer d'un grand nombre de gammes de couleurs. Les nocturnes vous permettent d'ailleurs de profiter pleinement d'une attention de tous les instants !Tombé sur la Tête réalise aussi les coiffures de mariée, les chignons ou les coiffures de fête, en utilisant des accessoires originaux. Sobre, classe, élégant, subtil ou excentrique, le résultat témoigne d'un vrai sens artistique, au service de votre beauté. Coup de chapeau pour la déco, qui sort des sentiers battus !

VALENTIN COIFFURE 12, cours Kennedy © 02 99 59 31 66. *Site Internet : www.coiffurevalentin.com Accès Métro Villejean-Université. Le salon femmes est ouvert le lundi de 10h à 18h, du mardi au vendredi de 8h30 à 18h30 et le samedi de 8h30 à 17h. Le salon hommes est ouvert du mardi au vendredi de 8h30 à 20h et le samedi de 8h30 à 19h.* Valentin Coiffure coiffe et met en beauté hommes et femmes, et comme ici rien n'est laissé au hasard, chacun dispose de son espace attitré : le salon se partage en 2 parties distinctes, le salon femmes et le salon hommes, avec leurs horaires bien à eux ! Le shampooing-coupe-coiffage est à 30 € femmes, 22 € étudiantes, et pour les hommes à 19 €, 15 € étudiants. Et si, Messieurs, la coupe seule est nécessaire, sachez qu'il ne vous en coûtera que 14 €. Ce salon généraliste est un véritable conseiller en image. Ici vous pouvez opter pour une extension en cheveux naturels, un défrisage afro, on pourra également vous conseiller pour un relooking. Le salon possède encore une autre corde à son arc, c'est un spécialiste du mariage avec un forfait à 145 € qui comprend deux essais coiffure et un essai maquillage, plus la coiffure et le maquillage le jour J. Et pour une pose détente maximale, un jeudi par mois, un "massage assis Amma" vous est proposé. Quand on vous dit qu'ici on sait et on aime prendre soin de vous...

Coiffeurs à domicile

NAÏG COIFFURE A DOMICILE Route de Fougères, CESSON-SEVIGNE © 02 99 62 40 41 / 06 84 84 40 41. Voiture en panne, pied dans le plâtre, nounou indisponible : Naïg est là, pour s'occuper de... vous !Et de la tête de vos bambins, par la même occasion. Faites d'un appel trois coupes !

NOUCOIF'TOU © 06 07 28 44 19. Béa vient vous coiffer à domicile et vous faire belle. Coupes, mèches, couleurs et permanentes n'ont aucun secret pour elle. Elle se déplace avec une grande disponibilité, sur rendez-vous, sauf le mercredi : repos pour elle !, dans tout Rennes et la périphérie sud de préférence.

Instituts de beauté

ALIZE BEAUTE 2 bis, place de Bretagne © 02 99 30 32 31. *Ouvert de 10h à 19h du lundi au vendredi et le samedi sur rendez-vous entre 9h et 12h. Forfait 10 séances UV à 62 €.* Dans une ambiance propice à la détente, Alize Beauté a retenu pour vous un large éventail de soins d'institut, avec une place de choix pour les soins d'amincissement, l'épilation définitive et la réflexologie plantaire. On emploi des sels et des boues de la mer Morte aux vertus multiples. Mais c'est surtout un spécialiste du soin anti-âge grâce au Lift 6 Cellu M6, du maquillage durable, du conseil en image et des soins bio.

AQUATONIC Route de Saint-Malo, Espace performance, SAINT-GREGOIRE © 02 99 23 78 77. *Ouvert du lundi au vendredi de 9h à 21h, sauf le mercredi de 10h à 21h. Samedi et dimanche de 10h à 19h.* Le Spa Aquatonic est entièrement dédié à votre beauté et votre bien-être. Cet institut de beauté propose toutes les prestations classiques, épilation, manucure, soins du visage et du corps, soins minceur...,, mais aussi des soins spécifiques, comme les enveloppements à base d'algues rouges, de rassoul ou de kaolin, les modelages aux huiles essentielles, la balnéothérapie, la pressothérapie ou encore la réflexologie plantaire. Technique, douceur et dépaysement pour dorloter le corps et relaxer l'esprit : c'est ça l'esprit Spa !

Comment rester belle et mince ?

Lorsque vous faites attention à votre ligne, buvez beaucoup mais pas n'importe quelle eau. Il faut boire 2 litres d'eau par jour pour éviter la déshydratation et il faut préférer une eau riche en minéraux pour compenser les carences d'une alimentation réduite. Par ailleurs, boire de l'eau atténue la sensation de faim : une bonne astuce à ne pas négliger ! Sachez également que, contrairement aux idées reçues, une trop grande consommation d'eau ne favorise pas la rétention d'eau. Elle permet une meilleure élimination.

Le conseil futé : Boire Courmayeur. Avec zéro calorie, cette eau couvre 85 % des apports journaliers recommandés en calcium et 30 % des apports journaliers recommandés en magnésium. Riche en sulfates, elle permet aussi une meilleure élimination.

Comment garder un joli teint ?

Pollution, soleil, fatigue… La peau du visage est toujours en première ligne face à toutes ces agressions. Elle se déshydrate et votre teint perd de sa fraîcheur et de son éclat ! Notre conseil : une alimentation équilibrée et une hydratation régulière.

Le conseil futé : Boire Vichy Célestins, une richesse minérale exceptionnelle au service du teint. Jour après jour, Vichy Célestins purifie votre organisme et hydrate naturellement votre peau de l'intérieur. Un geste beauté indispensable au quotidien : à adopter dès le réveil pour une peau fraîche et un teint éclatant tout au long de la journée.

BEAUTE ET TAO **4, rue Ernest-Renan, PACE ✆ 02 99 60 62 23.** *Site Internet : www.beaute-et-tao.com Ouvert le mardi, le mercredi, le vendredi et le samedi de 8h30 à 19h, sur rendez-vous.* Mme Benj Drouet vous accueille chez elle, dans cette partie de la maison qu'elle a transformée en institut de beauté. Mais plus que la beauté, les soins y sont synonymes de relaxation, d'énergie retrouvée et de bien-être. Diplômée d'acupuncture, perfectionnée dans les techniques de massage thaïlandais, Mme Benj Drouet pratique, outre épilations et soins traditionnels, des soins en digitopuncture, des drainages lymphatiques esthétiques et le nuad-bo-rarn, un massage que l'on appelle aussi "yoga des paresseux" !On trouve également toute la gamme des cosmétiques bio Phyt's. Envie de se sentir mieux et de déconnecter de la vie quotidienne ?Pensez Beauté et Tao, d'autant plus que chaque soin dure de 1 heure pour les plus courts à 2 heures pour les plus longs.

CENTRE ESTHETIQUE GABRIEL **4, rue Jacques-Gabriel ✆ 02 99 67 27 27.** *Ouvert du lundi au vendredi de 9h30 à 19h et le samedi de 9h30 à 15h30.* Cet établissement n'a rien d'un institut classique. Ce centre esthétique médicalisé s'est spécialisé dans l'épilation permanente au laser pour hommes et femmes, l'endermologie, comprenez amincissement, et la relaxation par massages manuels ou hydrojet. Pour vous débarrasser définitivement de poils disgracieux sur le visage ou le corps, un médecin esthétique du Centre Esthétique Gabriel vous établira un devis en fonction de votre type de peau et de la nature de vos poils. Plusieurs séances sont nécessaires, de 4 à 6 en général, chacune espacée de huit semaines environ. Quant à l'endermologie, elle permet d'améliorer l'aspect et la tonicité des tissus, grâce à un appareil de haute-technologie qui saisit le pli cutané. De façon naturelle et sans chirurgie.

EGLANTINE **1, passage des Carmélites ✆ 02 99 36 12 36.** *Ouvert du mardi au vendredi de 9h à 14h et de 15h à 18h30, et le samedi de 10h à 15h.* Une femme se doit d'avoir une bonne esthéticienne !Le tout petit salon de beauté de Rozenn invite à la détente et donne la sensation que le temps s'est arrêté. Et pendant que vous vous déconnectez du monde extérieur, Rozenn, toujours sereine, rapide et efficace, s'occupe de vos jambes, de votre maquillage ou d'un soin de peau. Son secret : l'emploi de produits naturels, tels la cire au miel, à basse température, qui laissera vos jambes douces et veloutées.

ESPACE EPILATION **2, quai Emile-Zola ✆ 02 99 79 56 99.** *Ouvert du lundi au vendredi de 9h30 à 19h30, le mardi de 12h à 19h30 et le samedi de 9h30 à 19h.* L'offre découverte est à 3,80 € l'épilation des demi-jambes, qui dit mieux ?Pour s'abonner, c'est 9,15 € par mois, prélèvement ou paiement anticipé –, et 15,25 € à l'inscription, frais de dossier obligent. Une fois ces détails réglés, vous pourrez venir vous faire épiler n'importe quelle partie du corps aussi souvent que vous le désirerez, pour un prix mini, mini... Les rendez-vous sont pris à la journée, et l'équipe se mettra en quatre pour vous recevoir le jour même. Espace Epilation propose aussi des soins du corps et du visage, des UV, des soins de beauté des pieds, sans oublier la manucurie et la french manucurie. Même principe que pour l'épilation : vous bénéficierez de tarifs très compétitifs si vous êtes abonnées.

INSTITUT DE BEAUTE ARMELLE **12, rue Saint-Melaine ✆ 02 99 38 80 51.** *Ouvert du lundi au samedi de 9h à 19h.* Cet institut vous séduira par une gamme étendue de soins de beauté. Etre bien dans son corps, pour être bien dans sa tête : voilà une équation gagnante !Nettoyage de peau, lifting, avec les soins Hydralift,, épilation longue durée, soins du visage, microdermabrasion, manucure, onglerie et séances UV : tout cela est pratiqué avec gentillesse et un souci des finitions vraiment appréciables, par les deux esthéticiennes de cet institut. Et comme ce qu'elles aiment, c'est vous mettre en valeur, elles prodiguent également des cours de maquillage et la colorimétrie : vous apprendre à associer votre maquillage avec la couleur de vos vêtements, et ainsi éviter les fautes de goût... Indispensable !

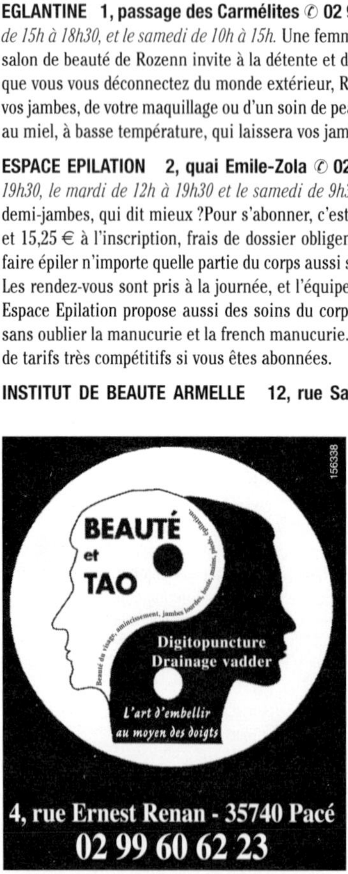

MARIONNAUD **3, rue de Toulouse ✆ 02 99 79 39 83.** *Site Internet : www.marionnaud.fr Ouvert le lundi de 10h à 19h et du mardi au samedi de 9h à 19h.* Marionnaud ne cesse de faire fleurir de nouvelles enseignes dans beaucoup de villes, encouragé par un succès grandissant : une large sélection en parfumerie et produits de beauté, des soins classiques, des soins visage et corps, des UV. Le tout à des prix très compétitifs, avec un personnel agréable, dans de beaux espaces. Ici, le confort de la clientèle n'est pas un vain mot !Comme la plupart des instituts de beauté, Marionnaud n'échappe pas à la règle, et vous recevra donc sur rendez-vous.

MARTINE COLLET 117, rue de Nantes © 02 99 65 06 60. C'est toujours avec un très grand sourire et une bonne humeur infaillible que la maîtresse des lieux vous accueillera dans son salon pour un nettoyage de peau, un maquillage, une épilation ou une séance d'UV, pour ne citer qu'eux. Rien ne vous interdit également de passer pour acheter le produit de la marque Maria Galland dont vous manquez. Toujours à la pointe des nouvelles techniques, Madame prodigue des soins et des conseils toujours honnêtes et avisés, loin des mielleux compliments d'autres instituts. Alors, envie de faire peau neuve ou de chasser un petit coup de blues ?Foncez à cette adresse : un grand vent de fraîcheur vous y attend.

NOCIBE 14, place du Champ-Jacquet © 02 99 79 78 77. *Site Internet : www.nocibe.fr Ouvert du lundi au samedi de 9h30 à 19h.* Nocibé est à la fois une parfumerie et un institut : épilation, UV, manucurie, cours de maquillage, soins du visage et du corps Nocibé, mais aussi 3 cabines dédiées chacune à une marque avec ses soins spécifiques, Clarins, Carita et Jeanne Piaubert. Laissez l'esthéticienne vous guider, elle vous conseillera le soin le plus adapté à votre type de peau. De manière générale, vous serez pris en main dès votre arrivée dans le magasin, par une équipe aux petits soins et tous sourires. A noter, le forfait mariage comprend une épilation, un soin du visage et le maquillage pour le grand jour.

RENNES Ô SOLEIL 1, rue du Puits-Mauger © 02 99 67 78 51. *Ouvert du lundi au samedi de 9h à 20h.* Il est tout à fait possible de bronzer à Rennes, et rapidement en plus !Avec un petit coup de pouce de Rennes Ô Soleil, on l'avoue... 6 cabines climatisées vous accueillent et c'est sans rendez-vous, pour des séances de bronzage UVA à la carte ou avec abonnement. De 3 à 4 séances sont nécessaires pour obtenir une jolie peau hâlée, mais attention de bien suivre les instructions, comme porter les lunettes de protection, enlever vos bijoux et vous démaquiller soigneusement, etc. La responsable du centre vous donnera toutes les instructions indispensables : réglage des appareils, temps d'exposition.

SALON DE BEAUTE JACQUES DESSANGE 15-17, rue Tronjolly © 02 99 30 07 73. *Site Internet : www.jacques-dessange.com Ouvert du lundi au samedi de 9h à 18h30 en continu.* Dans un bel espace, Jacques Dessange a lancé une gamme de soins basés sur l'argile et les huiles essentielles. L'institut innove par ses techniques de rajeunissement telles que le concept Jacques Dessange Skin Master, le comblement de rides au laser, le soin anti-âge par excellence. Le corps n'est pas oublié avec l'épilation, le modelage corporel, la manucure, avec le gel acrylique, ou des soins concernant la beauté des pieds. Ajoutez des soins du visage et le maquillage... voila de quoi faire le plein d'idées cadeaux pour la fête des mères !Tous ces soins, avec une coupe-coiffage et un soin capillaire sont d'ailleurs au programme d'une toute nouvelle formule exclusive, "le forfait journée beauté globale", qui dure de 4 à 5 heures et qui vous permettra de vous faire belle de la tête aux pieds. L'accueil est toujours des plus charmants. Vous ressortirez ainsi avec un parfait équilibre entre la tête et le corps.

THE BODY SHOP INSTITUT 2, rue de la Motte-Fablet © 02 99 36 91 53. *Ouvert du lundi au vendredi de 10h à 18h, et le samedi de 10h à 18h30, sur rendez-vous.* The Body Shop est avant tout un concept basé sur la protection des animaux, la défense des droits de l'homme, la protection de la planète et le soutien au commerce équitable. L'Institut prodigue des soins naturels pour le corps et pour l'esprit : le but, c'est tout simplement votre bien-être, grâce à des techniques traditionnelles telles que l'aromathérapie ou les soins holistiques. L'institut effectue des soins du visage et du corps, anti-stress, future maman, jambes lourdes, anti-cellulite, spécifiques pour hommes, etc.,, mais s'occupe aussi de votre maquillage, de la beauté de vos mains et de vos pieds, et des épilations. Avec une gentillesse et une bonne humeur toujours présentes.

YVES ROCHER 16-18, rue Le Bastard © 02 99 79 29 96. *Site Internet : www.magasins.yves-rocher.fr Ouvert le lundi de 10h à 19h30, du mardi au vendredi de 9h30 à 19h30 et le samedi de 9h30 à 19h.* De nouveaux locaux qui reçoivent toujours autant de monde !Que ce soit au centre Alma ou rue Le Bastard, en plein centre-ville, des locaux flambants neufs, aménagés de façon intelligente et spacieuse, vous donneront envie de revenir. Rue Le Bastard, 4 cabines récentes donc, pour le plus grand confort des clientes... Cette boutique-institut pratique des tarifs habituels. Si la maison se targue d'accepter, selon disponibilité, des clientes sans rendez-vous, sachez tout de même que ce serait un grand coup de chance : le carnet de rendez-vous est souvent abondamment rempli !

Beauté des ongles

L'ONGLERIE 9, rue Vasselot ✆ 02 99 78 27 35. *Ouvert lundi de 13h30 à 18h30, du mardi au vendredi de 9h30 à 18h30 et samedi de 9h30 à 17h30.* Françoise Templier s'occupera avec dextérité et gentillesse de la beauté de vos mains et rendra vos ongles impeccables : manucurie ou pose d'ongles en résine, suivie d'un remplissage toutes les trois semaines. Les soins se pratiquent sur de petites tables qui rappellent celles des diamantaires, avec leurs spots lumineux !Et en sortant vous vous laisserez tenter par des vernis de toutes les couleurs et des rouges à lèvres.

L'ONGLERIE 6, rue d'Antrain ✆ 02 99 63 12 00. *Ouvert de 9h à 19h.* Chantal Texier modèlera vos ongles en résine, vous fera des bains de paraffine... Vos pieds sont aussi à l'honneur, avec des soins particuliers. Plein de petits accessoires tendance et astucieux vous attendent, comme des ciseaux manucure, des limes à ongles traditionnelles ou pailletées et bien sûr, toute une gamme de vernis colorés.

Parfumeries

CONFIDENCES PARFUMEES 8, rue du Vau-Saint-Germain ✆ 02 99 78 20 20. *Ouvert du mardi au jeudi de 10h à 12h et de 14h à 19h et le vendredi de 10h à 19h en continu.* Les horaires sont flexibles. Moquette douillette, atmosphère à la fois feutrée et chaleureuse, chatoyante et sereine, vous êtes à l'Artisan Parfumeur. Cette petite boutique haut de gamme décline parfums, eaux de senteurs et bougies par couleurs associées à une fragrance : la rose, le musc... Vous serez également attiré par les étoles chamarrées, d'organdi ou de soie, les sacs à main et la magnifique collection de bijoux du créateur Frank Herval. Les conseils judicieux s'appuient sur une analyse sans failles de la personne à qui vous offrirez votre présent, de l'occasion, cadeau d'amoureux, invitation chez des amis, anniversaire, etc.,, et de votre budget. Qui devra être quand même relativement conséquent.

L'OCCITANE 1, rue de la Motte-Fablet ✆ 02 99 78 31 23. *Site Internet : www.loccitane.com Ouvert le lundi de 14h à 19h et du mardi au samedi de 10h à 19h.* Dès la porte poussée, de délicieuses odeurs d'olivier et de lavande vous enveloppent. En douceur... et vous voilà emporté, souriant aux évocations de nature, de Provence, d'authenticité et de vacances que font naître irrésistiblement les produits de la gamme L'Occitane. Le décor comme les meubles, ensoleillés et rustiques, mettent particulièrement en valeur savons, parfums d'intérieur, maquillages, bougies parfumées, produits de beauté et de soins pour le visage ou le corps, parfums, etc. qui remplissent l'espace. Tous les produits sont formulés à partir d'essences et d'ingrédients naturels, olivier, amandier, miel, lavande... Ce "marchand d'odeurs" est aussi un créateur d'atmosphères.

NOCIBE 14, place du Champ-Jacquet ✆ 02 99 79 78 77. *Site Internet : www.nocibe.fr Ouvert du lundi au samedi de 9h30 à 19h.* Deux adresses en une, puisque Nocibé est aussi un institut de beauté, voir rubrique Instituts de beauté. Les hôtesses, à l'allure impeccable dans leur ensemble aux couleurs de l'enseigne, donnent envie de se pomponner et d'être la plus belle pour aller valser. Beaucoup de produits référencés et de jolies surprises, comme les coffrets cadeaux vous attendent dans ce magasin.

SEPHORA Centre Commercial Colombia ✆ 02 99 35 19 55. *Site Internet : www.sephora.fr Ouvert de 9h30 à 20h, du lundi au samedi.* Dans la galerie Colombia, Séphora dispose d'un bel espace où toutes les références en matière de parfums et eaux de toilette, ainsi qu'une gamme étendue de produits de beauté et de maquillage remplissent les rayons. Ambiance tapis rouge, spots bien disposés et alignement ordonné des articles rendent le lieu efficace : que vous soyez pressée ou non, votre sélection se fera sans forcément le besoin d'une aide.

THE BODY SHOP 2, rue de la Motte-Fablet ✆ 02 99 36 91 53. *Ouvert du lundi au samedi de 9h à 19h.* Les produits de beauté et de soins, les cosmétiques et les parfums Body Shop vous feront voyager dans le bien-être, le naturel ou le tonique. Mais surtout, ils sont issus du commerce équitable et non testés sur les animaux. Plus qu'une simple parfumerie, The Body Shop est avant tout l'expression d'une philosophie, une façon de respecter la nature et le monde qui nous entourent, tout en soignant son corps et ses cheveux avec des produits adaptés à nos particularités et nos goûts. Bref, on en redemande !

Piercings et tatouages

MIKAIDO PIERCING SHOP 14, rue Vasselot ✆ 02 99 79 21 64. *Ouvert du mardi, au vendredi de 10h à 13h et de 14h à 19h et le samedi de 10h à 19h.* Anciennement rue de La Visitation, la bijouterie présente dans un bel espace clair et aéré accessoires et bijoux : perles de nez, piercings, etc., vous n'aurez que l'embarras du choix. La pose de piercing est réalisée par une experte en la matière dans des conditions d'hygiène parfaitement aux normes.

PICK' IN TATTOO 8, rue au Duc ✆ 02 99 30 15 60. *Ouvert le lundi de 14h à 19h et du mardi au samedi de 11h à 12h30 et de 14h à 19h avec ou sans rendez-vous.* Entre le boulevard de la Liberté et l'église Toussaint, vous apercevrez Pick'in Tattoo, enseigne qui existe depuis 1996. La maison signe des tatouages personnalisés et un grand choix de modèles dont vous pourrez éventuellement vous inspirer. L'accent est tout particulièrement mis sur l'hygiène, très stricte, et le matériel est à usage unique. La stérilisation s'effectue par autoclave. La notoriété et le talent sont là, en témoignent les nombreux prix gagnés, tels que les 1er Prix Féminins 1999 et 2000 ou le 1er Prix Réaliste 2001, pour ne citer qu'eux. Bonne adresse également si vous craquez pour un petit piercing, à condition que ce soit au niveau du nombril. Une constante dans ce magasin : l'accueil, qui reste invariablement excellent.

LE STUDIO 46, rue d'Antrain ✆ 02 99 63 35 73. *Ouvert du mardi au samedi de 13h45 à 19h30, avec ou sans rendez-vous.* Gentillesse, conseils, professionnalisme, tout est réuni pour que ce magasin soit à part. Les arts corporels sont tous représentés. A l'étage un choix impressionnant de bijoux et de nombreux catalogues de réalisations vous attendent, une invitation à rentrer ce qui est souvent le plus difficile...C'est au sous-sol que Sabine effectue avec beaucoup de soins les tatouages et le maquillage permanent (possibilité de paiement en 3 ou 4 fois sans frais à partir de 100 €) et Richard, les percings et les micropercings. La particularité de la maison c'est son accueil personnalisé et particulièrement décontracté, attentif mais d'un grand professionnalisme. Vous n'avez aucune inquiétude à avoir par rapport à l'hygiène : des buses " radical clean " sont à usage unique, les aiguilles le sont également et les instruments sont stérilisés par autoclave classe b. Si vous avez un souci quant à la cicatrisation, Richard vous donne son numéro de portable, c'est dire le sérieux de cet établissement !!! Des box individuels sont installés pour respecter votre intimité.

TATTOO'IN 11, passage des Carmélites ✆ 02 99 38 55 58. *Ouvert de 13h à 19h sur rendez-vous.* Jean-Pierre est un tatoueur pur et dur. S'il a son propre style, il se met aussi à l'écoute de ses clients pour leur réaliser, dans les règles de l'art et avec des aiguilles à usage unique, le tatouage qu'ils ont imaginé ou choisi. Classique des classiques, la petite lettre chinoise est encore très demandée, mais Jean-Pierre avoue préférer innover, "faire un tatouage qu'on ne retrouve pas chez le voisin". Autres possibilités : le recouvrement, la coloration d'anciens modèles et des motifs personnalisés.

TATOO MANIA 7, place Saint-Germain ✆ 02 99 79 47 21. *Ouvert du mardi au samedi de 14h à 19h.* Depuis 1980, l'accent est mis sur l'hygiène et la maison mise sur sa longue expérience. Par ailleurs, le but du patron est de réaliser le projet de tatouage du client et de le satisfaire au mieux. Il fait de la création, de la reproduction et du recouvrement. Le body piercing et les bijoux sont également réalisés ici.

Relaxation

OBJECTIF MIEUX-ETRE 17, rue de la Motte-Picquet ✆ 02 99 31 30 96. *Site Internet : www.objectif-mieux-etre.com Sur rendez-vous.* Stressé, surmené, insomniaque, fatigué, déprimé, timide... avez-vous pensé à la relaxation ?Joël Selliez, infirmier diplomé d'Etat, spécialisé en médecine du travail, a créé Objectif Mieux-Etre pour vous aider à être mieux dans votre tête et votre corps. Pour cela, il fait appel à différentes techniques : toucher, massages des pieds, des mains, du dos et du corps,, relaxinésie, relaxation par le mouvement,, respiration, chaleur, aromathérapie ou encore visualisation. Massages, saunas, bains aux huiles ont un effet drainant et redonnent confiance en soi, impulsent énergie et détente. Objectif Mieux-Etre propose les massages de 15 € à 55 €, des séances composées de plusieurs techniques, de 1 heure à 2 heure 30 de 76 € à 149 €, et des formules d'abonnement, de 135 € à 459 €,, mais aussi des ateliers d'une journée, pendant lesquels vous apprendrez les méthodes simples de massages.

SHIATSU 69, rue de la Pilate, SAINT-JACQUES-DE-LA-LANDE ✆ 02 99 31 35 73 *E-mail : aleguevel1@tiscali.fr* Le shiatsu est traditionnellement considéré comme une médecine de prévention, qui, par son action, prévient les maladies en stimulant les défenses naturelles de l'organisme. L'action du shiatsu améliore la souplesse des tissus musculaires, corrige les défauts du squelette, facilite le fonctionnement harmonieux du système nerveux et celui des glandes endocrines et stimule les circulations du sang et de la lymphe. Le shiatsu sur chaise utilise les principes du shiatsu traditionnel, en effectuant des pressions sur les méridiens tendino-musculaires avec les pouces, les paumes, les doigts et les coudes, au niveau de la tête, du cou, des bras, du dos et des jambes. De nos jours, il se développe de plus en plus, que ce soit en entreprise, à domicile, lors de séminaires, dans les aéroports, les manifestations sportives etc.

Relooking

LOOK DESIGN 11, rue Jules-Simon ✆ 02 99 78 31 13 / 06 08 68 11 25. *Site Internet : www.lookdesign.fr* Cette agence appartient à Virginie Le Cozic. Le relooking se déroule en 6 étapes. L'entretien personnalisé est primordial pour vous comprendre. Ensuite, on place des échantillons de tissus sur votre épaule afin d'établir la gamme de couleurs qui vous sied le mieux. Viennent alors le maquillage puis le coiffage. De nouveaux vêtements vous sont proposés par rapport à votre morphologie et à votre caractère. Enfin, l'étape ultime est de vous parer d'accessoires comme des bijoux, une ceinture, un foulard, des chaussures, une cravate et des lunettes. Et voilà, le tour est joué : vous vous sentez déjà mieux dans votre corps et donc dans votre tête. A conseiller à tout le monde !

Cadeaux

Bijoux et montres

L'ATELIER 16, rue Saint-Georges ✆ 02 99 36 66 84. *Le lundi de 14h à 19h et du mardi au samedi de 10h à 19h.* Avec ses petits restos sympas et ses boutiques originales, la rue Saint-Georges réserve de bonnes surprises à qui décide d'y flâner. L'Atelier, qui abrite les créations de Pascal Huchet, en est assurément une : bijoux et miroirs aux finitions irréprochables sont bien dans l'air du temps. Agrémentés d'un bon zeste d'originalité et d'une grande variété de modèles, nés d'une imagination artistique fertile, nul doute : vous réussirez à faire plaisir, ou d'abord à vous faire plaisir !

CAMILLE ET LUCIE 9, rue de Nemours ✆ 02 99 79 12 63. *Site Internet : www.camille-lucie.com Ouvert le lundi de 14h30 à 19h, du mardi au vendredi de 10h30 à 13h et de 14h30 à 19h, le samedi de 10h30 à 19h.* Le concept est original, c'est de proposer une bague réplique de haute joaillerie à un prix tout doux. Vous avez envie d'une bague ?De chez Chanel ?Mazette !Et pas les moyens de se l'offrir... La solution, c'est Camille et Lucie, ce petit magasin qui a pensé à toutes celles, qui, comme vous, rêvent de bagues inaccessibles. Ici, les anneaux sont des reproductions fidèles des modèles de grands joailliers, et vous pourrez passer à votre doigt Cartier, Dior, Poirey pour seulement 30 €, une bague, ou 50 €, les deux. Qui dit mieux ?

CANNELLE 35, rue Saint-Georges ✆ 02 23 20 69 40. *Ouvert du mardi au samedi de 10h à 19h.* Ambiance naturelle entre coco au sol et écorces d'arbres aux murs pour cette toute petite boutique de bijoux en argent et de piercing. Très apprécié des Rennaises, ce magasin travaille les bijoux mêlant l'argent, la turquoise et l'ambre en de belles déclinaisons. La vitrine de piercing est franchement originale, tant au niveau des formes que des couleurs. Les habituées y constituent une clientèle des plus fidèles !

LES DELIRES DE LALIE 15, rue Bertrand ✆ 02 99 36 21 59. *Ouvert de 10h à 19h en continu du mardi au samedi.* Lalie aime les bijoux de créateurs qu'elle a réunis dans sa boutique. Et ses coups de cœur sont aussi ceux de ses clientes, qui viennent régulièrement s'approvisionner en nouveautés. La boutique présente aussi quelques autres accessoires de mode, comme des étoles de soie. Lalie n'est pas située dans une rue très passante, alors n'hésitez pas à faire un petit détour pour découvrir ou redécouvrir cette sympathique échoppe.

DIDIER GUERIN 40, place du Colombier ✆ 02 99 65 05 30. *Ouvert du lundi au samedi de 9h30 à 20h en continu.* Installé dans le centre commercial du Colombia, ce bijoutier ouvre ses portes toute la semaine, en journées continues. Des modèles classiques voisinent avec des pièces très actuelles, dont une collection Didier Guérin marquée par l'air du temps.

DOLITA 1, rue de Brilhac © 02 99 79 24 29. *Le lundi de 14h à 19h et du mardi au samedi de 10h à 19h.* En haut de la place de la Mairie, une jolie petite boutique attire le regard par sa vitrine toujours bien arrangée. La sélection de bijoux est ici de très bon goût, très tendance aussi bien dans les formes, les matières que les coloris. Montres, accessoires de coiffure, bijoux... difficile de ne pas craquer !La déco même du magasin est agréable et l'accueil discret et charmant. Les articles sont, de surcroît, de bonne qualité.

IMPULSION Centre commercial Colombia 02 99 31 39 34. Le nom est bien choisi pour cette petite boutique qui brille de mille feux. Bijoux et montres d'une vingtaine de créateurs, certains prestigieux, d'autres moins connus, attirent l'œil et la lumière. Les collections de Charles Jourdan, Taratata, Inès de la Fressange, Akteo ou Réminiscence, pour ne citer qu'eux, se côtoient ici avec bonheur. Quelques chapeaux sont également de la partie. Autre adresse : Centre commercial Colombia © 02 99 31 39 34.

JOAILLERIE GUIMIOT 2, rue Clisson © 02 99 79 17 47. *Ouvert du mardi au samedi de 10h30 à 12h30 et de 14h30 à 19h.* Depuis 1989, Sylvie Guimiot est inscrite comme antiquaire au registre du commerce. Elle a travaillé au préalable au Carré d'or à Paris, au Louvre des antiquaires et à Guérin Guimiot à Nantes. Cette petite boutique jouxte le magasin Pronuptia dans la jolie rue de Clisson. On trouve des bijoux, bagues, bracelets, colliers, ayant déjà une histoire. En fait, la propriétaire achète et vend des bijoux anciens et d'occasion. On peut donc admirer de magnifiques pièces de chez Boucheron et Chaumet, par exemple.

JUHEL DE THOURY 4, rue Saint-Malo © 02 99 79 29 79. *Ouvert du mardi au samedi de 10h à 12h et de 14h à 19h.* C'est à la fois un atelier et un magasin. Cet artiste de l'or fabrique, sertit, transforme et répare vos bagues. Son atelier est installé à l'arrière du magasin, et il y conçoit des bagues sur mesure, les embellissant de pierres précieuses, saphir, rubis, diamant, et semi-précieuses. Il réalisera la bague ou le pendentif de vos rêves, suivant une idée que vous avez en tête ou d'après un des nombreux modèles déjà réalisés par ses doigts de créateur. Le magasin présente dans ses vitrines une centaine de bagues, toutes plus rayonnantes les unes que les autres.

LANGEVIN PERRIER BIJOUTERIE Centre Commercial Alma © 02 99 50 95 97. *Ouvert du lundi au vendredi de 10h à 21h en continu, et le samedi de 10h à 20h.* Orfèvre, horloger, bijoutier et créateur : Langevin Perrier décline toutes les prestations d'une grande maison. Sur les présentoirs, à l'abri dans les vitrines de verre, de beaux modèles de grandes marques, Michel Herbelin, Gucci, Rado, Péquinet, Zénith, Baume, Mercier, Seiko... saisissent forcément le regard et provoquent l'envie. L'ensemble reste classique.

MARY'S 4, rue Hermine © 02 99 79 14 18. *Ouvert le lundi de 14h à 19h et du mardi au samedi de 10h à 19h.* En haut de la place de la Mairie, la boutique des deux Marie,, qui ont eu la très bonne idée de créer cette échoppe !– met en valeur des collections de bijoux : jolis modèles en ambre de Baltique, mais aussi créations de Christian Dior ou de Nina Ricci, qui n'hésitent pas à voisiner avec d'autres plus fantaisies. Une petite partie du magasin est réservée à la déco avec notamment quelques lampes et des coussins parfumés.

MASSART 7, rue de l'Horloge © 02 99 79 39 88. *Ouvert de 9h30 à 12h et de 14h à 19h.* Une heureuse coïncidence que d'être installé rue de l'Horloge pour un bijoutier, horloger et joaillier !Une belle vitrine, fière d'exposer montres, bagues et colliers. Comme une parure dans son écrin, cette boutique du centre a le sens de l'accueil.

L'OUBLIETTE 9, place Saint-Michel ✆ 02 99 79 51 72. *Ouvert le lundi de 15h à 19h et du mardi au samedi de 9h30 à 12h30 et de 14h à 19h30.* L'Oubliette, une bijouterie à ne pas oublier !Bijoux fins ou plus imposants, en argent et plaqué or, pierres semi-précieuses en sertis fourmillent en devanture et dans les présentoirs intérieurs. La tendance est plutôt au classique et à la discrétion, même si quelques pièces s'en démarquent.

PALOMA 9, rue de Nemours ✆ 02 99 79 08 63. *Ouvert le lundi de 14h à 19h et du mardi au samedi de 8h30 à 19h.* Ils jettent mille feux, attirent irrésistiblement le regard : les bijoux des collections de joailliers sélectionnés par Paloma sont brillants, originaux et variés. Le magasin en est rempli, les vitrines aussi et cet assortiment, Nina Ricci, Chantal Thomas, Clio Blue, Loola, Réminiscence, etc, permet à tous les goûts de trouver une parure adaptée à son style.

PRIEUR JOAILLIER HORLOGE 3, place du Parlement-de-Bretagne ✆ 02 99 79 53 29. *Ouvert du mardi au samedi de 9h45 à 12h et de 14h à 18h45. Ouvert le lundi en décembre.* De belles vitrines pour ce fleuron du commerce rennais, un savoir-faire et des marques prestigieuses. Joaillier, bijoutier et horloger, Prieur fait preuve d'un sérieux atelier de fabrication, réparation et transformation des bijoux. Des articles superbes se côtoient dans un ordre savant : Cartier, Rolex, Chanel, Brietling, Jaeger, Hermès, Gucci, Herbelin, Boucheron, Tagheuer, Péquinet, etc.

RESERVE NATURELLE-FOLIE DOUCE 13 bis, rue Le Bastard ✆ 02 99 79 40 26. *Site Internet : www.reserve-naturelle.com Ouvert le lundi de 11h30 à 19h, et du mardi au samedi de 10h à 19h.* Quelle boutique géniale !Très futée, elle a des bijoux fantaisie et des accessoires de mode à des prix très attractifs. Un grand choix de barrettes, pinces et autres pics à cheveux, des bagues, bracelets et colliers très mode, des vernis à ongles, des trucs et des machins pour être belle quoi !Réserve Naturelle donne également dans le maquillage, toujours à bon prix. Ce n'est pas toujours facile d'y circuler, mais un tel succès se comprend aisément. Vous pouvez retrouver cette enseigne dans 14 autres villes en France et 3 villes en Belgique, Bruxelles, Charleroi et Liège.

SWATCH 10, rue de Toulouse ✆ 02 99 79 05 49. *Ouvert le lundi de 14h30 à 19h et du mardi au samedi de 10h à 19h30.* La montre est à l'honneur dans cette jolie boutique Swatch. Plus qu'une montre, un bijou. Pour tous les styles, du sportswear à l'ultra chic classique, les collections de Swatch se succèdent avec les saisons dans les vitrines de la boutique rennaise. Pour vous décider, vous pouvez aussi repartir avec un catalogue de la collection actuelle. Ce magasin fait également des réparations.

YU 6, rue de Nemours ✆ 02 99 79 32 09. *Ouvert le lundi de 14h à 19h et du mardi au samedi de 10h à 12h30 et de 14h à 19h.* Une dizaine de créateurs de bijoux à l'imagination folle et au talent sûr se mélangent dans cette toute petite boutique à l'atmosphère à la fois sereine, légère et épurée. On ne pouvait rêver meilleur écrin que cette association du blanc et de l'éclat des lumières pour mettre en valeur colliers, bracelets, boucles d'oreilles, soigneusement choisis par Lydie, la créatrice du magasin. Douée d'une sensibilité infaillible en la matière, on ose affirmer qu'elle a réussi à réunir dans ces quelques mètres carrés, la quintessence d'un monde à part : celui d'artistes de bijoux, dans lesquels se reflètent une petite part de chacune d'entre nous. Les prix sont loin d'être excessifs, et les termes de qualité et d'originalité trouvent ici tout leur sens.

Horlogerie

HORLOGERIE SERVICE Centre commercial Les Trois Soleils, 20, rue d'Isly ✆ 02 99 31 27 27. *Horlogerie Service est installé en sous-sol du centre commercial les Trois Soleils, à la sortie du métro Charles-De-Gaulle.* M. Chevrel vend des montres, des réveils et des pendules, des stations météo, des bracelets de montres Morellato, Casio et Festina, des piles à prix discount, sauf les spéciales,, mais donne également dans la réparation. Les devis sont gratuits et votre horlogerie défaillante, vos fermoirs de bijoux récalcitrants et vos perles de colliers sens dessus-dessous, trouveront à qui parler !Pratique, Horlogerie Service étanchéifie votre horlogerie en 1 heure, et peut graver votre prénom dessus par ordinateur.

Fleurs

NOUVEAU **L'ATELIER DU FLEURISTE 26, rue Saint-Hélier © 02 99 65 47 36.** *Ouvert du lundi au mercredi de 9h à 19h et le jeudi, vendredi et samedi, de 9h à 19h30. Fermé le dimanche.* A deux pas du Théâtre national de Bretagne et un peu en retrait par rapport à la rue, cette nouvelle échoppe est très accueillante. Une pléthore de fleurs inonde le trottoir. On y vend des fleurs et des plantes bien sûr mais également une multitude d'objets de décoration comme des parfums d'intérieur, que l'on peut sentir comme dans des parfumeries, des bougies et plein de petits objets originaux pour offrir ou se faire plaisir. La boutique respire la fraîcheur et le personnel est à votre écoute pour toute livraison, et saura vous conseiller avec goût dans la réalisation de vos bouquets.

7e SENS 33, rue de La Chalotais © 02 99 30 84 26. *Ouvert le lundi de 15h à 19h et du mardi au samedi de 9h30 à 12h30 et de 14h30 à 19h30.* La devanture attire l'œil du passant, par sa clarté et sa sobriété dynamique. Chez ce fleuriste-décorateur, le style est épuré, les couleurs s'accordent, créant une harmonie visuelle à la fois vivifiante et reposante. Des orchidées, des roses, des plantes en pots, des compositions artificielles et naturelles, mais aussi quelques bougies et des vases se découvrent, disposés et mis en valeur sur différentes hauteurs. L'accueil est particulièrement souriant et agréable.

AQUARELLE DECORATION 15, rue Jules-Simon © 02 99 79 18 20. *Ouvert du lundi au vendredi de 10h à 19h, le samedi de 9h30 à 19h30 et le dimanche de 10h à 13h.* Fleurs et plantes égaient le trottoir de couleurs et de fraîcheur. A l'intérieur, on retrouve cette même ambiance : la nature, parée de ses plus beaux atours, les agréables senteurs florales, font naître des sourires sur les lèvres et des envies de campagne... à la maison !Les fleurs coupées sont ici assemblées avec bonheur à la demande, et le choix est attrayant.

AU JARDIN D'ALICANTE, MAISON BUOT 204, rue de Châtillon © 02 99 50 87 95. *Site Internet : www.aujardindalicante.com Fermé le mercredi après-midi, sauf veille de fête, et le dimanche après-midi. Accès métro Henri-Fréville.* Non loin du Lidl de la rue de Châtillon, Au Jardin d'Alicante offre aux travers de sa vitrine une belle envolée de verdure et de bouquets. L'équipe de professionnels de ce magasin vous conseillera et réalisera bouquets et arrangements floraux adaptés à chaque événement. Et vous initiera au langage des fleurs : amoureux à la folie ?Offrez des iris. Avec des primevères, vous lui direz qu'elle est belle. D'autre part, ce magasin est spécialiste de la livraison pour mariage ou enterrement, et propose le service Interflora.

LE JARDIN DES FLEURS 5, rue du Puits Mauger © 02 99 65 13 56. *Ouvert tous les jours de 8h30 à 20h en continu.* Le Jardin des Fleurs propose des horaires d'ouverture idéaux, et offre un service différent dans le domaine des fleurs fraîches coupées : le client choisit lui-même des bouquets présentés en bottes parmi un grand choix et peut faire composer un bouquet à partir de plusieurs espèces... Autres avantages, et non des moindres : les prix compétitifs et l'accueil diligent. On peut également y faire l'acquisition de plantes exotiques, type palmiers. **Autres adresses : 61, rue de Saint-Malo © 02 23 44 02 66 • 161, avenue du général Patton © 02 99 63 37 20.**

LE JARDIN OBERTHUR 125, rue de Paris © 02 99 36 12 28 / 06 08 50 37 96. *Ouvert du mardi au samedi de 10h à 13h et de 15h à 19h30, le dimanche de 10h à 13h. Carte bleue acceptée par téléphone. Livraison à Rennes et jusqu'à 25 km.* Cet artiste des fleurs règne avec compétence sur son petit monde de couleurs et de senteurs. Fleurs coupées, orchidées, plantes en pots et arbustes se côtoient dans le magasin, certes petit par la taille, mais grand dans la qualité des variétés proposées. Et pour les bouquets, n'hésitez pas, confiez-en la réalisation à Christophe Guerrault : il y excelle, en toute simplicité.

JARDINS DE CAMPAGNE 79, rue Saint-Hélier © 02 99 31 15 15. *Ouvert 7j/7, du lundi au samedi de 8h30 à 20h et le dimanche de 8h30 à 13h30. Commande et paiement à distance par carte bancaire. Possibilité de livraison.* Une profusion de couleurs et de verdure : l'étalage extérieur, fleurs coupées d'un côté, plantes et arbustes en pots de l'autre, est à lui seul un bonheur pour les yeux. A l'intérieur, on retrouve la même abondance. Plantes exotiques, grandes fleurs fraîches, compositions florales, orchidées, arbustes en pots, et sur une étagère des eaux florales, des flacons de senteurs, mais aussi toutes sortes d'objets pour des cadeaux inédits !Le goût sûr et les conseils avisés de Sylvain et de son équipe de quatre fleuristes n'ont d'égale que leur rapidité. Vous pouvez visiter la boutique sur www.pagesjaunes.fr à la rubrique Fleuristes.

AU NOM DE LA ROSE 2, rue Poullain-Duparc © 02 99 78 33 33. *Ouvert du mardi matin au dimanche midi.* Hommage à la rose dans cette petite boutique à côté des halles. De toutes les couleurs, à l'unité, en bouquets ou installées dans de jolis pots, des roses, des roses, et encore des roses !L'accueil est toujours plein de gentillesse, et les emballages particulièrement soignés et esthétiques. La maison décline aussi le thème en senteurs, avec des flacons de fragrance pour la maison, des pétales parfumés, des bougies, mais aussi des bains moussants et des laits corporels, ou encore de l'eau de rose, du sirop et de la confiture.

NYMPHEAS 11, place Hoche © 02 99 38 58 95. *Ouvert du mardi au samedi de 9h30 à 19h30 et le dimanche de 9h30 à 12h30.* Un fleuriste, voilà exactement ce qu'il manquait place Hoche !En l'occurrence, il s'agit d'une fleuriste, qui n'a pas son pareil pour confectionner de très beaux bouquets éclatants de couleurs, à partir d'une sélection de fleurs coupées fraîches. La boutique n'est pas très grande, mais bien fournie, et vous y trouverez plein de petites plantes en pots, jasmin, lierre, fougère, fleurs en pots et arbustes ainsi que quelques cactus et de jolis vases. Nympheas livre également ses compositions florales à domicile, si vous le souhaitez, 8 € à Rennes, un peu plus pour la périphérie.

PHILIPPE MAGRIN, JARDINERIE CLAUSE 156, rue de Fougères © 02 99 36 86 32. *Ouvert le lundi de 14h à 19h, du mardi au samedi de 9h30 à 12h30 et de 14h à 19h30, le dimanche de 14h à 19h.* En face du Monoprix, la Jardinerie Clause se pare dans la journée de verdure et de couleurs. Arbustes et plantes en pots prennent le soleil devant l'échoppe et à l'intérieur, bouquets et fleurs coupées s'exposent, ainsi que tout ce dont vous avez besoin pour vos propres plantations. Sachets de graines de légumes et de fleurs, terreau, désherbant ou engrais s'alignent sur les étagères, et plusieurs variétés de graines pour oiseaux vous attendent derrière la caisse. Philippe Magrin est aussi paysagiste : il crée, entretient ou retravaille votre jardin, en fonction de vos désirs.

LE PRE SAINT-GERMAIN 14, rue du Vau-Saint-Germain © 02 99 79 21 58. *Ouvert du mardi au samedi de 10h à 13h et de 15h à 19h30, le dimanche de 10h à 13h. Livraison à Rennes et périphérie, carte bleue acceptée par téléphone.* Cette très jolie boutique regorge de fleurs coupées, de suspensions florales et de plantes en pots de toutes les tailles et d'espèces variées : les orchidées flirtent avec le jasmin, les marguerites avec de grands palmiers d'intérieur. Les conseils sont avisés et vous aident à choisir une jolie plante ou à composer un bouquet selon les goûts de la personne à qui vous désirez l'offrir. Anniversaire, invitation, attention fleurie, pensée d'amour ou d'amitié, Anne Canat est là pour vous guider avec un sens artistique très sûr.

AU SOURIRE DES FLEURS 204, rue de Brest © 02 99 59 12 00. *Site Internet : www.interflora.fr Ouvert lundi de 9h à 12h30 et de 14h30 à 19h30, du mardi au samedi de 8h30 à 12h30 et de 14h à 19h30 et dimanche de 9h30 à 12h30.* Chaque fleuriste imprime son style, ses goûts dans ses compositions. Ici, elles sont remarquables : à la fois simples et sophistiquées, elles révèlent la beauté de chaque fleur choisie, pour le plus grand bonheur d'une clientèle fidèle. Ouverte tous les jours, cette échoppe de la rue de Brest offre des prestations de qualité.

THOMAS 53, avenue Monseigneur-Mouézy © 02 99 50 78 61. *Ouvert du lundi au samedi de 8h30 à 12h30 et de 13h30 à 19h. Fermé le dimanche.* Face au cimetière de l'Est, ce fleuriste permet aux visiteurs de se munir d'une petite fleur à déposer quelques pas plus loin... Mais ce n'est pas là la seule raison d'être de ce professionnel. L'établissement Thomas fait de la livraison à domicile, même sur simple coup de fil.

LE PAVILLON DES FLEURS Centre commercial Grand-Quartier, SAINT-GREGOIRE © 02 23 46 49 33. *Ouvert du lundi au samedi de 10h à 20h, 20h30 le vendredi soir.* Un joli kiosque vert, style début de siècle, à l'entrée de la galerie commerciale, d'où débordent bouquets de toutes les couleurs et compositions de saison, vous êtes bien au Pavillon des Fleurs : idéal pour embellir son intérieur de jolies fleurs coupées, après avoir fait ses courses !Une boîte en carton vous est même remise pour déposer votre bouquet et ne pas l'abîmer. La maison pense à tout, en témoignent les ardoises accrochées de chaque côté du kiosque avec les fêtes du jour à souhaiter : vous ne pourrez plus dire que vous aviez oublié !Vases, coupelles et orchidées sont également de la partie, ainsi que de petites cartes thématiques à joindre à votre achat.

Jouets

L'ATELIER DES LUTINS 13, rue du Chapitre © 02 99 78 13 43. *Ouvert le lundi de 14h à 19h, du mardi au vendredi de 10h30 à 19h et le samedi de 10h à 19h.* Anciennement Le Bonhomme de Bois, c'est un joli magasin de jouets et d'objets en bois pour enfants. L'espace est agréablement agencé, et la maîtresse des lieux vous accueillera avec un grand sourire. Les marques les plus réputées de fabrication de jouets en bois pour les enfants sont présentes. L'endroit va faire des heureux !

BRIN DE FOLIES 3, rue de la Monnaie © 02 99 78 19 88. *Ouvert le lundi de 14h30 à 18h30, du mardi au vendredi de 10h à 12h30 et de 13h30 à 19h et le samedi de 10h à 19h.* Un beau brin d'nom pour ce magasin rempli de cadeaux aussi jolis que variés pour nos bouts d'choux. Valisettes, peluches, fourre-tout en forme d'ours ou de clown, éclatants de couleurs et aux doux tissus, toises en bois, poupées, tours de lit, jeux d'éveil... Cette boutique égaie votre après-midi shopping à peine la porte poussée !Les étagères débordent, et le tout donne une impression de joyeux désordre, savamment agencé, tel un fabuleux grenier aux merveilles... sorti tout droit de nos enfances.

LA COURTE ECHELLE 26 et 30, rue Vasselot © 02 99 79 20 70. *Ouvert du mardi au vendredi de 10h à 18h45 et le samedi de 10h à 12h30 et de 14h à 18h45.* L'adresse est reconnue comme une excellente librairie spécialisée en jeunesse, mais ce n'est pas tout : le premier étage accueille une foule de jouets et jeux, des premiers encastrements aux dînettes, des Kapla aux jeux de société pour tout-petits comme pour ados, la plupart testés par l'équipe, avec un plaisir évident !Le dernier étage émerveille peut-être encore davantage, puisque y sont exposés les gros articles et les éléments de décoration : trains en bois, maisons de poupées, mobiles, tableaux d'éveil... Les activités manuelles ont également la part belle, avec une salle entière qui leur est consacrée, à deux pas de la librairie, où vous serez habilement conseillés et où vous ferez des trouvailles en toutes circonstances.

FLIC EN FLAC 19, rue de Penhoët © 02 99 79 30 49. *Ouvert le lundi de 14h à 19h et du mardi au samedi de 10h à 19h.* Cette boutique a une devanture jaune reconnaissable. Déco ou jeux de société, jouets premier âge ou objets pratiques, la dominante de ce magasin pour enfants est au bois et à la couleur. Originaux comme les guirlandes grenouilles ou classiques indémodables tels que la maison de poupée et les peluches, intelligents et ludiques, notamment les jeux de coopération Haba, les objets réunis ici ne demandent qu'à réjouir les petits, mais aussi les plus grands !

JOUETS LECONTE 4, rue d'Isly © 02 99 31 51 12. *Ouvert le lundi de 14h à 19h et du mardi au samedi de 9h20 à 12h30 et 14h à 19h.* Incontournable en matière de jouets à Rennes, ce magasin est spécialiste du jouet et est dépositaire de JouéClub. Les rayons bien remplis offrent aux petits et aux plus grands un large choix de jeux premier âge, jeux de société, Playmobil, figurines, maquettes, poupées, panoplies, perles, activités manuelles, etc. La maison donne également dans le matériel de puériculture avec un grand choix de poussettes, sièges bébé, et tout ce dont a besoin un bébé bien équipé. Les conseils sont très avisés. **Passage Isly au © 02 99 31 57 52. Autre adresse : 15, rue Nationale, THORIGNE © 02 99 62 00 69.**

TOMINE 3, avenue Jean-Janvier © 02 99 30 86 83. *Site Internet : www.tomine.fr Ouvert le lundi de 14h à 19h, du mardi au vendredi de 10h à 19h et le samedi de 10h à 12h30 et de 14h à 19h.* En 1954, l'enseigne devient adhérent JouéClub. Avec ses 400 mètres carrés, la boutique est un peu la grande surface du jouet en centre-ville. Quads et tracteurs grand modèle sont ainsi exposés sans problèmes, comme les grosses boîtes de Playmobil et de dînette. Les vendeurs vous éclairent de leurs conseils mais vous pouvez aussi déambuler à votre guise. Des jouets premier âge, en passant par les articles d'activités manuelles, les figurines, les petites ou grosses voitures, jusqu'aux déguisements, peluches, maquettes ou puzzles, jeux de société, le choix est varié.

LA GRANDE RECRE ZAC Auge-de-Pierre, Route de Saint-Malo, SAINT-GREGOIRE © 02 99 33 18 26. *Site Internet : www.la-grande-recre.com Ouvert de 10h à 19h, du lundi au samedi sans interruption.* Pour les filles et pour les garçons, drôles de bolides ou poupées angéliques, pour l'intérieur et pour jouer dehors, La Grande Récré a réuni un grand choix de jeux et de jouets pour les tout-petits et les plus grands. Ce magasin est facilement accessible aux poussettes et autres landaus : c'est loin d'être un détail !Les adultes non initiés au monde actuel des jouets feront appel aux judicieux conseils des vendeurs. Un bon point, d'autant que les prix ne s'envolent pas vers des sphères inaccessibles.

Objets

AMANI 10, rue Saint Melaine © 02 99 38 11 58. *Ouvert le lundi de 14h30 à 19h, le vendredi de 11h30 à 19h et les autres jours, de 10h30 à 19h.* Dans ce petit magasin, l'art africain est omniprésent. Statuettes brunes et élancées, caractéristiques d'Afrique noire, bijoux travaillés, boîtes, flacons, tissus, lampes, plateaux, etc. ravissent l'œil, avant de ravir le porte-monnaie !Cela dit, les prix sont tout à fait raisonnables et la qualité des objets excellente. L'art allié au grand sourire chaleureux de la maîtresse des lieux font de l'endroit un passage obligé pour les idées cadeaux ou les envies déco.

ARMORIA 15, rue de Robien © 02 99 27 51 68. *Site Internet : www.armoria.com Fermé le mercredi. Ouvert le lundi de 14h à 18h30 et le mardi, de 11h à 12h30 et de 14h à 18h30 et du jeudi au samedi de 11h à 12h30 et de 14h à 18h30.* Bienvenue dans un univers sorti tout droit de l'imaginaire celtique, nordique, médiéval et fantastique. Les amateurs du genre trouveront ici des lampes sculptées en résine de toute beauté, de petites figurines, des bijoux, des cd et des livres, mais aussi des tapisseries représentant des scènes médiévales et tout un assortiment d'épées superbes. Ce magasin vend également en ligne, via son site.

ARRET SUR IMAGE 8, rue Tronjolly © 02 99 30 67 49. *Ouvert du mardi au samedi de 10h30 à 13h et de 14h à 19h.* Le temple de la figurine plastique héritée des personnages de Boulevard et de dessins animés est ici, à deux pas du Colombia, et nulle part ailleurs !Les collectionneurs viennent régulièrement s'approvisionner en nouveaux venus, et les autres se délectent des Titi, Grosminet, Groomit, Titeuf et autres grands et inoubliables héros de la bulle ou du petit écran. Verres, bols, tee-shirts, sacs, réveils, ils sont partout, drôles, amusants et originaux, alors pas de quoi priver ses amis ou soi-même d'un cadeau qui change de l'ordinaire !

ARTISANS DU MONDE 8, rue Hoche © 02 99 27 05 08. *Site Internet : www.artisansdumonde.org Ouvert le lundi de 14h à 19h, du mardi au samedi de 10h à 12h30 et 14h à 19h.* "Donnez un sens à vos achats", ce slogan en dit long sur cette boutique située en haut de la place du Parlement. Ils offrent une alternative à plus de 120 groupements de producteurs du Sud. Cette association agit pour le commerce équitable et revend des produits certifiés issus de l'artisanat du tiers-monde. Entrer dans le petit magasin de la rue Hoche est déjà un voyage en soi. Vêtements, bijoux, objets divers, tous les articles sont ambassadeurs de l'artisanat de leur pays, et pour compléter ce tour du monde, quelques produits alimentaires.

L'ART SOLEIL 8, quai Emile-Zola © 02 99 78 52 95. *Ouvert du mardi au samedi de 14h à 19h.* Pour dépayser votre intérieur et l'habiller aux couleurs du Maroc, rien de tel que cette boutique d'import d'artisanat marocain. Elle fourmille d'objets typiques, usuels ou décoratifs : des plats à tajines et des théières de métal, mais aussi des lampes et des sacs en peaux de chèvre, des parures de lit et des babouches, des paravents, du henné, ainsi qu'une très belle collection de sabres et de bijoux. Et pour la joie de tous, un nouvel espace est consacré au fer forgé et aux lampes en peau.

AVENUE OF THE STARS Centre commercial des Trois Soleils © 02 99 30 09 38. *Ouvert de 9h30 à 19h30 tous les jours sauf le lundi, de 14h à 19h30.* Utiles ou pas, décoratifs ou rigolos, les objets qui foisonnent dans cette boutique colorée du premier étage du centre commercial des Trois soleils, ont tous un point en commun : les personnages stars de Boulevard ou de dessins animés qui les ornent... Bols, tasses, serviettes de bain, figurines, briquets, montres, pendules murales, vêtements, tee-shirts et tous produits dérivés imaginables, la liste est longue et honore Les Looney Tunes comme Calimero, Tintin autant que Betty Boop, Droopy, Bécassine, Marsupilami, Gaston Lagaffe... Fans, simples amateurs ou fureteurs en quête d'un cadeau original, les étagères de cette boutique sont faites pour vous !Et en passant, un coup d'œil sur l'exposition des objets dans la vitrine ne manque jamais de vous replonger dans le monde de votre enfance.

CAP BREIZ 26, avenue Janvier © 02 99 30 80 82. *Ouvert le lundi de 14h à 19h, du mardi au vendredi, de 10h à 12h et de 14h à 19h et le samedi de 15h à 19h.* Avant de prendre le train, voilà un endroit où s'arrêter pour rapporter un souvenir de la région. A deux pas de la gare, cette boutique d'artisanat breton, claire et aérée, joue les valeurs sûres. Une petite gamme de vareuses, cirés, pulls marins et bonnets pour enfants et adultes, un assortiment complet de vaisselle des faïenceries Henriot de Quimper, mais aussi papiers à lettre, répertoires, tabliers, bijoux celtiques, caramels et chouchen, tout y est.

CINE AFFICHES 9, rue de Penhoët © 02 99 79 41 71. *Ouvert le lundi de 14h à 19h et du mardi au samedi de 10h à 12h30 et de 14h à 19h.* Placé dans le Rennes historique, cette boutique est un petit bijou. Les murs sont entièrement tapissés de cartes postales !Aucun doute, vous êtes au royaume de l'affiche, de la photo, du poster et de la carte postale. Les mondes du cinéma, de la Boulevard, de la tv, celui de la musique, du manga, du noir et blanc et de la nature sont ici imprimés sur papier. Le succès pour cette boutique ne se dément pas, grâce aux prix très corrects et aux renseignements précieux donnés par une équipe qui connaît bien son domaine.

CRISTILL 9, rue du Pré-Botté © 02 99 79 14 89. *Ouvert du mardi au samedi de 10h à 19h. Fermé le lundi, sauf en période de fêtes.* La boutique Cristill vous ouvre un univers magique : celui du verre et de la céramique. Pâte de verre, verre soufflé ou filé, cristal, fusing, terre cuite, raku, autant de techniques artisanales maîtrisées de mains de maître par les artistes exposés ici. Les flacons et les vases voisinent avec les animaux ou les coupes, les fleurs de verre avec les sulfures et les lampes, pour le plus grand bonheur des yeux. Quand verre et céramique deviennent passion.

L'ENCRIER 4, rue Edith-Cavell © 02 99 79 30 84. *Ouvert le lundi de 15h à 19h et du mardi au samedi de 10h à 12h30 et de 14h à 19h.* Pour ceux qui aiment l'atmosphère un peu surannée des accessoires d'écriture, L'Encrier est une véritable mine d'or. Coffrets et encriers en beau bois sombre, meubles-pupitres, lampes de bureau, carnets et cartables de cuir, organiseurs, encres, plumes chinoises, pierres à encre feront le bonheur des amateurs. Le magasin est particulièrement bien fourni et ne sont exposés que des articles à la qualité irréprochable et quelques produits plus fantaisie.

L'ESPRIT MUSEE 3, rue de Monfort © 02 99 79 67 23. *Ouvert de 10h à 12h15 et de 14h à 19h.* Le principe est d'acheter les plus belles toiles du monde à prix réduits. Ce sont des reproductions. Les musées de France sont représentés à Rennes par cette boutique agréée qui a sélectionné pour vous des cadeaux d'art inspirés des collections du Louvre et des musées nationaux, des moulages, des reproductions de qualité de bijoux et d'objets. Dans une ambiance très feutrée, ce lieu plein de charme sort des sentiers battus. Lithographies, bijoux, statuettes ont traversé le temps et parviennent jusqu'à nous sous forme de répliques bien exécutées, à des prix raisonnables. On trouve la galerie et le magasin côte à côte.

NOUVEAU **ETHNIC CHIC 3, place Saint-Anne © 02 23 21 08 99.** *Ouvert le lundi de 14h30 à 19h et du mardi au samedi de 10h30 à 19h.* Cette adresse bien connue des Rennais sous le nom de Kenza Boutik (rue saint Melaine) a déménagé place St-Anne pour mieux vous servir. Ethnic est une boutique d'import d'artisanat du monde de cadeaux, idée déco, et maintenant en plus de prêt à porter accessoires et bijoux en provenance du Maroc, d'Inde, du Népal, d'Indonésie...A l'intérieur, babouches à paillettes, pointues ou encore à talons, lampes & appliques en fer forgé, foulards, sacs, tajines, tentures, colliers en bois & coquillages, porte-monnaies, ceintures en perles vous donneront envie de faire plaisir... alors si vous manquez d'idées, allez faire un tour dans cette boutique d'ailleurs !

MADE IN BREIZH 3, rue Edith-Cavell © 02 99 78 45 40. *Ouvert le lundi de 14h30 à 19h30 et du mardi au samedi de 10h à 13h et de 14h15 à 19h30.* Ce magasin de souvenirs est plus un lieu où vous découvrirez créations et produits bretons originaux. Les propriétaires sont des passionnés et n'aiment rien tant que de parcourir la Bretagne pour dénicher objets artisanaux et nouveautés talentueuses ou rigolotes. Vêtements estampillés "A l'aise Breizh", graines de menhirs en sachet, bijoux celtiques, timbales en grès émaillé ou suspension de bois pour porter les cuillères, petites douceurs à manger et à boire : le mélange est chaleureux et oscille finement entre traditionnel et production plus actuelle.

LA MAISON DU CACHEMIRE 32, rue de Saint-Malo 02 23 20 92 42. *Ouvert de 10h30 à 19h du lundi au samedi.* Grande et bien remplie, La Maison du Cachemire porte son nom comme un charme : lampes, meubles, coffrets, vêtements, tentures, tapis, henné, encens, bijoux... C'est un véritable déploiement de toutes les richesses de l'artisanat indien, que vous découvrirez, une fois la porte poussée. Les vendeurs sont eux aussi de là-bas et s'occuperont gentiment de vous si vous le souhaitez.

MARGAUX 4, rue d'Isly © 02 99 35 07 08. *Le lundi de 14h à 19h et du mardi au samedi de 10h à 12h30 et de 14h à 19h.* Si vous aimez le style rétro et les objets que l'on trouvait aux temps de nos parents, cette boutique, très colorée, est pour vous !"Des centaines de cadeaux à tous les prix, utiles ou décos", annonce la vitrine. Le magasin tient ses promesses, et les goûts les plus variés seront satisfaits. Vaisselle Banania, peluches, sets de tables, verres de toutes formes et de toutes couleurs, rideaux de douche, horloges, lampes, figurines, rien n'a été oublié. Les rayons sont bien achalandés, mais attention ils sont assez proches les uns des autres !

METISSAGE PERLES 6, quai Emile-Zola © 02 99 79 23 95. *Ouvert du mardi au samedi de 13h à 19h et le samedi de 11h à 17h.* Et si vous vous lanciez dans la confection de vos colliers et bracelets ?Métissage Perles invite à la création avec sa très grande variété de perles au détail, environ 200 variétés,, esthétiquement rangées par coloris dans de petits casiers et des petits pots de terre. La maîtresse des lieux peut également confectionner votre collier après que vous ayez choisi les perles qui le composeront. Et si vous le faites vous-même, elle vous livrera petites astuces et conseils judicieux. Une très bonne adresse.

NATURE ET DECOUVERTES 40, place du Colombier © 02 99 31 38 00. *Site Internet : www.natureetdecouvertes.com Ouvert de 10h à 20h du lundi au samedi.* Fondée en 1990 par François Lemarchand, c'est une échappatoire à la ville... en ville !L'enseigne, dont l'emblème est la tortue, s'adresse aux citadins, fervents d'esthétique nature et de bien-être, amoureux des sciences et d'objets d'ailleurs. Les arrosoirs ne sont pas en plastique vert, mais en zinc, ... Carnets de voyages népalais aux fibres d'ortie, tisanes tonifiantes ou relaxantes, mais aussi jumelles et lunettes astronomiques, vous serez surpris de tout ce qui a été réuni ici. Le rayon des livres notamment est une véritable mine d'or. Les enfants ont leur étage, toujours dans le même esprit d'éveil à la nature et au monde : jeux, livres, activités manuelles, peluches, les idées cadeaux ne manquent pas !A noter : la poubelle pour piles usagées à l'entrée du magasin.

PLANETE OURS 20, rue du Maréchal-Joffre ✆ 02 99 78 35 34. *Site Internet : www.planete-ours.com Ouvert le lundi de 14h à 19h et du mardi au samedi de 10h30 à 12h30 et de 14h à 19h.* Qui n'a pas un souvenir ému de l'ours en peluche de son enfance ?Ici ce sont mille et une peluches !Mais pas seulement, car l'ours se décline en d'innombrables formes, par exemple des pâtes en forme d'oursons, dans un bocal de verre qui représente... allez, on vous laisse deviner !Montres, tasses, boîtes, plaids, sacs, tableaux ont tous un point commun : l'animal. Il peut être de collection et s'appelle alors Steiff ou Françoise Bonnet, les marques sont elles aussi de la partie, comme Sigikid, Russ ou Sunkid.

POCO LOCO 12, rue de Penhoët ✆ 02 99 78 16 47. *Ouvert de 10h30 à 12h30 et de 14h à 19h.* Voyageurs et amateurs d'artisanat du monde adoreront la boutique et son propriétaire. Deux étages réunissent couleurs, matières et savoir-faire d'Amérique Latine, d'Afrique, d'Inde ou du Népal. Vêtements, mobilier et chaises à palabres, bijoux, masques, encens, charbon à narguileh, eh oui !–, objets de décoration, idées cadeaux... Et Marco, quelqu'un de super sympa, n'hésitera pas à vous donner toutes sortes d'informations sur leur origine et leur signification. Un plus sur lequel ne pas faire l'impasse !

TARA'S 13, rue Pont-aux-Foulons ✆ 02 99 78 21 49. *Ouvert de 10h à 19h le lundi et le mardi et de 9h30 à 19h, du mercredi au samedi.* Le maître des lieux y tient beaucoup, et nous aussi. Ici, tous les objets d'art et d'artisanat asiatiques sont réalisés par des adultes !Une véritable gageure quand on sait comment cela se passe la plupart du temps. Ah, si tout le monde pensait et faisait comme Tara's... En attendant, c'est ici qu'opère la magie de l'Orient, à travers des articles de très belle facture.

VIAMARIS 28, place du Colombier ✆ 02 99 35 12 70. *Ouvert du lundi au samedi de 10h à 19h.* Via Maris ou Les chemins de la mer, titre fièrement le store de ce beau magasin, installé au milieu de la dalle du Colombier. Tout ce qui a un rapport à la mer est ici en vogue. La présentation des produits est particulièrement soignée, et c'est ainsi que l'on navigue le long des étagères et des tables à la découverte des produits de bain aux algues, des vêtements, des cd et des livres de toutes sortes sur la mer, le voyage ou la Bretagne, des objets de déco et des denrées maritimes. Les conserves de la Belle-Iloise sont là, la veste marine façon Corto Maltese aussi, les lampes ont des pieds de galets et de bois flotté, et la fraîche senteur des embruns marins vous accompagne discrètement dans tout le magasin.

YOTSUYA 16, rue du Champ-Jacquet ✆ 02 99 79 04 50. *Ouvert le lundi de 14h30 à 19h et du mardi au samedi de 10h30 à 19h.* LA boutique du Japon où les paravents sont de qualité et à des prix raisonnables !L'atmosphère est sereine et les articles présentés sont tous très attrayants : des lampes, des bougeoirs, de beaux services à thé, de magnifiques vases... Une invitation au voyage et une source de bonnes idées cadeaux inédits. Yotsuya participe à faire connaître l'art de vivre nippon, sans pour autant afficher des prix prohibitifs.

grands magasins, grandes surfaces

Centres commerciaux et grandes surfaces

Galeries marchandes

GALERIE MARCHANDE ALMA ZUP sud ✆ 02 99 51 75 75. Cette grande galerie marchande a cet avantage précieux de regrouper de nombreuses enseignes. Un point accueil, des animations ou expositions régulières, un manège... de quoi y passer son après-midi !**Autre adresse : ZA la Rigoudière, CESSON-SEVIGNE ✆ 02 99 83 96 96.**

GALERIE MARCHANDE COLOMBIA ✆ 02 99 35 17 77. *Ouvert du lundi au samedi de 8h à 20h30.* Le plus connu et le plus célèbre centre commercial en plein cœur du centre-ville regroupe de très nombreuses enseignes. Signalétique améliorée, décoration soignée, tout donne envie de se promener dans cet espace bien pensé et luxueux. Victime de son succès, la galerie est bondée les fins de week-end et pendant les fêtes. Il est parfois difficile de se frayer un passage parmi la foule de chalands.

GALERIE MARCHANDE GRAND QUARTIER Route de Saint Malo, SAINT-GREGOIRE ✆ 02 99 59 10 12. *Boutiques ouvertes de 10h à 20h du lundi au jeudi, de 10h à 20h30 le vendredi et de 9h à 20h le samedi.* Bien conçue avec ça et là des points services, cette galerie est claire et pratique. De très nombreuses marques y sont présentes et l'accent a été mis sur les services clients. L'ensemble est spacieux et aéré, propice à la balade et à la dépense : la galerie comprend 80 boutiques, pas moins !Animations ou expositions tout au long de l'année.

GALERIE MARCHANDE LECLERC CLEUNAY Rue Jules-Vallès ✆ 02 23 40 23 23. *Ouvert de 9h30 à 20h.* Clarté, luminosité, belle organisation de l'espace : voila ce qui caractérise la galerie marchande de Leclerc Cleunay, facile d'accès. Moins grande que d'autres galeries, il n'en reste pas moins que l'essentiel s'y trouve : bureau de tabac, magasin de chaussures, pharmacie, cafétéria, fast-food ou agence de voyage.

GALERIE MARCHANDE OPERA Centre commercial Cora La Giraudais, PACE. *Ouvert du lundi au jeudi de 9h30 à 20h, le vendredi de 9h30 à 20h30 et le samedi de 9h30 à 20h.* Avec son look verdoyant et ses belles allées lumineuses et bien tenues, vous vous laisserez certainement tenter par les enseignes présentes dans la galerie, 45 boutiques au total,, sans doute moins nombreuses qu'ailleurs, mais certaines en exclusivité à Rennes. Accès facile et signalétique intelligente finiront de vous séduire.

Grandes surfaces

CARREFOUR Centre commercial Alma, ZUP sud ✆ 02 99 26 55 55. *Ouvert de 9h à 22h du lundi au vendredi sauf le samedi 21h.* Carrefour travaille avec plusieurs marques de qualité : la sienne, mais aussi Produits en Bretagne, partenariat noué avec l'association régionale du même nom, et Reflets de France, qui font la part belle aux produits du terroir français. Un bon point pour l'originalité des vêtements Tex, de bonne qualité et toujours à la pointe de la mode. Le parking, pour toute la galerie marchande, est souvent très chargé et la course à la place susceptible de se libérer est redoutable !Et maintenant, avec la carte de crédit Carrefour, mettez de l'argent sur le compte et payez avec cette carte, vous aurez plein d'avantages, astucieux non ?

CORA Centre commercial Opéra La Giraudais, PACE ✆ 02 99 85 51 51. *Ouvert du lundi au samedi de 9h à 21h.* La plus à l'ouest des grandes surfaces de Rennes s'est considérablement agrandie : une extension de 2 600 mètres carrés porte sa surface totale à près de 10 000 mètres carrés. Cora a maintenant la même taille que les autres hypermarchés de Rennes. Résultat : des rayons repensés, agrandis et aérés, et une offre de produits non alimentaires développée. A l'extérieur aussi, des changements ont eu lieu avec l'installation de plusieurs grandes surfaces, comme Truffaut, Aubert, Intersport, etc.

DOMAINE & CHATEAU
AUZIAS
AOC Cabardès - Cité de Carcassonne
11610 PENNAUTIER - LANGUEDOC - FRANCE
Rêve de vin, vin de rêve. A consommer avec modération
Château
AUZIAS
CABARDÈS
2000
MONOPRIX
M
Retrouvez ces vins dans le rayon
spiritueux de vos Monoprix :
Centre Cial Colombia
ou 205, rue fougères

GEANT Route de Saint-Malo, Centre commercial Grand-Quartier, SAINT-GREGOIRE © 02 99 59 94 00. *Ouvert du lundi au jeudi de 9h à 21h, le vendredi de 9h à 21h30 et le samedi de 9h à 20h30.* Il porte bien son nom, cet hypermarché. Avec son parking couvert, il est plus aisé de se garer, encore qu'aux heures d'affluence, le problème reste entier. La variété des marques est fort appréciable et les inconditionnels des produits exotiques pourront satisfaire leurs envies. Les allées sont larges et les rayons impeccables.

LECLERC CLEUNAY Rue Jules-Vallès © 02 23 40 23 23. *Ouvert de 9h à 21h.* La dernière arrivée des grandes surfaces s'est offerte un grand parking, avec des emplacements plus spacieux que la moyenne. L'hypermarché a un espace loisirs, un autre consacré à la hi-fi, à l'informatique et à la musique, et bien sûr, tous les rayons traditionnels. La conception et la décoration mettent bien les articles en valeur, avec des rayons fruits, légumes, poissons ou charcuterie particulièrement attractifs. Pour ce qui est des prix, ils défient toute concurrence : c'est le centre commercial le moins cher de Rennes !

LECLERC SAINT-GREGOIRE Rue Etang-du-Diable, SAINT-GREGOIRE © 02 99 84 86 86. *Ouvert du lundi au samedi de 9h à 20h30, sauf le vendredi 20h45.* Mais qu'est-ce qui fait donc préférer cette enseigne à beaucoup d'autres ?Les prix, mais aussi la réputation du rayon boulangerie, avec ses nombreuses sortes de pains, et celle de la cave, qui ne sont plus à faire. Le rayon vêtements, où toute la famille pourra s'habiller de la tête aux pieds grâce à une gamme d'articles branchés ou plus classiques, pratique des prix très doux.

Grands magasins

GALERIES LAFAYETTE 2, rue de Rohan © 02 99 78 49 49. *Site Internet : www.galerieslafayette.com Boulangerie © 02 99 79 18 61. SAV © 02 99 78 49 41. Liste de mariage © 02 99 78 49 42. Alimentation ouvert de 9h à 20h. Magasin ouvert de 9h à 19h30.* En plein cœur de Rennes, les Galeries Lafayette sont incontournables. Le grand magasin n'a de cesse d'être toujours plus accueillant, moderne et agréable, et rassemble sur ses quatre niveaux un panel impressionnant d'articles des grandes marques en prêt-à-porter, lingerie, cosmétiques, maroquinerie, vaisselle, linge de maison, etc. Le sous-sol accueille le bricolage, les articles ménagers, la papeterie et les articles de décoration, le linge de lit et de bain, les arts de la table. Vous pouvez d'ailleurs y déposer votre liste de mariage. Le rez-de-chaussée s'organise autour de la beauté et des accessoires, cosmétiques, soins de la peau et du visage, collants, sacs, étoles et écharpes, bijoux, etc.

Le rayon alimentation reste très fréquenté, avec toujours ce même souci de qualité sur les produits vendus. Il fait face à la boulangerie-sandwicherie qui acceptera volontiers vos Chèques-Restaurants. Au premier étage, la confection hommes voisine avec le prêt-à-porter enfants et la lingerie. Le deuxième étage est totalement consacré à la confection femmes.

PRINTEMPS Centre commercial Alma ✆ 02 99 32 57 70. *Ouvert du lundi au vendredi de 10h à 21h et le samedi de 9h à 20h.* Facilement accessible maintenant avec le métro, la renommée du Printemps ne se fait plus !Du rayon femmes, où vous trouverez vêtements, bijoux, accessoires ou produits de beauté, vous passerez aisément au rayon hommes, où là encore de nombreuses marques se côtoient, pour le plaisir des clients. Le rayon vaisselle et arts de la table est très bien fourni, tout comme le rayon papeterie et jouets. La confection enfants est particulièrement bien représentée et s'articule autour de trois grands pôles, les bébés, les garçons et les filles. Mais la qualité a un prix, puisque les tarifs des marques présentées sont plutôt élevés. La cafétéria Le Square du Printemps vous permettra de vous offrir une pause revigorante à toute heure.

Solderies

THE DESTOCKER Zone Montgerval, LA MEZIERE ✆ 02 99 13 02 99 / 02 99 13 04 50. *Ouvert du lundi au samedi de 10h à 12h30 et de 14h30 à 19h.* On y trouve de tout : des sèche-linges, des lave-vaisselles, des fours, des télévisions, des home-cinémas, de la hi-fi, des dvd... Les marques sont prestigieuses comme Wirlpool ou Brandt. Les prix affichés sont par contre non négociables.

NOZ L'AS DES LOTS 10, rue Saint-Malo ✆ 02 99 79 11 71. *Ouvert le lundi, le mardi, le jeudi de 9h30 à 12h et de 14h à 19h, le mercredi, le vendredi et le samedi de 9h30 à 19h.* Egalement soumise à la logique des arrivages, cette solderie a la particularité de se situer rue Saint-Malo. Inutile de préciser qu'il est conseillé d'y venir assez souvent et de prendre le temps de fouiller dans ce désordre apparent pour dénicher l'objet rare. Vêtements, jeux, bibelots, vaisselle, articles de jardin, toute une panoplie d'articles à prix sacrifiés vous attendent et vous réservent de véritables bonnes surprises.**Autres adresses : 52, rue du Manoir-de-Servigné, ZI Route de Lorient ✆ 02 99 14 64 22 • 5, rue des Logettes, ZI CHANTEPIE ✆ 02 99 41 59 20.**

MAX PLUS ZA des Logettes, CHANTEPIE ✆ 02 99 41 67 80. *Ouvert du lundi au vendredi de 9h30 à 12h30 et de 14h à 19h et le samedi de 9h30 à 19h.* Max Plus vend du prêt-à-porter, du linge de maison, de l'électroménager, de la déco, de l'alimentaire, etc., au gré des arrivages : lots rachetés à la suite d'un incendie, d'inondations, de liquidations judiciaires, de fins de séries, et autres cas de figure de ce genre. Résultat, des articles archi-bradés et des arrivages permanents. De quoi faire de bonnes affaires, là encore... **Autre adresse : 63, rue du Manoir-de-Sévigné, Route de Lorient ✆ 02 99 14 57 08.**

Supermarchés

CHAMPION ZAC de la Morinais, ST-JACQUES-DE-LA-LANDE ✆ 02 99 35 35 31. *Ouvert de 8h30 à 20h du lundi au samedi.* Sous ses habits jaune et rouge, ce supermarché particulièrement bien tenu est lumineux, avec des allées larges et une organisation des rayons logique. Les prix, très compétitifs et bien indiqués, vous séduiront. Toutefois, cet espace, où il est agréable de faire ses courses, dispose d'un parking qui est, quant à lui, assez mal indiqué pour qui vient pour la première fois. **Autres adresses : Centre commercial Bourg-L'Evêque, Rue de Brest ✆ 02 99 59 28 93 • Centre commercial La Poterie ✆ 02 99 32 04 05 • Centre commercial Les Trois Soleils, Rue d'Isly ✆ 02 99 31 46 39 • Centre commercial Villejean, Cours Kennedy ✆ 02 99 59 18 49 • Centre commercial Le Gast ✆ 02 99 36 29 24.**

INTERMARCHE Centre commercial Italie ✆ 02 99 50 27 67. *Ouvert du lundi au vendredi de 9h à 12h30 et de 15h à 19h30, le samedi de 9h à 19h15.* Des prix pratiqués particulièrement compétitifs, d'accord, mais cela ne fait pas tout !Le parking est ici très restreint, les rayons sont peu ou mal rangés, l'aspect général est négligé. Heureusement les employés, assez nombreux, rehaussent le ton par leur amabilité. **Autres adresses : Centre commercial Les Longs-Champs ✆ 02 99 25 07 30 • Place du Gros-Chêne ✆ 02 99 63 14 02.**

SUPER U Angle boulevard de l'Yser et rue du Général-Nicolet ✆ 02 99 53 66 66. *Ouvert du lundi au samedi de 8h30 à 19h30, 20h le vendredi.* Super U, c'est 2 adresses à Rennes qui rencontrent un vif succès. Bien tenus, les rayons sont toujours parfaitement approvisionnés. La gamme des produits proposés est assez importante. Sa petite surface relative permet de faire ses courses assez rapidement. La politesse et la disponibilité du personnel sont toujours d'actualité et l'accueil est ni meilleur ni pire qu'ailleurs. Un grand parking en sous-sol permet de trouver une place aisément, et l'accès au supermarché est facilité par un ascenseur pour caddie. Photocopieuse, point photo minute et distributeur de billets sont les petits plus. **Autre adresse : 21, rue de Brest ✆ 02 99 14 31 10. Ouvert du lundi au samedi de 8h à 19h45.**

Maison

Ameublement

ATLAS Route du Meuble, Zone de Confortland, LA CHAPELLE-DES-FOUGERETZ © 02 99 13 13 40. *Site Internet : www.meublesatlas.com Ouvert le lundi de 14h à 19h, du mardi au vendredi de 9h30 à 12h et de 14h à 19h et le samedi de 9h30 à 12h30 et de 14h à 19h.* Des canapés, des tables basses, des chaises, des lampes, du mobilier classique ou contemporain : tout est affaire de goût. Mais également, on trouve des cuisines sur mesure et des bains, de la literie bultex et ressort de marque. Le renouvellement des articles est permanent. A fréquenter assidûment. Au moment des soldes, le rayon bonnes affaires est particulièrement séduisant.

LES ATELIERS DU GRAND FOUGERAY 66, route du meuble, Zone commerciale Conforland © 02 99 13 04 12. *Site Internet : www.ateliersgrandfougeray.com* Ce sont des meubles de type rustique qui sont fabriqués par ce magasin. La charte de cette enseigne est très claire. Ces ateliers s'engagent à ne fabriquer que des meubles 100 % massif, à n'utiliser pour la fabrication que des essences nobles et provenant essentiellement des massifs forestiers français, à n'utiliser que des techniques d'assemblage traditionnelles et à assurer la réparation de leurs meubles. A l'entrée du magasin, un établi ancien, usé par le travail vous attend avec ses scies, ses coupeaux de bois, ses rabots et ses ciseaux à bois. Un meuble de bar astucieux est présenté au fond du magasin, à vous de le découvrir !Les chambres à coucher se trouvent à l'étage.

L'EMBARCADERE Le Pavillon, LA MEZIERE © 02 99 66 52 43. *Ouvert du lundi après-midi au samedi de 10h à 12h et de 14h à 19h.* L'enseigne du magasin est très colorée et donc, vous ne pouvez pas le rater. Des salons, des sofas et de la literie sont proposés. Il y a des arrivages de containers. Le style des meubles est simple et dépouillé. Les fiches de description des meubles sont très détaillées. Possibilité de payer en plusieurs fois.

ALLIANCE DECO BOIS 9, mail François-Mitterrand © 02 23 46 10 10. *Site Internet : www.meubles-seltz.fr Ouvert du mardi au vendredi de 9h30 à 12h30 et de 14h à 19h, le samedi de 9h30 à 19h.* Alliance Déco Bois, situé juste à proximité de la place de Bretagne, crée et installe des meubles pour la cuisine, ainsi que divers autres meubles pour la maison. Orme ou hêtre massif se déclinent en lignes galbées, montés avec finesse et robustesse. L'alchimie est réussie et le tout est fonctionnel et d'un grand esthétisme. Pour s'en convaincre, rien ne vaut une visite dans cet univers où la création est une passion. Pour le mobilier de cuisine, de salon ou de salle à manger haut de gamme, la marque Seltz, à des prix raisonnables, Alliance Déco Bois saura répondre à vos attentes pour réaliser un lieu de vie qui vous ressemble.

BANN' COAT 21, rue des Loges, CHANTEPIE © 02 99 77 01 83. *Ouvert le lundi de 14h à 19h et du mardi au samedi de 10h à 19h.* Bann' Coat ou La maison des cinq continents... L'enseigne se veut différente et dépaysante : 5 ambiances sont mises en scène, tendances africaine, asiatique, européenne, etc., dans de petites salles ouvertes de chaque côté de l'allée centrale. Tables, canapés, étagères, tentures, éléments de décoration, vaisselle ou encore bougies simulent de vraies salons-salles à manger. On trouve donc ici des petits objets comme de plus imposants. L'accueil ne vous décevra pas, souriant et sans aucun acharnement commercial.

CAP COD 1, rue Saint-Georges © 02 99 79 10 76. *Ouvert du mardi au samedi de 10h à 12h et de 13h30 à 19h.* Les "authentiques explorateurs" se retrouveront parmi les meubles, les coffres et la multitude d'objets étonnants et raffinés en provenance des quatre coins du monde. Le chapeau "dundee" est spécialement importé d'Australie, du Tibet vous trouverez la cloche en bronze, et nombre d'autres merveilles venues d'Afrique, de Nouvelle-Zélande, et d'ailleurs. L'ensemble fait rêver et vous transporte immédiatement vers une autre époque, un autre lieu, d'autres peuples...

CINNA 7, rue de Bertrand © 02 99 38 82 83. *Ouvert du lundi au samedi de 10h à 12h et de 14h à 19h.* Sièges, meubles, tapis, objets de décoration et tissus : l'univers Cinna s'expose aux regards des passants, à travers ses larges vitrines. On ne peut s'empêcher d'entrer, tant l'ambiance créée est attractive. Que du sobre, de la marque, de la qualité. Meubles, sièges, luminaires, tapis, tissus sont exposés avec goût et donnent une sensation de luxe et de confort. Les amateurs apprécieront.

180277A
Au croisement des tendances
branché et raffiné
douceur et high-tech
confort et caractère
formes et matières
classique et bonnes affaires
design et naturel
Route® du Meuble et des Loisirs
pratique et technique
ethnique et voyage
80 spécialistes de la maison
12 km de découverte entre Rennes et La Mézière
www.routedumeuble.com

COCKTAIL SCANDINAVE Zone de la Gaîté, SAINT-JACQUES-DE-LA-LANDE ✆ 02 99 35 50 50. *Ouvert du lundi au samedi de 10h à 13h et de 14h à 19h30.* Ce grand bâtiment que l'on aperçoit du rond-point de la Gaîté et qui se situe derrière Castorama, abrite du mobilier en pin scandinave, on s'en serait douté !–, jeune et contemporain qui met en avant l'art de vivre façon Grand Nord. Canapés, mobilier gain de place, fauteuils, chaises, bureaux, literie, lampes et vaisselle, la fin du parcours se termine par des meubles un peu plus banals mais l'ensemble reste malgré tout agencé de façon attrayante et originale. Les prix ?Abordables, car la plupart des meubles sont à monter soi-même. Une fois l'an, en juin, de superbes promotions vous attireront sûrement !

CROZATIER MEUBLES 1, rue Edison, Zone Ecoparc, MONTGERMONT ✆ 02 99 68 89 58. *Site Internet : www.crozatier-meubles.tm.fr Ouvert le lundi de 14h à 19h et du mardi au samedi de 9h30 à 12h et de 14h à 19h.* Cette enseigne possède plus de 65 magasins. Les meubles sont fabriqués dans les Côtes-d'Armor. La nouvelle collection se décline en canapés, fauteuils, tables basses, chaises, meubles, lits, tapis et lampes. C'est une enseigne de qualité même si les meubles manquent peut-être un peu d'originalité.

DECORS ET AMES 24, avenue Janvier ✆ 02 99 67 08 81. *Ouvert du lundi au vendredi de 10h à 19h30 et le samedi de 14h à 19h30.* Lorsque l'on pousse la porte de ce magasin, on ne sait tout d'abord où donner de la tête. Au milieu d'un joyeux fouillis, l'œil accroche des meubles, une table dressée avec ses tasses, des bougies, de la vaisselle... Et puis, on se rend vite compte qu'il y a en fait une logique : place à la déambulation et aux trouvailles !Déco d'intérieur et articles de la table, peluches, fontaines à eau, senteurs et produits pour le bain, coussins, lampes et tentures, forment un melting-pot entre déco d'ici et d'ailleurs, avec l'esprit brocante.

ESPACE MICA La Brosse, SAINT-GREGOIRE ✆ 06 77 74 35 31. *Site Internet : www.espace-mica.com Ouvert le lundi et du mercredi au dimanche de 15h à 19h.* C'est un endroit bien étrange que l'espace mica !Au bout d'une impasse en tournant au magasin XXL et près de la 4 voies, ce sont deux bâtiments bleus qui vous ouvrent leurs portes. Le show-room fait plus de 250 mètres carrés montrant du mobilier et des œuvres d'auteurs contemporains. Le créateur du lieu, Mickael Chéneau, un ébéniste, sculpteur et décorateur aide tout projet public ou privé en s'aidant de fabricants italiens et locaux.

FLY Route du Meuble, Zone de Confortland, LA CHAPELLE-DES-FOUGERETZ ✆ 02 99 13 03 30. *Site Internet : www.flymeubles.com Ouvert le lundi de 14h à 19h30, du mardi au samedi de 9h30 à 12h30 et de 14h à 19h30.* Fly a su se faire une place de choix et est maintenant devenu un incontournable à Rennes. Ce magasin s'est offert un beau parking et l'accès, depuis la route du Meuble, est maintenant très facile. Ce labyrinthe de meubles en exposition recrée ainsi différentes ambiances de salon, bureau ou chambre. Une toute petite critique : le circuit obligatoire, qui est un nouveau concept à la manière d'Ikéa... Les prix sont assez doux et le choix d'articles très vaste. Que vous cherchiez des tapis, accessoires de cuisine ou de salle de bains, rideaux, lampes, meubles, bureaux, canapés, literie, tout y est.

FORMA DESIGN 89 bis, mail François-Mitterrand ✆ 02 99 33 22 56. Bienvenue dans une ambiance loft !Ce nouveau magasin s'étend sur les 350 mètres carrés d'un ancien garage. Les grands volumes du lieu et son esprit industriel rappellent ce passé, et fonctionnent bien avec l'offre très design de la maison. Cette boutique vient en effet en complément de la galerie Jeanne Buanic. On retrouve donc ici les grandes pièces que Jeanne Buanic ne peut exposer dans sa galerie du cœur de Rennes, plus de 20 ans d'âge ! devenue trop petite. Starck, Ron Arad, mais aussi Cappellini ou Zanotta, les grands créateurs et éditeurs se croisent. En canapé, dressing, bureau, bibliothèque, mais aussi cuisine et salle de bains, de quoi rajeunir les intérieurs avec goût. Gilles Percheron, le mari de Jeanne Buanic, propose aussi un espace pour recevoir les architectes d'intérieur. **Autre adresse : 12, rue Bertrand ✆ 02 99 38 80 22.**

FORMES NOUVELLES 8, rue de La Chalotais ✆ 02 99 79 61 62. Ce temple du design international peut se prévaloir de tout ce que le monde de la décoration compte de noms prestigieux, par exemple Artemide, Morosa, Vitra, Kartell ou Poltrona Frau pour ne citer qu'eux, le tout dans une ambiance dépouillée à l'extrême. Ce bel espace, qui s'élève sur 2 étages, accueille canapés, tables basses, chaises, bibliothèques, luminaires, présentoirs à revues et bureaux. Tout cela s'adresse à une clientèle très ciblée, en particulier les nombreux articles pour l'environnement professionnel.

GALERIE JEANNE BUANIC 12, rue de Bertrand ✆ 02 99 38 80 22. *Ouvert de 10h à 12h30 et de 14h à 19h. Le lundi de 14h à 19h.* L'une des boutiques de design les plus intéressantes de la place. Cappelini, B&B Italia, Agape, Jasper Morrison... On y trouve depuis plus de quinze ans "des produits récents et de belle facture" qui éduquent l'œil des Bretons. Le magasin de cette décoratrice d'intérieur réunit des grands classiques ou les toutes dernières nouveautés en matière de design. Point de fioriture, l'agencement est sobre et dépouillé. Un incontournable dans l'univers du design.

GARANCE 3, rue de Montfort ✆ 02 99 79 45 30. *Ouvert du mardi au samedi de 10h30 à 13h et de 14h à 19h.* Mélange des genres et luminaires sont à l'honneur dans la boutique, toute jeune de Laurence Le Guern. Elle présente ainsi ces coups de cœurs déco avec goût sans se soucier des tendances et du qu'en-dira-t-on... Ainsi, des objets très baroques fricotent avec des vases aux lignes épurées, le mobilier contemporain s'acoquine avec le fauteuil club. Magie : tout ceci forme un ensemble cohérent, avec quelques trouvailles abordables. Un magasin cosy sans chichis, actuel sans choquer. Laurence présente aussi les tissus d'ameublement d'éditeurs intéressants, pour la confection de rideaux.

GLOBAL VILLAGE La Bourdonnais ✆ 02 99 66 46 46. *Ouvert tous les jours de 10h à 12h et de 14h à 19h sauf le dimanche.* Après avoir tenu une crêperie, les propriétaires, 100 % indépendants, ont ouvert ce magasin avec une conviction première : faire de la qualité et vendre des meubles artisanaux uniques. Le concept c'est d'avoir des meubles que l'on ne trouve pas ailleurs, d'avoir une éthique par rapport notamment au travail des enfants et d'arrêter de vendre du meuble en série qui se vend trop bien, afin que chaque client ait une pièce unique chez lui. Les bois utilisés sont le teck, provenant d'Indonésie, du palissandre d'Inde, du chêne, de l'acajou, de l'acacia et du cédrano, un bois rare, entre autres. Les meubles, tous en bois massif, proviennent également de Chine. Le magasin est très bien décoré afin que le client imagine mieux le meuble chez lui. Chaque pièce est estampillée. Le choix est varié : tables, armoires, luminaires, malles en osier, éléments de décoration. N'hésitez pas à rendre visite à ces passionnés, vous en ressortirez certainement avec une pièce artisanale de premier choix !

HABITAT Centre commercial Colombia ✆ 02 99 65 49 55. *Ouvert de 10h à 19h30 du lundi au samedi.* On reconnaît le style Habitat : c'est épuré et élégant à la fois. La réputation de ce spacieux magasin d'ameublement, d'ustensiles et de décoration intérieure n'est plus à faire : tendance ou design, toujours de bon goût, les articles exposés sur ses 2 niveaux sont d'excellente qualité, mais pas forcément accessibles à toutes les bourses. Chaises, lits, bureaux, canapés, luminaires, rideaux, coussins, articles de bain et un rayon vaisselle particulièrement bien fourni. Habitat fait le plein de bonnes idées, en témoigne la grande fréquentation de ce magasin, notamment en week-end et périodes de fête.

HOME SALON ZA La Brosse, Ancienne route de Saint-Malo, LA CHAPELLE-AUX-FOUGERETZ ✆ 02 99 66 42 12. *Ouvert le lundi de 14h à 19h et du mardi au samedi de 9h30 à 12h et de 14h à 19h.* Vous ne pouvez pas le manquer le grand canapé blanc que l'on remarque lorsque l'on roule sur la route du Meuble ! Après avoir peut-être un peu peiné pour trouver l'entrée, vous découvrirez ce grand magasin essentiellement axé sur les canapés et fauteuils, au style à la fois traditionnel et contemporain. On y fait de tout comme du cuir, des tissus ou de l'alcantara. De nombreux tapis et petits accessoires sont également en vente. N'hésitez pas à profiter des offres de lancement de certains articles.

LES INTERIEURS DE ROBIEN 56, rue d'Antrain ✆ 02 99 27 06 06. *Ouvert du mardi au samedi de 9h30 à 12h30 et de 14h à 19h. Fermé le lundi.* Une des bonnes adresses de la capitale bretonne en matière de décoration et de design dont il faut se souvenir si vous souhaitez réaménager votre intérieur. Une élégance des lignes, des tons doux, une atmosphère paisible, des canapés et lampes inventives, des meubles en bois exotique... Mais les Intérieurs de Robien, c'est aussi des services à la carte pour repenser votre décoration. Confiez-leur votre intérieur et surtout remettez-vous-en à leur imagination créatrice : le résultat sera à la fois épuré et chaleureux, avec une touche d'exotisme et de noblesse. Des atouts de taille pour cet établissement qui offre la sécurité de l'expérience et un bon goût certain.

RENARD INTERIOR'S 70, route du Meuble, Parc Confortland, MELESSE © 02 99 63 78 62. *Site Internet : www.interiors.fr Ouvert le lundi de 14h à 19h et du mardi au samedi de 10h à 12h15 et de 14h à 19h.* Ah !le charme des maisons anglaises !Héritiers des méthodes artisanales du XIXe siècle, ce magasin vaut vraiment le détour pour qui aime l'ambiance british. Objets de déco, meubles en pin massif, canapés, luminaires, tout est étiqueté grâce à des nœuds rouges. Les vendeuses sont en uniforme, ce qui donne un charme supplémentaire au magasin. Les meubles sont souvent avec des vitrines et la décoration est très chargée comme en Angleterre. Les dessus-de-lit sont en caillebotis et le rouge est très présent dans ce dédale de pièces toutes soigneusement décorées. Allez-y, c'est magique !

IN-TY MOBILIER Route du Meuble, Confortland © 02 99 13 19 30. *E-mail : www.inty21@tiscali.fr Ouvert du mardi au samedi de 10h à 19h.* Ce magasin est le top en matière d'objets et de mobilier contemporains, nés de l'imagination débordante de designers modernes. Ils se côtoient dans un bel espace, clair, haut de plafond et aéré. Pour un intérieur branché et original, In-Ty se fait un plaisir de sélectionner tout ce que le monde du design peut inventer. Citons en vrac, Stark, Yukky Yaura, Pylone, Olivier Goud, Alessi, Leonardo... Des listes de mariage, des meubles sur mesure, des horloges se reflétant sur le mur, des fauteuils lampes, des chaises, des accessoires de cuisine : c'est très varié. Lorsque l'on aime, on adore et lorsque l'on n'aime pas, on déteste !**Autre adresse : In-Ty Design Shop 4, rue de Penhoët © 02 99 78 14 75.**

MEUBLES MANCHERON ET FILS La Brosse- SAINT-GREGOIRE © 02 99 66 52 90. *Ouvert de 10h à 12h et de 14h à 19h du lundi après-midi au samedi soir.* Les Macheron sont des fabricants ébénistes depuis 1965. Cet immense magasin à deux entrées, une pour les meubles de style ancien et une autre pour les meubles de style moderne, offre une large gamme de chambres à coucher, de salles à manger, de meubles d'appoint et de salons de fabrication artisanale. On y trouve également des bibliothèques et des fauteuils club entre autres. Un catalogue gratuit est à votre disposition pour découvrir les nouvelles collections.

MONSIEUR MEUBLE Route du Meuble, Zone de Confortland, MELESSE © 02 99 13 13 26. *Ouvert le lundi de 14h à 19h, du mardi au vendredi de 9h à 12h et de 14h à 19h et le samedi de 13h30 à 19h.* Enseigne incontournable sur la route du Meuble. Vous serez séduit par des séjours, salons, chambres ou bureaux, traditionnels et contemporains à la fois, pour des prix économiques qui ne sacrifient rien au charme, ni à la qualité. Tentations nombreuses et abordables, doublées d'un indéfectible bon accueil.

RENARD PIER IMPORT 5, place du Colombier © 02 99 31 68 68. *Ouvert du lundi au vendredi de 10h à 19h, le samedi jusqu'à 19h30.* C'est un grand magasin qui vous ouvre ses portes. Tout attire l'œil à l'intérieur. Tendance exotique pour les meubles et objets déco, services de thé marocain, porte-encens, brûle-parfums, etc.,sur les étagères et dans les vitrines. Plein d'idées déco ou cadeaux dont les prix ne videront pas votre compte en banque ni votre porte-monnaie. Le sous-sol s'offre des allées plus larges pour un bon choix de vaisselle, d'accessoires pour la cuisine et la salle de bains, ainsi que des bougies et des bougeoirs à des prix franchement intéressants.

PHILIPPINE Route de Chateaugiron, CHANTEPIE © 02 99 41 44 00. *Ouvert du lundi au samedi de 9h30 à 12h et de 14h à 19h.* L'enseigne présente essentiellement des meubles en rotin exotique ou en pin et des meubles contemporains. Literie et mobilier pour la chambre ou le bureau, la cuisine et le séjour, aucune pièce de la maison n'est oubliée. Les meubles extérieurs sont également au rendez-vous. Le service est rapide sans être trop pressant, l'espace plaisant et agréablement agencé. Une valeur sûre pour la qualité des produits et la grande diversité des meubles proposés.

NOUVEAU **POLTRONESOFA ZA La Brosse, 5, rue de Garenne, LA CHAPELLE-DES-FOUGERETZ © 02 99 66 54 49.** *Site Internet : www.poltronesofa.com Ouvert le lundi de 14h à 19h et du mardi au samedi de 10h à 12h et de 14h à 19h.* Depuis octobre 2004, ce magasin propose des meuble made in Italy de grande qualité. La nouvelle collection 2005 est constituée de 90 modèles de fauteuils et de canapés. Ils sont fabriqués en tissus, en cuir ou Etienne, qui est une exclusivité Poltronesofa. C'est un revêtement spécial traité avec le Teflon de la maison Dupont et absolument unique de par ses qualités anti-tâches.

PIERRE CHRISTOPHE LE KER Ancienne route de Saint-Malo, ZA La Brosse, CHAPELLE-DES-FOUGERETZ © 02 99 13 16 40. *Ouvert le lundi de 14h à 19h, du mardi au vendredi de 9h à 12h et de 14 à 19h et le samedi de 9h30 à 12h et de 14h à 19h.* Vous découvrirez dans ce magasin des meubles traditionnels et de style ainsi qu'un très bel et grand espace design. Que ce soit une salle à manger, un salon en cuir ou en tissu, une table, un secrétaire, un bureau ou des objets décoratifs, vous y trouverez votre bonheur. Spécialisée dans la copie d'anciens, cette enseigne fabrique des meubles de qualité. Adresse à retenir pour ceux qui aiment les beaux meubles et les conseils avisés.

LA MAISON COLONIALE Ancienne route de Saint-Malo, ZA route du Meuble, LA-CHAPELLE-DES-FOUGERETZ © 02 99 13 17 60. *Ouvert le lundi de 14h à 19h, du mardi au samedi de 10h à 12h et de 14h à 19h.* Vous vous sentirez des envies de voyage en pénétrant dans cette surface de 500 mètres carrés consacrée exclusivement aux meubles coloniaux. Qu'il s'agisse de coussins, de consoles en teck, de buffets en orme de chine ou en pin d'Orient, ici tout n'est qu'évasion. Les prix, très bien signalés par des étiquettes lisibles et détaillées, sont plutôt doux. A l'entrée, vous plongerez dans l'ambiance de telle ou telle contrée lointaine en feuilletant les livres de voyage mis à la disposition du public.

MEUBLES MONNIER Route de Saint-Malo, Zone Beauséjour, LA MEZIERE © 02 99 69 31 69. *Site Internet : www.meublesmonnier.com Ouvert le lundi de 14h à 19h, du mardi au vendredi de 9h45 à 12h et de 14h à 19h et le samedi de 9h30 à 12h30 et de 14h à 19h30.* Meubles classiques, contemporains et design, meubles en bois, orme, chêne, pin, etc,, en métal ou en verre : les Meubles Monnier présentent sur 4 niveaux et 6 500 mètres carrés de surface totale une grande diversité de meubles pour tous les styles et tous les goûts. Chaque étage est consacré à un thème. Le sous-sol abrite les petits meubles, le rez-de-chaussée les salons. Le premier étage accueille les meubles classiques et le deuxième expose les meubles contemporains et design. Les grandes marques, comme Nueva Linea, Stressless, Casa Nova ou encore SMA Design, sont bien représentées. Notez que leur site Internet est très bien conçu, n'hésitez pas à le visiter !

SAINT-MACLOU Centre commercial rocade sud, CHANTEPIE © 02 99 41 58 59. *Site Internet : www.saint-maclou.com Ouvert du lundi au samedi de 9h à 12h et de 14h à 19h.* Le point fort de Saint-Maclou est toujours le bon rapport qualité-prix ainsi qu'un immense choix dans tous les domaines : sols, moquettes, parquets, tapis, tissus et papiers peints. Dans tous les rayons, il y en a pour tous les styles et toutes les bourses. A noter, les tapis d'Orient à des prix très attractifs : Perse, Inde, Chine, Caucase faits à la main et garantis par des experts. Les prix sont toujours compétitifs et tous les magasins remboursent la différence pour garantir un meilleur coût. Les services aussi ne sont pas en reste, devis gratuit à domicile, prêt d'échantillons pendant 48 heures, de nombreuses possibilités de crédits personnalisés, la livraison dans toute la France, et la pose à prix défiant toute concurrence. **Autre adresse : Montgermont, Rue Mettrie, SAINT-GREGOIRE © 02 99 68 80 74. Mêmes horaires.**

SHOGUN Route du Meuble, LA CHAPELLE-DES-FOUGERETZ © 02 99 13 02 59. *Ouvert de 14h à 19h du lundi après-midi au samedi soir.* Reconnaissable à son immense jonque sur la devanture, c'est le spécialiste du mobilier colonial. On y vend également du rotin, du teck, du fer forgé, du pin, des canapés convertibles et de l'artisanat d'objets du monde entier. Les deux mezzanines invitent au voyage avec ses espaces consacrés à l'Asie et à l'Afrique. Les tapis de bamboo, les armoires de mariage, les statues, les luminaires et les salons de jardin nous incitent à craquer et à acheter. Pourquoi prendre l'avion, aller à Shogun !

TECK ET DECO 5, rue Victor Hugo © 02 99 79 59 25. Cette boutique est une véritable invitation au voyage avec ses meubles en teck et acajou et ses nombreux objets de décoration dans une ambiance très gai et colorée. Vous y trouverez des meubles en provenance d'Indonésie avec des arrivages 2 fois par an. Du fauteuil en teck et cuir aux meubles vitrine, pour CD, des buffets et des commodes de toutes dimensions exposés dans le magasin. Mais n'hésitez pas à interroger la maîtresse des lieux pour un meuble hors du commun aux dimensions non standardisées, un grand choix sur catalogue vous attend. Armelle Riffaud s'intéresse aussi aux objets déco qui sortent des sentiers battus pour vous proposer par exemple, des sacs à main, du linge de maison et toute sorte d'accessoires originaux comme des boutons en nacre ou en bois de coca, les bracelets en corne de vache, des albums photos en feuilles de tabac collées et en bois, des lampes... le choix ne manque pas !!!

XXL HABITAT OBJET ZA La Brosse, SAINT-GREGOIRE © 02 99 13 10 95. *Ouvert le lundi de 14h à 19h, du mardi au vendredi de 9h30 à 12h et de 14h à 19h et le samedi de 9h30 à 19h.* Un peu en retrait sur la route du Meuble, ce magasin est reconnaissable à ses nombreuses verrières. Ici, mobilier et accessoires de décoration dans l'air du temps, tons doux et style épuré, le tout pour une clientèle plutôt jeune et active. Une façon de vivre à l'allemande pour un rapport qualité-prix tout à fait correct.

Enfants

BLEU ARDOISE 7, rue Pont-aux-Foulons © 02 99 79 78 47. *Ouvert du mardi au samedi de 10h à 13h et de 14h à 19h.* En matière de décoration des univers d'enfants, Bleu Ardoise joue les couleurs et les harmonies acidulées et printanières : tilleul, violet, mandarine et pamplemousse, jouent de leurs charmes au détour des petites lampes de chevet, des lits de bébé, des cadres et d'autres accessoires utiles, ludiques ou décoratifs de chambres d'enfants. Le tout est parfaitement mis en valeur, et d'un goût très sûr, parmi des marques telles que Catimini, Agata Ruiz de la Prada, 100drine, etc. Une petite boutique résolument jeune et accueillante !

VIBEL L'ARCHITECTE DE L'ENFANT 8, rue Edith-Cavell © 02 99 78 35 75. *Ouvert du mardi au samedi de 10h à 19h.* Couleurs acidulées, meubles modulables aux formes et design inédits, lampes de chevet et miroirs : la conception et l'aménagement des chambres d'enfants sont ici pensés en fonction de... l'enfant. Son âge, ses goûts et ses besoins, mais aussi la pièce elle-même sont étudiés afin d'offrir le meilleur agencement à l'espace dans lequel vivent vos bambins. Un concept bien relayé par l'équipe de ce magasin, dont les conseils sont toujours pertinents et judicieux.

Antiquaires et brocanteurs

ANTIQUITES ARCADES 9, rue Victor-Hugo © 02 99 78 16 17. Cette boutique vend des meubles, des bibelots, des tableaux, des affiches publicitaires et des objets d'art. Elle est très bien approvisionnée. Il est conseillé d'aller y fouiner assez souvent pour dénicher la perle rare. Elle achète au meilleur prix et règle immédiatement. L'enlèvement est gratuit. Elle s'occupe également de l'estimation d'une succession complète.

BOBET ANTIQUITES 5, rue Jean-Le-Ho © 02 99 59 13 48. *Ouvert le lundi de 14h à 18h30 et du mardi au samedi de 10h à 12h et de 14h à 18h30.* "Acheter malin, acheter ancien", telle est la devise de ces brocanteurs depuis vingt-cinq ans. L'espace disponible permet de présenter une profusion de gros ou de petits meubles, armoires, vaisseliers, commodes, secrétaires, meubles régionaux, etc. Tous les styles sont représentés de la petite cuillère au meuble haute époque. Bibelots, miroirs ou dentelles sont aussi de la partie. Toutes ces pièces proviennent de particuliers, des salles des ventes, de successions... Bobet Antiquités s'est spécialisé dans la "belle brocante", à des prix accessibles. Ils vendent également et achètent pour les successions : en toute discrétion bien évidemment. La livraison des gros volumes est offerte dans le département. Les connaisseurs de bonnes adresses ne s'y trompent pas et la fréquentent assidûment. **Autre adresse : 7, rue de La Bletterie © 02 99 54 54 82.**

BELLE EPOQUE 5, rue Marconi, Route du Meuble, Zone Décoparc, MONTGERMONT © 02 99 14 60 16. *Site Internet : www.antiquitesboulle.com Ouvert du mardi au vendredi de 10h à 12h et de 14h à 19h et le samedi en journée continue de 10h à 19h.* Sur 900 mètres carrés, du prie-dieu à la table d'écolier, au billot et à la glacière de boucher, en passant par des armoires et des tables, toutes les antiquités sont représentées. Et même dans certains meubles, comme une armoire asiatique, des citations sont écrites afin de nous faire réfléchir, ingénieux, non ?Des arrivages se font toutes les semaines. Et même des listes de mariage peuvent être déposées. Un bon d'achat équivalant à 5 % de la liste est offert. C'est donc un choix exceptionnel de meubles anciens à des prix sacrifiés qui sont proposés aux particuliers !

LE GRENIER D'ANAIS 1, rue Leperdit © 02 99 79 56 95. *Ouvert du mardi au samedi de 10h30 à 12h15 et de 14h30 à 19h.* Cette petite façade marron abrite tout un monde de jolies choses : des bijoux, de l'argenterie, des bibelots et du petit mobilier. La maison est également experte en gemmologie. Alors, n'hésitez pas à vous renseigner, vous serez toujours bien reçu.

HOTEL DES VENTES 32, place de Lices © 02 99 31 58 00. *Site Internet : www.bretagne-encheres.com* Un lieu à fréquenter assidûment. Le lundi de 14h à 19h et le mardi matin de 9h à 11h sont consacrés à l'évaluation des articles mis en vente, meubles, objets de décoration, tableaux, etc. Les ventes s'effectuent chaque mardi à partir de 14h et se caractérisent par l'affluence attentive des connaisseurs qui s'y pressent. Bretagne Enchères, ce sont des professionnels de la vente aux enchères qui effectuent, tout au long de l'année, des estimations gratuites sur rendez-vous, d'après photo ou à domicile.

JEAN-YVES THIBOUMERY 12, rue Victor-Hugo © 02 99 27 67 78. *Ouvert du mardi au samedi de 10h30 à 12h et de 14h30 à 19h.* Au hasard des greniers ou des successions, ce magasin d'antiquités-brocante est bien fourni : mobilier, objets divers et variés ayant souvent pour point commun la mer. Sur une commode, un paquebot miniature, sur une autre une vieille lanterne... Les articles en dépôt-vente sont les bienvenus. Les horaires d'ouverture mériteraient d'être mieux indiqués.

LE RESTE LANGELIER MICHELINE 7, rue Saint-Georges © 02 99 38 89 09. Une boutique d'antiquaire telle qu'on se l'imagine : un peu fouillis, silencieuse, sans fil conducteur, abordant différentes époques... Seul l'amour des vieilles choses vous attirera dans cette alcôve intimiste. N'hésitez pas à demander les prix car les étiquettes sont très peu lisibles.

SAINT-HELIER BROCANTE 58, rue Saint-Hélier © 02 99 30 26 45. *Ouvert tous les jours de 10h à 12h et de 14h à 19h.* Au fond d'une petite cour qui sert d'ailleurs de parking aux clients, la brocante Saint-Hélier s'étend sur 700 mètres carrés couverts et vous invite à admirer de magnifiques meubles anciens en bois. Armoires, secrétaires, coffres, objets divers, on peut faire ici de véritables trouvailles, mais il faut en avoir les moyens financiers, car l'ancien coûte cher, très cher.

VASSELOT ANTIQUITES 2, rue Vasselot © 02 99 79 26 90. *Ouvert du mardi au samedi de 10h à 12h30 et de 14h à 19h.* Après l'éphémère, place aux objets qui traversent les ans... Suite à des ventes ou des successions, tableaux anciens, lustres, miroirs, bijoux, argenterie, broderies, dentelles et poupées anciennes, petit mobilier, objets de vitrine et de collection s'exposent dans les belles vitrines de Vasselot Antiquités. Les prix sont plutôt élevés, comme il se doit pour ce qui n'a pas d'âge...

Arts de la table

DU BRUIT DANS LA CUISINE Centre commercial Alma © 02 99 50 25 73. *Ouvert du lundi au vendredi de 9h30 à 20h30 et le samedi de 9h à 20h.* Pour ceux qui aiment cuisiner dans de belles casseroles de qualité, toutes celles qui sont sensibles au contenant autant qu'au contenu et adorent verres, assiettes, théières, tasses et torchons, rendez-vous dans cette sympathique enseigne. Ustensiles, agencement et le personnel en tablier évoquent le chic des boutiques parisiennes. Une partie des étagères du magasin est occupée par les produits d'épicerie fine, tels que confitures, épices, conserves du terroir, thés, sirops, alcools, etc. La maison organise également des cours de cuisine et met à disposition sur un vaste plan de travail en inox livres de recettes et idées menu.

LA MAISON SLAVE 3, rue de Clisson © 02 99 79 67 69. *Le lundi de 14h à 19h et du mardi au samedi de 10h à 19h.* Lorsque travailler le verre devient un art, la maison slave saura séduire les amateurs de belles choses par la qualité de ses articles et par ses prix doux, notamment durant les soldes, période où les rabais sont conséquents. Verres finement taillés, services de table en céramique, vases précieux, carafes en tout genre... Tout le nécessaire pour dresser une table raffinée et originale est là. Valeur sûre à ne pas manquer.

Bricolage et jardinage

CASTORAMA 140, rue du Temple-de-Blosne, Rond-point de la Gaîté, SAINT-JACQUES-DE-LA-LANDE © 02 99 35 36 37. *Site Internet : www.castorama.fr Ouvert du lundi au samedi de 9h à 20h.* Au bord de la rocade sud-ouest, sortie Redon, Castorama dresse ses 12 000 mètres carrés, dédiés au bricolage et au jardinage. L'enseigne présente sur ses différents rayons tout ce dont amateurs et professionnels ont besoin pour aménager leur jardin comme les différentes pièces de la maison. Végétaux, meubles de jardin, outils, jeux et accessoires de plein air, carrelages, sanitaires, cuisines, peintures, plomberie, chauffage, outillage, quincaillerie, électricité, moquettes, parquets, rangements, bois, panneaux, décoration, menuiserie et construction.... Des livres de bricolage, de jardinage et de décoration sont proposés. Les vendeurs sont là pour vous orienter et vous conseiller, des ateliers spécifiques sont à la disposition du client, comme la découpe de verre et du bois ou l'encadrement. L'enseigne organise régulièrement des stages gratuits pour apprendre à bien comprendre telle ou telle technique. Mieux vaut s'inscrire à l'avance, car ils connaissent un réel engouement et sont rapidement complets !Un autre service appréciable chez Castorama : la location de matériel, bétonnière, ponceuse, scie sauteuse, poste à souder, débroussailleuse, décolleuse papier peint, etc. Enfin, à noter, l'engagement du magasin auprès d'organismes indépendants, garantissant une gestion forestière respectueuse de l'environnement, socialement responsable et économiquement viable.

ECOSYS 7, rue du wagon, ZA l'Hermitière, 35230 ORGERES © 02 99 42 30 42. *Site Internet : ecosys.bretagne@wanadoo.fr* Ecosys est spécialisé dans le recyclage de nos végétaux en provenance de tout Rennes métropole, branches, feuilles, gazon, mis en produit finis : le compost. Installé depuis plus de deux ans sur Orgères, il propose de la vente directe en sac ou en vrac pour particuliers et professionnels. Il fait également de la livraison en vrac à domicile. Le compost d'Ecosys, qui constitue un stock de matières nutritives pour la terre, augmente la capacité du sol à stocker les fertilisants, et libère les éléments nutritifs indispensables aux plantes. Il aère le sol, favorise la vie et crée l'équilibre naturel. Il est également utilisé en agriculture biologique et raisonnée. Pour tout jardinier qui se respecte, il y a du travail toute l'année : bêcher le potager en janvier, tailler les rosiers en février, scarifier la pelouse en mars, planter les plants de légumes en avril, et ce, jusqu'en décembre où l'on prépare les haricots à rames et les pois de senteur !Pour chacune de ces activités, le compost mélangé à la terre ou au terreau, aide à respecter le cycle naturel. Il sert notamment à la préparation du sol : pour les cultures potagères, les massifs fleuris ou le gazon, les plantations, en pleine terre ou en jardinières et enfin pour revitaliser gazon, plantes et arbustes. Alors, à vos râteaux !

NATURELLEMENT CHEZ SOI 15, rue de Plélo © 02 23 44 07 90. *Ouvert du mardi au vendredi de 9h à 12h30 et de 14h à 18h30 et le samedi de 9h à 12h.* Pour tous ceux qui rêvent d'un habitat écologique, respectueux de l'environnement, voici la bonne adresse pour décorer, construire ou rénover leur maison. Peintures et matériaux naturels, isolation à base de chanvre ou de liège, revêtements de sol, parquets, véritables linoléums, jonc de mer, tels sont les produits proposés. La mode est à l'écologie, certes, mais il convient néanmoins de saluer cette initiative, d'autant que les matériaux sont d'un bon rapport qualité-prix.

LA PORTE A COTE, Portes et fenêtres 76, rue Saint-Hélier, 35000 RENNES ✆ 02 23 44 06 06. *Site Internet : laporteacoterennes@club-internet.fr* Implantée depuis 1999, La Porte à Côté est spécialisée dans la fabrication et l'installation de portes et fenêtres. Cette société représente entre autres les produits du groupe Millet fondé il y a vingt-cinq ans. A Rennes, M. Cochet et ses cinq collaborateurs, chacun spécialiste dans son domaine d'activité, vous présentent un large choix de produits : fenêtres, portes-fenêtres, coulissants, mais aussi portes blindées, de garage, portails et clôtures, volets roulants, motorisés ou non,, persiennes, volets battants et stores bannes. Cette petite structure, professionnelle du sur-mesure, vous propose une écoute personnalisée avec une démarche qualité qui passe par un respect de l'environnement avec ses gammes en bois, PVC, aluminium et acier. Nominée au Prix Entreprises et Environnement 2004 avec sa gamme fenêtres bois harmonie, l'entreprise s'engage à éliminer, au sein de ses produits, le chrome, le plomb au profit du calcium zinc et à employer des matériaux recyclables, limitant les traitements chimiques d'entretien. Cette société offre un savoir-faire artisanal justifié par son label Qualicoat, qualité bord de mer, et un engagement de longévité avec une garantie allant jusqu'à dix-huit ans. La Porte à Côté est également réputée pour le design, l'ergonomie de ses fabrications pouvant même être adaptée aux nécessités des personnes handicapées. De surcroît, elle est reconnue pour la qualité de ses réalisations et de ses matériaux, choix des essences, vitres feuilletées..., qui assurent une durabilité et une excellente isolation thermique et phonique. Son bureau d'étude, innovant, créatif et attentif à vos désirs, vous propose une multitude d'esthétismes originaux allant du style sobre à l'exubérant, du classique à l'innovant, du traditionnel à l'avant-gardiste. Bref, avec sa transparence d'exécution, son engagement à respecter les délais, la réactivité de son service après-vente, cette entreprise de taille humaine sera idéale pour tous vos projets de rénovation de l'ancien et même ceux concernant l'habitat neuf.

TRUFFAUT Face au centre commercial Alma, Allée d'Ukraine ✆ 02 99 50 50 70. *Ouvert du lundi au vendredi de 10h à 19h30, le samedi de 9h30 à 19h30 et le dimanche et jours fériés de 10h à 12h30 et de 14h30 à 19h.* Les différents rayons de ce grand magasin sont particulièrement garnis : des plantes en pots, des bonsaïs, des cactus, des plants de légumes et de fleurs, des jardinières, des pots, mais aussi tondeuses, salons de jardin, outils, voilà pour la partie jardinage. Truffaut s'est réservé une partie animalerie avec poissons, oiseaux et tout ce qu'il faut pour les "loger" et les nourrir, ainsi qu'un rayon consacré aux travaux manuels qui intéressera les petits comme les grands. Un magasin bien conçu, dont on aime la prestation et les horaires d'ouverture. **Autre adresse : Centre commercial Opéra, PACE.**

JARDILAND ZAC des Peupliers, CESSON-SEVIGNE ✆ 02 99 83 17 17. *Site Internet : www.jardiland.fr Ouvert de 9h30 à 12h30 et de 14h à 19h 7j/7.* Implantée dans la zone industrielle de Cesson, cette grande jardinerie est facile d'accès et bien agencée. Outre de nombreuses plantes, arbustes, pousses, bouquets, idées plantations, haies en tout genre, saveurs subtiles, équipement pour le jardin, le rayon animalerie fera le bonheur de vos compagnons à deux ou quatre pattes, ou même sans patte. Les articles sont présentés de façon pratique et attrayante, notamment au moment des fêtes où les décorations de Noël sont particulièrement réussies. Les prix pratiqués par l'enseigne sont très intéressants, comparés à d'autres jardineries."L'esprit jardin vous réussit", certes, surtout après un petit détour par Jardiland !

LEROY-MERLIN Parc d'Activité, Rocade Sud, 35135 CHANTEPIE ✆ 02 99 41 66 90. *Site Internet : www.leroymerlin.fr Horaires : pour mieux vous servir le magasin ouvrira ses portes dès 8h à partir du 1er mars et jusqu'à 20h, du lundi au samedi.* Le saviez-vous ?Originaires du Pas-de-Calais, M. Leroy et Mme Merlin, Adolphe et Rose de leurs prénoms,, ont constaté au lendemain de la guerre que la population manquait de matériel pour reconstruire leur maison. C'est ainsi qu'ils eurent l'idée de revendre les surplus américains restés en France, et créèrent leur premier magasin, en 1923 : Au stock américain. Innovant ainsi sur le marché du bricolage, et souhaitant répondre au besoin réel, ils instaurèrent une politique de prix accessible à tous, ajoutant le premier service : la livraison gratuite à domicile. Nous connaissons mieux la suite de l'histoire du leader français du bricolage et de l'aménagement de la maison, qui aujourd'hui offre un large choix de produits : plus de 60 000 références, du premier prix au haut de gamme, partout en France. Alors, de la cave au grenier en passant par le jardin : tout y passe. Tout ?oui, et même plus encore, car ce qui fait la force de Leroy-Merlin aujourd'hui, ce sont les services qu'il met à disposition de sa clientèle : 300 prestations à son actif. Cours de bricolage, pose à domicile, assistance technique, échange de produits, reprise des excédents, ou le classique service après-vente et surtout, le remboursement de deux fois la différence si vous trouvez moins cher ailleurs. Et si vous vous sentez l'âme d'un bricoleur passionné, ou d'une décoratrice d'intérieur révélée, vous pouvez avoir la carte fidélité : réductions, cumul de points en magasin... et en plus, chacun a sa propre carte !Enfin, à la pointe des nouvelles technologies, Leroy-Merlin surfe sur la vague du Net en mettant en ligne sur un site très complet les produits du magasins, tous ses services, ainsi que forums et autres échanges interactifs. Vous y trouverez également de nombreux conseils en éditant les fiches d'aides à la pose des produits. Vous pouvez même visiter les sites Internet de particuliers lancés dans la grande aventure de la construction afin d'y trouver secrets et astuces de chantiers à partager entre internautes. De plus, pour que Leroy-Merlin rime avec TF... regarder en direct les vidéos diffusées Du côté de chez, dont le jingle résonne encore dans nos têtes. Seul bémol à la clef : aujourd'hui, la livraison à domicile est payante, le tarif étant calculé en fonction du département.

BROSSETTE BTI 1, rue de Breillou, CHANTEPIE ✆ 02 99 86 16 16. *Site Internet : www.brossette.fr Ouvert du lundi au vendredi de 9h à 12h et de 14h à 18h45 et le samedi de 9h à 12h et de 14h à 17h30.* Spécialiste de la robinetterie, du chauffage et des canalisations, ce grand magasin est une référence pour les artisans mais aussi pour les particuliers. Vous y trouverez de très nombreuses marques et la gamme des prix varie de l'article de base aux marchandises haut de gamme. Le seul souci est qu'ils ont tendance à considérer le commun des mortels comme des experts chevronnés à qui il est inutile de tout expliquer.

PINAULT Route de Saint-Brieuc, PACE ✆ 02 99 29 51 51. *Ouvert tous les jours de 8h30 à 12h et de 13h30 à 18h30.* Situé en face du centre commercial Opéra, Pinault répondra à vos désirs de changement ou de rénovation de votre maison en offrant toute une gamme d'articles pour l'intérieur ou l'extérieur : fenêtres, carrelages, outils ou décors pour le jardin, dalles... Les tarifs sont très compétitifs, les conseils pertinents, le personnel souvent débordé. Devis sur demande. **Autre adresse : ZI de la Rigourdière, CESSON ✆ 02 99 83 05 06.**

BRETAGNE MATERIAUX 12, rue de la Longeraie, SAINT-GREGOIRE ✆ 02 99 84 85 86. *Ouvert du lundi au vendredi de 7h30 à 12h et de 13h30 à 18h. Le samedi de 8h30 à 12h.* A la recherche de dallages, pierres naturelles, carrelages, bois de jardin, clôtures, portails, parquets, rangements, outillages divers ou matériaux d'isolation ?Faites une petite halte à cette adresse bien connue des initiés. De nombreux matériaux vous attendent et les prix sont tirés au plus bas. **Autre adresse : 4, rue Jean-Le-Hô 02 99 59 42 24.**

BRICO-DEPOT Centre commercial Grand-Quartier, SAINT-GREGOIRE ✆ 02 99 54 09 09. *Ouvert du lundi au vendredi de 7h à 12h30 et de 14h à 19h30. Le samedi de 7h à 19h30 sans interruption.* Ce discount du bricolage a la particularité de proposer des prix bas en permanence. Professionnels ou particuliers y trouveront matériaux de construction, revêtements de sol, carrelages, dallages, bois, escaliers, peintures, équipements pour le bain, outillages à main... dans un désordre apparent. Un point intéressant : en plus des gammes de produits suivis toute l'année, des arrivages permanents permettent d'acheter des produits de qualité à des tarifs défiant toute concurrence. Attention toutefois, on ne fait pas toujours de bonnes affaires.

Constructions

Promoteur-constructeur

HABITATION FAMILIALE 24, avenue Henri-Fréville ✆ 02 99 86 87 00. *Site Internet : www.habitation-familiale.com* Habitation Familiale, c'est du sérieux distillé avec amabilité. Il est de ces moments dans la vie où l'on a envie de se lancer, d'investir, de franchir le pas, d'avoir des murs à soi pour de vrai et d'en faire ce que bon nous semble, sans avoir de comptes à rendre à personne. Comment procéder pour devenir l'heureux propriétaire de cet appartement avec balcon ou de cette spacieuse maison entourée d'un charmant jardin ?Habitation Familiale sélectionne pour vous de petits collectifs ou des maisons individuelles réalisées par des artisans locaux sur Rennes et son agglomération, pour tous les budgets et toutes les envies, grâce à un choix de logements vendus sur plan au prix de revient. Elle met un point d'honneur à concevoir une architecture intérieure adaptée et un aspect extérieur séduisant. A tous ceux qui souhaitent investir l'esprit tranquille !

Travaux : un courtier pour tout simplifier.

Faire des travaux relève parfois du casse-tête.

Bienvenue au courtier en travaux pour tout simplifier sans frais.

Faire réaliser des travaux chez soi ou dans son entreprise est bien souvent long et compliqué. Pourtant, il existe de nombreux artisans sérieux et compétents. Seulement voilà, il faut les trouver et s'en remettre au hasard n'est pas la meilleure solution. Ensuite, il faut que les artisans puissent se déplacer pour proposer des devis. Puis, il faut obtenir et comparer ces devis. Enfin, il faut fixer une date pour les travaux en espérant qu'elle sera respectée. Autant d'étapes fastidieuses que le courtier en travaux facilite considérablement.

Le courtier en travaux dispose d'un réseau d'artisans compétants et qualifiés avec lesquels il travaille régulièrement. Il a vérifié l'enregistrement Kbis de la société ainsi que les assurances responsabilité civile et décennale de chaque artisan. Il connaît chacun d'entre eux et saura demander les devis aux artisans les plus aptes à répondre à votre demande. Tous les corps de métier sont représentés et s'il s'agit de gros travaux, le courtier trouve aussi un maître d'œuvre qui coordonnera l'ensemble.

ILLICO, CELTISERVICE SARL 16, rue Eric-Tabarly, LA MEZIERE © 02 99 69 28 44.

Cuisines et salles de bain

Cuisines

BULTHAUP ESPACE ET FONCTION 5, rue des Fossés © 02 99 63 28 26. *Site Internet : www.bulthaup.com* La cuisine, “un nouvel espace de vie”. Ce slogan résume bien la conception des cuisines Bulthaup : des cuisines spacieuses, aérées, définitivement modernes et design, où l'aspect pratique se dispute à la sobriété. A vous d'avoir la maison et les finances qui vont avec !Une adresse qui dénote dans le monde des marchands de cuisines.

CUISINES GUINE 41, boulevard de la Liberté, RENNES. © 02 99 65 15 21. Installé à Rennes depuis 1946, les cuisines Guine ont su entretenir des relations privilégiées avec leurs clients, en sachant s'adapter à l'évolution du marché. Pour se faire, nous entretenons des relations durables avec nos fabricants de meubles et d'électroménager les plus prestigieux. Notre crédibilité est liée à l'expérience des professionnels qui nous entourent, équipe d'artisans,, au compétence que nous avons su regrouper. Ce sont, selon nous, les meilleures garanties pour votre satisfaction, pour une nouvelle interprétation du bien-être. La conception, la collection, des idées pratiques aux créations originales, reposent sur un style de vie. De cette synthèse naissent des cuisines qui ont une âme bien à elles. Trouvez la cuisine qui vous va.

CUISINES ET BAINS HARDY La Robiquette, SAINT-GREGOIRE © 02 99 59 33 34. *Site Internet : www.hardyinside.com Ouvert du lundi au vendredi de 9h à 12h et de 14h à 19h et le samedi de 9h30 à 12h et de 14h à 18h30.* En apportant le plan de votre cuisine, un personnel efficace et performant pourra vous dessiner sur place et sans attendre la cuisine dont vous rêvez. Cette dernière prendra forme sous vos yeux ébahis et seuls resteront à définir les matériaux et les détails de rangement. Les tarifs sont un peu élevés mais la qualité et le bon goût en valent le prix.

CUISINES SERGE BINOIS 123, route du Meuble, MONTGERVAL, LA MEZIERE © 02 99 66 44 45. Ce cuisiniste propose aussi bien des cuisines, évidemment !– que des salles de bains et des agencements. La boutique est chaleureuse avec ses lumières tamisées. Les présentations sont de style classique avec des couleurs chaudes. De Dietrich est une des nombreuses marques de cuisines.

NOUVEAU **IXINA S.A.R.L. Malo, Route du meuble N 137, Z.A. de Confortland, MELESSE © 02 99 66 40 22.** *Ouvert le lundi de 14h à 19h, du mardi au vendredi de 10h à 12h et de 14h à 19h et le samedi de 10h à 19h, sans interruption.* Cette enseigne vous propose du véritable sur mesure monté en usine avec une qualité de finition irréprochable et un délai de livraison exceptionnellement court de 6 à 8 semaines. Mais ce qui caractérise IXINA c'est avant tout un concept basé sur un prix net dès le début de la négociation soit une transparence absolue des prix et d'emblée les meilleures conditions aussi bien sur votre cuisine que sur l'électroménager. Ainsi vous pouvez choisir votre cuisine parmi 300 modèles et la personnalisez suivant les dimensions de votre pièce, suivant vos goûts, vos besoins et votre budget. Sachez que la maison pratique une politique de prix assez agressive puisque le panier moyen est ici de 4000 €. IXINA c'est le top de la qualité européenne (des produits Allemands, une conception Belge et des vendeurs Français). Toutes les cuisines sont équipées de tiroirs munis d'amortisseurs à effet " patte de velours ", ouvrant à 100% de leur capacité, les charnières sont en acier trempé et traitées anticorrosion pour une meilleure longévité. IXINA c'est aussi un service après-vente rapide et efficace. Quant à l'accueil, nous le qualifierons de " soft ", les vendeurs sont ici des cuisinistes-conseils à votre disposition pour réaliser avec vous un plan précis et un projet en perspective de votre cuisine, ainsi qu'un devis précis, détaillé poste par poste tout ceci bien sur gratuitement et sur ordinateur.. IXINA est aussi spécialiste en électroménagers encastrables et vous assure la pose par des artisans poseurs-installateurs sélectionnés pour leur compétence en vous faisant bénéficier encore une fois de plus de conditions particulièrement avantageuses grâce aux conditions spéciales accordées par leurs fournisseurs. Pour de plus amples renseignements surfez sur www.ixina.fr

MOBIKIT BAGOT CUISINES, ZA La Carrière 3, allée de Bray, CESSON-SEVIGNE © 02 99 50 05 05. *Site Internet : www.espalux.fr* Dans ce bel espace de la zone industrielle de Cesson, ce conseiller, bien connu à Rennes depuis vingt-six ans pour son sérieux et son professionnalisme, vous accueillera pour donner vie à votre projet de cuisine ou de salle de bains. Des prix doux, une bonne écoute de vos souhaits et l'expérience de la maison seront autant d'atouts pour concevoir une cuisine à la fois pratique et esthétique.

Salles de bains

AQUA DETENTE 26, rue Poullain-Duparc ✆ 02 99 78 20 30. *Ouvert du mardi au vendredi de 9h à 12h et de 14h à 19h. Le samedi de 10h à 12h et 14h à 18h.* Ce magasin présente baignoires, douches, hydromasseurs, robinetteries, mobilier et accessoires pour le bain, mais est également là pour vous aider dans la conception et la réalisation de votre salle de bains. Car l'aménagement de cette pièce importante de la vie quotidienne se pense, et mieux vaut avant qu'après !Les modèles en magasin sont déjà une invite à la détente.

CARREMENT BAIN 15, rue Hoche ✆ 02 99 27 02 14. *Ouvert le lundi de 14h à 19h et du mardi au samedi de 10h à 12h30 et de 14h à 19h.* La salle de bains s'habille, se décore, raconte les goûts de la famille, se mêle de confort et d'esthétisme. Bref, la salle de bains est une pièce à part entière et Carrément Bain existe pour répondre à toutes vos envies. Linge de bain, rideaux de douche, paniers à linge, mobilier et accessoires utiles jouent la douceur, l'originalité ou la sobriété. Cette boutique est un vivier de bonnes idées !

CREA'STYLE 12, rue du Centre, SAINT-GILLES ✆ 02 99 64 66 66. Une équipe de professionnels pour un résultat à la hauteur de vos attentes. Une salle de bain se doit d'être avant tout pratique et fonctionnelle, mais c'est aussi un lieu de détente et de repos. Créa'style est là pour vous orienter, vous conseiller au mieux dans votre projet. Monsieur Arsène Monvoisin vous proposera des modèles haut-de-gamme adaptés à vos besoins et à votre budget. Ces salles de bain marient les matériaux, le verre, le stratifié, le bois, le marbre... Avec ce couturier de votre intérieur, vous êtes entre de bonnes mains. N'hésitez pas à jeter un coup d'œil sur les collections en surfant sur www.creastyle.fr. Pour toute étude personnalisée, nous vous conseillons de prendre rendez-vous.

Artisan plombier-chauffagiste

Philippe GRANGE ✆ 02 99 43 66 53 / 06 62 87 34 56. *Site Internet : www.grangebains.com* Cet artisan plombier-chauffagiste, as du dépannage rapide, est d'abord et avant tout un créateur haut de gamme, celui de votre salle de bains, réalisée et livrée clé en main. Les maîtres mots de cet artisan sont qualité, design, confort et bien-être. Il saura tout autant vous écouter que vous conseiller, et le résultat est à la hauteur des attentes de toute la famille. Electricité, faïence, carrelage, pose de meubles, hydro massages, spas, saunas,, Philippe Grange assure une prestation complète et un suivi personnalisé.

Entretien plomberie dépannage

AQUA-SCOP-SERVICES 73, rue de Châteaugiron ✆ 02 99 51 76 93 / 06 85 10 64 35. *Site Internet : www.aquascopservices.com* L'équipe de 6 personnes d'Aqua-Scop-Services est passée maître dans l'art de la plomberie traditionnelle, mais aussi dans l'installation de systèmes faisant appel aux énergies renouvelables. Neuf, rénovation et entretien, ainsi que mise en place de chauffe-eau solaire pour l'alimentation en eau chaude et récupération des eaux fluviales pour l'alimentation des wc et des machines à laver, la maison a plus d'un savoir-faire dans son sac !Elle est également spécialiste des aménagements adaptés aux personnes avec un handicap et vivant en fauteuil roulant. Salles de bains, cuisines, etc., seront réalisées aux normes et offriront une fonctionnalité optimale.

Décoration

Accessoires et objets de décoration

AVENTURES DE MAISON 4, rue Du-Guesclin ✆ 02 99 79 16 28. *Ouvert le lundi de 13h30 à 19h et du mardi au samedi de 10h à 12h30 et de 13h30 à 19h.* Il est des adresses qui se susurrent, s'échangent et se gardent

précieusement. Aventures de maison en fait partie : cette caverne d'Ali Baba regorge d'objets pour la maison ou le jardin tels que sets de tables, coussins, rideaux, pots, vaisselle, nappes, objets de décoration. Le stock se renouvelle très souvent pour clients exigeants et petits nez fureteurs. La maison connaît un succès croissant et l'affluence est grande le samedi après-midi. Pourtant, les propriétaires ne se séparent jamais de leur bonne humeur et vous conseillent fort à propos. Une aventure qui n'aura de cesse de vous séduire.

COULEURS ET SENTEURS DU MONDE Route du meuble La Bécassière, MONGERMONT © 02 99 23 80 35. *Ouvert tous les jours sauf le dimanche.* Ce petit magasin situé près du rond-point de Montgermont est un petit trésor pour les amateurs de décoration en tout genre et de meubles étrangers. Des porte-encens aux meubles en teck, tout y est !Il y a pleins d'idées cadeaux. Avec en plus, un accueil très décontracté.

CURIEUSES IDEES 12, rue Baudrairie © 02 99 79 23 67. *Ouvert du mardi au vendredi de 10h à 14h et de 15h à 19h, et le samedi de 10h à 13h et de 14h à 19h.* Un nouveau magasin de déco, à l'esprit tonique et vivifiant, et qui a la particularité de rassembler sur ses étagères, pièces uniques et objets de créateurs, mais à destination de tous. Point d'élitisme artistique ni financier dans cette boutique, mais des couleurs vives et franches pour des objets tendance qui respirent la gaieté. Rose, violet, vert, orange, rouge se répondent et s'associent sur les miroirs, les boîtes, les plateaux, les verres, les petites cuillères, les coquetiers, les salières et les poivrières, les vases, les lampes... Une mine d'idées cadeaux et déco qui plaisent !

DEMEURE DU CHAPITRE 3, rue du Chapitre © 02 99 78 28 47. *Ouvert du mardi au samedi de 10h30 à 12h30 et de 13h30 à 19h.* Dans une belle maison à pans de bois, la Demeure du Chapitre vous ouvre les portes du raffinement et de l'élégance. Vous irez de coup de cœur en coup de cœur tout au long des deux étages de la Demeure, qui rassemble avec bonheur linge de maison, art de la table, objets de déco anciens, bougeoirs, lampes à pieds et un espace "boudoir", qui accueille le prêt-à-porter. Sur fond de musique classique, les irréductibles de la déco et du beau risquent de craquer. Cette demeure haut de gamme ne s'adresse pas à toutes les bourses, mais elle se visite comme un musée, pour le plaisir des yeux.

DISTINGUO 17, rue Hoch © 02 99 27 05 43. *Ouvert du mardi au samedi de 10h à 12h30 et de 14h à 19h.* Enfin un magasin de mobilier d'intérieur et de déco à des prix plus que raisonnables !Distinguo est rempli d'une multitude de petits objets de déco choisis avec goût. Au milieu du magasin trône une longue table présentant vaisselle et linge de table. Toutes les bonnes idées pour meubler et décorer chaleureusement sa maison sont rassemblées ici. Et accessibles à toutes les bourses..., au risque de se répéter !

GRANDEUR NATURE 21, rue Vasselot © 02 99 79 14 54. *Ouvert du mardi au vendredi de 10h à 12h30 et de 13h15 à 19h, le samedi de 10h à 12h15 et de 14h à 19h.* Cette charmante petite échoppe vert foncé plus orientée accessoires que plantes ou fleurs, a su trouver un créneau encore peu exploité à Rennes et contient une multitude d'articles rigolos et inédits pour mettre en valeur votre terrasse, votre balcon ou jardin de ville. La maîtresse des lieux a un goût très sûr et saura vous conseiller de façon pertinente. Elle réalise d'ailleurs elle-même les tentures murales et les tableaux pastels exposés dans la boutique. N'hésitez pas à lui passer commande pour une réalisation selon votre goût sur le thème de la maison ou du jardin.

MALIN PLAISIR, ZA Route du Meuble, Zone Décoparc, MONTGERMONT © 02 99 23 86 64. *Ouvert du lundi au samedi de 9h30 à 12h et de 14h à 19h.* 1 300 mètres carrés et 15 000 références pour décorer et aménager la maison : de la décoration, du bricolage, de l'ameublement au textile en passant par la vaisselle, les cadeaux, les loisirs, les jouets et la droguerie. Ça laisse rêveur et pourtant, au final, un grand magasin cousin de la Foirfouille où l'on trouve de tout. Les prix sont tirés au plus bas. Vannerie, fleurs artificielles, cadres, linge de maison, plastique, voilages, ménager, ustensiles de cuisines... Ce n'est pas cher et parfois pas de bonne qualité mais allez-y quand même, ça peut dépanner pendant les fins de mois difficiles !

Artisan tapissier-décorateur

VERONIQUE BOYELDIEU D'AUVIGNY DECORATION, Décoparc Rue de Newton, MONTGERMONT © 02 99 23 17 41. *Ouvert le lundi de 14h à 19h et du mardi au vendredi de 9h à 12h et de 14h à 19h et le samedi de 10h à 12h et de 14h à 18h.* Papiers peints, revêtements muraux, revêtements de sols, peinture, patines, tissus d'ameublement, confection, conseils à domicile, devis et réalisation, Véronique vous propose un large choix de services. Elle est professionnelle et compétente. Son magasin propose un échantillon des tissus qu'elle emploie. Remarquez qu'un fauteuil magnifique noir de style 1900 se trouve dans sa boutique mais il n'est malheureusement pas à vendre, quel dommage !

BERTRAND MAINGUENE 13-15, boulevard Franklin Roosevelt © 02 99 53 10 64. *Ouvert tous les jours sauf le samedi et le dimanche, de 9h à 12h et de 14h à 18h30.* De la conception à la réalisation, Bertrand Mainguené est l'artisan de votre intérieur pour vous, particuliers, commerces et entreprises. Vos sièges sont simplement défraîchis ou totalement hors d'usage ? Voici l'adresse qu'il vous faut ! Pour un travail de restauration traditionnel en crin ou en mousse sans distinction de style ou d'époque. De la création de décors anciens au plus contemporains, il pourra remplacer vos rideaux, revêtir vos murs de tissu tendu et vous conseiller dans le renouvellement de votre espace de vie... Cet artisan vient chez vous ausculter tous vos soucis d'intérieur. Il vous présentera des idées, d'astucieux conseils et ensuite cap sur les collections pour choisir vos références de tissus, papier peint, voilages... Echange, discussion, les grandes lignes se dessinent à partir de vos désirs, vos idées qu'elles soient précises ou encore floues !Après confirmation chez vous du choix des coloris et des nuances dans leur éclairage naturel, Bertrand Mainguené coupe, coud, colle, restaure et pose !En prime, vous bénéficiez d'une extrême gentillesse, d'un humour communicatif et d'une oreille attentive. Ici on cultive l'artisanat dans le bon sens du terme...

Décoration d'intérieur

ARTISS-CABINET CONSEIL, Villeneuve, 35140 GOSNE © 02 99 66 35 69. *Site Internet : http://artiss-conseil.fr* Artiss est un cabinet conseil en peinture, décoration et humidité, qui sélectionne pour vous les meilleurs artisans locaux et vous conseille dans une gamme de produits professionnels de qualité selon vos besoins. Par exemple, Artiss peut faire intervenir chez vous des spécialistes pour résoudre un éventuel problème d'humidité, avec un grand choix de coloris et de produits suivant vos besoins et votre demande. Par conséquent, c'est un partenaire incontournable pour tous vos travaux de restauration. Ils utilisent des produits ayant fait leurs preuves chez les professionnels, comme ceux de la gamme Rubson lors du traitement de l'humidité, ou encore comme les peintures Corona Bâtiment, Astral Bâtiment ou CTC pour les produits biologiques. Tous ses prestataires sont choisis suivant des critères drastiques de qualité, de savoir-faire et de sérieux. Tous les applicateurs sont signataires d'une charte de qualité qui les engage à réaliser un devis totalement transparent, à avoir des tarifs compétitifs, à respecter l'étude réalisée, la norme DTU, les délais, l'environnement, et à répondre à toutes vos demandes. Artiss-Cabinet Conseil vous accompagnera dans la valorisation de votre habitation suivant un protocole efficace : diagnostic, préconisations, conseils, techniques et esthétiques, simulations informatiques, étude du financement, puis réalisation. L'entreprise Artiss sera la mieux à même de vous conseiller pour la décoration de votre intérieur ou pour le traitement de votre façade, vos murs, bois et métaux, ou encore contre les divers désagréments de l'humidité. Diverses solutions vous seront alors apportées, traitement contre les remontées capillaires, condensation ou même les ponts thermiques pouvant être résolus par une isolation extérieure.

L'ANNONCERIE Route du Meuble, Face à Décoparc, MONTGERMONT © 02 99 23 14 14. *Site Internet : www.annoncerie.com Ouvert le lundi de 14h à 19h et du mardi au samedi de 10h à 12h et de 14h à 19h. L'Annoncerie, c'est 2 adresses : la boutique du centre-ville, rue de La Monnaie, et les show-room et ateliers, route du Meuble à Montgermont.* De l'agencement menuiserie à la peinture et aux décors peints, en passant par la réfection de sièges, un grand choix de tissus muraux, de papiers peints, de moquettes, de rideaux ou de meubles. Le show-room abrite des articles hétéroclites où tables, chaises, salons, canapés, fauteuils, meubles de salles à manger et meubles d'appoint trouvent leur place dans un espace clair et aménagé avec goût. Un pousse-pousse est exposé près de l'entrée de derrière : en voir un en réalité est très agréable !**Autre adresse : 9, rue de La Monnaie © 02 99 79 40 00.** Ouvert du mardi au samedi de 10h à 12h et de 13h30 à 19h.

BOUTIQUE DECOR 14, rue de Nemours © 02 99 79 05 44. *Ouvert du mardi au vendredi de 9h30 à 12h10 et de 14h à 19h et le samedi de 10h à 13h et de 14h à 19h.* Cette boutique est spécialisée dans la décoration intérieure et personnalisée. En vitrine, des stores, des rideaux ou encore du papier peint, le tout disposé avec beaucoup de goût, preuve s'il en était besoin de l'originalité et du talent des propriétaires. Les services sont à la carte, on étudie l'existant et on élabore vos plans en fonction de vos désirs. On trouve également des tissus d'ameublement, de la passementerie, des tissus au mètre et des voilages. La boutique confectionne et met en œuvre. Que demander de mieux ?Peut-être que les prix sont moins élevés ?

CORBE ET FILS 195 bis, boulevard Jacques-Cartier © 02 99 41 90 88. *Ouvert du lundi au vendredi de 9h à 12h et de 14h à 19h, le samedi sur rendez-vous.* Ravalements, peintures et patines, papiers peints et revêtements sols et murs, conception et réalisation de rideaux et de voilages, de dessus-de-lits, de coussins, de nappes, de fauteuils et de canapés. Les subtilités de la décoration intérieure n'ont aucun secrets pour cette entreprise familiale de peinture. Ici, on sait de quoi on parle et vous serez reçu avec amabilité et professionnalisme. On examine vos besoins, on cerne au plus juste vos goûts et vos désirs, et on réalise du travail sur mesure, avec un soin tout particulier pour des finitions parfaites. Vous vouliez refaire votre salon ?Vous savez maintenant où vous adresser !

CHANTEMUR PAPIER PEINT Rocade-Sud, CHANTEPIE © 02 99 41 57 30. *Ouvert le lundi de 14h à 19h, du mardi au samedi de 9h à 12h et de 14h à 19h.* Paradis du papier peint et de la peinture, le choix n'est pas ici un vain mot. Avec plus de 1 000 références, vous pourrez décorer ou retapisser votre maison du sol au plafond. Les tons sont colorés et assez classiques. Service plus, le prêt de la décolleuse et de la table à tapisser.

HEYTENS DECOR ZI La Pierre-Blanche, Parc Rocade-Sud, CHANTEPIE © 02 99 41 05 73. *Site Internet : www.heytens.com Ouvert du lundi au vendredi de 9h30 à 12h et de 14h à 19h30, le samedi de 9h30 à 19h30.* Ce magasin vous ravira par ses nombreux stores, papiers peints, rideaux, peintures, housses pour fauteuils et canapés et revêtements de sol. Les motifs et couleurs sont classiques, peut-être un peu trop. La confection de vos stores et doubles-rideaux est gratuite, tout comme le sont la livraison et la pose de vos revêtements de sol, des avantages qui ne se refusent pas !

IMPRESSION 9, Poullain-Duparc © 02 99 79 32 90. *Ouvert tous les jours de 9h à 12h30 et de 13h30 à 19h et à partir de 10h le vendredi.* Tons chauds, matières confortables et luxueuses : Impression est un atelier de confection sur mesure, qui donne aussi dans la rénovation de fauteuils ou de canapés et la pose de tissus ou de moquettes. Un service particulier organise et décore votre intérieur en utilisant de magnifiques collections de créateurs, comme Pierre Frey, Boussac ou Zimmer+Rohde. Tissus à thèmes, botanique, bédouin, nature..., ou unis, le résultat est toujours original et de bon goût. Des matières nouvelles et inédites, des mariages de couleurs osés vous feront préférer cette boutique à beaucoup d'autres, plus classiques. Une adresse pleine d'idées futées et de bonnes surprises. **Autre adresse : 87, rue Jean-Guéhenno © 02 99 38 04 52.**

LABEL ETUDES 124, route de Lorient © 02 23 46 10 35. *Ouvert en continu de 8h à 19h.* Label Etudes, dirigé par Pierre-Yves Lebel, est un bureau d'architecture intérieure, spécialisé dans l'hôtellerie et la restauration. L'équipe crée des univers à thème, à partir des désirs de ses clients, et s'occupe de la conception complète du projet, des plans à la réalisation et à la décoration intérieure. On leur doit notamment Le Lounge, Les Négociants, Chez Dede Di Trevi Bis ou encore les Tontons Voyageurs. Installé depuis quatre ans, Label Etudes diversifie de plus en plus sa clientèle : les commerces, pharmacies, opticiens, habillement et coiffeurs veulent eux aussi un intérieur sur mesure de ce créateur "d'atmosphère" de talent.

LISTELS ARTS DECORATIFS 2, rue de Châteaurenault © 02 99 79 30 50. *Le lundi de 14h à 19h et du mardi au samedi de 9h à 12h et de 14h à 19h.* Pour qui aime le style, cette boutique à l'esprit baroque saura contenter les amateurs du genre. Le ton est donné dès l'entrée : secrétaire en laque de Chine, bibelots en étain, verres travaillés, thermomètres, lampes, poupées, le tout agencé de façon éclectique.

MAINGUET DECORATION 119-121, rue de Nantes © 02 99 65 06 64. *Site Internet : www.mainguet-pierre.fr Ouvert de 8h30 à 12h et de 14h à 18h30 du lundi au vendredi.* Pierre Mainguet fait aussi bien de la vente, de la pose de moquettes et de revêtements de sols et de murs que de la décoration d'intérieur et tous les travaux d'aménagement. Harmonie des formes et symphonie des couleurs sont les maîtres mots de ce spécialiste de la décoration intérieure. Particuliers, mais aussi entreprises, sont éclairés par le bon goût, la précision et le soin dans le conseil comme dans la réalisation. "A chacun son style" est la devise de la maison, qui vous aidera à l'exprimer totalement. Patines, papiers peints, peintures essuyées, moquettes, revêtement en lés ou en dalles, rideaux, revêtements sièges et canapés : les compétences sont là pour vous offrir un intérieur à votre image.

NUANCE DECORATION 6, rue de l'Alma © 02 99 30 92 83. *Ouvert du mardi au vendredi de 9h30 à 12h et de 14h à 19h et ferme à 18h le samedi.* Voilà une adresse pour une décoration d'intérieur tout en... nuances. Papiers peints, tissus originaux, tentures murales et patines n'ont pas de secrets pour cette artisane de la décoration, qui saura vous conseiller suivant vos goûts et vos envies. Rideaux, voilages, stores, fauteuils et moquettes seront assortis aux couleurs et au style choisi, avec un sens artistique très sûr. Nuance Décoration s'occupe de la conception et de la réalisation à domicile, mais vend également en direct de la boutique à tous les particuliers qui désirent réaliser ensuite eux-mêmes la pose de leur papier peint, de leurs rideaux, etc. N'hésitez pas à demander conseil, l'accueil est particulièrement attentionné.

RAYMOND JOSSE 1, place Saint-Germain © 02 99 78 12 60. *Site Internet : www.raymondjosse.com Ouvert de 10h à 12h et de 14h30 à 19h du lundi au samedi.* Articles axés sur la terre cuite et le grès, ce magasin vous séduira par sa jolie façade et ses expositions de mosaïques et de carrelages divers et variés. Ici, que de l'authentique et vente directe d'usine. La maîtresse des lieux saura vous conseiller judicieusement dans le choix de vos articles. Une adresse qui sort des sentiers battus, à découvrir ou à redécouvrir.

VBA DECORATION, Décoparc Rue Newton, 35760 MONTGERMONT © 02 99 23 17 41. *Ouvert le lundi de 14h à 19h. Du mardi au vendredi de 9h à 12h et de 14h à 19h. Le samedi de 10h à 12h et de 14h à 18h.* Après dix années passées sur le terrain en tant que peintre, Véronique Boyeldieu d'Auvigny décide de mettre à profit son savoir-faire et sa connaissance des matériaux en créant sa propre boutique de décoration. Installée à Montgermont au démarrage de la route du Meuble, vous serez surpris par la qualité, et le soin apporté, à l'agencement de ce magasin. Trois personnes qualifiées sont à votre écoute pour tout ce qui touche à l'aménagement intérieur de votre maison sachant qu'une gamme très large vous y attend. Mais ce qui distingue avant tout Véronique c'est l'écoute active d'une passionnée qui saura traduire vos envies. Que ce soit à la boutique ou à votre domicile, Véronique et son équipe vous apporteront tout un tas d'astuces pour transformer un meuble en un coup de pinceau plutôt que de vous en débarrasser, et utilisera les ressources existantes de la manière la plus ingénieuse. Mais la touche personnelle de l'artiste se retrouve certainement dans ses tableaux. Des galets de Bréhat aux fleurs coupées inspirés par Tricia Guild, Véronique réalise des pièces uniques à la demande. Ceci dans un profond respect du client, de son histoire, de ses goûts. Véronique vous accompagnera également dans la recherche de partenaires pour l'agencement de votre intérieur. Une adresse à retenir.

Energies renouvelables

ACTUA ENERGIES RENOUVELABLES 371 bis, rue de Nantes, 35136 SAINT-JACQUES-DE-LA-LANDE © 02 23 35 15 35. *Site Internet : www.actuaenergies.com* Pourquoi ne pas se pencher un peu sur ce que l'on appelle aujourd'hui les énergies renouvelables, et plus souvent associées au développement durable, celles qui bénéficient de crédit d'impôt ?– taux fixé à 40 % pour les équipements de production d'énergies renouvelables ainsi que pour les pompes à chaleur. Le principe ?Utiliser les énergies naturelles que sont le solaire, la géothermie, ou encore l'hydraulique pour nos besoins quotidiens. Il suffit de penser à des installations différentes, mais pourtant si simples. Actua Energies Renouvelables exploite donc ces énergies pour la maison. Elle propose des chaudières et des poêles à bois, des cheminées, en utilisant des granulés de bois ou des copeaux pour les alimenter. Pour le chauffage, les sanitaires et l'eau chaude, il y a le solaire, dont l'énergie est identifiée de deux façons mais qui, dans les deux cas, est absorbée par des capteurs : l'énergie solaire thermique, qui repose essentiellement sur le réchauffement de l'eau, sanitaire ou chauffage,, et l'énergie photovoltaïque dont le but du capteur est de produire de l'électricité en courant continu de 12 volts à 24 volts qui peut être transformé en courant alternatif. Enfin, on peut envisager de réchauffer ses murs, plinthes ou le plancher qui peut aussi à l'inverse rafraîchir. Et, en parlant de rafraîchissement, avez-vous pensé à la clim' ?

Luminaires

LE COMPTOIR DES LUSTRES ZAC des Trois-Marches, Route de Lorient ✆ 02 99 54 34 15. *Site Internet : www.comptoirdeslustres.fr Ouvert du lundi au vendredi de 9h30 à 12h et de 14h à 19h15 et le samedi, journée continue.* “Et que la lumière soit !”. Dans un espace conséquent de 1 400 mètres carrés, situé route de Lorient, le Comptoir des Lustres présente près de 90 000 lampes, en provenance de plus de 250 fournisseurs différents. Lampes à pieds, lampes de bureaux, appliques, spots, câbles tendus, éclairages extérieurs, halogènes, lustres, néons, l'enseigne propose des luminaires de tous les styles, pour tous les goûts et à tous les prix. Un coup de cœur est proposé au client afin de mieux faire apprécier un article. La bonne idée de ce lieu à haut risque de casse : un espace jeux pour les enfants, avec Lego, etc., a été aménagé en face des caisses. Ce qui évite aussi aux petits de faire la queue avec leurs parents, lorsqu'il s'agit de régler les achats !

ESPACE LUMINAIRE MADEC 4, rue de La Chalotais ✆ 02 99 79 25 06. *Site Internet : www.espaceluminaire.fr, e-mail : contact@espaceluminaire.fr Ouvert du mardi au samedi de 9h30 à 12h30 et de 14h à 19h.* Cette enseigne offre tout un choix de luminaires. Plus de 130 fournisseurs sont dépositaires des plus grandes marques comme Drimmer, Le Dauphin, Kotska ou encore Pradier. Quel que soit le style de votre intérieur ou vos besoins lumineux, nul doute que vous trouverez votre bonheur. Trois niveaux en centre-ville pour ce spécialiste de l'éclairage, intérieur et extérieur, et du luminaire tous styles. Le premier étage abrite plus de 2 000 abat-jour, des suspensions en tissu ou en nacre, et une cinquantaine de miroirs différents. Au rez-de-chaussée, lustres, halogènes, lampes de bureaux et de chevets remplissent l'espace du sol au plafond. Spots et rails, appliques halogènes et éclairages extérieurs sont accueillis au sous-sol du magasin. **Autre adresse : ZC Cap Nord, REDON ✆ 02 99 70 54 56.** Ouvert du lundi après-midi au samedi de 9h30 à 12h et de 14h à 19h.

JEHANIN ART ET LUMIERE 11, place du Parlement-de-Bretagne ✆ 02 99 79 40 16. *Ouvert du mardi au samedi de 9h à 12h et de 14h à 19h.* Face à la place du majestueux Parlement de Bretagne, cette petite boutique du centre-ville a un “je-ne-sais-quoi” de charmant et désuet. La qualité est ici privilégiée à la quantité et le style est tout à la fois classique et sobre. Dans cette clinique du luminaire, le maître des lieux vend, parfois restaure, des lustres de style, des lampes de chevet, des lampadaires de style et modernes, des appliques mais également des ampoules et du petit matériel électrique. Une pièce rare vous manque ?Vous êtes au bon endroit. Abat-jour de toutes formes et coloris disponibles sur commande.

LUMINAISTERIE DUPUY 1 bis, rue Poullain-Duparc ✆ 02 99 79 46 49. *Ouvert du mardi au samedi de 9h à 19h.* La seule luminaisterie indépendante de Rennes vous fournit de l'halogène au lustre, en passant par les lampes basses, dont l'extraordinaire Tiffany. Ce procédé de fabrication de verre coloré nous vient d'Angleterre et donne des pièces uniques très abouties, dans un style vitrail années trente, sur une ossature en fer forgé. Pour le bonheur des connaisseurs et des amateurs.

SOLEA ESPACE LUMINAIRE Parc Rocade-Sud, près de Leroy-Merlin, CHANTEPIE ✆ 02 99 41 55 32. *Site Internet : www.espaceluminaire.fr, e-mail : contact@espaceluminaire.fr Ouvert du lundi au vendredi de 9h30 à 12h30 et de 14h à 19h sauf le lundi matin, le samedi de 9h30 à 19h.* Ce bel espace, entièrement dédié aux luminaires, va

vous éblouir : lampes, appliques, abat-jour, tout y est pour mettre en valeur votre salon, votre chambre ou votre bureau. Les styles des luminaires sont de bronze et de strass et contemporains, vous trouvez également des lampadaires, des halogènes et des éclairages extérieurs. N'oublions pas les miroirs, l'espace décoration, les meubles contemporains en fer forgé, en merisier et de style chinois. En ce qui concerne les appliques en bois, en bras moderne, en couleurs chatoyantes, en écran grand modèle, en plâtre et en blanc et allu, c'est tout bonnement fantastique. Les boules de verre et de fil, et disco raviront les personnes fanatiques de modernité !Le personnel est de précieux conseils. Prix compétitifs. **Autre adresse : ZC Cap Nord, REDON02 99 70 54 56.** Ouvert du lundi après-midi au samedi de 9h30 à 12h et de 14h à 19h.

Tapis

LE JOYAU D'ISPAHAN 20, rue Paul-Louis Courier © 02 99 78 36 67. *Ouvert tous les jours de 10h à 12h et de 14h à 19h.* Avec presque 2 000 références de tapis, cet importateur est un vrai spécialiste dans le domaine. Le magasin propose de nombreuses pièces uniques, et fait également de la vente en gros de tapis d'Iran, du Pakistan, d'Inde, etc. De toutes tailles, ils habilleront vos sols et offriront aux regards, et aux pieds nus !– douceur et chaleur. Le Joyau d'Ispahan assure aussi la restauration, quel que soit le type de tapis, et vous accueille avec une grande gentillesse, propice aux conseils avisés.

TAPIS MAUVOISIN 5, avenue Jean-Janvier © 02 99 30 00 13. *Ouvert du mardi au samedi de 9h30 à 12h et de 14h à 19h.* Importateur de tapis d'Orient, ce rendez-vous des amoureux de petits ou très grands tapis vous ouvrira, à condition d'y mettre un certain prix, les portes de l'Orient : tapis perses ou afghans, meubles chinois, kilims. Un véritable parfum oriental qui pourrait balayer votre maison ou votre bureau. A noter que ce magasin propose aussi le nettoyage ou la réparation de vos tapis.

TOUTLEMONDE BOCHARD 16, rue Poullain-Duparc © 02 99 79 59 12. On aime ce magasin qui vous donne des ailes pour partir à la reconquête de votre intérieur tristounet, pour mettre un peu de fantaisie et de poésie dans votre quotidien grâce à des tapis de créateurs, sur mesure, aux matières végétales diverses. Profitez des promotions sur les fins de séries, très intéressantes.

Tissus

LA BOUTIQUE DE CHARLES 17, rue de la Monnaie © 02 99 79 31 02. *Ouvert du mardi au samedi de 10h30 à 12h30 et de 13h30 à 18h30.* Charles, passionné de tissus, a ouvert son magasin début janvier 2004. La salle principale vous propose des tissus, des cotons, des lins, des velours, pour confectionner vos vêtements et laisser place à votre imagination. Dans les trois autres salles, vous trouverez par ordre de couleurs des tissus d'ameublement de gamme intermédiaire et de haut de gamme comme ceux d'édition, qui sont la "haute couture" des tissus. Les rouleaux sont vendus à partir de 20 centimètres et en 2,80 mètres par 1,40 mètre. Les prix varient de 9 € à 39 €. La qualité des tissus et leurs prix assez bon marché font la singularité de cette charmante boutique. Charles souhaite que les meilleurs tissus soient accessibles au plus grand nombre et pour cela il voyage beaucoup, afin de dénicher les meilleurs produits.

STOCK TISSUS 63, rue du Manoir-de-Servigné © 02 99 14 57 09. Cet établissement regorge de voilages ou de tissus en tout genre, vendus au mètre, pour lesquels se damneraient tous les amateurs de tissus. Quand l'on pense à la multitude de choses que l'on peut réaliser avec une machine à coudre et un peu d'adresse et de patience, on se demande pourquoi on ne fréquente pas assidûment ce genre de boutique, surtout à ces prix-là.

TISSUS MYRTILLE L'Entrepôt Route du Meuble, Zone de La Bécassière, MONTGERMONT © 02 99 23 86 20. *Ouvert le lundi de 14h30 à 19h, le mardi, mercredi, vendredi et samedi de 10h à 12h30 et de 14h à 19h et le jeudi en continu de 10h à 19h.* Des tissus à perte de vue, ou presque !La grande taille du bâtiment, et donc la grande capacité de stockage, permet de présenter de nombreux tissus pour tous les besoins et tous les budgets. Du tissu d'ameublement aux voilages de couleur, des tissus plastifiés aux dentelles, des jerseys aux polyamides, en passant par les accessoires pour rideaux, et la mercerie, perles, moulinés, kit de coutures, boutons, etc. La belle qualité de toutes les marchandises est au rendez-vous. **Autre adresse : 4, rue du Vieux-Jardin, ZAC des Logettes, CHANTEPIE © 02 99 41 63 43.**

TOTO SOLDES 8, rue du Champs-Jacquet © 02 99 79 39 97. *Ouvert du lundi au samedi de 10h à 19h.* Les couturières avisées connaissent bien l'adresse. Le magasin foisonne de tissus à des prix très compétitifs. Des arrivages réguliers de coupons au mètre ou au kilo, mercerie, draps et serviettes de bain, torchons, et à l'étage inférieur, tissus d'ameublement et de voilage offrent une gamme complète de matières premières qui n'attendent plus que des doigts de fée !**Autre adresse : 18, rue Nantaise © 02 99 30 67 01.**

Dépannage

Numéros utiles

ELECTRICITE DE FRANCE Service dépannage 24h/24 © 0 810 333 335.

GAZ DE FRANCE Service dépannage 24h/24 © 0 810 433 035.

SERVICE D'URGENCE DES PLOMBIERS DE GARDE 24/24 © 02 99 63 01 02.

Professionnels

ADI 1 bis, rue d'Ouessant, SAINT-GREGOIRE © 02 23 25 07 76 / 06 08 25 55 68. *Dépannage immédiat 7j/7. Déplacement facturé 22 € à Rennes, et au kilomètre supplémentaire en dehors de la ville.* A votre disposition 7j/7, pour tout problème de plomberie, vitrerie et serrurerie. Selon la gravité de votre souci, le dépannage peut être effectué dans l'heure qui suit. Vous pouvez compter sur le sérieux et la ponctualité d'un professionnel compétent.

CENTRE DEPANNAGE ELECTRONIQUE 3, rue des Trente © 02 99 35 18 37. *Fonctionne tous les jours jusqu'à 22h, 7j/7.* Des professionnels du dépannage qui se déplacent dans l'heure dès que c'est possible. Au choix, et selon la gravité de la panne et l'encombrement du matériel à réparer, vous les ferez venir à domicile ou vous déposerez la machine récalcitrante à l'atelier. Ils font également de la vente, télé, hi-fi, vidéo, camescopes, micro-ordinateurs. La garantie est de 6 mois.

CLINIC'MENAGER 9, rue du Noyer, ZI sud-est © 02 99 50 95 28. *Ouvert du lundi au vendredi de 8h30 à 19h.* Ce dépanneur ne se déplace pas à domicile, par contre il effectue les réparations à l'atelier. Comptez 1 semaine pour récupérer votre matériel électroménager ou informatique en bon état, quelle que soit la marque. L'heure de main-d'œuvre est à un prix intéressant. Ici on vend également des pièces et accessoires. Le centre est agréé petit électroménager Seb, Calor, Téfal, Rowenta, Philips, Moulinex, etc.

DEC 1, square du Docteur-Guérin © 02 99 38 03 03. Un professionnel d'une grande compétence, qui assure le service après-vente et l'entretien de votre chauffe-eau ou chaudière. Il est possible d'établir un contrat d'entretien pour ne plus avoir à vous faire de soucis. Que votre système de chauffage fonctionne au fioul, au gaz ou qu'il soit électrique, DEC saura en venir à bout.

DEPANNAGE 2000 69, rue Guinguené © 02 99 32 20 00. *Ouvert du lundi au vendredi de 8h30 à 12h30 et de 14h à 18h30.* Cette société se fait fort de vous dépanner dans les plus brefs délais, à des tarifs très compétitifs. Electroménager, télé, hi-fi, vidéo.

GDS 14, rue de la Donelière ✆ 02 99 36 36 65. Un service après-vente qui jouit d'une belle réputation, justement méritée. GDS fonctionne par retour à l'atelier, atelier qui fait des merveilles... quand c'est possible, et surtout si cela s'avère utile. Si votre magnétoscope nécessite une réparation trop coûteuse, on vous proposera de faire autrement... parce que ça ne vaut pas le coup, à moins qu'il ait une valeur sentimentale ! La maison pose aussi des antennes satellites ou terrestres.

SERVIFRANCE 35 38, rue des Veyettes, CHANTEPIE ✆ 02 99 51 82 83. *Site Internet : www.servifrance35.fr Ouvert du lundi au vendredi de 8h30 à 12h et de 13h30 à 18h.* Agréés et recommandés par un grand nombre de marques, ces dépanneurs réparateurs sont efficaces et sûrs. Un forfait inclut déplacement et dépannage. Les tarifs restent très concurrentiels. Sur place, faites votre marché d'accessoires électroménager, télé, hi-fi, vidéo... Pour des dépannages et réparations urgentes à domicile !

Drogueries

DROGUERIE LEMERCIER 45, rue Saint-Hélier ✆ 02 99 30 45 88. *De 9h15 à 12h30 et de 14h à 19h30.* Une tache sur votre moquette ?Envie de cirer votre parquet ou de teindre un vêtement ?Les drogueries sont des commerces en voie d'extinction, c'est pourtant ici que sont rassemblés les produits les plus divers avec des conseils parfois bien utiles, sans avoir besoin de prendre votre voiture jusqu'à la grande surface bricolage la plus proche. La droguerie Lemercier est particulièrement typique avec sa vieille devanture année soixante et ses étagères si hautes qu'elles touchent le plafond : c'est sur une échelle que la droguiste atteint ses articles les plus élevés !

DROGUERIE VIERRON 1, place du Maréchal-Foch ✆ 02 99 30 83 15. *Du lundi au samedi de 8h45 à 18h45.* Plus grande que la droguerie Lemercier, celle-ci propose également produits de nettoyage, peintures, sur mesure avec 8 000 teintes, et teintures, gamme de choix particulièrement vaste et d'une qualité digne de confiance,, des revêtements sol et mur, mais aussi des poussettes de marché et tout un tas d'autres articles pratiques au quotidien. Là encore, les conseils sont le fruit d'une longue expérience en la matière.

Electroménager

ENVIE 35 16, rue de la Donelière © 02 99 38 62 96. *Ouvert tous les jours de 9h à 12h et de 14h à 19h.* Envie est un magasin à part dans le monde de l'électroménager puisqu'il ne propose que de l'occasion. Un p'tit budget pour vous équiper ?Courez vite chez Envie 35, au nord de Rennes. De l'occasion garantie pour 100 % de tranquillité. Les plus grandes marques d'électroménager vous attendent et la maison assure la livraison et la mise en service. Lave-linge à partir de 105 €, lave-vaisselle pour 151 €, réfrigérateurs pour 90 €, de quoi faire envie effectivement. D'autant plus qu'Envie 35 est une entreprise d'insertion, qui fait ses preuves depuis déjà plusieurs années.

BOULANGER Allée Guerlédan, Parc Rocade-Sud, CHANTEPIE © 02 99 41 03 41. *Ouvert du lundi au samedi de 9h30 à 19h30.* Cette enseigne connue de l'électroménager s'est installée dans un superbe espace très clair et aéré. Les articles sont présentés de façon attractive et la gamme de produits époustouflante vous attirera. Image, son, micro, téléphonie ou électroménager, rien que du beau à des tarifs compétitifs. Sans oublier un bon service après-vente, rapide et efficace, que vous pourrez joindre directement © 02 99 77 34 00.

DIGITAL 8, rue du Chesnay-Beauregard, SAINT-GREGOIRE © 02 23 20 04 50 / 51. *Ouvert le lundi de 14h à 19h, du mardi au vendredi de 9h30 à 12h et de 14h à 19h15, le samedi de 9h30 à 12h30 et de 14h à 19h.* Entre le centre Leclerc et Grand-Quartier, Digital, anciennement Gilbert Diffusion, présente une large gamme de matériels audio, vidéo, hi-fi et téléphonie. Un auditorium est installé à l'intérieur du magasin pour vous faire apprécier la qualité des appareils, à la pointe des nouvelles technologies. L'autre moitié de l'établissement est consacrée à l'électroménager. Des prix compétitifs et le désir de satisfaire à la fois vos besoins et votre budget ont fait de cette enseigne un incontournable à Rennes. SAV : GDS Dépannage 14, rue de la Donelière 02 99 36 36 65. Ouvert le lundi de 13h30 à 18h30 et du mardi au samedi de 9h30 à 12h30 et de 13h30 à 18h30.

Hi-fi et vidéo

BANG ET OLUFSEN 5, rue de Bertrand © 02 23 20 24 15. *Site Internet : www.bang-olufsen.com Ouvert du lundi au samedi de 10h à 13h et de 14h à 19h.* Quand l'esthétique se dispute la qualité, voilà le résultat. Du matériel hi-fi au look ravageur, du bon son dans un emballage très étudié où le souci du détail étonne : système intégré dvd, cd, radio, tc. Les productions de la marque nordique sortent de l'ordinaire, les prix aussi certes, mais la marque est la reine incontestée du haut de gamme et des techniques de pointe.

FNAC Centre commercial Colombia © 02 99 67 10 10. *Site Internet : www.fnac.com Ouvert de 10h à 20h du lundi au samedi.* Ce marchand de culture consacre tout son rez-de-chaussée à ce qui touche de près ou de loin à la hi-fi, au son et au matériel vidéo ou informatique. Des produits innombrables, des prix abordables et les conseils de l'équipe de vendeurs particulièrement précieux.

HI-FI 35 7, rue des Fossés © 02 23 20 54 23. *Site Internet : www.hifi35.com Ouvert du mardi au samedi de 9h30 à 12h30 et de 14h à 19h. Le lundi sur rendez-vous.* Depuis 1976, ils sont les spécialistes de la haute-fidélité et du home cinéma. Les amoureux du son et de la haute technologie, ceux qui allient la passion de l'écoute à l'esthétique du matériel trouveront avec Hi-Fi 35, un magasin branché sur la même longueur d'ondes qu'eux. Ici, rien n'est standard : un salon d'écoute, sans clavier de commandes, les raccordements se faisant directement afin que les conditions soient les mêmes que chez vous, un canapé, du temps et de l'attention pour vous écouter, des conseils clairs, une sélection rigoureuse des marques, Heybrook, Bowers et Wilkins, Linn, Apertura, Rotel..., et enfin, la livraison et l'installation gratuites.

HI-FI CONSEIL 21, quai Lamennais © 02 99 79 61 86. *Site Internet : www.hifi-conseil.fr Ouvert le lundi de 15h à 19h et du mardi au samedi de 10h à 12h et de 14h à 19h.* Sa devanture noire et verte vous semblera familière : et pour cause, ce spécialiste du son et de l'image est là depuis de nombreuses années, prêt à vous conseiller et à vous orienter dans votre décision. Les prix sont tirés au plus juste, les devis étudiés avec soin, les conseils personnalisés, bref, du matériel et du travail de professionnel.

DIGITAL 8, rue Chesnay-Beauregard, SAINT-GREGOIRE © 02 23 20 04 50 / 51. Consulter la rubrique Electroménager.

Immobilier

Adresses utiles

"Appartement de standing, centre historique de Rennes, terrasse, un mois de caution, à louer 400 € ". Une annonce pareille, on saute dessus... et on téléphone à l'agence de particulier à particulier qui l'a fait paraître dans le 35 ou dans Paru Vendu. Surtout que l'agence en propose plusieurs, des annonces alléchantes de ce type. Mais attention, cette catégorie de professionnels, connue aussi sous l'appellation de "vendeurs de liste", est épinglée par différentes associations de consommateurs. En cause, les contrats, qui contiennent tous des clauses abusives. Vous réglez une somme de 160 € en moyenne, et ensuite seulement, l'agence vous fournit la liste de logements à louer disponibles. Bizarrement, l'appartement de standing à un prix défiant toute concurrence n'y apparaît pas... Première déconvenue... suivie d'autres du même acabit : peu de logements disponibles, la plupart déjà loués. Et votre chèque d'inscription a déjà été encaissé, sans aucune garantie de résultat...

AGENCE DEPARTEMENTALE POUR L'INFORMATION SUR LE LOGEMENT, CENTRE D'INFORMATION SUR L'HABITAT 22, rue Poulain-du-Parc, RENNES ✆ 02 99 78 27 27. *Site Internet : www.adil.org/35*
L'Agence départementale d'information sur le logement est un organisme indépendant, à but non lucratif, agréé par l'Agence nationale d'information sur le logement et conventionné par le ministère de l'Equipement. Elle a pour but de vous informer sur le marché de l'immobilier et les démarches à entreprendre. Avec ses conseillers, elle renseigne gratuitement toutes les personnes, notamment les jeunes ménages de condition plutôt modeste, les primo-accédants, sur les questions juridiques, financières et fiscales concernant le logement : construction, acquisition, amélioration, location, fiscalité, copropriété... Elle peut notamment établir des diagnostics financiers adaptés à chaque situation, donner des indications sur la rédaction d'un bail, les droits et obligations du bailleur et du locataire, les financements et les aides, les contrats, les assurances, les relations avec les professionnels et le voisinage, l'urbanisme, les loyers du marché... Les principaux partenaires de l'Adil 35 sont l'Etat, le conseil général, les collectivités locales, les organismes sociaux, Caf, MSA, et HLM, les collecteurs du 1 %.

LA MAISON DU NOTARIAT 2, mail Anne-Catherine ✆ 02 99 65 32 65. Adresse qui peut s'avérer utile puisqu'elle recense toutes les offres de logements en location ou en vente proposées par les notaires du département. De bonnes affaires rondement menées.

LE CENTRE INFORMATION JEUNESSE BRETAGNE 6, cours des Alliés ✆ 02 99 31 47 48. Des dossiers d'information sur le logement sont à disposition et fournissent des adresses utiles en Bretagne, la liste des différentes aides possibles au logement, des contrats de location, des renseignements sur les droits et obligations des parties ainsi qu'un pense-bête du locataire. Indispensable !Pour mener à bien votre recherche, autant commencer avec toutes les cartes en main. D'autant que des personnes énergiques se démènent pour mettre tout ça à jour.

MAISON DE LA CONSOMMATION ET DE L'ENVIRONNEMENT 48, boulevard Magenta ✆ 02 99 30 35 50. Elle regroupe différentes associations de consommateurs et environnementales qui assurent des permanences afin de répondre, d'informer et de défendre les consommateurs. Elle édite également, et ce de façon régulière, des fiches techniques et pratiques qui traitent de divers sujets. A consommer sans modération car vous y serez toujours bien reçu et l'équipe est fort dynamique.

Agences immobilières

BVI LEVEQUE ASSOCIES 1, rue Jules-Simon © 02 99 79 22 22. *Ouvert du lundi au vendredi de 9h à 12h30 et de 13h30 à 19h et le samedi de 9h à 12h et de 14h à 18h.* La maison existe depuis longtemps et le volume des transactions traitées ici est conséquent. On a affaire à des pros, mais attention : ici, les affaires, certes nombreuses, filent vite et glissent parfois entre les mains avant d'avoir pu émettre une proposition. Locations, mais surtout ventes de maisons anciennes ou de programmes neufs sur Rennes et ses environs, sont les spécialités de l'enseigne.

CEGIM 21, boulevard de la Liberté © 02 99 78 17 76. *Ouvert du lundi au vendredi de 9h à 13h et de 14h à 19h, le samedi de 9h à 13h et de 14h à 17h.* Cegim est un centre de gestion immobilière spécialisé dans la transaction et la location. Autant dire que les étudiants en peine de logement remercieront plus tard le 21, boulevard de la Liberté et son équipe de leurs petits soins. C'est avec un véritable soulagement que l'on se sent ici épaulé, dans ce parcours du combattant que représente parfois le pistage d'une location à Rennes. Du studio aux T5 et aux maisons, l'équipe vous fera rapidement visiter bon nombre d'adresses à Rennes et aux alentours. Le but : votre bonheur, en fonction de vos besoins et de votre budget !

COGIR 5, rue Lafayette © 02 99 79 51 01. *Site Internet : www.cogir.fr Ouvert du lundi au jeudi de 9h à 12h et de 14h à 19h, le vendredi jusqu'à 18h et le samedi jusqu'à 17h.* Cette petite agence immobilière située en plein cœur du vieux Rennes, s'occupe de locations et de ventes d'appartements ou de maisons. Ici, l'équipe travaille avec célérité et professionnalisme, et s'applique à satisfaire au mieux votre demande. En ce qui concerne les locations, n'hésitez pas à passer régulièrement consulter les nouvelles offres, vous mettrez la main plus rapidement sur l'appartement désiré.

GUENNO IMMOBILIER 13, boulevard de la Tour-d'Auvergne © 02 99 31 70 31. *Ouvert du lundi au samedi de 9h à 12h et de 14h à 19h.* L'enseigne est spécialiste de la vente des appartements et maisons de ville en centre-ville et quartiers sud de Rennes. Tous les budgets trouveront chaussure à leurs pieds, puisque Guenno Immobilier traite autant la vente des maisons années trente des quartiers Sainte-Thérèse et Sacrés-Cœurs que les biens situés en ZUP sud. Les bonnes affaires sont débusquées en deux temps, trois mouvements, et vite proposées aux clients. Les étudiants et les couples trouveront aussi en location des logements, du studio au type 2-3, sur tout Rennes.
Autre adresse : 1, avenue Louis-Barthou 02 23 40 46 46.

KERMARREC HABITATION, Pôle Location 7, quai Lamennais © 02 99 78 14 18. *Ouvert le lundi de 9h30 à 12h et de 14h à 19h, du mardi au vendredi de 9h à 12h et de 14h à 19h et le samedi de 9h à 12h et de 14h à 18h.* Kermarrec Habitation, c'est 5 agences à Rennes, avec chacune leur pôle de compétences spécifiques, et 5 agences en périphérie. L'enseigne traite les ventes, les locations, les programmes neufs et la gestion, expertise les biens immobiliers pour successions, ISF, etc., s'occupe d'immobilier d'entreprises, fonds de commerce, pas-de-porte, bureaux, entrepôts...,, et enfin, conçoit et construit des bâtiments à vocation industrielle et professionnelle. Une offre complète et approfondie, qui distingue ce multispécialiste de l'immobilier.

Autres adresses : Espace neuf et commerce 9, quai Lamennais © 02 99 78 48 38 • Pôle transactions-ventes 10, rue de La Chalotais © 02 99 78 48 00 • Pôle entreprises 227, rue de Châteaugiron © 02 23 30 23 30 • Agence Kermarrec locations-transactions 16, boulevard de Metz © 02 99 27 00 00.

PIGEAULT IMMOBILIER 25, rue de la Monnaie © 02 99 31 58 44. *Ouvert du lundi au vendredi de 9h à 12h et de 14h à 18h30 et le samedi de 9h à 12h.* Présent à Rennes, Nantes et Saint-Malo, Pigeault Immobilier est à la fois une agence immobilière et un promoteur-constructeur. Des services classiques de location et vente d'appartements, de maisons de propriétaires ou de terrains aux programmes neufs, maisons, résidences et lotissements,, Pigeault Immobilier saura vous dénicher ce qui vous convient le mieux. L'agence est également spécialisée dans l'immobilier d'entreprise, les pas-de-porte et les fonds de commerce, notamment les bars-tabacs et les restaurants. Les étudiants ne sont pas oubliés avec des offres correspondant à leurs demandes et leurs budgets. La maison connaît bien son affaire et fait preuve d'une grande efficacité.

Déménagements

BIARD DEMENAGEMENT 4, rue du Plessis, VERN-SUR-SEICHE © 02 99 00 46 00. *Site Internet : www.biard.net Ouvert du lundi au vendredi de 8h30 à 12h30 et de 14h à 18h30.* Les professionnels de l'entreprise Biard garantissent un travail de qualité. Que ce soit à l'international, Amérique du Nord, du Sud, de l'Asie, de l'Océanie et des Dom-Tom, ou au niveau régional et national, l'expérience acquise de l'entreprise lui permet de répondre aux demandes particulières, qui, outre le déménagement, comprennent la location de monte-meubles ou encore un service de garde-meuble sécurisé.

DEMECO 1, rue Duhamel © 02 99 30 36 27. *Ouvert de 9h à 12h et de 14h à 18h du lundi au vendredi.* Située non loin de la gare et du TNB, cette enseigne est bien connue pour son éventail de prestations et de solutions. Déménagement national ou international, garde-meuble, etc., Déméco fait en sorte de vous faciliter la tâche, en toute confiance.

DEMENAGEMENTS GILLES ROULLIAUX 5, rue de La Chalotais, CHANTEPIE © 02 99 41 67 63. *Site Internet : www.demenagements-roulliaux.com. Ouvert du lundi au vendredi.* Cette petite structure artisanale s'appuie sur la compétence et l'expérience de Gilles Roulliaux, déménageur diplômé d'Etat depuis vingt-cinq ans. Du petit service, 1 mètre cube– au grand déménagement, 100 mètres cubes,, l'entreprise effectue avec un doigté et une technique sans faille tous vos déplacements : déplacements de meubles d'une pièce à l'autre si vous faites des travaux chez vous, livraison d'un meuble, et bien sûr déménagements sur toute la France. Les meubles sont emballés et sanglés directement chez vous, transportés dans un camion capitonné. L'équipe s'occupe du démontage et du remontage, des transports de pianos droits et peut vous fournir les cartons, si besoin. Un service personnalisé pour des formules adaptables à chacun. Garde-meubles en container et locations de monte-meubles font également partie des prestations de la maison.

LES DEMENAGEURS BRETONS 11, boulevard Laennec © 02 99 35 01 09. *Ouvert du lundi au vendredi de 8h45 à 12h et de 14h à 18h15, le samedi de 9h à 12h.* Quand les déménageurs bretons se mettent à l'œuvre, ça déménage !Sérieux, efficaces et de bonne humeur, les équipes acceptent toutes sortes de déménagement, pour les particuliers comme les sociétés, sur toutes les distances. La maison détient aussi un service de garde-meubles à un tarif très correct et propose l'entreposage des archives.

TRANSPORTS DEMENAGEMENTS PERROIS ET FILS **40, rue Ange-Blaise ✆ 02 99 65 19 17.** *Ouvert du lundi au vendredi.* La société Perrois et Fils, située derrière la gare, est un prestataire de qualité à des tarifs satisfaisants. Outre le déménagement, elle a développé une activité de garde-meubles. Cette entreprise artisanale est parfaitement équipée et quels que soient votre demande et vos besoins, vous y serez bien accueilli. Une adresse sûre.

Un déménagement, c'est toujours un bouleversement, alors quelques conseils pour alléger les tracas. Pour que votre déménagement ne se transforme pas en parcours du combattant ni en panique générale, tous les professionnels le répètent : plus on s'y prend tôt, mieux c'est !La raison première, c'est qu'ainsi vous pourrez faire dresser des devis, gratuits pratiquement partout, et les comparer. Ensuite, il existe dans ce secteur d'activité des temps forts où la demande est plus importante : c'est le cas en fin et en début de mois, mais aussi de mi-juin à mi-juillet. Et comme les premiers arrivés sont les premiers servis...

Petites annonces

LE PUB **3, rue de Nemours ✆ 02 99 79 44 43.** *Site Internet : www.bonjour.fr / www.paruvendu.fr Du lundi au mercredi, de 9h à 12h30 et de 13h30 à 18h30, le jeudi de 9h à 18h30 et le vendredi de 9h à 18h.* Dès le lundi 9h, une multitude d'annonces vous attendent, immobilières ou autres. Possibilité de s'abonner à l'édition de Rennes, qui compte 240 000 lecteurs réguliers. Une annonce de 4 lignes en l'Ille-et-Vilaine pendant 3 semaines, vous coûtera environs 47,20 €. Trois semaines de parution vous seront offertes. Pratique et très utilisé par les autochtones. A consulter régulièrement.

IMMOBILIER LE COURRIER HAUTE-BRETAGNE. *Site Internet : www.courrier-immobilier.com* Le magazine des professionnels de l'immobilier neuf et ancien. Distribué gratuitement dans les commerces de proximité et les boîtes aux lettres, des annonces sur les demeures et résidences ou les programmes neufs à Rennes et dans le district, sur la côte d'Emeraude, le Morbihan et le pays de Dinan sont à saisir rapidement.

LE 35 **40, rue du Bignon, CHANTEPIE ✆ 02 99 86 01 35.** Mensuellement, ce journal gratuit est distribué à Rennes dans les commerces de proximité et au centre information jeunesse Bretagne. Adresses inédites et bonnes occasions à la clé.

NOTAIRES 35 ✆ 02 99 65 35 35. *Site Internet : www.immonot.com* L'offre immobilière notariale a son périodique d'information qui regroupe une sélection d'annonces proposées par les notaires d'Ille-et-Vilaine. Diffusé gratuitement dans les boîtes aux lettres, Notaires 35 est aussi disponible chez... les notaires !Appartements, maisons, terrains et commerces sont présentés en détail, et souvent illustrés par une photographie.

OUEST-FRANCE ✆ 02 99 32 60 00. *Site Internet : www.ouestfrance-immo.com* Le plus grand quotidien régional fait paraître des pages immobilières le mercredi. Et le samedi, le lecteur pourra parcourir un lot d'annonces qui ne concernent pas seulement le monde de l'immobilier. Une valeur sûre.

35 ANNONCES **30, rue du Pré-Botté ✆ 02 99 79 01 80. 35.** Annonces est un journal de petites annonces qui paraît le lundi vers 9h. Sautez dessus car les bonnes affaires ne sont pas longtemps disponibles...

Stockage, Garde-meubles

PROBOX 12, rue de la Donelière ✆ 02 99 38 68 35. *Site Internet : www.probox.fr Ouvert du lundi au samedi.* Manque de place ?Un nouveau concept pour un service intelligent. A 5 minutes du centre-ville, Probox stocke en toute sécurité les effets personnels que vous ne pouvez garder chez vous faute de place. 100 box individuels, de 6 mètres carrés à 96 mètres carrés, propres et surveillés 24h/24 par vidéo surveillance, accessibles tous les jours à toute heure. Chaque box a une fermeture individuelle, une clé et un code secret, et dispose d'un système de détection incendie. Vous pouvez dormir l'esprit tranquille pendant que vos précieuses affaires sont bien à l'abri !Plus sérieusement, c'est idéal pour les Rennais qui ne possèdent ni cave ni grenier, pour les étudiants n'ayant pas de logement l'été, pour les sociétés en mal de place pour leurs archives... Bien plus flexible que les garde-meubles, ce système offre un minimum de contraintes pour un maximum d'avantages !N'hésitez pas à visiter le site www.pagesjaunes.fr, un clip vous y attend !

Linge de maison

LA MAISON 10, rue Leperdit ✆ 02 99 79 70 34. *Ouvert du lundi au vendredi de 10h30 à 12h30 et de 14h à 19h, le samedi de 10h30 à 19h.* Vous avez décidé de renouveler votre linge de maison ?Vos rideaux doivent être changés ?Vous ne pouvez plus voir votre vieux canapé ?La Maison offre sur ses 75 mètres carrés de surface un magnifique assortiment haut de gamme composé des plus grandes marques de linge de maison et de mobilier d'intérieur : Yves Delorme, dépositaire unique à Rennes,, Pierre Frey, Blanc d'Ivoire, Kenzo, Manufactor, et bien d'autres encore. La Maison réalise également sur mesure vos rideaux, stores, couvre-lits...

WESTAFFAIR 14, rue Poullain-Duparc ✆ 02 99 79 58 40. *Ouvert de 9h30 à 19h, le lundi à midi, fermé le samedi.* La panoplie complète pour toute jeune fille ou jeune homme qui a enfin l'appartement ou le studio de ses rêves et s'installe, c'est décidé, le mois prochain dans ce petit nid d'amour, certes étroit mais tant désiré !Serviettes de toilette, torchons, peignoirs, tapis, draps, dessus-de-lit ou même rideaux de douche, ici du beau linge et de la qualité à tous les rayons. Des dames, aux conseils avisés comme ceux que pourraient donner nos gentilles mamans, vous aiguilleront dans votre choix. La qualité a un prix et ce dernier reste correct !

Literie

ARMOR LITERIE 41, avenue Jean-Janvier ✆ 02 99 31 03 97. *Ouvert le lundi de 14h à 19h et du mardi au samedi de 10h à 12h et de 14h à 19h.* Un bon matelas, un sommier adapté, une banquette-lit se trouvent aussi en plein centre-ville !Armor Literie, situé près de la gare, expose literies à lattes, sommiers relevables manuels ou électriques, fauteuils relax, canapés, etc. Tous les budgets trouveront ici de quoi s'assurer des nuits sans soucis, car la gamme de prix est variée. Les conseils de la maison prennent en compte la morphologie et les besoins de chacun, pour un confort vraiment adapté. En outre, la livraison à domicile est assurée, avec des expéditions sur toute la France.

COMPAGNIE DE LA LITERIE La Robiquette, SAINT-GREGOIRE ✆ 02 99 54 91 11. *Site Internet : www.compagnie-de-la-literie.fr Ouvert le lundi de 14h à 19h, du mardi au vendredi de 9h30 à 12h30 et de 14h à 19h, journée continue le samedi.* C'est un professionnel de la literie qui se situe près de Géant. A la Compagnie de la Literie, pas question de vous laisser déambuler au hasard... C'est qu'une bonne literie ne se choisit pas à la légère, et vous aurez besoin des conseils de ces spécialistes du sommeil pour trouver le sommier et le matelas adapté à votre confort. Les références sont sélectionnées par la maison parmi de grandes marques, Epeda, Dunlopillo, Merinos, etc.,, et offrent un bon rapport qualité-prix. Le sur mesure, les banquettes-lits, les sommiers relevables, les oreillers ortho-cervicaux, les draps à quatre têtes ou le linge de lit font également partie de la gamme proposée par le magasin. **Autre adresse : Parc Rocade-Sud, CHANTEPIE © 02 99 41 07 07.**

ECO LITERIE 1, rue des Logettes, CHANTEPIE © 02 99 77 38 86. *Ouvert le lundi de 10h à 12h30 et de 14h à 19h, du mardi au vendredi de 9h30 à 12h30 et de 14h à 19h et le samedi de 9h30 à 19h.* A côté de Max Plus, dans la ZA des Logettes, un vrai professionnel s'occupe du confort de vos nuits, premier spécialiste de la literie de qualité à prix discount. " Le couchage à prix défi !", voilà un slogan prometteur, surtout lorsqu'il s'applique uniquement sur des grandes marques de literie (Epéda, Simmons, Mérinos, Pirelli, Dunlopillo,...). L'idée est futée, il s'agit des déstockages des collections de l'année précédente, négociées en direct par l'Eco Literie. Vous bénéficierez en outre des conseils éclairés et de la gentillesse d'une entreprise familiale, ainsi que d'une garantie de 5 ans sur votre matelas et votre sommier. Et puis, si vous conservez votre facture, votre literie sera rachetée 10 % de sa valeur entre sa 9e et sa 12e année.... Voilà pourquoi il est important de ranger ses papiers !Du nouveau cette année pour Eco Literie, l'enseigne a ouvert une nouvelle structure depuis peu à Montauban-de-Bretagne juste à côté de l'Intermarché, restant fidèle à son concept. Pour mieux vous servir, l'Eco Literie met à votre disposition un vaste show room de 300 m^2 : un large choix de matelas, de sommiers de grandes marques vous y attendent, mais aussi un espace banquettes, clic-clac, fauteuils cabriolets, textiles, oreillers, couettes, housses de couette... " tout pour vos nuits ". Enfin, l'enseigne s'est récemment doté d'un forfait de livraison (voir conditions en magasin) ou vous met gratuitement à disposition une camionnette pendant une heure, ceci sur ses deux magasins.

Autre adresse : ECO LITERIE 54, rue de Rennes, Montauban-de-Bretagne © 02 99 61 71 04. *Ouvert le lundi de 14h à 19h, du mardi au vendredi de 9h30 à 12h30 et de 14h à 19h et le samedi de 9h30 à 19h sans interruption.*

ESPACE FUTONS 45, rue du Puits-Mauger © 02 99 67 09 46. *Ouvert le lundi de 14h à 19h et du mardi au samedi de 10h à 12h30 et de 14h à 19h. Site Internet : www.futons.fr* Un îlot de sérénité en plein centre-ville !Les futons, tatamis et lits japonais présentés dans ce magasin lumineux et zen, offrent une qualité de couchage exceptionnelle et leurs lignes sobres et harmonieuses en font un élément qui s'intègre parfaitement aux intérieurs contemporains. Lampes et lampes de chevet, tables basses, linge de lit aux pictogrammes asiatiques et décorations murales sur papier de soie trouvent également leur place chez Espace Futons. Un magasin qui offre une prestation complète, conseils à l'appui pour le choix de votre matelas, souple ou ferme, à des prix raisonnables.

Occasion

Puces des halles centrales

Venant des quatre coins du bassin rennais, les brocanteurs se rassemblent autour des halles centrales chaque jeudi matin. Chacun déballe ses dernières trouvailles dès 8h30 et un chapelet de badauds s'égrène au fil de la matinée. Pour certains, c'est juste un petit tour de bon matin avant de partir au travail, pour d'autres une promenade hebdomadaire, parfois riche de surprises ou de rencontres. D'aucuns s'intéressent aux vieilles dentelles ou aux meubles des années cinquante, d'autres se damneraient pour un jouet ancien. Toujours est-il que chaque semaine apporte son lot de nouveautés. Des petits groupes se forment : on discute d'un vaisselier XIXe siècle ou du temps qu'il fait. Le plaisir est là, diffus, dans l'air... Bref, le bonheur au quotidien !

LA TROCANTE 37, boulevard Solférino © 02 99 30 15 12. *Ouvert tous les jours sauf le mardi de 10h à 12h et de 14h à 19h.* Enseigne bien connue à Rennes, ces deux magasins s'adressent à tous les amoureux des vieilles choses mais aussi aux néophytes souhaitant réaliser de bonnes affaires. Le choix des articles, neufs ou anciens, est divers et varié et le renouvellement constant. Les prix, clairement affichés, sont raisonnables et baissent tant que la marchandise n'est pas vendue. Il suffit donc d'être là au bon moment. **Autre adresse : 300 mètres carrés de superficie au 25, rue de la Monnaie © 02 99 30 00 81.**

Piscines

AQUA PISCINES LOISIRS, CARRE BLEU 262, rue de Saint-Malo © 02 99 59 18 85. *Site Internet : www.aquapiscines.com Ouvert du lundi au samedi de 9h à 12h et de 14h à 18h, jusqu'à 18h30 de début juin au 15 septembre.* Ce constructeur de piscines, installé au carrefour des Trois Croix, travaille sur commande et réalise vos piscines sur mesure ou plutôt "prêt à plonger". Il est associé aux piscines Carré Bleu, www.carrebleu.fr. Une fois votre décision prise, ce professionnel se déplace sur le terrain, afin de voir ce qu'il est possible de faire, réalise les plans puis s'occupe de l'installation chez vous. Les conseils d'utilisation et d'entretien, les explications détaillées sur le fonctionnement font partie de ces prestations, que la maison pratique. Le service après-vente est lui aussi parfaitement assuré : une panne, une fuite, le portable de M. Despas est toujours branché, et il se déplace aussitôt pour résoudre le problème. Le sérieux et la notoriété de la maison vont de pair. Et en plus des piscines, on peut acheter des spas, des saunas et des cabines infrarouges. Sachez tout de même qu'il faut compter au moins six mois avant que votre rêve ne devienne réalité : avis aux plus pressés, rien ne sert de courir, il faut partir à point !

SNDRH, TOUT POUR L'EAU ET PISCINELLE 55, avenue du Général-De-Gaulle, 35530 NOYAL-SUR-VILAINE © 02 99 00 65 23. *Site Internet : www.toutpourleau.fr/www.piscinelle.com* "Vous êtes allongé(e) au bord d'une piscine dont l'eau limpide ondule doucement sous la brise légère de cette après-midi d'été ensoleillée. A l'ombre du palmier,, oui, il y a des palmiers en Bretagne !– vous vous endormez presque, tant la quiétude s'empare de vous..." Fiction ?Pas vraiment !Si vous possédez la maison et le jardin ou tout autre lieu susceptible de convenir, Piscinelle peut dans presque tous les cas en moins d'un mois, contribuer à votre bonheur en vous installant une piscine rien que pour vous !Luxe, calme et volupté, telle pourrait être la devise de ce constructeur de piscines, le premier en France a avoir créé des ossatures en bois : Bruno Choux, menuisier depuis 1979, s'est lancé, à l'eau !– il y a dix ans dans la conception de structure de bassins en bois, rigide et autoportante. Car, si les piscines sont d'un esthétisme indéniable, la qualité n'en reste pas moins la priorité. Ce qui retient l'attention, c'est l'origine du bois : du pin rouge uniquement en provenance des régions situées au nord du 57e parallèle, sic !– comme la Finlande, la Suède ou le Nord de la Russie, ce qui assure d'une part une gestion en équilibre positif de leurs forêts, mais aussi un traitement, intraitable, aux normes européennes du bois. Et, s'il faut s'approvisionner en Ipê, Piscinelle ne se fournit exclusivement qu'auprès de compagnies agréées par l'Ibama de l'Etat du Mato-Grosso, participant ainsi à la protection de l'environnement, à caractère informatif, c'est au sud du 20e parallèle !– On achète une piscine et on lutte contre la déforestation en Amazonie, qui dit mieux ? Dans un autre genre, tout, tout, tout, vous saurez tout sur l'eau ! Pure, tonique, forme, l'eau se décline à merveille !Tout d'abord, c'est un vaste programme pour la traiter, l'entretenir par

des osmoseurs, des filtrations ou des adoucisseurs. Ensuite, pour tous ceux qui veulent dire : “c’est moi qui l’ai faite !”, vous pouvez toujours vous procurer les kits béton, polystyrène ou pvc, et construire votre propre piscine et la décorer avec des mosaïques, par exemple, ça prendra à peine un peu plus de temps que les armoires en kit. Evidemment, qui dit piscine dit aussi natation, jeux et autres matelas gonflables : ça commence par les palmes, masque, tubas,, et ça finit avec un énorme toboggan pour atterrir joyeusement dans l’aqua bar !– l’abus d’alcool est dangereux pour la santé. Tout Pour l’Eau, c’est aussi une gamme de mobilier de jardin, pour se reposer entre deux longueurs, mais surtout des douches hydrothérapie, des baignoires balnéo, ou des spas. Enfin, pour éliminer, le stress, évidemment, il est tout à fait possible d’acquérir un saunas ou un hammam, les deux peut-être ?–, qui, il faut le dire, donnent énormément envie de faire comme dans les pays scandinaves : une séance de sauna en plein hiver suivi d’un plongeon direct dans la mer, ou la piscine !Pour terminer, la fabrication est uniquement française et le rapport qualité-prix est très intéressant, en plus de la garantie décennale. Et puis, si vraiment vous n’arrivez pas à la monter cette piscine, il y a quand même une assistance, ou carrément, la formule “prête à plonger”, mais là, adieu la gloire...

Une piscine en bois

Le bois, matériau noble, beau et écologique est adapté pour l’aménagement des piscines.

En plus de ses qualités naturelles, le bois résiste aux agressions de l’eau et du chlore. Il est par ailleurs insensible aux contraintes de terrain et au gel. Ni sujet à l’oxydation ni aux fissures, le bois a comme avantage de nécessiter un entretien limité.

Isolant idéal, il ne devient pas brûlant après une longue exposition au soleil.

La piscine en bois est un art de vivre en harmonie avec l’environnement.

Toutes les infos sur www.abibois.com

SOCIETE L’ECLECTIQUE Les Corbières, 35170 BRUZ © 02 99 57 15 31. Vous rêvez de faire de la natation synchronisée mais pas le temps d’aller à la piscine ?C’est la piscine qui vient à vous !Cela fait sept ans que Jacques Gougeon vend des piscines et il nous a confié que oui, la piscine est accessible à tous. Alors, il n’y a plus qu’à choisir le modèle, et le maillot qui va avec !Les piscines Christine Caron ont fait leurs preuves depuis vingt-cinq ans sur le marché, et vous offrent un vaste choix de modèles qui s’étoffe régulièrement : gamme privilège, gamme prestige, piscines couvertes ou d’intérieur, ou encore collective. Ce sont des piscines construites selon une technique infaillible : le 100 % béton, haute résistance assurée !Ce qui permet surtout d’avoir une piscine sur mesure et jusqu’à 200 mètres carrés, par ailleurs, vous bénéficiez de la garantie décennale. Afin de vous baigner toute l’année, vous pouvez construire un abri Swim all seasons en aluminium, fabriqué près de Lille, du sur mesure en fonction de la configuration que vous souhaitez apporter. Vous n’avez pas envie de nager mais plutôt de profiter des bienfaits de la balnéo-thérapie ?Portez votre choix sur un spa, dont la marque Riviera Pool vous propose une gamme très complète !Mais venez plutôt juger par vous-même à l’espace exposition, où monsieur Gougeon se fera un plaisir de vous recevoir. D’ici là, on peut commencer à s’entraîner pour les JO !Pour trouver facilement : Route de Redon, entrée du golf de Cicé, BLOSSAC.

mode

Accessoires

CLAIRE'S ACCESSORIES 4, rue d'Estrées © 02 99 78 28 41. *Ouvert du lundi au samedi de 10h à 19h.* Enfin cette enseigne est en France !Pour les filles fanatiques d'accessoires en tout genre, c'est THE boutique à Rennes. Pour se faire belle et se parer sans se ruiner, rendez-vous dans ce magasin : bijoux de verroterie colorée et brillante, bagues de pouces, piercings et chaînes de cheville remplissent la moitié de l'espace. L'autre moitié est consacrée aux brosses à cheveux pailletées, barrettes scintillantes, épingles et petits nœuds tantôt sages, tantôt délurés, ceintures et petits sacs à main rose ou en jean's. Bref, beaucoup de choix pour un magasin qui ne désemplit pas. N'oubliez pas d'essayer les masques à usage unique : ils sont sensationnels !

ECLATS D'ELLE 9, rue du Maréchal-Joffre © 02 99 78 21 25. *Ouvert le lundi de 14h à 19h, et du mardi au samedi de 10h à 19h.* Foulards, écharpes, chapeaux, bijoux, sacs, ceintures et gants présentés dans cette petite boutique bien pensée vous donneront à coup sûr de l'éclat !L'accueil est chaleureux, les conseils judicieux, et les articles sont choisis parmi de nombreuses signatures de créateurs. Autant d'idées cadeaux à tous les prix : avis à ces Messieurs !

GANTERIE CHAPELLERIE SAINT-JUNIEN 4, rue Edith-Cavell © 02 99 79 06 99. *Site Internet : www.falbalas-stjunien.com Ouvert le lundi de 14h à 19h et du mardi au samedi de 10h à 13h et de 14h à 19h.* Mais oui, osez les chapeaux !En hiver, en été, pour une grande occasion ou pour tous les jours, hommes et femmes se coifferont de couvre-chefs du plus classique au plus original comme des chapeaux ou des casquettes, avec pour caractéristiques communes, la qualité et l'élégance. Les gants de cuir sont l'autre grande spécialité de la maison, en plus des parapluies, cannes, écharpes, foulards et étoles. Une bonne adresse, à ne pas oublier.

HANTA CHAPEAUX 21, rue Poullain-Duparc © 02 99 38 70 45. *Ouvert du mardi au samedi de 11h à 19h. Changement d'adresse pour Hanta Chapeaux, qui passe de l'autre côté de la Vilaine.* On retrouve dans ce nouveau magasin tout ce qui a fait le cachet et la renommée de cette styliste : des chapeaux et des accessoires de mode ou de déco, confectionnés par Hanta et par des créateurs inspirés, sachant manier couleurs et formes pour un résultat fluide, gai, original et chic. Une adresse absolument unique. A noter, Hanta propose également du sur mesure, ainsi que la location des chapeaux de cérémonie.

PAPA PIQUE ET MAMAN COUD 13, rue Pont-aux-Foulons © 02 99 79 39 27. *Ouvert le lundi de 14h à 19h et du mardi au samedi de 10h à 19h.* Les petites boutiques Papa pique et Maman coud sont maintenant bien connues de toute la région. Mais pour qui pique-t-il et pourquoi coud-elle ? Pour les enfants, bien sûr, et c'est réussi : l'adresse est un trésor de trouvailles travaillées. Tissus à motifs, à carreaux, unis ou colorés deviennent chapeaux, barrettes, cerf-têtes, bandeaux, sacs à dos, à bandoulières, porte-clés tous plus gais les uns que les autres.

LE TEMPS D'UNE FEMME 3, rue de la Parcheminerie © 02 99 79 73 08. *Ouvert le lundi de 14h30 à 19h, du mardi au vendredi de 10h à 19h et le samedi de 10h à 13h et de 14h à 19h.* Ce magasin d'accessoires présente une très belle sélection, effectuée chez Kenzo, Azuleros, Papagena, Lollipops, Fuego ou encore Viva Paquita. Etoles, chapeaux pour les grandes occasions, sacs et tops, bijoux, remplissent cette petite boutique de leurs couleurs et de leur élégance, voire de leur impertinence pour certains articles !On sent dans ce lieu flotter un sens inné de la mode. Nul doute que vous y trouviez votre bonheur, à condition que les finances suivent...

TOP HAT 1, rue de Bertrand © 02 99 27 26 97. *Ouvert le lundi de 14h à 19h, du mardi au samedi de 10h à 12h45 et de 14h à 19h.* Vous cherchez un couvre-chef qui vous ira comme un gant ?De la casquette homme aux cérémonieux, en passant par les étoles, Top Hat s'adresse aussi bien aux femmes qu'aux hommes. Pour parfaire votre tenue, gants, foulards, ceintures et parapluies s'achètent aussi ici.

Chaussures

ANDRE Centre commercial Colombia © 02 23 44 09 91. Cette enseigne est connue sur tout le territoire français et au-delà. Le magasin, comme ceux de la marque, est organisé dans un espace très design qui a l'avantage de bien mettre en valeur les articles autour d'un panneau central. André vend des modèles de ville et plus sport, pour les hommes, les femmes et les juniors. Un des atouts de la marque, outre une collection bien pensée pour plaire au plus grand nombre, c'est sans aucun doute les prix, et qui plus est le très bon rapport qualité-prix. **Autres adresses : 1, rue d'Estrée © 02 99 78 19 86 • Centre commercial Alma © 02 23 35 09 18.**

ANTHEMIS 3, place du Calvaire © 02 99 79 39 14. *Ouvert du mardi au vendredi de 10h à 13h et de 14h à 19h, le samedi de 10h à 19h.* Dans un cadre accueillant et sobre, pierres apparentes, parquet et murs blancs, Anthémis chausse la citadine chic et fashion. Cette boutique de chaussures haut de gamme n'est certes pas pour toutes les bourses, mais allez quand même y faire un tour, car les modèles présentés sont beaux et de très bonne qualité. Alors, une fois n'est pas coutume, si vous tombez sur la perle rare, ce sera peut-être bien ici.

BATA Place de la Mairie © 02 99 79 37 93. Encore une marque bien connue de tous, pour ses collections bien réalisées et son excellent positionnement sur le marché, avec un bon rapport qualité-prix. Les modèles femmes commencent à des prix assez bas, les hommes s'y chaussent également à bon marché. Les chaussures plus sportives ne sont pas en reste, puisque l'enseigne compte des modèles Nike, Adidas et compagnie, à des prix là aussi attractifs. **Autres adresses : 20, rue d'Isly • Centre commercial Les Trois Soleils • Centre commercial Grand-Quartier, SAINT-GREGOIRE.**

BESSEC 8, rue d'Estrée © 02 99 79 45 94. L'enseigne a pour ambition de vous chausser avec des modèles où priment confort du pied et aisance de la marche. Hommes, femmes et enfants se décideront entre les marques Paraboot, Timberland, Clarks, Camper, Kickers ou encore Catimini. Les véritables mocassins bateaux Arcus y sont aussi, ainsi que quelques modèles de chaussons. L'agencement des boutiques est généralement fonctionnel et agréable, et l'accueil attentif. A noter : le magasin de la rue de Rohan dispose à l'étage d'un espace entièrement consacré aux juniors. **Autres adresses : 8, rue de Rohan © 02 99 79 45 94 • 1, rue de l'Horloge © 02 99 79 45 94 • 7, rue Ferdinand-Buisson © 02 99 79 45 94.**

DIVERGENCE Centre commercial Colombia © 02 99 30 35 41. Classe et élégance émanent des modèles de cette boutique qui chausse les hommes comme les femmes. En Ted Lapidus, Morandi, Saphira, Bocage, Anne Laurency, et bien d'autres marques réputées... Quelques sacs à main en cuir complètent la prestation. **Autre adresse : 2, rue de Rohan © 02 99 79 10 14.**

ERAM Centre commercial Colombia © 02 99 31 38 32. "Il faudrait être fou pour dépenser plus !"... Un slogan qui date de plusieurs années déjà et qui reste toujours associé à l'enseigne. Le prix moyen d'une paire de chaussures est très raisonnable et varie quelque peu selon qu'il s'agit d'une paire homme, femme, junior, ville ou sport. Les collections se succèdent et présentent inévitablement des modèles classiques et passe-partout, mais aussi quelques paires très tendance. **Autres adresses : Centre commercial Alma © 02 99 32 19 83 • Centre commercial Les Longs-Champs © 02 99 38 13 35 • Grand-Quartier, SAINT-GREGOIRE © 02 99 33 06 78 • 2, rue de Rohan © 02 99 78 25 03.**

FRANCE ARNO Centre commercial Colombia © 02 99 65 56 77. Trois boutiques France Arno à Rennes, idéalement situées, puisque l'une d'elle est dans la très commerçante rue Le Bastard tandis que les deux autres sont en plein cœur des grands centres commerciaux. L'enseigne travaille avec des marques très appréciées et des collections qui ne déçoivent pas au fil des saisons. Les modèles et le service sont les mêmes où que vous alliez, pour les femmes et les hommes. Si votre pointure est indisponible dans l'une de ces boutiques, les vendeuses auront la gentillesse de se renseigner dans les autres points de vente pour vous satisfaire. **Autres adresses : 4, rue Le Bastard © 02 99 79 66 78 • Centre commercial Alma © 02 99 50 75 18.**

HEYRAUD 1, rue de Toulouse © 02 99 78 17 59. *Ouvert le lundi de 14h à 19h, du mardi au samedi de 10h à 19h en continu.* Un sens de l'accueil développé, une ambiance agréable pour cette boutique qui présente des modèles plutôt classiques, aussi bien pour ces Dames que pour ces Messieurs. Heyraud vend aussi de la maroquinerie de bonne facture.

IMAJ CHAUSSURES 15, rue Vasselot © 02 99 78 28 91. *Lundi de 14h à 19h et du mardi au samedi de 10h à 19h.* Féminines jusqu'au bout des ongles... ou des pieds !Le choix d'une chaussure se révèle parfois être une véritable gageure, car elle se doit de s'assortir à votre style et à vos goûts. Cette boutique pour femmes s'adresse aux élégantes mais pas seulement : vous pourriez bien y trouver le modèle original que vous attendiez sans y croire vraiment !Les modèles sont signés Princess, Corine, A Eboli ou Muratti. L'accueil est des plus agréables, les prix aussi... lors des soldes !Une vitrine présente également de magnifiques bijoux ethniques.

MARTINE CHAUSSURES 37, rue Poullain-Duparc © 02 99 31 53 25. *Ouvert de 10h à 12h et 14h à 19h. Fermé le dimanche et le lundi matin.* Située dans la calme rue Poullain-Duparc, cette boutique de chaussures femmes mérite franchement des visites régulières. La vitrine abrite un beau choix de chaussures, parmi lesquelles de vraies petites merveilles. Côté marques, notons la présence de Princess, Charles Jourdan, Christian Lacroix, Karl Lagerfeld. Quel plaisir de glisser ses pieds dans des modèles aussi beaux que confortables.

OUTRE MESURE 10, rue de Toulouse © 02 99 78 32 64. *Ouvert du lundi au samedi de 9h30 à 19h.* Le rendez-vous des Rennaises tendance en matière de chaussures est incontestablement chez Outre Mesure. Les trois grandes vitrines extérieures présentent la plupart des modèles, et le choix est tout simplement impressionnant : du pointu au bout rond, des nu-pieds ou du talon aux bottines, les chaussures suivent invariablement la mode. Les prix démarrent aux alentours de 60 € et ne grimpent jamais jusqu'à des hauteurs inaccessibles.

PARALLELE 1, rue de l'Horloge © 02 99 78 20 80. *Ouvert le mardi et mercredi de 10h à 12h30 et de 14h à 19h, et du jeudi au samedi de 10h à 19h.* Petite boutique, grandes chaussures !La marque Parallèle ploient sous les modèles ravissants, autant au printemps qu'à l'automne. Raffinées et de qualité, les paires affichent des prix corrects.

PARIS-LONDRES 8, rue de Nemours © 02 99 79 63 63. *Ouvert le lundi de 14h à 19h et du mardi au samedi de 10h à 19h.* Le rez-de-chaussée accueille les marques féminines tandis que le premier étage est réservé aux modèles masculins. La boutique ne travaille que les grandes marques, aux prix habituels. Les vitrines, comme l'intérieur, présentent de manière aérée et judicieuse les collections.

SALAMANDER Centre commercial Colombia © 02 99 30 79 09. *Ouvert du lundi au samedi.* Face au magasin Célio, tout près de l'entrée principale du Centre colombia, le personnel de la boutique Salamander vous laissera volontiers jeter un coup d'œil en toute tranquillité à leurs modèles de qualité mais saura accompagner votre choix si vous le sollicitez. L'enseigne expose aussi de beaux modèles hommes.

SCOTT 22, rue Le Bastard © 02 99 78 46 06. SCOTT c'est avant tout la référence en matière de chaussures à Rennes avec 2 magasins côte à côte. Plusieurs gammes vous sont proposées comme la " Sport ville " à partir de 85 € vous trouverez les marques Puma, Asics, les Converse et Nike ou la gamme " Skate shoes " avec les DVS Etnies, les Globe, les DC Shoes, des Van's et enfin une gamme à partir de 50 € avec des marques comme Gola, le Coq Sportif... Bref un choix impressionnant. Côté déco, les caméras au sol offre un côté ludique mais le plus impressionnant c'est le monte-charge utilisé par les vendeurs pour vous dégoter votre pointure...En attendant, on vous proposera agréablement une boisson pour vous rafraîchir. Décidément rien n'est laissé au hasard !Et pour les fans de la marque Puma, la gamme 6 du créateur Miharaya Syhiro, est en vente ici en exclusivité !!!

TANEO 19, quai Lamartine, Angle 1, rue Jean-Jaurès © 02 99 78 27 11. *Ouvert le lundi de 14h à 19h et du mardi au samedi de 9h30 à 19h.* Taneo a investi cette belle surface d'angle avec une grande sélection de chaussures italiennes pour hommes et femmes. Outre le choix, vous serez agréablement surpris par les prix, compris entre 29 € et 45 €. Taneo l'a voulu ainsi, pari gagné !Les chaussures sont partout, perchées au sommet des piles inégales de boîtes... à chaussures. Les vendeuses, nombreuses et affables, renseignent et conseillent gentiment la clientèle. **Autre adresse : Rue Jules-Vallès © 02 99 31 93 76.**

Retouches-réparations

Cordonneries

LE BOTTIER RENNAIS 1, place du Calvaire © 02 99 79 53 38. *Ouvert du mardi au samedi de 8h30 à 19h.* Le Bottier rennais est l'une des meilleures adresses en matière de cordonnerie à Rennes. Cet artisan vous changera vos semelles de Paraboot, et redonnera une seconde jeunesse à vos chaussures préférées qui commençaient à bailler dangereusement !Aucun type de chaussures n'a de secrets pour lui, et le travail est soigné. Autre corde à son arc : la reproduction de clés. Bien utile ! **Autre adresse : 22, rue Vasselot © 02 99 79 09 82.**

CORDONNERIE GIL 47, rue de Dinan © 02 99 30 58 11. *Ouvert de 9h à 12h30 et de 14h à 18h30.* L'artisanat n'est pas ici un vain mot, l'amour du travail bien fait règne en maître... et sans que les délais soient décourageants. De l'entretien courant, ressemelage, pose de patins et autres fers..., aux demandes plus particulières, confection de sandales, par exemple,, Yves Gilles fait tout très bien. Ce cordonnier propose également un service de clés minute bien pratique.

CORDONNERIE SAINT-MARTIN, BERTRAND MARGUERITE 131, rue de Dinan © 02 99 30 15 64. *Ouvert le lundi de 14h à 18h30, du mardi au vendredi de 8h à 12h et de 12h30 à 18h30 et le samedi jusqu'à 12h.* Une très bonne adresse pour faire effectuer vos travaux de cordonnerie. La cordonnerie Saint-Martin ne fait que de la cordonnerie, et elle le fait bien. Parce qu'il aime son travail, M. Marguerite ne se défait jamais de sa bonne humeur, et est toujours prêt à prodiguer d'astucieux conseils. Une spécialité qui intéressera les pratiquants d'escalade : l'adresse assure la réparation des chaussons. Apportez donc vos précieux souliers, le diagnostic sera rapide et sûr.

Couturières, Réparations

RAPID'COUTURE 16, rue de l'Alma © 02 99 31 31 42. *Ouvert du mardi au vendredi de 9h à 12h et de 16h à 19h, le samedi de 9h à 12h et de 14h à 16h.* Ourlets, retouches tissus et réparations du cuir : Hélène Leray, rue de l'Alma opère de façon soignée, rapide et à des prix tout à fait corrects. Une bonne adresse où l'on peut confier les yeux fermés nos vêtements préférés pour les récupérer ajustés, réparés, bref, prêts pour une seconde vie. **Autre adresse : 4, rue Chicogné © 02 99 30 67 54.**

DILIAT COUTURE, Centre commercial Beausoleil Rue du Muguet, CESSON © 02 99 83 86 64. *Ouvert le lundi sur rendez-vous et du mardi au vendredi de 10h à 12h et de 15h à 19h. Le samedi de 9h à 12h et de 14h à 17h.* Le propriétaire des lieux est diplômé maître artisan : c'est dire la qualité du service proposé !Retouche de vêtements pour femmes, hommes ou enfants et créations femmes ou enfants, cet atelier de couture a plus d'une corde à son arc. De la robe de mariée ou de cortège au costume d'époque, en passant par la robe du soir, de réveillon ou le gilet de marié, la maison confectionne avec soin. Travaux d'ameublement, voilages, doubles-rideaux ou coussins peuvent également y être réalisés. Le sérieux et le savoir-faire de Diliat Couture ne sont plus à prouver, en témoigne son titre de maître artisan ou le Premier Prix de Vitrines époque 1900-1930 gagné à Cesson.

Cuirs et fourrures

AMBIANCE CUIR ET TISSUS 3, boulevard Beaumont © 02 99 30 64 22. *Ouvert de 9h15 à 12h30 et de 14h à 19h15 du mardi au samedi.* Ce petit magasin proche de la gare vaut son pesant d'or. Dans cet atelier, canapés et fauteuils seront bichonnés, nettoyés, teints ou réparés. Les devis sont gratuits et vos fauteuils club retrouveront toute leur superbe grâce à ces mains expertes. Les vêtements ne sont pas en reste non plus. L'accueil est particulièrement chaleureux.

EURO CUIR ZA La Mongervalaise, LA MEZIERE © 02 99 66 40 17. *Ouvert de 9h30 à 12h et de 14h à 19h du lundi après-midi au samedi.* Envie d'investir dans un beau cuir ou dans un vêtement en peau de qualité ?De la fabrication à la vente, cette enseigne confectionne du sur mesure ou propose une gamme étendue de marques telles que Redskins, John Derek, Oakwood, Chevignon, Friitala... On aime le grand choix d'articles– environ 3 000 cuirs,, que l'on soit homme ou femme et motard ou pas, d'autant plus que les retouches sont gratuites, ce qui n'est pas rien !De nombreux articles de maroquinerie, des laits d'entretien et un atelier de réparation, tout est là.

LA TANNERIE 10, rue du Champ-Jacquet © 02 99 79 01 71. *Ouvert de 10h à 12h30 et de 14h à 19h du mardi au dimanche.* Le cuir dans tous ses états !De la veste cintrée au blouson plus classique pour hommes, en passant par la jupe, le pantalon ou les modèles sur mesure, les coupes sont belles, les couleurs inédites et les finitions impeccables. Si votre vieux blouson fétiche a grand besoin d'un lifting ou votre canapé d'un petit rafraîchissement, la maison se fera un plaisir de leur redonner un look digne de ce nom. Peaux et fourrures sont également en vente pour les quelques rares, eh non, elles, elles ne sont pas en voie d'extinction !– amateurs du genre. Parmi les marques, on trouve Redskins et Oakwood, entre autres.

Dépôts-ventes

CHIC ET TROC 10, rue de la Psalette © 02 99 65 48 78. *Ouvert le lundi de 15h à 19h, du mardi au vendredi de 10h30 à 19h, le samedi de 10h30 à 13h et de 15h à 19h.* Pleine de charme, presque intemporelle, un rien désuète, cette petite boutique nichée derrière la cathédrale possède un grand choix de vêtements, vestes, pantalons, ensembles et petits hauts ou bien accessoires de marque..., en un mot, du beau, du chic, le tout assorti d'un accueil discret et aimable. De nombreuses marques sont représentées telles que Chanel, Hermès, Lacroix, Feraud, Mugler et j'en passe, et les vêtements pour les grandes tailles s'y trouvent facilement.

DING FRING 51, rue du Puits-Mauger © 02 99 67 35 79. *Ouvert de 9h30 à 18h15 et le samedi de 9h30 à 12h30 et de 14h à 18h15.* Un magasin de fringues d'occasion qui a la particularité de "cultiver la fibre de la solidarité", sur le principe de la collecte de vêtements à domicile. Par le biais des sacs transparents estampillés Le Relais, glissés dans votre boîte aux lettres tous les deux mois, les vêtements, chaussures, accessoires et linge de maison que vous donnez sont mis en vente dans ce magasin tout proche de Colombia. Résultat : des vêtements de toutes marques, pour bébés, enfants et adultes, à des prix franchement très intéressants. Depuis 1984, Le Relais tente d'apporter une solution aux plus démunis en réutilisant les recettes générées par vos dons dans de la création d'emplois. Longue vie à ce magasin !

JACLINE 11, rue de Saint-Malo © 02 23 20 32 80. *Ouvert le lundi de 15h à 19h, le mardi, le mercredi et le samedi de 10h30 à 12h30 et de 14h30 à 19h, le jeudi et le vendredi de 10h30 à 19h.* Que ferions-nous sans Jacline ?Pour dégoter des tenues de marque, mais aussi tee-shirts, jupes, pantalons, ensembles, griffés des grands noms de la couture, pensez à elle. Et puisque c'est un dépôt-vente, vous ne vous ruinerez pas pour la robe qui vous plaît tant !Jacline est attentive, joviale et vous conseillera facilement. Des chaussures, des bijoux, ainsi que des étoles et des sacs sont accessibles à des prix toujours très intéressants par rapport aux prix d'origine des vêtements, plutôt élevés...

KER DIANE 7, rue Hoche © 02 99 38 75 56. *Ouvert du mardi au vendredi de 10h à 19h et le samedi jusqu'à 18h30.* Ici, peu importe la marque, du moment que les vêtements déposés soient récents. Autrement dit, pour vous vêtir mode et actuel à des prix défiant toute concurrence, ne faites surtout pas l'impasse sur ce petit dépôt-vente !L'accueil y est en outre excellent. Dans cette boutique, une constante : les femmes sont reines !

LALIE 17, rue de la Monnaie © 02 99 79 71 15. *Ouvert le lundi de 15h30 à 19h et du mardi au samedi de 10h à 12h et de 14h à 19h.* A deux pas de la place des Lices, ce dépôt-vente de vêtements et d'accessoires de femmes, qui est également un atelier de couture, est incontournable. Lalie occupe une place de choix, autant pour la qualité et la variété des articles, que pour les prix, et l'accueil, souriant, simple et attentionné. C'est un plaisir que de passer en revue chaque portant aux robes, pulls, jupes, chaussures ou hauts classés par coloris, de saisir la tenue adéquate pour un mariage, une sortie, ou tout simplement fêter l'été qui revient ou être chic lors des frimas d'hiver !Lalie crée et confectionne aussi des modèles sur mesure.

TROCABI 14-16, rue des Frères-Louis-et-René-Moine © 02 99 22 33 22. *Site Internet : www.trocabi.org Ouvert le lundi de 14h à 19h et du mardi au samedi de 9h15 à 12h15 et de 14h à 19h.* Ce dépôt-vente se consacre au matériel de puériculture, vêtements de bébés, d'enfants et d'ados, habits pour femmes et hommes, mais aussi accessoires et bijoux fantaisie. Trocabi est une association loi 1901, qui a vu le jour à Rennes il y a presque vingt ans, et qui accueille des femmes en insertion professionnelle. Ici, vos vêtements créent des emplois !Vous pourrez les déposer tous les jours, sur rendez-vous, et si vous en avez vraiment beaucoup, confiez-les à Trocabi qui traitera votre dépôt dans les huit jours. Pas besoin d'attendre !**Autres adresses : Centre commercial du Gast 3, rue Alexandre-Lefas 02 99 87 59 17 • 30, plate-forme Kennedy 02 99 59 05 35.**

TROC MOD 1, place Pasteur ✆ 02 99 27 07 08. *Ouvert du lundi au samedi de 10h à 12h30 et de 14h à 19h.Journées continues le jeudi et vendredi. Dépôts sur rendez-vous.* Dans le monde des dépôts-ventes, celui-ci se taille une belle place. On aime à venir farfouiller régulièrement dans ses rayons sans cesse réactualisés. Les bonnes occasions et les vêtements de marque y sont légion, à des prix parfois philanthropiques. Les vêtements à la vente sont sélectionnés avec rigueur par un personnel affable et s'adressent à une clientèle jeune ou un peu plus âgée et classique. Le renouvellement des stocks y est très important et suit scrupuleusement les saisons. De nombreux accessoires, des bijoux et des chaussures sont également disponibles, histoire de compléter la tenue que vous venez de vous offrir. A consommer sans modération pour se faire belle sans trop dépenser.

Enfants

MINI PUCES 19, rue de La Visitation ✆ 02 99 38 26 05. *Ouvert le lundi de 14h à 18h30 et du mardi au samedi de 9h45 à 12h et de 14h à 18h30.* Les portants peinent à soutenir la profusion de vêtements, choisis avec soin par les passionnés qui tiennent ce petit troc. Vous êtes sûr de trouver quelque chose de joli, d'original ou de pratique, et toujours en très bon état, dans ce dépôt-vente, qui habille et chausse bébés, enfants et ados. A des prix défiant toute concurrence, qui plus est...

TROCOQUINE 12, rue de Saint-Malo ✆ 02 99 79 32 12. *Ouvert le lundi de 14h30 à 19h et du mardi au samedi de 10h à 12h15 et de 14h à 19h.* Ce dépôt-vente pour enfants, de la naissance à 14 ans, a plus d'une qualité et sa notoriété n'est plus à faire : vous y trouverez un grand nombre de vêtements bien choisis, mais aussi des chaussures, des chaussettes, des petits chapeaux ou des turbulettes. Et dans la petite pièce attenante, Trocoquine a réuni du matériel de puériculture, chauffe-biberon, tire-lait... ainsi que quelques jouets, livres ou cassettes vidéo. Pratique et bien vu : les vêtements de grossesse.

PATT'INE 6, rue de la Monnaie ✆ 02 99 79 41 56. *Site Internet : www.pattine.com Ouvert le lundi de 14h à 19h, du mardi au vendredi de 9h15 à 12h et de 14h à 19h, le samedi de 9h à 12h30 et de 14h à 19h.* La vitrine spacieuse de Patt'ine regroupe un grand choix de chaussures pour les petits petons. Le "spécialiste de la chaussure enfant" accueille au mieux ses jeunes clients dans sa boutique de la rue de la Monnaie comme rue Maréchal-Joffre. Les fins de série sont l'occasion de faire de bonnes affaires, encore faut-il que les pointures correspondent !Autre adresse : 24 bis, rue du Maréchal-Joffre ✆ 02 99 30 06 97.

POM D'API 11, rue Pont-aux-Foulons ✆ 02 99 78 14 19. *Ouvert du lundi après-midi au samedi, de 10h à 12h45 et de 14h à 19h.* Encore une boutique dédiée aux jeunes consommateurs, située dans la rue dite des Enfants. Parmi un bon nombre de boutiques de vêtements et autres accessoires de mode, Pom d'Api offre un joli choix de chaussures. Très adaptés aux besoins des jeunes marcheurs, les modèles n'en sont pas moins jolis . Très mode, joyeusement colorées, classico-classique ou ultra tendance, les chaussures de cette vitrine nous donnent envie de retomber en enfance. Les tarifs, qui avoisinent bien souvent les 61 € se justifient par la qualité des produits.

P'TITE BOUILLE 3, rue de Penhoët ✆ 02 99 79 62 80. *Ouvert du mardi au samedi de 10h à 12h30 et de 14h à 18h30.* Ce magasin de chaussures a plus de vingt-cinq ans d'existence réussie à Rennes. Sart-Rite, Golden Punny, Pomme d'Api, marques italiennes et grandes marques chaussent les bébés et les plus grands jusqu'au 40. La qualité est au rendez-vous, ainsi que les conseils éclairés de la propriétaire des lieux.

RIGOLETTO Centre commercial Colombia ✆ 02 99 67 29 11. Décidément, les adresses rennaises ne manquent pas pour bien chausser les enfants. Rigoletto vend de toutes petites pointures et de plus grandes, avec en rayon des marques incontournables, telles que Nike et Adidas pour les baskets, Kickers pour ses modèles confortables et colorés.

Lingerie

ARTHUR Centre commercial Colombia ✆ 02 99 67 95 49. *Ouvert du lundi au samedi de 9h30 à 20h.* Cette jolie petite boutique du centre Colombia aime soigner ses vitrines. Elle habille toute la famille, petits et grands, filles et garçons. Arthur, c'est un bel assortiment de sous-vêtements, de chaussettes, et tout ce qu'il faut pour se sentir bien chez soi, pour les nuits. Pyjamas, robes de chambre et pantoufles, coordonnés ou non, dans des tissus confortables et des imprimés de bon goût. Le tout reste un peu cher.

DARJEELING 4, rue de Toulouse ✆ 02 99 79 12 20. *Ouvert le lundi de 12h à 19h, du mardi au samedi de 10h à 19h.* Voilà une boutique où, en un clin d'œil on jette son sort. En effet, les ensembles sont disposés de telle sorte que l'on distingue vite fait les balconnets, les ampliformes, les slips brésiliens ou les tangas. La vitrine met toujours en valeur des modèles de bon goût. L'enseigne possède une fidèle clientèle qui apprécie la qualité et les couleurs douces des coordonnés aux côtés des classiques noir et blanc.

LES DESSOUS DU CHAPITRE 20, rue de Nemours ✆ 02 99 79 34 50. *Ouvert le lundi après-midi, et du mardi au samedi de 10h à 19h.* Laquelle d'entre nous n'a jamais ralenti son pas en passant devant la petite vitrine attrayante des Dessous du Chapitre ?La commode aux tiroirs entrouverts présente joliment quelques ensembles Aubade, Lise Charmel, Chantal Thomas, Laperla, Christian Lacroix et Ravages, de belles nuisettes en soie, des bustiers très sexy et des bodies qui mettent en appétit ces Messieurs. Chut... laissons-les agir, ne parlons pas de prix.

ETAM LINGERIE Centre commercial Colombia ✆ 02 99 85 80 64. *Ouvert du lundi au samedi de 9h30 à 20h.* Au sous-sol de la boutique de prêt-à-porter Etam se trouve la lingerie. Nuisettes, peignoirs, maillots de bain, sous-vêtements... Le choix est grand, notamment question ensembles coordonnés. Les prix Etam sont généralement aussi doux que les collections, en particulier les offres promotionnelles qui sont régulières. Pour les jeunes filles sages, un grand choix de culottes, strings et soutiens-gorge blancs, mais aussi de la dentelle et des froufrous. Si vous êtes une assidue d'Etam, n'hésitez pas à demander la carte de fidélité qui vous permettra de recevoir des chèques cadeaux en proportion des achats que vous effectuerez, aussi bien au rayon lingerie que vêtements, et ce dans n'importe quelle boutique.

GALERIES LAFAYETTE 2, rue de Rohan ✆ 02 99 78 49 49. *Site Internet : www.galeries-lafayette.com Ouvert du lundi au samedi de 9h à 19h30.* Situé au premier étage du grand magasin, le rayon lingerie est un véritable concentré de tout ce qui se fait en matière de sous-vêtements chics, coquins et délurés, ou classique, sobre et pratique, ainsi que des nuisettes, pyjamas ou chemises de nuit. Tout un panel de marques y sont représentées, de Dim à Aubade, en passant par Princesse Tam-Tam, une grande variété qui contentera de la jeune filles aux femmes mûres. Un bac accueille régulièrement les promotions du mois : de quoi y dénicher de jolies fins de séries, Mesdames !

INTIMI UP AND DOWN 20, place Rallier-du-Baty ✆ 02 99 79 64 97. *Ouvert le lundi de 15h à 19h et du mardi au samedi de 10h30 à 19h.* Up and Down, place du Champ-Jacquet a déménagé mais pas très loin !La boutique, rebaptisée Intimi pour l'occasion, se trouve maintenant place Rallier-du-Baty. Maillots, tongs, nuisettes et lingerie fine continuent à faire le bonheur de ces Dames et la conquête de leurs hommes !La boutique propose les collections Morgan, et le résultat est jeune, cool, fleuri, à portée de toutes les bourses. Accueil parfait.

MADEMOISELLE JOUIN 27, rue du Champ-Jacquet ✆ 02 99 79 27 34. *Ouvert du lundi au samedi de 10h30 à 12h30 et de 14h30 à 19h.* Ce magasin de lingerie féminine a une très belle devanture de couleur marron foncé avec des corsets dessinés dessus. On y trouve des maillots de bains une et deux pièces, des corsets, des nuisettes, des robes de chambre et des parures, soutiens-gorge et slips. Les marques sont Chantal Thomass, Sonia Rykiel, Yam ou encore Pilus. Les prix ne sont pas forcément accessibles à toutes les bourses mais ce sont vraiment des produits de qualité.

ORCANTA 4, rue Nationale ✆ 02 99 79 32 93. *Ouvert le lundi de 12h à 19h et du mardi au samedi de 10h à 19h.* Une jolie superficie qu'Orcanta a bien su exploiter pour présenter au mieux sa collection. Les modèles sont souvent déclinés en plusieurs coloris... Bien sûr, cette qualité a un coût et les prix peuvent s'envoler très vite. Le personnel est charmant et, si vous n'avez pas besoin de conseils, on vous laissera évoluer à votre aise dans la boutique. L'époque des soldes rendra plus accessible les ensembles. Les petits budgets pourront alors se faire plaisir !

PAROLE D'HOMME 7, rue Du-Guesclin ✆ 02 99 78 35 98. *Ouvert le lundi de 15h à 19h et du mardi au samedi de 10h à 13h et de 14h à 19h.* Messieurs, et Mesdames !–, enfin une boutique de lingerie masculine à Rennes !Boxers, débardeurs... habilleront votre nudité, ou bien la suggéreront..., avec des marques prestigieuses : Hom, Eminence, Calvin Klein, Punto Blanco, Stéphane Plassier ou encore Christian Cane. Couleurs et lignes sont au rendez-vous.

REVE LIGNE 14, rue du Maréchal Joffre ✆ 02 99 79 47 20. *Ouvert du mardi au samedi de 9h30 à 19h. Ouvert le lundi après-midi de 14h à 19h.* Fondée en 1939, cette boutique de sous-vêtements peut s'enorgueillir d'être la plus ancienne de la cité rennaise. Une belle longévité et pour cause !Des matières agréables à porter, pour des sous-vêtements jolis et qui suivent toujours les tendances du moment. Chaque collection présente quelques ensembles classiques et indémodables, mais aussi des modèles plus colorés dans de nouvelles matières. La nouvelle collection 2005 propose toute une gamme de lingerie de nuit, de jour et de corseterie. Les coloris sont en majorité gris et chocolat. Des exclusivités et de grandes marques de lingerie sont présentes tant au niveau de la lingerie que des maillots de bain. Rêve Ligne est également spécialiste du soutien-gorge grande taille. Mesdemoiselles, futures dames, si c'est le grand jour, sachez que la maison commercialise de la lingerie pour mariées.

WOLFORD 1, rue du Champ-Jacquet ✆ 02 99 79 49 50. *Ouvert le lundi de 14h à 19h, du mardi au vendredi de 10h à 12h45 et de 14h à 19h, le samedi de 10h à 13h et de 14h à 19h.* La boutique située à deux pas de la place du Champ-Jacquet jouit d'une solide réputation bien méritée. Les femmes se régaleront parmi les collections de bas, collants et sous-vêtements aussi jolis qu'originaux ou confortables... Et pour toutes celles, et tous ceux !– qui craquent sur les body, sachez que la maison présente de nombreux modèles tous plus attirants les uns que les autres. Tee-shirts et maillots de bain trouvent aussi une belle place dans les rayons. L'accueil, chez Wolford, n'est pas une vague notion commerciale : il existe vraiment et c'est tant mieux !

Maroquinerie

RENNES SOUS LA PLUIE 27, boulevard de la Liberté © 02 99 30 61 79. *Ouvert le lundi de 14h à 19h, le mardi, le jeudi et le vendredi de 9h30 à 19h et le mercredi et le samedi de 9h30 à 12h et de 14h à 19h.* Dans une région comme la nôtre où il pleut régulièrement, il paraît indispensable de posséder un accessoire tel qu'un... parapluie ! A l'angle du boulevard de la Liberté et de la rue Tronjoly, Rennes sous la pluie en a fait sa spécialité. Grands, petits, colorés et à tendance souvent classique, il n'y a que l'embarras du choix. Le magasin est également fourni en gants et en ceintures, en cannes et maroquinerie : coffrets à bijoux, sacs à main et sacs de voyage en cuir, dans un esprit toujours très classique.

SACMANIA 5, rue de l'Horloge © 02 99 78 23 89. *Ouvert du lundi au samedi de 9h30 à 19h.* Implantées dans l'Ouest depuis maintenant quinze ans, les boutiques Sacmania allient bonne qualité et prix compétitifs. Sacs à main ou sacs à dos, sacs de voyage et valises en tout genre, pochettes, portefeuilles : chaque membre de la famille pourra y trouver son bonheur. Un grand choix de marques, comme Lancaster, Samsonite, Quicksilver, David Jones, etc., des promos régulières et un très bon accueil dans chacun des trois magasins de Rennes, le tour est joué !**Autres adresses : 8, rue d'Isly © 02 99 30 58 95 • Centre commercial Opéra, PACE © 02 99 85 58 77.**

Optique

ATOL KOHLER THOMAS OPTICIENS, Centre commercial Bourgchevreuil, CESSON-SEVIGNE © 02 23 45 18 01. *Site Internet : www.opticiens-atol.com Ouvert le lundi de 14h30 à 19h et du mardi au samedi de 9h à 12h30 et de 14h30 à 19h.* Presbytes, astigmates, myopes, vous avez besoin de lunettes ou de lentilles, c'est indéniable. Mais corriger votre vue n'est pas le seul but poursuivi par M. et Mme Thomas : ils sont là aussi pour vous conseiller et vous aider à "habiller" votre visage, en fonction de votre style, de votre mode de vie et de votre budget. Petits et grands bénéficient ici d'un avis éclairé et professionnel, qui les aidera à trouver LA monture parmi les marques présentes dans le magasin. Et puis en cas de casse, sachez que vos verres sont garantis un an, avec une franchise de 50 %. Un autre atout de l'enseigne : la collection Duo, qui pour 1 € de plus vous offre une deuxième paire solaire adaptée à votre vue, parmi une soixantaine de modèles !

ATOL OPTIQUE DES LICES Bas de la place des Lices © 02 99 30 12 26. *Ouvert le lundi de 10h à 12h et de 14h à 19h et du mardi au samedi de 9h à 19h.* Pas toujours facile de trouver des montures à son goût et adaptées à la forme de son visage !Chez les opticiens Atol, le choix est très large. Et dans cette boutique qui jouit d'un bel espace, les marques sont à l'honneur : Kenzo, Agnès B, Sisley, Givenchy, Gérard Darel, Max Mara, Lacoste... Conseils et écoute aident au choix, qu'il s'agisse d'une paire de lunettes à porter quotidiennement ou de lunettes solaires. Et dans ce milieu où la concurrence est rude, des offres promotionnelles alléchantes sont régulièrement proposées. Les Duos d'Atol, par exemple, rencontrent un beau succès : pour une paire de lunettes de vue achetée, une paire solaire à votre vue offerte !**Autres adresses : Libre Optique 2, rue de Rennes, BETTON © 02 99 55 70 56 et Atol Villejean Optique 20, cours Kennedy © 02 99 59 00 93.**

ALAIN AFFLELOU 14, rue de Nemours © 02 99 78 21 00. *Le lundi de 14h à 19h, du mardi au samedi de 9h à 19h.* On ne présente plus ce spécialiste à l'excellent rapport qualité-prix. Au printemps, Afflelou a encore fait un carton avec sa formule Tchin-Tchin, pour 1 € de plus, une deuxième paire solaire à votre vue offerte. La boutique de la rue de Nemours dispose de grandes vitrines qui exposent de nombreux modèles, en faisant un large tour d'horizon des marques. **Autres adresses : 3, rue de Coetquën © 02 99 79 22 54 • Centre commercial Les Trois Soleils © 02 99 31 76 14 • Centre commercial Carrefour, CESSON-SEVIGNE © 02 99 83 97 97.**

CHANTAL COLLIAUX 11, rue du Maréchal-Joffre © 02 99 78 24 66. *Ouvert le lundi de 14h à 19h, du mardi au vendredi de 10h à 19h et le samedi de 10h à 12h30 et de 14h à 19h.* Ce bel espace astucieusement agencé accueille un très grand nombre de montures pour hommes, femmes ou enfants. Les collections Chanel, Boss, Dior ou Ricci trouvent naturellement leur place ici, aux côtés de modèles de marques moins prestigieuses, mais de très bonne qualité et au coût forcément un peu moins élevé. L'équipe saura vous conseiller de la meilleure manière et s'occupera de vos montures avec professionnalisme et gentillesse. Un clin d'œil aux vitrines de Chantal Colliaux, toujours originales et pleines de fantaisie.

GRAND OPTICAL Centre commercial Colombia © 02 99 30 08 08. *Site Internet : www.grandoptical.fr Ouvert du lundi au samedi de 9h30 à 20h.* Ce grand magasin offre un très large choix de montures, lunettes de vue et de soleil, de tous styles et pour tous les visages. Des professionnels à votre service pour vous aider à faire votre choix dans la multitude de modèles de nombreuses marques. De Vuarnet à Cébé, en passant par Chanel, Gucci ou A. Mikli, classiques ou tendance. Grand Optical propose également des verres photochromiques, dont la teinte varie avec la luminosité, ainsi que des verres solaires polarisants, disponibles en 1 heure.

LA GENERALE D'OPTIQUE Centre commercial Alma City © 02 99 50 63 63. *Ouvert le lundi de 9h30 à 20h30, du mardi au vendredi de 9h30 à 21h et le samedi de 9h à 20h.* La Générale d'Optique propose les prestations habituelles en matière d'optique. Le choix de solaires est notamment très important, avec de nombreuses marques présentes : Façonnable, Calvin Klein, Ralph Lauren, Rochas, Police, Vuarnet, Armani, Dior, et bien d'autres. Que vous soyez lentilles ou lunettes, que vous aimiez le classique indémodable ou le farfelu, vous trouverez votre bonheur. Pour être bien servi, dans le plus grand calme, évitez peut-être le rush du samedi après-midi. **Autre adresse : Centre commercial Grand-Quartier, SAINT-GREGOIRE © 02 99 33 05 05.**

KRYS 3, rue Edith-Cavell © 02 99 79 54 99. *Site Internet : www.krys.com Ouvert du lundi au samedi de 9h à 19h.* L'enseigne, présente dans de nombreuses villes de France et de Navarre, offre des prestations intéressantes, avec un rapport qualité-prix compétitif. Parmi les nombreux services qu'elle offre dans ce milieu où la concurrence fait rage, Krys propose le contrat 5/5, qui vise la satisfaction totale de chaque client, le paiement en trois fois sans frais, le dépannage immédiat quand c'est possible, l'entretien gratuit et un contrat casse de deux ans !Une équipe de professionnels vous accueillent et vous accompagnent dans vos choix. **Autre adresse : Centre commercial Alma © 02 23 35 40 00.**

OPTIQUE BOURGEOIS KRYS 16, rue de Nemours © 02 99 79 46 37. *Ouvert du lundi au vendredi de 9h à 12h30 et de 13h30 à 19h30 et le samedi de 9h à 19h.* Une adresse rennaise incontournable en la matière, qui s'est offert cette année un réaménagement complet. La grande superficie du magasin permet d'y trouver un large choix de marques, Christian Dior, Gucci, Cartier, Nina Ricci, etc.,, ainsi que les exclusivités Krys, les dernières montures Burberry, les 100 % titane, et les collections Krys petits prix. Un espace enfant a été pensé, ludique pour eux et bourré d'informations sur la vue pour les parents !

OPTICAL CENTER 27, rue Vasselot © 02 99 79 14 15. *Ouvert du lundi au samedi de 9h à 19h30.* Une immense boutique qui se donne des airs futuristes sur deux étages. L'Optical Center possède plus de 3 000 montures disponibles en magasin. Le choix est donc une des principales caractéristiques du lieu. Mais notons aussi le professionnalisme de l'équipe, et il en faut pour orienter des clients parfois plus qu'indécis quant au choix de leur monture !Pas de précipitation, ici, on a le droit d'hésiter, de réfléchir, de revenir... La boutique dispose d'un beau choix de solaires, dans de nombreuses marques, de Gucci à Lacoste, en passant par Rayban, Cébé et Dior, Persol, Klein, Armani et Façonnable.

REGARD MARINE OPTICIEN-OPTOMETRISTE 7, place Sainte-Anne © 02 99 79 08 96. *Ouvert le lundi de 14h30 à 19h et du mardi au samedi de 9h30 à 13h et de 14h à 19h.* Le regard porte loin sur la mer... et cet opticien met tout en œuvre pour que votre vue soit optimale !L'accueil est particulièrement chaleureux et si vous téléphonez, on vous attend. Dans un décor où teck vernis et harmonies de bleu évoquent une ambiance marine, Benoît Puel et son équipe s'occuperont avec soin de votre regard. Les montures présentées dans ce magasin sont originales ou recherchées, toujours élégantes. Si vous optez pour des lentilles, remettez-vous en aux conseils de la maison : ils sont efficaces et très professionnels. Vous trouverez également des marques, ainsi qu'un beau choix de lunettes de soleil.

TAILLANDIER OPTIQUE 7, rue Lafayette © 02 99 79 36 11. *Site Internet : www.taillandier.fr Ouvert du lundi 14h au samedi 19h sans interruption.* Une bien belle boutique, à la devanture originale, en plein cœur de la vieille ville. Un design moderne et élégant, un cadre accueillant pour vous mettre le plus possible à votre aise. Des conditions idéales pour choisir les montures que vous porterez ensuite chaque jour. En exclusivité, les meilleurs créateurs et designers de Milan, Paris, Anvers, New York, Los Angeles... La boutique propose une quantité remarquable de montures, dans tous les styles, et dans une large gamme de prix. Au fond de la boutique, un atelier beau à regarder et qui fait dans l'efficacité rapide mais soignée.

VISUAL OPTICIENS 10, galerie du Théâtre © 02 99 78 25 32. *Ouvert le lundi de 14h à 19h et du mardi au samedi de 10h à 12h30 et de 14h à 19h.* Entre la place de la Mairie et la place du Parlement-de-Bretagne, Visual opticiens dispose d'une surface intelligemment agencée : "vu par les femmes", "vu par les enfants", "vu par les créateurs" vous oriente immédiatement... dans la bonne direction !Conseils et savoir-faire sont au rendez-vous, et pour 1 € de plus vous bénéficierez de l'option anti-reflets, pratique dans bien des circonstances. Un bon choix de lunettes de soleil vous attend également dans cette boutique agréable à tous les niveaux.

Enfants

4 Z'YEUX 2, rue Du-Guesclin © 02 99 78 24 80. *Ouvert le lundi de 14h à 19h et du mardi au samedi de 9h30 à 19h.* Cet opticien a la particularité de présenter un grand choix de montures et d'étuis pour les juniors. Discrètes ou "m'as-tu vu", classiques ou très tendance, les petits vont les adorer !Côté marques, il en existe une ribambelle : d'Anne et Valentin en passant par Sylbrice et Lafont... Mickey Mouse est dignement représenté, parmi d'autres z'héros : de quoi rencontrer un beau succès dans la cour de récré. La boutique propose aussi des montures pour les adultes, composées là encore à 90 % de marques de créateurs. Citons Eye DC, Iyoko Inyake ou encore Anne et Valentin.

Pressings et laveries

BEL ET BLANC Centre commercial Alma © 02 99 50 61 18. *Ouvert du lundi au vendredi de 8h30 à 20h30 et le samedi de 8h30 à 20h.* Maintenant présente dans trois grands centres commerciaux rennais, voilà une enseigne qui propose des tarifs très concurrentiels. Bel et Blanc propose un prix à l'unité de 3,80 € et pour 11 vêtements, cela fait 2,86 € la pièce et en plus, possibilité de récupérer son vêtement en une heure. On encourage vivement le personnel de ce pressing où règne une chaleur humide étouffante, ce qui n'empêche personne de garder le sourire. L'adresse offre également d'autres services : nettoyage à sec, stoppage, repassage, nettoyage de linge de maison, tapis et autres rideaux... **Autres adresses : Centre commercial Colombia © 02 99 30 10 30 • Centre commercial Cleunay © 02 23 42 04 93.**

LES LAVANDIERES 55, boulevard de la Tour-d'Auvergne © 02 99 65 00 55 / 06 60 16 83 17. *Libre-service 7j/7, assistance du lundi au vendredi de 9h à 12h et de 14h30 à 19h.* Les Lavandières regroupent une laverie libre-service ouverte 7j/7, une assistance du lundi au vendredi et un service de blanchisserie pour entreprises et collectivités. Ainsi, venez laver votre linge vous-même ou confiez vos vêtements à une charmante dame puis récupérez-les un peu plus tard. La formule est souple et pratique et vous soulagera si votre emploi du temps est déjà bien chargé. Le personnel, compétent, prendra grand soin de vos affaires et saura toujours vous conseiller. Les entreprises et les collectivités pourront également s'en remettre au sérieux et à la compétence du personnel pour obtenir un linge parfait.

Prêt-à-porter

Féminin

ARMOR-LUX 7, rue Nationale © 02 99 79 61 65. *Ouvert tous les jours de 10h à 19h et le mercredi de 10h à 13h et de 14h à 19h.* Ce n'est pas uniquement parce que c'est une marque 100 % pur beurre que nous en parlons. Non, non, cette boutique, toute proche du Parlement, mérite le détour pour la nouvelle image qu'elle tente de donner. Armor-Lux séduisait avant tout une clientèle plutôt âgée mais la marque a pris un coup de jeune et s'adresse maintenant à tous les âges. Les vêtements privilégient toujours le confort mais les coupes se sont rajeunies. Un rayon enfant comblera vos p'tits mousses avec de jolies vareuses, marinières ou cirés de qualité.

BOUTIQUE CARACTERE Centre commercial Colombia ✆ 02 99 31 68 82. *Ouvert du lundi au samedi de 9h30 à 20h.* Comme un autel au sein d'un temple dédié à la consommation plaisir, Caractère est une tentation... Les vitrines exposent des articles pour femmes plutôt stylés, dans lesquels on se glisserait bien ! D'abord juste pour voir, et plus si affinités. Parmi les marques proposées, notons la présence toujours appréciée de Lola, celle de Kenzo Jeans, et une ligne de jeunes créateurs, assez branchée, E. Play. La boutique propose un paiement en trois fois... en quinze fois, cela serait bienvenu !

CAROLA BOUTIQUE 5, place Saint-Germain ✆ 02 99 79 23 45. *Ouvert le lundi de 14h à 19h, et de mardi au samedi de 10h à 12h et de 14h à 19h.* Cette boutique est résolument tournée vers le classique du genre : tailleurs, ensembles, tenues urbaines non provocantes. Carola habille les femmes du 44 au 60. Ce n'est pas pour autant que vous devez vous imaginer que tous les articles sont stricts et ternes. Les coloris sont même généralement gais, tissus unis ou imprimés, pour des tenues distinguées mais pas sévères. La maison propose les marques Rondissimo, Eugène Klein, Chalou, Chassagnard, Christian Marry, Lenvol, Giesswen.

CAROLL Centre commercial Colombia ✆ 02 23 44 84 39. *Ouvert le lundi après-midi et du mardi au samedi de 10h à 19h.* L'enseigne ne déçoit décidément pas au fil des saisons. Caroll propose des tenues faciles à porter et élégantes. Des vêtements sobres, à agrémenter de hauts plus originaux, voire sexy et d'accessoires très bien vus : foulards, lunettes, ceintures... jeunes femmes et femmes s'y habillent volontiers, y trouvant des vêtements confortables et actuels. Caroll propose toujours une ou deux robes très jolies, et décline certains imprimés en plusieurs articles. Dommage que le personnel ait tendance à forcer un peu la main.

CHATTAWACK 16, rue Pont-aux-Foulons ✆ 02 99 79 33 69. *Ouvert le lundi de 14h à 18h, et du mardi au samedi de 10h30 à 19h, parfois, fermeture d'une demi-heure au déjeuner.* La boutique, très bien agencée et ordonnée avec le plus grand soin, abrite des vêtements de la marque Chattawack, beaucoup de lin et de beaux tissus,, mais aussi quelques autres, comme Cimarron. Le prix de certains articles s'envole un peu au vu de la qualité des coupes, mais certains sont plus abordables. Difficile de ne pas entrer quand on a jeté un coup d'œil à la vitrine, toujours bien garnie.

CHINA TOWN 1, rue Pontgérard ✆ 02 99 79 71 56. *Ouvert le lundi de 14h à 19h et du mardi au samedi de 10h à 12h30 et de 14h à 19h.* Entre la rue Rallier-du-Baty et la rue Leperdit, vous trouverez une petite boutique de vêtements pour femmes. Pantalons, chemises, tops et robes se font délibérément chinoises ou résolument européennes. Deux rayonnages à gauche et à droite du magasin présentent diverses collections, plutôt classiques, aux coloris blanc, noir ou pastel.

LA CITY Centre commercial Colombia ✆ 02 99 31 05 66. *Ouvert du lundi au samedi de 9h30 à 20h.* Si "La City habille les femmes nues", elle ne doit pas son succès qu'à sa stratégie publicitaire. L'enseigne présente des collections très chouettes, un tantinet urbaines. Le principe de La City : quelques modèles originaux, une poignée de basiques, le tout décliné dans quelques coloris choisis. Et ça marche sacrément bien !Les petites tailles y trouveront leur bonheur, ce qui ne sera pas toujours le cas des plus grands gabarits.

COCOLUNE 9, rue Saint-Georges ✆ 02 99 36 68 03. *Ouvert le lundi de 14h à 19h et du mardi au samedi de 10h à 19h.* Une petite boutique de prêt-à-porter femmes à connaître absolument, pour toutes celles qui cherchent de beaux vêtements originaux : les marques Nid d'Abeille, Cocomenthe, Hétéroclite, entre autres, séduiront par les mélanges de matières, les couleurs et leur naturel artistique. Quelques accessoires, tous plus jolis les uns que les autres vous donneront envie de compléter l'ensemble. Et l'accueil est à l'image des vêtements, gai et naturel !

COMPTOIR DES COTONNIERS 8, rue Nationale ✆ 02 99 79 20 96. *Ouvert du lundi au samedi de 10h à 19h.* Vêtements et accessoires de mode se conjuguent ici au féminin, avec des prix un tantinet coûteux. Des matières agréables, des coupes irréprochables, des lignes originales et le conseil en plus. Allez-y pendant les soldes, plus à même de satisfaire les petits budgets.

COP.COPINE 6, rue Edith-Cavell ✆ 02 99 79 53 94. *Ouvert du lundi au samedi de 10h à 19h.* Dans une petite boutique chic avec un étage, située en contrebas de la place du Parlement, Cop.Copine expose les collections de la marque... pour qui veut se démarquer, sans excès !Des couleurs plutôt unies, des motifs imprimés parfois, des teintes légères ou dynamiques, mais surtout, une ligne fluide et souple caractérisent ces vêtements coton ou polyester. Les coupes sont en harmonie avec l'ensemble, modernes et habillées, originales avec discrétion. Vous trouverez aussi dans ce magasin très bien tenu et à l'accueil impeccable chaussures et sacs. **Autre adresse : Galerie marchande Grand Quartier ✆ 02 99 54 18 87.**

DIX DE FILLE 10, rue Leperdit ✆ 02 99 78 16 63. *Ouvert de 10h30 à 12h30 et de 14h à 19h tous les jours sauf le lundi.* Des vêtements et des accessoires qui évoquent le soleil du Sud : cette petite boutique de prêt-à-porter pour femmes possède un choix de marques diversifiées, dont la basque et craquante Pare Gabia. Femmes et jeunes femmes trouveront ici des modèles et des collections qui les feront craquer...

EGERIE 12, rue du Chapitre ✆ 02 99 78 21 60. *Ouvert de 10h à 12h et de 14h à 19h tous les jours et fermé le lundi.* Cette toute petite boutique est littéralement remplie de vêtements de marques pour femmes, dont Dolce et Gabana. Les prix sont assez chers mais les vêtements sont inusables, alors faites vos comptes !Lorsque vous venez y faire un tour, prévoyez un peu de temps, car la boutique recèle des trésors à condition de prendre la peine de bien regarder les différents vêtements tout serrés les uns contre les autres !

ELENA MIRO 4, rue Du-Guesclin ✆ 02 99 78 30 29. *Site Internet : www.elenamiro.com Ouvert le lundi de 14h à 19h et du mardi au samedi de 10h à 13h et de 14h à 19h.* Une vitrine chic pour une boutique qui habille les femmes aux formes généreuses. Robes du soir, de cocktail, tenues de ville, du 44 jusqu'au 56, les jeunes et moins jeunes compléteront leur garde-robe par des ensembles, des pantalons, des parkas et des vestes coordonnées. Dans un cadre aux couleurs bleu, ciel, ivoire, la maîtresse de maison a le bon œil et conseillera ces Dames ou Demoiselles pour mettre en valeur leurs formes et leur offrir une silhouette élégante.

EMMANUELLE 7, rue Leperdit ✆ 02 99 79 20 60. *Ouvert le lundi de 11h à 19h et du mardi au samedi de 10h30 à 12h et de 14h à 19h.* Les deux étages de cette boutique de prêt-à-porter féminin sont une invitation au chic et à l'élégance. La maison travaille avec une vingtaine de marques et propose de nombreuses collections qui vous habilleront avec ce petit quelque chose de raffiné qui n'appartient qu'aux Françaises et aux Parisiennes !Des petites vitrines en bois accueillent chaussures, accessoires et chapeaux : de quoi assortir sa garde-robe, en harmonie et en nouveautés !

ESPRIT 10, rue de Nemours ✆ 02 99 78 37 23. *Ouvert le lundi de 11h à 19h et du mardi au samedi de 10h à 19h.* Sur cette artère très passante, Esprit dispose d'une belle vitrine. A l'intérieur, l'espace est agréablement aménagé, et les vêtements plutôt sportswear de la collection Esprit sont bien présentés. La boutique propose ses collections pour femmes mais aussi pour hommes. Tout le monde y trouve son compte !

ETAM 3 et 5, rue d'Estrée © 02 99 79 40 88. Parmi les enseignes que toutes, ou presque toutes, les villes de France possèdent, Etam a su se faire une place de choix dans les cœurs des jeunes filles et des femmes. Le choix est important, pour compléter une garde-robe intelligente, avec des modèles plus habillés ou plus décontractés. Les boutiques sont agréablement agencées. Celle de la rue Le Bastard d'Estrée s'étend sur trois étages. Le personnel, plutôt jeune et féminin, est généralement très serviable. **Autre adresse : Centre commercial Colombia © 02 99 85 80 64.**

JAGURS 4, rue Leperdit © 02 99 79 43 34. *Ouvert tous les jours de 10h15 à 12h et de 14h à 19h. Fermé le lundi.* La classe et l'élégance mêlées d'un zeste de coupes originales et d'une belle palette de couleurs, voilà qui caractérisent les collections présentées dans ce magasin. Vous trouverez les marques Giesswein, Crossways ou encore Isabella G. Du prêt-à-porter pour femmes auquel il est bien difficile de résister, en somme.

KORRIGANE 15, quai Lamartine © 02 99 79 06 50. *Ouvert le lundi de 14h à 19h, du mardi au samedi de 9h30 à 12h30 et de 14h à 19h.* Bonne pioche pour les femmes qui accordent un grand soin à leurs tenues vestimentaires. Korrigane propose un beau choix de prêt-à-porter pour les femmes actives... Les donzelles qui s'habillent court et branché n'y trouveront pas leur bonheur, car la maison est plus tournée vers une clientèle urbaine, élégante, plutôt à partir de 30 ans...

LA MAISON DE LA BLOUSE 7, rue de l'Horloge © 02 99 79 57 12. *Ouvert le lundi de 14h à 18h30 et du mardi au samedi de 10h à 12h et de 14h à 19h.* Un magasin qui, au fil des années, sans bruit, a su asseoir sa réputation et possède une clientèle bien attitrée. Blouses ou tabliers sont au rendez-vous, sans oublier tout un rayon consacré à la confection femmes. La gamme des vêtements s'adresse à des femmes mûres qui trouveront à cette adresse les conseils avisés d'une professionnelle.

ANN'SO BOUTIQUE 5, rue Vasselot © 02 99 79 45 85. Béatrice Moutier a ouvert sous l'enseigne " Ann'So " sa boutique de prêt-à-porter. Elle propose des ensembles habillés pour la journée, du sportswear chic, un large choix de pantalons, des pulls, des tee-shirts en soie, des vestes, des chemisiers, enfin, tout ce qui habille la femme chic et décontractée.

MANUELLA 3, rue Poullain-Duparc © 02 99 78 20 67. *Ouvert du mardi au samedi de 10h à 19h.* Une déco originale et estivale, façon cabine de plage, sert d'écrin aux vêtements de femme sélectionnés pour leur côté sophistiqué et branché. Dans ce petit magasin agréable, vous serez toujours accueillie avec le sourire, et bien conseillée.

MA PETITE BOUTIQUE 6, rue de Penhoët © 02 99 79 32 63. *Ouvert le lundi de 14h30 à 19h, du mardi au vendredi de 10h30 à 13h et de 14h30 à 19h, le samedi de 10h30 à 13h et de 14h à 19h.* Cette petite boutique travaille trois grandes marques rigoureusement sélectionnées pour leur chic, leur originalité et leur qualité : Ta Zee et Day, pantalons et chemisiers à la tendance plus classique, et surtout Mia Zia, la ligne de vêtements de cette styliste installée au Maroc, devenue une incontournable de la mode parisienne. Chaussettes, petits pulls, étoles, tous de viscose tissés, doux et chatoyants avec leurs rayures chaleureuses, ne manqueront pas de vous séduire, vous aussi !

MARIE ET LES GARCONS 2, rue de Rohan © 02 99 78 20 74. *Ouvert le lundi de 14h à 19h et du mardi au samedi de 9h30 à 12h30 et de 14h à 19h.* Tendance plutôt classique pour cette boutique de prêt-à-porter féminin, avec une prédilection pour les tons unis et les matières naturelles, comme le coton. Cette Marie attirera assurément les garçons, mais aussi les femmes, grâce aux jolis coloris et à ses collections bien coupées.

MLF BOUTIQUE 3, rue du Champ-Jacquet © 02 99 79 22 16. *Ouvert le lundi de 10h à 12h et de 14h à 19h et du mardi au samedi de 10h à 19h.* Clin d'œil à peine voilé au mouvement féministe, ce magasin jouit d'une grande réputation chez les Rennaises. Nouvelles matières, nouvelles coupes, nouveaux tissus : MLF donne le ton de toutes les tendances actuelles et de l'air du temps en matière de prêt-à-porter féminin. Pauline B., créateurs espagnols, Custo, et barcelonais, sacs Bali Balo... vous n'en ressortirez pas sans rien !Les prix sont à la mesure des créations, et l'accueil est plaisant : les vendeuses vous sourient, sans vous sauter dessus. On apprécie !

NAF-NAF Centre commercial Colombia © 02 99 35 15 52. *Ouvert du lundi au samedi de 9h30 à 20h en continu.* La marque est bien implantée dans la ville, avec trois boutiques dans les plus grands centres commerciaux. Naf-Naf présente des collections qui séduisent surtout la jeune clientèle, mais pas seulement. Le principe, agrémenter les basiques de modèles plus originaux, dans le ton de la saison. Du tailleur au pantalon de baba cool, en passant par des articles plus sexy, Naf-Naf essaie de satisfaire toute sa clientèle à chaque collection... et ça marche !**Autres adresses : Centre commercial Alma02 99 53 85 86 • Centre commercial Grand-Quartier, SAINT-GREGOIRE © 02 99 59 26 44 / 39.**

POEME 6, rue du Maréchal-Joffre © 02 99 79 05 54. *Ouvert le lundi de 14h à 19h, et du mardi au samedi de 10h à 19h en continu.* Il est des boutiques où l'on se sent bien dès la première visite. Déjà, le nom de ce magasin est prometteur !Le cadre, chaleureux avec ses boiseries et son éclairage, invite à la flânerie fructueuse. Les vêtements présentés sur cintres sont le fruit d'une sélection judicieusement menée, et l'accueil est vraiment prévenant. Une bonne adresse pour se vêtir sans stress.

QUELQUE CHOSE EN PLUS 5, rue Jean-Jaurès © 02 99 79 28 59. *Ouvert du mardi au vendredi de 10h à 12h et de 14h à 18h et le samedi de 10h à 12h et de 14h à 19h.* La boutique est spécialiste du prêt-à-porter féminin grande taille. Leur slogan est plein d'humour et indique combien il est essentiel que ce magasin existe : "Les rondes ont trouvé leur ligne". Du 44 au 60, les vêtements suivent la mode. Les collections présentées sont tour à tour classiques, jeunes ou carrément classes. Des accessoires aux indispensables, chacune trouvera parmi les marques de ce magasin des modèles à son goût.

SCRUPUL' BOUTIQUE Centre commercial des Trois Soleils, Rue d'Isly © 02 99 31 13 50. *Ouvert le lundi de 14h à 19h et du mardi au samedi de 10h à 19h.* Au rez-de-chaussée du centre commercial des Trois Soleils, Scrupul' offre un choix de tenues de soirées de cuir et de peau à des prix défiant toute concurrence. Pour être habillée sans engloutir vos économies, l'adresse s'avère un bon choix. Les collections présentées sont plutôt classiques, privilégiant les teintes unies et les coupes traditionnelles. Des brillants ornent plusieurs des modèles, mais vous trouverez aussi des tenues pour tous les jours, pantalons, chemisiers, robes, pulls...

SOLOLA 14, rue de la Monnaie © 02 99 78 27 19. *Ouvert du mardi au samedi de 10h à 12h30 et de 14h à 19h.* A deux pas de la place des Lices, ce magasin franchisé offre une large gamme de vêtements de créateurs pour la femme du 36 au 46. Le cadre est chic et le service très souriant. La collection d'été est très colorée. Les hauts sont destructurés et chatoyants. La mode est aux sacs cabas que l'on porte sur le bras comme nos grands-mères. Les jupes sont des jupons très légers. Les prix ne sont pas bon marché mais ce sont des vêtements de créateurs !

TERRE ET MER 7, rue Leperdit © 02 99 79 29 01. *Ouvert le lundi de 14h30 à 19h et du mardi au samedi de 10h30 à 13h et de 14h30 à 19h.* Mailles et rayures sont à l'honneur dans cette boutique qui porte bien son nom. Vêtements marins, pantacourts, robes ou marinières n'oublient pas pour autant les lignes féminines, et allient matières confortables, très belles coupes et variétés des coloris.

TOPKAPI 10, rue de Bertrand © 02 23 21 13 99. *Ouvert lundi de 14h à 19h, du mardi au samedi de 10h30 à 19h.* Colette sélectionne pour vous uniquement des articles originaux et de bon goût. Les collections de vêtements de créateurs haut de gamme qu'elle propose, séduisent et surprennent par leur atypisme et leur qualité. Formes, matières et couleurs s'allient pour offrir le meilleur d'elles-mêmes. La vitrine à elle seule est une invitation à la fantaisie et à l'imagination. Difficile de résister !Seuls les prix sont susceptibles de vous faire réfléchir à deux fois. L'accueil est agréable en toutes circonstances.

TOTAL LOOK 39, rue Poullain-Duparc © 02 99 31 53 93. *Ouvert de 10h15 à 12h15 et de 14h15 à 19h.* Une boutique dédiée aux collections prêt-à-porter de grands noms de la couture française. Des articles de très belle facture, certes, réservés à celles qui en ont les moyens. De Versace à Lacroix, en passant par Montana Blu et bien d'autres encore, des tenues à tomber par terre de ravissement. L'accueil est aussi prévenant qu'on l'attend dans ce genre de boutiques : discrétion et amabilité de rigueur.

NOUVEAU **VICE VERSA 4, place du Calvaire © 02 99 79 16 55.** *Ouvert du lundi 14h au samedi 19h en journée continue.* Ouvert depuis le 25 mars 2005 et située sur la place derrière le Gaumont, cette nouvelle boutique de prêt-à-porter habille aussi bien les hommes que les femmes sans oublier quelques tee-shirts imprimés pour nos chers bambins. Des coupes classiques, tendances ou colorées aux coupes plus fashion vous y attendent. Côté arrivages, des nouveautés vous attendent tous les quinze jours dégotées de la capitale par notre sympathique Samuel, maître des lieux qui vous donne rapidement envie de tout acheter par sa bonne humeur communicative. Côté marques, Samuel vous propose les vêtements de Valérie Karéta, Jus d'Orange ou encore des Filles à la Vanille pour les femmes et Déca, Staff, Exi pour les hommes. Ici on cultive sa différence avec originalité et qualité. En plus les retouches sont gratuites. En un mot, on est loin de la fripe. Chez Vice Versa, on prend soin de vous puisqu'il y a même un petit coin où l'on peut boire un petit café ou un thé entre deux essayages si la fatigue vous prenait. Bref une adresse à découvrir en toute simplicité car ici on vous réserve un accueil particulièrement sympa !

Future maman

FORMES 4, rue du Chapitre © 02 99 78 10 90. *Site Internet : www.formes.com Ouvert le lundi de 14h à 19h, le mardi et le mercredi de 10h à 13h et de 14h à 19h, le jeudi, le vendredi et le samedi de 10h à 19h.* Formes propose ses collections pour femme enceinte dans une belle boutique au parquet de bois sombre et murs blancs. Style décontracté ou habillé, estival ou citadin, tee-shirts, robes, pantalons, maillots de bain et pulls habilleront avec bon goût et naturel votre grossesse. Les matières choisies sont fluides et confortables, les couleurs variées afin de satisfaire toutes les envies !Vous pouvez même commander par téléphone au 01 44 61 97 90 du lundi au vendredi de 9h à 17h, ou directement sur leur site.

MM BOUTIQUE 32, rue Vasselot © 02 99 79 14 74. *Ouvert de 10h à 12h30 et de 14h à 19h. Fermé le dimanche et le lundi.* Pas toujours facile de s'habiller pendant la grossesse... Heureusement, Rennes compte quelques bonnes adresses en la matière !MM Boutique présente une collection bien pensée, réalisée par deux sœurs. Des lignes fluides, des matières confortables. Ici, les séances d'essayage peuvent se faire en toute sérénité. Les prix ne sont pas pour autant exorbitants.

NEUF LUNE 4, rue Hoche © 02 99 79 24 15. *Site Internet : www.neuflune.com Ouvert le lundi de 13h à 19h, du mardi au vendredi de 10h30 à 13h30 et de 14h à 19h, le samedi de 11h à 13h30 et de 14h à 19h.* Ce créateur future maman en provenance de Paris habille votre grossesse de couleurs chatoyantes et vives ou d'ensembles aux teintes sages, de robes habillées et de maillots de bain colorés. Une collection de prêt-à-porter pour femmes enceintes qui vous fera vous sentir encore plus belle, en tenues chics et gaies, ou décontractées et souples, et surtout, toujours parfaitement coupées. Pour tous les jours ou pour les soirs de fête, popeline, stretch et coton sont à l'honneur : le dos des vêtements est en élastique froncé qui se tend au fur et à mesure que votre ventre s'arrondit... Malin !

Masculin

ALAIN MANOUKIAN HOMME 4, rue Lafayette © 02 99 79 34 59. *Ouvert le lundi de 14h à 19h, du mardi au samedi de 9h30 à 19h.* Et Alain créa l'homme moderne des villes. Les vêtements taillés pour la vie citadine lui permettent de se mouvoir aisément, lui offrant une allure à la fois décontractée et distinguée, au travail comme dans ses loisirs. Tons doux, neutres et belles matières pour ces polos, pulls ou costumes à la coupe simple et alerte. Des chaussures et des cravates, pleines de fantaisie, compléteront la tenue, le tout à des prix très abordables. **Autre adresse : 5 et 7, rue d'Orléans © 02 99 78 39 17.**

ALEXANDRE BOUTIQUE 11, rue de Nemours © 02 99 79 38 78. *Ouvert le lundi de 13h45 à 19h15 et du mardi au samedi de 8h45 à 12h15 et de 13h45 à 19h15.* La classe, qui se porte décontractée ou plus habillée, pour cette enseigne bien connue du centre-ville. Des vêtements que Monsieur appréciera au quotidien ou qu'il portera pour telle ou telle occasion. De jolies chemises et cravates habilleront l'homme des villes ou des bureaux, avec une élégance travaillée mais pas guindée, qui, face à tout ce choix et aux conseils avisés du personnel, reviendra souvent pour s'offrir le petit classique qui ira si bien avec le reste de sa garde-robe. Recommandé. Les hommes aiment et leurs compagnes aussi.

ARROW 1, rue de Clisson © 02 99 79 19 60. *Ouvert le lundi de 14h à 18h et du mardi au samedi de 10h à 19h.* Sobre et chic, la collection de prêt-à-porter hommes Arrow s'harmonise parfaitement avec les lignes épurées de ce magasin sur deux niveaux du vieux Rennes. Ici domine un certain esprit d'excellence, du design classique aux lignes plus contemporaines, des costumes, des chemises et des ensembles. L'équipe est attentive, discrète et souriante et vous méritez leurs bons conseils. Des modèles femmes sont également présentés, de même facture.

CAFE COTTON 1, rue de Brilhac © 02 99 79 11 34. *Ouvert de 10h à 12h15 et de 14h à 19h.* A deux pas de la place de la Mairie, cette boutique propose une gamme de vêtements pour hommes chics. Ah !quelle belle devanture !On a envie de se faire plaisir ou d'offrir à son homme une tenue très élégante. Chaque chemise est présentée avec une cravate afin de vous donner une idée de l'ensemble et pourquoi pas d'acheter les deux !Pour 80 €, vous avez une chemise tendance. Bien sûr, ce n'est pas forcément bon marché, mais c'est de la qualité. Vous ne serez pas déçu.

CELIO Centre commercial Alma © 02 99 53 48 05. *Ouvert de 9h30 à 20h du lundi au samedi.* Monsieur part toujours à reculons faire les boutiques le samedi après-midi avec Madame. Il traîne les pieds, aime, n'aime pas, trouve tout ça bien long... En plus, il fait trop chaud et pour finir, il y a trop de monde !Il serait bien mieux ailleurs, partout, sauf ici !Pourtant, chez Celio, un simple regard suffit pour deviner un costume bien taillé ou une chemise sympa !Et, en plus, ça ne coûte pas cher !De quoi réconcilier tout le monde !Le magasin de Colombia s'est en prime offert un petit lifting qui lui redonne une mine superbe. **Autre adresse : Centre commercial Colombia © 02 99 31 38 82.**

DE PIED EN CAP 12, rue du Chapitre © 02 99 79 29 91. *Ouvert tous les jours de 10h à 12h30 et de 14h à 19h. Fermé le lundi matin.* Vêtements et clients sont à leur aise dans cet espace : ici, Messieurs ou Mesdames, rien que des vêtements originaux et de bonne qualité, tranchant nettement avec ce que vous pouvez rencontrer chez les autres commerçants. L'accent est mis sur les matières, la coupe et le style des pantalons, vestes, chemises ou chaussures. A la façon dont est habillé le maître des lieux, on a envie de s'en remettre à son bon goût. Dommage que l'accueil refroidisse...

EVERWELL 4, rue de Clisson © 02 99 78 17 92. *Ouvert de 9h à 12h et de 14h à 19h sauf le lundi matin.* Une petite escale au pays du classicisme et du sérieux. Ce magasin ou plutôt ce maître de céans, est tenu par Jean-Marie, un chemisier habilleur, et habille depuis de nombreuses années, avec un coup de patte et un goût certain, les hommes de la capitale bretonne de marques telles que Balmain, Lanvin, Mac Gregor et bien d'autres... Dans ce joli magasin cosy, costumes ou chemises sont à disposition. Les marques vendues en exclusivité sont les pulls Lokie et les tissus Loro Piana et Schofield. On trouve également d'autres tissus comme du Dormeuil, du Scaba, du Holland et Cherry et du Gorina. Petit budget s'abstenir.

DIABLO BOYS WEAR 14, rue Vasselot, Cours du Vert-Galant © 02 99 78 16 57. *Ouvert du mardi au samedi de 10h30 à 13h30 et de 14h à 19h15.* Cette boutique de prêt-à-porter masculin est un résumé de ce que l'on peut trouver dans le Marais, à Paris. Vêtements, chaussures, beaucoup de tee-shirts, moulants ou non, imprimés avec de beaux logos ou, pour les adeptes du "dress-code" tee-shirts fétichistes, pompier-sécurité-armée. Bref, de quoi ressortir bien sapé, en somme. D'ailleurs, la devise de la boutique résume bien l'ambiance générale, gaie et pleine d'humour : "Diablo ne rembourse pas les vêtements arrachés par vos fans hystériques !" La boutique pratique en outre des soldes vraiment intéressantes.

ESPACE SAINT-SAUVEUR 5, rue Saint-Sauveur © 02 99 79 52 82. *Ouvert le lundi de 14h à 19h, et du mardi au samedi de 10h à 12h et de 14h à 19h.* Une rue discrète derrière la cathédrale, la rue Saint-Sauveur abrite une boutique qui mérite un large détour. Yohji Yamamoto, Paul Smith, Thierry Muggler sont autant de marques rassemblées dans ce magasin résolument branché. Chemise, vestes et pantalons sont coupés de façon irréprochable dans de belles matières, ce qui, ajouté à la renommée des créateurs, justifie largement les prix. Pour le plaisir d'imaginer son homme vêtu de la sorte. A noter : tout un rayon féminin de la marque Yohji Yamamoto. Accueil sympathique.

GIORGIO 2, place Saint-Sauveur © 02 99 78 26 16. *Ouvert du lundi au samedi de 10h à 13h et de 14h à 19h.* Du chic, de l'élégant, du sobre, le tout pour des costumes qui suivent la mode mais pas trop. Bref, des valeurs sûres et des vêtements de qualité faits pour durer. Le magasin s'est offert une extension sportswear, adjacente au magasin déjà existant. Dans l'un ou l'autre des magasins, des hommes élégants et discrets vous recevront et vous conseilleront avec tact. Les prix restent du domaine du haut de gamme.

SPRINGFIELD Centre commercial Colombia © 02 99 30 53 47. *Ouvert de 9h30 à 20h du lundi au samedi.* Ici, on habille l'homme de la tête aux pieds. On vend des polos, des pulls, des chemises, des pantalons, des vestes, des bermudas, des blousons, des parkas et des chaussures de sport. Des coloris gais et des prix très doux pourraient être les caractéristiques de ce magasin spacieux du centre Colombia. On a plaisir à s'y promener et à regarder d'un œil admiratif les vendeurs, à la mise impeccable et soignée. De la chemise au polo, déclinés en divers coloris, cela vaut le coup d'étoffer votre veste avec ces tarifs très raisonnables. Casquettes et nombreux accessoires sont également disponibles pour habiller Monsieur en toute occasion. **Autre adresse : Centre commercial Alma © 02 99 50 80 77.**

TERRITOIRE D'HOMME 7, rue Jean-Jaurès © 02 99 79 27 26. *Ouvert le lundi de 14h à 19h, du mardi au vendredi de 9h15 à 12h et de 14h à 19h, samedi de 9h à 12h30 et de 14h à 19h.* Pierre Cardin, Gian Alberto Caporale, Griffe Noire, Van Heusen, Camel, de nombreuses marques, dans un style classique ou plus décontracté, permettent un choix aisé. Taillés à vos mesures, ces costumes-là s'achètent pour longtemps. Homme des villes, des campagnes, de la tête aux pieds, gilets assortis, on trouvera le costume qui vous siéra le mieux, quitte à y passer un bon petit moment. Un avant-goût de séduction pour un bon rapport qualité-prix et un personnel à l'écoute de vos envies. **Autre adresse : Centre commercial Grand-Quartier Route de Saint-Malo © 02 99 59 37 94.**

TIMBERLAND 2, rue de la Motte-Fablet © 02 23 21 08 38. *Ouvert le lundi de 11h à 13h et de 14h à 19h et les autres jours de 10h à 19h.* Mais qu'est-ce qui fait courir les garçons ?On se le demande parfois ! Si vous arrivez à le traîner jusqu'à ce magasin, le tour est joué car, à l'intérieur, belles coupes et belles matières le séduiront. Style décontracté ou bien plus habillé, chaussures, vêtements et accessoires sportswear s'offrent au goût délicat de Monseigneur. Seuls les prix pourraient être susceptibles de le faire réfléchir à deux fois.

MASCULIN DIRECT 5, rue de La Longeraie, SAINT-GREGOIRE © 02 23 21 02 02. *Ouvert le lundi de 14h à 19h et du mardi au samedi de 9h à 12h et de 14h à 19h.* Azzaro, Courrèges, Ted Lapidus, Harry Wilson, Gentlemen Farmer, Florentino... Ce magasin situé entre le centre Leclerc et Grand-Quartier habille les hommes en prêt-à-porter haut de gamme pour des prix accessibles. Chemises, costumes, cravates, caleçons, ici la qualité change de prix et vous offre une large gamme de choix parmi des marques réputées. Le personnel est là pour vous conseiller et il le fait bien. N'hésitez pas à solliciter leur avis... **Autre adresse : Direct Marques Saint-Coulomb, entre Saint-Malo et Cancale © 02 99 89 00 89.**

NOUVEAU

VISE VERSA 4 place du calvaire © 02 99 79 16 55. *Ouvert du lundi 14h au samedi 19h en journée continue.* Ouvert depuis le 25 mars 2005 et située derrière les Gaumont, cette nouvelle boutique de prêt à porter habille aussi bien les hommes que les femmes sans oublier quelques T-shirts imprimés pour nos chers bambins. Des coupes classiques, tendances ou colorées aux coupes plus fashion vous y attendent... Côté arrivages, des nouveautés vous attendent tous les 15 jours dégotées de la capitale par notre sympathique Samuel, le maître des lieux qui vous mettra tout de suite à l'aise avec sa bonne humeur communicative. Côté marques pour vous messieurs Déca, Staff et Exi sont bien représentées. Ici on cultive sa différence avec originalité et qualité. En un mot, on est loin de la fripe...et ici on vous réserve un accueil très cool !

Mixte

ADIKT SHOP 3, place Saint-Michel © 02 99 79 18 57. *Ouvert le lundi de 14h à 19h et du mardi au samedi de 11h à 19h.* Les 15-30 ans trouveront ici le style urban et street wear, vêtements, chaussures et accessoires branchés en édition limitée et petite série. Histoire de ne pas voir à chaque coin de rue les chaussures de ses rêves portées par tout un chacun !Des marques phares comme Lady Soul et Hardcore, Session ou Loreak Mendian voisinent avec la Bob Marley Foot Wear, une ligne de vêtements créée par la famille du grand Bob et dont une partie des bénéfices est reversée aux orphelinats de Jamaïque.

AGLAE 10, rue Vasselot © 02 99 79 13 95. *Ouvert de 9h30 à 19h30.* De la démarque à tous les étals, du dégriffé, du déclassé mixte et enfant, du pas cher... Le bruit se répand telle une traînée de poudre lorsque de nouveaux arrivages s'exposent devant le magasin. La déferlante commence alors et le stock, lorsqu'il s'agit vraiment d'une affaire, ce qui est souvent le cas, a une durée de vie très courte. C'est ça, Aglaé, il faut passer souvent pour être là au bon moment...

BLUE BOX 17, rue du Maréchal-Joffre © 02 99 78 37 51. *Ouvert du lundi au samedi de 10h à 19h.* Si une boulimie de fringues vous prend, arrêtez-vous rue du Maréchal-Joffre, dans cette boutique qui s'étend sur deux étages. Jeans, robes, pantalons, vestes et chaussures, le tout dans un style jeune et branché, vous y attendent. Sur fond de musique techno, le personnel, tout particulièrement affable et disponible, vous prend en charge, vous conseille et dispense des conseils francs. Une enseigne qui plaît pour la diversité des marques proposées et un grand choix d'articles. Recommandé. **Autre adresse : près de Grand-Quartier, SAINT-GREGOIRE © 02 23 46 73 20.**

BOSS SHOP 5, rue de la Monnaie © 02 99 79 68 50. *Ouvert le lundi de 11h à 19h et du mardi au samedi de 10h à 13h et de 14h à 19h.* Cet établissement habille les hommes et les femmes. Un bel espace, clair et aéré, bien pensé, présente des vêtements sobres, souvent unis, pour ces Messieurs. Prenez l'escalier central pour découvrir au premier étage de jolis vêtements coordonnés pour les citadines. Les couleurs sont belles et précieuses et si le côté homme reste fourni, côté femmes, c'est nettement plus réduit.

BURTON OF LONDON 9, rue de Rohan © 02 99 79 17 37. *Ouvert le lundi de 14h à 19h et du mardi au samedi de 10h à 19h.* Comment faire d'une pierre deux coups et éviter par là même la dispute du samedi après-midi ?En choisissant un magasin où Monsieur et Madame trouveront chacun satisfaction. Chez Burton, le charme réside dans le fait que les vêtements s'adressent à une clientèle assez vaste. La gamme d'articles y est importante et la maison est sage avec des vêtements quotidiens, pas exactement à la pointe de la mode mais pas si classiques non plus. Le deuxième étage est consacré aux hommes. De belles promotions en font un rendez-vous couru pour les bonnes affaires. **Autre adresse : vêtements pour femmes, Centre commercial Alma © 02 99 50 95 09.**

CITY JEAN'S Centre commercial Colombia © 02 99 31 39 47. *Ouvert du lundi au samedi de 9h30 à 20h.* Envie d'un jean qui saura mettre en valeur vos formes, quelles qu'elles soient ?Ce spécialiste situé en plein cœur du centre commercial Colombia saura vous conseiller sur la coupe et la forme. Il vous initiera à l'art de choisir un jean grâce à un large choix de modèles, toutes marques confondues. La maison vend aussi tee-shirts, robes, vestes au style jeune et sympa. Look décontracté pour un accueil simple et convivial, sourire en prime.

DINAMO 1, rue de Bertrand © 02 99 38 01 58. *Ouvert le lundi, mardi, jeudi et vendredi de 10h à 13h et de 14h à 19h et le mercredi et samedi de 10h à 19h en continu.* Le sportswear a élu boutique en haut de la rue Le Bastard. Vous craquerez pour les tee-shirts, sweat-shirts et autres shirts ou casquettes à la mode US. Sous l'œil inquisiteur du personnel omniprésent, oserez-vous demander ces baskets en 42 ou ce pantalon en 40 ?Allez, lancez-vous, les prix ne sont pas meilleur marché qu'ailleurs mais le résultat est top mode... des rues. Vous ressemblerez alors à la bande de d'jeunes qui vous attend à la sortie du magasin.

L'EXPLORATEUR 3, rue Nationale © 02 99 78 17 96. *Ouvert du lundi au samedi de 10h à 19h en continu.* Tout près du Parlement rénové, l'Explorateur se fait fort d'habiller les femmes et leur moitié, avec des tenues sportswear ou plus habillées. Sont à admirer des vêtements de chez Lola, Bensimon, Ralph Lauren ou encore Hermès... Pour qui peut se le permettre.

KAKI CRAZY STATION 27-29, rue du Champ-Jacquet © 02 99 79 33 95. *Ouvert de 10h à 19h du lundi au samedi.* “Bienvenue dans l'univers Kaki Crazy”, vous dites-vous une fois entré ! Ecran géant diffusant des clips, déco tendance underground new-yorkais, accessoires de skate-boarding et puis des vêtements, des marques, des tendances... Le rez-de-chaussée abrite les vêtements homme et un espace enfant, le premier sous-sol est réservé aux vêtements femmes et aux jeans, la rame de métro, dont vous vous demandez ce qu'elle fait là : c'est la cabine d'essayage. Enfin le deuxième sous-sol chausse hommes et femmes. Les prix sont très raisonnables.

KITSCH 4, rue Motte-Fablet © 02 23 20 48 03. *Ouvert du lundi au vendredi de 9h30 à 19h et le samedi de 9h30 à 19h30.* Cela ne vous étonnera guère, avec un nom pareil, ici, tout est... kitsch !Sur fond de musique techno, vous découvrirez un magasin soigneusement agencé d'accessoires et de vêtements hommes et femmes. Ce qu'il vous faut pour être dans le coup en matière d'habillement, sera à examiner sur les portants qui présentent les collections de marques soigneusement déjantées. La lingerie féminine a un petit rayon et il vaut le détour. Les sacs complètement délirants, les collants et les ceintures plus que “in” n'ont pas été oubliés, ni les crayons et les cadres photos scintillants ou les rideaux d'anneaux plastique multicolores. Et pour 25 €, vous pouvez vous faire poser un bijou de cristal sur la dent : tenue garantie six à huit mois. Kitsch jusqu'au bout !

KRONIK 12, place Hoche © 02 99 38 08 83. *Ouvert le lundi de 14h à 19h, le mardi, jeudi et vendredi de 10h à 12h et de 14h à 19h et le mercredi et samedi de 10h à 19h.* Jeunes et moins jeunes accrocs du look tendance compléteront leur garde-robe. Jeans artistiquement délavés, débardeurs, vestes en jeans, blousons et baskets fashion sont l'œuvre des marques Calvin Klein Jeans, Akademiks, Enys ou encore Phat Farm, Pelle Pelle et les P'tites Bombes. Conseils au rendez-vous.

BOUTIQUE LACOSTE 4, rue Nationale © 02 99 78 29 00. *Ouvert de 10h à 19h en continu du lundi au samedi.* Si la marque a toujours les faveurs d'une clientèle d'habitués au look bien comme il faut, cette enseigne a su se diversifier et répondre aux demandes moins conventionnelles. Le célébrissime polo Lacoste a toujours la place d'honneur sur les présentoirs et se décline en X couleurs. Le magasin est rangé avec grand soin, faisant montre d'une maniaquerie qui ferait pâlir d'envie toutes les mères de famille regardant désespérément la chambre encombrée de leur progéniture en pleine période pré-pubère. L'accueil est quant à lui à l'image de ce magasin : rigoureux et sérieux.

LEVI'S STORE 26, rue Le Bastard © 02 99 27 53 71. *Ouvert le lundi 11h à 19h et du mardi au samedi de 10h à 19h en continu.* Du jean en veux-tu, en voilà. La toile de Nîmes est ici reine et c'est à la sauce Levi's qu'elle s'affiche. Des pantalons, robes, vestes de toutes les formes, de toutes les couleurs et pour toutes les rondeurs, voilà le programme, en direct des USA. Un vrai Levi's que l'on garde, que l'on use et que l'on remet sans cesse, c'est ça la force Levi's.

NEW MAN 3, rue Lafayette © 02 99 78 39 88. *Site Internet : www.newman.fr Ouvert le lundi de 13h30 à 19h et du mardi au samedi de 10h à 19h.* L'univers de l'homme moderne, bien dans sa peau, savant mélange de sérieux et de décontraction, s'est incarné sous la forme d'une boutique bien tenue, simple, où chemises aux tons particulièrement aboutis côtoient pantalons et vestes à la coupe stylée et au look sportif. Un grand rayon est également consacré à la clientèle féminine, aux enfants et bébés au fond du magasin.

QUATER BACK Centre commercial Colombia © 02 99 30 76 45. *Ouvert de 9h30 à 20h du lundi au samedi.* Si le rez-de-chaussée fera le bonheur des garçons, que dis-je ?des hommes, ou en passe de le devenir,, le premier étage est quant à lui le monde des jeunes demoiselles de tout âge. Beaucoup de jeans, du streetwear, du sportwear, jeune et décontracté et des accessoires comme des sacs et des ceintures. On trouve de célèbres marques comme Eastpack, Kanabeach, Puma, Teddy Smith, Freeman, Adidas, Redwood, Van's, Levi's, Lee ou encore Wrangler. Dans ce décor de briques et de bois, la présentation des articles est du plus bel effet !**Autres adresses : Centre commercial Alma © 02 99 50 14 02 • Centre commercial Cleunay Boulevard © 02 23 42 47 16.**

SALSA 4, rue de Rohan © 02 99 79 21 39. *Ouvert de 10h à 19h du lundi au samedi.* Salsa, qui veut dire sauce, est un mélange d'Amérique latine, d'Afrique et d'Asie. Fabricant et détaillant de prêt-à-porter homme et femme, les collections sont renouvelées régulièrement et privilégient le coton, la laine ou le lin. Cette enseigne donne également dans les bijoux et le piercing, les perles, les accessoires tels que sacs, chapeaux ou foulards ou les instruments de musique pour débutants ou confirmés comme le djembé, la derbouka ou le didgeridoo. La décoration n'est pas en reste puisque poteries, tentures, luminaires et statuettes de ces divers continents sont en vente. L'adresse se veut cosmopolite et séduit une clientèle plutôt jeune au style décontracté et nonchalant. Elle y trouvera pantalons, robes ou chaussures à sa convenance. Des articles du commerce équitable sont également en vente. Ce n'est pas forcément bon marché mais c'est un acte citoyen : alors engagez-vous, allez à Salsa !L'ambiance et l'accueil sont cool, cool, cool... **Autre adresse : 5, rue Pont-aux-Foulons © 02 99 78 36 96.**

SPOOTNICK 14, rue Vasselot © 02 99 79 66 39. *Site Internet : spootnick.com Ouvert du mardi au vendredi de 10h à 13h et de 14h à 19h et le samedi en journée continue de 10h à 19h.* Bienvenue sur la planète du techno-concept !Envie d'avoir un vêtement unique pour frimer devant les copains et les copines ?Le concept est simple : on choisit un T-shirt puis un motif, parmi plus de 100 modèles, que l'on imprime sur le premier. C'est rapide : cela dure environ 2 minutes. Mais il n'y a pas que ça . Le magasin propose également du prêt-à-porter, des marques comme, Kukuxumusu, BB Londan, Kilowatt, Little Conutry, Emily The Sharge, Pucca, Kitty Hello, des accessoires et de la bagagerie. En plus, l'ambiance y est très cool et les vendeurs sympa. Ici c'est jeune et fun!!! **Autre adresse : 5, rue Le Bastard & 02 99 79 20 77.**

ZARA 5, quai Lamartine © 02 99 78 82 82. *Ouvert du lundi au samedi de 9h30 à 19h.* On a vu des files d'attente hallucinantes à l'ouverture des soldes... Ce n'était pas une foule féminine atteinte de la fièvre acheteuse ni des clientes hystériques, simplement des clientes habituées qui ne souhaitaient pas rater l'occasion de se faire plaisir à petits prix. Au sous-sol, discrètement, le rayon enfant remporte un franc succès, tandis que le grand rez-de-chaussée accueille trois espaces différents : celui réservé à la gent masculine a convaincu même les plus réticents... Le rayon femme est le plus important, avec une collection un peu plus mode, et une autre plus "chic urbain".

PEDRO ET CHICO Grand-Quartier, SAINT-GREGOIRE © 02 99 54 01 00. *Ouvert tous les jours de 10h à 20h sauf le vendredi de 10h à 20h30.* On y croise de nombreuses marques qui n'ont plus rien à prouver : Lulu Castagnette, Levi's, Aviatic Jeans, on en passe et des meilleures. Les oreilles futées ont su se chuchoter l'adresse. La scène se déroule dans un endroit cossu et plaisant. Les jeunes de tous bords et les lascars en herbe y trouveront matière à épater la galerie. Mais ce n'est pas tout : la grande sœur, la maman, le papa y dénicheront également des articles sympathiques pour mettre à jour ou refaire leur garde-robe... s'ils aiment s'habiller jeune. Adresse Junior : Centre commercial Grand-Quartier © 02 99 54 12 56.

Enfants

CATIMINI 12, rue Pont-aux-Foulons © 02 99 79 10 36. *Ouvert le lundi de 14h à 19h, du mardi au samedi de 10h à 13h et de 14h à 19h.* Catimini habille les jeunes enfants, dès la naissance et jusqu'à leurs premières années d'école. Des tenues ravissantes pour les fillettes, craquantes pour les futurs jeunes hommes, quelques accessoires astucieux. Chez Catimini, l'accueil et les conseils sont de bon aloi, et les petits sont traités avec égard et patience. La gamme de prix varie selon la qualité des vêtements, loin d'être injustifiée, elle n'en reste pas moins plutôt élevée.

CYRILLUS 7, rue de Toulouse © 02 99 79 61 89. *Site Internet : www.cyrillus.fr Ouvert le lundi de 14h à 19h, du mardi au vendredi de 10h à 19h et le samedi de 9h30 à 19h. Fermé le dimanche et le lundi matin. Ouvert le lundi de 14h à 19h, en continu du mardi au samedi.* Une vitrine aux airs d'enfant sage comme une image. La boutique habille toute la famille, garçons et filles, mamans et papas. Des modèles assez classiques qui suivent tout de même, au fil des saisons et des collections, la tendance. Les prix sont largement justifiés par la qualité des vêtements et l'accueil est à la hauteur de la réputation de Cyrillus.

DU PAREIL AU MEME 19, rue du Champ-Jacquet ✆ 02 99 79 09 56. *Ouvert le lundi de 14h à 19h, du mardi au samedi de 10h à 19h et le samedi.* Ce magasin habille votre progéniture avec des modèles extrêmement bien coupés, adaptés aux différents âges de vos bout d'chous. Des listes de naissance de 0 à 23 mois, des vêtements colorés et plein d'originalité pour les enfants et pour les futures mamans, des poussettes, des doudous, des peluches, la literie, bain : tout, vous aurez tout, pour votre bambin et vous-même. En outre, l'accueil qui vous est réservé dans cette petite boutique aux couleurs chatoyantes est cordial et c'est toujours très agréable d'être bien conseillé dans ses choix.

FRIMOUSSE 2, rue de Penhoët ✆ 02 99 79 21 20. *Ouvert de 10h30 à 13h et de 15h à 19h30, du lundi au samedi.* Dior, Lili Gaufrette, Sonia Rykiel, Burberry, Cacharel habillent aussi les petits. Frimousse fait la part belle aux tenues chics et chères, d'une qualité et d'un bon goût irréprochables. Ce spécialiste du cadeau de naissance haut de gamme vêt certes les tout-petits, mais aussi les aînés, jusqu'à 16 ans.

JACADI 14 bis, rue du Champ-Jacquet ✆ 02 99 78 18 41. *Ouvert du lundi au samedi de 9h30 à 19h30.* Trois belles salles aérées et lumineuses dédiées totalement aux tout-petits avec des ensembles, des pyjamas ou des bodys tous plus mignons les uns que les autres. La deuxième salle est consacrée à la puériculture dont les divers éléments s'assortissent autour de sept thèmes, le parme, les fées, etc., et la troisième réunit le prêt-à-porter fille et garçon de 2 ans à 14 ans. Couleurs, coupes, variété des modèles, gageons que plus d'une n'y résistera pas.

NATALYS Centre commercial Colombia ✆ 02 99 30 52 70. *Ouvert le lundi de 14h à 19h et du mardi au samedi de 9h30 à 19h.* Le rez-de-chaussée accueille essentiellement la collection de vêtements et layette, de bonnes idées pour les cadeaux de naissance. A l'étage, un rayon est consacré à l'habillement des futures mamans, mais le choix n'est pas très étendu. Un espace est réservé à l'exposition de mobiliers et accessoires pour les chambres de bébé : tables à langer, berceaux, lits, parcs... N'hésitez pas à demander des conseils au personnel, ces Dames sont d'une grande gentillesse.

PETIT BATEAU 1, rue La Fayette ✆ 02 99 79 51 77. *Ouvert le lundi de 14h à 19h, du mardi au samedi de 10h à 19h en continu.* Un grand classique, certes, mais d'une efficacité indéniable. Premiers dessous pour les tout-petits, ensembles confortables et à la mode, chemises de nuit et pyjamas doux et jolis, accessoires de mode en minuscule, bandeau pour se coiffer, parfum spécial, chaussures et chaussettes... Mais la marque n'habille pas que les jeunes enfants puisque débardeurs, tee-shirts et gilets de la marque sont devenus un basic de toute garde-robe féminine. Chaque saison apporte ses surprises en coloris et quelques variations discrètes sur certains modèles. Indémodable.

PETIT BOY 3, rue Pont-aux-Foulons ✆ 02 99 79 76 22. *Ouvert le lundi de 14h à 19h et du mardi au vendredi de 10h à 13h et de 14h à 19h.* Mais non, cette boutique n'est pas exclusivement dédiée aux petits mecs. Ces Demoiselles en herbe peuvent aussi s'y habiller. Des tenues plutôt sportswear, qui ne manquent cependant pas d'élégance. Un des grands atouts de la marque : des articles de bonne qualité qui durent. Exactement le genre de vêtements qui peuvent faire le tour de la fratrie... Heureusement d'ailleurs, car la marque s'aligne sur le haut de gamme, et les prix suivent !

PETIT TOUT PETIT 8, rue Jean-Jaurès ✆ 02 99 79 44 61. *Site Internet : www.petit-tout-petit.com Ouvert du mardi au samedi de 9h30 à 12h30 et de 14h à 19h.* Lorsque l'on entre dans ce magasin, dont le rez-de-chaussée fait 200 mètres carrés, attiré par les vitrines joliment garnies et prometteuses, on se dit que l'on voudrait plein, plein d'enfants !Pour les habiller des jolies collections pour petits, de 0 ans à 8 ans, comme Berlingot ou Tartine et Chocolat. Pour leur choisir un doudou ou une peluche, notamment parmi les modèles Moulin Roty, qui feraient craquer les cœurs les plus endurcis. Pour jouer avec eux et décorer leurs univers : jeux premier âge et toises en bois, encastrements et dominos Selecta, castelets, marionnettes, mobiles et lampes, etc. Un magasin vraiment recommandable, d'autant plus que les futures mamans y trouveront un coin intime proposant des vêtements et des sous-vêtements où elles pourront avec bonheur habiller leurs rondeurs !

SERGENT MAJOR Centre commercial Colombia ✆ 02 99 65 41 25. *Ouvert de 9h30 à 20h du lundi au samedi.* Comme on aimerait parfois que nos enfants soient à l'image de ce magasin : tout beaux, tout propres !Sergent Major habille les bébés avec d'adorables vêtements, les garçons, jusqu'à 14 ans, sur des tons vert, bleu ou beige et les filles en pastel rose et bleu. Les vêtements sont tendance. Alors, on craque, d'autant plus que l'enseigne séduit par plein d'avantages pour ses clientes. Comme 10 % sur vos achats effectués le mardi de 14h à 17h, la mise à disposition d'un chauffe-biberon ou la préparation des colis-postes.

multimédia

Internet

Cybercafés et jeux en réseau

AROBACE 11, rue Poullain-Duparc ✆ 02 99 79 19 77. *Ouvert du lundi de 14h à 19h, du mardi au vendredi de 9h à 19h et le samedi de 9h à 18h.* Jeux en réseau et navigation sur le Web à presque toutes les heures pour ce cybercafé du centre-ville, situé sous un petit porche. Décontraction et rencontres inédites autour d'un ordinateur.

CYBER L@NE 20, esplanade du Champ-de-Mars ✆ 02 99 31 71 43. *Ouvert tous les jours de 10h à 1h, et le dimanche à partir de 14h.* La spécialité de cette adresse bien connue des amateurs, c'est le jeu en réseau. 32 postes, bientôt 48 postes qui sont abondamment utilisés par les passionnés pour sauver la planète. Chaque mois, un tournoi est organisé le dimanche, permettant ainsi aux joueurs de se rencontrer et de s'affronter en toute convivialité. L'accès est à 3,40 € de l'heure, mais des systèmes d'abonnement sont plus avantageux pour les gros consommateurs. On peut même y passer la nuit, mais uniquement sur réservation.

CYBERNET ON LINE 22, rue Saint-Georges ✆ 02 99 36 37 41. *Ouvert le lundi de 14h à 19h et du mardi au vendredi de 10h30 à 20h.* Une petite surface tout en longueur qui vous réserve un large panel de prestations multimédia : photocopies, PAO, connexions Internet, et même des formations !Pour 61 € les 10 heures, on vous expliquera les ficelles de la bureautique et de Photoshop, et pour 76 €, la programmation ou l'utilisation d'Internet. On trouve également les services suivants : création de site, copies couleur et laser, scannérisation, reliure et frappe de CV, de mémoires et de thèses.

NEUROGAME 2, rue de Dinan ✆ 02 99 65 53 85. *Ouvert le lundi de 14h à 1h, le mardi, mercredi, jeudi de 12h à 1h, le vendredi de 12h à 3h du matin et le samedi de 12h à 5h du matin.* 30 PC en réseau, plus de 30 jeux disponibles, dont Quake 3 Arena, Broodwar, Counter Strike : les mordus de jeux en réseau connaissent bien l'adresse, résolument branchée nouvelles technologies et tenue par... des mordus !Les horaires totalement atypiques promettent des heures de jeux passionnées. Vous pouvez également venir vous connecter au Web, les ordinateurs disposent évidemment de l'accès Internet ADSL,, taper votre CV, ou travailler sur vos travaux de bureautique... Neurogame propose des forfaits très intéressants.

Matériel informatique

ASTUCE PC 10, passage du Trégor ✆ 02 23 46 75 75. *Site Internet : www.astucepc.fr Ouvert du mardi au vendredi de 10h à 12h30 et de 14h à 18h30 et le samedi de 10h à 12h30 et de 14h à 17h.* Dans le quartier de Bourg-l'Evêque, ce professionnel de l'informatique va vous rendre de multiples services autant vous, professionnels que particuliers. Bien sûr, il vend du matériel neuf, tout ce qui est nécessaire pour créer ou affiner votre environnement, selon l'évolution de vos besoins, mais vous y trouverez également un conseil bien avisé. Astuce PC étudie votre problème et lui trouve une solution. En outre, la maison installe, répare, offre un service de maintenance et dépanne à domicile. Et sur présentation de votre guide Petit Futé, elle vous offrira 20 % de remise sur toutes ses prestations.

ECO INFORMATIQUE 139, rue de Nantes ✆ 02 99 67 65 16. *Ouvert le lundi de 14h à 19h, du mardi au vendredi de 10h à 12h30 et de 14h à 19h et le samedi de 10h à 12h30 et de 14h à 18h.* Cette société oriente ses prestations vers les particuliers mais aussi les entreprises. Vous pouvez apporter votre matériel défectueux, on le testera et on vous dira ce qu'il convient de faire. Un seul interlocuteur, un passionné, essaiera de toujours répondre au mieux à vos attentes. A l'heure où le turnover est très important au niveau des magasins spécialisés en informatique, celui-ci surprend par sa régularité. Ici, point de commerciaux à la dent dure, mais des prix calculés au plus juste pour tout service de vente, évolution, réparation et reprise.

DEO 12, place Hoche ✆ 02 23 20 51 50 ou la hotline ✆ 0 820 901 000. *Site Internet : www.deo.fr Ouvert du mardi au samedi de 9h30 à 12h et de 14h30 à 19h.* Leur devise : "Comment s'en sortir sans sortir ?". Pour vous trouver un ordinateur ou pour faire évaluer votre PC, l'optimiser, le rendre conforme à vos besoins et à vos désirs, pensez DEO !Cet assembleur sait de quoi il parle et vous explique avec clarté et compétence ce qu'il est possible de faire. A l'écoute à la fois de vos besoins, vos capacités et de votre budget, l'équipe vous aidera en toute simplicité à faire les meilleurs choix. Matériel neuf ou d'occasion, pièces détachées, fournitures informatiques, sachez que tout ce qui fait partie du monde du PC se trouve ici. DEO assure également le dépannage, la maintenance et la réparation.

FNAC Centre commercial Colombia ✆ 02 99 67 10 10. *Site Internet : www.fnac.com Ouvert du lundi au samedi de 10h à 20h.* Au rez-de-chaussée du grand magasin qu'occupe la Fnac au Colombia, le rayon informatique est riche. PC et Mac sont bien représentés, et des vendeurs sont à votre disposition pour vous faire découvrir les produits, enfin lorsqu'ils sont disponibles !Le service après-vente de la Fnac est aussi réputé : un achat en toute confiance.

HALL MAC DV 8, place du Colombier ✆ 02 23 40 28 49. *Site Internet : www.hallmac.com http://www.hallmac.com Ouvert du lundi au samedi de 9h30 à 12h et de 14h à 18h30.* Beaucoup de PC dans l'univers des vendeurs de matériel informatique ne doivent pas faire oublier l'existence des Mac !Et Hall Mac, revendeur agréé Apple, en fournit une belle panoplie dans son magasin place du Colombier, dont l'entrée se cache entre le tabac-presse et AG2R. Ce spécialiste propose les dernières nouveautés de la gamme Apple, informatique, vidéo, photo et son, mais consacre aussi une partie du magasin à l'occasion. Il n'est pas rare d'y faire de très bonnes affaires. L'enseigne assure le service après-vente, et forme à la demande pour vous initier ou vous perfectionner à l'utilisation de votre Mac, de vos logiciels ou appareils numériques. D'une manière générale, l'équipe vous accorde toujours du temps pour vous expliquer telle ou telle manipulation et vous conseiller en fonction de vos besoins.

LA MICRO CREATIVE 30, rue Saint-Melaine ✆ 02 99 27 87 47. *Ouvert du mardi au samedi de 9h à 12h et de 14h à 19h.* Depuis sept ans ce magasin tenu par des professionnels passionnés allie technique et créativité. Assemblage, évolution, dépannage, les PC sont ici entre des mains compétentes et assurées. Les devis sont gratuits pour toute réparation ou sur les produits neufs. Les créatifs pourront confier leurs besoins en informatique musicale, l'équipe assurera la configuration, les paramétrages, choisira les pièces et les composants pour faire de la machine la réponse à leurs attentes. L'enseigne offre le même service complet pour ce qui concerne le graphisme et les montages vidéo famille comme professionnels.

MICRO C 5-7, rue Turquety ✆ 02 23 40 48 48. *Ouvert du lundi au samedi de 9h30 à 12h30 et de 14h à 19h.* Ouvert aux particuliers comme aux entreprises, Micro C vend des micro-ordinateurs, des périphériques, des logiciels de bureautique et des solutions de montage vidéo. La société peut aussi prendre en charge l'installation et la maintenance de votre nouveau matériel, mais également la maintenance de votre ordinateur acheté ailleurs. Vous y trouverez tout ce dont vous avez besoin pour compléter votre environnement PC, dans les produits de marques sûres : HP, Compac, Packard Bell... Pour le service après-vente, aucun souci, il suffit de retourner le matériel défectueux à l'atelier pour le faire réviser ou réparer.

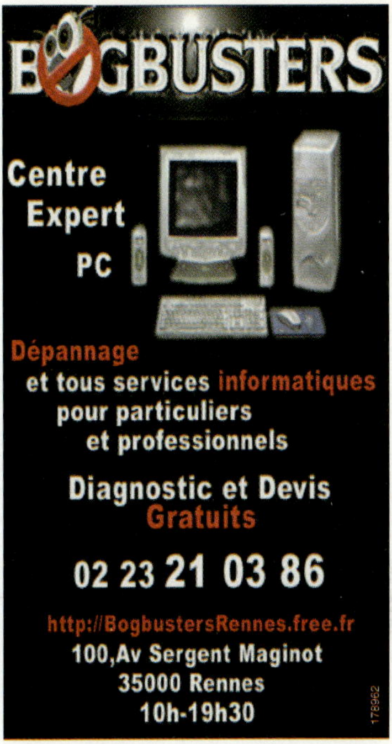

Dépannage Informatique

AFIDEA INFORMATIQUE 13, rue Jean-Jaurès, MONTGERMONT ✆ 02 99 23 88 13. Afidea Informatique est spécialisée dans les interventions à domicile pour les particuliers, commerçants et artisans sur Rennes et sa région. Cette société assure en urgence votre dépannage informatique à domicile, sur site et dans ses locaux. Avec une équipe expérimentée et organisée, Afidea vous offre une assistance informatique de qualité sur Rennes et sa région.

BOGBUSTERS 100, avenue Sergent-Maginot ✆ 02 23 21 03 86. *Site Internet : www.bogbustersrennes.free.fr* Au-delà du dépannage fait par des ingénieurs en informatique, Bogbusters accompagne son client dans sa vie d'utilisateur : conseils, pièces de rechange, connectiques, réseaux, Internet, centre expert wifi, dépannage à domicile et maintenance, évolution, PC, nouvelle machine sur mesure, etc. Bogbusters vous parle informatique en toute simplicité, sans protocole, et vous facture les prix annoncés, sans jamais dépasser 100 € TTC quelle que soit la panne, hors pièces. Sous 24 heures, quelqu'un intervient sur votre PC et sous 72 heures, si une pièce a été commandée. Le dépannage se fait à domicile ou en atelier. Et pour les problèmes vraiment urgents, si vous êtes membres du club, on vous donne le numéro de mobile des experts en plus de la hotline, qui est disponible de 10h à 19h30, tous les jours sauf le dimanche.

Téléphonie

AIRTAL RT OUEST Centre commercial du Gast ✆ 02 99 63 18 91. *Ouvert le lundi après-midi, du mardi au vendredi de 8h à 12h et de 14h à 19h et le samedi de 9h à 12h.* Airtal RT Ouest a compétence pour tout ce qui se fait en matière de téléphonie : elle vend aux professionnels et aux particuliers du matériel neuf, du téléphone au fax, en passant par toutes sortes de copieurs. Elle s'occupe également des réseaux informatiques. Et elle effectue les réparations par retour à l'atelier, et la maintenance. Il est possible d'y acquérir de grands standards de photocopieurs d'occasion.

FRANCE TELECOM Place de la République. 10-14 pour les particuliers et 10-16 pour les entreprises. France Télécom, c'est les services du futur. En effet, lorsque l'on entre dans cette agence du centre-ville, on est bien loin du simple établissement qui ne faisait que dans le téléphone fixe... Tout cela a bien changé et France Télécom, c'est maintenant Internet avec Wanadoo et de multiples services, modem, forfaits, packs, assistance, offre souple et évolutive, pour surfer sur le Web, c'est Orange avec toute une gamme de téléphones mobiles dernière génération et des forfaits attrayants, sans oublier les accessoires et les services, et c'est enfin différents modèles de fax ou de téléphones fixes avec une kyrielle de nouvelles fonctions appréciables, présentation du nom, heures locales, top message... Si vous voulez vous initier au Web, des bornes Internet vous tendent les bras. Un espace malin, bien agencé, pour communiquer futé.

PHONE SHOP Centre Leclerc Cleunay © 02 99 67 91 06. *Ouvert du lundi au samedi de 9h30 à 20h30.* Avec plus de 150 points de vente en France, Phone Shop fait montre d'une implantation sérieuse. La ville compte plusieurs boutiques. Phone Shop vend, loue et s'occupe de l'entretien de la téléphonie. Elle propose également tous les services de la gamme SFR, de péritéléphonie et renseigne de façon précise et complète. **Autres adresses : 3, rue Le Bastard © 02 99 78 18 27 • Centre commercial Opéra, PACE.**

PHONE UP, CLUB BOUYGUES TELECOM 6, rue du Puits-Mauger © 02 99 65 06 50. *Ouvert du lundi au samedi de 9h45 à 19h30 en continu.* Perdu dans la jungle des abonnements, dans le jargon de la téléphonie mobile ?Pour vous conseiller sur le réseau qui vous conviendra le mieux, vous renseigner sur sa couverture, vous aider dans le choix de votre téléphone et de l'abonnement approprié, Phone Up est à votre disposition. La maison offre un large choix de mobiles et une foule d'accessoires d'origine, façades, câbles, kits mains libres, caches...,, sans parler des nouveautés. La boutique a développé un petit service après-vente, et met en vente quelques portables d'occasion.

THE PHONE HOUSE 34, rue de Tronjolly © 0 825 07 8000, 0,15 € TTC/min. *Site Internet : www.phonehouse.fr Ouvert du lundi au samedi de 10h à 19h.* Dans le monde impitoyable de la téléphonie mobile, de nombreuses boutiques s'ouvrent encore quand d'autres ferment déjà leurs portes. Celles-ci inondent régulièrement nos boîtes aux lettres de publicités alléchantes. Chaque fête est l'occasion d'offres promotionnelles, d'offres de reprise de mobiles intéressantes... Outre les marques représentées,, Itinéris, SFR, Bouygues Télécom, le 9,, The Phone House fait aussi dans la vente d'abonnement Internet, dans l'accessoire, façades décoratives... **Autre adresse : Centre commercial Alma © 02 23 35 50 00.**

Pense Futé

pense futé

Accueil

ACCUEIL DES VILLES FRANCAISES 45, rue de Saint-Malo ✆ 02 99 65 59 01. *Site Internet : www.avf.asso.fr Permanences chaque après-midi, sauf le mardi, de 14h à 17h, hors week-end et hors périodes scolaires.* Ce réseau associatif national travaille avec les conseils régionaux et regroupe 6 000 adhérents sur toute la Bretagne. Son but premier est de faciliter l'intégration des nouveaux arrivants dans une ville ou une région donnée. Accueil, présentation, aide pour les démarches administratives... L'AVF simplifie la vie à un moment où rien n'est évident. Un pré-accueil est également disponible pour les entreprises et permet aux personnes mutées d'être accompagnées dans leurs démarches. Le site Internet, récemment finalisé, permettra à tous les internautes alertes et curieux de cliquer sur chaque ville de Bretagne et d'obtenir les informations souhaitées. De plus, un accueil pour les étrangers est prévu et s'effectue, s'il vous plaît, dans leur langue maternelle !

CAR, CENTRE D'ACCUEIL ET DE RENSEIGNEMENTS, Hôtel de ville Place de la Mairie ✆ 02 99 28 55 55. *Ouvert du lundi au vendredi de 8h30 à 17h et le samedi de 9h30 à 12h.* Les différents partenaires de l'opération Bienvenue à Rennes vous donnent rendez-vous tous les jours à la mairie de votre commune et vous offre une mallette d'accueil. Par ailleurs, deux matinées d'accueil sont organisées chaque année à la mairie de Rennes.

LE CARRE RENNAIS 21, rue de La Visitation ✆ 02 99 36 64 93. Un kiosque d'information, installé place de la République, entre le Forum du slivre et le Café de la Paix,, renseigne touristes et Rennais du mardi au samedi de 10h à 19h et le lundi de 14h à 19h. Sur les commerces, puisque le Carré Rennais est une initiative des commerçants du centre-ville, mais pas seulement : vous y trouverez aussi des informations sur la disponibilité des hôtels, les transports, les spectacles et des plaquettes de l'office du tourisme.

POINT 35 ✆ 02 99 79 35 35.

ESPACE D'ACCUEIL ET D'INFORMATION DU CONSEIL GENERAL D'ILLE-ET-VILAINE 1, quai Chateaubriand. *Ouvert du lundi au vendredi de 9h à 17h30. Site : www.cg35.fr* Le Point 35 renseigne au quotidien sur les missions du conseil général d'Ille-et-Vilaine, le tourisme en Haute-Bretagne, mais aussi les institutions européennes, avec l'Info-Point Europe et la Maison de l'Europe de Rennes et Haute-Bretagne. Vous souhaitez connaître le nom des élus, les dates des séances publiques, ou encore les différentes aides aux jeunes en matière de transport scolaire, de bourses, etc., vous recherchez un établissement d'hébergement pour une personne âgée, vous voulez vous informer sur les actions du Département, environnement, réseau routier, aménagement du territoire...,, connaître les droits des citoyens européens, consulter des mini guides sur les loisirs sportifs, les randonnées ou les produits du terroir, le patrimoine et la culture : des brochures sur tous ces thèmes sont à votre disposition, et les hôtesses d'accueil sauront répondre à vos questions et vous orienter.

POINT INFO RENNES METROPOLE 22, avenue Janvier ✆ 02 99 35 42 00. *Site Internet : www.rennes-metropole.fr Ouvert le mardi, jeudi et vendredi de 9h à 12h et de 14h à 17h, le mercredi de 9h à 17h.* Un nouveau site, l'ouverture d'un point info : Rennes Métropole communique !Vous trouverez ici tout un panel d'informations sur l'actualité de la communauté d'agglomérations et ses différentes actions sur la vie locale. Des fiches ont été éditées sur les transports collectifs, la gestion des déchets, le développement économique ou encore l'enseignement supérieur, la recherche et l'innovation. Les exemplaires du journal L'Info Métropole sont également disponibles ici.

Animaux

Adresses utiles

RENNES ANIMAUX SERVICE Boulevard d'Anjou ✆ 06 81 41 40 54. *9 € par déplacement.* Cette petite entreprise s'occupe de votre animal de compagnie pendant vos absences, en proposant la garde à domicile, alternative aux chenils. Ainsi, après une visite de prise de contact, RAS viendra sortir votre animal, changer son eau, le nourrir, nettoyer sa litière... Les dates et le nombre de passages par jour sont définis par avance. Petit bonus, RAS offre aussi de recueillir votre courrier, d'arroser les plantes, d'ouvrir et de fermer les volets lors de son passage.

CHENIL DU CONFORT Le Petit Caleuvre, BETTON ✆ 02 99 55 82 99. Ce sont presque 100 animaux qui peuvent être hébergés au Chenil du Confort. Tous gardés en box individuels, ils sortent dans des parcs. Ouverte toute l'année, cette pension pour animaux pratique des tarifs intéressants : 7,50 € la journée pour un chat, et 8,50 €, 9,50 € ou 10 € pour un chien, trois tarifs, selon la taille. Là encore, la capacité d'accueil étant limitée, soyez prudents : pensez à réserver avant fin juin, si vos vacances sont comprises entre mi-juillet et fin août, période de forte affluence. Pour information, vous pouvez visiter les lieux avant de leur confier votre animal préféré.

CHENIL DE MARLY La Gahanais, CARDROC ✆ 02 99 45 83 01. A 25 kilomètres au nord de Rennes, ce chenil recueille jusqu'à 60 animaux. Chats et chiens sont gardés en box individuels, et leurs sorties sont assurées en liberté. Pour être sûr de trouver une bonne place, il est recommandé de réserver en période de fortes demandes, notamment pendant les vacances d'été. Le Chenil de Marly fonctionne toute l'année. La journée de pension varie en fonction de la taille de votre compagnon.

Animalerie, Accessoires

L'ANIMALERIE Centre commercial Grand-Quartier ✆ 02 99 59 38 61. *Ouvert du lundi au jeudi et le samedi de 10h à 20h, le vendredi de 10h à 21h.* L'Animalerie ne vend pas de reptiles, ni de chats, ni de chiens mais tient en rayon tout le nécessaire à leur bien-être : habitat, nourriture, accessoires... La boutique propose un beau choix de poissons exotiques, de poissons d'eau froide, des oiseaux de cage et de volière, de nombreux rongeurs... Vous y trouverez tout l'indispensable pour que vos animaux domestiques se sentent bien chez vous.

Fourrière

Pour une demande d'intervention, vous devez contacter les services municipaux ou les services de police. Si vous recherchez un animal disparu, n'oubliez pas de vérifier auprès de la fourrière animale, en téléphonant au 02 99 60 92 22. Ils gardent les animaux douze jours et les transfèrent ensuite à la SPA s'ils n'ont pas été réclamés.

SPA, Zone industrielle des Trois-Marches Route de Lorient ✆ 02 99 59 32 74. *Accueil du public du lundi au samedi de 9h à 12h et de 13h30 à 18h.*

DIRECTION DEPARTEMENTALE DES SERVICES VETERINAIRES 24, rue Antoine-Joly ✆ 02 99 59 89 59.

Salons de toilettage

ARISTO'CHIENS 143, avenue du Général-Leclerc ✆ 02 99 38 77 12. *Ouvert du lundi au vendredi de 9h à 12h et de 14h à 18h.* Un chien toiletté prend tout de suite une fière allure. Pour son bien-être et sa belle apparence, tout chien mérite que l'on prenne soin de lui. Chez les Aristo'Chiens, un soin complet pour un chien varie en fonction de la taille et de l'état de ce dernier.

LA TOUTOUNIERE **14, rue de l'Alma ✆ 02 99 30 41 05.** *Ouvert du mardi au samedi.* Loin d'être une corvée, le passage chez le toiletteur est un moment important dans l'emploi du temps d'un chien et de son maître : prendre rendez-vous, laisser son animal de compagnie se faire chouchouter, bichonner, le retrouver beau comme un sou neuf !Le toilettage complet d'un chien de taille moyenne vaut entre 34 € et 36 €. Madame de la Toutounière aime son métier, même si c'est un travail parfois fatiguant !Le contact avec les maîtres et les animaux lui convient à merveille et elle s'occupe avec compétence de nos toutous.

Toilettage à domicile

MARTINE FORGET **58, boulevard Albert-1er ✆ 02 99 51 51 87.** *Horaires liés à la disponibilité du propriétaire.* Après avoir travaillé en salon pendant plus de dix ans, Martine s'est lancée dans le toilettage à domicile. Elle ne s'occupe que des petits animaux de compagnie, york, cocker... et se charge de les mettre sur leur trente-et-un, sans les changer d'univers. Elle sait instaurer une véritable relation de confiance avec l'animal, comme avec les propriétaires !Ses tarifs ?De 33 € à 45 €. Avouez qu'il n'y a pas de quoi se priver...

Crottes de chiens

6 tonnes de déjections canines ramassées chaque jour par les employés municipaux... Un chiffre qui fait frémir, et qui a conduit la Ville à prendre un arrêté, obligeant les maîtres à ramasser les déjections de leur compagnon à quatre pattes. Car sinon, attention à l'amende, comprise entre 11 € et 38 €. Bon à savoir, des kits Pince-à-crotte® composés d'une pince en carton et d'une pochette kraf sont disponibles gratuitement à l'office du tourisme de Rennes, dans les mairies de quartier, à l'hôtel de ville, au service communal d'hygiène et de santé et dans les cliniques vétérinaires de Rennes.

Business

Aide à la création d'entreprise

BOUTIQUE DE GESTION 35 6, rue du Bignon ✆ 02 99 86 07 47. La Boutique de gestion s'adresse à ceux qui ont un projet de création d'activité. Elle les accompagne dans la faisabilité, la réalisation et le suivi de cette création, grâce à une information appropriée à chaque cas, à des conseils, à des formations. Elle renseigne également sur les différentes possibilités d'aide à la création. L'équipe de 11 personnes qui composent l'association possèdent des compétences commerciales, juridiques, financières, sociales, etc.

BRUNO COURSES BP 20422, 35004 RENNES CEDEX ✆ 02 99 86 09 99. *Du lundi au vendredi.* Depuis 1980, des courses sur un simple appel, de 100 grammes à 2,50 kilos, de 20 mètres cubes ou plus !Inutile de perdre du temps et de vous fourrer dans les embouteillages !Peu après votre appel, un coursier viendra prendre le paquet ou l'enveloppe à votre domicile et le ou la livrer où vous le souhaitez. Qui n'a pas croisé sur son chemin un coursier Bruno ?Vêtus de blanc et bleu, les cavaliers rapides enfourchent leurs engins et traversent la ville, vite fait, bien fait. Très bons pilotes, ils font au plus vite, sans en faire trop ni gêner piétons et autres véhicules. Ultra rapides, pour livrer plis et petits colis à la vitesse de l'éclair. Une organisation sans faille, qui sait jongler avec l'imprévu fait de Bruno Courses une valeur sûre en matière de livraison à Rennes ou dans les alentours.

EUROMULTICOURSE 13, rue Jean-Jaurès ✆ 02 99 23 78 00. Une société d'envergure nationale qui a pour ambition de maîtriser le temps, partout en Europe, 24h/24. Si votre envoi fait plus de 100 grammes et moins de 2 tonnes, vous pouvez le confier à Euromulticourse, qui fera tout son possible pour le livrer au plus tôt. L'antenne rennaise, sous l'égide de Henri Percevault, conjugue cordialité, compétence, sérieux et efficacité.

TDS, Transports Drouadaine Stéphane, SARL 25, rue Noyer ✆ 0 810 400 907 / 06 07 47 10 57. *Site Internet : www.tds35.com* Les Transports Drouadaine Stéphane effectuent les courses urgentes 24h/24 et la messagerie express, tous les jours de l'année, aussi bien pour les particuliers que pour les entreprises. Du pli à la palette, n'excédant pas les 3,5 tonnes,, TDS se charge de l'envoi à Rennes, en France et jusqu'aux frontières de l'Europe. Si la course doit se faire à Rennes ou sa proche périphérie, l'enlèvement et la livraison sont assurés en moins de 1 heure. Depuis sa création en 1994, TDS propose un service intelligent aux particuliers, comme certains habitués le savent déjà, qui se font ainsi livrer leurs médicaments à domicile. La maison a également eu l'idée d'un service de location de chauffeur avec ou sans véhicule. Pratique dans bien des cas...

Papeteries, fournitures de bureau

BAHON RAULT 18, rue du Champ-Jacquet ✆ 02 99 79 00 39. Vous aimeriez un faire-part de qualité pour votre mariage ? La petite a besoin d'une jolie boîte à crayons ? Et d'ailleurs de crayons rigolos aussi ?Alors direction Bahon-Rault ! Cette papeterie jouit d'une jolie surface sur ses deux étages et est extrêmement bien fournie en matière de papier et d'enveloppes, fournitures et mobilier de bureau, timbres caoutchoucs, carterie, activités manuelles et Beaux-Arts. Classique, original, usuel ou sortant de l'ordinaire, vous n'aurez que l'embarras du choix ! Une bonne adresse qui propose en outre des activités créatives 2 mardis par mois.

FORUM DU LIVRE 5, quai Lamartine ✆ 02 99 79 38 93. *Du lundi au samedi de 9h30 à 19h.* Le Forum du Livre est un des lieux incontournables de Rennes quand on cherche un ouvrage, en poche ou en grand format ou des fournitures de bureaux ou pour vos loisirs créatifs. Ici, ce que l'on remarque en premier, c'est généralement le grand nombre des références et la qualité du conseil. Le personnel y est toujours souriant et aimable, ce qui change de bien des endroits. L'année dernière, le Forum du Livre s'est relooké, adoptant un cadre chaleureux avec parquet, meubles de librairie et étagères en bois clair, une disposition aérée et des rayons repensés pour améliorer votre service.

Le premier étage est toujours consacré aux beaux livres, aux Boulevard, à la jeunesse, à la littérature régionale, aux romans et aux essais. Il y a même une section voyage avec de très bons guides...– Oups, je fais de l'auto-promo... Le deuxième bénéficie des mêmes changements, et abrite les poches, les ouvrages scolaires et universitaires. Au dernier étage sont installés la papeterie, les articles de bureau et les fournitures pour Beaux-Arts, qui, ceci dit en passant, bénéficie d'une belle place consacrée aux loisirs créatifs. Côté choix, vous y trouverez quasiment à tout les coups votre bonheur, près de 400 000 références répertoriées,, et si vous ne trouviez pas celle que vous cherchez, le guide Petit Futé Namibie, par exemple...,, la librairie vous le commandera.

LA PLUME D'OIE 8, rue de la Monnaie ✆ 02 99 79 41 38. *Ouvert du mardi au samedi de 10h à 12h15 et de 14h à 19h.* Cette jolie boutique offre un grand choix de stylos. Cross, Waterman, Parker et surtout Mont-Blanc se côtoient pour que vous trouviez votre bonheur. A côté de cette belle sélection de stylos, à plume ou à bille, vous repérerez une panoplie de petites choses liées à l'écrit... et pourquoi ne pas vous laisser tenter par un ensemble bureau Edwood ou ses sacs Loxwood. Une adresse discrète bien connue des initiés !

Reprographie

COPYROOM 22, rue Saint-Melaine ✆ 02 99 63 40 29. Une adresse complète, qui s'est concentrée sur l'essentiel en matière de reprographie. Les étudiants du coin connaissent bien l'adresse, qui pratique des tarifs préférentiels à leur égard. Thèses, mémoires, rapports, dossiers, etc. seront ici tirés en plusieurs exemplaires, reliés ou perforés, collés avec professionnalisme. **Autre adresse : 72, rue de Rennes, CESSON-SEVIGNE ✆ 02 99 83 84 00.**

COPIES DES LICES 10, place du Bas-des-Lices02 99 35 18 40. *Site Internet : http://copies-des-lices.com Ouvert du lundi au vendredi de 9h à 19h et le samedi de 9h à 15h.* Photocopies, reliures, plastifications et service scanner : Copies des Lices offre un service complet et propose plusieurs formules. Avec ou sans carte, les photocopies bénéficient de tarifs dégressifs au nombre de copies, et de tarifs préférentiels en direction des étudiants et des enseignants. Même système dégressif pour les photocopies laser couleur, la plastification et les reliures thermocollées et anneaux plastiques ou métalliques. La maison propose également un service télécopie : vous pourrez recevoir ou envoyer vos fax en Ille-et-Vilaine, en France ou en Europe. C'est également un bon plan futé, parce qu'elle propose d'imprimer vos fichiers Word, Excel, Publisher, Photoshop...

ESPACE COPY 11, rue d'Antrain ✆ 02 99 38 00 11. Les échoppes de copies ne manquent pas dans ce quartier où est installé Espace Copy. Des formules libre-service et abonnement offrent des tarifs compétitifs. Un abonnement avec carte magnétique est plus avantageux dès lors que vous avez plus de 100 copies à faire. L'Espace Copy s'occupe de vos photocopies laser noir et blanc ou en couleur, ainsi que des travaux de reliure et des impressions sur tee-shirt.

LA MAISON DE LA COPIE ET DU SECRETARIAT 10 bis, avenue Henri-Fréville ✆ 02 99 53 19 23. Une adresse qui, en matière de copies, d'impression, de façonnages mais aussi de créations PAO, fait preuve d'un savoir-faire particulièrement rôdé et efficace. La rapidité et le sourire sont toujours au rendez-vous, et les tarifs défient toute concurrence. Particuliers, associations, étudiants, entreprises trouveront ici une gamme élargie de services adaptés à leurs besoins spécifiques. Copies noir et blanc, copies laser couleur, impression numérique sur Mac et PC, pliages, agrafages et reliures de dossiers, de mémoires... seront soigneusement traités. Et pour vos faire-part de naissance, de mariages, vos menus, cartes de visites ou invitations, n'hésitez pas à solliciter les conseils et les modèles de la maison. L'atelier PAO se distingue également dans les créations d'affiches, flyers, tracts, logos ou plaquettes pub.

IDENTIC Rue de la Carrière, CESSON-SEVIGNE ✆ 02 99 26 10 10. *Ouvert du lundi au vendredi de 8h à 19h en continu.* Bien sûr, il faut quitter le centre-ville, pour certains ça semble être une aventure, genre mission impossible, un déchirement... Pourtant, Cesson, ce n'est quand même pas le bout du monde ! Ces professionnels de la copie sont équipés de matériel très performant pour réaliser des travaux de qualité. On pense au copieur couleur numérique qui réalise jusqu'à 60 copies à la minute, mais aussi à son système de connexion Xerox Docutech n/b 600 dpi...

Séminaires

GAPE ANTIPOLIS 301, rue de Fougères ✆ 02 99 36 15 05. Pour vos séminaires, Gape Antipolis dispose de 4 salles de réunions, d'une capacité d'accueil de 15 à 70 personnes, climatisées et équipées de vidéo projecteur et de connexion à Internet. Possibilité de déjeuner sur place, formule pizza et brasserie. Forfait journée ou demi-journée, avec petit déjeuner ou cocktail le soir,, et autres formules suivant vos demandes. Les salles peuvent également se louer seules, sans prestations. Pour y parvenir, prendre la sortie Porte des Longchamps sur la rocade nord-est de Rennes. Gape Antipolis est situé face au parc des Gayeulles, le poumon vert de la ville. Idéal pour travailler, la tête sereine...

Environnement

Adresses utiles

Le service Propreté urbaine de la ville de Rennes est disponible au 02 99 28 40 51. Rennes Métropole dispose d'un service déchets au 0 800 01 14 31 : l'appel est gratuit et l'accueil excellent.

AIR BREIZH, Le Thulium 7, rue du Chêne-Germain, CESSON-SEVIGNE ✆ 02 23 20 90 90. *Site Internet : www.airbreizh.asso.fr*

Pour connaître la qualité de l'air, le taux de pollens, les polluants.

ASSOCIATION TIEZ BREIZ MAISONS ET PAYSAGES DE BRETAGNE 10, rue du Général-Nicolet ✆ 02 99 53 53 03. *Permanence téléphonique le mardi de 9h30 à 17h30 et le vendredi de 13h30 à 17h30. Ouvert sur rendez-vous du lundi au vendredi.* Cette association qui s'occupe de la connaissance et de la sauvegarde du patrimoine architectural rural, couvre les cinq départements de la Bretagne historique, Loire-Atlantique, Ille-et-Vilaine, Morbihan, Finistère et Côtes d'Armor. Elle est également un centre de formation pour la transmission des savoir-faire techniques pour la restauration de ce patrimoine.

CONSEIL LOCAL A L'ENERGIE 20, avenue de Français-Libres ✆ 0 820 820 466. *Site Internet : www.conseil-local-energie.com Sur rendez-vous, du lundi au vendredi de 13h30 à 17h30.* Vous souhaitez quelques conseils pour consommer chez vous avec modération et intelligence les énergies telles que l'électricité, l'eau ?Vous trouverez une écoute, des réponses et des astuces auprès du CLE.

DIRECTION DES JARDINS 7, rue Quineleu ✆ 02 23 35 69 35.

MAISON DE LA CONSOMMATION ET DE L'ENVIRONNEMENT 48, boulevard Magenta ✆ 02 99 30 35 50. *Accueil et centre de documentation ouvert le lundi, mercredi et jeudi de 9h à 12h30 et de 14h à 18h, le mardi de 9h à 18h et le vendredi de 9h à 17h30.* Cette association de loi 1901, créée il y a un peu plus de vingt ans, regroupe 9 associations de consommateurs et 5 associations de défense de l'environnement. Parmi celles-ci, l'UFC-Que Choisir, l'Union départementale des associations familiales, le Ciele, Centre d'information sur l'énergie et sur l'environnement,, l'association Eau et Rivière de Bretagne, la société pour l'Etude et la Protection de la Nature en Bretagne, ou encore Greenpeace, qui tient une permanence depuis fin 2003. La MCE est incontournable pour tout ce qui concerne les questions et problèmes liés à l'environnement à Rennes. Elle a mené plusieurs combats qui ont porté leurs fruits au niveau local, régional ou national, notamment la revendication, bien avant la crise de la vache folle, de la mise en place d'un étiquetage systématique de la viande bovine. Ce lieu diffuse de nombreuses informations, par le biais de documentations, d'expositions ponctuelles, d'un service diététique, et édite régulièrement des fiches comparatives bien pratiques sur tel ou tel sujet d'actualité. L'équipe est dynamique et conseille efficacement.

OBSERVATOIRE DE L'EAU DE RENNES METROPOLE 16, boulevard Laënnec ✆ 02 99 01 86 96. Il publie un bulletin annuel qui dresse le bilan de l'état de santé de l'eau, au niveau local. Une séance plénière publique a lieu chaque année, occasion de débats et de réflexions pour améliorer et gérer au mieux cette ressource précieuse. L'OERM est avant tout un lieu de concertation et de rencontres entre tous les acteurs concernés, des institutionnels aux consommateurs.

POINT INFO SUR L'EAU ✆ 02 99 67 85 65. Ce service d'hygiène et de santé dispose d'un point info sur l'eau qui vient compléter les informations diffusées par ailleurs à l'hôtel de ville et dans les mairies de quartier. En vous rendant au 14, rue Saint-Yves, vous pourrez vous procurer des brochures sur la qualité de l'eau, des documents sur les économies d'eau ou étudier des panneaux explicatifs clairs.

Centre de tri

CENTRE DE TRI 18, rue Léon-Berthault, ZI Route de Lorient ✆ 0 800 01 14 31. Le centre de tri ouvre ses portes au public. Visite instructive que celle de ce grand bâtiment qui reçoit sans discontinuer le contenu de nos sacs jaunes et les trie. Au cours de la visite, les chaînes de tri et les différents postes de travail sont présentés, complétés d'un exposé et d'un atelier sur les bons gestes, afin de prévenir les erreurs. Les visiteurs trouvent ici des réponses à leurs questions, sur le fonctionnement du recyclage des déchets. Les visites se font sur réservation.

Déchetteries

DECHETTERIE DE LA PLAINE DE BAUD Avenue Chardonnet. Ouvert du lundi au samedi de 9h à 12h et de 14h à 18h. Située à Rennes est, près du centre technique municipal.

DECHETTERIE DE VILLEJEAN Avenue Charles-Tillon. Ouvert du lundi au samedi de 9h à 12h et de 14h à 18h. Située à Rennes nord, près de l'usine d'incinération.

DECHETTERIE DES BOEDRIERS Route de Noyal-Châtillon. Ouvert du lundi au samedi de 9h à 12h et de 14h à 18h. Dans Rennes sud, près de l'Ecomusée de la Bintinais, sur la route de Noyal-Châtillon.

Etudes

Adresses utiles

CENTRE D'ECHANGE FRANCO-ALLEMAND 35, rue Saint-Melaine ✆ 02 99 63 41 97.

CENTRE D'INFORMATION JEUNESSE BRETAGNE 6, cours des Alliés ✆ ✆ 02 99 31 47 48.

CROUS, Centre régional des œuvres universitaires et scolaires 7, place Hoche ✆ 02 99 84 31 31. Site Internet : www.crous-rennes.fr

DIRECTION DE L'EDUCATION 82, rue de Paris ✆ 02 99 28 55 50.

DIRECTION DEPARTEMENTALE DES AFFAIRES SANITAIRES ET SOCIALES 13, avenue de Cucillé ✆ 02 99 02 18 00.

OTU VOYAGE, ORGANISATION POUR LE TOURISME UNIVERSITAIRE 10, rue Saint-Melaine 02 23 20 52 05.

RECTORAT D'ACADEMIE 96, rue d'Antrain ✆ 02 99 21 77 77.

UNITES REGIONALES DE FORMATION ET DE PROMOTION ✆ 02 99 14 14 46.

Armée de l'air

BUREAU AIR INFORMATION 20, rue du Docteur-Francis-Joly ✆ 02 99 30 79 43. *Ouvert du lundi au vendredi de 8h30 à 12h30 et de 14h à 18h.* Ce bureau est la porte d'entrée des jeunes désirant intégrer l'armée de l'air. Le bureau informe sur toutes les carrières possibles de l'armée de l'air, suivant l'âge et le niveau d'étude, et fournit les dossiers de candidature. Le recrutement concerne les jeunes gens du niveau 3e à bac + 5, âgés de 17 ans à 22 ans pour le personnel navigant et de 17 ans à 23 ans pour le personnel non navigant, et jusqu'à 30 ans pour tous ceux titulaires d'un bac + 3 à bac + 5. Beaucoup rêvent de devenir pilote... Mais l'armée de l'air, ce n'est pas que cela, puisqu'elle regroupe une cinquantaine de métiers différents. Métiers technique, mécanique et électronique embarquée, spécialistes de l'armement, systèmes d'information et de communication, liaisons au sol, réseau radar, etc.,, domaine de la sécurité, maîtres-chiens, pompiers, fusilliers commando...,, métiers administratifs, métiers aéronautiques, contrôleurs aériens, et domaine du renseignement militaire sont les grands corps d'appartenance à l'armée de l'air. Le Bureau Air Information est là pour vous aider à choisir parmi toutes ses spécialités l'orientation la plus cohérente avec votre niveau d'études et vos aptitudes.

Associations étudiantes

STUD'NET ✆ 02 99 14 19 74. Cette association de l'université de Rennes II a lancé le site de l'Etudiant rennais. Autrement dit, en vous connectant et en tapant www.studnet-city.org, vous obtiendrez plein d'informations destinées à faciliter la vie des étudiants rennais. 4 axes sur ce site : l'écho des campus, la vie associative, qui recense notamment toutes les assos étudiantes sur et hors campus des différentes universités,, les études et un guide pratique. Les deux dernières rubriques sont a priori toujours en cours de construction.

ART-H-PIE Bâtiment Erève, R206, Campus Villejean ✆ 02 99 14 15 33. *Cotisation annuelle : 5 €.* Cette association vise à regrouper les étudiants de l'université autour de la réalisation de projets culturels, ainsi que de leur faciliter l'accès à la culture. Elle organise des sorties sur des thèmes culturels en France, Paris essentiellement,, participe à la création d'expositions, propose des soirées, théâtre d'improvisation, musique,, soutien des projets d'étudiant et édite un bimestriel En attendant le journal... sur l'actualité culturelle, et pas seulement rennaise.

Enseignement à distance

CENTRE NATIONAL D'ENSEIGNEMENT A DISTANCE 7, rue du Clos-Courtel ✆ 02 99 25 13 00. Le Cned propose des formations supérieures en biologie, biotechnologie, médecine et santé, diététique, environnement et matériaux.

SERVICE DE FORMATION CONTINUE 4, rue de Kléber ✆ 02 23 23 39 50. Avec la collaboration du Cned, Rennes I met en place des cours par télé-enseignement et télé-tutorat.

SERVICE UNIVERSITAIRE D'ENSEIGNEMENT A DISTANCE La Harpe ✆ 02 99 14 14 15. Le Sued a développé un enseignement universitaire à distance très performant. Chaque année, plus de 2 000 étudiants éloignés de la fac par des contraintes géographiques ou autres bénéficient de cours sur différents supports et sous différentes formes, selon les disciplines et leurs besoins.

Enseignement du breton

De la maternelle à la fac, en passant par le collège et le lycée, bon nombre d'établissements rennais offrent la possibilité d'apprendre le breton. Plus de 10 % des Rennais parlent ou comprennent cette langue régionale, et beaucoup de jeunes l'apprennent. Publics ou privés, près de 10 collèges et lycées proposent des cours de breton.

Cours associatifs

SKOL AN EMSAV 8, rue Hoche ✆ 02 99 38 75 83. Enseignement par immersion

DIWAN BRO ROAZHON : l'enseignement est dispensé dans les structures suivantes :

ECOLE MATERNELLE FAUX-PONT 4, ruelle du Faux-Pont ✆ 02 99 30 68 61.

ECOLE MATERNELLE QUINELEU 25, rue Pierre-Martin ✆ 02 99 51 50 60.

ECOLE ELEMENTAIRE LIBERTE 8, boulevard du Liberté ✆ 02 99 30 16 74.

ECOLE MATERNELLE ET PRIMAIRE GANTELLE **1, rue Erlangen ✆ 02 99 63 27 84.** Enseignement public

COLLEGE ECHANGE **30, rue de Dinan ✆ 02 99 30 20 43.**

COLLEGE ET LYCEE EMILE-ZOLA, filière bilingue **Avenue Janvier ✆ 02 99 79 23 00.**

LYCEE BREQUIGNY **7, avenue Georges-Graff ✆ 02 99 86 82 00.** Enseignement privé

LYCEE SAINT-MARTIN **31, rue d'Antrain ✆ 02 99 84 16 16.**

LYCEE SAINTE-GENEVIEVE **14, rue Guinguené ✆ 02 99 65 10 08.** Université

UNIVERSITE DE RENNES II HAUTE-BRETAGNE **6, avenue Gaston-Berger ✆ 02 99 14 17 02.** Rennes II abrite un département breton et celtique très dynamique. Une association d'étudiants, la Kejadenn, anime et fédère les étudiants de ce département qui enseignent le breton mais aussi le gaélique, le gallois et le cornique. Il est possible d'y passer, après le bac ou le DAEU, une licence, un master, un doctorat ou le Capes.

Enseignement à distance

CNED **7, rue du Clos-Courtel ✆ 02 99 25 13 00.**

SUED, Campus La Harpe **Avenue Charles-Tillon ✆ 02 99 14 14 15.**

Grandes écoles et instituts

Agronomie, Agroalimentaire

AGROCAMPUS RENNES, Institut national d'enseignement supérieur et de recherche agronomique et agroalimentaire de Rennes **65, rue de Saint-Brieuc ✆ 02 23 48 50 00.**

Armée

ECOLE SUPERIEURE ET D'APPLICATION DES TRANSMISSIONS, ESAT **Avenue Tourandais, CESSON-SEVIGNE ✆ 02 99 84 32 99.**

Arts

CONSERVATOIRE NATIONAL DE REGION **26, rue Hoche ✆ 02 99 28 55 72.** La ville compte plusieurs annexes de ce CNR dans les différents quartiers.

ECOLE D'ARCHITECTURE DE BRETAGNE **44, boulevard de Chézy ✆ 02 99 29 68 00.**

ECOLE REGIONALE DES BEAUX-ARTS **34, rue Hoche ✆ 02 99 28 55 78.**

INSTITUT SUPERIEUR DES ARTS APPLIQUES **13, rue Poullain-Duparc ✆ 02 99 79 23 79.**

Commerce

SUP DE CO **2, rue Robert-d'Arbrissel ✆ 02 99 54 63 63.**

3ème CYCLE MBA EN ANGLAIS **2, rue Robert-d'Arbrissel ✆ 02 99 54 63 63.**

Enseignement

IUFM **153, rue de Saint-Malo ✆ 02 99 54 64 44.**

ECOLE NORMALE SUPERIEURE DE CACHAN **Ker Lann ✆ 02 99 05 93 00.** Le campus de Ker Lann, à Bruz, abrite l'antenne régionale de l'ENS de Cachan. Elle prépare à la recherche dans divers domaines : génie mécanique, génie électrique, mathématiques et informatique, droit économie et gestion.

CENTRE DE FORMATION PEDAGOGIQUE SAINT-MELAINE **190, avenue du Général-Patton ✆ 02 99 27 41 42.**

Gestion

INSTITUT DES HAUTES ETUDES COMPTABLES ET FINANCIERES **Ker Lann, Bâtiment Alliance ✆ 02 99 57 11 26.** L'IHECF compte deux départements. Un département de gestion, expertise comptable qui propose la préparation aux diplômes suivants : DPECF, DECF, DESCF et des stages en entreprises et cabinets d'expertise comptable. Le DECF est accessible en un an pour les titulaires d'un DUT, GEA ou d'un BTS gestion comptabilité. Le département Sciences administratives dispose de classes préparatoires à l'entrée à Sciences politiques Paris et aux instituts d'Etudes politiques.

Horticulture, Environnement

MFR Les Robinardières, SAINT-GREGOIRE ✆ 02 99 68 81 11. Plus connue sous le nom de Maison de l'Horticulture, la Maison familiale rurale propose des formations en alternance, alliant la pratique à la théorie. Plusieurs diplômes sont accessibles, en horticulture comme en environnement : CAP, BEP, Bac Pro. De nombreuses autres formations spécialisées existent également dans ces différents domaines. Nous n'évoquons pas ici les classes préparatoires aux grandes écoles ou les sections de techniciens supérieurs.

Ecole de relooking

LOOK DESIGN 11, rue Jules-Simon ✆ 02 99 78 31 13 / 06 08 68 11 25. *Site Internet : www.lookdesign.fr* Cette agence appartient à Virginie Le Cozic. Le relooking se déroule en 6 étapes. L'entretien personnalisé est primordial pour vous comprendre. Ensuite, on place des échantillons de tissus sur votre épaule afin d'établir la gamme de couleurs qui vous sied le mieux. Viennent alors le maquillage puis le coiffage. De nouveaux vêtements vous sont proposés par rapport à votre morphologie et à votre caractère. Enfin, l'étape ultime est de vous parer d'accessoires comme des bijoux, une ceinture, un foulard, des chaussures, une cravate et des lunettes. Et voilà, le tour est joué : vous vous sentez déjà mieux dans votre corps et donc dans votre tête. A conseiller à tout le monde !

Santé

ECOLE NATIONALE DE LA SANTE PUBLIQUE 15, avenue du Professeur-Léon-Bernard ✆ 02 99 02 22 00.

INSTITUT DE RECHERCHE ET TECHNOLOGIES APPLIQUEES A LA SANTE 2, avenue du Professeur-Léon-Bernard ✆ 02 99 33 69 56.

L'IRISA Campus de Beaulieu, Entrée allée Jean-Perrin ✆ 02 99 84 71 00.

Sciences et techniques

L'ECOLE DES METIERS DE L'ENVIRONNEMENT Ker Lann ✆ 02 99 05 88 00. Titulaires d'un baccalauréat scientifique ou technique, et de tout autre diplôme supérieur,, vous pouvez tenter d'accéder à cette école qui n'est autre qu'une association de loi 1901. Soutenue par la Générale Des Eaux, l'EME forme au BTS hygiène propreté environnement et aux concours d'ingénieur des technologies de l'environnement. Elle prépare également au Master of Science, génie industriel de l'environnement.

ECOLE D'INGENIEURS LOUIS-DE-BROGLIE Ker Lann ✆ 02 99 05 84 00. Elle forme les ingénieurs généralistes. Il s'agit d'une école privée.

ECOLE NATIONALE DE LA STATISTIQUE ET DE L'ANALYSE DE L'INFORMATION, ENSAI Ker Lann ✆ 02 99 05 32 10. Cette école dépend de l'Insee. Les étudiants qui pénètrent dans ces beaux bâtiments se spécialisent en ingénierie statistique.

INSTITUT NATIONAL DES SCIENCES APPLIQUEES, INSA 20, avenue de Buttes-de-Coesmes ✆ 02 99 28 64 00.

ECOLE SUPERIEURE D'ELECTRICITE DE RENNES, SUPELEC Avenue de la Boulais, CESSON-SEVIGNE ✆ 02 99 84 45 00.

Sciences politiques

IEP 104, boulevard de la Duchesse-Anne ✆ 02 99 84 39 39. Il s'agit de l'Institut des sciences politiques.

Langues étrangères

CENTRE FRANCO-ALLEMAND 35, rue Saint-Melaine ✆ 02 99 63 41 97. *Secrétariat ouvert du lundi au vendredi de 14h à 17h.* Pour suivre un enseignement de langue, en allemand ou en américain, mieux vaut s'inscrire dès la mi-septembre. Pour tous niveaux, toutes aptitudes. Chacun trouvera une formule des plus adaptées : cours en petits groupes, cours particuliers... sur une période plus ou moins longue, à déterminer. Rattaché à l'Institut Goethe, le CFA délivre des diplômes de niveau de langue reconnus en France et en Allemagne.

INSTITUT FRANCO-AMERICAIN 7, quai Chateaubriand ✆ 02 99 79 20 57. Les cours de langues dispensés par l'Institut Franco-Américain ont lieu au CFA situé 35, rue Saint-Melaine. Agréé comme centre de formation professionnelle continue, le centre propose de nombreuses formules d'apprentissage, de l'initiation au perfectionnement. Vous pourrez y suivre, par exemple, des cours de préparation au passage du célèbre TOEFL, test of english as a foreign language.

RENNES CHINE Rue de la Corderie ✆ 02 99 84 02 33. L'association dispense des cours de langue tous niveaux.

Logement

Rennes compte un grand nombre de cités universitaires, disséminées dans tous les quartiers de la ville. Il existe aussi des résidences et studios réservés aux étudiants. Un serveur vocal a été mis en place par le Crous ✆ 02 99 84 31 51.

Les demandes sont à effectuer avant fin avril pour l'année universitaire suivante, par Minitel.

Cités universitaires

ALSACE 2, rue d'Alsace ✆ 02 99 59 20 48.

BEAULIEU 29 29, avenue du Professeur-Charles-Foulon ✆ 02 99 84 30 00.

BEAULIEU 33 33, avenue du Professeur-Charles-Foulon ✆ 02 99 87 40 70.

GUYENNE Square de Guyenne ✆ 02 99 59 26 71.

JULES FERRY 28, rue du Doyen-Roger-Houin ✆ 02 99 27 49 49.

MAINE 5, rue du Maine ✆ 02 99 14 28 28.

NORMANDIE Square de Normandie ✆ 02 99 14 28 28.

PATTON 12, rue du Houx ✆ 02 23 21 06 06.

SAINT-HELIER, filles 20, rue Saint-Hélier ✆ 02 99 35 26 30.

SEVIGNE 94, boulevard de Sévigné ✆ 02 99 36 10 21. Résidences et studios

BUTTE DE COESMES 23, avenue du Professeur-Charles-Foulon ✆ 02 99 84 30 00.

LA GARE 4, boulevard Solférino ✆ 02 99 27 49 49.

LA HARPE 10, rue du Doyen-Denis-Leroy ✆ 02 99 14 28 28.

MIRABEAU 32, rue Mirabeau ✆ 02 99 87 40 60.

LA TOUCHE 33, rue Léon-Ricottier ✆ 02 99 59 82 06.

VILLEJEAN ALSACE 2, rue d'Alsace ✆ 02 99 59 82 06.

Les places disponibles en cités ou résidences universitaires restent chères. Il existe d'autres solutions adaptées aux budgets et aux besoins des étudiants. Certains logements HLM sont notamment réservés aux jeunes ménages étudiants : pour monter un dossier de demande, il faut là encore contacter le service logement du Crous ✆ 02 99 84 31 55.

Le Crous met à disposition des étudiants, gratuitement, un fichier d'offres. A consulter sur place ou par Minitel 3615 CROUS. Le service logement du Crous est ouvert de 8h30 à 16h du lundi au vendredi, jusqu'à 18h en juillet, août et septembre, du 20 juillet au 20 août environ.

Autres adresses à ne pas négliger lors de votre recherche, les services logements de la SMEBA, depuis sa restructuration, la Mutuelle des Etudiants s'est recentrée sur les prestations santé et ne dispose plus de fichiers d'offres de logements.

SERVICE LOGEMENT SMEBA 4, rue Victor-Hugo ✆ 02 99 78 33 66. Fichier d'offres de logements consultables toute l'année. Enfin, le CIJB, Centre d'Information Jeunesse Bretagne, est aussi une mine d'informations en la matière. Il édite un petit dépliant très bien fait Se loger à Rennes.

LA MUTUELLE DES ETUDIANTS 29, quai Chateaubriand ✆ 0 825 000 601, 0,15 €/mn. La LMDE propose à ses affiliés des offres de locations. Consultation sur place : du lundi au vendredi de 9h30 à 12h30 et de 13 h30 à 17h30 et fermé le vendredi après-midi.

Résidences locatives

LES ESTUDINES 23, rue de Châtillon ✆ 0 825 041 042. La capitale bretonne est une ville jeune et étudiante, aucun doute là-dessus !C'est la raison pour laquelle de nombreuses structures se sont créées afin de répondre de façon adaptée aux besoins de ces futurs actifs. Les Estudines en font partie et, comme l'indique le nom, donnent dans la résidence locative pour étudiants, jeunes salariés et stagiaires en formation. Ces logements sont meublés et équipés avec services para-hôteliers. La location va d'une semaine minimum à l'année entière.

RESIDENCE SAINT-LAURENT 13, rue Charles-Laurent ✆ 02 99 36 45 62. Pour élire leur futur lieu de vie, les étudiants ont besoin d'arguments convaincants. Ici, dans cette résidence privée, qui va du studio au T2, meublé, cuisine équipée, parking, un grand nombre de prestations complémentaires telles que le petit déjeuner, le ménage, la blanchisserie et les repas peuvent faire la différence. Les locations peuvent se faire à la semaine, au mois ou à l'année, le tout n'est qu'une question d'argent et de mode de vie !

Mutuelles

LA MUTUELLE DES ETUDIANTS 29, quai Chateaubriand ✆ 0 825 000 601. *0,15 €/mn. Numéro Azur, prix de communication locale. Serveur vocal accessible 24h/24. Conseil personnalisé du lundi au vendredi de 9h à 18h. Site Internet : www.lmde.com.* La Mutuelle des Etudiants propose plusieurs complémentaires santé. En plus de toutes ses prestations, l'accueil téléphonique est rapide et toujours plaisant.

SMEBA 4, rue Victor-Hugo ✆ 02 99 78 33 66. Excellent site www.smeba.fr SMEBA Voyages, ouvert du lundi au vendredi de 9h à 12h30 et de 13h45 à 18h ✆ 02 99 78 84 67.

Orientation

SUIO, Stages-emplois ✆ 02 99 14 13 88.

SUIO Université Rennes I 4, rue Kléber ✆ 02 23 21 22 00.

SUIO Université Rennes II 6, avenue Gaston-Berger ✆ 02 99 14 13 87. *Les services universitaires d'informations et d'orientations sont ouverts du lundi au vendredi en période scolaire. Les bureaux sont fermés à 17h au plus tard et ceux de Rennes II ne sont pas ouverts au public le matin.* Les SUIO sont des mines d'informations absolument incontournables. Outre toutes les bases de données, les SUIO proposent des rendez-vous individuels pour discuter de votre orientation, d'éventuelles poursuites d'études, de changements radicaux... Bref, si vous ne savez plus très bien ce que vous faites là, allez-y.

Restaurants universitaires

Les restos U sont ouverts du lundi au vendredi soir. Des permanences sont mises en place pour le week-end : ce service restreint étant très changeant, il faut consulter les affichages directement dans les RU. Certains résonnent à la manière de nos bonnes vieilles cantines de l'école primaire. Déjeuner dans un brouhaha incessant, ce n'est pas forcément reposant, mais c'est plutôt agréable quand on est de bonne humeur. Pour y retrouver une joyeuse bande, un minimum d'optimisme et de chance est requis : les places sont chères aux heures de pointe... Les tarifs étudiants pratiqués sont tout simplement imbattables !

BEAULIEU I 37, avenue du Professeur-Charles-Foulon ✆ 02 99 36 27 29.

BEAULIEU II Allée Jean-d'Alembert ✆ 02 99 87 07 18.

CHAMP-DE-MARS 11 bis, boulevard de la Liberté ✆ 02 99 30 43 00.

KER LANN Campus Ker Lann ✆ 02 99 05 06 30.

LA DUCHESSE ANNE 110, boulevard de la Duchesse-Anne ✆ 02 99 38 70 51.

FOUGERES 46, rue Jean-Guéhenno ✆ 02 99 38 03 22.

LE MENELIK 148, boulevard de Verdun ✆ 02 99 59 50 74.

VILLEJEAN I Avenue de la Bataille-Flandres-Dunkerque ✆ 02 99 59 17 82.

VILLEJEAN II 36, avenue Winston-Churchill ✆ 02 99 59 35 63.

Et une brasserie, près du Crous et de l'UFR de Sciences économiques :

LA BRASSERIE HOCHE 2, rue Lesage ✆ 02 99 27 20 80.

Santé

Les universités rennaises bénéficient d'un bon réseau de santé. Médecine préventive, point santé, écoute et aide psychologique... Les étudiants qui le veulent y trouvent un premier contact pour ne pas laisser dépérir leur santé ou leur moral. Régulièrement, au cours de l'année universitaire, des opérations Don du Sang sont organisées sur les campus. L'attente des volontaires est parfois longue, mais elle ne décourage pas ceux qui ont compris l'importance d'un tel geste.

CENTRE DE MEDECINE PREVENTIVE UNIVERSITAIRE. Le SIMPPS dispose de plusieurs antennes à Rennes. Ces centres assurent le suivi de la santé des étudiants, des aides et diverses prestations sociales et médicales gratuites, et accueillent au mieux les étudiants handicapés.

UNIVERSITE RENNES I 263, avenue du Général-Leclerc, Bâtiment 21 ✆ 02 99 28 26 30.

UNIVERSITE RENNES II, La Harpe Avenue Charles-Tillon ✆ 02 99 14 14 67. Rennes I et Rennes II disposent de points santé qui servent de relais bien pratiques, puisque implantés directement sur les campus. La plupart du temps, les étudiants sont accueillis par des infirmières et des médecins, assistantes sociales, psychologues et psychiatres y effectuent régulièrement des permanences. Créés avec le concours du Crous et de la médecine préventive, les points santé sont des lieux de soins, de prévention et d'écoute.

POINT SANTE RENNES II 6, avenue Gaston-Berger, Bâtiment G ✆ 02 99 14 14 60. Ouvert du lundi au jeudi de 8h à 17h et le vendredi de 8h à 16h.

POINT SANTE RENNES I Avenue du Professeur-Charles-Foulon, Bâtiment 33 ✆ 02 99 36 39 14.

BAPU 11, boulevard de la Liberté ✆ 02 99 30 81 24. Le Bureau d'aide psychologique universitaire est une adresse très importante. Avant tout un lieu d'écoute psychologique, si le besoin s'en fait sentir, il est possible d'y suivre des entretiens avec un spécialiste compétent, psychanalyste ou thérapeute. Le coût de ces consultations est directement pris en charge par la Sécurité sociale.

FIL SANTE JEUNES N° Vert de 8h à 24h ✆ 0 800 235 236. Service d'écoute jeunes par téléphone.

Sport

LA JOURNEE DU SPORT. Le SIUAPS organise chaque année une journée dédiée aux activités sportives. Les cours sont suspendus, et chacun est invité à participer aux rencontres, matches et compétitions prévus. Etudiants, enseignants et personnels se retrouvent pour des moments où règne une belle convivialité.

Universités

Rennes I

RENNES I 2, rue du Thabor ✆ 02 99 25 36 36. Cette université rassemble 24 000 étudiants. Cela fait d'elle l'une des plus importantes du Grand Ouest. Présente dans la ville sur trois sites différents, elle accueille des étudiants qui sont encadrés par plus de 1 600 enseignants et chercheurs, dans des disciplines très diverses. De la philosophie à la santé, en passant par le juridique, la gestion, les sciences et l'économie. Avec près de 5 000 étudiants en troisième cycle, l'université de Rennes I est un remarquable vivier de recherche pluridisciplinaire.

CENTRE FRANCO-JAPONAIS DE MANAGEMENT 9-11, rue Jean-Macé © 02 99 84 78 78.

CONSERVATOIRE NATIONAL DES ARTS ET METIERS 3, rue du Clos-Courtel © 02 99 84 40 20.

DEPARTEMENT FORMATION MEDICALE CONTINUE 2, avenue du Professeur-Léon-Bernard © 02 99 33 69 56. La faculté de médecine possède un département de formation médicale continue très dynamique. Ce département propose cette formation médicale continue sous forme de journées, de séminaires ou de rencontres. Il offre également différents diplômes universitaires, notamment en alcoologie, en hygiène... ainsi qu'un diplôme de visiteur médical, qui se prépare en six mois. Il est également possible d'y effectuer un DESS "traitement de l'information médicale et hospitalière" en un an.

INSTITUT DE FORMATION SUPERIEURE EN INFORMATIQUE ET COMMUNICATION 263, avenue du Général-Leclerc © 02 99 84 71 00.

INSTITUT DE GESTION 11, rue Jean-Macé © 02 99 84 77 77.

INSTITUT DE PREPARATION A L'ADMINISTRATION GENERALE, IPAG 106, boulevard de la Duchesse-Anne © 02 99 27 61 31.

UFR DES SCIENCES MEDICALES 2, avenue du Professeur-Léon-Bernard © 02 99 33 69 69.

UFR DROIT ET SCIENCE POLITIQUE 9, rue Jean-Macé © 02 99 84 76 76.

UFR MATHEMATIQUES 263, avenue du Général-Leclerc © 02 99 28 60 01.

UFR PHILOSOPHIE 263, avenue du Général-Leclerc © 02 99 28 63 02.

UFR SCIENCES DE LA VIE ET DE L'ENVIRONNEMENT 263, avenue du Général-Leclerc © 02 99 28 61 12.

UFR SCIENCES ECONOMIQUES 7, place Hoche © 02 99 25 35 45.

UFR STRUCTURES ET PROPRIETES DE LA MATIERE 263, avenue du Général-Leclerc © 02 99 28 62 44.

UFR DES SCIENCES PHARMACEUTIQUES ET BIOLOGIQUES 2, avenue du Professeur-Léon-Bernard © 02 99 33 69 86.

Rennes II

RENNES II HAUTE-BRETAGNE 6, avenue Gaston-Berger © 02 99 14 10 00. *Site Internet : www.uhb.fr* Deuxième centre de formation supérieure de la ville, Rennes II compte 20 000 étudiants, là encore répartis sur trois sites. Elle regroupe 5 UFR, unités de formation et de recherche.

UFR ACTIVITES PHYSIQUES ET SPORTIVES, La Harpe Avenue Charles-Tillon © 02 99 14 17 66.

UFR ARTS LETTRES ET COMMUNICATION 6, avenue Gaston-Berger © 02 99 14 15 02. Cette UFR comprend plusieurs départements : arts plastiques, arts du spectacle, histoire de l'Art, lettres, musique et sciences de l'information et de la communication. Ce dernier département possède une filière IUP en communication © 02 99 14 15 86.

UFR LANGUES 6, avenue Gaston-Berger © 02 99 14 16 02. Cette UFR, dirigée par Gérard Vittori, compte 9 départements et propose un enseignement de plus de 20 langues. Elle compte notamment un département LEA, langues étrangères appliquées.

UFR SCIENCES HUMAINES 6, avenue Gaston-Berger © 02 99 14 19 02. Avec ses 4 départements, cette UFR recouvre l'enseignement des sciences du langage, de la psychologie, des sciences de l'éducation et de la sociologie.

UFR SCIENCES SOCIALES 6, avenue Gaston-Berger © 02 99 14 17 82. Située dans les bâtiments A et B du campus de Villejean, cette UFR regroupe étudiants et chercheurs en AES-MASS, en géographie et aménagement de l'espace, et en histoire.

Desserte des campus

Métro : Villejean-Université

Le campus de Villejean. Lignes 16, 10, 30, ligne périphérique Villejean-Beaulieu.

Le campus de Beaulieu. Lignes 10, 16, 30, 40 express et 41 express. La ligne 6 pour Cesson-Sévigné.

Bus de nuit. Toutes les lignes de bus circulent la nuit du lundi au samedi. Les derniers départs se font vers 0h30. Pour toute information complémentaire, n'hésitez pas à appeler la Star ou Société de transport de l'agglomération rennaise ✆ 02 99 79 37 37. Vous serez vite renseigné.

Editeurs

LES PRESSES UNIVERSITAIRES DE RENNES, Campus de Rennes II, La Harpe Rue Denis-Leroy ✆ 02 99 14 14 01. Depuis leur création en 1984, les Pur éditent avant tout le fruit des travaux de recherche des universitaires. Mais elle sort aussi de bons manuels à destination des étudiants et des professeurs du secondaire. Les Pur ne se sont pas seulement consacrées aux ouvrages d'auteurs bretons, puisque certains proviennent même de l'étranger. Langues, arts, histoire, lettres, société, langage et psychologie sont les thématiques principales de ces éditions qui proposent également une collection de films vidéo.

Famille

Célibataires

FIDELIO 12, quai Duguay-Trouin ✆ 02 99 31 50 99. Quel que soit votre âge, que vous soyez célibataire, divorcé(e), veuf ou veuve, avec ou sans enfant, vous voulez connaître le bonheur d'être vraiment deux, la complicité. Que ce soit à cause de votre travail, vos enfants, vos loisirs, peu importe la raison, vous n'avez pas la possibilité de faire de nouvelles connaissances. Chez Fidélio, il y a certainement la personne que vous attendez. Fidélio existe à Rennes depuis 1975, c'est-à-dire depuis trente ans, et ce sont près de 100 concessions en France et un fichier considérable. Heureusement, aujourd'hui il y a encore de belles histoires d'amour et Fidélio y participe. J. et A. témoignent : "A l'aube de cette nouvelle année, nous voulons apporter nos plus sincères remerciements pour notre rencontre programmée peut-être, mais si merveilleuse qu'elle nous surprend de jour en jour...". Il fallait donner un petit coup de pouce au destin, Fidélio l'a fait, tout simplement.

LIEN D'AMOUR 14, quai Duguay-Trouin © 02 99 85 82 22. *Site Internet : www.liendamour.com* Aude Rauscher s'est forgé une conviction : "Le bonheur, c'est comme un virus. Il se propage !" Seulement voilà, il faut parfois aussi savoir aller le chercher, et Aude est là pour ça. Accompagnant les âmes esseulées dans cette quête d'une relation durable, offrant une écoute, qui jamais ne s'arrête à la surface, pour mieux saisir l'être profond que vous êtes, mettant en relation des personnes et des caractères qui ne risquent pas de réactiver des souvenirs difficiles. Elle redonne confiance, et quel que soit votre parcours amoureux, vous apprend à ne pas vivre votre expérience passée comme un échec, mais comme une épreuve qui permet d'apprendre à mieux se connaître. C'est un vrai partenariat qu'elle propose dans cette recherche du soleil et du bonheur à deux, et n'hésite pas à renouveler gracieusement votre contrat d'une année, si nécessaire. Aude aime son métier et s'y investit pleinement. L'énergie et la sérénité qu'elle met au service des autres, elle la doit à sa volonté. La souffrance, elle a connu, et c'est au bonheur qu'elle dit oui, vous invitant vous aussi à y croire !Un bonheur, beau et serein, comme l'est le cadre créé pour vous recevoir, tout en harmonie de parme et de blanc, cossu, douillet. Elle sait écouter les hommes comme les femmes, dans leurs spécificités, et arrive même à accorder les êtres par-delà les frontières. Plus particulièrement de la Biélo-Russie, dont la population féminine est nettement supérieure à celle des hommes. Un déséquilibre qu'elle s'emploie à corriger, avec ce dynamisme, franc et spontané, qui décidément la caractérise...

UNICIS 3, place du Général-Giraud, Immeuble Trois-Soleils © 02 99 31 08 09. *Site Internet : www.unicis.com* Présente depuis plus de dix-sept ans à Rennes, cette agence-club jouit d'une solide réputation. "La vie est comme une auberge espagnole : tu trouveras ce que tu apporteras." Ce dicton qui donne en quelques mots une foule de solutions, sort tout droit de la bouche d'une grand-mère qui avait un cœur gros comme ça. Donnez du cynisme, vous récolterez du cynisme, donnez de la joie et de l'entrain, vous en récolterez en retour, donnez de l'amour, vous récolterez les fruits du bonheur... Le personnel d'Unicis, Noëlle et ses trois assistantes, a fait de cette phrase sa philosophie, sa raison de vivre et enfin son métier : donner du bonheur. Quand on rencontre Noëlle pour la première fois, on sent immédiatement une joie de vivre, une énergie bienfaitrice, une certaine facilité, un plaisir de communiquer, de comprendre, une curiosité naturelle. Pour résumer, une faculté à aborder la vie du bon côté. C'est sûrement la raison pour laquelle son agence affiche tant de succès : "la plus brillante des agences club de France et la plus récompensée". Outre d'évidentes prédispositions, Noëlle utilise des critères plus "scientifiques". Dans un premier temps, elle tente de décrypter le profil psychologique de chaque adhérent avec un entretien de 1 heure à 2 heures. Elle cerne l'univers de ses interlocuteurs avec la sensibilité aiguisée d'un ancien professeur de lettres. Ensuite, un test de caractérologie unanimement reconnu par les psychologues vient généralement compléter ses impressions. Reste ensuite à rapprocher les tempéraments faits pour s'entendre, sachant que deux caractères doivent être complémentaires et non similaires, mais avec des affinités, des goûts communs. Pour cela, tout au long de l'année, des loisirs sont organisés pour favoriser les rencontres entre célibataires : des sorties nature, des soirées, etc. Activités diverses auxquelles participent les centaines d'adhérents rennais. Un vrai travail d'orfèvre, d'alchimiste du cœur qu'elle maîtrise à merveille.

YVONNE ROZE 39 bis, boulevard de la Liberté ✆ 02 99 79 30 21. *Site Internet : www.yvonne-roze.fr* Tout dans ce cabinet conseil en rencontres durables respire l'énergie et la gaieté, mais aussi la sérénité et le "home sweet home"... Grâce à un harmonieux mélange de tons doux ou vifs et devant le sourire accueillant et attentif de Françoise Plessis et de Chantal, chacun et chacune sentent qu'ici, la motivation des deux conseillères est la même que la leur : trouver l'âme sœur, pour vivre une histoire d'amour durable, et construire un couple qui tienne la route. Françoise et Chantal travaillent avec leur cœur, font confiance à leur ressenti pour former des couples heureux. Et rien ne leur font plus plaisir que de recevoir un petit mot des amoureux, deux mois, six mois, un an après, qu'importe le temps !Elles sont là, aussi, pour redonner confiance, et leur écoute fait merveille : elles trouvent d'ailleurs toujours une place dans l'agenda pour qui sollicite un entretien, même à la dernière minute... Françoise et Chantal accueillent des personnes de tous âges, dans un même esprit de confiance et de respect de l'autre. Une formule qui a fait ses preuves, puisque le cabinet existe depuis maintenant vingt-quatre ans, et jouit d'une solide réputation. **Autre adresse : 27, boulevard des Talards, SAINT-MALO ✆ 02 99 40 48 99.**

Femmes

AFCCC, Association Française Centre Consultation Régionale 17, rue de Gascogne ✆ 02 99 59 77 97.

CENTRE D'INFORMATION DES DROITDS DE LA FEMME, C.IDF 21, rue de la Quintaine ✆ 02 99 30 80 89. *Sans rendez-vous le mardi de 10h à 13h, le jeudi et le vendredi de 13h à 17h. Sur rendez-vous le lundi de 14h à 17h, le jeudi de 9h à 12h. Permanences à Cleunay, 49, rue Jules-Lallemand ✆ 02.99.67.32.14, les 2e et 4e jeudis du mois de 14h30 à 16h30, et à Maurepas, Espace social du Gros Chêne 11 c, place du Gros-Chêne ✆ 02.99.27.48.27, le 1er mardi du mois de 14h à 16H30 sur rendez-vous.* Le CIDF, c'est notamment un service juridique qui propose des entretiens individuels, à l'attention des femmes et des familles, gratuits et anonymes dans les domaines du droit de la famille, de la législation sociale, du droit du travail et de la vie relationnelle, solitude, santé, logement, violences, etc. Le CIDF organise également des rencontres-débats ouverts à tout public.

FEMMES ENTRE ELLES, MJC La Paillette Rue du Pré-de-Bris ✆ 02 99 59 50 32.

Personnes handicapées

Handicap et études

CUAEH RENNES I 263, avenue du Général-Leclerc, Bâtiment 21 ✆ 02 99 28 29 88. Cette cellule universitaire d'accueil des étudiants handicapés traite tous les problèmes que pose le handicap au sein du système universitaire : horaires aménagés, conditions particulières aux examens...

HANDISUP, Campus Beaulieu 263,avenue du Général-Leclerc, Bâtiment 21 ✆ 02 99 28 29 89. *Ouvert du lundi au vendredi de 10h à 18h.* La permanence de ce centre commun de ressources, association Handisup, est assurée par Christophe Delcambre. Accueil, conseils, informations... Le but premier de l'association étant la mise en commun des ressources matérielles et des expériences de Rennes I, Rennes II, l'Insa et du Crous. Handisup s'occupe de tout ce qui est lié au handicap, hors problème pédagogique, auprès de la communauté estudiantine rennaise.

INSA 20, avenue des Buttes-de-Coesmes ✆ 02 99 28 66 61.

POLE DE SOUTIEN AUX ETUDIANTS SOURDS ET MALENTENDANTS 31, boulevard du Portugal ✆ 02 99 51 91 41.

RELAIS HANDICAPES RENNES II, SUIO 6, avenue Gaston-Berger, La Présidence ✆ 02 99 14 13 86.

Handicap et logement

CREAI 61, rue Guéhenno ✆ 02 99 38 04 14. Le centre régional d'études et d'actions sur les inadaptations et les handicaps recense toutes les possibilités de logement existant à Rennes. Il faut cependant être adhérent pour accéder au centre de documentation.

ARCHIPEL HABITAT 1, rue Jean-Coquelin ✆ 02 99 22 26 00. *Ouvert de 8h30 à 17h du lundi au vendredi.* L'office HLM de Rennes dispose de quelques logements adaptés aux personnes en fauteuil roulant.

Handisport, Loisirs

ASSOCIATION VALENTIN-HAUY 14, rue Baudrairie © 02 99 79 20 79. L'association Valentin-Haüy est bien présente à Rennes, avec cette antenne régionale. Outre une belle bibliothèque sonore et en braille, elle propose des ateliers de théâtre et du cinéma en audiovision.

HANDISPORT RENNES CLUB 4, rue d'Andorre © 02 99 51 33 54. *Permanence le lundis et mercredi de 15h à 18h.* L'association rennaise offre un assez grand choix d'activités sportives : natation, tennis de table, tir, escrime, cyclisme, plongée, équitation, foot...

Emploi

Numéros utiles

SERVICE INFO EMPLOI DU MINISTERE DE L'EMPLOI ET DE LA SOLIDARITE © 08 25 34 73 47, 0,15 €/min. *Sites Internet : www.EmploiRegions.com* Ce site, lancé en janvier 2004, couvre une quarantaine de départements et permet à l'internaute d'accéder à un grand nombre d'offres disponibles. On le doit à l'association des grands titres de la presse quotidienne régionale, Ouest France, Sud Ouest, L'Est Républicain, etc.

Syndicats de salariés

CFDT, Confédération Française Démocratique du Travail Rue de la Barbotière © 02 99 84 39 90.

CFTC, Confédération Française des Travailleurs Chrétiens 158, rue de Nantes © 02 99 65 18 29.

CGC, Confédération Générale des Cadres 18, rue Chicogné © 02 99 31 76 67.

CGT, Confédération Générale du Travail 10, rue Saint-Louis © 02 99 79 44 47.

FO, Force Ouvrière 35, rue d'Echange © 02 99 65 36 50.

Internet

www.iquesta.com. Un site très bien fait pour ceux qui recherchent un stage ou un premier job. Pas d'offres bidons sur ce site qui existe depuis cinq ans et qui offre des annonces toujours fraîches. Que vous soyez à la recherche d'un emploi ou que vous soyez un professionnel à la recherche de candidats, iquesta saura vous répondre.

Le Web rennais, sur la ville, liste non exhaustive, loin s'en faut : *www.citemagrennes.com • www.rennes.maville.com • www.vivarennes.com • www.bestofrennes.com • www.webcity.fr • www.rennet.org • www.rennesbynight.com • www.webrennais.com • ww.guidinfo.com • www.ville-rennes.fr • www.rennes-metropole.fr • www.fra.cityvox.com*

Sur la région et le département www.region-bretagne.fr • www.bretagne35.com
La ville propose de nombreuses solutions pour ceux qui n'ont pas la chance d'être muni d'un environnement informatique personnel, ainsi qu'aux victimes désemparées de panne informatique, si, si, ça arrive encore !Cybercafés, bibliothèques, maisons de quartier, MJC, CIJB, clubs informatiques, associations... autant de lieux où il est possible d'avoir accès à un ordinateur, et au réseau, pour un prix très accessible.

www.iquesta.com Un site très bien fait pour ceux qui recherchent un stage ou un premier job. Pas d'offres bidons sur ce site qui existe depuis cinq ans et qui offre desannonces toujours fraîches. Que vous soyez à la recherche d'un emploi ou que vous soyez un professionnel à la recherche de candidats, iquesta saura vous répondre.

Juniors

Baby-sitting

CRIJB, Centre Régional d'Information Jeunesse Bretagne 6, cours des Alliés ✆ 02 99 31 47 48. Les personnes qui cherchent à faire du baby-sitting, la plupart du temps des jeunes filles ou des jeunes femmes, lycéennes et étudiantes, peuvent s'inscrire auprès du CRIJB qui fait le relais entre les candidates et les parents.

CROUS, Centre régional des œuvres universitaires et scolaires 7, place Hoche ✆ 02 99 84 31 31. Le Crous est un relais entre baby-sitter et familles. Encore faut-il qu'ils répondent au téléphone, à défaut d'être disponibles à leurs horaires d'ouverture très restreints.

LOISIRS PLURIEL 4, rue Abbé-Huet ✆ 02 23 46 42 19. Ce service est consacré au baby-sitting des enfants handicapés. Il est accessible aux familles rennaises et des alentours.

MAISON DES CHAUDOUDOUX 22, rue Jean-Guéhenno ✆ 02 99 38 60 00. Une association qui intervient dans le domaine de la garde d'enfants à domicile.

LE RELAIS 4, place du Banat02 99 50 45 28. Ce relais est plus spécialement réservé au quartier du Blosne, Rennes sud.

SOS URGENCES MAMANS 6, cours des Alliés ✆ 02 99 30 52 00. Pour l'urgence et l'exceptionnel uniquement, enfant malade, baby-sitter qui se décommande, rendez-vous de dernière minute, etc.,, ce numéro de téléphone vous indiquera les coordonnées des bénévoles de l'association disponibles pour les différents jours de la semaine. Et ce, de 7h30 à 18h tous les jours, sauf le week-end et les vacances scolaires, et en échange de 6 € la demi-journée payée à l'association.

Eveil corporel

THE LITTLE GYM Rue de l'Etang-au-Diable ✆ 02 23 20 36 71. *Site Internet : www.thelittlegym.fr Ouvert de 9h à 19h du lundi au samedi, 50 semaines par an, dans une salle uniquement consacrée à l'activité. Classe d'essai gratuite.* Tous les parents souhaitent apporter ce qu'il y a de mieux à leur enfant. The Little Gym propose, à raison d'une séance par semaine, des activités de motricité adaptées aux enfants de 4 mois à 12 ans, cela dans un cadre sécurisé, un univers non compétitif et avec l'encadrement d'un personnel qualifié. L'objectif est de favoriser l'épanouissement de l'enfant à travers son physique, son émotionnel, son mental et sa socialisation, le but étant d'apprendre en s'amusant.

Loisirs

BEBES DAUPHINS RENNAIS, MAISON DE QUARTIER DE VILLEJEAN 2, rue de Bourgogne ✆ 02 99 59 04 02. La piscine de Villejean s'ouvre aux bébés accompagnés d'un parent, pour une séance de découverte et de douceur. C'est habituellement le samedi en fin de matinée que les tout-petits montrent à quel point ils sont dans leur élément. A noter que les futures mamans peuvent se détendre grâce aux séances de gymnastique aquatique organisées à la piscine des Gayeulles, se reporter à la rubrique Sport.

LA FERME DES BASSES GAYEULLES Rue du Professeur-Maurice-Audin ✆ 02 99 36 71 73. *Accueil : en périodes scolaires, après l'école de 16h30 à 18h, sauf le lundi,, le mercredi et le samedi de 9h à 17h30. Pendant les vacances, du lundi au vendredi de 9h à 17h30.* A deux pas de la piscine des Gayeulles, cette ferme accueille les Rennais de 8 ans à 16 ans pour de bien saines activités de plein air. En participant à la vie d'une ferme, les jeunes sont ainsi en contact avec les animaux et le travail d'entretien courant d'une telle structure, lot quotidien des non-citadins. Les enfants et les adolescents se retrouvent ainsi pour jardiner, baratter le beurre... Une bonne solution pour occuper les jeunes, d'autant qu'il est possible d'y pique-niquer le midi.

Arts

CARAMB'ART 168, rue d'Antrain ✆ 02 23 20 92 26. Les ateliers d'arts plastiques organisés par Caramb'art pour les enfants et les ados se distinguent grâce à une approche ludique et originale du monde de l'art. A partir de réalisations de Niki de Saint-Phalle, de Victor Brauner ou de démarche comme celle du Land Art, les enfants réaliseront leurs propres créations. Des ateliers sont organisés autour de thèmes aussi divers que la photographie, la réalisation d'un livre, le collage-pliage-peinture, la confection d'animaux mécaniques avec du fil de fer ou des pièces détachées, etc. Les idées ne manquent pas et les enfants adorent !

Musique

ARPEGES 71, rue de Châteaugiron ✆ 02 99 51 89 00. Parmi les nombreuses adresses où les enfants peuvent se familiariser avec la pratique de la musique, Arpèges se distingue par la fibre pédagogique de ses professeurs. La structure n'est pas réservée à l'accueil des plus jeunes, pourtant elle leur a prévu un accueil très adapté. Ils peuvent y pendre des cours de flûte traversière ou à bec, par exemple, grâce notamment à Armel, un professeur émérite.

LA MAITRISE DE HAUTE-BRETAGNE 63, rue d'Antrain ✆ 02 99 36 31 63. Une maîtrise d'un beau niveau, qui accueille et initie les plus jeunes. Pour rejoindre la Maîtrise de Haute-Bretagne, il s'agit tout de même d'avoir de belles dispositions au chant. Si tel n'est pas le cas, les petites oreilles seront ravies de profiter de ce miel sonore à l'occasion des prestations régulièrement offertes à Rennes par l'ensemble.

LE JARDIN DES SONS 7, allée du Cormier, SAINT-JACQUES-DE-LA-LANDE ✆ 02 99 67 59 59. Une maison peuplée d'instruments de toutes sortes, répartis judicieusement au gré des pièces. Les enfants, accueillis à partir de 6 mois et jusqu'à 12 ans, découvrent dans cet univers approprié le monde musical grâce à l'accompagnement de professeurs qui font montre d'une belle pédagogie. Les adultes amenés à encadrer les enfants peuvent y effectuer des stages de sensibilisation et de formation.

Protection de l'enfance

ENFANCE MALTRAITEE 119. Ouvert la nuit et le dimanche

Epiceries, Alimentation générale

7J 82, rue Saint-Hélier ✆ 02 99 35 06 01. Ouvert du lundi au samedi de 8h à 23h et le dimanche de 8h à 22h30.

ATOUT'HEURE 193, rue de Nantes ✆ 02 99 35 14 16. Ouvert tous les jours de 9h à 22h et le dimanche jusqu'à 21h30.

EPICERIE DE NUIT 11, rue de l'Hôtel-Dieu, Angle avec la rue de Saint-Malo ✆ 02 99 38 48 77.

MARCHE 2000 20 bis, rue Saint-Michel ✆ 02 99 79 12 69. Ouvert 7j/7 de 9h à 22h.

MARCHE SAINTE-ANNE Place Sainte-Anne ✆ 02 99 78 18 55. Ouvert du lundi au samedi de 9h à 22h et le dimanche de 12h à 22h.

LE PETIT MARCHE 12, rue Saint-Hélier. Ouvert du mardi au vendredi de 10h à 13h30 et de 16h à 23h, le lundi et le samedi de 16h à 23h, le dimanche et les jours fériés de 10h à 23h.

Biens pratiques pour les dépannages de dernière minute, les épiceries proposent en général tous les rayons classiques d'un supermarché, du frais aux produits d'hygiène en passant par les denrées classiques non périssables et les boissons. A propos, il faut savoir que les horaires de vente d'alcool sont réglementés : à partir de 20h, vous ne pourrez plus en acheter. Abstinence dans les chaumières... et si vous aviez promis d'amener le vin chez les copains, c'est grillé !Un ananas à la place ?

Professionnel

ACTUA DECORS Allée du Chêne-Vert, LE RHEU ✆ 02 99 14 62 70. *Ouvert du lundi au vendredi de 8h à 12h et de 13h30 à 18h.* Enseignes, publicité et stores : pour communiquer, pensez Actua Décors !En dix ans d'existence, ce fabricant a réalisé la publicité visuelle de bon nombre d'entreprises d'Ille-et-Vilaine. Citons parmi elles, France Boissons, le Stade rennais, la brasserie Coca... Une agence de création et une diversification des supports sont les composantes du succès de ce professionnel. Car sérigraphie et impression adhésive sur tee-shirts, polos, chemises et casquettes, personnalisés à votre marque en petites séries, font également partie des attributions de la maison.

TEDDY BOTREL 30, boulevard Eugène-Pottier, SAINT-JACQUES-DE-LA-LANDE ✆ 02 99 65 26 70 84 / 06 60 45 01 84. On lui doit la plupart des décorations sur vitrines d'Halloween ou de Noël du centre-ville de Rennes. L'humour des dessins est inné, et la qualité du trait le résultat d'une longue expérience des pinceaux et du maniement des couleurs. Sa renommée dépasse l'Ille-et-Vilaine et des villages entiers n'hésitent pas à faire appel à lui afin de décorer leurs vitrines pour une manifestation, un événement, une fête... Spécialiste également de fresques, il donnera aux murs de votre restaurant, de votre magasin ou de votre intérieur, un paysage marin, des colonnes antiques, une ambiance créole ou asiatique : ce que vous avez imaginé, il le peint, tout simplement !

Réception

Animation

AMI PRODUCTIONS 8, rue Chateaubriand, MEILLAC ✆ 02 23 16 43 38. *Site Internet : www.ami-production.com* Ce n'est pas toujours facile d'organiser certaines manifestations comme des réceptions privées, des soirées d'entreprise, des conventions, des arbres de Noël, des manifestations culturelles, des évènements promotionnels, des animations thématiques ou des festivals, entre autres. Mais Ami Productions est là pour vous aider !15 années d'expérience au cœur de la fête et de la réception donnent une crédibilité certaine à cette entreprise. Vous pouvez demander des DJ's polyvalents ou spécialistes. Alors, ne vous ennuyez plus avec la préparation de vos soirées, savourez-les pleinement grâce à Ami Productions.

CLAP'PHONIE 1, square Sarah-Bernhardt ✆ 02 99 23 15 81. Atmosphère bon-enfant pour cette troupe de joyeux lurons qui donnent dans la chanson française contemporaine et qui chantonne des refrains de tous les styles et de toutes les modes. On a envie de se laisser entraîner et de pousser la chansonnette.

GERARD SOUCHET 13, boulevard Franklin-Roosevelt ✆ 02 99 23 21 07 66. *Site Internet : www.souchet-gerard.net* Avec classe et maîtrise, Gérard, magicien, éblouit aussi bien un parterre d'hommes d'affaires qu'une colonie d'enfants. Ses spectacles de magie et de ballons vont en époustoufler plus d'un. La magie n'a plus de secrets pour lui. Généreux, il dirige son affaire avec maestria. Décors et lâchers de ballons biodégradables peuvent également être au programme, sur demande.

RENE MARIO PALACIOS 11, villa Moravie ✆ 02 99 32 26 76. Il suffit de demander aux enfants qui ont vu le spectacle de René Mario ce qu'ils en pensent. Ils vous feront part de leur enchantement avec leurs mots à eux. Ce mime, époustouflant, anime des stages consacrés au mime et au clown. Il présente des spectacles destinés aussi aux adultes. Les handicapés mentaux et les malentendants travaillent aussi avec cet artiste.

LUC PEREZ Le Villeu-Giffard, GAEL ✆ 02 99 07 72 98. A la fois dessinateur et illustrateur de nombreuses affiches et pochettes de disques, ce jeune Rennais est régulièrement employé à réaliser des caricatures. On le rencontre notamment, l'été, à Dinard, Dinan et Concarneau. Pour les repas, séminaires ou salons, son passage laisse un souvenir éclatant.

REGIE MUSIQUE Les Naudières, IRODOUER ✆ 02 99 39 81 39. Pour vos soirées privées, un mariage ou un bal public, pensez à Loïc Josselin : il assurera l'ambiance musicale tout au long de la soirée et adaptera à vos goûts le choix des morceaux. Son dj Raphaël et lui vous permettront de faire la fête et de danser sans soucis : ils s'occupent de tout !

ARPION CELESTE Beauséjour, LA-MEZIERE ✆ 02 99 69 28 07. A plus de 3 mètres de haut, sur leurs échasses, ces artistes présentent une animation renversante pour soirées, galas ou animations de rue. Du théâtre sur échasses, avec des costumes qui feraient rougir d'envie les grands couturiers, ça surprend et intrigue. Effet géantissime...

Déguisements

ARLEQUIN 5, boulevard Beaumont ✆ 02 99 30 34 78. N'en déplaise à certains, qu'est-ce qu'on rigole avec un coussin péteur ou une ribambelle de cotillons lancés à tout va !Rien de bien poétique mais vous ferez mouche à coup sûr. De nombreux accessoires ou déguisements disponibles dans ce magasin proche de la gare. La maison fait également la part belle aux costumes toutes époques et travestis. Une bonne adresse pour réussir vos soirées, à des tarifs intéressants.

LA BOITE A RIRES 8, rue de La Chalotais ✆ 02 99 79 06 98. *Ouvert du mardi au samedi de 9h30 à 12h30 et de 14h à 19h. Ouvert le lundi pendant les périodes de fêtes.* Soirée costumée, départ en retraite, anniversaire, et envies d'en rire ?Cette boutique est spécialiste des articles de fête, du cotillon aux feux d'artifice, en passant par les perruques et les déguisements, en vente et en location,, mais aussi des gadgets humoristiques ou coquins. Allez, un zizi sauteur ou un slip pour deux, voilà qui laissera à l'intéressé des souvenirs impérissables...

FETESTYLE 52, avenue du Mail ✆ 02 99 14 45 50. *Ouvert du lundi après-midi au samedi de 10h à 13h et de 14h30 à 19h.* Mariages, décorations de ballons et des salles, faire-parts, location de déguisements, artifices, cadeaux personnalisés : tout ce qui concerne de près ou de loin le monde de la fête. Fêtestyle se fait un plaisir de vous conseiller en bonnes blagues et autres excentricités rigolotes, de la plus saugrenue à la plus raffinée. Ainsi peut-on y trouver de quoi se déguiser pour le Nouvel An mais aussi tout le nécessaire pour épater ses petits copains en leur en mettant plein les yeux avec le coussin péteur ou le caleçon à ventilateur intégré. Tout un programme...

Location de matériel

ASLOC 24, rue de Bray, ZI Sud-Est, CESSON © 0 800 356 318. *Site Internet : www.asloc.com Ouvert du lundi au vendredi.* S'il est facile de lancer des invitations, il est souvent moins agréable, le jour J, d'en assurer l'organisation... Asloc pourra vous soulager de ce poids car ils se chargent de tout, enfin presque ! : vaisselle, chaises, tables, tentes de réception et podium, de 20 centimètres à 1 mètre de haut. Reste à vous occuper au mieux de vos invités.

ALLO LORENOR Parc Rocade-Sud, CHANTEPIE © 02 99 41 64 41. Pourquoi vous embêter à laver la vaisselle une fois la fête finie ?Cette pensée risque de vous gâcher la soirée !Une solution : la location de vaisselle qui peut, avantage non négligeable, être rendue non lavée. Qu'il s'agisse d'assiettes, de verres, de couverts, de tables, de chaises ou de tentes, la livraison de tout ce petit monde peut être prise en charge par Lorenor. La tranquillité a-t-elle un prix ?

RANCE CHAPITEAUX 36 bis route Nationale - 35650 LE RHEU © 02 99 14 63 70, 06 80 73 21 46. *Fax 02 99 14 60 90.* Cette enseigne a pour vocation la réussite de vos manifestations, réceptions en tout genre... Une équipe de professionnels est à votre disposition pour vos locations de tentes, dalos, chapiteaux, mobilier et éclairage ...jusqu'à la décoration vélum et la moquette et ceci sur tout le grand ouest et la région parisienne. N'hésitez pas à les consultez pour tout renseignement.

SONO WEST 18, rue Edison, ZAC Ecoparc, MONTGERMONT © 02 99 23 72 72. *Site Internet : www.sono-west.fr Ouvert du mardi au samedi de 10h à 12h et de 14h à 19h30.* Avec 5 show-rooms et des démonstrations permanentes, Sono West s'affiche comme le spécialiste en équipement de sonorisation professionnelle pour spectacles, salles polyvalentes, stades, églises et d'une façon générale, pour tous les lieux qui demandent une installation rigoureuse. Professionnels ou particuliers disposeront également d'un grand choix d'articles concernant l'éclairage, la vidéo, le home studio et le tant à la mode home cinéma. Les marques proposées sont Europodium, Nec, Optoma, Yamaha, Vestax ou encore Hitachi. Ils s'occupent également de West Evénement pour toute prestation de spectacles ou d'événements et mettent à la disposition des organisateurs, quels qu'ils soient, des moyens matériels adaptés à chaque prestation.

ALPHA SERVICE 7, rue des Maréchales, ZA des Trois-Marches, VEZIN-LE-COQUET © 02 99 14 69 22. *Site Internet : www.alphaservices.fr* Un slogan bien trouvé qui en dit long : "Faites la fête, pas la vaisselle !". Quel que soit l'événement, mariage, baptême, communion, réception de travail, séminaire ou encore dîner entre amis, et on en oublie car toute bonne nouvelle est l'occasion de faire la fête,, un coup de fil et le tour est joué. Assiettes, verres, couverts de prestige ou plus simples, tables et chaises, livrés ou non... Tout ce petit monde est à votre disposition à des tarifs très compétitifs, calculés à l'unité. Finis les lendemains de fêtes tristounets à faire vaisselle et nettoyage !Vous pourrez ainsi profiter pleinement de votre soirée !D'autant plus que la vaisselle se rend non lavée !

Location de véhicules de collection

ROULEZ EN FETES 3, rue Alfred-de-Musset ✆ 02 99 41 31 82. Pour votre jour J, troquez-donc la Clio contre une Traction blanche de 1953 !Roulez en Fêtes propose la location de cette voiture de collection avec chauffeur, à partir de 250 € la demi-journée, de midi à 20h environ. A disposition à partir de 12h, Jean-Pierre vous conduira à la mairie, à l'église, au vin d'honneur puis au restaurant, sans oublier les poses pour les séances photos !Sa voiture a été entièrement refaite, spécialement conçue pour le confort des mariés et le plaisir des yeux des invités. L'intérieur se pare de velours rouge et l'arrière de la voiture dispose de toute la place nécessaire pour accueillir les belles robes blanches à cerceaux. La décoration de la Traction est pensée avec les futurs mariés : rubans, fleurs, couleurs assorties au mariage, tout est possible !L'organisation, la préparation et la mise au point de tous les détails nécessitent de réserver deux à trois mois à l'avance, pour une prestation personnalisée et réussie...

Robes de mariée et smokings

COMPLICITE LA FETE 3, rue de Juillet ✆ 02 99 30 38 38. *Ouvert de 10h à 13h et de 14h à 19h tous les jours sauf le lundi matin et le dimanche.* En bas de la place des Lices, cette enseigne habille les futures mariées de la tête aux pieds. Les modèles présentés en vitrine, un peu plus classiques, voire banals, sont étoilés de perles ou de mousseline et la maison confectionne les parures et les robes. L'excentricité reste très mesurée ou, devrait-on dire, coincée dans le carcan du prétendu bon goût. Au diable les bonnes mœurs et la sacro-sainte éthique vestimentaire : on ne se marie pas tous les jours tout de même !

ELLES 1, rue de la Monnaie ✆ 02 99 78 36 55. *Site Internet : www.boutiques-elles.com Ouvert le lundi après-midi et du mardi au samedi de 9h30 à 12h30 et de 14h à 19h.* Spécialiste des tenues habillées, le magasin Elle a bâti sa réputation sur ses créations de robes de cocktail et de cérémonie et les chapeaux. Les étoffes chatoyantes, des coupes mettant en valeur l'élégance d'une épaule, des robes longues et fluides. Du 36 au 56, chacune trouvera la tenue qui lui convient, aidée pour cela par la maison. Le talent des grands noms de la couture côtoie de beaux modèles de prêt-à-porter, et des accessoires ravissants habitent vitrines et rayons : chapeaux, capelines, étoles...

LAMBERT CREATIONS 4, rue du Breil, Zone Industrielle sud-est ✆ 02 99 50 63 88. *Site Internet : www.lambert-creations.com Ouvert du lundi au samedi de 9h à 12h et de 13h à 18h.* Avec 500 modèles disponibles à l'essayage à partir de 700 €, ce magasin présente un grand choix de robes de mariée, coiffes et bouquets. C'est qu'il en faut pour tous les goûts, toutes les tailles, toutes les rondeurs !La formule est ici intéressante puisque vous essayez des prototypes, la robe est ensuite cousue sur mesure. Alors, si le grand jour approche à grands pas, n'hésitez pas et osez la superbe robe blanche qui en époustouflera plus d'une... On ne se marie qu'une fois !

PRONUPTIA Place Saint-Sauveur, 2, rue de Clisson ✆ 02 99 78 28 26. *Site Internet : www.pronuptia.com. Ouvert de 9h30 à 12h30 et de 14h à 19h.* Une maison existant depuis longtemps et qui est l'exemple même du professionnalisme. Ici, point de conseils mielleux, de vente à l'arraché : non, tout en douceur, on vous orientera sur tel ou tel modèle en fonction de votre physique, on vous suggérera telle couleur et le résultat est très probant. Parfois conçus par des créateurs, les modèles de robes restent très variés. Mais une robe ou un costume de marié n'est pas un achat ordinaire et, chez Pronuptia, on l'a bien compris !Les retouches finales et la livraison sont bien planifiées, petits plus qui permettent d'éviter tout stress inutile. Pour finir, signalons un accueil irréprochable et une grande écoute de la part du personnel.

Tenues de cérémonie

SCRUPUL' BOUTIQUE, Centre commercial des Trois Soleils Rue d'Isly ✆ 02 99 31 13 50. *Ouvert le lundi de 14h à 19h et du mardi au samedi de 10h à 19h.* Au rez-de-chaussée du centre commercial des Trois Soleils, Scrupul' offre un choix de tenues de soirées à des prix défiant toute concurrence. Pour être habillée sans engloutir vos économies, l'adresse s'avère un bon choix. Les collections présentées sont plutôt classiques, privilégiant les teintes unies et les coupes traditionnelles. Des brillants ornent plusieurs des modèles, mais vous trouverez aussi des tenues pour tous les jours, pantalons, chemisiers, robes, pulls...

Salles de réception et restaurants spécialistes de banquet

DOMAINE DE TREMELIN Base de loisirs Iffendic ✆ 02 99 09 73 79. *Site Internet : www.domaine-de-tremelin.fr* Avec plusieurs salles pouvant respectivement accueillir 60, 120 et 200 personnes, 20 gîtes de 6 à 8 places chacun, la liste de vos invités pourra supporter quelques imprévus. Situé sur une base de loisirs, petits et grands seront heureux de retrouver les joies de la vie au grand air, le temps d'un week-end ou d'un après-midi. L'endroit est plaisant, la cuisine traditionnelle et gastronomique.

LECOQ GADBY 156, rue d'Antrain ✆ 02 99 38 05 55. *Site Internet : www.lecoq-gadby.com* Au service des entreprises et des particuliers de Rennes et sa région, la maison propose des prestations de A à Z et prend tout en charge, de l'animation de la soirée à la décoration, en passant évidemment par la restauration. Avec 10 salons de 6 à 400 couverts, chacun décoré sur un thème précis avec beaucoup de goût, le choix des formules est vaste.

PENICHE SPECTACLE 30, quai Saint-Cyr ✆ 02 99 59 35 38. Un endroit original à Rennes pour organiser une réunion ou un cocktail. Avec deux salles de 60 mètres carrés, vous pourrez inviter une soixantaine de personnes. A vous de faire appel au traiteur de votre choix et de trouver le créneau disponible car la péniche est également une salle de spectacles et prend ses quartiers d'été dès que le soleil pointe le bout de son nez.

LE PYM'S CLUB 27, place du Colombier ✆ 02 99 67 30 00. *Site Internet : www.pyms.fr* Des prestations personnalisées pour vos soirées privées avec ou sans animation, voilà ce que propose ce lieu en plein centre-ville, par ailleurs discothèque bien connue des Rennais. On ne compte plus les références de la maison !Les tarifs sont disponibles sur demande.

CHATEAU DE CHATEAUGIRON Mairie de Chateaugiron, CHATEAUGIRON ✆ 02 99 37 41 69. Un château pour le plus beau jour de votre vie, cela n'a pas de prix. Celui de cette petite cité de caractère peut accueillir jusqu'à 70 personnes dans la salle dite Jehan-de-Derval et 150 à 200 personnes dans la salle Lespretre. Autant de noms qui donnent envie de jouer au prince et à la princesse le temps d'une soirée. On ne vit qu'une fois. Prix sur demande.

DOMAINE DES ORMES, EPINIAC ✆ 02 99 73 53 00. *Site Internet : www.lesormes.com* Un golf 18 trous, un terrain de cricket, une discothèque, un hôtel trois étoiles et un camping quatre étoiles, une dizaine de chalets et 5 gîtes, 3 cabanes aménagées dans les arbres, 3 restaurants, un parc aquatique, 4 piscines chauffées, 9 salles modulables qui peuvent accueillir de 8 à 350 personnes, tennis, équitation, parcours aventure, terrain de cricket et terrain de football synthétique... Le Domaine des Ormes vous offre un cadre d'exception pour un séjour détente, studieux ou sportif. Séminaires, colloques, journées comités d'entreprises prennent ici une tout autre dimension...

MONTMURAN LE CHATEAU Les Iffs ✆ 02 99 45 88 88. *Site Internet : www.château-montmuran.com* Dans ce château datant du XIIe au XVIIIe siècle, où Du Guesclin fut armé chevalier en 1534, mariages et réceptions de famille peuvent se tenir tout au long de l'année. Ce lieu magique, situé à environ 30 kilomètres au nord de Rennes en pleine campagne, a les faveurs des jeunes mariés, et pour cause !Cadre noble et majestueux, organisation bien rodée, salles de réception stylées... Une idée pour festoyer et épater la galerie, à condition d'y mettre le prix.

LE GRAND HOTEL 84, rue de Redon, PONT-REAN ✆ 02 99 42 21 72. *Site Internet : www.le-grand-hotel-bretagne.com* En bordure de Vilaine, 3 salons et 5 salles sont à votre disposition pour accueillir séminaires, repas d'affaires ou repas de famille. Une salle de réception de 160 à 200 personnes avec terrasse et jardin au bord de l'eau comblera les grandes familles.

CHATEAU D'APIGNE Route de Chavagne, LE RHEU ✆ 02 99 14 80 66. *Site Internet : www.château-apigne.com* A 3 kilomètres de Rennes, sur un parc de 6 hectares, vous pourrez louer des salons pour mariage, réunion, séminaire, repas d'affaires, banquet ou défilé. Le choix du traiteur, qui pourra régaler de 15 à 400 personnes, permet une certaine liberté pour le menu. Possibilité de location de salles.

CHATEAU DE LA MAGNANNE Saint-Aubin-d'Aubigné © 02 99 55 21 49. Avec ses 4 salles, ce château peut accueillir plus de 200 personnes. Disposant de 4 chambres, vous pourrez goûter aux joies de la vie de château le temps d'une nuit, d'un week-end ou plus si affinités... Quant à la restauration, la maison a l'habitude de travailler avec certains traiteurs, mais votre choix sera le sien.

LES MARAIS Place de l'Eglise, VERN-SUR-SEICHE © 02 99 62 71 42. Avec une salle de 80 à 140 couverts et une restauration traditionnelle et gastronomique, cet hôtel-restaurant dispose également de 22 chambres : bien pratique pour passer des fins de soirée sereines. Il appartient aux Logis de France.

LE RELAIS DU BOIS DE SOEUVRES Les-Bas-Près, VERN-SUR-SEICHE © 02 99 50 60 82. *Site Internet : www.relaisduboisdesoeuvres.fr* A 3 kilomètres au sud de Rennes, voici un cadre fort plaisant pour organiser réceptions en famille, entre amis ou séminaires. Avec ses 2 salles climatisées de 65 à 120 couverts, un espace enfants, un jardin clos, une terrasse verdoyante, un parking privé et une jolie gloriette à l'anglaise, quant à la cuisine : élaborée et en provenance du marché ou des buffets à thème. Avis aux amoureux de la nature.

Traiteurs

L'ARBRE BLEU 6, cours des Alliés © 02 99 30 08 89. *Restaurant le midi, traiteur le soir.* Ce traiteur se distingue par l'originalité des plats proposés. Pour en avoir un aperçu, faites une halte prolongée chez cet incontournable de la capitale bretonne, situé dans la Maison du Champ-de-Mars. Restaurant classique le midi, l'Arbre Bleu réalise des prestations intéressantes le soir : ce traiteur se plie en quatre pour organiser des repas, de 20 à 400 personnes. Un beau buffet froid par exemple, à consommer dans les locaux du restaurant ou à domicile. Faiblesse : il faut connaître, absolument !Talent : une bonne adresse pour les déjeuners en ville donc et à solliciter si vous devez organiser un repas pour des groupes, mariages, baptêmes, communions, cocktails, réceptions...

AR TRAITEUR 47, route de Fougères, CESSON-SEVIGNE © 02 99 62 00 00. *Site Internet : www.artraiteur.fr* Votre patron décide à la dernière minute de faire un cocktail dînatoire, votre mari a invité une cinquantaine de personnes pour fêter une promotion et vous confie la tâche délicate d'organiser quelque chose de somptueux, pas trop cher, pour le lendemain soir !Vous priez très fort pour qu'un miracle se produise et découvrez Ar Traiteur. Un coup de fil : vos demandes sont étudiées et le devis vite calculé. Du précis, rapide et délicieux à des prix abordables. Recette magique pour soirée unique !

CHAPIN TRAITEUR 3, rue du Petit-Pré, Route de Lorient, VEZIN LE COQUET © 02 99 54 43 18. Dîners d'affaires, repas de gala, mariages, cérémonies officielles : savoir-faire et savoir recevoir seront au rendez-vous pour réjouir vos convives et les surprendre avec de jolies tables, pour métamorphoser un simple repas ou un cocktail en véritable instant de détente et de plaisir, même pour les maîtres de cérémonie. Une fois n'est pas coutume.

L'HIBISCUS 50, rue Paul-Langevin © 02 99 32 26 26. *Site Internet : www.hibiscus.fr* Savoir recevoir est tout un art. Du simple au plus élaboré, ce traiteur se mettra en quatre pour une gastronomie à domicile réussie. Son credo, le "prêt à déguster". Vous serez livré sur place, à votre convenance. Si l'organisation de réceptions vous effraie ou vous stresse, faites-leur confiance : ils prendront en charge l'organisation complète de la fête, de la vaisselle aux tables ou aux chaises, le cas échéant. Une note de fantaisie doublée d'une sécurité absolue pour une soirée inoubliable !La maison fournit également tout le matériel nécessaire à la réalisation de vos réceptions. Une salle de réception est même mise à votre disposition au 2, avenue du Bois-Labbé © 02 99 14 43 90. Sa capacité d'accueil est de 200 personnes.

Santé

Audition

AUDITION FRANGEUL 61, rue Saint-Hélier © 02 99 67 90 91. Vous avez des difficultés à entendre vos interlocuteurs en milieu bruyant, vous entendez mais ne comprenez pas. Ce qui entraîne souvent une fatigue : vous finissez par ne plus faire répéter votre entourage et ne participez plus à certaines conversations. S'il ne s'agit pas d'un bouchon de cérumen, assurez-vous en auprès de votre médecin –, alors consultez un audioprothésiste qui déterminera si l'appareil auditif est nécessaire. Audition Frangeul a pour vocation de trouver la solution adaptée à vos problèmes d'audition. Et vous recommande notamment d'essayer pendant une à deux semaines le ou les appareils avant de les acheter, remboursés par la Sécurité sociale.

Initiatives

BISTROT MEMOIRE, Au bar Le Scaramouche 3 bis, rue Duhamel ✆ 02 99 31 55 53. *Chaque jeudi de 15h à 18h.* Des professionnels et des bénévoles organisent chaque jeudi après-midi au Scaramouche, des rencontres, le plus souvent à thème. Baptisée Bistrot mémoire, cette initiative s'adresse aux personnes qui aident une personne âgée atteinte de troubles de la mémoire, notamment Alzheimer,, ainsi qu'à ces personnes elles-mêmes.

Mutuelles

MUTOUEST 23, rue Jules-Simon ✆ 0 821 080 070. *Site Internet : www.mutuouest.fr Ouvert du lundi au vendredi de 8h30 à 12h30 et de 13h30 à 18h15 et le samedi de 9h à 12h.* Le leader de la complémentaire santé en Bretagne est bien implanté sur la région rennaise, puisqu'il a une agence en ville, une à Saint-Grégoire et une autre à Cleunay. L'adhésion se fait sans questionnaire médical et assure une prise en charge immédiate. Parmi les services qu'elle propose, Mutouest garantit le remboursement sous 48 heures. Evidemment, l'éventail des cotisations mensuelles varie en fonction de votre situation et des garanties choisies. Pour information, la complémentaire santé la moins chère est à 6,75 € par mois. Les frais de dossier, à régler uniquement à la souscription, se montent à 15 €. **Autre adresse : Centre commercial Cleunay ✆ 02 23 25 00 25.**

MUTUELLE ACTION, Maison des Métiers Cours des Alliés ✆ 02 99 29 66 00. Ouverte à tous, cette mutuelle propose des solutions de complémentaire santé qui peuvent varier de 17,78 € à 29,09 € par mois. Parmi les avantages mis en avant par Mutuelle Action, la dispense d'avance des frais sur présentation de la carte d'adhérent, dans les hôpitaux et les pharmacies. Les remboursements se font automatiquement et rapidement, puisque la mutuelle s'engage à ne pas dépasser un délai maximal de huit jours. Un service efficace et pratique d'assistance en cas d'imprévu de santé est opérationnel 24h/24, tous les jours. L'agence rennaise se fait fort de répondre aux questions de tous en matière de santé.

Numéros utiles

Assistances

CANCER INFO SERVICE ✆ 0810 81 08 21. Accessible du lundi au samedi de 8h à 20h.

ENFANCE EN DANGER ✆ 0800 58 57 79 ou 119, numéro vert.

SAS, Point Ecoute Jeunes : drogue, sexualité, justice, au CRIJ 6, cours des Alliés ✆ 02 99 31 47 48.

SIDA INFO SERVICE ✆ 0800 84 08 00, numéro vert.

SOS AMITIES ✆ 02 99 59 71 71.

SOS DEPRESSION ✆ 02 99 83 65 28.

SOS MEDECINS 19, rue Leguen-de-Kerangal ✆ 02 99 53 06 06.

SOS VICTIMES 135, rue de Nantes08 VICTIMES, ✆ 0 884 284 637. 7j/7 et de 9h à 21h au prix d'un appel local.

ASSOCIATION DES VICTIMES DE LA ROUTE 19, square Charles-Dullin ✆ 02 99 32 27 22.

Gardes

CARL, CABINET MEDICAL DE GARDE Esplanade sud de la Gare ✆ 02 23 30 33 33. Ouvert toutes les nuits en semaine de 20h à 7h du matin, et le week-end du samedi à 13h jusqu'au lundi à 7h du matin.

CHIRURGIENS DENTISTES DE GARDE 24H/24, police ✆ 02 99 65 00 22.

PHARMACIE DE GARDE ✆ 02 23 45 04 04.

PHARMACIENS, police ✆ 02 99 65 00 22. Informations

AIDES BRETAGNE 2, quai Richemont ✆ 02 99 30 01 30.

ALLO SECU ✆ 0820 90 09 00.

CENTRE REGIONAL DE LA TRANSFUSION SANGUINE DE RENNES 5, rue Pierre-Jean Gineste ✆ 02 99 54 42 22.

COUVERTURE MALADIE UNIVERSELLE, CMU ✆ **08 00 63 63 87.**

CROIX-ROUGE FRANCAISE 66-68, rue Dupont-des-Loges ✆ **02 99 67 75 70.**

FORMATION AUX PREMIERS SECOURS ✆ **02 99 67 75 79.**

DIRECTION LOCALE DE L'URGENCE ET DU SECOURS ✆ **02 99 67 75 78.**

FORMATION AU BABY-SITTING ✆ **02 99 67 75 83.**

HOPITAL A DOMICILE, Pays de Rennes Espace Brocéliande, CHARTRES-DE-BRETAGNE ✆ **02 99 41 14 33.**

MAISON ASSOCIATIVE DE LA SANTE 36, boulevard Albert-1er ✆ **02 99 53 48 82.** *Ouvert du lundi au vendredi.* Cette structure fédère 52 associations de santé qui accompagnent les personnes malades ou handicapées et leurs familles, maladies génétiques, neurologiques, cancer, alcool, santé mentale...

Toxicomanie

NUMERO VERT ✆ **08 00 43 54 35.**

CENTRE D'ACCUEIL DROGUE 8, rue Alain-Gerbault ✆ **02 99 30 82 70.**

DROGUE, ALCOOL, TABAC, INFO SERVICE ✆ **113.**

DROGUE INFO SERVICE ✆ **0800 23 13 13.**

L'ENVOL 4, boulevard de Strasbourg ✆ **02 99 33 39 20.** *Site Internet : www.ch-guillaumeregnier.fr Centre de traitement des toxicomanes.*

Urgences

CENTRE ANTIPOISON ✆ **02 99 59 22 22.**

SAMU 24H/24 ✆ **15 ou 112.**

TOUTES URGENCES MEDICALES ✆ **15.**

URGENCES HOTEL-DIEU ✆ **02 99 87 30 23.**

URGENCES MAINS ✆ **0 810 01 50 15.**

URGENCES PONTCHAILLOU ✆ **02 99 28 37 02.**

URGENCES CARDIOLOGIQUES ✆ **02 99 28 25 28.**

URGENCES MEDICALES PEDIATRIQUES HOPITAL SUD ✆ **02 99 26 67 57.**

Seniors

Adresses utiles

ASSAD DU PAYS DE RENNES 61 bis, rue Lobineau ✆ **02 99 54 14 87.** *Ouvert du lundi au vendredi de 10h à 12h et de 14h à 17h.* L'Assad gère les services d'aide et de soins à domicile à Rennes et dans plusieurs communes périphériques. Elle intervient principalement auprès des personnes malades, dépendantes ou handicapées.

CENTRE COMMUNAL D'ACTION SOCIALE, CCAS 1, rue du Griffon ✆ **02 99 67 85 85.** *Site Internet : www.rennes.fr Ouvert du lundi au vendredi de 8h30 à 12h et de 13h à 17h.* Une adresse importante en ce qui concerne les services de soutien à domicile. Le CCAS se charge de solliciter la prise en charge financière de l'intervention des aides ménagères ou des soins infirmiers, auprès de votre caisse de retraite. Cet organisme s'occupe également de vous aider à trouver une aide à domicile et, le cas échéant, des démarches administratives.

CENTRE LOCAL D'INFORMATION ET DE COORDINATION, CLIC 5, rue du Pré Botté ✆ **02 23 42 89 50.** *Ouvert le lundi de 10h à 12h et de 13h30 à 17h, et du mardi au vendredi de 8h30 à 12h et de 13h30 à 17h.* Le Clic est un lieu centralisateur, qui accueille, informe et oriente les personnes âgées, leurs familles et les professionnels. Toute l'information relative aux personnes âgées est disponible ici, qu'elle concerne la prise en charge, les démarches à effectuer, les loisirs et animations spécifiques, les recherches d'information sur une maladie ou un trouble, etc. Le Clic reçoit également les demandes d'allocations personnalisées à l'autonomie, évalue les besoins, élabore et met en œuvre les plans d'aide à domicile. Très bon accueil.

Loisirs

OFFICE DES PERSONNES A LA RETRAITE DE RENNES, OPAR 61, rue Papu ✆ 02 99 54 22 23. *Ouvert du lundi au vendredi de 9h à 12h et de 14h à 17h.* L'Opar est l'organe fédérateur de divers clubs de retraités, qui regroupent des clubs de proximité, de rencontres et d'échanges, des clubs d'activités physiques, culturelles et artistiques, et le club grand âge et vie et connexion pour les nouveaux retraités.

UNIVERSITE DU TEMPS LIBRE DU PAYS DE RENNES 3, place du Colombier ✆ 02 99 35 04 24. L'Université du Temps Libre s'adresse à toute personne intéressée sans condition d'âge, ni de formation. Elle propose un accès partagé aux savoirs, par le biais de conférences, de groupes d'enquêtes et de recherches, de cours, d'activités ludiques et physiques, de sorties culturelles à thème, de clubs d'investissements et d'une chorale.

Services Repas

MIJOTE 1, rue Henry-Dunant ✆ 02 23 20 76 34 / 06 64 89 48 32. *Site Internet : www.reseau-plus-net* Voici une bonne idée pour améliorer le quotidien des personnes âgées désirant rester chez elles. Ce service à domicile permet d'avoir des repas diététiques, hypocaloriques, équilibrés, familiaux et variés chaque jour. Ils sont servis froids suivant les normes et sont prêts à être réchauffés. La livraison est comprise dans le prix du repas qui varie de 8,50 € pour une formule midi ou soir, entrée, plat principal, fromage ou laitage et dessert, à la formule journée à 12 €. Bien sûr, les personnes qui le souhaitent peuvent demander une aide financière dans le cadre de l'Apa, Allocation personnalisée d'autonomie.

Services

Numéros utiles

OFFICE DE TOURISME 11, rue Saint-Yves ✆ 02 99 67 11 11. *Site Internet : www.tourisme-rennes.com Ouvert du lundi au samedi de 9h à 18h du 1er octobre au 31 mars et de 9h à 19h du 1er avril au 30 septembre et le dimanche de 11h à 18h.* Installé dans l'ancienne chapelle Saint-Yves qui fut également un ancien hôpital, l'office de tourisme de la ville jouit de la beauté d'un vieux bâtiment dont la réhabilitation est une réussite complète. Conseils, accueils, prospectus et dépliants sur Rennes, la Bretagne ou la France à votre disposition, ainsi que des ouvrages sur la région et son histoire. L'office de tourisme dispose également d'un espace billetterie pour les visites guidées à thème ou générales de la ville et du Parlement ou d'autres spectacles.

POLICE ✆ 17 - 02 99 65 00 22.

POMPIERS ✆ 18 ou 112.

Divers

Auberge de jeunesse ✆ 02 99 33 22 33. Site Internet : www.fuaj.org

Chambre de Commerce et d'Industrie ✆ 02 99 33 66 66.

Centre communal d'action sociale ✆ 02 99 67 85 85.

CIRA, Renseignements administratifs ✆ 0821 08 09 10.

Conseil général ✆ 02 99 27 10 10.

Fourrière Automobile ✆ 02 99 28 56 06.

INSEE ✆ 02 99 29 33 33. Site Internet : www.insee.fr

Horloge parlante ✆ 36 99.

Planning familial ✆ 02 99 31 54 22.

Service communal d'Hygiène et de Santé ✆ 02 99 67 85 65.

Service état des routes ✆ 02 99 50 74 91.

Service objets trouvés ✆ 02 99 28 57 77.

 Service propreté urbaine ✆ 02 99 28 55 55.

Météo France

CENTRE DEPARTEMENTAL DE LA METEOROLOGIE D'ILLE-ET-VILAINE SAINT-JACQUES-DE-LA-LANDE ✆ 02 23 40 40 10.

Prévisions à sept jours sur le département ✆ 08 92 68 02 35.

Météo à l'étranger ✆ 08 99 70 08 08.

Portail météo ✆ 08 92 68 08 08.

Toutes les météos ✆ 32 50.

Pratique

CAF ✆ 0820 25 35 10. Site Internet : www.caf.fr

Eau ✆ 02 99 54 65 00.

EDF dépannage, 24h/24 ✆ 0810 333 335.

France Télécom ✆ 10 14. Site Internet : www.francetelecomcom

Gaz dépannage ✆ 02 99 35 11 33 / GDF, 24h/24 ✆ 0810 433 035.

Hygiène

ISS HYGIENE SERVICES ZA La Hautière, L'HERMITAGE ✆ 02 99 64 04 24. *Site Internet : www.iss-hygieneservices.com* Leur métier : l'hygiène et l'assainissement. Une équipe expérimentée et efficace est à votre disposition, et intervient sur simple appel téléphonique : en urgence pour le débouchage des canalisations et le pompage des fosses septiques, sur rendez-vous pour la dératisation et la désinfection, sur demande de devis pour les prestations de nettoyage de hottes de cuisine et de démoussage de vos terrasses ou toitures.

Solidarité

ASSOCIATION SECOURISTES FRANÇAIS CROIX BLANCHE 53, avenue de Rochester ✆ 02 99 87 57 83.

CENTRE DU VOLONTARIAT/MAISON DU CHAMPS-DE-MARS 6, cours des Alliés ✆ 02 99 85 89 51. Ouvert le mardi de 14h à 17h, le mercredi de 15h à 18h et le jeudi de 15h30 à 18h30.

INFO SOCIALE EN LIGNE ✆ 0 810 20 35 35, N° Azur. *Site Internet : www.ille-et-vilaine.fr Service téléphonique du lundi au vendredi de 9h à 19h, 17h30 pendant les vacances scolaires, et le samedi de 9h à 13h.* Ce service mis en place par le conseil général d'Ille-et-Vilaine consiste à assurer une permanence téléphonique pour une réponse à toutes vos questions, quelle que soit votre situation, en matière de santé, consommation, emploi, chômage, logement, formation, éducation, famille, justice et citoyenneté.

Don d'organes

ASSOCIATION POUR LE DON D'ORGANES ET DE TISSUS HUMAINS D'ILLE-ET-VILAINE 1, square Saint-Exupéry ✆ 02 23 20 77 25.

CENTRE REGIONAL DE TRANSFUSION SANGUINE DE RENNES 5, rue Pierre-Jean-Gineste ✆ 02 99 54 42 22.

Ecoute

ENFANCE ET PARTAGE 97, avenue André-Bonin ✆ 02 99 51 00 22 / 0 800 05 12 34. Site Internet : www.enfance-et-partage.org

FIL SANTE JEUNES ✆ 0 800 23 52 36. Accessible de 8h à 24h.

SOS AMITIE BP 6216, 35062 RENNES CEDEX ✆ 02 99 59 71 71. *Accessible 24h/24.* Pour parler, afin de pallier à la solitude. Il est également possible d'y effectuer des permanences bénévoles d'écoute suite à une formation.

Entraide et bénévolat

Douches

BAINS DOUCHES MUNICIPAUX, PISCINE SAINT-GEORGES Rue Gambetta ✆ 02 99 28 56 83. Tous les jours sauf dimanche et lundi matin.

SECOURS CATHOLIQUE 10, rue Louis-Guilloux ✆ 02 99 54 11 01. Le lundi de 14h à 16h30.

RESTOS DU CŒUR 118, rue de l'Alma ✆ 02 99 23 30 28 50. Les jeudi de 9h à 11h30. A partir du 15 décembre, ouverture de 8h30 à 12h. Métro : arrêt Jacques-Cartier.

RENNES CAO 14, rue Legraverend ✆ 02 99 27 50 60.

Hébergement

ASSOCIATION POUR L'ACTION SOCIALE ET LA FORMATION A L'AUTONOMIE ET AU DEVENIR, ASFAD,

CHRS BROCELIANDE 146 a, rue de Lorient ✆ 02 99 59 60 01.

Nourriture sur place

RESTAURANT SOCIAL LEPERDIT 5, rue Clémence-Royer ✆ 02 99 67 37 30. Petit déjeuner et déjeuner. Tous les jours de 9h à 13h. Le samedi de 9h à 12h.

Nourriture à emporter

RESTOS DU CŒUR 118, rue de l'Alma ✆ 02 99 23 30 28 50. Le jeudi de 9h à 11h30. A partir du 15 décembre, ouverture de 8h30 à 12h. Métro : arrêt Jacques-Cartier.

RESTOS DU CŒUR, Centre de distribution Rennes -Villejean Rue Henri-Le-Guilloux ✆ 99 33 23 93.

RESTOS DU CŒUR, SIEGE ET ENTREPOT DEPARTEMENTAL 4, rue d'Ouessant, ZA Pontay, SAINT-GREGOIRE ✆ 02 99 23 70 30.

SAMU social, Urgences sans-abri

RENNES ENTRAIDE ✆ 02 99 67 75 75.

URGENCES SANS-ABRIS ✆ 115. Ce service fonctionne 24h/24.

Vêtements

ASSOCIATION DES PARALYSES DE FRANCE 40, rue Danton02 99 84 26 66. *Site Internet : www.apf.asso.fr.* Elle collecte les vieux textiles.

EMMAUS COMMUNAUTE DE RENNES Beauvoir Bazouges, HEDE02 99 45 45 36. Il collecte sur un simple coup de fil, ainsi que les meubles, les livres et les objets. Des vide-greniers sont organisés tous les ans et ont beaucoup de succès.

CROIX-ROUGE FRANCAISE 66, rue Dupont-des-Loges ✆ 02 99 67 75 70. Bien connues de tous, les différentes actions de la Croix-Rouge rendent bien des services aux personnes en difficulté. Toute l'année, l'antenne locale se mobilise, notamment en collectant des vêtements.

RESTOS DU CŒUR 99, rue de l'Alma ✆ 02 99 22 37 22. Le jeudi de 9h à 11h30. Métro Jacques-Cartier.

SECOURS CATHOLIQUE 10, rue Louis-Guilloux ✆ 02 99 54 11 01. Lundi, mardi, jeudi et vendredi de 14h à 16h30. Bus n° 8, Arrêt Saint-Brieuc.

TROCABI 32, rue de Trégain ✆ 02 99 87 59 17. Site Internet : www.trocabi.org Ouvert le lundi de 15h à 18h30 et du mardi au samedi de 9h15 à 12h15 et de 14h à 18h30. **Autres adresses : 14, rue des Frères-Lumière • R.-Moine ✆ 02 99 22 33 22 • Plateforme Kennedy ✆ 02 99 59 05 35.**

Logement

CENTRE LEO-LAGRANGE LA HARPE Ferme La Harpe ✆ 02 99 59 45 38.

FOYER NOTRE-DAME DU ROSAIRE **14, canal Saint-Martin ✆ 02 99 59 11 50.**

Foyers mixtes

Site Internet : www.fjt-rennes.com

SIEGE DE L'ASSOCIATION **11, rue de la Mabilais ✆ 02 99 67 56 00.**

FOYER DE JEUNES TRAVAILLEURS LA MABILAIS **11, rue de la Mabilais ✆ 02 99 67 81 57.**

FOYER DE JEUNES TRAVAILLEURS BOURG-L'EVEQUE **30, rue de Brest ✆ 02 99 54 39 33.**

FOYER DE JEUNES TRAVAILLEURS DES GANTELLES **21, rue Franz-Heller ✆ 02 99 84 42 00.**

FOYER DE JEUNES TRAVAILLEURS ROBERT-REME **8, avenue Gros-Malhon ✆ 02 99 59 30 02.**

FOYER DE JEUNES TRAVAILLEURS SAINT-JOSEPH-DE-PREVILLE **4, rue d'Ouessant, Z.A. Pontay, SAINT-GREGOIRE ✆ 02 99 14 21 00.**

LA MOTTE BARIL **3, avenue Monseigneur-Mouézy ✆ 02 99 22 38 38.**

Solidarité entre les hommes et les peuples

CRIDEV **41, avenue Janvier ✆ 02 99 30 27 20.** *Ouvert du mercredi au vendredi de 14h à 18h.* Depuis sa création en 1974, le Centre rennais d'information pour le développement et la solidarité entre les peuples soutient les personnes qui se battent pour faire respecter leurs droits et leur liberté. Le Cridev dispose d'un fonds de documentation intéressant, plus de 4 000 références.

LICRA, Ligue contre le racisme **8, rue Auvours, NANTES ✆ 02 40 12 49 86.**

MRAP, Mouvement contre le racisme et pour les amis des peuples **12, cours de Bohème ✆ 02 99 32 04 41.**

UNION DES ASSOCIATIONS D'IMMIGRES DE RENNES, UAIR **30-32, quai Saint-Cyr ✆ 02 99 33 01 03.** Ouvert du lundi au vendredi de 9h à 12h et de 14h à 17h, le samedi de 9h à 12h.

Texte pour l'association, Pub

POUR UN SOURIRE D'ENFANT, Secrétariat **49, rue Lamartine, 78000 VERSAILLES.**

Christian et Marie-France des Pallières **BP 2107, PHOM PENH 3, CAMBODGE ✆ (+855) 23 300 630.** Fax : – +855, 23 424 057. E-Mail : pse@site-pse.org

Antenne rennaise de PSE : Kim et Marie-Noëlle Tan, Piguel, 35340 ERCE-PRES-LIFFRE ✆ 02 99 68 38 23 / 06 86 98 15 65. *E-mail : marie-nel.tan@wanadoo.fr, et Alain Debos ✆ 02 99 59 32 97. E-mail : alaindebos@free.fr* Cette association humanitaire ayant reçu le Prix des Droits de l'Homme en 2000, s'occupe des enfants chiffonniers de Phnom Penh. Elle a construit un centre de rattrapage scolaire, un centre de formation professionnelle, mais aussi un lieu de nutrition et de soins sur la décharge où il y a encore peu les enfants qu'elle scolarise travaillaient.

Tout a commencé par un voyage au tour du monde de Christian et Marie-France des Pallières et de leurs quatre enfants, il y a maintenant dix ans. Ils furent horrifiés par la vie de ces enfants obligés de retourner la décharge pour pouvoir trouver de quoi subsister. C'est alors qu'ils décidèrent de créer une école à proximité de la décharge, afin de scolariser les enfants en difficulté. Puis très vite, ils se mirent à parcourir l'Europe pour sensibiliser les gens et récolter des fonds afin que la goutte d'eau de leur aide devienne un océan de générosité. Le 20 mai 1996, c'est l'accueil des premiers enfants. Conscients que pour sortir ces enfants de la misère, l'apprentissage de la lecture, de l'écriture et du calcul ne suffit pas, ils décident alors de mettre en place un centre de formation pour leur apprendre un métier...

L'action de cette association vise donc à faire sortir de l'aliénation de la misère ces enfants déshérités. Aujourd'hui, elle touche avec son programme professionnel et scolaire plus de 4 000 enfants avec un personnel de 300 salariés cambodgiens, dont la moitié sont enseignants, et les autres, responsables de programme, directeurs, administratifs, cuisinières, agents d'entretien, couturières, infirmiers et gardiens.

Pour aider cette association à se développer, il vous suffit de parrainer un enfant, 30 € par mois et par enfant,, effectuer un don, financer des investissements ou organiser un événement au profit de l'association. Vous retrouverez toutes les informations utiles sur le site Internet : www.pse.asso.fr pour faire vos dons ou même envisager d'être un bénévole expatrié.

index général

35 (LE)...180, 303
35 ANNONCES...303
4 Z'YEUX...319
7E SENS...265
7J...355

AAA

A LA BONNE FERMIERE...129
A LA CIBOULETTE...90
A LA FOURNEE SAINT-MICHEL...121
A LA PENSEE...188
ABC PARE-BRISE...243
ABRACADABREIZH...194
ABRI DU MARCHE (L')...76
ACADEMIE STYL'DANCE CENTER...192
ACCUEIL DES VILLES FRANCAISES...336
ACCUEIL PAYSAN...27
ACROPOLE BAR...144
ACTUA DECORS...356
ACTUA ENERGIES RENOUVELABLES...293
ADEC 35...165
ADHERENTS RADIO TAXIS RENNAIS...17
ADI...297
ADIKT SHOP...327
ADSHEL...18
AFCCC...352
AFIDEA INFORMATIQUE...333
AGLAE...327
AGROCAMPUS RENNES...344
AIDES BRETAGNE...362
AIGLE...213
AIR BREIZH...341
AIR FRANCE...202
AIRE LIBRE (L')...163
AIRTAL RT OUEST...333
ALAIN AFFLELOU...317
ALAIN MANOUKIAN HOMME...324
ALBUM...172
ALEXANDRE BOUTIQUE...325
ALIMENTATION 2005...132
ALIZE BEAUTE...255
ALIZEE B...248
ALLIANCE DECO BOIS...275
ALLO LORENOR...358
ALLO SECU...362
ALLO TAXI CHANTEPIE...17
ALLOSTOP...12
ALPHA SERVICE...358
ALPHAGRAPH...172
ALSACE...346
ALTI COIFF'...248
AMAN'DINES (LES)...64
AMANDINE NATURE ET SANTE...130
AMANI...267
AMARYLLIS (L')...151
AMI PRODUCTIONS...356
AMIRAL (L')...56
AMUSANCE (L')...193
AN DUCHENN HUD...109
ANDRE...310
ANDRE FERRON...117
ANIMALERIE (L')...337
ANITA.P...248
ANN'SO BOUTIQUE...322
ANNE DE BRETAGNE...22
ANNONCERIE (L')...290
ANTHEMIS...310
ANTIPODE (L')...163
ANTIQUITES ARCADES...281
APPART' DE LOÏC (L')...56
APPATAME BRETAGNE COTE D'IVOIRE (L')...192
AQUA DETENTE...288
AQUA PLONGEE LOISIRS...211
AQUARELLE DECORATION...265
AQUA-SCOP-SERVICES...288
AQUATONIC...216, 255
AR GWAZI GOUEZ...209
AR MILIN'...110
AR PILLIG...86
AR TRAITEUR...361
ARBRE BLEU (L')...64, 361
ARCAD'VOYAGES CHARTERS & DECOUVERTES...202
ARCHIPEL (L')...27, 76, 130
ARCHIPEL HABITAT...352
ARDOISE (L')...110
ARIANE LIBRAIRIE DU VOYAGE...175
ARISTO'CHIENS...337
ARLEQUIN...357
ARMOR LITERIE...304
ARMORIA...268
ARMOR-LUX...319
ARMURERIE-COUTELLERIE DE BRETAGNE...191
AROBACE...331
ARPEGES...198
ARPEGES...355
ARPION CELESTE...357
ARRET SUR IMAGE...268
ARROW...325
ARSENAL...16
ARSOUILLE (L')...76
ART SOLEIL (L')...268
ART TY CHAUD (L')...86
ART-H-PIE...343
ARTHUR...315
ARTHUR VIDEO...201
ARTISANS DU MONDE...268
ARTISANS TAXIS DE RENNES...17
ARTISS-CABINET CONSEIL...290
ARTISTES ASSOCIES DE LA PETANQUE...211
ARVOR...157
ARVOR HOTEL...22
AS DES CHEMINOTS RENNAIS...211

AS JEANNE-D'ARC....211
ASCAR....204
ASLOC....358
ASPTT....204
ASPTT RENNES....211
ASSAD DU PAYS DE RENNES....363
ASSIETTE KABYLE (L')....107
ASSOCIATION BRASIL ARMORIQUE....207
ASSOCIATION BRETONNE DE TAI-JI-QUAN ET DISCIPLINES INTERNES....206
ASSOCIATION DES PARALYSES DE FRANCE....367
ASSOCIATION DES VICTIMES DE LA ROUTE....362
ASSOCIATION LADAINHA....207
ASSOCIATION POUR L'ACTION SOCIALE ET LA FORMATION A L'AUTONOMIE ET AU DEVENIR, ASFAD,....367
ASSOCIATION POUR LE DON D'ORGANES ET DE TISSUS HUMAINS D'ILLE-ET-VILAINE....365
ASSOCIATION SAINT-EXUPERY....187
ASSOCIATION SECOURISTES FRANÇAIS CROIX BLANCHE....365
ASSOCIATION SPORTIVE DE KARTING DE RENNES....210
ASSOCIATION SPORTIVE DES CHEMINOTS RENNAIS....206
ASSOCIATION SPORTIVE ET CULTURELLE ADAPTEE DE RENNES....205
ASSOCIATION SPORTS ET LOISIRS COLLECTIFS....205
ASSOCIATION TIEZ BREIZ MAISONS ET PAYSAGES DE BRETAGNE....341
ASSOCIATION VALENTIN-HAUY....353
ASTUCE PC....331
ATELIER (L')....262
ATELIER DE L'ARTISTE (L')....144
ATELIER DES GOURMETS (L')....64
ATELIER DES LUTINS (L')....266
ATELIER DU CHOCOLAT (L')....124
ATELIER DU FLEURISTE (L')....265
ATELIER LUTHERIE KOPO....196
ATELIER SAINTE-ANNE....190
ATELIERS DU GRAND FOUGERAY (LES)....275
ATLAS....275
ATMOSPH'HAIR....248
ATOL KOHLER THOMAS OPTICIENS....317
ATOL OPTIQUE DES LICES....317
ATOUT'HEURE....356
ATTITUDE DIFFUSION....213
AU BOULINGRAIN....88
AU BOUT DE LA NUIT....170
AU BUREAU....82
AU CŒUR DE LA SAVEUR....90
AU COIN DU FEU....89
AU COIN DU PHARE....89
AU FIN CAFE....124
AU FIN GORET....131
AU FIN PALAIS....117
AU JARDIN D'ALICANTE, MAISON BUOT....265
AU JARDIN DES SAVEURS....87
AU LIEU-DIT VIN....76
AU MARCHE DES LICES....87
AU NOM DE LA ROSE....266
AU P'TIT CREUX....77
AU PAIN D'ANGE....122
AU PETIT SOLEIL....107
AU SOURIRE DES FLEURS....266
AUBERGADE (L')....57
AUBERGADE (L')....110
AUBERGE A LA FERME DE LA GARDE....116
AUBERGE DE JEUNESSE CENTRE INTERNATIONAL DE SEJOURS....27
AUBERGE DE REAN....111
AUBERGE DU BORDAGE (L')....111
AUBERGE DU CHAT-PITRE....65
AUBERGE DU CHEVAL BLANC....65, 111
AUBERGE LA MAISON NEUVE....116
AUBERGE SAINT JACQUES....66
AUDITION FRANGEUL....361
AUTODIS, ETS CARMOINE-MONVOISIN....244
AUTO-ECOLE CONTACT CONDUITE....236
AUTO-ECOLE DE LA TOUR D'AUVERGNE....236
AUTO-ECOLE DU SQUARE....237
AUTO-ECOLE HOCHE....237
AUTO-ECOLE MELAINE AND CO....237
AUTO-ECOLE RELOU 4 ROUES....237
AUX BERGES DU LAC....111
AUX CAPRICES DE SUZETTE....90
AUX DELICES DES ROIS....113
AUX DELICES DU COCHON....131
AUX FRERES PROVENCAUX....134
AUX POISSONS VOYAGEURS....191
AUX PORTES DU MYSTERE....176
AVENTURE BAR (L')....151
AVENTURES DE MAISON....288
AVENUE OF THE STARS....268
AVIS....17
AY MEXICO....98
AZUR BIO....130

BBB

BABA 118
BACCHUS (LE) 152
BAGUETTERIE (LA) 197
BAGUETTES D'OR (LES) 98
BAHON RAULT 339
BAIE D'ALONG (LA) 132
BAMBOO D'OR 140
BANG ET OLUFSEN 299
BANN' COAT 275
BANQUE (LA) 66, 152
BAPU 348
BAR LE SAINT-GERMAIN 150
BARANTIC (LE) 144
BASE NAUTIQUE PLAINE DE BAUD 204
BASE-BALL ET SOFT-BALL CLUB DE RENNES 205
BATA 310
BATEAU IVRE (LE) 144
BEAULIEU 348
BEAUMONT 16
BEAUTE ET TAO 256
BEBES DAUPHINS RENNAIS, MAISON DE QUARTIER DE VILLEJEAN 355
BEL ET BLANC 319
BELASIE 132
BELLE EPOQUE 282
BENTLEY (LE) 152
BERTRAND MAINGUENE 290
BESSEC 310
BETTON AUTOMOBILES AGENT FORD 238
BIARD DEMENAGEMENT 302
BIBLIOTHEQUE CENTRALE 169
BIBLIOTHEQUE DES CHAMPS LIBRES (LA) 169
BIEN DANS SA TETE 248
BIGORNEAU (LE) 144
BIGOUDINE (LA) 87
BING BANG CIRCUS 193
BISCORNE (LA) 57
BISTROT DE LA CITE (LE) 144
BISTROT DE MARC ANGELLE (LE) 66
BISTROT DES CHAMPS (LE) 66
BISTROT MEMOIRE 362
BLACK CAPRICE 249
BLES GOURMANDS (LES) 88
BLEU ARDOISE 281
BLOSNE (LE) 212
BLUE BOX 327
BOB PUB (LE) 152
BOBET ANTIQUITES 281
BOCA CHICA (LA) 144
BOCAL P'TY RESTO (LE) 66
BOGBUSTERS 333
BOITE A RIRES (LA) 357
BOMBAY 102
BON ACCUEIL (LE) 112
BONBONNIERE (LA) 124
BONNE PATE (LA) 88
BOOKAN 176
BOSCOS DE MAUREPAS (LES) 205
BOSS SHOP 327
BOUCHERIE ABOU-TARIK 117
BOUCHERIE SYLVAIN BARON 117
BOUCHERIE VINCENT AUBAULT 117
BOUCHERIE-CHARCUTERIE SAINT-MARTIN 117
BOUCHON JEANNOT (LE) 67
BOULANGER 299
BOULANGERIE CHAUOU 118
BOULANGERIE DE LA ROTONDE 120
BOULANGERIE GAUTHIER CHEZ SOSTHENE 118
BOULANGERIE HANTRAIS 119
BOULANGERIE HELIGON 119
BOULANGERIE HOCHE 119
BOULANGERIE MARCEL LAIGRE 120
BOULANGERIE PASCAL SAINT-OUEN 120
BOUQUINERIE DU CENTRE 170
BOUQUINERIE JEAN BREHELIN 170
BOUQUINERIE SAINT-MELAINE 170
BOUTIQUE CARACTERE 320
BOUTIQUE DE CHARLES (LA) 296
BOUTIQUE DE GESTION 35 339
BOUTIQUE DECOR 292
BOUTIQUE DU STADE RENNAIS (LA) 213
BOUTIQUE IMPRIM' 188
BOUTIQUE ITALIENNE (LA) 133
BOUTIQUE LACOSTE 328
BOWLING ALMA LOISIRS 205
BOXER PASSION 245
BRASSERIE DES GAYEULLES 82
BRASSERIE DU THABOR (LA) 145
BRASSERIE HOCHE (LA) 348
BREQUIGNY 212
BRETAGNE ARCHERIE 213
BRETAGNE ENCHERES AUTO 245
BRETAGNE MATERIAUX 285
BRICO-DEPOT 285
BRIN D'HERBE 130
BRIN D'HERBE 132
BRIN DE FOLIES 267
BRIOCHE DOREE (LA) 77
BROSSETTE BTI 285
BRULERIE JOUENARD 122
BRUN MICHEL TAXI (LE) 17
BRUNO COURSES 339
BULLES AU PLAFOND (LES) 67
BULTHAUP ESPACE ET FONCTION 286

BUREAU AIR INFORMATION 343
BURTON OF LONDON 327
BUTTE DE COESMES 346
BVI LEVEQUE ASSOCIES 301
BYBLOSS (LE) 106

CCC

C.IDF 352
CABANA GIO (LA) 249
CACTUS (LE) 152
CADETS DE BRETAGNE 205
CAF 8, 365
CAFE BRETON (LE) 67
CAFE COTTON 325
CAFE DE L'HOTEL DE VILLE 145
CAFE DE LA PLACE 77
CAFE DES BAINS (LE) 78
CAFE DES BRICOLES 78, 145
CAFE L'ELEPHANT 145
CAFE LEFFE 83
CAFE NOIR (LE) 83
CAMILLE ET LUCIE 262
CAMPANILE RENNES CLEUNAY 22
CAMPING MUNICIPAL DES GAYEULLES 27
CANCER INFO SERVICE 362
CANNELLE 262
CANOE KAYAK CLUB D'ILLE-ET-RANCE 207
CANTINA MIA 68
CANTINE DELICES (LA) 57
CAP BREIZ 268
CAP COD 275
CAPT 238
CAR PLAQUES 236
CARAMB'ART 355
CARGLASS CENTRE TECHNIQUE 243
CAROLA BOUTIQUE 320
CAROLE ET LOIC PASCO 141
CAROLL 320
CARRE BLEU 306
CARRE RENNAIS (LE) 336
CARREFOUR 271
CARREMENT BAIN 288
CARROSSERIE GAUGUET 238
CASA PEPE (LA) 103
CASTEL J'HULY 112
CASTORAMA 283
CATIMINI 329
CAVAVIN 136
CAVE (LA) 78
CAVE DES 4 VENTS (LA) 137
CAVE DU SOMMELIER (LA) 136
CAVE DU STADE (LA) 136
CAVE FRANCK PINARD (LA) 136
CAVE SAINT-GREGOIRE (LA) 139
CAVEAU DU CHAPITRE 145
CCAS 363
CD BULLE 170
CEGIM 301
CELINE (LE) 63
CELIO 325
CELLIER RENNAIS (LE) 137
CELLIER SAINT-GERMAIN (LE) 137
CELTIC MOTOS 245
CENTAURE BRETAGNE 244
CENTRAL STUDIO 198
CENTRE ANTIPOISON 363
CENTRE CHOREGRAPHIQUE DE L'OUEST 192
CENTRE CHOREGRAPHIQUE NATIONAL DE RENNES ET DE BRETAGNE 159
CENTRE COMMERCIAL ALMA 10
CENTRE COMMERCIAL COLOMBIA 10
CENTRE COMMERCIAL GRAND-QUARTIER 10
CENTRE COMMUNAL D'ACTION SOCIALE 364
CENTRE CULTUREL LE RALLYE 160
CENTRE D'ACCUEIL DROGUE 363
CENTRE D'ECHANGE FRANCO-ALLEMAND 342
CENTRE D'INFORMATION JEUNESSE BRETAGNE 342
CENTRE DE FORMATION PEDAGOGIQUE SAINT-MELAINE 344
CENTRE DE MEDECINE PREVENTIVE UNIVERSITAIRE 348
CENTRE DE PRATIQUE DE YOGA 212
CENTRE DE TRI 342
CENTRE DEPANNAGE ELECTRONIQUE 297
CENTRE DEPARTEMENTAL DE LA METEOROLOGIE D'ILLE-ET-VILAINE 365
CENTRE DU VOLONTARIAT/MAISON DU CHAMPS-DE-MARS 365
CENTRE ESTHETIQUE GABRIEL 256
CENTRE FRANCO-ALLEMAND 346
CENTRE FRANCO-JAPONAIS DE MANAGEMENT 349
CENTRE INFORMATION JEUNESSE BRETAGNE (LE) 300
CENTRE LEO-LAGRANGE 198
CENTRE LEO-LAGRANGE LA HARPE 367
CENTRE NATIONAL D'ENSEIGNEMENT A DISTANCE 343
CENTRE REGIONAL DE LA TRANSFUSION SANGUINE DE RENNES 362

CENTRE SOCIAL CARREFOUR 18 8
CENTRE SOCIAL CLEUNAY 8
CENTRES D'INITIATION SPORTIVE 204
CERCLE CELTIQUE DE RENNES LA HARPE 192
CERCLE CULINAIRE DE RENNES 191
CERCLE PAUL-BERT BINQUENAIS 205
CERCLE PAUL-BERT BREQUIGNY 210
CERCLE PAUL-BERT PALET 211
CERCLE PAUL-BERT RAPATEL-POTERIE 204
CERCLE RENNAIS DE BOXE CHINOISE ET DE SAMBO COMBAT 206
CFDT 353
CFTC 353
CGC 353
CGT 353
CHAI DES RUFFES (LE) 137
CHALAND (LE) 57
CHAMBRE DE COMMERCE ET D'INDUSTRIE 8
CHAMBRE DE COMMERCE ET D'INDUSTRIE 364
CHAMP-DE-MARS 348
CHAMPION 274
CHANTAL COLLIAUX 317
CHANTEMUR PAPIER PEINT 292
CHANTIER (LE) 146
CHAPIN TRAITEUR 361
CHAT QUI PECHE (LE) 146
CHATEAU D'APIGNE 360
CHATEAU DE CHATEAUGIRON 360
CHATEAU DE LA MAGNANNE 361
CHATTAWACK 320
CHENIL DE MARLY 337
CHENIL DU CONFORT 337
CHEZ DEDE BIS 103
CHEZ DEDE DI TREVI 103
CHEZ MAMAN 78
CHEZ MARGOT 83
CHEZ P'TIT LOUIS 78
CHEZ RAMON ET PEDRO 146
CHEZ TANTE YVONNE 90
CHEZ YVI 96
CHEZY 24
CHIC ET TROC 312
CHICKEN SPOT 141
CHINA HUT 140
CHINA TOWN 320
CHOPE (LA) 84
CHOUIN 58
CHOUIN POISSONNERIE 129
CHRS BROCELIANDE 367
CIDRIERE, CREPERIE-GRILL (LA) 88
CINE AFFICHES 268
CINE BANK VIDEO 201
CINE SPECTACLES 177
CINE TNB 157
CINEMA LE SEVIGNE 157
CINEMAS GAUMONT 157
CINEVILLE COLOMBIER 158
CINNA 275
CIRA 364
CITE D'YS (LA) 146
CITE DES ARTS, CASTEAL (LA) 189
CITROEN RENNES 238
CITY (LA) 320
CITY JEAN'S 327
CLAIRE'S ACCESSORIES 309
CLAP'PHONIE 357
CLEUNAY 212
CLIC 363
CLINIC'MENAGER 297
CLOS CHAMPEL (LE) 22, 58
CLUB D'ACTIVITES SUBAQUATIQUES DE RENNES 211
CLUB DES SPORTS DE GLACE DE RENNES 210
CLUB DU BOIS DES ŒUVRES, VERN-SUR-SEICHE 212
CLUB LOISIRS SUBAQUATIQUES RENNAIS 211
CLUB SPORTIF GARNISON DE RENNES 204
CMU 363
CNED 344
COCKTAIL SCANDINAVE 277
COCOLUNE 320
COFFEA 124
COGIR 301
COLLEGE ECHANGE 344
COLLEGE ET LYCEE EMILE-ZOLA 344
COLOMBIER 16
COMEDIE DES LANGUES (LA) 175
COMITE DEPARTEMENTAL DE LA FEDERATION FRANCAISE DE RANDONNEE PEDESTRE, MAISON DES SPORTS 212
COMITE DEPARTEMENTAL DE LA PREVENTION ROUTIERE 245
COMITE DEPARTEMENTAL FFME 208
COMPACT BOUTIQUE 196
COMPAGNIE DE LA LITERIE 304
COMPLICITE LA FETE 359
COMPTOIR DES ARTS (LE) 189
COMPTOIR DES COTONNIERS 320
COMPTOIR DES HALLES (LE) 58
COMPTOIR DES LUSTRES (LE) 294
COMPTOIR IRLANDAIS (LE) 133
COMTESSE DU BARRY 133
CONFIDENCES PARFUMEES 259
CONSEIL GÉNÉRAL 364
CONSEIL GENERAL D'ILLE-ET-VILAINE 8
CONSEIL LOCAL A L'ENERGIE 341
CONSEIL REGIONAL DE BRETAGNE 8
CONSERVATOIRE NATIONAL DE REGION 192, 198, 344
CONSERVATOIRE NATIONAL DES ARTS ET METIERS 349
CONTACT 177
CONTRESCARPE (LA) 152
COP.COPINE 320
COPIES DES LICES 340
COPYROOM 340
CORA 271
CORBE ET FILS 292
CORSAIRE (LE) 59
COULEURS CAFE 146
COULEURS DU TEMPS (LES) 189
COULEURS ET SENTEURS DU MONDE 289
COURS D'HERVE MARIGLIANO 206
COURTE ECHELLE (LA) 175, 267
COURTEMANCHE 212
COUSCOUS SALAMA 140
CPAM 8
CRAM 8
CRAZY HAIR 249
CREA'STYLE 288
CREAI 352
CREDIT MUTUEL DE BRETAGNE 167
CREPERIE DE LA MOTTE-PICQUET 90

CREPERIE DE LA PLACE 91
CREPERIE DES BLES D'OR 91
CREPERIE DES PORTES MORDELAISES 91
CREPERIE DES QUAIS (LA) 91
CREPERIE KERANGAL 91
CREPERIE SAINTE-ANNE 92
CREPERIE SAINT-GEORGES (LA) 92
CREPERIE ST CORNELY 92
CREPERIE-GRILL LA TERRASSE 93
CRIDEV 368
CRIEE (LA) 167
CRIJB 354
CRISTILL 268
CRITIC 175
CROIX-ROUGE FRANCAISE 363
CROUS 342
CROZATIER MEUBLES 277
CUAEH RENNES 352
CUISINES ET BAINS HARDY 287
CUISINES GUINE 286
CUISINES SERGE BINOIS 287
CURIEUSES IDEES 289
CURVES 216
CUT'S 250
CYBER L@NE 331
CYBERNET ON LINE 331
CYCL'SHOP 247
CYCLES BONNAMY-VELOS OXYGENE 246
CYCLES GUEDARD 246
CYRILLUS 329

DDD

DA PIETRO 103
DAMIER 210
DANIEL (LE) 121
DARJEELING 315
DDASS 8
DE PIED EN CAP 325
DEC 297
DECATHLON 213
DECHETTERIE DE LA PLAINE DE BAUD 342
DECHETTERIE DE VILLEJEAN 342
DECHETTERIE DES BOEDRIERS 342
DECLIC (LE) 146
DÉCOPARC 289
DECORS ET AMES 277
DEJAZEY (LE) 152
DELICATESSEN (LE) 153
DELICES DE LA TRINITAINE (LES) 135
DELIRES DE LALIE (LES) 262
DEMARLE 192
DEMECO 302
DEMENAGEMENTS GILLES ROULLIAUX 302
DEMENAGEURS BRETONS (LES) 302
DEMEURE DU CHAPITRE 289
DENTELLIERE (LA) 104
DEO 331
DEPANN'AUTO 242
DEPANNAGE 2000 297
DEPARTEMENT FORMATION MEDICALE CONTINUE 349
DESSOUS DU CHAPITRE (LES) 315
DIABLO BOYS WEAR 326
DIDIER GUERIN 262
DIGITAL 299
DILANGE 244
DIMANCHE OUEST-FRANCE 177
DINAMO 327
DINAN-CHEZY 16
DING FRING 313
DIRECTION DE L'EDUCATION 342
DIRECTION DEPARTEMENTALE DES AFFAIRES SANITAIRES ET SOCIALES 342
DIRECTION DEPARTEMENTALE DES SERVICES VETERINAIRES 337
DIRECTION DES JARDINS 341
DISTINGUO 289
DIVERGENCE 310
DIWAN BRO ROAZHON 343
DIX DE FILLE 321
DOCK GAMES 200
DOJO RENNAIS 210
DOLITA 263
DOM'S (LE) 84
DOMAINE DE TREMELIN 360
DOMAINE DES ORMES 360
DOMINO'S PIZZA 141
DOUZ'AROMES 132
DRAGON D'OR (LE) 99
DROGUE INFO SERVICE 363
DROGUERIE LEMERCIER 298
DROGUERIE VIERRON 298
DRYM'S MOTO 246
DU BRUIT DANS LA CUISINE 283
DU PAREIL AU MEME 330
DUCHESSE ANNE (LA) 348
DUGUESCLIN (LE) 146
DUO-DANSE 192
DURAND 108, 126
DUROS 197

EEE

EAU A LA BOUCHE (L') 59
EBULLITION 177
ECHOPPE DU 2 ROUES (L') 246
ECLAT DE VERRE (L') 190
ECLATS D'ELLE 309
ECO INFORMATIQUE 331
ECO LITERIE 305
ECOLE D'ARCHITECTURE DE BRETAGNE 344
ECOLE D'INGENIEURS LOUIS-DE-BROGLIE 345
ECOLE DES METIERS DE L'ENVIRONNEMENT (L') 345
ECOLE ELEMENTAIRE LIBERTE 343
ECOLE MATERNELLE ET PRIMAIRE GANTELLE 344
ECOLE MATERNELLE FAUX-PONT 343
ECOLE MATERNELLE QUINELEU 343
ECOLE NATIONALE DE LA SANTE PUBLIQUE 345
ECOLE NORMALE SUPERIEURE DE CACHAN 344
ECOLE REGIONALE DES BEAUX-ARTS 344
ECOLE SUPERIEURE D'ELECTRICITE DE RENNES 346
ECOSYS 283
EDF DÉPANNAGE 365
EDITION SPECIALE 191
EGERIE 321
EGLANTINE 256
EKO, CCI 177
EL CUBANACAN 146, 192
EL POPOCA 98
ELECTRICITE DE FRANCE 297
ELENA MIRO 321

ELLES ... 359
ELSA POPPING ... 147
EMBARCADERE (L') ... 275
EMMANUELLE ... 321
EMMAUS COMMUNAUTE DE RENNES ... 367
ENCADRE ... 356
ENCRE DE BRETAGNE (L') ... 172
ENCRIER (L') ... 269
ENFANCE EN DANGER ... 362
ENFANCE ET PARTAGE ... 365
ENFANCE MALTRAITEE ... 355
ENFANTS DE LA BALLE (LES) ... 193
ENSAI ... 345
ENVIE 35 ... 299
ENVOL (L') ... 363
ENZO ... 104
EOLE ET NOUS ... 208
EPI D'OR (L') ... 94
EPI DE BLE (L') ... 93
EPICERIE DE NUIT ... 356
EPICERIE DES HALLES (L') ... 134
EPICERIE GOURMANDE (L') ... 79, 134
ERAM ... 310
ESAT ... 344
ESCU DE RUNFAO (L') ... 59
ESPACE (L') ... 155
ESPACE COPY ... 340
ESPACE CULTUREL LECLERC ... 171
ESPACE EPILATION ... 256
ESPACE FUTONS ... 305
ESPACE LUMINAIRE MADEC ... 294
ESPACE MICA ... 277
ESPACE SAINT-SAUVEUR ... 326
ESPELETTE (L') ... 97
ESPLANADE DU GENERAL-DE-GAULLE ... 16
ESPRIT ... 321
ESPRIT MUSEE (L') ... 269
ESTUDINES (LES) ... 347
ETAM ... 322
ETAM LINGERIE ... 315
ETHNIC CHIC ... 269
EURO CUIR ... 312
EUROLINES ... 12
EUROMASTER ... 242
EUROMULTICOURSE ... 339
EUROPHOTO ... 198
EVERWELL ... 325
EXPLORATEUR (L') ... 327
EXPOSITO ... 250

FFF

FABRIQUE ATELIER D'ENCADREMENT (LA) ... 191
FAMILIA (LA) ... 107
FAMILLE MARY ... 131
FAUVELIERE (LA) ... 134
FEE CABOSSE (LA) ... 125
FEMMES ENTRE ELLES ... 352
FENETRES SUR COUR ... 68
FERME DES BASSES GAYEULLES (LA) ... 355
FERME DU BORDAGE (LA) ... 132
FETESTYLE ... 357
FEU DE BOIS (LE) ... 112
FIDELIO ... 350
FIL SANTE JEUNES ... 348, 365
FLEX TIME ... 216
FLIC EN FLAC ... 267
FLORIAN (LE) ... 59
FLY ... 277
FNAC ... 171
FO ... 353
FONTAINE AUX PERLES (LA) ... 59
FORD CONTACTS AUTOMOBILES ... 239
FORGE (LA) ... 113
FORGES DE PAIMPONT (LES) ... 113
FORMA DESIGN ... 277
FORMES ... 324
FORMES NOUVELLES ... 277
FORUM DU LIVRE ... 171, 339
FOUGERES ... 348
FOUR A BAN (LE) ... 68
FOURNIL DE BROCELIANDE (LE) ... 122
FOURNIL DE L'HERMINE (LE) ... 122
FOURNIL VASSELOT (LE) ... 122
FOURRIERE AUTOMOBILE ... 8
FOURRIÈRE AUTOMOBILE ... 364
FOYER DE JEUNES TRAVAILLEURS BOURG-L'EVEQUE ... 368
FOYER DE JEUNES TRAVAILLEURS DES GANTELLES ... 368
FOYER DE JEUNES TRAVAILLEURS LA MABILAIS ... 368
FOYER DE JEUNES TRAVAILLEURS ROBERT-REME ... 368
FOYER DE JEUNES TRAVAILLEURS SAINT-JOSEPH-DE-PREVILLE ... 368
FOYER NOTRE-DAME DU ROSAIRE ... 368
FRAM AMBASSADE ABC VOYAGE ... 202
FRANCE 3 OUEST ... 187
FRANCE ARNO ... 310
FRANCE D'ASIE TRAITEUR ... 140
FRANCE LOISIRS ... 171
FRANCE PARE-BRISE ... 243
FRANCE TELECOM ... 333
FRANCE TÉLÉCOM ... 365
FRANCK LEVEY PHOTOGRAPHE ... 199
FRANCK PROVOST ... 250
FRIMOUSSE ... 330
FROMAGEE (LA) ... 126
FROMAGERIE SAINT-HELIER ... 126
FUJI (LE) ... 106

GGG

GALERIE ART ET ESSAI ... 167
GALERIE DES ARCADES ... 167
GALERIE DU CLOITRE, ECOLE DES BEAUX-ARTS ... 167
GALERIE DU TNB ... 167
GALERIE JEANNE BUANIC ... 277
GALERIE LOUIS RANCON ... 168
GALERIE MARCHANDE ALMA ... 271
GALERIE MARCHANDE COLOMBIA ... 271
GALERIE MARCHANDE GRAND QUARTIER ... 271
GALERIE MARCHANDE LECLERC CLEUNAY ... 271
GALERIE MARCHANDE OPERA ... 271
GALERIE TONY ROCFORT ... 168
GALERIES LAFAYETTE ... 273
GALERIES LAFAYETTE ... 315
GALOPIN (LE) ... 60
GAMES WORKSHOP ... 194
GAMEWEST ... 200
GANGE (LE) ... 102
GANTERIE CHAPELLERIE SAINT-JUNIEN ... 309
GAPE ANTIPOLIS ... 341
GARAGE DU MAIL CONCESSIONNAIRE LAND ROVER JAGUAR ... 239

GARAGE JEAN-PAUL BOULC'H 242
GARAGE LOUIS BLAIN 242
GARAGE SOURGET- PEUGEOT 242
GARANCE 278
GARDEN (LE) 24
GARE (LA) 346
GARE SNCF 10
GARE-SUD 16
GAVOTTE (LA) 94
GAYEULLES 212
GAZ DE FRANCE 297
GAZ DÉPANNAGE 365
GAZZA LADRA (LA) 104
GDS 298
GEANT 273
GENERALE D'OPTIQUE (LA) 318
GERARD PRECHOUX 250
GERARD SOUCHET 357
GERMINAL (LE) 63
GIBELOTTE (LA) 126
GIORGIO 326
GITES DE BROCELIANDE (LES) 27
GLOBAL VILLAGE 278
GO VIDEO 201
GOLF DE CESSON-SEVIGNE, CESSON-SEVIGNE 209
GOLF DE CICE-BLOSSAC 209
GOLF DE LA FRESLONNIERE 209
GOLF DE RENNES 209
GOULETTE (LA) 107
GOURMANDE (LA) 94
GOURMANDIN (LE) 60
GRAND CORDEL (LE) 207
GRAND HOTEL (LE) 360
GRAND LOGIS (LE) 158
GRAND OPTICAL 318
GRANDE MURAILLE DE CHINE (LA) 99
GRANDE RECRE (LA) 267
GRANDEUR NATURE 289
GRAPPE (LA) 79
GRENIER D'ANAIS (LE) 282
GRIFFE (LA) 177
GRIOTTE (LA) 63
GROLLE (LA) 96
GROSMALON 212
GROUPE GALLO-BRETON DE RENNES (LE) 192
GROUPE SPELEOLOGIQUE DE RENNES 207
GROUPE VAG FLOC SAS 239
GTA LOISIRS CREATIFS 189
GUEDARD CYCLES 19
GUEHENNEC (LE) 60
GUENNO IMMOBILIER 301
GUINGUETTE L'ESPACE VIP (LA) 155
GUYENNE 346
GYM LINE 217
GYMNASE GANTELLES 206

HHH

HABITAT 278
HABITATION FAMILIALE 285
HALL MAC DV 332
HALLES CENTRALES 16
HANDISPORT RENNES CLUB 212, 353
HANDISUP 352
HANTA CHAPEAUX 309
HAPPY HOUR 147
HARMONIA MUNDI 195
HARPE (LA) 164, 346
HELIOS 101
HENRI CORDING BISTROT 147
HENRI MICHEL INTERCOIFFURE 250
HEYRAUD 310
HEYTENS DECOR 292
HIBISCUS (L') 361
HI-FI 35 299
HI-FI CONSEIL 299
HIPPOPOTAMUS 80
HISTOIRES DE VINS 137
HOCHE 16
HOME SALON 278
HOMME BLEU (L') 108
HORLOGE PARLANTE 364
HORLOGERIE SERVICE 264
HOT BRASIL 101
HOTEL ANGELINA 23
HOTEL ASTRID 23
HOTEL D'ANGLETERRE 25
HOTEL DE LA VALETTE 23
HOTEL DE NEMOURS 23
HOTEL DE POLICE 8
HOTEL DE VILLE 8
HOTEL DES LICES 23
HOTEL DES VENTES 282
HOTEL IBIS 24
HOTEL LECOQ-GADBY 21
HOTEL LIBERTY 24
HOTEL MARECHAL JOFFRE 25
HOTEL MERCURE RENNES COLOMBIER 22
HOTEL-RESTAURANT LA CROIX VERTE 114
HUCHET SA BMW 240

III

ICR-FITNESS CLUB 217
IDENTIC 341
IEP 346
IGLOO 147
ILE AUX CAFES (L') 124
ILE AUX FRUITS (L') 129
IMAJ CHAUSSURES 310
IMMOBILIER LE COURRIER HAUTE-BRETAGNE 303
IMPRESSION 292
IMPULSION 263
INATTENDU (L') 69
INDIA 102
INDIAN EXPRESS 102
INDIC (L') 177
INFO METROPOLE (L') 179
INFO SOCIALE EN LIGNE 365
INFOSTAR 14
INNO COLOMBIA 127
INSA 352
INSEE 8, 364
INSTITUT DE BEAUTE ARMELLE 256
INSTITUT DE FORMATION SUPERIEURE EN INFORMATIQUE ET COMMUNICATION 349
INSTITUT DE GESTION 349
INSTITUT DE PREPARATION A L'ADMINISTRATION GENERALE, IPAG 349
INSTITUT DE RECHERCHE ET TECHNOLOGIES APPLIQUEES A LA SANTE 345

INSTITUT DES HAUTES ETUDES COMPTABLES ET FINANCIERES 344
INSTITUT FRANCO-AMERICAIN 160
INSTITUT FRANCO-AMERICAIN 346
INSTITUT NATIONAL DES SCIENCES APPLIQUEES 345
INSTITUT SUPERIEUR DES ARTS APPLIQUES 344
INTER-HOTEL LE SEVIGNE 24
INTERIEURS DE ROBIEN (LES) 278
INTERMARCHE 274
INTERVALLE CENTRE CULTUREL (L') 159
INTIMI UP AND DOWN 316
IN-TY MOBILIER 279
IRISA (L') 345
ISS HYGIENE SERVICES 365
ITALIE GOURMANDE (L') 133
IUFM 344
IXINA 287

JJJ

JACADI 330
JACLINE 313
JACQUES DESSANGE 251
JAGURS 322
JANATA (LA) 104
JARDILAND 284
JARDIN DES FLEURS (LE) 265
JARDIN DES SONS (LE) 198, 355
JARDIN MODERNE (LE) 162
JARDIN OBERTHUR (LE) 265
JARDINERIE CLAUSE 266
JARDINS DE CAMPAGNE 265
JARDINS DE GREGOIRE (LES) 76
JEAN BERNARD COIFFURE 251
JEAN-CLAUDE BIGUINE 251
JEAN-LUC COUPEL 120
JEAN-YVES THIBOUMERY 282
JEFF DE BRUGES 125
JEHANIN ART ET LUMIERE 294
JOAILLERIE GUIMIOT 263
JOLLIVET VOYAGES 12
JOUETS LECONTE 267
JOYAU D'ISPAHAN (LE) 296
JUHEL DE THOURY 263
JULES FERRY 346

KKK

KAKI CRAZY STATION 328
KARTING DE RENNES 210
KAYAK CLUB DE RENNES 206
KENLAND (LE) 148
KENT'UCKY (LE) 148
KER DIANE 313
KER LANN 348
KERMARREC HABITATION 301
KHAI MUAY THAI RENNES 206
KHALIFA (LE) 108
KING CREOLE 98
KITSCH 328
KLEBER 16
KONICA PHOTO EXPRESS 199
KORRIGANE 322
KOZACK (LE) 108
KRONIK 328
KRYS 318
KYRIAD 24

LLL

LABEL ETUDES 292
LALIE 313
LAMBERT CREATIONS 359
LAN XANG 99
LANGEVIN PERRIER BIJOUTERIE 263
LATITUDE (LE) 148
LAVANDIERES (LES) 319
LEADER PRICE 128
LECLERC CLEUNAY 273
LECLERC SAINT-GREGOIRE 273
LECONTE CYCLES 247
LECOQ GADBY 360
LEMEE CHOCOLATIER 126
LENDROIT 168
LEON LE COCHON 70
LEONIDAS, AU JARDIN DES DELICES 126
LEROY-MERLIN 284
LETOURNEL 244
LEVI'S STORE 328
LIBERTE (LE) 164
LIBRAIRIE DU LYCEE 175
LIBRAIRIE FRANCOIS CORRE 171
LIBRAIRIE GREENWICH 175
LIBRAIRIE GRUEL 171
LIBRAIRIE LE FAILLER 172
LIBRAIRIE SAINT-GERMAIN 176
LICES 16
LICRA 368
LIDL 128
LIEN D'AMOUR 351
LIGUE BRETONNE DE TENNIS DE TABLE 212
LISTELS ARTS DECORATIFS 293
LOCARMOR-LOCATION 18
LOISIRS PLURIEL 354
LOISIRS TRAVAUX MANUELS 190
LOOK DESIGN 261, 345
LOOK VOYAGES CLUB VOYAGE 202
LORIENTAIS (LE) 25
LOUNGE (LE) 70
LUC PEREZ 357
LUCO FROMAGER 126
LUMINAISTERIE DUPUY 294
LUPA (LA) 104
LUTHIER GILLES ORIN 197
LUTHIER MICHEL LAURENT 197
LYCEE BREQUIGNY 344
LYCEE SAINTE-GENEVIEVE 344
LYCEE SAINT-MARTIN 344

MMM

M6 RENNES 187
MA PETITE BOUTIQUE 322
MA PETITE GEORGIE 101
MADE IN BREIZH 269
MADEMOISELLE JOUIN 316
MAGENTA (LE) 25
MAIGRET CAFE (LE) 80
MAINE 346
MAINGUET DECORATION 293
MAIRIE DE MAUREPAS 8
MAIRIE DE VILLEJEAN 8
MAIRIE DES CHAMPS-MANCEAUX 8

MAIRIE DU BLOSNE ... 8
MAISON (LA) ... 304
MAISON ASSOCIATIVE DE LA SANTE ... 363
MAISON COLONIALE (LA) ... 280
MAISON DE LA BLOUSE (LA) ... 322
MAISON DE LA CONSOMMATION ET DE L'ENVIRONNEMENT ... 300, 341
MAISON DE LA COPIE ET DU SECRETARIAT (LA) ... 340
MAISON DE QUARTIER DE LA TOUCHE ... 211
MAISON DES CHAUDOUDOUX ... 354
MAISON DES SOUPES (LA) ... 70
MAISON DU CACHEMIRE (LA) ... 269
MAISON DU CHAMP DE MARS ... 164
MAISON DU NOTARIAT (LA) ... 300
MAISON SLAVE (LA) ... 283
MAISON VERTE ... 205
MAITRISE DE HAUTE-BRETAGNE (LA) ... 355
MALIN PLAISIR, ZA ... 289
MANDARIN (LE) ... 100
MANOIR DE LA HAUTE PILAIS ... 26
MANOIR DU PETIT CORCE (LE) ... 114
MANOIR DU PLESSIS (LE) ... 25, 114
MANUELLA ... 322
MAQUIS (LE) ... 97
MARAIS (LES) ... 361
MARCHE 2000 ... 356
MARCHE PLUS ... 127
MARCHE SAINTE-ANNE ... 356
MARCHE SAINT-GERMAIN (LE) ... 135
MARGAUX ... 269
MARGO ... 109
MARIE ET LES GARCONS ... 322
MARIE-COQUINE (LA) ... 94
MARIONNAUD ... 256
MAROC (LE) ... 108
MARRAKECH (LE) ... 108
MARTINE CHAUSSURES ... 311
MARTINE COLLET ... 257
MARTINE FORGET ... 338
MARTINE GUIFFAUT ... 251
MARY'S ... 263
MASCULIN DIRECT ... 326
MASSART ... 263
MAX PLUS ... 274
MAXI LIVRES ... 176
MAXIMO ... 135
MEGA CGR ... 158
MEGA GAMES ... 200
MELTIPOTES ... 148
MENELIK (LE) ... 348
METAIRIE (LA) ... 114
MÉTÉO À L'ÉTRANGER ... 365
METISSAGE PERLES ... 269
MEUBLES MANCHERON ET FILS ... 279
MEUBLES MONNIER ... 280
MFR ... 345
MIAM ET CAETERA ... 80
MICRO C ... 332
MICRO CREATIVE (LA) ... 332
MIDAS ... 242
MIJOTE ... 364
MIKAIDO PIERCING SHOP ... 259
MINI PUCES ... 314
MINIATURE (LA) ... 194
MIRA-BAI ... 193
MIRABEAU ... 346
MJC DE BREQUIGNY ... 161
MJC DE CLEUNAY L'ANTIPODE ... 161
MJC DU GRAND CORDEL ... 161
MLF BOUTIQUE ... 323
MM BOUTIQUE ... 324
MOBIKIT BAGOT CUISINES ... 287
MONDO BIZARRO (LE) ... 153
MONOPRIX ... 127
MONSIEUR MEUBLE ... 279
MONTMURAN LE CHATEAU ... 360
MOTO SHOP 35 ... 246
MOTTE BARIL (LA) ... 368
MOUETTE (LA) ... 129
MOULE RIEUSE (LA) ... 97
MRAP ... 368
MUSE BOUCHE (LA) ... 63
MUSE GUEULE (LA) ... 70
MUSEUM-CAFE (LE) ... 153
MUTOUEST ... 362
MUTUELLE ACTION ... 362
MUTUELLE DES ETUDIANTS (LA) ... 347

NNN

NABUCHODONOSOR (LE) ... 149
NAF-NAF ... 323
NAG'S HEAD (LE) ... 148
NAÏG COIFFURE A DOMICILE ... 255
NATALYS ... 330
NATURE ET DECOUVERTES ... 269
NATURELLEMENT CHEZ SOI ... 283
NAVIRA (LE) ... 72
NEGOCIANTS (LES) ... 72
NEMO (LE) ... 149
NEPTUNE VOYAGES ... 202
NETTO ... 128
NEUF LUNE ... 324
NEUROGAME ... 331
NEW MAN ... 328
NICKY COIFFURE ... 252
NICOLAS ... 139
NICOLAS BOSSE ... 252
NISSAN ESPACE 3 ... 18, 240
NOCIBE ... 257
NORD-GARE, EX-PARCOTRAIN ... 16
NORGIL ... 252
NORMANDIE ... 346
NOTAIRES 35 ... 303
NOTTE (LA) ... 104
NOUCOIF'TOU ... 255
NOURRITURES TERRESTRES (LES) ... 109
NOUS VOUS ILLE ... 179
NOUVELLES FRONTIERES ... 202
NOVOTEL ... 22
NOZ L'AS DES LOTS ... 274
NOZDEI (LE) ... 149
NUANCE DECORATION ... 293
NUMERO VERT ... 363
NYMPHEAS ... 266

OOO

O'CD ... 196
O'CONNELL'S ... 149
OAN'S PUB (L') ... 149

OBJECTIF MIEUX-ETRE 260
OBJETS TROUVES 8
OBSERVATOIRE DE L'EAU DE RENNES METROPOLE 341
OCCITANE (L') 259
OFFICE DE TOURISME DE RENNES METROPOLE 8
OMNIBUS (L') 194
ONGLERIE (L') 259
ONGLERIE (L') 259
ONIRIS 169
OPAR 364
OPERA DE RENNES 162
OPTICAL CENTER 318
OPTIQUE BOURGEOIS KRYS 318
ORANGE BLEUE (L') 218
ORANGERIE DU THABOR (L') 169
ORCANTA 316
ORCHESTRE DE BRETAGNE 162
ORCHIDEE D'ASIE (L') 100
OS OU L'ARÊTE (L') 80
OTU VOYAGE 342
OUBLIETTE (L') 264
OUEST-FRANCE 179
OUEST-FRANCE 303
OUTRE MESURE 311
OUVREE (L') 60
OUZH TAOL 94

PPP

P'TIT VELO (LE) 153
P'TITE BOUILLE 314
P'TITE ETAPE (LA) 72
P'TITE FERME (LA) 73
P'TITS CLOUS (LES) 81
PAIX (LA) 84
PALAIS DE CHINE 99
PALAIS DU FRUIT (LE) 129
PALAIS DU KEBAB 109
PALOMA 264
PAMPA (LA) 98
PAPA PIQUE ET MAMAN COUD 309
PARALLELE 311
PARC EXPO RENNES AEROPORT 200
PARIS-LONDRES 311
PARIS-NEW YORK 60
PAROLE D'HOMME 316
PARU VENDU 179
PATINOIRE DES GAYEULLES 211
PATRICK TOUTIRAIS COIFFURE 252
PATT'INE 314
PATTON 346
PAVILLON DES FLEURS (LE) 266
PEANUT'S 81
PECHE UNIVERS MARINE 191
PEDRO ET CHICO 329
PEKIN (LE) 100
PEN ROC 115
PENICHE SPECTACLE 360
PERE ALFRED (LE) 72
PERGOLA (LA) 155
PETIT BATEAU 330
PETIT BAZAR (LE) 150
PETIT BOY 330
PETIT MARCHE (LE) 356
PETIT SABAYON (LE) 60
PETIT TOUT PETIT 330
PETITS PAPIERS (LES) 81
PHENIX D'OR (LE) 133
PHILIPPE BOUVIER 125
PHILIPPE GRANGE 288
PHILIPPINE 279
PHONE SHOP 334
PHONE UP 334
PHOTO OUEST 199
PHOTO STATION 199
PIANO BLANC (LE) 62
PICARD SURGELES 136
PICCADILLY (LE) 84
PICK' IN TATTOO 260
PIERRE CHRISTOPHE LE KER 279
PIERRE QUI ROULE 214
PIGEAULT IMMOBILIER 302
PIGNON DE PIN (LE) 107
PINAULT 285
PISCINE DE VILLEJEAN 215
PISCINE DES GAYEULLES 215
PISCINE OLYMPIQUE DE BREQUIGNY 215
PISCINE SAINT-GEORGES 215
PISCINE SPORTS LOISIRS 215
PIZZA MAESTRO 142
PIZZA PAI 106
PIZZA SPRINT 142
PIZZARENE 142
PIZZERIA ITALIA TRATTORIA 105
PIZZERIA MONDELLO 105
PLACE (LA) 153

PLANET FOOD RENNES NORD 140
PLANETE IO 176
PLANETE OURS 270
PLANETE YAM 246
PLANNING FAMILIAL 364
PLAQUE SERVICE 236
PLATINIUM (LE) 156
PLUME D'OIE (LA) 340
POCO LOCO 270
POEME 323
POINT 35 336
POINT GOURMAND 109
POINT INFO RENNES METROPOLE 336
POINT INFO SUR L'EAU 342
POINT SANTE RENNES 348
POINT SPORT 213
POLE SUD 160
POLICE 364
POLICE MUNICIPALE 8
POLTRONESOFA 279
POM D'API 314
POMME ET SARRASIN 95
POMMERAIE (LA) 95
POMPIERS 364
PONANT (LE) 160
PONTE VECCHIO (LA) 105
PORTE A COTE (LA) 284
POUR UN SOURIRE D'ENFANT 368
POUSSE TONNEAU (LE) 73, 139
PQR ALTITUDE 214
PRE SAINT-GERMAIN (LE) 266
PREFECTURE D'ILLE-ET-VILAINE 8
PRESSES UNIVERSITAIRES DE RENNES (LES) 350
PREVISIONS METEO POUR L'ILLE-ET-VILAINE 8
PRIEUR JOAILLIER HORLOGE 264
PRINTEMPS 274
PROBOX 304
PROGRES (LE) 150
PRONUPTIA 359
PUB (LE) 303
PUB GALL' (LE) 150
PUITS DES SAVEURS (LE) 62
PYM'S (LE) 155
PYM'S CLUB (LE) 360

QQQ

QUAI 34 214
QUARTIER LIBRE PRODUCTIONS 187
QUATER BACK 329
QUEEN MUM 73
QUELQUE CHOSE EN PLUS 323

RRR

RANCE CHAPITEAUX 358
RANCH (LE) 73
RANDOBALAD 202
RAYMOND JOSSE 293
REC 212
REC SAVATE BOXE FRANCAISE 206
RECTORAT D'ACADEMIE 342
REGARD MARINE OPTICIEN-OPTOMETRISTE 318
REGIE MUSIQUE 357
RELAIS 176
RELAIS (LE) 354
RELAIS DE BROCELIANDE (LE) 115
RELAIS DU BOIS DE SOEUVRES (LE) 361
RELAIS HANDICAPES RENNES 352
RENARD CASA MASSIMO 135
RENARD INTERIOR'S 279
RENARD LILYAN LANGLAIS 124
RENARD PIER IMPORT 279
RENAULT 240
RENE MARIO PALACIOS 357
RENNAIS (LE) 179
RENNES ANIMAUX SERVICE 336
RENNES CAO 367
RENNES CHINE 346
RENNES ENTRAIDE 367
RENNES ETUDIANT CLUB 208
RENNES ETUDIANT CLUB AVIRON 205
RENNES EVASION NATURE 207
RENNES II HAUTE-BRETAGNE 349
RENNES MAJEUR 197
RENNES MOTOS 246
RENNES MUSIQUE 196
RENNES Ô SOLEIL 257
RENNES SOUS LA PLUIE 317
RENNES SPORTS SOUS-MARINS, RSSM 209
REPOSEE (LA) 116
RESERVE NATURELLE-FOLIE DOUCE 264
RESIDENCE SAINT-LAURENT 347
RESTAURANT APSARA 101
RESTAURANT SOCIAL LEPERDIT 367
RESTE LANGELIER MICHELINE (LE) 282
RESTO POUCE (LE) 109
RESTO SELF (LE) 86
RESTOS DU CŒUR 367
REVE LIGNE 316
REVES DE THES 124
RIGOLETTO 315
RIVAGES EXOTIQUES 133
ROCHER DE CANCALE (LE) 74
ROCK'N'FUN CLUB 193
ROCKIN'BONES 196
ROSE MYSTIQUE (LA) 176
ROULEZ EN FETES 359
ROUTE DES ILES (LA) 202
ROUTE DU GOLF (LA) 214
ROYAL (LE) 150

SSS

SA VANDENKERCKHOVE 244
SACMANIA 317
SAHARA 141
SAINT ALGUE 252
SAINT KARL 252
SAINT-GERMAIN (LE) 82
SAINT-GERMAIN COIFFURE 252
SAINT-GERMAIN DES CHAMPS (LE) 74
SAINT-GERMAIN-DES-LYS 139
SAINT-HELIER BROCANTE 282
SAINT-MACLOU 280
SAKURA (LE) 106
SALAMANDER 311
SALE SUCRE 147
SALLE DE LA CITE 164
SALON DE BEAUTE JACQUES DESSANGE 257
SALON QUEMERE 253
SALSA 329

SALSA FIEVRA LATINA 193
SAMU 24H/24 363
SAN FRANCISCO GYM 218
SANDWICHERIE DES LICES 109
SAPAR 16
SARRASINE (LA) 95
SCARABEE BIOCOOP 131
SCENARIO (LE) 151
SCOOP (LE) 150
SCOOTS ET CIE 247
SCORE GAMES 200
SCOTT 311
SCRUPUL' BOUTIQUE 323, 360
SEAT RENNES 241
SECOURS CATHOLIQUE 367
SEPHORA 259
SERGENT MAJOR 330
SERMENT DE VIN (LE) 62
SERVICE COMMUNAL D'HYGIÈNE ET DE SANTÉ 364
SERVICE COMMUNAL D'HYGIENE ET SANTE 8
SERVICE D'URGENCE DES PLOMBIERS DE GARDE 24/24 297
SERVICE DE FORMATION CONTINUE 343
SERVICE ÉTAT DES ROUTES 364
SERVICE INFO EMPLOI DU MINISTERE DE L'EMPLOI ET DE LA SOLIDARITE 353
SERVICE LOGEMENT SMEBA 347
SERVICE OBJETS TROUVÉS 364
SERVICE PROPRETE URBAINE 8
SERVICE PROPRETÉ URBAINE 364
SERVICE UNIVERSITAIRE D'ENSEIGNEMENT A DISTANCE 343
SERVIFRANCE 35 298
SEVIGNE 346
SHIATSU 261
SHOGUN 281
SHOPI 127
SIDA INFO SERVICE 362
SIEGE DE L'ASSOCIATION 368
SIUAPS 204
SIUAPS 205
SKOL AN EMSAV 343
SKOL GOUREN BREIZH ROAZHON 210
SMART ET MERCEDES-BENZ DELOURMEL AUTOMOBILES 241
SMEBA 347
SNDRH 306
SOBHI SPORT 214
SOBREDIA CONCESSIONNAIRE ALFA-ROMEO FIAT LANCIA 241
SOCCER CENTER 208
SOCIETE DES REGATES RENNAISES 205
SOCIETE L'ECLECTIQUE 308
SOHIER POISSONNERIE 129
SOLEA ESPACE LUMINAIRE 294
SOLOLA 323
SONO WEST 358
SONSEE ARHAY 253
SORTIR 179
SOS AMITIE 365
SOS AMITIES 362
SOS DEPRESSION 362
SOS MEDECINS 362
SOS URGENCES MAMANS 354
SOS VICTIMES 362
SOS VOYAGEURS 10
SOURCE (LA) 107
SPA 337
SPACE LASER 194
SPEED BURGER 141
SPEED RABBIT PIZZA 142
SPEEDY 242
SPOOTNICK 329
SPRINGFIELD 326
SQUASH DE L'HERMINE 212
SQUASH DES GAYEULLES 212
STADE EN EAUX VIVES (LE) 206
STADE RENNAIS 204
STANLEY (LE) 156
STAR 14
STOCK GAMES ET NEXT LEVEL GAMES 200
STOCK TISSUS 297
STUD'NET 343
STUDIO (LE) 260
STUDIO-ROCK 197
STYL'IN FORM'IN 253
SUED 344
SUIO 347
SUP DE CO 344
SUPER SPORT 213
SUPER U 274
SWATCH 264
SYMPATIC (LE) 151

TTT

TABLE D'EUGENIE (LA) 74
TAILLANDIER OPTIQUE 319
TAMBOUR (LE) 158, 164
TANDOORI 103
TANEO 311
TANNERIE (LA) 312
TAPIS MAUVOISIN 296
TARA'S 270
TATOO MANIA 260
TATTOO'IN 260
TAVERNE DE LA MARINE (LA) 84
TAVERNE DE LA SIRENE (LA) 85
TAVERNE DE MAÎTRE KANTER (LA) 85
TAVERNE GRECQUE (LA) 101
TAXI GARNIER 17
TAXI RENNAIS 17
TAXI SERVICE RENNES 17
TAXIS SAINT-JACQUES 17
TCHIP 254
TDS 339
TECK ET DECO 281
TEDDY BOTREL 356
TEMPLIERS (LES) 95
TEMPS D'ISTANBUL (LE) 82
TEMPS D'UNE FEMME (LE) 309
TEMPS MODERNES (LES) 151
TERRE ET MER 324
TERRITOIRE D'HOMME 326
THE AU FOURNEAU 109
THE BODY SHOP 259
THE BODY SHOP INSTITUT 257
THE CELLAR CAFE 145
THE DESTOCKER 274
THE LITTLE GYM 355
THE PHONE HOUSE 334

THEATRE DE LA PAILLETTE ... 165
THEATRE DE LA PARCHEMINERIE ... 165
THEATRE DU CERCLE ... 165
THEATRE DU VIEUX SAINT-ETIENNE ... 165
THIERRY SCORDIA ... 254
THIME KART ... 210
THIRIET GLACES ET SURGELES ... 136
THOMAS ... 266
THOSTE (LA) ... 95
TI-KOZ (LE) ... 153
TIMBERLAND ... 326
TIMONERIE (LA) ... 82
TIPI (LE) ... 151
TIRE BOUCHON (LE) ... 74
TISSUS MYRTILLE L'ENTREPÔT ... 297
TIV ... 12
TIVOLI (LE) ... 151
TNB ... 166
TOMBE SUR LA TETE ... 254
TOMINE ... 267
TONTONS VOYAGEURS (LES) ... 74
TOP HAT ... 309
TOPKAPI ... 324
TOQUE RENNAISE (LA) ... 63
TORRE DI PISA (LA) ... 105
TOTAL LOOK ... 324
TOTO SOLDES ... 297
TOUCHE (LA) ... 346
TOUR D'AUVERGNE ... 204
TOURNESOLS (LES) ... 131
TOUT SEUL OU PRESQUE ... 190
TOUTES URGENCES MEDICALES ... 363
TOUTLEMONDE BOCHARD ... 296
TOUTOUNIERE (LA) ... 338
TRACES VOYAGES ... 202
TRANSPORTS DEMENAGEMENTS PERROIS ET FILS ... 303
TRI RUNNING PASSION ... 214
TRIANGLE (LE) ... 161, 193, 207
TRIHAN ET CIE ... 118
TROC MOD ... 314
TROC MUSIC ... 198
TROC SPORTS ET LOISIRS ... 214
TROCABI ... 313, 367
TROCANTE (LA) ... 306
TROCOQUINE ... 314
TRUFFAUT ... 284
TV BREIZH ... 187
TV RENNES ... 187

UUU

UBU (L') ... 165
UCAR ... 18
UFR ACTIVITES PHYSIQUES ET SPORTIVES ... 349
UFR ARTS LETTRES ET COMMUNICATION ... 349
UFR DES SCIENCES MEDICALES ... 349
UFR DES SCIENCES PHARMACEUTIQUES ET BIOLOGIQUES ... 349
UFR DROIT ET SCIENCE POLITIQUE ... 349
UFR LANGUES ... 349
UFR MATHEMATIQUES ... 349
UFR PHILOSOPHIE ... 349
UFR SCIENCES DE LA VIE ET DE L'ENVIRONNEMENT ... 349
UFR SCIENCES ECONOMIQUES ... 349
UFR SCIENCES HUMAINES ... 349
UFR SCIENCES SOCIALES ... 349
UFR STRUCTURES ET PROPRIETES DE LA MATIERE ... 349
ULYSSE ... 102
UN ZESTE ET DEUX PINCEES ... 126, 135
UNICIS ... 351
UNION DES ASSOCIATIONS D'IMMIGRES DE RENNES ... 368
UNITES REGIONALES DE FORMATION ET DE PROMOTION ... 342
UNIVERSITE DE RENNES II HAUTE-BRETAGNE ... 344
UNIVERSITE DU TEMPS LIBRE DU PAYS DE RENNES ... 364
UNIVERSITE RENNES ... 348
URGENCES CARDIOLOGIQUES ... 363
URGENCES HOTEL-DIEU ... 363
URGENCES MAINS ... 363
URGENCES MEDICALES PEDIATRIQUES HOPITAL SUD ... 363
URGENCES PONTCHAILLOU ... 363
URGENCES SANS-ABRIS ... 367

VVV

VAGABONDAGES ... 176
VALENTIN COIFFURE ... 255
VASSELOT ANTIQUITES ... 282
VBA DECORATION ... 293
VELO STATION GARE NORD ... 19
VERTICAL OUEST LOISIRS ... 208
VIAMARIS ... 270
VIBEL ... 281
VICE VERSA ... 324
VICTORIA (LE) ... 24
VIDEO FUTUR RENNES ... 201
VIDEORAMA ... 201
VIE CLAIRE (LA) ... 131
VIEILLE AUBERGE (LA) ... 116
VILAINE QUAI DUGUAY-TROUIN ... 16
VILLA BELLAGIO ... 106
VILLA D'ESTE (LA) ... 106
VILLE D'YS (LA) ... 96
VILLEJEAN ... 348
VINS ET VOYAGES ... 74
VINYL MARKET ... 196
VIRGIN MEGASTORE ... 172, 195
VISE VERSA ... 326
VISUAL OPTICIENS ... 319

WWW

WEST PIANO ... 198
WESTAFFAIR ... 304
WESTPORT INN (LE) ... 151
WOLFORD ... 316

XXX

XTREM VENT ... 214
XTREM VENT DUONG LONG ... 208
XXL HABITAT OBJET ... 281

YYY

YAMOUNA ... 103
YOTSUYA ... 270
YU ... 264
YV'DANSES ... 193
YVES HALTER ... 169
YVES ROCHER ... 257
YVONNE ROZE ... 352

ZZZ

ZAP RENNES, CIJB ... 179
ZARA ... 329
ZING (LE) ... 153

index des rues

A A A
ABÉLARD (rue Pierre) . . . G9
ALIZON (rue) . . . J9
ALLIÉS (cours des) . . . I9/J9
ANNE-CATHERINE (mail) . . . H10
ANTRAIN (rue d') . . . H7/I6
ARGENTRÉ (rue d') . . . H8
ARSENAL (rue de l') . . . G9/H9
ARTILLERIE (place du 50E d') . . . H10
AUBRY (rue) . . . J9

B B B
BARBÈS (rue A.) . . . K7/K8
BARBOTIÈRE (rue de la) . . . K8
BARTHOU (avenue Louis) . . . J10/J9
BAS DES-LICES (P.) . . . G7/H7
BASTARD (rue le) . . . H7
BATY (allée R. du) . . . H7
BAUDRAIRIE (rue) . . . H8/I8
BEAUMANOIR (rue) . . . H8
BEAUMONT (Bd. de) . . . I10/J10
BELFORT (rue de) . . . K8
BERT (rue Paul) . . . J8/K8
BERTRAND (rue) . . . H7/I7
BESNARD (rue E. M.) . . . G9
BINET (cours rue) . . . G10
BIZETTE (rue Fr.) . . . K8
BLANQUI (rue Auguste) . . . G7/G6
BONNE (rue) . . . H7
BONNETS ROUGES (Promenade des) . . . K8/K9
BORDERIE (rue de la) . . . I6
BOTTÉ (rue du pré) . . . H8/I8
BOUCHER (rue) . . . G6
BOURDONNAYE (rue D. de la) . . . J9/J8
BOURG L'EVESQUE (rue du) . . . G7
BOURGEOIS (rue) . . . I8
BOUTEIL. DOTTIN (rue le R.G.) . . . H8
BRAND (allée G.) . . . G8
BRAZ (rue Anatole le) . . . K6
BREST (rue de) . . . G8
BRETAGNE (place de) . . . H8
BRETAGNE (pont de) . . . G8
BRIAND (avenue Aristide) . . . J8/K8
BRIANT (rue Théophille) . . . H10/I10
BRILHAC (rue de) . . . I8
BROUSSAIS (rue) . . . I6
BUFFET (P. A.) . . . H10
BUISSON (rue Fr.) . . . H8

C C C
CALVAIRE (P. du) . . . H8
CANAL (rue du) . . . G6/G7
CARMÉLITES (rue des) . . . H7/I7
CARMES (rue des) . . . I9
CARNOT (rue) . . . K6
CASSARD (rue J.) . . . G6/H6
CHALOTAIS (rue de la) . . . H8
CHAMP de MARS (Esplanade du) . . . I10/J10
CHAPELIERS (rue des) . . . H6
CHAPITRE (rue du) . . . H8
CHARTRES (rue de) . . . J8
CHÂTEAUBRIAND (quai) . . . I8/J8
CHÂTEAUDUN (rue de) . . . K8
CHÂTEAURENAULT (rue de) . . . H7
CHÊNE (rue du) . . . G8
CHEVAUX (rue aux) . . . H6
CHÉZY (boulevard de) . . . G7/G6
CHICOGNÉ (rue) . . . H9
CLISSON (rue de) . . . H7
COCHARDIÈRE (rue) . . . I6
COËTQUEN (rue de) . . . H8/I8
COLOMBES (place des) . . . H10
COLOMBIER (Bd. du) . . . I10
COLOMBIER (boulevard du) . . . H10
COLOMBIER (place du) . . . H9
COLOMBIER (Sq. du) . . . H10
COMMEUREC (PL. H.) . . . H9
CORBIN (rue) . . . I8
CORDELIÈRE . . . G8
CORNON (AL. R.) . . . G10
COUËDIC (pass. des) . . . H10
COURIER (rue P. L.) . . . I8
COYSEVOX (allée) . . . H7/H6
CRÈCHE (rue de la) . . . J9/K9
CROIX CARRÉE (rue de la) . . . J6

D D D
DAMES (rue des) . . . H8
DAUCE (allée F.) . . . K9
DAUTRY (rue) . . . I10
DECOMBE (rue L.) . . . K10
DEGLAND (rue) . . . K8
DERVAL (rue) . . . I8
DESCARTES (rue) . . . J9
DINAN (rue de) . . . H7/H6
DOLENT (rue Ch.) . . . H8
DOYEN (v. du) . . . J6
DREYFUS (rue du Docteur) . . . I8
DUBOYS-DESSAUZAIS (rue) . . . K6
DUC (rue au) . . . I9
DUCHESNE (rue Mgr.) . . . K9
DUCHESSE ANNE (boulevard de la) . . . K6
DUCHESSE ANNE (boulevard de la) . . . K7
DUGUAY-TROUIN (quai) . . . H8
DUGUESCLIN (rue) . . . H8
DUHAMEL (rue Jean - M.) . . . J8/J9
DUJARDIN (quai) . . . J8
DUROCHER (rue J.) . . . K8

E E E
ECHANGE (rue d') . . . H7
EINSTEIN (mail Albert) . . . H9
ESTRÉES (rue d') . . . H7
ETIENNE (rue L.) . . . G8

F F F
FAUX PONT (rue du) . . . J9
FERGENT (square A.) . . . G7
FOCH (place du Maréchal) . . . G8
FOIX (Poullain de Ste.) . . . J8
FONDERIE (rue de la) . . . G9
FOSSÉS (rue des) . . . I7
FRANÇAIS LIBRES (avenue des) . . . J9/K9
FRANCS-BOURGEOIS (rue des) . . . I8
FRÈRES BLIN (rue des) . . . G6
FULGENCE BIENVENÜE (esplanade) . . . I10

G G G
GABRIEL (rue) . . . G8/G9
GAMBETTA (rue) . . . I8/J8
GARAGE (rue du) . . . H8
GARE (place de la) . . . J10
GAULLE (esplanade du Général de) . . . H9
GEFFROY (rue) . . . J8
GERARD (rue) . . . H7
GERBAULT (rue Alain) . . . J9
GERBAULT (square allée) . . . J9
GOURDEL (rue P.) . . . G7
GRIFFON (rue du) . . . H8
GRIGNON (rue du P.) . . . G8
GRIPPE (rue de la) . . . J9
GRUE (allée G.) . . . G10
GUÉHENNO (rue Jean) . . . J6
GUERCHE (allée S. de la) . . . G7
GUÉRIN (rue Alphonse) . . . K8
GUESDE (rue J.) . . . H6
GUIHERY (allée Jean) . . . G7
GUILLAUDOT (rue du Général M.) . . . I7/J7
GUILLON (allée J.) . . . J7
GURVAND (rue) . . . I10

H H H
HERMINE (rue de L') . . . H8
HERPEUX (P. et rue le) . . . K9
HOCHE (place) . . . I7
HOCHE (place) . . . I7
HOCHE (rue) . . . I7
HORLOGE (rue de L') . . . H8
HÔTEL-DIEU (rue de L') . . . H6/I6
HOUIN (rue) . . . J6
HUGO (rue Victor) . . . I7/J7

I I I
ILE ET RANCE (quai D') . . . G8
INNOCENTS (rue des) . . . H7
ISLY (rue D') . . . I9

J J J
JACQUET (place du chemin) . . . H7
JACQUET (rue du CHP.) . . . H7
JANVIER (avenue Jean) . . . J8/J9
JANVIER (rue du Père) . . . H10
JARRY (allée Alfred) . . . G7
JAURÈS . . . I8
JAURÈS (rue Jean) . . . I8

JOBBÉ DUVAL (allée A.L.) ... A9
JOFFRE (rue du Maréchal) ... I8/I9
JOLY (rue du Dr Fr.) ... H10
JOUAUST (C.) ... G7
JUILLET (rue de) ... G7/H8
JUIN (place du Mal.) ... H9

K K K
KÉRALIO (rue) ... G9
KERGUS (rue) ... J9
KLEBER (rue) ... J8
KŒNIG (place GAL.) ... H9

L L L
LAENNEC (boulevard René) ... K9/K8
LAFAYETTE (rue) ... H7
LAMARTINE (quai) ... H8/I8
LAMENNAIS (quai) ... H8
LANDAIS (pl. Pierre) ... G8
LANJUINAIS (rue) ... H8
LATTRE de TASSIGNY (bd du Mal de) ... G7/G6
LECONTE-DE-LISLE (rue) ... J8
LEGRAVERAND (rue) ... H6
LENOIR (rue Richard) ... K7/K8
LEON (rue de) ... J8/J9
LEPERDIT (rue) ... H7
LESAGE (rue) ... I6
LIBERTÉ (boulevard de la) ... H9/I9
LIBRES (square des Fr.) ... J9
LICES (place des) ... H7
LIGOT (Sq. Cl.) ... H7
LORETTE (rue de) ... G8
LUCAS (rue H.) ... J8

M M M
MACÉ (rue Jean) ... J6
MAGENTA (bd de) ... J9/J10
MAIGNAN (rue du capitaine) ... H10
MAIL (avenue du) ... G8
MAIRIE (place de la) ... H8
MARIE DUHAMEL (rue Jean) ... J9
MARTENOT (rue) ... J7
MARTEVILLE (rue) ... G7
MARTIN (rue Pierre) ... K10
MARTYRS DE LA RESISTANCE (square des) ... H10
MAYEUC (rue Y.) ... G8
MITTERRAND (mail François) ... G8
MILON (rue J.) ... J9
MONNAIE (rue de la) ... H8/H7
MONTFORT ... H8
MOTTE (Cont. de la) ... I7
MOTTE (square de la) ... I7
MOTTE FABLET (rue de) ... H7
MOTTE-PICQUET (rue de la) ... G9/H9
MUSSET (rue A. de) ... K6

N N N
NANTAISE (rue) ... G8
NATIONALE (rue) ... I7
NEMOURS (rue de) ... H8
NOBLETZ (rue M. Le) ... G6/G7
NOËL du FAIL (rue) ... G6/H6
NOGUÈS (A. N.) ... G6
NOMINOÉ ... J9/J8
NOUAILLE ... K9
NOUVELLE ... H7

O O O
OBERTHUR (rue) ... K7/K8
OR (rue du Louis D') ... G7
ORAIN (allée A.) ... K7
ORLÉANS (rue d') ... H8

P P P
PAILLETTE (rue de la) ... G8
PALESTINE (rue de la) ... J7/K7
PAPIER TIMBRÉ (rue du) ... H10
PARCHEMINERIE (rue de la) ... H8
PARIS (rue de) ... J7/K7
PARLEMENT de BRETAGNE (place du) ... I7
PASTEUR (place) ... J8
PENHOËT (rue de) ... H7
PERCHÉ (rue du pré) ... H9
PLÉLO (rue de) ... H9
POINTEAU-DU-RONCERAY (rue) ... K6
PONCHON ... (rue)K7
PONT (rue du) ... H7
PONT des LOGES (rue du) ... J8/K9
POSTEL (rue Louis) ... J8
POSTUMINUS (rue) ... G10
POULLAIN-DUPARC (rue) ... H8
PRÉVALAYE (quai de la) ... G9/G8
PUITS MAUGER (rue du) ... H9

Q Q Q
QUARTIER FOCH ... G10
QUINTAINE (rue de la) ... G7

R R R
R.A. (rue du 10e) ... I10
R.A. (rue du 7e) ... H10
R.I. (avenue du 41e) ... G6
RALLIER (rue) ... H7
RAOUL (rue) ... K7
REDON (rue de) ... G9
REGNAULT (rue du Docteur) ... I8
RENAN (rue Ernest) ... K6
RENAUL (rue) ... H7
RÉPUBLIQUE (place de la) ... H8
RICHEMONT (quai) ... J8
RIMBAUD (allée) ... J6
ROBELIN (rue) ... G6/H6
ROBIEN (rue de) ... I6
ROHAN ... H8
ROI ARTHUR (Sq. du) ... H10
ROTONDE (place) ... G9
ROUX (rue Dr.) ... H10

S S S
SALE BROSSE (rue) ... I7
SALLE des VENTES (rue) ... G8/G7
SAND (rue Georges) ... J6
SANTÉ (rue de la) ... G9/G8
SAUVEUR (rue J.) ... J8
SÉBASTOPOL (bd.) ... G9
SÉBILLOT (rue P.) ... K7/K6
SERGENT GUIHARD (rue) ... J8
SERGENT MAGINOT (avenue du) ... J8/K8
SÉVIGNÉ (boulevard de) ... J6/K6
SIMON (rue Jules) ... H8/H9
SOLFÉRINO (boulevard) ... J10/K10
SOULE (rue de la) ... H8
SOUVESTRE (rue E.) ... H9
SOUVESTRE (sq. E.) ... H10
ST-ALPHONSE (rue) ... K7/K6
ST-CAST (quai) ... G8
ST-CONWOÏON (BD.) ... G10
ST-CYR (quai) ... G8
ST-GEORGES (rue) ... I8
ST-GERMAIN (place) ... I8
ST-GUILLAUME (rue) ... H8
ST-HÉLIER (allée) ... K9
ST-HÉLIER (rue) ... J9
ST-HÉLIER (rue) ... K9/K10
ST-JEAN EUDES (PL.) ... I6
ST-LOUIS (rue) ... H7
ST-MALO (rue de) ... H6/H7
ST-MÉLAINE (place) ... J7
ST-MÉLAINE (rue) ... H7/I7
ST-MICHEL (place) ... H7
ST-SAUVEUR (rue) ... H8
ST-THOMAS (rue) ... I9/J9
ST-YVES (rue) ... H8
STE-ANNE (place) ... H7
STE-MARIE (allée) ... J6/K6
STE-SOPHIE (allée) ... J6/K6

T T T
TARDIF (rue G.) ... H6
THABOR (rue du) ... J6
THIERS (rue) ... H9
TOUFFAIT (rue A.) ... K9
TOULLIER (rue) ... I8
TOULOUSE (rue de) ... H7
TOUR (R.) ... G8
TOUR D'AUVERGNE (bd de la) ... H8/H10
TOURNIQUET (square du) ... G8
TREHIN (rue du Rec.) ... G10
TRENTE (rue des) ... G9
TRINITÉ (place de la) ... H8
TRONJOLLY (rue) ... H9
TROUSSEBŒUF (rue G.) ... H9
TUILERIE (rue des) ... K8

V V V
VASSELOT (rue) ... H8/I8
VERDUN (boulevard de) ... G6
VERGER (rue du) ... K9
VIARMES (rue de) ... J8
VIAUD (A. M.) ... H10
VIEUX-COURS (rue du) ... H9
VINCENNES (rue de) ... I6/J6
VISITATION (rue de la) ... H7/I7

W W W
WALDECK-ROUSSEAU (rue) ... K7/K6

Z Z Z
ZOLA (quai Emile) ... I8/J8